U0901161

纪检监察与反腐廉政法律法规制度全书

（2010年最新案例版）

翟继光　主编

（第三卷）

中国言实出版社

总 目 录

第一编 纪检监察与反腐倡廉基本法律法规

第二编 预防和治理腐败法律法规

第三编 领导干部廉洁从政法律法规

第四编 查办违法违纪案件程序法律法规

目　　录

第四编　查办违法违纪案件程序法律法规

第五编　纠正损害群众利益与执法监察法律法规

第六编　党纪政纪处分与处罚法律法规

第七编　纪检监察机构与工作制度法律法规

第四编

查办违法违纪案件程序法律法规

第 18 章 信访举报工作制度

信访条例

（国务院令第 431 号 2005 年 1 月 5 日）

第一章 总 则

第一条 为了保持各级人民政府同人民群众的密切联系，保护信访人的合法权益，维护信访秩序，制定本条例。

第二条 本条例所称信访，是指公民、法人或者其他组织采用书信、电子邮件、传真、电话、走访等形式，向各级人民政府、县级以上人民政府工作部门反映情况，提出建议、意见或者投诉请求，依法由有关行政机关处理的活动。

采用前款规定的形式，反映情况，提出建议、意见或者投诉请求的公民、法人或者其他组织，称信访人。

第三条 各级人民政府、县级以上人民政府工作部门应当做好信访工作，认真处理来信、接待来访，倾听人民群众的意见、建议和要求，接受人民群众的监督，努力为人民群众服务。

各级人民政府、县级以上人民政府工作部门应当畅通信访渠道，为信访人采用本条例规定的形式反映情况，提出建议、意见或者投诉请求提供便利条件。

任何组织和个人不得打击报复信访人。

第四条 信访工作应当在各级人民政府领导下，坚持属地管理、分级负责，谁主管、谁负责，依法、及时、就地解决问题与疏导教育相结合的原则。

第五条 各级人民政府、县级以上人民政府工作部门应当科学、民主决策，依法履行职责，从源头上预防导致信访事项的矛盾和纠纷。

县级以上人民政府应当建立统一领导、部门协调，统筹兼顾、标本兼治，各负其责、齐抓共管的信访工作格局，通过联席会议、建立排查调处机制、建立信访督查工作制度等方式，及时化解矛盾和纠纷。

各级人民政府、县级以上人民政府各工作部门的负责人应当阅批重要来信、接待重要来访、听取信访工作汇报，研究解决信访工作中的突出问题。

第六条 县级以上人民政府应当设立信访工作机构；县级以上人民政府工作部门及乡、镇人民政府应当按照有利工作、方便信访人的原则，确定负责信访工作的机构（以下简称信访工作机构）或者人员，具体负责信访工作。

县级以上人民政府信访工作机构是本级人民政府负责信访工作的行政机构，履行下列职责：

（一）受理、交办、转送信访人提出的信访事项；

（二）承办上级和本级人民政府交由处理的信访事项；

（三）协调处理重要信访事项；

（四）督促检查信访事项的处理；

（五）研究、分析信访情况，开展调查研究，及时向本级人民政府提出完善政策和改进工作的建议；

（六）对本级人民政府其他工作部门和下级人民政府信访工作机构的信访工作进行指导。

第七条 各级人民政府应当建立健全信访工作责任制，对信访工作中的失职、渎职行为，严格依照有关法律、行政法规和本条例的规定，追究有关责任人员的责任，并在一定范围内予以通报。

各级人民政府应当将信访工作绩效纳入公务员考核体系。

第八条 信访人反映的情况，提出的建议、意见，对国民经济和社会发展或者对改进国家机关工作以及保护社会公共利益有贡献的，由有关行政机关或者单位给予奖励。

对在信访工作中做出优异成绩的单位或者个人，由有关行政机关给予奖励。

第二章　信访渠道

第九条 各级人民政府、县级以上人民政府工作部门应当向社会公布信访工作机构的通信地址、电子信箱、投诉电话、信访接待的时间和地点、查询信访事项处理进展及结果的方式等相关事项。

各级人民政府、县级以上人民政府工作部门应当在其信访接待场所或者网站公布与信访工作有关的法律、法规、规章，信访事项的处理程序，以及其他为信访人提供便利的相关事项。

第十条 设区的市级、县级人民政府及其工作部门，乡、镇人民政府应当建立行政机关负责人信访接待日制度，由行政机关负责人协调处理信访事项。信访人可以在公布的接待日和接待地点向有关行政机关负责人当面反映信访事项。

县级以上人民政府及其工作部门负责人或者其指定的人员，可以就信访人反映突出的问题到信访人居住地与信访人面谈沟通。

第十一条 国家信访工作机构充分利用现有政务信息网络资源，建立全国信访信息系统，为信访人在当地提出信访事项、查询信访事项办理情况提供便利。

县级以上地方人民政府应当充分利用现有政务信息网络资源，建立或者确定本行政区域的信访信息系统，并与上级人民政府、政府有关部门、下级人民政府的信访信息系统实现互联互通。

第十二条 县级以上各级人民政府的信访工作机构或者有关工作部门应当及时将信访人的投诉请求输入信访信息系统，信访人可以持行政机关出具的投诉请求受理凭证到当地人民政府的信访工作机构或者有关工作部门的接待场所查询其所提出的投诉请求的办理情况。具体实施办法和步骤由省、自治区、直辖市人民政府规定。

第十三条 设区的市、县两级人民政府可以根据信访工作的实际需要，建立政府主导、社会参与、有利于迅速解决纠纷的工作机制。

信访工作机构应当组织相关社会团体、法律援助机构、相关专业人员、社会志愿者等共同参与，运用咨询、教育、协商、调解、听证等方法，依法、及时、合理处理信访人的投诉请求。

第三章　信访事项的提出

第十四条　信访人对下列组织、人员的职务行为反映情况，提出建议、意见，或者不服下列组织、人员的职务行为，可以向有关行政机关提出信访事项：

（一）行政机关及其工作人员；

（二）法律、法规授权的具有管理公共事务职能的组织及其工作人员；

（三）提供公共服务的企业、事业单位及其工作人员；

（四）社会团体或者其他企业、事业单位中由国家行政机关任命、派出的人员；

（五）村民委员会、居民委员会及其成员。

对依法应当通过诉讼、仲裁、行政复议等法定途径解决的投诉请求，信访人应当依照有关法律、行政法规规定的程序向有关机关提出。

第十五条　信访人对各级人民代表大会以及县级以上各级人民代表大会常务委员会、人民法院、人民检察院职权范围内的信访事项，应当分别向有关的人民代表大会及其常务委员会、人民法院、人民检察院提出，并遵守本条例第十六条、第十七条、第十八条、第十九条、第二十条的规定。

第十六条　信访人采用走访形式提出信访事项，应当向依法有权处理的本级或者上一级机关提出；信访事项已经受理或者正在办理的，信访人在规定期限内向受理、办理机关的上级机关再提出同一信访事项的，该上级机关不予受理。

第十七条　信访人提出信访事项，一般应当采用书信、电子邮件、传真等书面形式；信访人提出投诉请求的，还应当载明信访人的姓名（名称）、住址和请求、事实、理由。

有关机关对采用口头形式提出的投诉请求，应当记录信访人的姓名（名称）、住址和请求、事实、理由。

第十八条　信访人采用走访形式提出信访事项的，应当到有关机关设立或者指定的接待场所提出。

多人采用走访形式提出共同的信访事项的，应当推选代表，代表人数不得超过5人。

第十九条　信访人提出信访事项，应当客观真实，对其所提供材料内容的真实性负责，不得捏造、歪曲事实，不得诬告、陷害他人。

第二十条　信访人在信访过程中应当遵守法律、法规，不得损害国家、社会、集体的利益和其他公民的合法权利，自觉维护社会公共秩序和信访秩序，不得有下列行为：

（一）在国家机关办公场所周围、公共场所非法聚集，围堵、冲击国家机关，拦截公务车辆，或者堵塞、阻断交通的；

（二）携带危险物品、管制器具的；

（三）侮辱、殴打、威胁国家机关工作人员，或者非法限制他人人身自由的；

（四）在信访接待场所滞留、滋事，或者将生活不能自理的人弃留在信访接待场所的；

（五）煽动、串联、胁迫、以财物诱使、幕后操纵他人信访或者以信访为名借机敛财的；

（六）扰乱公共秩序、妨害国家和公共安全的其他行为。

第四章　信访事项的受理

第二十一条　县级以上人民政府信访工作机构收到信访事项，应当予以登记，并区分情况，在15日内分别按下列方式处理：

（一）对本条例第十五条规定的信访事项，应当告知信访人分别向有关的人民代表大会及其常务委员会、人民法院、人民检察院提出。对已经或者依法应当通过诉讼、仲裁、行政复议等法定途径解决的，不予受理，但应当告知信访人依照有关法律、行政法规规定程序向有关机关提出。

（二）对依照法定职责属于本级人民政府或者其工作部门处理决定的信访事项，应当转送有权处理的行政机关；情况重大、紧急的，应当及时提出建议，报请本级人民政府决定。

（三）信访事项涉及下级行政机关或者其工作人员的，按照"属地管理、分级负责，谁主管、谁负责"的原则，直接转送有权处理的行政机关，并抄送下一级人民政府信访工作机构。

县级以上人民政府信访工作机构要定期向下一级人民政府信访工作机构通报转送情况，下级人民政府信访工作机构要定期向上一级人民政府信访工作机构报告转送信访事项的办理情况。

（四）对转送信访事项中的重要情况需要反馈办理结果的，可以直接交由有权处理的行政机关办理，要求其在指定办理期限内反馈结果，提交办结报告。

按照前款第（二）项至第（四）项规定，有关行政机关应当自收到转送、交办的信访事项之日起15日内决定是否受理并书面告知信访人，并按要求通报信访工作机构。

第二十二条　信访人按照本条例规定直接向各级人民政府信访工作机构以外的行政机关提出的信访事项，有关行政机关应当予以登记；对符合本条例第十四条第一款规定并属于本机关法定职权范围的信访事项，应当受理，不得推诿、敷衍、拖延；对不属于本机关职权范围的信访事项，应当告知信访人向有权的机关提出。

有关行政机关收到信访事项后，能够当场答复是否受理的，应当当场书面答复；不能当场答复的，应当自收到信访事项之日起15日内书面告知信访人。但是，信访人的姓名（名称）、住址不清的除外。

有关行政机关应当相互通报信访事项的受理情况。

第二十三条　行政机关及其工作人员不得将信访人的检举、揭发材料及有关情况透露或者转给被检举、揭发的人员或者单位。

第二十四条　涉及两个或者两个以上行政机关的信访事项，由所涉及的行政机关协商受理；受理有争议的，由其共同的上一级行政机关决定受理机关。

第二十五条　应当对信访事项作出处理的行政机关分立、合并、撤销的，由继续行使其职权的行政机关受理；职责不清的，由本级人民政府或者其指定的机关受理。

第二十六条　公民、法人或者其他组织发现可能造成社会影响的重大、紧急信访事项和信访信息时，可以就近向有关行政机关报告。地方各级人民政府接到报告后，应当立即报告上一级人民政府；必要时，通报有关主管部门。县级以上地方人民政府有关部门接到报告后，应当立即报告本级人民政府和上一级主管部门；必要时，通报有关主管部门。国务院有关部门接到报告后，应当立即报告国务院；必要时，通报有关主管部门。

行政机关对重大、紧急信访事项和信访信息不得隐瞒、谎报、缓报，或者授意他人隐瞒、谎报、缓报。

第二十七条　对于可能造成社会影响的重大、紧急信访事项和信访信息，有关行政机关应当在职责范围内依法及时采取措施，防止不良影响的产生、扩大。

第五章　信访事项的办理和督办

第二十八条　行政机关及其工作人员办理信访事项，应当恪尽职守、秉公办事，查明事实、分清责任，宣传法制、教育疏导，及时妥善处理，不得推诿、敷衍、拖延。

第二十九条　信访人反映的情况，提出的建议、意见，有利于行政机关改进工作、促进国民经济和社会发展的，有关行政机关应当认真研究论证并积极采纳。

第三十条　行政机关工作人员与信访事项或者信访人有直接利害关系的，应当回避。

第三十一条　对信访事项有权处理的行政机关办理信访事项，应当听取信访人陈述事实和理由；必要时可以要求信访人、有关组织和人员说明情况；需要进一步核实有关情况的，可以向其他组织和人员调查。

对重大、复杂、疑难的信访事项，可以举行听证。听证应当公开举行，通过质询、辩论、评议、合议等方式，查明事实，分清责任。听证范围、主持人、参加人、程序等由省、自治区、直辖市人民政府规定。

第三十二条　对信访事项有权处理的行政机关经调查核实，应当依照有关法律、法规、规章及其他有关规定，分别作出以下处理，并书面答复信访人：

（一）请求事实清楚，符合法律、法规、规章或者其他有关规定的，予以支持；

（二）请求事由合理但缺乏法律依据的，应当对信访人做好解释工作；

（三）请求缺乏事实根据或者不符合法律、法规、规章或者其他有关规定的，不予支持。

有权处理的行政机关依照前款第（一）项规定作出支持信访请求意见的，应当督促有关机关或者单位执行。

第三十三条　信访事项应当自受理之日起60日内办结；情况复杂的，经本行政机关负责人批准，可以适当延长办理期限，但延长期限不得超过30日，并告知信访人延期理由。法律、行政法规另有规定的，从其规定。

第三十四条　信访人对行政机关作出的信访事项处理意见不服的，可以自收到书面答复之日起30日内请求原办理行政机关的上一级行政机关复查。收到复查请求的行政机关应当自收到复查请求之日起30日内提出复查意见，并予以书面答复。

第三十五条　信访人对复查意见不服的，可以自收到书面答复之日起30日内向复查机关的上一级行政机关请求复核。收到复核请求的行政机关应当自收到复核请求之日起30日内提出复核意见。

复核机关可以按照本条例第三十一条第二款的规定举行听证，经过听证的复核意见可以依法向社会公示。听证所需时间不计算在前款规定的期限内。

信访人对复核意见不服，仍然以同一事实和理由提出投诉请求的，各级人民政府信访工作机构和其他行政机关不再受理。

第三十六条 县级以上人民政府信访工作机构发现有关行政机关有下列情形之一的，应当及时督办，并提出改进建议：

（一）无正当理由未按规定的办理期限办结信访事项的；

（二）未按规定反馈信访事项办理结果的；

（三）未按规定程序办理信访事项的；

（四）办理信访事项推诿、敷衍、拖延的；

（五）不执行信访处理意见的；

（六）其他需要督办的情形。

收到改进建议的行政机关应当在 30 日内书面反馈情况；未采纳改进建议的，应当说明理由。

第三十七条 县级以上人民政府信访工作机构对于信访人反映的有关政策性问题，应当及时向本级人民政府报告，并提出完善政策、解决问题的建议。

第三十八条 县级以上人民政府信访工作机构对在信访工作中推诿、敷衍、拖延、弄虚作假造成严重后果的行政机关工作人员，可以向有关行政机关提出给予行政处分的建议。

第三十九条 县级以上人民政府信访工作机构应当就以下事项向本级人民政府定期提交信访情况分析报告：

（一）受理信访事项的数据统计、信访事项涉及领域以及被投诉较多的机关；

（二）转送、督办情况以及各部门采纳改进建议的情况；

（三）提出的政策性建议及其被采纳情况。

第六章 法律责任

第四十条 因下列情形之一导致信访事项发生，造成严重后果的，对直接负责的主管人员和其他直接责任人员，依照有关法律、行政法规的规定给予行政处分；构成犯罪的，依法追究刑事责任：

（一）超越或者滥用职权，侵害信访人合法权益的；

（二）行政机关应当作为而不作为，侵害信访人合法权益的；

（三）适用法律、法规错误或者违反法定程序，侵害信访人合法权益的；

（四）拒不执行有权处理的行政机关作出的支持信访请求意见的。

第四十一条 县级以上人民政府信访工作机构对收到的信访事项应当登记、转送、交办而未按规定登记、转送、交办，或者应当履行督办职责而未履行的，由其上级行政机关责令改正；造成严重后果的，对直接负责的主管人员和其他直接责任人员依法给予行政处分。

第四十二条 负有受理信访事项职责的行政机关在受理信访事项过程中违反本条例的规定，有下列情形之一的，由其上级行政机关责令改正；造成严重后果的，对直接负责的主管人员和其他直接责任人员依法给予行政处分：

（一）对收到的信访事项不按规定登记的；

（二）对属于其法定职权范围的信访事项不予受理的；

（三）行政机关未在规定期限内书面告知信访人是否受理信访事项的。

第四十三条　对信访事项有权处理的行政机关在办理信访事项过程中，有下列行为之一的，由其上级行政机关责令改正；造成严重后果的，对直接负责的主管人员和其他直接责任人员依法给予行政处分：

（一）推诿、敷衍、拖延信访事项办理或者未在法定期限内办结信访事项的；

（二）对事实清楚，符合法律、法规、规章或者其他有关规定的投诉请求未予支持的。

第四十四条　行政机关工作人员违反本条例规定，将信访人的检举、揭发材料或者有关情况透露、转给被检举、揭发的人员或者单位的，依法给予行政处分。

行政机关工作人员在处理信访事项过程中，作风粗暴，激化矛盾并造成严重后果的，依法给予行政处分。

第四十五条　行政机关及其工作人员违反本条例第二十六条规定，对可能造成社会影响的重大、紧急信访事项和信访信息，隐瞒、谎报、缓报，或者授意他人隐瞒、谎报、缓报，造成严重后果的，对直接负责的主管人员和其他直接责任人员依法给予行政处分；构成犯罪的，依法追究刑事责任。

第四十六条　打击报复信访人，构成犯罪的，依法追究刑事责任；尚不构成犯罪的，依法给予行政处分或者纪律处分。

第四十七条　违反本条例第十八条、第二十条规定的，有关国家机关工作人员应当对信访人进行劝阻、批评或者教育。

经劝阻、批评和教育无效的，由公安机关予以警告、训诫或者制止；违反集会游行示威的法律、行政法规，或者构成违反治安管理行为的，由公安机关依法采取必要的现场处置措施、给予治安管理处罚；构成犯罪的，依法追究刑事责任。

第四十八条　信访人捏造歪曲事实、诬告陷害他人，构成犯罪的，依法追究刑事责任；尚不构成犯罪的，由公安机关依法给予治安管理处罚。

第七章　附　则

第四十九条　社会团体、企业事业单位的信访工作参照本条例执行。

第五十条　对外国人、无国籍人、外国组织信访事项的处理，参照本条例执行。

第五十一条　本条例自 2005 年 5 月 1 日起施行。1995 年 10 月 28 日国务院发布的《信访条例》同时废止。

各级党委组织部门处理来信来访工作暂行条例

（中组发〔1980〕13号　1980年3月3日）

第一章　总　则

第一条　处理来信来访，是党委组织部门的一项重要工作，是党组织联系群众、了解情况的一条渠道。做好这项工作，对于恢复和发扬党的优良传统和作风，从思想上、组织上加强党的建设和干部队伍的建设，发扬民主，调动一切积极因素，巩固和发展安定团结的政治局面，加速社会主义现代化建设，都具有重要意义。

第二条　处理来信来访，必0须坚决贯彻执行党的路线、方针和政策，为四个现代化建设服务。对来信来访，要认真负责地、及时地作出恰当处理。反对漠不关心、置之不理的官僚主义态度。

第三条　处理来信来访，必须坚持实事求是的原则。一切从实际出发，坚持实践是检验真理的唯一标准，反对主观主义和形而上学。

第四条　处理来信来访，必须贯彻群众路线。实行专人负责和依靠群众相结合的方法，大家动手，层层负责，深入群众，认真调查研究。

第五条　党员和群众向党的各级组织揭发、反映问题，提出批评、建议或申诉自己的问题，是党章和宪法规定的民主权利，应当受到切实的保障。任何人不得私自扣压来信，不准以任何借口对来信来访人打击报复。严禁利用来信来访诬告陷害他人。

第二章　职责和范围

第六条　各级党委组织部门信访工作的职责是：根据党的路线、方针、政策和有关信访工作的指示，认真处理有关党的组织工作和干部工作方面的来信来访；及时向上级和领导反映来信来访的情况和问题；督促、检查和指导本系统的信访工作。

第七条　各级党委组织部门受理来信来访的范围是：

一、反映党的组织工作和干部工作的路线、方针、政策的贯彻执行情况和问题。

二、反映各级领导班子和干部队伍的建设以及老干部管理工作的情况和问题。

三、反映各级党组织的建设和党员管理教育的情况和问题。

四、党员、干部对政治历史问题的审查结论和处理不服的申诉。

五、反映对发展党员、预备党员转正、转办党员组织关系的意见和要求，对组织部门处理的有关党籍问题的申诉。

六、各级党委组织部门管理范围内的人事方面的申诉和要求。

七、对党的组织工作和干部工作的批评、建议、询问和其他需要组织部门处理的问题。

不属于组织部门受理范围的来信来访，应按照归口办理的原则，及时转请有关部门处理。其中如有需要组织部门协同办理的，要积极主动地予以协助。

第三章　原则和方法

第八条　对于来信来访反映的问题，要分别情况，妥善处理。凡属文化大革命中的冤假错案，要坚决地、认真地予以平反或纠正；对于文化大革命前的问题，要坚持历史唯物主义的观点，按照党的有关政策进行处理。凡要求合理，按政策能够解决的问题，要认真地、尽快地解决；要求虽然合理，但目前还解决不了的，要耐心地进行解释；要求过高或不合理的，要坚持原则，不能迁就，并做好思想教育工作。对揭发反映的重要问题，要查明情况，认真处理。对组织工作提出的批评、建议，应当认真研究。

第九条　各级党委组织部门对应由自己直接处理的来信来访，要认真负责地处理好，不能推拖，把矛盾上交。对于上级批示交办的案件，要及时办理。遇到阻力和困难，应向党委或上级组织部门报告，上级组织部门要积极协助解决。对于应该解决而顶着不办的要批评教育，拒不改正的要严肃处理。

第十条　各级党委组织部门要采取多种方法直接办案。对于重要案件和久拖不决的案件，应派人下去，会同有关部门，直接调查，就地解决问题。也可以请有关单位派人携卷上来，共同研究，统一认识，进行处理。

第十一条　县一级组织部门把来信来访处理好，是做好信访工作的基础。要采取有力措施，加强县一级组织部门的信访工作，力争把问题解决在基层。县一级组织部门应该做到多办少转。凡是需要转请有关部门或下级处理的，一定要督促检查。

第十二条　在调查处理信访案件时，要深入群众，认真调查研究，排除派性等各种干扰，广泛听取各方面的意见。作出的复查结论或处理决定，必须同本人见面，允许申辩。申诉人对复查结论、处理决定提出的正确、合理意见要采纳，不合理的意见，应进行说服教育。处理恰当，本人仍不同意的，可以根据事实予以结论，允许本人保留意见。处理的案件，要做到事实清楚，证据确凿，定性准确，处理恰当，手续完备，经得起历史的检验。

第十三条　对上级要报处理结果的案件，一般地应在三个月内作出回报，到期不能结案的，应当说明原因，并提出上报时间。上级组织部门对于逾期不报的，应当及时催办。结案报告应包括调查报告、处理意见，如属申诉个人问题，应有本人对复查处理的意见。向上级转报下级组织部门的结案报告，转报单位应当签署审查意见。上级组织部门认为处理不当或不符合结案要求的，可责成原承办单位或其上一级领导机关补报或重新处理。

第十四条　对待来访群众，应当热情接待。要认真耐心地听取他们的意见和要求，客观地分析、鉴别，防止偏听偏信，主观臆断。在问题未查清以前，不要轻易表态。要积极宣传党的政策，有针对性地做深入细致的政治思想工作。对上访人员中无理取闹、蓄意捣乱的，要按照有关规定，提请公安部门处理；对确有问题需要解决，但滋事取闹者，可一方面解决他需要解决的问题，另一方面根据情节轻重，进行批评教育或提请公安部门处理其违法行为。

第十五条　对于揭发控告党员、干部的来信来访，需要转办的，只可转到被告者的上级处理，严禁转到被告人手里。有些可视情况只转抄件，不转原件，或删去来信来访人的姓名。对于搞打击报复的，一定要追究责任，严肃处理，情节恶劣者，要给予党纪国法的制裁。

第十六条 要严格区分诬告和错告或检举失实的界限。对于捏造事实，挟嫌报复、有意诬告陷害他人的，要严肃处理；对于错告或检举失实的，应予指出或批评教育，但不应以诬陷论处。

第十七条 慎重处理对现实不满的信件。对于有不满情绪或错误言论的信件，不要轻易按反革命信件处理。一时分不清矛盾性质的，可以先按人民内部矛盾处理。确属反革命信件，要经领导批准后，方可转交公安部门处理。

第十八条 对于重复来信来访，要区别情况，予以处理。对于要求合理能够解决而长期得不到解决的，应直接调查处理，或责成有关部门限期处理；对于组织部门自己难以解决的，要主动与有关部门协商，共同解决；对于经过复查，处理正确，本人仍然不服的，要讲清道理，不再受理。

第十九条 对于因申诉人工作变动，长期无人受理的案件，原则上应由原单位复查，现所在单位积极予以协助。原单位已撤销的，应由现所在单位或所在地区县以上机关受理并负责复查，遇有困难，上级组织协助解决。其复查结论或处理决定，原来是由哪一级批准的，仍应经相应的机关批准。

第二十条 各级党委组织部门都要经常研究和掌握来信来访的动态和变化，不断注意新情况，发现新问题，加强综合研究，及时向领导和上级反映。对于带有普遍性而又没有政策规定的问题，要认真调查研究，提出切实可行的解决办法，及时向党委和上级组织部门报告。

第四章　组织领导

第二十一条 处理来信来访是一项经常性的政治任务。各级党委组织部门要切实加强对信访工作的领导。把信访工作列入议事日程，经常督促检查，并由部长或一名副部长分管这项工作。领导同志要亲自阅批重要来信，定期接待来访，直接审理重要案件。要形成制度，坚持下去。

第二十二条 信访机构和工作人员：中央组织部在办公厅下设信访处；各省、市、自治区党委组织部在办公室下设信访科（组）；地（市）、县委组织部可根据实际情况配备专职干部。要选择那些党性强，没有派性，作风正派，办事公道，能联系群众，并有一定政策水平和业务能力的干部做信访工作。对信访干部要专职专用，不能随便抽调。

第二十三条 各级党委组织部门都要建立和健全信访登记、统计、转办、检查、催办、归档等制度，不断提高工作效率和质量。上级组织部门要经常派人调查了解下级组织部门信访工作的情况，总结交流经验，指导和推动信访工作。

第二十四条 各级领导要从政治上和生活上关心信访工作干部，支持他们的工作，帮助解决工作中的困难。要经常组织他们学习党的方针、政策，阅读必要的文件，参加必要的会议，作些调查研究，不断提高政策水平和业务能力。信访部门和信访干部要经常向领导请示汇报工作，主动取得领导的支持和指导。

第二十五条 组织部门的信访工作干部，应该做到：

一、认真学习马列主义、毛泽东思想，学习和执行党的路线、方针、政策，刻苦钻研业务。

二、坚持原则，刚直不阿，办事公道，不谋私利，不徇私情。

三、认真负责，耐心细致，不怕麻烦，热爱本职工作。

四、坚持实事求是和群众路线，深入调查研究，遇事同群众商量。

五、遵守党纪国法，保守党和国家机密，执行请示报告制度。

老干部信访工作暂行规定

（组厅字［1996］39号　1996年11月6日）

老干部信访工作是各级党委组织部门、老干部部门掌握贯彻落实党和国家关于老干部工作方针政策情况的一条重要渠道，是党的组织部门联系老干部的桥梁，是提供老干部工作信息的一个重要来源。为进一步做好这项工作，暂作如下规定：

一、处理老干部信访的基本原则

1. 认真贯彻执行党的老干部方针政策，对各地各部门落实老干部政治、生活待遇的情况进行督促检查。

2. 老干部信访工作要在各级党委组织部门、老干部部门的领导下，坚持分级负责，归口办理，就地解决问题的原则，做好政策解释和思想疏导工作，督促有关部门解决政策范围内的实际问题。

3. 对离退休老同志反映的问题，要及时、妥善处理，不得推诿、敷衍、拖延。

4. 各级老干部部门，要以高度负责的精神，认真、慎重地处理每一件信访，做到件件有着落、事事有结果。要热情、耐心、细致地听取老干部反映的意见和要求，及时给予答复和处理，把问题解决在初发阶段。

5. 办理信访的工作人员与信访事项或与信访人有直接利害关系的，应当回避。

6. 老干部部门工作人员在办理信访事项过程中，不得将检举、揭发、控告材料及有关情况透露给被检举、揭发、控告的人员和单位。

二、受理老干部信访的范围、要求

1. 反映有关老干部的政策和规定不落实的情况。

2. 老干部政策咨询。

3. 对各级党委、政府的工作及老干部工作提出的建议、意见和要求。

4. 反映所在单位领导和工作人员的违法、违纪、渎职行为。

5. 老同志应当如实反映情况，遵守信访程序，积极配合组织部门、老干部部门解决有关问题。

三、处理老干部信访的程序

1. 登记。登记的内容包括信访人的姓名，单位（住址），信访时间，反映的主要问题。对领导批办的和上级交办的信访件要登记批转内容和办文号。

2. 办理。各级老干部部门直接办理的信访事项，一般应当在30日内办理完毕，并将办理结果答复信访人；情况复杂的，时限可以适当延长，但最长不能超过90天。紧急情况应及时办理，不得拖延。重要信件应及时摘抄，报送有关领导参阅。

遇有可能造成重大影响的紧急信访事项时，应及时向主管领导和有关部门报告，果断处理。

定期将老同志反映的问题集中整理，报有关领导或部门，供指导工作和研究决策人参考。

3. 转办。按照“分级负责，归口办理”的原则，对老同志的信访件可分别转其所在单位或上级主管部门处理，同时给老同志回函，说明办理情况。

4. 报送结果。各级老干部部门对要求报送结果的信访事项，应当自收到之日起90日内办结并报送结果；对上级机关交办、要求限期报送结果的信访事项，应按期办理；不能按期办结的，应向交办机关说明情况。

四、老干部信访的督查

1. 各级老干部部门的领导同志应直接处理老干部的重要来信和来访，定期研究解决老干部信访工作中的问题，检查和指导老干部信访工作。

2. 建立健全督查制度。对需要督促检查的事项，由各级老干部部门，及时通知承办部门办理。

3. 日常催办。凡上级交办的信访事项，有关部门应按照规定时限、工作程序办理。对超过时限未报结果，也不说明原因的信访事项，交办单位要及时催办。对推诿、敷衍的，要协调有关上级主管单位，责其办理。

4. 实地督查。对情况特殊、问题复杂和解决难度较大的信访事项，各级老干部部门可派干部进行实地督促检查，协助所在单位妥善处理，并将督促检查情况向本单位领导汇报。

五、奖励与处罚

1. 各级老干部部门要关心专职（兼职）信访干部的成长，关心他们的生活，解决他们的实际困难。

2. 各级老干部部门对在信访工作中做出突出成绩的单位或个人，应给予奖励，并以此作为考核政绩的重要内容。

3. 对在信访工作中不履行职责、推诿、敷衍、拖延的，应给予批评教育，不称职的要调离信访工作岗位。

4. 对工作失职造成严重后果的，要追究主管领导和经办人的责任。

六、本暂行规定自公布之日起执行。

中共中央纪律检查委员会、监察部关于纪检监察机关接待处理集体上访的暂行办法

（中纪办发［1996］4号 1996年4月24日）

第一条 为进一步做好对集体上访的接待和处理工作，维护党政机关、企业事业单位和农村的正常工作、生产、生活秩序，维护社会稳定，依据有关法规，制定本办法。

第二条 纪检监察机关按照党章和宪法的规定，支持、保护群众通过正常渠道、采取正当方式反映情况、揭发问题。对集体上访，要高度重视，认真接待，妥善处理。但不提倡群众采取集体上访的方式反映问题。

第三条 接待和处理集体上访的原则是：坚持实事求是，疏导教育群众，认真查清事实，妥善处理问题，把群众稳定在基层，把问题解决在基层。

第四条 接待和处理集体上访的基本要求是：领导重视，各方配合，主动热情接待，认真听取意见，深入调查研究，尊重客观事实，依据法律和政策处理问题。

第五条 对集体上访反映的问题，凡属于纪检监察机关职责范围的要主动受理；对不属于纪检监察机关职责范围的，应移送有关部门处理。

第六条 人数较多的集体上访，应要求上访人员推选代表反映问题，并动员其他人员尽快返回原地。经动员后仍不愿返回的，应请有关单位、部门来人做好工作，接回上访人员。对人数众多、所反映问题确属严重的集体上访，有关单位、部门领导要亲自出面做工作，认真接待处理。

第七条 对需要几个部门共同处理的集体上访，要主动与有关部门协商，在党委、政府的统一领导和协调下，按照归口办理的原则，有关部门各司其职，协同处理。

第八条 接待部门及工作人员要本着高度负责的精神，认真听取上访人员的陈述，分别情况作出处理：对合理的要求，要尽快解决，暂时解决不了的，要向群众作出解释；对不合理的要求，应作出说明，对经说明后仍坚持无理要求的，应给予批评教育。

第九条 要严格区分利用集体上访为首闹事的分子与受蒙蔽群众的界限，对群众要认真做好说服劝导工作；对煽动群众，为首闹事的分子，要依照有关法律交公安部门严肃处理，是党员干部的，由有关单位给予党纪、政纪处分。

第十条 处理集体上访，要贯彻分级负责原则，就地解决问题。地（市）以上纪检监察机关受理的集体上访揭发的问题，一般交下一级或有关纪检监察机关查处，并要求报告处理结果。问题严重的可派人协助有关单位调查处理。

第十一条 县（市）纪检监察机关受理的集体上访揭发的问题，要直接派人与有关单位、部门共同查处，一般不得下转。如因敷衍塞责、推拖不办而激化矛盾，导致越级上访或重复上访的，应追究有关领导和人员的责任。

第十二条 对上级纪检监察机关交办的集体上访案件，承办单位调查处理后要将处理结果报告交办机关。交办机关对报来的结果要严格把关，认真审理，对事实没有查清、处

理不恰当、问题未落实的不能了结。

第十三条　对集体上访反映的问题作出处理后，承办单位要及时在适当范围公布查处结果，征求群众意见。对群众提出的不同意见，要认真研究，确属合理的应予采纳。

第十四条　上级纪检监察机关对交给下级纪检监察机关办理的集体上访揭发的问题，要加强跟踪督办。对重要疑难案件的调查处理，要派人进行具体指导。

第十五条　各级纪检监察机关可根据本地区的实际情况，依据本暂行办法制定实施细则或补充规定。

第十六条　本暂行办法自下发之日起施行。

关于保护检举、控告人的规定

（中纪发［1996］6号　1996年1月19日）

第一条　为了保障检举、控告人依法行使检举、控告的权利，维护检举、控告人的合法权益，促进党风廉政建设和反腐败斗争，根据《中国共产党党员权利保障条例（试行）》和行政监察法律、法规，制定本规定。

第二条　任何单位和个人有权向纪检监察机关检举、控告党组织、党员以及国家行政机关、国家公务员和国家行政机关任命的其他人员违纪违法的行为。

任何单位和个人不得以任何借口阻拦、压制检举、控告人依法进行的检举、控告。

第三条　检举、控告人应据实检举、控告，不得捏造事实、制造假证、诬告陷害他人。

纪检监察机关对如实检举、控告的，应给予支持，鼓励。对检举、控告有功的，应给予奖励。对检举、控告不实的，必须分清是错告还是诬告。对错告的，应澄清事实；对诬告的，应依照有关规定予以处理。

第四条　纪检监察机关受理检举、控告和查处检举、控告案件，必须严格保密：

（一）纪检监察机关应设立检举、控告接待室，接受当面检举、控告应单独进行，无关人员不得在场。

（二）检举、控告信函的收发、拆阅、登记，当面或电话检举、控告的接待、接听、记录、录音等工作，应建立健全责任制，严防泄密或遗失检举、控告材料。

（三）对检举、控告人的姓名、工作单位、家庭住址等有关情况及检举、控告的内容必须严格保密，严禁将检举、控告人的有关情况以及检举、控告的内容透露给被检举、控告单位和被检举、控告人以及其他单位和人员。

（四）检举、控告材料列入密件管理，不得私自摘抄、复制、扣压、销毁。

（五）检举、控告材料，除查处案件工作需要外，不得向有关人员出示；因查处案件工作需要出示的，必须经本委、部（厅、局）主管领导批准，并隐去可能暴露检举、控告人身份的内容。

（六）核实情况必须在不暴露检举、控告人的情况下进行。

（七）未经检举、控告人同意，不得公开检举、控告人的姓名、工作单位及其他有关情况。

第五条　受理机关工作人员无意或故意泄露检举、控告情况的，应追究责任，严肃处理。

第六条　严禁将检举、控告材料转给被检举、控告单位或被检举、控告人。

第七条　任何单位和个人不得擅自追查检举、控告人。对确属诬告陷害，需要追查诬告陷害者的，必须经地、市级以上（含地、市级）党的委员会、政府或纪检监察机关批准。

第八条　对匿名检举、控告材料，除查处案件工作需要外，不得擅自核对笔迹或进行文检；因查处案件工作需要核对笔迹或进行文检的，必须经地、市级以上（含地、市级）纪检监察机关批准。

第九条　受理机关工作人员有下列情形之一的，应当回避：

（一）是被检举、控告人或被检举、控告人近亲属的；

（二）本人或近亲属与被检举、控告问题有利害关系的；

（三）与检举、控告问题有其他关系，可能影响检举、控告问题公正处理的。

受理机关工作人员应当主动提出回避，检举、控告人有权要求其回避，回避决定由受理机关作出。

第十条　任何单位和个人不得以任何借口和手段打击报复检举、控告人及其亲属或假想检举、控告人。

指使他人打击报复的，或者被指使人、被指使单位的主要负责人和直接责任人员明知实施的行为是打击报复的，以打击报复论处。

第十一条　打击报复检举、控告人的，纪检监察机关应分别不同情况予以处理：

（一）对于正在实施的打击报复行为，纪检监察机关应在其职权范围内采取措施及时制止，并予以处理，或者及时移送有关部门予以处理。

（二）检举、控告人因被打击报复而受到错误处理的，纪检监察机关应在其职权范围内依照有关规定予以纠正，或者建议有关部门予以纠正。

（三）检举、控告人因被打击报复而造成人身伤害及名誉损害、财产损失的，纪检监察机关应在其职权范围内负责处理，或者移送有关部门予以处理。

第十二条　违反本规定的，应依照党纪、政府的有关规定给予党纪处分、行政处分或其他处理；构成犯罪的，移送司法机关依法追究刑事责任。

第十三条　纪检监察机关受理纪检监察业务范围内的港澳台胞、华侨及外国人的检举、控告，适用本规定。

第十四条　本规定由中共中央纪律检查委员会、中华人民共和国监察部负责解释。第十五条本规定自发布之日起施行。

中国共产党纪律检查机关控告申诉工作条例

（中纪发［1993］8号　1993年8月22日）

第一章　总　则

第一条　受理对党员、党组织的检举、控告和党员、党组织的申诉，是党的纪律检查机关的一项重要职责。根据党章的有关规定，制定本条例。

第二条　控告申诉工作是党的纪律检查机关贯彻执行党的群众路线，依靠群众维护党的纪律、促进党风建设的一项重要工作；是保障党内外群众充分行使民主权利，对党组织、党员特别是党员领导干部进行监督的重要渠道；是纪律检查工作的基础性工作。

第三条　纪律检查机关受理检举、控告、申诉的范围是：对党员、党组织违反党章和其他党内法规，违反党的路线、方针、政策和决议，利用职权谋取私利和其他败坏党风行为的检举、控告；党员、党组织对所受党纪处分或纪律检查机关所作的其他处理不服的申诉；其他涉及党纪党风的问题。

第四条　控告申诉工作的指导思想是：贯彻执行党的基本路线，坚持从严治党方针，为党风廉政建设和维护安定团结服务，保证经济建设的顺利进行。

第五条　控告申诉工作的基本原则是：

（一）按照党章和政策规定处理问题。

（二）实事求是，以事实为依据。

（三）贯彻党的民主集中制。

（四）维护当事人的民主权利。

（五）分级负责、分工归口处理检举、控告和申诉。

（六）解决实际问题同思想教育相结合。

第六条　县以上（含县）纪律检查委员会，应建立控告申诉工作部门，配备专职干部，设置接待群众的场所，公布有关的规章制度，为党内外群众提供检举、控告、申诉的必要条件。

第二章　处理检举、控告、申诉的程序和方法

第一节　处理检举、控告的程序

第七条　中央纪律检查委员会收到对中央委员会、中央纪律检查委员会成员违犯党的纪律行为的检举、控告，应进行初步核实，需要立案检查的，报中央委员会批准。中央以下各级纪律检查委员会收到对上述成员的检举、控告，应及时报告中央纪律检查委员会。

第八条　中央以下各级纪律检查委员会收到对同级党的委员会、纪律检查委员会成员违犯党的纪律行为的检举、控告，应进行初步核实，需要立案检查的，报同级党的委员会批准；涉及常务委员的，经报告同级党的委员会后报上级纪律检查委员会批准。

第九条　对第七、第八条所列范围以外的党员干部违犯党的纪律行为的检举、控告，

按照干部管理权限，属于哪一级党的委员会管理的党员干部的问题，就由哪一级纪律检查委员会调查处理。重要的问题，应向上级纪律检查委员会报告，上级纪律检查委员会认为需要时可以直接调查处理。

第十条　对一般党员的检举、控告，由该党员所在的党组织调查处理；上级纪律检查委员会认为需要时可以直接调查处理。

第十一条　中央以下各级纪律检查委员会收到对同级党的委员会的检举、控告，必须报上级纪律检查委员会处理。

第十二条　对党员、党组织的检举、控告，需要立案检查的，按照党的纪律检查机关案件检查工作的有关规定办理。不需立案而被检举、控告人确有缺点、错误的，可由承办的纪律检查机关或有关党组织责成被检举、控告人作出检讨或说明，或通过党内生活进行批评教育。

第十三条　对检举、控告的问题作出处理后，由承办的纪律检查机关或有关党组织将处理结果告知检举、控告人，听取其意见。匿名检举的问题，必要时可在适当范围内公布调查处理的结果。

第二节　处理申诉的程序

第十四条　党员、党组织对所受党纪处分不服的申诉，由批准处分的党的委员会或纪律检查委员会承办。原批准处分的党的委员会或纪律检查委员会已经撤销的，由申诉人现在的相当于原批准处分的一级党的委员会或纪律检查委员会承办。

党员、党组织对纪律检查机关所作的其他处理不服的申诉，由作出处理决定的纪律检查机关承办。

第十五条　对党员、党组织的申诉，需要复议、复查的，按照党的纪律检查机关案件审理工作的有关规定办理。不需要复议、复查的，由承办的纪律检查机关或有关党组织对申诉人说明理由，做好工作。

第十六条　经过复议、复查，如果原结论或处理决定是正确的，应作出维持原结论或处理的决定，并报原批准的党的委员会或纪律检查委员会批准结案；需要改变原结论或处理决定的，应作出新的处理决定，并经原批准的党的委员会或纪律检查委员会批准执行。如果复议、复查结论和决定是由原批准的党的委员会或纪律检查委员会作出的，则不必办理上述批准手续。

第十七条　对党员、党组织的申诉，上级纪律检查委员会认为需要时可以直接复议、复查，也可以责成有关的党的委员会或纪律检查委员会复议、复查。

第十八条　对申诉的问题复议、复查后，由承办的党的委员会或纪律检查委员会将处理意见或复议、复查结论同申诉人见面，听取其意见。复议、复查的结论和决定，应交给申诉人一份。

第十九条　申诉人如果对复议、复查结论仍然不服，由批准的党的委员会或纪律检查委员会，将申诉人的意见及复议、复查的结论和有关材料，一并报上一级党的委员会或纪律检查委员会审查决定。

第三节　处理检举、控告和申诉的基本方法

第二十条　对检举、控告、申诉中的重要情况和问题，可采取适当的书面形式，及时

向党的有关领导机关、领导同志和有关部门反映。

第二十一条 对本级党的委员会管理的党员干部的检举、控告和本级党的委员会管理的党员干部的申诉，分别由本级纪律检查委员会的案件检查部门和案件审理部门办理。重要的可由本级纪律检查委员会领导批示办理。

第二十二条 涉及下级党的委员会管理的党员干部和一般党员的检举、控告、申诉，按照分级负责的原则，转交下级相应的纪律检查机关或有关党组织办理。重要的可函交下级纪律检查机关或有关党组织调查处理，有的可责成其报告调查处理的结果。

第二十三条 对转交下级纪律检查机关或有关党组织办理的检举、控告和申诉，交办的纪律检查机关可采取检查、催办、参与调查、参与研究处理意见等方法，促使问题及时、正确地得到处理。

第二十四条 对匿名的检举材料，要具体分析，区别对待，慎重处理；没有具体事实的，可不予置理；反映情节轻微的一般问题的，可将问题摘抄给被检举人，责成其作出检讨或说明；反映重要问题的，可先进行初步核实，再确定处理办法；内容反动的，可交公安部门处理。

第三章　受理机关的职责和工作要求

第二十五条 在控告申诉工作中，各级纪律检查机关的责任是：按照规定的范围受理检举、控告和申诉，从中了解党风党纪情况和违纪案件线索；直接办理或向下级纪律检查机关和有关党组织交办检举、控告和申诉；指导和协助下级纪律检查机关做好控告申诉工作。

第二十六条 各级纪律检查委员会的控告申诉工作部门承担处理检举、控告和申诉的日常工作，遵照本级纪律检查委员会的决定和有关规章制度，履行下列职责：

（一）通过处理群众来信和接待群众来访，受理检举、控告和申诉；

（二）向本级纪律检查委员会反映检举、控告和申诉的情况和问题；

（三）承办上级和本级纪律检查委员会交办的检举、控告、申诉和其他事项；

（四）向本级纪律检查委员会有关部门移送或向下级纪律检查机关、有关党组织交办检举、控告和申诉，向有关部门转办不属于纪律检查机关职责范围的信访问题；

（五）调查研究控告申诉工作情况，拟订控告申诉工作的规章制度，对下级纪律检查机关的控告申诉工作进行业务指导；

（六）协调处理信访问题，疏导上访群众，维护正常的工作秩序和社会秩序。

第二十七条 各级纪律检查机关对受理的检举、控告和申诉，应及时办理，不得延误。对应由上级处理的问题，应迅速报告上级处理；对应由本级处理的问题，本级有关领导或有关部门应及时处理；对应由下级处理的问题，应迅速转交下级处理。

第二十八条 对于上级纪律检查机关要求报告调查处理结果的检举、控告、申诉案件，承办的纪律检查机关或有关党组织一般应在三个月内报告结果；不能如期报告时，要说明理由和办理情况。对于没有要求报告结果的检举、控告、申诉，也应及时调查处理，不得置之不理或敷衍塞责。

第二十九条 向上级纪律检查机关报告检举、控告和申诉案件的处理结果，应当材料齐全。

报告检举、控告案件处理结果的必备材料是：

（一）调查报告和处理结论。

（二）检举、控告人和被检举、控告人对调查处理的意见。在检举、控告人或被检举、控告人提出不同意见时，应附有承办单位对其不同意见的说明。

（三）被检举、控告人有错误，组织上已令其检讨或给予组织处理的，应附有本人检讨或处理决定。

（四）呈报机关的审查意见。

报告申诉案件处理结果的必备材料是：

（一）原处理决定、复议结论或复查报告及结论。

（二）申诉人对复议、复查结论的意见。在申诉人提出不同意见时，应附有承办单位对其不同意见的说明。

（三）呈报机关的审查意见。

第三十条　上级纪律检查委员会对下级纪律检查委员会或有关党组织上报的调查处理结果审核后，对处理正确的要及时结案；对处理不当的，要及时提出意见或建议。上下级纪律检查委员会如果在重要问题上有不同意见，由上级纪律检查委员会决定；如果下级纪律检查委员会的处理确有错误又坚持不改的，上级纪律检查委员会有权改变下级纪律检查委员会对案件所作的决定。

第三十一条　对检举、控告和申诉调查处理完毕后，承办单位、交办单位应按档案工作的规定，及时立卷归档。

第三十二条　维护当事人的合法权利。对检举、控告人及检举、控告内容，应当保密。不准将检举、控告材料转给被检举、控告人；不得对检举、控告、申诉人歧视、刁难、压制。对打击报复检举、控告、申诉人的，必须追究责任，严肃处理。

第三十三条　对如实检举、报告或反映情况的，应予以支持、鼓励。对检举、控告不完全属实的，除对不属实的部分予以解释说明外，对属实的部分应予以处理。对检举、控告不实的，必须分清是错告还是诬告：如属错告，应在一定范围内澄清是非，消除对被错告者造成的影响，并教育错告者；如属诬告，必须对诬告者追究责任，严肃处理。

第三十四条　认定诬告，必须经过地、市级以上（含地、市级）党的委员会或纪律检查委员会批准。

第三十五条　对于党员、党组织对党纪处分或纪律检查机关所作的其他处理不服的申诉，必须按照全错全纠、部分错部分纠、不错不纠的原则，实事求是地处理。凡属冤假错案，不管是哪一级组织、哪一个领导人定的和批的，都要实事求是地纠正。

第三十六条　发现党的组织或负责人对党员或党组织的申诉不认真复议、复查和对冤假错案坚持不纠，对受理的检举、控告不负责任，无故拖延不办，或为违纪者说情、开脱，予以包庇的，都要给予批评教育，情节严重的，必须追究责任。

第三十七条　对检举、控告、申诉的问题已经得到正确处理，当事人仍无理纠缠，影响工作秩序的，应当进行批评教育；对不听劝告、屡教不改的，可请公安部门协助处理。

第三十八条　受理机关及其工作人员，在坚持原则、执行政策、秉公执纪、廉洁奉公、遵纪守法、工作作风等方面，必须接受党内外群众的监督。

第三十九条　各级纪律检查机关的领导对重要的检举、控告、申诉，应亲自阅批、接谈，进行处理；要支持承办人员履行职责，保护他们的合法权益不受侵害。

第四章　当事人的权利和义务

第四十条　检举、控告、申诉人在检举、控告、申诉活动中有下列权利：

（一）对党员、党组织违法乱纪的行为有权提出检举、控告。

（二）党员对所受党纪处分或纪律检查机关所作的其他处理不服，有权提出申诉，要求复议、复查。

（三）提出检举、控告、申诉后，在一定期限内得不到答复时，有权向受理机关提出询问，要求给予负责的答复。

（四）有权要求与检举、控告、申诉案情有关或有牵连的承办人员回避。

（五）对受理机关及承办人员的失职行为和其他违纪行为有权提出检举、控告。

（六）因进行检举、控告、申诉，其合法权利受到威胁或侵害时，有权要求受理机关给予保护。

第四十一条　检举、控告、申诉人在检举、控告、申诉活动中，必须履行下列义务：

（一）对所检举、控告、申诉的事实的真实性负责。接受调查、询问时，应如实提供情况和证据。如有诬陷、制造假证行为，须承担纪律责任。

（二）遵守党的纪律和控告申诉工作的有关规定，维护社会秩序和工作秩序。如有违犯，须接受教育、劝告，直至承担纪律责任。

（三）接受党组织的正确处理意见，不得提出党章、制度、政策规定以外的要求。

第四十二条　被检举、控告人在党组织处理对他的检举、控告过程中有下列权利：

（一）对被检举、控告的问题有权进行说明解释。

（二）基层党组织讨论决定对他的党纪处分或其他处理时，有权参加和进行申辩。

（三）有权要求党组织将调查处理结论同本人见面。

（四）对党组织认定本人所犯错误的事实、性质和所作处理决定有不同意见时，有权向上级党组织直至中央提出申诉。

（五）对受理机关及承办人员的失职行为和其他违纪行为有权提出检举、控告。

（六）当合法权利受到威胁或侵害时，有权要求受理机关给予保护。

第四十三条　被检举、控告人在党组织处理对他的检举、控告过程中，必须履行下列义务：

（一）配合党组织查清被检举、控告的问题，如实提供情况和证人，接受检查和询问，主动交代问题。如有隐瞒、诬陷、抗拒等行为，须承担纪律责任。

（二）对所犯错误，必须正确对待，认真检讨，接受处理，不得违反组织决定。

（三）尊重检举、控告人和承办人员的权利和职责，如有利用职权打击报复检举、控告人和承办人员的行为，须承担纪律责任。

第五章　附　则

第四十四条　本条例是党内处理检举、控告、申诉的规则，各级纪律检查机关和党组织必须严格执行。

第四十五条　各省、自治区、直辖市纪律检查委员会，中央直属机关和中央国家机关纪律检查工作委员会，可根据实际情况，制定实施本条例的细则或具体规定，报中共中央纪律检查委员会备案。

第四十六条 中国人民解放军的纪律检查机关的控告申诉工作，可参照本条例另作规定。

第四十七条 本条例由中共中央纪律检查委员会负责解释和修改。

第四十八条 本条例自 1993 年 9 月 1 日起施行。其他有关控告申诉工作的规定，如与本条例不一致时，按本条例执行。

第19章　查办案件工作制度

中共中央纪律检查委员会办公厅、监察部办公厅关于查办案件中需查询或者冻结被调查对象存款时应以监察机关名义使用监察文书的通知

（中纪办发［1999］17号　1999年12月27日）

《中华人民共和国商业银行法》发布后，一些地区和单位的纪检机关来电来函询问：纪检机关办案中确需到银行或者其他金融机构查询或者冻结被调查对象的存款时，应如何办理？现就此问题通知如下：

《中华人民共和国行政监察法》第二十一条规定："监察机关在调查贪污、贿赂、挪用公款等违反行政纪律的行为时，经县级以上监察机关领导人员批准，可以查询案件涉嫌单位和涉嫌人员在银行或者其他金融机构的存款；必要时，可以提请人民法院采取保全措施，依法冻结涉嫌人员在银行或者其他金融机构的存款。"根据这一规定，最高人民法院、监察部1998年10月13日印发了《关于执行〈中华人民共和国行政监察法〉第二十一条若干问题的规定》，明确了依法冻结涉嫌人员存款的操作程序并附有文书格式；监察部1999年6月7日印发了《监察机关监察文书格式标准文本式样》，其中式样10即为"查询存款通知书"。根据纪检、监察机关合署办公、行使两种职能的实际，各级纪检监察机关今后在办案中确实需要到银行或者其他金融机构查询存款或者冻结存款时，无论是以纪检机关名义立案的，还是以监察机关名义立案的，均应以监察机关名义使用上述监察文书，并应按规定严格履行审批程序。未设监察机关的部门、单位或者系统，纪检机关需要到银行或者其他金融机构查询和冻结存款的，可到所在行政区监察机关或者上级主管部门监察机关开具监察文书。

纪检监察机关办案工作保密规定

（中纪发［1996］14号　1996年8月19日）

第一条　为了确保纪检监察机关在办案中严格保守国家秘密，加强办案中的保密工作，保证纪检监察工作的顺利进行，根据《中华人民共和国保守国家秘密法》、《纪检监察工作中国家秘密及其密级具体范围的规定》和国家有关规定，制定本规定。

第二条　本规定适用于纪检监察机构办案人员和纪检监察机构内部因工作需要接触案情的人员。第三条受理检举、控告、申诉的保密要求按照《保护检举、控告人的规定》的有关规定办理。第四条对案件或问题初核时，不准向被调查人暴露意图。

第五条　《立案呈批报告》、《初步核实报告》等有关案件材料，应指定专人登记、管理。

第六条　制定案件调查计划要同时制定保密措施，调查大案要案要有具体保密方案。

第七条　拟采取的调查手段、措施要严格控制知悉范围，不准向被调查人泄露；严禁泄露当事人提供的物证、书证、证人证言等证据。

第八条　外出调查一般不准携带案卷，如确需携带时必须经领导批准，并做到：两人专管，卷不离人，严防丢失；上下车、船、飞机时，要及时检查，相互提示。

第九条　不准在公共场所谈论案件内容，不准携带案卷和调查材料探亲访友、游览、购物等。

第十条　汇报案情及有关情况时，应使用加密传真，不得使用平信、明码电报和电话。传递办案材料，应通过机要部门。

第十一条　出境调查携带案件材料，应当按国家保密局、海关总署《关于禁止邮寄或非法携运国家秘密文件、资料和其他物品出境的规定》执行。

第十二条　移送审理的案件材料，要严格登记和履行交接手续。

第十三条　在审理案件过程中，案卷材料由承办人负责保管，审理结束后，按规定移送。

第十四条　阅卷笔录、审理讨论笔录等，未经批准，不得向无关人员提供。

第十五条　案件材料及办案请示、报告和其他有关文字材料，均应按《纪检监察工作中国家秘密及其密级具体范围的规定》划定密级和期限，并妥善加以保管。

第十六条　正在办理的案件，一般不对外宣传报道；需要宣传报道时，必须经主管领导同意并报同级纪检监察机关领导批准。

第十七条　办案中如发生泄密情况，要及时向主管领导和本单位保密委员会报告，同时采取有效措施尽力补救；事后要认真追查，严肃处理，并向上一级纪检监察机关保密委员会报告。

第十八条　违反本规定的，应依照党纪、政纪的有关规定给予党纪处分、行政处分或其他处理；构成犯罪的，移送司法机关依法追究刑事责任。

第十九条　本规定自发布之日起施行。

中共中央纪律检查委员会、最高人民法院、最高人民检察院、公安部、监察部关于采取有力措施保护执纪执法办案人员合法权利的通知

（中纪发［1994］13号　1994年11月21日）

随着反腐败斗争的深入，各级纪检监察机关、公安司法机关和法律监督部门充分发挥职能作用，加大了查办违纪违法案件，尤其是大案要案的力度。广大执纪执法办案人员不畏困难，排除阻力，坚持原则，秉公办案，迅速查办了一批违纪违法犯罪案件，惩处了一批违纪人员和违法犯罪分子，为惩治腐败作出了重要贡献。但是，近一个时期以来，执纪执法办案人员及其家属受到打击报复的事件屡有发生，有的受到恐吓威胁，有的被谩骂殴打，有的甚至遭到报复杀害。这不仅直接危害了执纪执法办案人员及其家属的人身安全，而且严重干扰了执纪执法机关正常的办案工作，影响了反腐败斗争的顺利开展。对此，各级党委、政府及有关部门必须予以高度重视和警惕。为了保护执纪执法办案人员的合法权利，保证反腐败斗争尤其是查办大案要案工作的顺利进行，特就有关问题通知如下：

一、切实采取有效的防范措施，防止打击报复事件的发生。

各级党委、政府及有关部门要采取切实有效的措施，加强对执纪执法办案人员的保护。一旦发现打击报复的苗头，或者执纪执法办案人员的人身安全受到威胁，公安司法机关必须及时实施相应的保护，保证办案人员不受到伤害。同时，本单位的领导要认真负责地做好有关当事人的教育疏导工作，对预谋报复伤害办案人员者，迅速、果断地采取相应的控制措施，把可能发生的打击报复事件消除在萌芽状态。对于放任打击报复事件的发生，不采取相应措施予以制止，导致严重后果的，要严肃追究有关党政负责人和其他人员的责任。各级纪检监察机关，公安司法机关和法律监督部门要加强保密纪律教育，严守有关保密规定。在查办违纪违法案件过程中，严禁任何组织和个人泄露案情，严禁任何组织和个人以任何方式向涉案人泄露直接办案人员的有关情况。在宣传报道各类案件以及表彰办案有功人员时，对办案人、举报人以及知情人的情况，要严格遵守保密规定；需要公开报道的，也应注意方式方法，掌握好分寸。要坚决防止由于泄密导致的打击报复事件的发生。

二、依法从严从快查处打击报复案件。

对由于受到举报和查处，而对举报人、办案人在精神上施加压力，在工作中无理刁难，给予种种不公正待遇，肆意进行打击报复的，各级党委、政府和有关部门要采取有力措施，坚决制止和纠正。对进行打击报复的人员要进行严肃的批评教育和组织处理。对于已经发生的打击报复案件，各级纪检监察机关、公安司法机关和法律监督部门要高度重视，及时受理，并投入力量迅速查清事实，严肃处理。对因打击报复构成犯罪的人员，由司法机关依法从重惩处；违反治安处罚条例的，由公安机关给予相应的治安处罚；违犯党

纪政纪的，由纪检监察机关从严查处。要选择一些影响大、危害严重的典型案件公开处理，以儆效尤。

三、旗帜鲜明地支持执纪执法人员依法办案。

查处违纪违法案件，维护党纪国法的尊严，是深入开展反腐败斗争的重要环节，是各级执纪执法机关的神圣使命。自觉接受法纪监督是每一个公民应尽的义务。要加强法纪教育，增强广大人民群众的法纪观念，支持执纪执法机关履行职责。要大力宣传执纪执法人员坚持原则、无私无畏、敢于斗争的事迹和精神，弘扬正气，鼓舞广大人民群众同各种违纪、违法现象作斗争的勇气，树立执纪执法机关的威信，为查办案件工作创造一个良好的社会环境。各级党委、政府要加强对查办案件工作的领导，旗帜鲜明地支持办案人员依法办案。要从政治上、思想上、工作上、生活上关心和支持办案人员，帮助他们排忧解难。要研究和制定有关法规，从制度上保证办案人员的合法权益不受任何侵犯，以确保反腐败斗争尤其是查办大案要案工作的顺利进行。

中国共产党纪律检查机关案件检查工作条例

（中纪发〔1994〕4号　1994年1月28日）

第一章　总　则

第一条　检查中国共产党内违纪案件是中国共产党的纪律检查机关的一项重要工作，是严肃党纪的中心环节。为使案件检查工作规范化、制度化，提高办案质量和效率，根据中国共产党章程有关规定，结合案件检查工作的实践，制定本条例。

第二条　案件检查工作的指导思想是，通过执纪办案，维护党的章程和其他党内法规，严肃党的纪律，加强党风廉政建设，保护改革开放，促进经济发展，保证党的基本路线的贯彻执行。

第三条　纪检机关依照党章和本条例行使案件检查权，不受国家机关、社会组织和个人的干涉。

第四条　案件检查必须坚持实事求是的原则，以事实为根据，以党纪为准绳，做到事实清楚，证据确凿，定性准确，处理恰当，手续完备。

第五条　案件检查要坚持在党的纪律面前人人平等的原则，对任何党员和党组织违犯党的纪律的行为，都必须依据本条例进行检查。

第六条　案件检查要依靠党的各级组织，走群众路线，加强纪检系统内部以及与有关部门的协调配合。

第七条　案件检查要贯彻惩前毖后、治病救人的方针，达到既维护党纪的严肃性，又教育本人和广大党员的目的。

第八条　案件检查中，要切实保障党员包括被检查的党员行使党章所赋予的各项权利。

第九条　案件检查实行分级办理、各负其责的工作制度。

第二章　受理和初步核实

第十条　纪检机关对检举、控告以及发现的下列违纪问题，予以受理：

（一）同级党委委员、纪委委员的违纪问题；

（二）属上级党委管理在本地区、本部门工作的党员干部的违纪问题；

（三）同级党委管理的党员干部的违纪问题；

（四）下一级党组织的违纪问题；

（五）领导交办的反映其他党员和党组织的违纪问题。

属下级党委管理的党员和党组织重大、典型的违纪问题，必要时也可以受理。

第十一条　纪检机关受理反映党员或党组织的违纪问题后，应根据情况决定是否进行初步核实。需初步核实的，应及时派人进行，必要时也可委托下级纪检机关办理。

第十二条　初步核实的任务是，了解所反映的主要问题是否存在，为立案与否提供依据。

第十三条　初步核实可以采用本条例第二十八条中（一）、（二）、（三）、（四）、（五）、（八）的方法收集证据。

第十四条　初步核实后，由参与核实的人员写出初步核实情况报告，纪检机关区别不同情况作出处理：

（一）反映问题失实的，应向被反映人所在单位党组织说明情况，必要时还应向被反映人说明情况或在一定范围内予以澄清；

（二）有违纪事实，但情节轻微，不需追究党纪责任的，应建议有关党组织作出恰当处理；

（三）确有违纪事实，需要追究党纪责任的，应予立案。

第十五条　初步核实的时限为两个月，必要时可延长一个月。重大或复杂的问题，在延长期内仍不能初核完毕的，经批准后可再适当延长。

第三章　立　案

第十六条　对检举、控告以及发现的党员或党组织的违纪问题，经初步核实，确有违纪事实，并需追究党纪责任的，按照规定的权限和程序办理立案手续。

第十七条　对党员的违纪问题，实行分级立案。

（一）党的中央委员会委员、中央纪律检查委员会委员违犯党纪的问题，由中央纪委报请中央批准立案。

（二）党的中央以下各级委员会、纪律检查委员会常务委员（基层党委、纪委为书记、副书记）违犯党纪的问题，与党委常务委员同职级的党委委员违犯党纪的问题，由上一级纪委决定立案，上一级纪委在决定立案前，应征求同级党委的意见。其他委员违犯党纪的问题，由同级纪委报请同级党委批准立案。

（三）其他党员干部违犯党纪的问题，均按照干部管理权限，由相应的纪委或纪工委、纪检组决定立案，在决定立案前应征求同级党委或党工委、党组的意见。未设立纪委或纪工委、纪检组的，由相应的党委或党工委、党组决定立案。

（四）不是干部的党员违犯党纪的问题，由基层纪委决定立案。未设立纪委的，由基层党委决定立案。

第十八条　党的关系在地方、干部任免权限在主管部门的党员干部违犯党纪的问题，除另有规定的外，一般由地方纪检机关决定立案。

若地方纪检机关认为由部门纪检机关立案更为适宜的，经协商可由部门纪检机关立案；根据规定应由部门纪检机关立案的违纪问题，经协商也可由地方纪检机关立案。

第十九条　对于党组织严重违犯党纪的问题，由上一级纪检机关报请同级党委批准立案，再上一级纪委在征求同级党委意见后也可直接决定立案。

第二十条　属于下级纪检机关立案范围的重大违纪问题，必要时上级纪检机关可直接决定立案。

第二十一条　上级纪检机关发现应由下级纪检机关立案的违纪问题，可责成下级纪检机关予以立案。

第二十二条　凡需立案的，应写出立案呈批报告，并附检举材料和初步核实情况报告，按立案批准权限呈报审批。

立案审批时限不得超过一个月。

经批准立案的案件，纪检机关应通报同级党委组织部门。

第四章　调　查

第二十三条　对已经立案的案件，立案机关应根据案情组织调查组。

第二十四条　调查组要熟悉案情，了解与案件有关的政策、规定，研究制订调查方案，并将立案决定通知被调查人所在单位党组织。

被调查人所在单位党组织应积极支持办案工作，加强对被调查人和案件知情人的教育。未经立案机关或调查组同意，不得批准被调查人出境、出国、出差，或对其进行调动、提拔、奖励。

第二十五条　调查开始时，在一般情况下，调查组应会同被调查人所在单位党组织与被调查人谈话，宣布立案决定和应遵守的纪律，要求其正确对待组织调查。调查中，应认真听取被调查人的陈述和意见，做好思想教育工作。

第二十六条　调查组认为被调查的党员干部确犯有严重错误，已不适宜担任现任职务或妨碍案件调查时，可建议对其采取停职检查措施。停止党内职务，属党委批准立案的，停职检查由党委决定；属纪检机关直接立案的，停职检查由纪检机关征求同级党委意见后决定。停止党外职务的，由纪检机关向有关党外组织提出建议。

第二十七条　证明案件真实情况的一切事实，都是证据。证据包括：物证、书证、证人证言、受侵害人的陈述、被调查人的陈述、视听材料、现场笔录、鉴定结论和勘验、检查笔录。证据应经过鉴别属实，才能作为定案的根据。

第二十八条　凡是知道案件情况的组织和个人都有提供证据的义务。调查组有权按照规定程序，采取以下措施调查取证，有关组织和个人必须如实提供证据，不得拒绝和阻挠。

（一）查阅、复制与案件有关的文件、资料、账册、单据、会议记录、工作笔记等书面材料；

（二）要求有关组织提供与案件有关的文件、资料等书面材料以及其他必要的情况；

（三）要求有关人员在规定的时间、地点就案件所涉及的问题作出说明；

（四）必要时可以对与案件有关的人员和事项，进行录音、拍照、摄像；

（五）对案件所涉及的专门性问题，提请有关的专门机构或人员作出鉴定结论；

（六）经县级以上（含县级）纪检机关负责人批准，暂予扣留、封存可以证明违纪行为的文件、资料、账册、单据、物品和非法所得；

（七）经县级以上（含县级）纪检机关负责人批准，可以对被调查对象在银行或其他金融机构的存款进行查核，并可以通知银行或其他金融机构暂停支付；

（八）收集其他能够证明案件真实情况的一切证据。

第二十九条　调查取证要做到：

（一）收集物证、书证，应尽量收取原物、原件；不能收取原物、原件的，也可拍照、复制，但须注明保存单位和出处，书证还须由原件的保存单位或个人签字、盖章。

（二）收集证言，应对出证人提出要求，讲明责任。证言材料要一人一证，可由证人书写，也可由调查人员作笔录，并经本人认可。所有证言材料应注明证人身份、出证时间，并由证人签字、盖章或押印。证人要求对原证作出部分或全部更改时，应重新出证并注明更改原因，但不退原证。与证人谈话，调查人员不得少于两人。收集被侵害人的陈述、被调查人的陈述，适用本项规定。

（三）对于有关机关移送的调查材料，必须认真审核，经调查人员认定后才可作证据使用。

第三十条　调查中，如需公安、司法机关和其他执法部门等提供与违纪案件有关的证据材料，有关机关应予积极配合。

第三十一条　应认真鉴别证据，严防伪证、错证。发现证据存在疑点或含糊不清的，应重新取证或补证。

第三十二条　认定错误事实须有确实、充分的证据。只有被调查人的交待，而无其他证据或无法查证的，不能认定；被调查人拒不承认而证据确实、充分的，可以认定。

第三十三条　调查组应将所认定的错误事实写成错误事实材料与被调查人进行核对。对被调查人的合理意见应予采纳，必要时还应作补充调查；对不合理的意见，应写出有事实根据的说明。

被调查人应在错误事实材料上签署意见。对拒不签署意见的，由调查组在错误事实材料上注明。

第三十四条　调查取证基本结束后，调查组应经过集体讨论，写出调查报告。调查报告的基本内容是：立案依据，主要错误事实及性质；有关人员的责任；被调查人对错误的态度；处理建议。对调查否定的问题应交待清楚。对难以认定的重要问题用写实的方法予以反映。调查报告须由调查组全体成员签名。

如调查组内部对错误性质、有关人员的责任及处理建议等有较大分歧，经过讨论仍不能一致时，应按调查组长的意见写出调查报告。但对不同意见应在报告中作适当反映，或另以书面形式反映。

调查组应将调查报告的主要内容向被调查人所在单位党组织通报，并征求意见。

第三十五条　调查中，发现检举人确属诬告或证人出具伪证等妨碍案件检查的行为，应予追究。

第三十六条　要保护办案人、检举人、证人。对上述人员进行诬告陷害、打击报复的，应予追究。

第三十七条　调查中，若发现违纪党员同时又触犯刑律，应适时将案件材料移送有关司法机关处理。

第三十八条　调查结束后，调查组要总结工作，并应协助发案单位党组织总结经验教训。

第三十九条　案件调查的时限为三个月，必要时可延长一个月。案情重大或复杂的案件，在延长期内仍不能查结的，可报经立案机关批准后延长调查时间。

第五章　移送审理

第四十条　凡属立案调查需追究党纪责任的案件，调查终结后，都要移送审理。

个别重大复杂的案件，调查过程中，可提前介入审理。

第四十一条 移送审理时，应移送下列材料，并办交接手续：

（一）分管领导同意移送审理的批示；

（二）立案依据；

（三）调查报告和承办纪检室的意见；

（四）全部证据材料；

（五）与被调查人见面的错误事实材料；

（六）被调查人对错误事实材料的书面意见和检讨材料；

（七）调查组对被调查人意见的说明。

第四十二条 案件经审理并报本级纪委常委会讨论后，应将调查报告、被调查人对错误事实材料的书面意见和检讨材料以及调查组对被调查人意见的说明材料的复制件，送交被调查人所在单位党组织作出处理决定。

被调查人所在单位党组织应在一个月内作出处理决定，并按照处分党员的批准权限呈报审批。

特殊情况下，由县以上纪检机关直接作出处分决定的，事前应征求被调查人所在单位党组织的意见。

第四十三条 审理过程中，发现证据不足的，应予补证；认为案件主要事实不清的，应补充调查。

第四十四条 对公安、司法机关已处理的案件中所涉及的党员，需要给予党纪处分的，由纪检机关直接审理。如需进一步调查的，应由纪检机关办理立案手续。

第六章　对办案人员的要求

第四十五条 办案人员应遵守以下纪律：

（一）不准对被调查人或有关人员采取违犯党章或国家法律的手段；

（二）不准泄露案情，扩散证据材料；

（三）不准伪造、篡改、隐匿、销毁证据，故意夸大或缩小案情；

（四）不准接受与案件有关人员的财物和其他利益。

第四十六条 办案人员有下列情形之一的，应当自行回避，被调查人、检举人及其他与案件有关的人员也有权要求回避：

（一）是本案被调查人的近亲属；

（二）是本案的检举人、主要证人；

（三）本人或近亲属与本案有利害关系的；

（四）与本案有其他关系，可能影响公正查处案件的。

办案人员的回避，由纪检机关有关负责人决定。

对办案人员的回避作出决定前，办案人员不停止对案件的调查。

第七章　附　则

第四十七条 本条例是党的纪律检查机关案件检查工作的规则，各级党组织和纪检机关都必须严格执行。

第四十八条 中国人民解放军党的纪律检查机关的案件检查工作，军委纪委可参照本条例的精神作出规定，报中央军委批准施行，并报中央纪律检查委员会备案。

第四十九条　本条例由中央纪律检查委员会负责解释；实施细则由中央纪律检查委员会制定。

第五十条　本条例自1994年5月1日起施行，《中国共产党纪律检查机关案件检查工作条例（试行）》同时废止。

中国共产党纪律检查机关案件检查工作条例实施细则

（中纪发［1994］4号　1994年3月25日）

第一章　总　则

第一条　根据《中国共产党纪律检查机关案件检查工作条例》（以下简称《条例》）第四十九条的规定，制定本细则。

第二条　《条例》第三条所称“纪检机关依照党章和本条例行使案件检查权”，是指纪律检查机关在党章和《条例》规定的职权范围内，对党员和党组织的违纪问题有权进行初步核实、立案和调查。

任何国家机关、社会组织和个人均不得以违反法律、法规和党章、《条例》的手段，干扰、阻挠纪检机关的办案活动。对妨碍案件检查工作的，应按照《中共中央纪律检查委员会关于对妨碍违纪案件查处的党组织和党员党纪处分的规定（试行）》作出处理。

第三条　《条例》第四条所称“事实清楚、证据确凿、定性准确、处理恰当、手续完备”是指：

1. 案件发生的时间、地点、手段、情节、后果和有关人员的责任等应清楚明确；

2. 认定的每一案件事实都应有经过鉴别属实的充分证据；

3. 确定错误性质和提出处理建议，均应以事实为依据，以党章、党纪和国家法律、法规为准绳；

4. 案件检查的各个环节都应符合《条例》和本细则规定的程序，并履行相应的手续；收集的证据和形成的案件材料也应符合规定的要求。

第四条　根据《条例》第八条的规定，在案件检查中，纪检机关要切实保障党员和群众提出批评、检举、控告等项权利，保障被调查党员行使申辩、申诉等项权利，保障检举控告人、证人、被调查人和办案人不受打击报复。

第二章　受理和初步核实

第五条　根据《条例》第十条第一项的规定，纪检机关受理同级党委委员、纪委委员的违纪问题，如被反映人同时担任两个以上党委或纪委委员职务的，一般应由与其最高职务同级的纪检机关受理。

第六条　《条例》第十条第五项所称“领导交办的”，是指：

1. 上级党委（党工委、党组）、纪委（纪工委、纪检组）及其负责人交办的；

2. 同级党委（党工委、党组）及其负责人和本级纪委（纪工委、纪检组）负责人交办的。

上述领导交办的反映党员和党组织的违纪问题，必须经分管纪检室领导阅批后，才予以受理。

第七条　根据《条例》第十一条的规定，凡纪检室认为需进行初步核实的，应填写

《初步核实呈批表》（附式1）；凡委托下级纪检机关进行初步核实的，应当制作《委托初步核实通知书》（附式2）。受委托的纪检机关应及时办理，并将核实情况报告委托机关。

第八条　根据《条例》第十二条、十三条的规定，初步核实应当尽力收集证据，并抓住主要问题进行，注意保守秘密。

第九条　《条例》第十四条所称“初步核实情况报告”，其内容应包括：被反映人的自然情况、反映的主要问题及初步核实的结果、存在的疑点、处理建议。参与核实的人员须在初核情况报告上签名。

承办纪检室应对初步核实情况报告进行审议并提出处理建议，由室主任（室主任不在时由副主任）签名后呈报分管纪检室领导审批。

第十条　根据《条例》第十四条第一项的规定，对经初步核实，反映问题不实的，纪检机关除应向被反映人所在单位党组织说明情况外，还应注意做好以下工作：

1. 在初核过程中如向被反映人作过了解或纪检机关认为有必要的，应向本人说明情况；

2. 因反映问题不实而对被反映人造成不良影响的，应采取适当方式在一定范围内予以澄清；

3. 发现被反映人在工作中做出显著成绩的，应向有关党组织反映；

4. 对检举人因了解情况不全面而错告的，应帮助其总结经验教训；

5. 对蓄意诬告、陷害的，应调查处理或建议有关组织严肃追究。

第十一条　根据《条例》第十四条第二项的规定，对经初步核实，虽有违纪事实，但情节轻微，不需追究党纪责任的，纪检机关应建议有关党组织按照以下办法做出处理：

1. 党组织负责人同被反映人谈话，进行批评教育；

2. 责成被反映人作出口头或书面检查；

3. 召开民主生活会，对被反映人进行批评帮助；

4. 纠正被反映人的违纪行为或责令其停止正在实施的违纪行为；

5. 对被反映人的工作或职务进行调整；

6. 在一定范围内进行通报批评；

7. 责成被反映人退出违纪所得

上述处理办法对同一被反映人可以单独使用，也可合并使用。

纪检机关对党组织提出建议时，应制作《纪律检查建议书》（附式3），送达有关党组织。对纪检机关的建议，有关党组织如无正当理由，应予采纳，并应将办理结果及时报告或告知提出建议的纪检机关。

第十二条　《条例》第十五条所称“初步核实的时限”，从初步核实工作实际开始之日算起，至纪检室提出处理意见呈报分管领导审批时为止。

第三章　立　案

第十三条　《条例》所称“追究党纪责任”，是指给予纪律处分和免予纪律处分。

第十四条　《条例》第十八条第一款所称“另有规定的”部门，是指铁路、外交、民航、海关、税务、新华社、人民日报社等部门。

第十五条　根据《条例》第十八条第二款的规定，对应由地方纪检机关立案的违纪问题，有下列情形之一的，可由部门纪检机关立案：

1. 违纪问题涉及几个地方，由一个地方纪检机关立案调查不便的；

2. 部门纪检机关已受理并经初步核实的。

第十六条 根据《条例》第十九条的规定，对违纪党组织的立案，应由有立案权的党委、纪委常委会议研究决定。

第十七条 根据《条例》第二十一条的规定，上级纪检机关责成下级纪检机关立案的，必须是上级纪检机关或有关部门经过初步核实，认为符合立案条件的。

凡责成立案的，上级纪检机关应制作《责成立案通知书》（附式 4）并附核实材料；有关下级纪检机关应即立案，并将查处结果报告上级纪检机关。

第十八条 根据《条例》规定，党员违犯党纪需要立案的，一般由纪委常委会议或纪检组组务会议讨论决定；党委委员、纪委委员违犯党纪需同级党委批准立案的，一般由党委常委会议讨论决定。党委或纪委因常务委员不够常委会议法定人数而无法召开常委会的，可由二名以上常务委员批准立案，但事后应即向其他常务委员通报。

不设常委会的各级党工委、纪工委，地级党委、纪委，基层党委、纪委的立案问题，比照前款规定执行。

立案审批时限，从收到立案呈批报告之日算起，至批准立案之日止。

第十九条 根据《条例》第二十二条的规定，凡需立案的，由承办纪检室写出《立案呈批报告》（附式 5）。经批准立案的案件，承办纪检室应填写《立案决定书》（附式 6），通报同级党委组织部门。

第二十条 党员工作调动后，发现在原单位有违纪问题并需立案调查的，由其现所在单位承办，原单位应予配合。离退休后提高职级待遇的党员，其违纪问题需立案调查的，应按其提高待遇后的干部管理权限办理。

第四章 调 查

第二十一条 《条例》所称“立案机关”，是指决定立案或经批准后决定立案的机关。

第二十二条 《条例》第二十四条第一款所称“调查方案”，其内容应包括：需查清的主要问题，调查步骤、方法，预计完成任务的时间，办案人员的组成和领导关系以及应注意的事项等。

调查方案应经分管纪检室领导批准后实施。

第二十三条 《条例》所称“被调查人（被反映人）所在单位党组织”，是指与被调查人（被反映人）在其工作单位担任的党内职务或党外职务相应的一级党组织。

根据《条例》第二十四条第一款的规定，将立案决定通知被调查人所在单位党组织，应填写《立案决定书》，送交被调查人所在单位党组织的主要负责人。

第二十四条 根据《条例》第二十五条的规定，调查开始时，在一般情况下，调查组应会同被调查人所在单位党组织负责人与被调查人谈话，宣布立案决定，进行思想教育，并提出应遵守的纪律：

1. 自觉接受组织的调查，如实说明情况，主动交待问题，认真检查错误，配合组织尽快查清问题；

2. 不得与同案人或知情人串通情况、订立攻守同盟，不得对抗调查或进行反调查；

3. 不得对检举控告人、证人及上述人员家属等进行打击报复。

如调查组认为，调查开始时与被调查人谈话和宣布立案决定，会影响案件调查工作的，可根据案情，在适当时机谈话和宣布立案决定。

被调查对象是一级党组织的，调查开始时，调查组应会同其上一级党组织负责人，与被调查党组织的主要负责人谈话。

第二十五条　《条例》第二十六条所称“已不适宜担任现任职务”，是指具有下列情形之一的：

1. 被调查人犯有严重错误，已无法继续履行其职责；

2. 被调查人犯有严重错误，担任现任职务已严重影响调查工作。

本条所称“妨碍案件调查”，是指被调查人具有下列行为之一的：

1. 本人或指使他人对办案人、检举控告人、证明人及上述人员的家属进行侮辱、诽谤、诬陷、威胁、围攻、殴打以及其他形式的打击报复；

2. 本人或指使他人出伪证、不出证，隐匿、篡改、销毁证据，或嫁祸于人；

3. 利用职权或工作之便，采取欺骗、威胁、贿赂等手段阻止知情人如实反映情况、提供证据，或唆使知情人变证；

4. 本人或指使他人与同案人或知情人串通情况，订立攻守同盟，对抗调查或进行反调查。

第二十六条　根据《条例》第二十六条的规定，停止被调查人党内职务的，党委或纪检机关在作出停职检查决定后，应制作《停职检查决定书》（附式 7）。纪检机关作出的停职检查决定，应将《停职检查决定书》报同级党委、党组备案，并通报同级党委组织部门。

属于停止被调查人党外职务的，纪检机关应制作《停职检查建议书》（附式 8），送达有关党外组织。但由党委批准立案的，停职检查建议应在报经党委同意后提出。对纪检机关的建议，有关党外组织如无正当理由应予采纳，并应将结果及时报告或告知纪检机关。

停职检查的期限，不得超过办案期限。

第二十七条　《条例》第二十七条所称证据的种类分别指：

1. 物证：指能够证明案件真实情况的物品和物质痕迹。

2. 书证：指以其记载的内容证明案件真实情况的文字（包括符号、图画）。

3. 证人证言：指证人就其所了解的案件事实情况作的陈述。凡是知道案件真实情况的人都可以作为证人。生理上、精神上有缺陷或者年幼，不能辨别是非、不能正确表达意志的人，不能作证人。

4. 受侵害人的陈述：指受违纪行为直接侵害的人员就案件事实情况所作的控告和诉说。

5. 被调查人的陈述：指被调查党员就案件事实所作的交待、申辩和对同案人员的检举。

6. 视听材料：指可以重现原始声响或形象的用作证明案件事实的材料。

7. 现场笔录：指调查人员对案件（非刑事案件）有关的场所进行检查时所作的笔录。

8. 鉴定结论：指鉴定人运用专门知识或技能对办案人员不能解决的专门事项进行科学鉴定后所作出的结论。

9. 勘验、检查笔录：指公安、司法人员对与案件有关的场所、物品及其他证据材料进行勘验、检查时所作的笔录。

第二十八条 《条例》第二十八条所称“知道案件情况的组织和个人”，包括党组织和党外组织、党员和党外人员。

党员拒绝作证或故意提供虚假情况，情节严重的应按照有关规定给予党纪处分；是党外人员的，应建议其主管机关予以追究。

第二十九条 根据《条例》第二十八条第四项的规定，对与案件有关的人员和事项进行录音、拍照、摄像，应严格掌握。与被调查人、受侵害人和证人谈话时，如进行录音、拍照、摄像，应事先告知本人。制作的录音带、录像带和照片，应严加保管，不得扩散外传。被调查人、证人等未经调查人员许可，不得对调查人员使用这些手段。

第三十条 根据《条例》第二十八条第五项的规定，对案件所涉及的专门性问题，调查组可以提请有关专门机构或人员作出鉴定结论。鉴定人员应在鉴定结论上签名，并由鉴定单位加盖公章。

用作证据的鉴定结论，应告知被调查人。如被调查人提出申请，或调查组认为必要时，可以补充鉴定或重新鉴定。调查人员使用鉴定结论时，要注意与其他证据相互印证。

第三十一条 根据《条例》第二十八条第六项的规定，纪检机关暂予扣留、封存可以证明违纪行为的文件、资料、账册、单据、物品和非法所得时，参加的调查人员不得少于二人，并要填写《暂予扣留、封存物品登记表》(附式 9)，调查人和文件、物品的保管或持有人均应在登记表上签名。对扣留封存的文件、物品等，要指定专人妥善保管。

扣留封存的期限不得超过办案期限。

第三十二条 根据《条例》第二十八条第七项的规定，查核和暂停支付被调查对象在银行或其他金融机构的存款，按照中央纪委、中国人民银行关于纪检机关查询和暂停支付被调查对象存款有关规定办理，并要分别填写《查核银行存款通知书》(附式 10)、《暂停支付存款通知书》(附式 11)、《解除暂停支付存款通知书》(附式 12)。

暂停支付的期限不得超过办案期限。

第三十三条 根据《条例》第二十九条的规定，调查取证还要注意做到：

1. 收集书证时，对可作书证的私人日记、信件等原始材料，应采取动员的方法，不能强行收集。涉及个人隐私的，应为其保密。

2. 收集证人证言，应个别进行，不得采取开座谈会的形式。证人作证后，应为其保密。

3. 调查人员与被调查人、证人、受侵害人谈话时，应制作《谈话笔录》(附式 13)。

4. 对与案件（非刑事案件）有关的场所进行检查时，调查人员不得少于二人，并应制作现场笔录，调查人员应在现场笔录上签名。

第三十四条 根据《条例》第三十二条的规定，在没有物证、书证的情况下，仅凭言词证据认定错误事实时，必须有两个以上（含两个）直接证据，才能认定。

在没有直接证据的情况下，运用间接证据认定错误事实时，所有间接证据必须查证属实；每个证据与案件事实都有客观联系；所取得的证据必须形成一个完整的证明体系，并且这个证明体系足以排除其他可能性，才能认定。如不能排除其他可能性，或证据之间、证据与案件事实之间有矛盾的，不能认定。

第三十五条　根据《条例》第三十三条的规定，与被调查人进行核对的错误事实材料，其内容应包括：被调查人的主要错误事实、错误性质及责任。错误事实材料不得泄露立案依据、调查过程、检举人、证明人等内容。错误事实材料，以调查组的名义落款。

错误事实材料与被调查人见面，应由二名以上调查人员进行，必要时可请被调查人所在单位党组织负责人参加。

第三十六条　调查组在调查过程中，如发现被调查人有新的违纪问题，应一并查清，并及时向派出机关报告；如发现与本案无关的其他重大违纪问题，应即向派出机关报告。

第三十七条　对署真实姓名的检举人，调查结束后，调查组应向其口头通报所检举问题的调查结果，并征求意见。对案情需要保密的，应要求检举人不得泄密或扩散。

第三十八条　经调查，属于检举失实的案件，由承办纪检室写出《销案呈批报告》（附式 14），报请立案机关批准后销案，并向被调查人及其所在单位党组织说明情况。

第三十九条　《条例》第三十九条规定的案件调查时限，从批准立案之日算起，至承办纪检室将调查报告报送分管领导审议之日止。

第五章　移送审理

第四十条　根据《条例》第四十条第二款的规定，凡需审理室提前介入审理的案件，应由调查组提出意见，经纪检室审议后，报分管纪检室、审理室领导批准；分管纪检室、审理室领导认为必要时，也可直接决定提前介入审理。

第四十一条　根据《条例》第四十一条的规定，纪检室在向审理室移送案件材料时，应填写《案件移送审理登记表》（附式 15）。

第四十二条　《条例》第四十一条所称“立案依据”包括：

1. 检举材料；
2. 有关领导关于进行初步核实的批示；
3. 初步核实情况报告；
4. 立案呈批报告；
5. 《立案决定书》和其他批准立案的材料。

第四十三条　《条例》第四十一条所称“全部证据材料”，既包括对所调查的问题认定的证据材料，也包括对所调查的问题否定的证据材料。在移送以上材料时，应按调查报告中认定或否定问题的顺序编号。

第四十四条　根据《条例》第四十二条第一款的规定，将调查报告等案件有关材料的复制件送交被调查人所在单位党组织作出处理决定，由纪检室办理。

根据《条例》第四十二条第三款的规定，特殊情况下，由县以上纪检机关直接作出处分决定的，纪检室应将案件有关材料移送本级纪委审理室，由审理室审理后起草处分决定并征求被调查人所在单位党组织的意见，然后，报本级纪委常委会讨论。

第四十五条　根据《条例》第四十三条的规定，审理过程中，如需个别补证，由审理室直接办理；如审理室认为案件主要事实不清或需要由纪检室补证的，应提出意见，报经分管审理室和纪检室领导同意后，由纪检室补充调查。

第四十六条　根据《条例》第四十四条的规定，对已经公安、司法机关处理的移送纪检机关的案件，由审理室直接受理，不再履行立案手续，但应作为本级纪检机关办理的案件予以统计。如需个别补证的，由审理室办理。需要进一步调查的，报经分管审理室和纪检室的领导同意后，由纪检室办理立案手续。

第四十七条 《条例》第四十四条所称“需进一步调查的案件”，是指主要事实不清，证据不足，需要补充调查或重新调查的案件。

第六章 对办案人员的要求

第四十八条 根据《条例》第四十五条的规定，对办案人员违反本条规定的，应查明情况，追究责任。

第四十九条 《条例》第四十六条所称“近亲属”包括：配偶、父母、子女及其配偶、同胞兄弟姊妹。

第五十条 根据《条例》第四十六条的规定，办案人员未提出回避，被调查人、检举人及其他与案件有关的人员也未要求回避，但纪检机关认为办案人员应当回避的，可以直接作出回避决定。纪检室负责人的回避，由纪检机关负责人决定；其他办案人员的回避，由纪检室负责人决定。

第七章 附 则

第五十一条 本细则由中央纪律检查委员会负责解释。

第五十二条 本细则自 1994 年 5 月 1 日起施行。

第 20 章　案件审理工作制度

党的纪律检查机关案件审理工作条例

（中纪发［1987］12 号　1987 年 7 月 14 日）

第一章　总　则

第一条　根据党章和《关于党内政治生活的若干准则》，结合案件审理工作的实践经验，制定本条例。

第二条　案件审理工作，是对违犯党的纪律的案件的审核处理工作，是党的纪律检查工作的重要组成部分，是检查处理党员或党组织违犯党纪案件的重要环节。做好案件审理工作，对于正确地处理违犯党的纪律的案件，维护党的纪律的严肃性，端正党风；对于坚持四项基本原则，保证党的路线、方针、政策、决议的贯彻执行，促进社会主义物质文明和精神文明建设，有着积极的作用。

第三条　审理党员或党组织违犯党的纪律的案件，必须坚持实事求是的原则。以事实为依据，重证据，不主观臆断，不带框框。对于处理错了的案件，一经发现，坚决改正。

第四条　对犯错误的同志，必须坚持“惩前毖后，治病救人”的方针。对他们耐心地进行思想教育，根据其错误，恰当处理，既反对惩办主义，又不得姑息、迁就。

第五条　处理党员或党组织违犯党的纪律的案件，必须坚持严肃慎重、区别对待的原则。违纪必究，严肃处理，不能含糊敷衍。但在处理的时候，必须慎重从事。对具体案件，要具体分析其错误事实、性质、情节和危害，根据不同情况，做不同处理。

第六条　对于违犯党的纪律的党员，必须坚持在党的纪律面前人人平等的原则。不论其职位高低，贡献大小，资历长短，都要严肃查处，决不容许有不受党纪约束的特殊党员。

第七条　对党员或党组织的处分，必须坚持民主集中制的原则，由党委或纪委集体讨论决定。不允许任何个人或少数人决定和批准对党员或党组织的处分。

第八条　审查处理违犯党的纪律的案件的人员，需要回避的，经批准后实行回避。

第二章　任务和职责范围

第九条　案件审理工作的任务是：审查处理党员、党组织违犯党的纪律的案件和复查的案件。实事求是地核对违犯党的纪律的案件的事实材料，审核鉴别证据，根据党的政策和国家的法律法规，分析认定问题的性质，按照党章的规定和党对犯错误党员的一贯政策以及规定的程序，正确地处理违犯党的纪律的党员或党组织。

第十条　职责范围：

（一）审理按照批准权限由本级纪委或同级党委批准的违犯党的纪律的案件；

（二）审理报送上级纪委或党委审批的案件；

（三）审理下级纪委报的特别重要或复杂的案件；

（四）审理下级纪委对同级党委处理案件的决定有不同意见请求予以复查或复议的案件；

（五）审理下级纪委报来的备案案件；

（六）审理领导同志交办的其他案件；

（七）受理本级党委、纪委及上级党委、纪委批准的案件中党员对所受处分或结论不服的申诉；

（八）调查研究案件审理工作和执行党纪的情况，拟定有关案件审理工作规范化的规定，对下级纪委的审理工作进行业务指导；

（九）为进行党性党风党纪教育选择典型案例。

第三章　审理案件的基本要求

第十一条　事实清楚

事实是定案的基础。审理案件，必须将错误事实发生的时间、地点、情节、后果、本人应负的责任，以及产生错误的主客观原因等，审核清楚。如发现事实不清，要责成或协同原报案单位重新查证清楚，要使所认定的错误事实符合客观实际。

第十二条　证据确凿

证据是判断事实的依据。对证据必须认真地进行鉴别，去伪存真。认定错误的事实，一定要有充分的证据。没有证据或证据不充分、不确凿，不能认定。证据充分、确凿，即使犯错误的人拒不承认，也可以认定。

第十三条　定性准确

认定问题的性质，必须在事实清楚、证据确凿的基础上，以党章、《关于党内政治生活的若干准则》、党的方针政策和国家的法律法规为准绳，进行具体分析，是什么性质的问题就定什么性质。性质难以确定的，用写实的办法作出结论。

第十四条　处理恰当

在事实清楚、证据确凿、定性准确的基础上，作出恰当处理。既不要处理过头，又不要姑息迁就。

在任何情况下都不得株连无辜。

第十五条　手续完备

处理案件要严格按照党章规定的手续办理，按照处分党员或党组织的批准权限审批。手续不完备的，原报案单位必须补办。

报请审批的案件，须报以下材料：

（1）处分决定；

（2）错误事实调查报告和主要证据材料；

（3）本人检查材料和对处分决定的意见以及党组织对本人意见的说明；

（4）党的纪律检查委员会或党组织的审查意见。

复查的案件须报：复查或复议报告和主要证据材料；处理决定及有关党组织的意见；

本人意见和党组织对本人不同意见的说明；原处分决定和原定案的主要证据材料。

第四章　保障党员的合法权利

第十六条　基层党组织在讨论决定对党员的处分时，如无特殊情况，应通知本人出席会议，允许他在会上为自己申辩，也允许他人为之辩护。

第十七条　党组织对党员所要作出的处分决定和所依据的事实材料必须同本人见面，听取本人说明情况和申辩。当本人对党组织所认定的错误事实有不同意见时，要认真地进行复核，采纳其合理的意见。对事实清楚、证据确凿，本人坚持错误意见或拒不签署意见的，由党组织作出书面说明，并根据事实作出处理决定。需要报上级审批的案件，连同本人意见一并上报。

要切实保障检举人、证明人的权利，检举材料和证人证言，不能给犯错误的人看。

第十八条　党组织作出的处分决定（或结论），需由本人签字，经上级批准后，连同批复给本人一份，并在适当范围内宣布。

第十九条　处分决定一经批准即执行。如果本人不服提出申诉，有关党组织必须负责及时处理或迅速转递，不得扣压，承办单位不得推诿。对于申诉有理，需要改变的，要实事求是地予以改正；对于错误事实清楚，证据确凿，定性准确，处理恰当，而本人坚持错误和无理要求的，要批评教育；对于无理取闹的，要严肃处理。

第五章　审理案件工作程序

第二十条　凡需经本级党委、纪委决定或批准以及需报上级党委、纪委批准的案件，在正式决定或批准前，必须经过审理部门审理。

第二十一条　审理部门在接到需由本部门审理的案件后，应即指定承办人。除案情简单者外，每个案件应由两人共同承办，特别重大复杂的案件，应组成两人以上的审议组办理。

第二十二条　承办人员按照本条例第三章的基本要求，对案件认真审理，提出审理意见。对于重大或复杂的案件，必要时，对主要事实和证据直接进行复查核实。

第二十三条　审理部门集体审议案件。由承办人员汇报案情和审理意见。汇报案情要言必有据，不得随意扩大或缩小事实。讨论中充分发扬民主，畅所欲言，允许为犯错误者申辩。然后根据会议决定写出审理报告。讨论中如有不同意见，同时上报。

第二十四条　一般情况下，批准机关在审理过程中应派专人与受处分人谈话，认真听取受处分人的意见。同时根据情况对犯错误的党员进行必要的帮助教育。做好谈话记录。

第二十五条　需要征求有关部门意见的案件，在常委审定前进行。

第二十六条　经过审理部门集体审议的案件，将案件审理报告和下级纪委或党委报来的有关材料，一并提请本纪委常委会审批。

第二十七条　经本纪委常委会讨论决定后，按照批准权限，由本纪委批准的案件，立即办理批复手续；需报同级党委或上级党委、纪委审批的案件，及时办理请示手续。在接到同级党委或上级党委、纪委的批复后，及时办理给有关党组织的批复手续。

第二十八条　已经批复或同意备案的案件，及时抄送同级党委组织部门和其他有关部门。给予党员的处分决定中，有向党外组织建议撤销党外职务和给予其他行政处分时，应将处分决定送党外有关组织。

第二十九条 案件办理完结后，由承办人按照规定立卷归档。

第六章 对案件审理工作人员的要求

第三十条 案件审理工作人员应具有的党性原则和工作作风：

（一）要有坚强的党性和高度的责任感，坚持原则，刚正不阿，秉公办案，不徇私情，敢于同一切违反党纪国法的行为作坚决斗争。

（二）坚持实事求是，一切从实际出发，不主观臆断；坚持调查研究，走群众路线，不偏听偏信，善于听取不同意见。

（三）注重总结经验，努力提高工作质量和效率。

（四）模范地遵守党纪国法，严格遵守保密制度，不得向无关人员泄露所办案件的情况。

（五）认真学习党的各项方针政策、党规党法和国家的法律法规，不断提高自己的政治思想水平和政策、业务水平。

第三十一条 本条例是案件审理工作的法规。各级党组织和各级纪委审查处理案件，必须按照本条例办理。

中共中央纪律检查委员会关于所要作出的处分决定和所依据的事实材料同犯错误党员见面的具体办法

（中纪办发［1991］6号　1991年7月23日）

第一条　为了准确地贯彻党章第四十一条中关于党组织对犯错误党员“所要作出的处分决定和所依据的事实材料必须同本人见面”的规定，有效地保障党员的民主权利，正确地执行党的纪律，特制定本办法。

第二条　作处分决定的党组织必须将所要作出的处分决定和所依据的事实材料同犯错误党员本人见面。

第三条　所要作出的处分决定，是指经党的支部委员会研究起草，党支部大会尚未讨论通过的处分决定文稿或上级党委、纪委直接讨论决定起草的处分决定文稿。这种处分决定文稿，应写明犯错误党员的自然情况，所犯错误的事实、情节、后果，本人责任，错误性质和处分意见等内容。

第四条　处分决定所依据的事实材料，是指党组织或纪律检查机关经过审核作为处分依据的事实材料。这种材料，要隐去检举人、揭发人、证人的姓名。

第五条　对事实情节简单的案件，所要作出的处分决定写得完整、具体，已包含所依据的错误事实的，可以不另写处分决定所依据的事实材料，只将处分决定文稿同犯错误党员见面即可。

第六条　所要作出的处分决定和所依据的事实材料同犯错误党员见面的时间，由党支部大会讨论处分决定的，在支部大会讨论处分决定之前；由上级党组织直接讨论处分决定的，在上级党组织正式决定之前。

第七条　所要作出的处分决定和所依据的事实材料同犯错误党员本人见面的形式，对有阅读能力的，给本人过目；对没有阅读能力的，向其宣读。

第八条　党组织至少委派两人，将所要作出的处分决定和所依据的事实材料同犯错误党员见面。犯错误党员如没有不同意见，应分别在这两份材料上签署“同意”；如提出不同意见，负责同其见面的人员应在记录中如实反映。犯错误的党员有书写能力的，应将自己的意见写成书面材料。

第九条　负责将所要作出的处分决定和所依据的事实材料同犯错误党员见面的党组织或纪律检查机关，对犯错误党员提出的不同意见，必须认真研究，进一步核实。对合理的意见，应予采纳；对不合理的意见，应写出有事实根据的说明。

第十条　由于犯错误党员本人在国内脱离组织长期外出不归或叛逃、出走在国外，党组织无法将所要作出的处分决定和所依据的事实材料同本人见面的，也可以不履行材料见面手续。

第十一条　本办法由中共中央纪律检查委员会案件审理室负责解释。

第十二条　本办法自下发之日起施行。

中共中央纪律检查委员会关于查处党员违纪案件中收集、鉴别、使用证据的具体规定

（中纪办发［1991］6号　1991年7月23日）

第一条　为正确收集、鉴别和使用证据，保证办案质量，正确执行党的纪律，特制定本规定。

第二条　证明案件真实情况的一切事实都是证据。证据包括：

1. 物证，指能够证明案件真实情况的物品和痕迹。

2. 书证，指以其记载的内容证明案件真实情况的文字（包括符号、图画）。

3. 证人证言，指证人就其所了解的案件情况所作的陈述。凡是知道案件真实情况的人都可以作为证人。不能辨别是非的人，不能正确表达的人，不能作证人。

4. 视听材料，指可以将重现的原始声响或形象的录音录像用作证明案件事实的材料。

5. 受侵害人员的陈述，指受违纪行为直接侵害的人员就案件事实情况所作的控告和述说。

6. 受审查党员的陈述，指受审查党员就案件事实所作的交待、申辩和对同案违纪人员的检举、揭发。

7. 鉴定结论，指鉴定人运用专门知识或技能对办案人员不能解决的专门事项进行科学鉴定后所作出的结论。

8. 勘验、检查笔录，指公安、司法人员对与案件有关的场所、物品及其他证据材料进行勘验、检查时所作的笔录。

9. 现场笔录，指纪律检查人员对案件（非刑事案件）有关的场所进行检查时所作的笔录。

证据必须经过审核属实，才能作为定案的根据。

第三条　收集、鉴别和使用证据必须实事求是，一切从客观实际出发，不得带框框、主观臆断、偏听偏信；必须尊重党员的民主权利和公民的合法权利。任何党员和群众都有向党组织提供自己所知道的案情的义务。严禁使用威胁、引诱、欺骗及其他非法手段收集证据。

第四条　收集违犯党纪案件的证据，由党的纪律检查工作人员或党组织委派的党员负责进行，收集证据必须两人以上。收集证据要及时、客观、全面。

证据的收集主要由案件检查人员进行。案件审理人员在审理案件时，发现证据不足或证据间存在矛盾，一般由报案单位补充调查取证，需要补充个别证据的也可以由案件审理部门补充收集。

第五条　收集物证应尽可能提取原物。物证能随卷保存的即随卷保存，不能提取的原物或不能随卷保存的原物应拍成照片入卷，并注明原物存放何处。

第六条　收集书证采用提取会议记录、介绍信、文件、个人记录、私人信件、日记等方法，并尽可能提取原件。如不能提取原件的，用摘抄或复印的方法提取，但应注明出

处、原件保存单位，并应由原件保存单位加盖公章。摘抄或复印会议记录、个人记录、私人日记时，要注意时间的连续性，节录材料不得断章取义。

对可作为书证的原始材料或复制件，党的各级组织不得以任何借口拒绝提供。收集的材料涉及机密事项应履行一定的批准手续。党员有义务向组织提供记载有与案情有关系的工作记录本。

对可作为书证的私人日记、信件等原始材料的收集只能采取动员的方法，不得强行收集，涉及个人阴私的，有关党组织应为其保密。

第七条　凡是知道案件情况的党员和群众，都应及时地、如实地提供证言，不得拒绝作证。党员故意提供虚假情况，情节严重的给予必要的纪律处分。

收集证人证言，不要采取座谈会的形式。证人证言要一人一证，一般情况下一事一证。由证人用钢笔或毛笔书写。没有书写能力的，由他人或调查取证人根据证人的讲述代写，写好后读给证人听，并按证人意见进行修改，然后由证人签字、盖章或按手印。书写证人证言，应把所要证明的事实发生的时间、地点、当事人、原因、情节、手段、结果等书写清楚。调查人员要作好询问笔录，并应由被询问人签字。

对证人证言，应由取证人注明证人工作单位、职务，并由取证人签字。不必由所在单位加盖公章或加注“属实”、“供参考”之类的文字。

证人作证后，如有补充、更正，可另行书写，并说明更正的理由。办案人员应将补充、更正的证人证言与该证人原出具的证言一并归入案卷。

证人作证后，党组织应为其保密。如发现受审查党员及其亲友对证人打击报复，从严处理。

第八条　收集受审查党员的陈述包括：受审查党员对自己所犯错误的交待或申辩；揭发同案违纪人员的材料。

受审查党员应对党忠诚老实，如实向组织交待自己的问题，同时也有依据党章的规定为自己申辩的权利。受审查党员对“处分所依据的事实材料”如提出不同意见，有关党组织应认真研究并作出说明，一并归入案卷。

第九条　纪律检查机关在需要时，可以运用公安机关、人民检察院、人民法院的鉴定结论、勘验检查笔录等。

从公安机关、人民检察院、人民法院取得证据，按有关规定办理。

纪律检查人员对有作案现场的非刑事案件，应注意对现场作出检查，并作好笔录。

第十条　对受到刑事处罚、政纪处分的党员作党纪处理，必须收集主要证据材料。

第十一条　鉴别证据的任务是：根据各种证据材料的具体特征，逐个进行审查和分析研究，鉴别其真伪，判断其与案件事实有无内在联系，对查明和证实案情有无意义。经过鉴别，确实符合客观实际，与案件事实有内在联系的证据，才能作为定案的依据。

第十二条　鉴别证据，首先鉴别每个证据是否客观真实，是否伪造；是否与案件事实有联系；是原始证据还是传来证据，是直接证据还是间接证据，其来源有无问题，然后，综合分析证明案件的同一事实的各类证据之间有无矛盾；各种证据之间有无内在的联系，要注意时间、条件的变化对证据的影响，要把不同的证据摆到案件发生、发展的过程中去，考虑当时的历史背景，同其他证据联系起来综合分析。

第十三条　对物证的鉴别，要审查是否错误地收集了疑似的物品和痕迹，收集的物证是否伪造，有无栽赃陷害的情况。研究、分析所取物证与案件事实的联系，确定其有无证明作用。

第十四条 对书证的鉴别，要查清其原始制作人，是在何种情况下制作的，是否伪造，节录材料是否断章取义，所记载的内容有无差错，联系其他证据判断所取书证的真实性。

第十五条 对证人证言的鉴别，要注意审查证言的内容与案件事实是否有联系，来源有无问题，是否受到外界不正常因素的干扰，是否属实，证言前后是否一致，有无矛盾。不得采用对质的方法鉴别证言。

第十六条 对受审查党员陈述的鉴别，要审查其交待或申辩前后是否一致，有无矛盾，将交待或申辩与其他证据相对照，看其是否合情合理，是否属实。

第十七条 对视听材料的鉴别，要注意是否伪造，是否被裁剪，是否拼接组合。

第十八条 对受侵害人员陈述的鉴别，要注意受侵害人员感情因素对其陈述真实性的影响。

第十九条 认定案件事实，证据必须确凿。证据经过鉴别，其真实性得到确认后，即成为有效证据，任何人无权涂改或弃毁，有关党组织在移送证据时，不得任意取舍。特别不得舍弃那些经过鉴别证明受审查党员无错的证据。要综合运用证据，证据之间矛盾时，不能仅凭数量多少决定其真实可靠性；认定主要错误事实所依据的证据之间的矛盾不能排除时，不能定案。

第二十条 在没有物证、书证的情况下，仅凭言词证据定案时，必须有两个以上（含两个）证据，才能定案。

第二十一条 没有直接证据而仅凭间接证据定案时，所有间接证据必须查证属实；每个证据与案件事实都有着客观联系；取得的证据必须形成一个完整的证明体系，这个证明体系足以排除其他可能性，才能定案。不能排除其他可能时，不能定案。

第二十二条 仅有受审查党员的交待，没有其他证据，不能定案；受审查党员拒不承认，其他证据确实充分，仍可定案。

第二十三条 本规定由中共中央纪律检查委员会案件审理室负责解释。

第二十四条 本规定自下发之日起施行。

中共中央纪律检查委员会
关于审理党员违纪案件工作程序的规定

（中纪发［1991］5号　1991年7月13日）

第　章　总　则

第一条　根据《党的纪律检查机关案件审理工作条例》的有关规定，结合审理党员违纪案件工作的经验和实际情况，制定本规定。

第二条　为了保证办案质量，保障党员民主权利，正确执行党的纪律，各级纪律检查机关必须遵照本规定审理案件。

第三条　案件检查结束后，必须移送案件审理部门或专兼职审理人员进行审理。

第四条　审理案件应按照处理违纪案件批准权限的规定，分级负责。

第五条　审理案件的人员是本案的当事人，或者是当事人的近亲属，或者与本案有利害关系的，应当回避，犯错误的党员也有权要求他们回避。审理案件人员的回避须经批准，未经批准之前不得停止对案件的审理。

案件审理部门负责人的回避，由本级纪委分管案件审理工作的常委决定；其他案件审理人员的回避，由审理部门负责人决定。

第二章　违纪案件的受理

第六条　案件审理部门受理下列案件：

（一）下级党委、纪委呈报的需由本级党委、纪委批准的案件；

（二）本级纪委检查部门直接检查的，并需由本级党委、纪委直接决定处理的案件；

（三）需呈报上级党委、纪委审批的案件；

（四）下级党委、纪委呈报的备案案件；

（五）本级纪委负责同志或上级党组织交办的案件；

（六）下级党委、纪委呈报的，原由本级纪委、同级党委及上级党委、纪委批准的案件中的申诉复查案件；

（七）原由下级党委、纪委批准经复查复议后申诉人对复查结论和复查处理决定仍不服，下级党委、纪委呈报请求复核的复查案件；

（八）行政监察机关、公安机关、人民检察院、人民法院移送的需给予党纪处分的案件。其中，需要进一步调查取证的，由受理案件的纪委检查部门或商请移送案件的机关补充调查后移送审理。需要个别调查补充证据的，由受理案件的纪委审理部门调查补证。

第七条　下级党委、纪委呈报上级审批的案件，应具备下列材料：

（一）呈报审批的请示；

（二）处分决定和所依据的错误事实材料；

（三）调查报告和主要证据材料；

（四）有关的各级纪委和党组织的审查意见；

（五）犯错误党员的检查和对处分决定的意见；

（六）党组织对犯错误党员所提意见的说明。

本级纪委检查部门移送的案件，应具备下列材料：

（一）立案依据；

（二）错误事实材料、被检查人对错误事实材料的意见及检查组对其意见的说明；

（三）调查报告和主要证据材料；

（四）被检查人的书面检讨。

行政监察机关、公安机关、人民检察院、人民法院移送的案件，应具备下列材料：

（一）行政监察机关移送的案件应具备处理意见或决定、调查报告、主要证据材料、与本人见面材料、本人意见和有关组织的说明；

（二）公安机关移送的案件应具备行政处罚决定或行政强制措施决定、摘抄或复制的主要证据和本人检查交待等材料；

（三）人民检察院移送的案件应具备免予起诉或不予起诉决定书的副本、侦查终结报告、摘抄或复制的主要证据和本人交待等材料；

（四）人民法院移送的案件应具备起诉书、判决书或裁定书、摘抄或复制的主要证据和本人交待等材料。

第八条 案件审理部门或审理人员，接到下级纪委呈报的案件或本级纪委检查部门移送的案件或行政监察机关、公安机关、人民检察院、人民法院移送的案件后，经审查，符合本规定第六、七条规定的，给予受理。

第三章 违纪案件的审理

第九条 各级纪委审理部门受理案件后，应及时指定承办人办理。除情节简单的案件外，一般应由两人办理，特别重大复杂的案件，应组成两人以上的审议组办理，并确定其中一人主办。

第十条 审理案件，要按照事实清楚，证据确凿，定性准确，处理恰当，手续完备的要求进行审理。

第十一条 承办人对处分决定中所列举的错误事实要认真审核，弄清犯错误党员犯有哪些错误，每一错误发生的时间、地点、起因、情节及造成的后果，有关人员的责任。审核认定的每一错误事实是否都有确凿的证据。犯错误党员对处分决定所依据的错误事实如提出不同意见，有关组织的说明能否将所提问题说明清楚。

第十二条 承办人根据《党章》、《关于党内政治生活的若干准则》、党的政策、党纪处分规定、国家的法律法规和社会主义道德规范，判断处分决定中所认定的错误性质是否准确，所给予的处分是否恰当。

第十三条 在审理过程中，如发现事实不清、证据不足、有关人员责任不明时，应主动听取报案单位的意见，确需补报材料时，应请报案单位补报材料。

第十四条 一般情况下，案件在提请本级纪委常委决定前，应派人与犯错误党员谈话，核对错误事实，听取本人意见。本人如对处分决定和所依据的事实材料提出不同意见，应写出书面材料。没有书写能力的，应由谈话人将其意见整理成书面材料，并交本人签字。

与犯错误党员谈话，应作好谈话记录。

第十五条　案件涉及专业技术问题或具体业务政策、规定的，必要时征求有关部门的意见。

第十六条　承办人审理后，草拟审理报告。报告中应写明错误事实、性质、政策法规依据、报案单位的意见和承办人的意见。

第十七条　承办人办理的案件，要经过案件审理部门室务会议审议。审议时，承办人根据起草的审理报告，如实清楚地汇报。会议要充分发扬民主，认真讨论，提出结论性意见。

第十八条　承办人根据集体审议的结论性意见修改审理报告，经审理部门负责同志审核后，连同报案单位呈报的有关材料一并提请本级纪委常委会审定。

由本级纪委参与检查或过问的案件在报本级纪委常委会审议前，还要征求有关检查部门的意见，需要本级纪委直接决定的案件，经审理部门集体审议后代常委草拟处分决定，连同审理报告一并提请本级纪委常委会审定，如果检查部门有不同意见，应同时上报。

第十九条　常委会决定后，对由本级纪委批准的案件，审理部门即办理批复手续，其中需要向同级党委和上级党委、纪委备案的，同时办理备案手续；对需要由同级党委或上级党委、纪委批准的案件应及时办理报批手续，在接到同级党委或上级党委、纪委的批复后，及时通知犯错误党员所在单位的党组织宣布执行。

第二十条　凡给予党纪处分或免予党纪处分的案件，要按照干部管理权限，将处分决定或免予处分的结论、错误事实调查报告、上级批示、本人检讨及本人对处分决定或免予处分的结论的意见抄送组织部门；如建议给予行政处分的，抄送有关人事部门；如建议司法机关追究刑事责任的，抄送有关司法机关。

第二十一条　办理批复和备案手续后结案。承办人根据有关规定立卷归档。

第二十二条　给予党员的纪律处分，从处分决定批准之日起生效。处分决定和批复给受处分的党员一份。

第四章　复查案件的审理

第二十三条　对党员的申诉，一般情况下，由原来作出处分决定的党组织进行复查或复议；原办案单位如已撤销，由申诉人现在单位复查复议。

第二十四条　对于上级党委、纪委交办复查或复议的案件，下级纪委应及时办理，并报告处理结果。如果决定撤销或改变原处分决定或结论，应作出书面决定，并报请原来批准给予处分的党组织审批。

“文化大革命”前经中央或中央监委批准处理的案件，经过复查或复议需要改变原结论和处分的，报中央纪委审批，由中央纪委报中央备案；原经中央局批准处理的案件，由有关省、自治区、直辖市党委或纪委审批，报中央纪委备案。各地区、各部门处理的，按各地区、各部门的有关规定办理。

第二十五条　报送复查案件，应具备卜列材料：

（一）呈报审批的请示；

（二）复查报告和主要证据材料；

（三）复查处理决定及有关党组织的意见；

（四）受处分党员对复查处理决定的意见和党组织对其意见的说明；

（五）原处分决定、错误事实材料、调查报告和主要证据材料。

第二十六条 审理复查案件除按审理违纪案件的要求进行外，还应注意审阅原处理案卷材料。对照原处分决定和证据，审核改变处理的依据是否充分。如果原证据和复查时取得的证据有矛盾，应认真鉴别。

第二十七条 对案件的复查复议决定，经原批准处分的机关批准后，申诉人对复查复议结论仍不服的，原批准处分的机关应将本人申诉和复查复议材料一并报上一级党委或纪委审查决定。一经上级党委、纪委审查决定后，申诉人仍然不服，继续申诉的，一般不再受理。

第五章 备案案件的审理

第二十八条 呈报上级纪委备案的案件，应具备下列材料：

（一）呈报备案的报告；

（二）处分决定和所依据的事实材料；

（三）调查报告和主要证据材料；

（四）受处分党员的检查和对处分决定的意见及党组织对其意见的说明；

（五）批准机关的批复。

第二十九条 承办人和审理部门审理备案案件，按本规定第十、十一、十二、十六、十七条的要求进行审理。

第三十条 对下级纪委报来的备案案件，审理部门如同意下级党委、纪委的意见，经有关领导批准后归档。如对下级党委、纪委对案件的处理有不同意见，审理部门将审理报告连同备案材料一并提请本级常委会讨论。常委会如作出改变下级纪委对案件处理的决定，审理部门应将常委会的决定通知下级纪委，请他们重新研究处理。如果所要改变的下级纪委的决定是经过它的同级党委批准的，按本规定第三十二条办理。

第六章 执行监督

第三十一条 各级党委对同级纪委批准的案件，有权调卷审查，对审查结论和处理决定直接作出改变，也可以责成纪委重新审查。

第三十二条 上级党委对下级党委、纪委，上级纪委对下级纪委批准的案件，有权调卷审查，对审查结论和处理决定，直接作出改变，也可以责成下级党委或纪委重新审查。但是，如果上级纪委所要改变的下级纪委的决定是经过它的同级党委批准的，这种改变应尽量经过协商取得一致意见，由这一级党委自行改变；如果不能取得一致意见，应将双方的意见同时报上级党委决定。

第三十三条 上级党委或纪委对违纪案件作出的处理决定，下级党组织必须贯彻执行。如有不同意见，可以向上级党委或纪委提出，但是，当上级党委或纪委没有改变原处理决定时，不得停止执行，对拒不执行的要追究有关人员的责任。

第三十四条 党的地方各级纪委如果对同级党委处理的案件有不同意见，可以请求上一级纪委予以复查。上一级纪委应予受理。

第三十五条　各级党委或纪委对犯错误党员的处分决定中，如有建议给予行政处分的内容，有关部门的党组织应保证其得以贯彻，并将执行情况报告作出决定的党委或纪委。

第三十六条　本规定由中共中央纪律检查委员会负责解释。

第三十七条　本规定自下发之日起施行。

监察机关审理政纪案件的暂行办法

（监察部令第 8 号　1998 年 11 月 4 日）

第一条　为保证审理案件工作的质量和效率，正确执行行政纪律，惩处违反行政纪律的行为，根据《中华人民共和国行政监察法》和有关行政法规，结合监察机关案件审理工作的实际制定本办法。

第二条　对调查终结需要给予行政处分或者作出其他处理的案件，都要进行审理。

第三条　各级监察机关要分级负责，严格按照本级监察机关的管辖审理案件。

第四条　审理案件要坚持专人审核、集体审议的原则。

第五条　审理案件要按照事实清楚、证据确凿、定性准确、处理恰当、程序合法的基本要求进行。

第六条　案件审理部门受理下列案件：

（一）本监察机关的案件调查部门移送的调查终结并应由本监察机关决定给予行政处分或作出其他处理的案件；

（二）本监察机关的派出机构呈报的需由本监察机关审批的案件；

（三）本监察机关负责人交办的其他案件。

第七条　本监察机关的案件调查部门移送审理的案件，应具备下列材料：

（一）立案依据；

（二）调查报告；

（三）案件移送单位的意见及其主管领导的批示；

（四）全部证据材料；

（五）被调查人违纪事实见面材料、被调查人对事实见面材料的意见及案件调查部门对其意见的说明；

（六）被调查人所在单位或其主管部门的意见；

（七）其他应当移送审理的材料。

第八条　呈报审批的案件应具备下列材料：

（一）呈报审批的请示；

（二）调查报告；

（三）全部证据材料；

（四）处分决定；

（五）被调查人违纪事实见面材料、被调查人对事实见面材料的意见及案件调查部门对其意见的说明；

（六）其他应当呈报的材料。

第九条　案件审理部门受理案件后，应及时指定承办人办理。一般案件应由两人办理，重要、复杂案件，应由两人以上办理，并确定一人主办。

第十条　承办人在审理中，要审查核实：

（一）被调查人实施的每一违反行政纪律行为的时间、地点、情节、原因及造成的后果；

（二）证据是否确实、充实；

（三）有关人员责任的划分是否准确；

（四）案件调查部门对被调查人违反行政纪律行为性质的认定是否准确，适用法律、法规及提出的处分意见是否恰当；

（五）调查工作是否符合规定的程序和要求；

（六）是否还有其他应认定的违反行政纪律行为。

第十一条　案件审理部门在审理案件过程中，如发现事实不清、证据不足、有关人员责任不明时，应同移送单位交换意见，确需补充调查的，一般应由案件调查部门进行补充调查，必要时案件审理部门也可协同案件调查部门进行补充调查或经分管审理的领导批准后直接补充调查。

第十二条　在审理案件过程中，遇有下列情形之一，可以由案件审理部门负责人提出意见，经分管审理的领导批准后中止审理：

（一）手续不完备，材料不齐全，需由案件移送单位补办手续或补报材料的；

（二）案件的主要事实不清或有关人员责任不明，需由案件移送单位补充调查的；

（三）发现被调查人有新问题或被调查人提出新的辩解，需案件移送单位补报证据或说明的。

第十三条　在审理案件过程中，案件审理部门认为必要时，可以同被调查人核对违反行政纪律事实，听取被调查人的陈述和辩解。

第十四条　审理案件过程中，遇有适用国家法律、法规、政策、地方性法规和规章方面或专业技术方面问题时，应征求有关部门的意见。

第十五条　承办人阅卷后，应将案件审阅情况和初步处理意见提交案件审理部门集体审议并形成审议意见。承办人根据审议意见，草拟审理报告。

第十六条　审理报告经案件审理部门负责人审核后，连同移送或呈报单位报送的有关材料一并呈报本监察机关主管领导。

第十七条　案件经本监察机关作出决定后，案件审理部门负责办理呈报、批复或处分决定等手续。

第十八条　本办法由监察部负责解释。

第十九条　本办法自发布之日起施行。

中共中央纪律检查委员会办公厅关于中央纪委案件审理室承办的征求意见案件的办理办法

（中纪办发［1991］5号　1991年6月13日）

第一条　为了明确办案程序，妥善办理征求意见的案件，根据中央纪委《党的纪律检查机关案件审理工作条例》、《关于处分违犯党纪的党员批准权限的具体规定》和《关于修改〈关于处分违犯党纪的党员批准权限的具体规定〉的通知》，制定本办法。

第二条　本办法所指的征求意见案件包括：

1. 报中央或中央纪委批准的案件，在正式报批前，省部级党委（党组）、纪委（纪检组）对案件的错误事实和性质的认定确实把握不准，征求中央纪委审理室意见的。

2. 由省部级党委、纪委批准的重要或复杂的案件，批准机关对案件的错误事实和性质的认定及对违纪党员的处分确实把握不准，征求中央纪委审理室意见的。

3. 由地市级党委、纪委批准的案件，一般不受理。其中特别重要、复杂和社会影响很大的案件，批准机关对案件的错误事实和性质的认定及对违纪党员的处分确实把握不准，报省部级党委、纪委征求意见后，省部级党委、纪委也把握不准，要求进一步征求中央纪委审理室意见的。

4. 由中央纪委纪检室检查的案件，检查工作基本结束，正式移送审理前，有关纪检室在案件的错误事实和性质的认定方面，征求审理室意见的。

5. 中央纪委控告申诉室在案件的错误事实和性质的认定方面，征求审理室意见的。

6. 中央纪委常委交办的其他征求意见案件。

第三条　征求意见案件，须报下列材料：

1. 错误事实调查报告和主要证据材料；

2. 有关纪委或党组织的审查意见；

中央纪委纪检室和控告申诉室所送的案件，要附有案件检查组和有关室对案件审查、处理的意见。

3. 犯错误党员的检查和对错误事实见面材料的意见；

4. 党组织对犯错误党员所提意见的说明。

案件材料不齐全的，有关部门应补报材料。案件材料补齐后，中央纪委审理室再审理。

第四条　中央纪委审理室对征求意见案件必须指定专人认真审理，经室务会集体讨论，提出处理意见。有的案件还要征求中央纪委有关纪检室或控告申诉室的意见。

第五条　中央纪委审理室对征求意见案件按下列原则提出处理意见：

1. 需报中央或中央纪委批准的案件，主要对案件的错误事实和性质的认定提出意见。如省部级党委、纪委已提出具体处分意见，在报批前征求中央纪委审理室意见的，可对处分提出意见。

2. 需由省部级党委、纪委和地市级党委、纪委批准的案件，可对案件的错误事实和性质的认定及对违纪党员的处分提出意见。

3. 由中央纪委纪检室检查的案件，可对案件的错误事实和性质的认定提出意见。

4. 由中央纪委控告申诉室审核的案件，可对案件的错误事实和性质的认定提出意见。

中央纪委审理室对征求意见案件所提的处理意见，仅供征求意见单位党组织参考。

第六条　答复征求意见案件的批准权限和程序：

1. 省部级党委、纪委送来的需由中央或中央纪委批准的案件，中央纪委审理室提出意见报经中央纪委常委会议讨论或分管审理室的常委同意后，由中央纪委审理室答复。采用什么名义，由常委确定。其中，需以中央纪委名义答复的，应由分管审理工作的副书记签批。

2. 省部级党委、纪委送来应由省部级党委、纪委批准的案件，一般由中央纪委审理室审议、答复。必要时报分管审理室的常委同意后答复。

3. 省部级党委、纪委送来应由地市级党委、纪委批准的案件，中央纪委审理室审议后直接答复省部级党委、纪委。

4. 中央纪委有关纪检室或控告申诉室征求意见的案件，审理室审议后直接答复有关室。

5. 中央纪委常委交办的其他征求意见案件，审理室提出意见报经交办常委同意后，以中央纪委案件审理室名义或交办常委指定的名义答复。其中，需以中央纪委名义答复的，应由分管审理工作的副书记签批。

第七条　本办法自 1991 年 7 月 1 日起实行。本办法由中央纪委案件审理室负责解释。

监察机关处理不服行政处分申诉的办法

（监察部第2号令　1991年11月30日）

第一章　总　则

第一条　为保证监察机关正确、及时地处理不服行政处分的申诉，维护国家法律、法规和政纪的严肃性，保障国家行政机关工作人员的合法权益，根据《中华人民共和国行政监察条例》的有关规定，制定本办法。

第二条　监察机关处理国家行政机关工作人员和国家行政机关任命的其他人员不服行政处分决定的申诉，适用本办法。

第三条　监察机关处理不服行政处分申诉坚持实事求是，有错必纠，不错不纠的原则。

第四条　监察机关处理不服行政处分申诉实行分级负责、归口办理和复审复核终结制。

第五条　向监察机关提出不服行政处分申诉的，申诉期间不停止原行政处分决定的执行。

第二章　申诉案件的管辖

第六条　监察部受理下列不服行政处分的申诉案件：

（一）不服监察部行政处分决定的；

（二）不服省、自治区、直辖市监察厅（局）和监察部派出监察机构行政处分复审决定的；

（三）不服国务院各部门行政处分决定的；

（四）不服省、自治区、直辖市人民政府行政处分决定的。

第七条　省、自治区、直辖市监察厅（局）受理下列不服行政处分的申诉案件：

（一）不服本厅（局）行政处分决定的；

（二）不服下一级监察机关和本厅（局）派出监察机构行政处分复审决定的；

（三）不服本级人民政府各部门行政处分决定的；

（四）不服自治州、设区的市、直辖市辖区（县）人民政府行政处分决定的。

第八条　自治州、设区的市的监察局受理下列不服行政处分的申诉案件：

（一）不服本局行政处分决定的；

（二）不服下一级监察机关和本局派出监察机构行政处分复审决定的；

（三）不服本级人民政府各部门行政处分决定的；

（四）不服县、自治县、不设区的市、市辖区人民政府行政处分决定的。

第九条　县、自治县、不设区的市、市辖区的监察局受理下列不服行政处分的申诉案件：

（一）不服本局行政处分决定的；

（二）不服本级人民政府各部门行政处分决定的；

（三）不服乡、民族乡、镇人民政府行政处分决定的。

第十条 监察机关受理由上级领导机关交办的不服行政处分的申诉案件和认为需要由本机关办理的其他不服行政处分的申诉案件。

第十一条 监察机关的派出监察机构受理下列不服行政处分的申诉案件：

（一）不服本派出监察机构行政处分决定的；

（二）不服与派驻部门有垂直领导关系的下级行政部门行政处分决定的；

（三）不服与派驻部门有垂直领导关系的下级行政部门的监察机构的行政处分复审决定的。

第十二条 对不服行政处分的申诉案件的管辖有争议的，由涉及的监察机关协商确定，或者由它们共同的上一级监察机关指定。

第三章 申诉的提起和受理

第十三条 国家行政机关工作人员和国家行政机关任命的其他人员对监察机关行政处分决定不服的，可以在收到该决定次日起十五日内向作出决定的监察机关申请复审；对监察机关行政处分复审决定仍不服的，可以在收到复审决定次日起十五日内向作出复审决定的上一级监察机关申请复核。

监察部作出的复审决定为最终决定。

法律、法规另有规定的依照法律、法规的规定办理。

第十四条 提起不服行政处分的申诉应当符合下列条件：

（一）申诉应当由受到行政处分的国家行政机关工作人员和国家行政机关任命的其他人员提起；受处分人丧失行为能力或者死亡的，可以由其近亲属代为提起；

（二）有明确的作出行政处分决定的机关；

（三）有具体的申诉请求和事实根据；

（四）属于受理申诉的监察机关管辖；

（五）法律、法规规定的其他条件。

第十五条 申诉人向监察机关提出不服行政处分的申诉时，应当在规定期限内提交不服行政处分的申诉书，并附原行政处分决定书、复审决定书复制件。申诉书应当载明下列内容：

（一）申诉人的姓名、性别、年龄、职业、住址等；

（二）作出行政处分决定或者复审决定的机关名称；

（三）申诉的请求和理由；

（四）提出申诉的日期。

第十六条 申诉人不得借申诉歪曲事实，提供伪证或者诬陷他人，扰乱工作秩序、社会秩序，违者应当依法处理。

第十七条 监察机关应当自收到申诉书次日起十五日内，分别作出以下处理：

（一）申诉符合本办法规定的，应予受理，并告知申诉人；

（二）不属于本监察机关管辖的申诉案件，移送有权处理的监察机关或者其他有关机关、单位，并告知申诉人；

（三）申诉不符合本办法第十四条规定之一的，不予受理并告之理由；

（四）申诉书未载明本办法第十五条规定内容之一的，应当把申诉书发还申诉人，限期补正。

第四章　复审和复核

第十八条　不服行政处分的申诉案件，由监察机关处理申诉案件的专门机构负责办理；由审理部门负责办理的，应当指定原承办本案以外的人员办理。复审或者复核申诉案件，由二人承办；复审或者复核重要、复杂的申诉案件，由二人以上承办。

第十九条　对不服行政处分决定的复审申请，应当在受理后一个月内作出复审决定；对不服行政处分复审决定的复核申请，应当在受理后二个月内作出复核决定。逾期未能办结的，应当向本级监察机关负责人报告并说明理由；对上级监察机关交办的申诉案件逾期未能办结的，本级监察机关应当向上级监察机关申明原因。因特殊原因经本级监察机关负责人批准后，办案期限可延长二个月。

第二十条　复审或者复核申诉案件，必须调阅原案的全部材料，对原案进行全面审查，不受申诉内容的限制。

第二十一条　复审或者复核申诉案件，应当查清以下内容：

（一）事实是否清楚，证据是否确实充分；

（二）应当追究政纪责任的人员是否遗漏，申诉人是否代人受过；

（三）定性是否准确；

（四）行政处分是否恰当；

（五）是否符合规定的办案程序；

（六）其他需要查清的问题。

第二十二条　监察机关可以根据需要，采用下列形式复审或者复核申诉案件：

（一）对案卷材料进行书面审查；

（二）直接调查核实；

（三）与原办案部门共同调查核实。

采取上述（二）、（三）项形式的，必要时可以根据有关规定使用政纪案件调查的措施和手段。

第二十三条　承办人应当认真审阅申请复审或者复核的原案卷，并制作阅卷笔录。

阅卷后，认为有必要进行调查核实的，应当确定需要核查的主要问题，并拟制核查方案，报部门领导同意，按规定程序进行。

第二十四条　承办人对申诉案件复审或者复核后，应当提出意见，经部门讨论后，写出复审或者复核报告。复审或者复核报告的主要内容包括：

（一）原案处理的经过、原行政处分决定或者行政处分复审决定认定的事实和处理结论；

（二）申诉的请求理由；

（三）复审或者复核的情况和认定的事实、证据、定性以及适用的法律、法规和政策的规定等；

（四）复审或者复核意见。

第二十五条　经复审或者复核，认为原行政处分决定或者行政处分复审决定具备下列条件的，报经监察机关负责人审定，决定维持：

（一）事实清楚，证据确实充分；

（二）适用法律、法规、政策正确，定性准确；

（三）处分适当。

第二十六条 经复审或者复核，认为监察机关或者主管部门作出的原行政处分决定或者行政处分复审决定具有下列情形之一的，报经监察机关案件审理委员会讨论后，由监察机关负责人审定，决定撤销；认为下一级人民政府作出的行政处分决定具有下列情形之一的，报经监察机关案件审理委员会讨论后，由监察机关负责人审定，建议该人民政府予以撤销，或者由监察机关报经本级人民政府或者上一级监察机关同意直接予以撤销：

（一）违法违纪事实不存在的；

（二）认定事实不清，证据不足的；

（三）违反法定程序，影响案件公正处理的。

属于上述（二）、（三）项情形的，决定撤销后，由原决定机关重新审理。

第二十七条 经复审或者复核，认为监察机关或者主管部门作出的原行政处分决定或者行政处分复审决定具有下列情形之一的，报经监察机关案件审理委员会讨论后，由监察机关负责人审定，决定变更；认为下一级人民政府作出的行政处分决定具有下列情形之一的，报经监察机关案件审理委员会讨论后，由监察机关负责人审定，建议该人民政府予以变更，或者由监察机关报经本级人民政府或者上一级监察机关同意直接予以变更：

（一）适用法律、法规、政策不当，定性不准确的；

（二）处分明显不当的。

第二十八条 监察机关作出复审或者复核决定，应当制作复审或者复核决定书。复审或者复核决定书应当载明下列事项：

（一）申诉人的姓名、性别、年龄、单位、职务（职称）、住址；

（二）原作出行政处分决定或者复审决定的机关的名称；

（三）原作出行政处分决定或者复审决定所决定的事实、理由，适用的法律、法规和政策；

（四）申诉的主要请求和理由；

（五）监察机关复审或者复核后认定的事实、理由，适用的法律、法规和政策；

（六）复审或者复核结论；

（七）作出复审或者复核决定的年、月、日。

复审决定书还应载明不服复审决定向上一级监察机关申请复核的期限。

复审或者复核决定书加盖监察机关的印章。

第二十九条 复审或者复核决定书由监察机关直接送达申诉人和原作出行政处分决定或者复审决定的机关，也可以留置送达、邮寄送达，或者委托其他监察机关、主管部门代为送达。

第三十条 送达复审决定书和复核决定书，必须有送达回证，由受送达人在送达回证上记明收到日期、签名或者盖章。受送达人在送达回证上的签收日期为送达日期。邮寄送达，以挂号回执上注明的收件日期为送达日期。

第五章　附　则

第三十一条　监察机关处理不服其他监察决定的申诉也可适用本办法。法律、法规另有规定的除外。

第三十二条　本办法由监察部负责解释。

第三十三条　本办法自发布之日起施行。

第 21 章　查办违法犯罪案件程序制度

中华人民共和国刑事诉讼法

（1979 年 7 月 1 日第五届全国人民代表大会第二次会议通过，
1996 年 3 月 17 日第八届全国人民代表大会第四次会议修订）

第一编　总　则

第一章　任务和基本原则

第一条　为了保证刑法的正确实施，惩罚犯罪，保护人民，保障国家安全和社会公共安全，维护社会主义社会秩序，根据宪法，制定本法。

第二条　中华人民共和国刑事诉讼法的任务，是保证准确、及时地查明犯罪事实，正确应用法律，惩罚犯罪分子，保障无罪的人不受刑事追究，教育公民自觉遵守法律，积极同犯罪行为作斗争，以维护社会主义法制，保护公民的人身权利、财产权利、民主权利和其他权利，保障社会主义建设事业的顺利进行。

第三条　对刑事案件的侦查、拘留、执行逮捕、预审，由公安机关负责。检察、批准逮捕、检察机关直接受理的案件的侦查、提起公诉，由人民检察院负责。审判由人民法院负责。除法律特别规定的以外，其他任何机关、团体和个人都无权行使这些权力。

人民法院、人民检察院和公安机关进行刑事诉讼，必须严格遵守本法和其他法律的有关规定。

第四条　国家安全机关依照法律规定，办理危害国家安全的刑事案件，行使与公安机关相同的职权。

第五条　人民法院依照法律规定独立行使审判权，人民检察院依照法律规定独立行使检察权，不受行政机关、社会团体和个人的干涉。

第六条　人民法院、人民检察院和公安机关进行刑事诉讼，必须依靠群众，必须以事实为根据，以法律为准绳。对于一切公民，在适用法律上一律平等，在法律面前，不允许有任何特权。

第七条　人民法院、人民检察院和公安机关进行刑事诉讼，应当分工负责，互相配合，互相制约，以保证准确有效地执行法律。

第八条　人民检察院依法对刑事诉讼实行法律监督。

第九条　各民族公民都有用本民族语言文字进行诉讼的权利。人民法院、人民检察院和公安机关对于不通晓当地通用的语言文字的诉讼参与人，应当为他们翻译。

在少数民族聚居或者多民族杂居的地区，应当用当地通用的语言进行审讯，用当地通用的文字发布判决书、布告和其他文件。

第十条 人民法院审判案件，实行两审终审制。

第十一条 人民法院审判案件，除本法另有规定的以外，一律公开进行。被告人有权获得辩护，人民法院有义务保证被告人获得辩护。

第十二条 未经人民法院依法判决，对任何人都不得确定有罪。

第十三条 人民法院审判案件，依照本法实行人民陪审员陪审的制度。

第十四条 人民法院、人民检察院和公安机关应当保障诉讼参与人依法享有的诉讼权利。

对于不满十八岁的未成年人犯罪的案件，在讯问和审判时，可以通知犯罪嫌疑人、被告人的法定代理人到场。

诉讼参与人对于审判人员、检察人员和侦查人员侵犯公民诉讼权利和人身侮辱的行为，有权提出控告。

第十五条 有下列情形之一的，不追究刑事责任，已经追究的，应当撤销案件，或者不起诉，或者终止审理，或者宣告无罪：

（一）情节显著轻微、危害不大，不认为是犯罪的；

（二）犯罪已过追诉时效期限的；

（三）经特赦令免除刑罚的；

（四）依照刑法告诉才处理的犯罪，没有告诉或者撤回告诉的；

（五）犯罪嫌疑人、被告人死亡的；

（六）其他法律规定免予追究刑事责任的。

第十六条 对于外国人犯罪应当追究刑事责任的，适用本法的规定。

对于享有外交特权和豁免权的外国人犯罪应当追究刑事责任的，通过外交途径解决。

第十七条 根据中华人民共和国缔结或者参加的国际条约，或者按照互惠原则，我国司法机关和外国司法机关可以相互请求刑事司法协助。

第二章 管 辖

第十八条 刑事案件的侦查由公安机关进行，法律另有规定的除外。

贪污贿赂犯罪，国家工作人员的渎职犯罪，国家机关工作人员利用职权实施的非法拘禁、刑讯逼供、报复陷害、非法搜查的侵犯公民人身权利的犯罪以及侵犯公民民主权利的犯罪，由人民检察院立案侦查。对于国家机关工作人员利用职权实施的其他重大的犯罪案件，需要由人民检察院直接受理的时候，经省级以上人民检察院决定，可以由人民检察院立案侦查。

自诉案件，由人民法院直接受理。

第十九条 基层人民法院管辖第一审普通刑事案件，但是依照本法由上级人民法院管辖的除外。

第二十条 中级人民法院管辖下列第一审刑事案件：

（一）反革命案件、危害国家安全案件；

（二）可能判处无期徒刑、死刑的普通刑事案件；

（三）外国人犯罪的刑事案件。

第二十一条 高级人民法院管辖的第一审刑事案件，是全省（自治区、直辖市）性的重大刑事案件。

第二十二条 最高人民法院管辖的第一审刑事案件，是全国性的重大刑事案件。

第二十三条 上级人民法院在必要的时候，可以审判下级人民法院管辖的第一审刑事案件；下级人民法院认为案情重大、复杂需要由上级人民法院审判的第一审刑事案件，可以请求移送上一级人民法院审判。

第二十四条 刑事案件由犯罪地的人民法院管辖。如果由被告人居住地的人民法院审判更为适宜的，可以由被告人居住地的人民法院管辖。

第二十五条 几个同级人民法院都有权管辖的案件，由最初受理的人民法院审判。在必要的时候，可以移送主要犯罪地的人民法院审判。

第二十六条 上级人民法院可以指定下级人民法院审判管辖不明的案件，也可以指定下级人民法院将案件移送其他人民法院审判。

第二十七条 专门人民法院案件的管辖另行规定。

第三章 回 避

第二十八条 审判人员、检察人员、侦查人员有下列情形之一的，应当自行回避，当事人及其法定代理人也有权要求他们回避：

（一）是本案的当事人或者是当事人的近亲属的；

（二）本人或者他的近亲属和本案有利害关系的；

（三）担任过本案的证人、鉴定人、辩护人、诉讼代理人的；

（四）与本案当事人有其他关系，可能影响公正处理案件的。

第二十九条 审判人员、检察人员、侦查人员不得接受当事人及其委托的人的请客送礼，不得违反规定会见当事人及其委托的人。

审判人员、检察人员、侦查人员违反前款规定的，应当依法追究法律责任。当事人及其法定代理人有权要求他们回避。

第三十条 审判人员、检察人员、侦查人员的回避，应当分别由院长、检察长、公安机关负责人决定；院长的回避，由本院审判委员会决定；检察长和公安机关负责人的回避，由同级人民检察院检察委员会决定。

对侦查人员的回避作出决定前，侦查人员不能停止对案件的侦查。

对驳回申请回避的决定，当事人及其法定代理人可以申请复议一次。

第三十一条 本法第二十八条、第二十九条、第三十条的规定也适用于书记员、翻译人员和鉴定人。

第四章 辩护与代理

第三十二条 犯罪嫌疑人、被告人除自己行使辩护权以外，还可以委托一至二人作为辩护人。下列的人可以被委托为辩护人：

（一）律师；

（二）人民团体或者犯罪嫌疑人、被告人所在单位推荐的人；

（三）犯罪嫌疑人、被告人的监护人、亲友。

正在被执行刑罚或者依法被剥夺、限制人身自由的人，不得担任辩护人。

第三十三条 公诉案件自案件移送审查起诉之日起，犯罪嫌疑人有权委托辩护人。自诉案件的被告人有权随时委托辩护人。

人民检察院自收到移送审查起诉的案件材料之日起三日以内，应当告知犯罪嫌疑人有权委托辩护人。人民法院自受理自诉案件之日起三日以内，应当告知被告人有权委托辩护人。

第三十四条 公诉人出庭公诉的案件，被告人因经济困难或者其他原因没有委托辩护人的，人民法院可以指定承担法律援助义务的律师为其提供辩护。

被告人是盲、聋、哑或者未成年人而没有委托辩护人的，人民法院应当指定承担法律援助义务的律师为其提供辩护。

被告人可能被判处死刑而没有委托辩护人的，人民法院应当指定承担法律援助义务的律师为其提供辩护。

第三十五条 辩护人的责任是根据事实和法律，提出证明犯罪嫌疑人、被告人无罪、罪轻或者减轻、免除其刑事责任的材料和意见，维护犯罪嫌疑人、被告人的合法权益。

第三十六条 辩护律师自人民检察院对案件审查起诉之日起，可以查阅、摘抄、复制本案的诉讼文书、技术性鉴定材料，可以同在押的犯罪嫌疑人会见和通信。其他辩护人经人民检察院许可，也可以查阅、摘抄、复制上述材料，同在押的犯罪嫌疑人会见和通信。

辩护律师自人民法院受理案件之日起，可以查阅、摘抄、复制本案所指控的犯罪事实的材料，可以同在押的被告人会见和通信。其他辩护人经人民法院许可，也可以查阅、摘抄、复制上述材料，同在押的被告人会见和通信。

第三十七条 辩护律师经证人或者其他有关单位和个人同意，可以向他们收集与本案有关的材料，也可以申请人民检察院、人民法院收集、调取证据，或者申请人民法院通知证人出庭作证。

辩护律师经人民检察院或者人民法院许可，并且经被害人或者其近亲属、被害人提供的证人同意，可以向他们收集与本案有关的材料。

第三十八条 辩护律师和其他辩护人，不得帮助犯罪嫌疑人、被告人隐匿、毁灭、伪造证据或者串供，不得威胁、引诱证人改变证言或者作伪证以及进行其他干扰司法机关诉讼活动的行为。

违反前款规定的，应当依法追究法律责任。

第三十九条 在审判过程中，被告人可以拒绝辩护人继续为他辩护，也可以另行委托辩护人辩护。

第四十条 公诉案件的被害人及其法定代理人或者近亲属，附带民事诉讼的当事人及其法定代理人，自案件移送审查起诉之日起，有权委托诉讼代理人。自诉案件的自诉人及其法定代理人，附带民事诉讼的当事人及其法定代理人，有权随时委托诉讼代理人。

人民检察院自收到移送审查起诉的案件材料之日起三日以内，应当告知被害人及其法定代理人或者其近亲属、附带民事诉讼的当事人及其法定代理人有权委托诉讼代理人。人民法院自受理自诉案件之日起三日以内，应当告知自诉人及其法定代理人、附带民事诉讼的当事人及其法定代理人有权委托诉讼代理人。

第四十一条 委托诉讼代理人，参照本法第三十二条的规定执行。

第五章　证　据

第四十二条　证明案件真实情况的一切事实，都是证据。

证据有下列七种：

（一）物证、书证；

（二）证人证言；

（三）被害人陈述；

（四）犯罪嫌疑人、被告人供述和辩解；

（五）鉴定结论；

（六）勘验、检查笔录；

（七）视听资料。

以上证据必须经过查证属实，才能作为定案的根据。

第四十三条　审判人员、检察人员、侦查人员必须依照法定程序，收集能够证实犯罪嫌疑人、被告人有罪或者无罪、犯罪情节轻重的各种证据。严禁刑讯逼供和以威胁、引诱、欺骗以及其他非法的方法收集证据。必须保证一切与案件有关或者了解案情的公民，有客观地充分地提供证据的条件，除特殊情况外，并且可以吸收他们协助调查。

第四十四条　公安机关提请批准逮捕书、人民检察院起诉书、人民法院判决书，必须忠实于事实真象。故意隐瞒事实真象的，应当追究责任。

第四十五条　人民法院、人民检察院和公安机关有权向有关单位和个人收集、调取证据。有关单位和个人应当如实提供证据。

对于涉及国家秘密的证据，应当保密。

凡是伪造证据、隐匿证据或者毁灭证据的，无论属于何方，必须受法律追究。

第四十六条　对一切案件的判处都要重证据，重调查研究，不轻信口供。只有被告人供述，没有其他证据的，不能认定被告人有罪和处以刑罚；没有被告人供述，证据充分确实的，可以认定被告人有罪和处以刑罚。

第四十七条　证人证言必须在法庭上经过公诉人、被害人和被告人、辩护人双方讯问、质证，听取各方证人的证言并且经过查实以后，才能作为定案的根据。法庭查明证人有意作伪证或者隐匿罪证的时候，应当依法处理。

第四十八条　凡是知道案件情况的人，都有作证的义务。

生理上、精神上有缺陷或者年幼，不能辨别是非、不能正确表达的人，不能作证人。

第四十九条　人民法院、人民检察院和公安机关应当保障证人及其近亲属的安全。

对证人及其近亲属进行威胁、侮辱、殴打或者打击报复，构成犯罪的，依法追究刑事责任；尚不够刑事处罚的，依法给予治安管理处罚。

第六章　强制措施

第五十条　人民法院、人民检察院和公安机关根据案件情况，对犯罪嫌疑人、被告人可以拘传、取保候审或者监视居住。

第五十一条　人民法院、人民检察院和公安机关对于有下列情形之一的犯罪嫌疑人、被告人，可以取保候审或者监视居住：

（一）可能判处管制、拘役或者独立适用附加刑的；

（二）可能判处有期徒刑以上刑罚，采取取保候审、监视居住不致发生社会危险性的。

取保候审、监视居住由公安机关执行。

第五十二条 被羁押的犯罪嫌疑人、被告人及其法定代理人、近亲属有权申请取保候审。

第五十三条 人民法院、人民检察院和公安机关决定对犯罪嫌疑人、被告人取保候审，应当责令犯罪嫌疑人、被告人提出保证人或者交纳保证金。

第五十四条 保证人必须符合下列条件：

（一）与本案无牵连；

（二）有能力履行保证义务；

（三）享有政治权利，人身自由未受到限制；

（四）有固定的住处和收入。

第五十五条 保证人应当履行以下义务：

（一）监督被保证人遵守本法第五十六条的规定；

（二）发现被保证人可能发生或者已经发生违反本法第五十六条规定的行为的，应当及时向执行机关报告。

被保证人有违反本法第五十六条规定的行为，保证上人未及时报告的，对保证人处以罚款，构成犯罪的，依法追究刑事责任。

第五十六条 被取保候审的犯罪嫌疑人、被告人应当遵守以下规定：

（一）未经执行机关批准不得离开所居住的市、县；

（二）在传讯的时候及时到案；

（三）不得以任何形式干扰证人作证；

（四）不得毁灭、伪造证据或者串供。

被取保候审的犯罪嫌疑人、被告人违反前款规定，已交纳保证金的，没收保证金，并且区别情形，责令犯罪嫌疑人、被告人具结悔过，重新交纳保证金、提出保证人或者监视居住、予以逮捕。犯罪嫌疑人、被告人在取保候审期间未违反前款规定的，取保候审结束的时候，应当退还保证金。

第五十七条 被监视居住的犯罪嫌疑人、被告人应当遵守以下规定：

（一）未经执行机关批准不得离开住处，无固定住处的，未经批准不得离开指定的居所；

（二）未经执行机关批准不得会见他人；

（三）在传讯的时候及时到案；

（四）不得以任何形式干扰证人作证；

（五）不得毁灭、伪造证据或者串供。

被监视居住的犯罪嫌疑人、被告人违反前款规定，情节严重的，予以逮捕。

第五十八条 人民法院、人民检察院和公安机关对犯罪嫌疑人、被告人取保候审最长不得超过十二个月，监视居住最长不得超过六个月。

在取保候审、监视居住期间，不得中断对案件的侦查、起诉和审理。对于发现不应当追究刑事责任或者取保候审、监视居住期限届满的，应当及时解除取保候审、监视居住。

解除取保候审、监视居住，应当及时通知被取保候审、监视居住人和有关单位。

第五十九条　逮捕犯罪嫌疑人、被告人，必须经过人民检察院批准或者人民法院决定，由公安机关执行。

第六十条　对有证据证明有犯罪事实，可能判处徒刑以上刑罚的犯罪嫌疑人、被告人，采取取保候审、监视居住等方法，尚不足以防止发生社会危险性，而有逮捕必要的，应即依法逮捕。

对应当逮捕的犯罪嫌疑人、被告人，如果患有严重疾病，或者是正在怀孕、哺乳自己婴儿的妇女，可以采取取保候审或者监视居住的办法。

第六十一条　公安机关对于现行犯或者重大嫌疑分子，如果有下列情形之一的，可以先行拘留：

（一）正在预备犯罪、实行犯罪或者在犯罪后即时被发觉的；

（二）被害人或者在场亲眼看见的指认他犯罪的；

（三）在身边或者住处发现有犯罪证据的；

（四）犯罪后企图自杀、逃跑或者在逃的；

（五）有毁灭、伪造证据或者串供可能的；

（六）不讲真实姓名、住址，身份不明的；

（七）有流窜作案、多次作案、结伙作案重大嫌疑的。

第六十二条　公安机关在异地执行拘留、逮捕的时候，应当通知被拘留、逮捕人所在地的公安机关，被拘留、逮捕人所在地的公安机关应当予以配合。

第六十三条　对于有下列情形的人，任何公民都可以立即扭送公安机关、人民检察院或者人民法院处理：

（一）正在实行犯罪或者在犯罪后即时被发觉的；

（二）通缉在案的；

（三）越狱逃跑的；

（四）正在被追捕的。

第六十四条　公安机关拘留人的时候，必须出示拘留证。

拘留后，除有碍侦查或者无法通知的情形以外，应当把拘留的原因和羁押的处所，在二十四小时以内，通知被拘留人的家属或者他的所在单位。

第六十五条　公安机关对于被拘留的人，应当在拘留后的二十四小时以内进行讯问。在发现不应当拘留的时候，必须立即释放，发给释放证明。对需要逮捕而证据还不充足的，可以取保候审或者监视居住。

第六十六条　公安机关要求逮捕犯罪嫌疑人的时候，应当写出提请批准逮捕书，连同案卷材料、证据，一并移送同级人民检察院审查批准。必要的时候，人民检察院可以派人参加公安机关对于重大案件的讨论。

第六十七条　人民检察院审查批准逮捕犯罪嫌疑人由检察长决定。重大案件应当提交检察委员会讨论决定。

第六十八条　人民检察院对于公安机关提请批准逮捕的案件进行审查后，应当根据情况分别作出批准逮捕或者不批准逮捕的决定。对于批准逮捕的决定，公安机关应当立即执行，并且将执行情况及时通知人民检察院。对于不批准逮捕的，人民检察院应当说明理由，需要补充侦查的，应当同时通知公安机关。

第六十九条 公安机关对被拘留的人，认为需要逮捕的，应当在拘留后的三日以内，提请人民检察院审查批准。在特殊情况下，提请审查批准的时间可以延长一日至四日。

对于流窜作案、多次作案、结伙作案的重大嫌疑分子，提请审查批准的时间可以延长至三十日。

人民检察院应当自接到公安机关提请批准逮捕书后的七日以内，作出批准逮捕或者不批准逮捕的决定。人民检察院不批准逮捕的，公安机关应当在接到通知后立即释放，并且将执行情况及时通知人民检察院。对于需要继续侦查，并且符合取保候审、监视居住条件的，依法取保候审或者监视居住。

第七十条 公安机关对人民检察院不批准逮捕的决定，认为有错误的时候，可以要求复议，但是必须将被拘留的人立即释放。如果意见不被接受，可以向上一级人民检察院提请复核。上级人民检察院应当立即复核，作出是否变更的决定，通知下级人民检察院和公安机关执行。

第七十一条 公安机关逮捕人的时候，必须出示逮捕证。

逮捕后，除有碍侦查或者无法通知的情形以外，应当把逮捕的原因和羁押的处所，在二十四小时以内通知被逮捕人的家属或者他的所在单位。

第七十二条 人民法院、人民检察院对于各自决定逮捕的人，公安机关对于经人民检察院批准逮捕的人，都必须在逮捕后的二十四小时以内进行讯问。在发现不应当逮捕的时候，必须立即释放，发给释放证明。

第七十三条 人民法院、人民检察院和公安机关如果发现对犯罪嫌疑人、被告人采取强制措施不当的，应当及时撤销或者变更。公安机关释放被逮捕的人或者变更逮捕措施的，应当通知原批准的人民检察院。

第七十四条 犯罪嫌疑人、被告人被羁押的案件，不能在本法规定的侦查羁押、审查起诉、一审、二审期限内办结，需要继续查证、审理的，对犯罪嫌疑人、被告人可以取保候审或者监视居住。

第七十五条 犯罪嫌疑人、被告人及其法定代理人、近亲属或者犯罪嫌疑人、被告人委托的律师及其他辩护人对于人民法院、人民检察院或者公安机关采取强制措施超过法定期限的，有权要求解除强制措施。人民法院、人民检察院或者公安机关对于被采取强制措施超过法定期限的犯罪嫌疑人、被告人应当予以释放、解除取保候审、监视居住或者依法变更强制措施。

第七十六条 人民检察院在审查批准逮捕工作中，如果发现公安机关的侦查活动有违法情况，应当通知公安机关予以纠正，公安机关应当将纠正情况通知人民检察院。

第七章　附带民事诉讼

第七十七条 被害人由于被告人的犯罪行为而遭受物质损失的，在刑事诉讼过程中，有权提起附带民事诉讼。

如果是国家财产、集体财产遭受损失的，人民检察院在提起公诉的时候，可以提起附带民事诉讼。

人民法院在必要的时候，可以查封或者扣押被告人的财产。

第七十八条 附带民事诉讼应当同刑事案件一并审判，只有为了防止刑事案件审判的过分迟延，才可以在刑事案件审判后，由同一审判组织继续审理附带民事诉讼。

第八章 期间、送达

第七十九条 期间以时、日、月计算。

期间开始的时和日不算在期间以内。

法定期间不包括路途上的时间。上诉状或者其他文件在期满前已经交邮的，不算过期。

第八十条 当事人由于不能抗拒的原因或者其他正当理由而耽误期限的，在障碍消除后五日以内，可以申请继续进行应当在期满以前完成的诉讼活动。

前款申请是否准许，由人民法院裁定。

第八十一条 送达传票、通知书和其他诉讼文件应当交给收件人本人；如果本人不在，可以交给他的成年家属或者所在单位的负责人员代收。

收件人本人或者代收人拒绝接收或者拒绝签名、盖章的时候，送达人可以邀请他的邻居或者其他见证人到场，说明情况，把文件留在他的住处，在送达证上记明拒绝的事由、送达的日期，由送达人签名，即认为已经送达。

第九章 其他规定

第八十二条 本法下列用语的含意是：

（一）“侦查”是指公安机关、人民检察院在办理案件过程中，依照法律进行的专门调查工作和有关的强制性措施；

（二）“当事人”是指被害人、自诉人、犯罪嫌疑人、被告人、附带民事诉讼的原告人和被告人；

（三）“法定代理人”是指被代理人的父母、养父母、监护人和负有保护责任的机关、团体的代表；

（四）“诉讼参与人”是指当事人、法定代理人、诉讼代理人、辩护人、证人、鉴定人和翻译人员。

（五）“诉讼代理人”是指公诉案件的被害人及其法定代理人或者近亲属、自诉案件的自诉人及其法定代理人委托代为参加诉讼的人和附带民事诉讼的当事人及其法定代理人委托代为参加诉讼的人；

（六）“近亲属”是指夫、妻、父、母、子、女、同胞兄弟姊妹。

第二编 立案、侦查和提起公诉

第一章 立 案

第八十三条 公安机关或者人民检察院发现犯罪事实或者犯罪嫌疑人，应当按照管辖范围，立案侦查。

第八十四条 任何单位和个人发现有犯罪事实或者犯罪嫌疑人，有权利也有义务向公安机关、人民检察院或者人民法院报案或者举报。

被害人对侵犯其人身、财产权利的犯罪事实或者犯罪嫌疑人，有权向公安机关、人民检察院或者人民法院报案或者控告。

公安机关、人民检察院或者人民法院对于报案、控告、举报，都应当接受。对于不属于自己管辖的，应当移送主管机关处理，并且通知报案人、控告人、举报人；对于不属于自己管辖而又必须采取紧急措施的，应当先采取紧急措施，然后移送主管机关。

犯罪人向公安机关、人民检察院或者人民法院自首的，适用第三款规定。

第八十五条 报案、控告、举报可以用书面或者口头提出。接受口头报案、控告、举报的工作人员，应当写成笔录，经宣读无误后，由报案人、控告人、举报人签名或者盖章。

接受控告、举报的工作人员，应当向控告人、举报人说明诬告应负的法律责任。但是，只要不是捏造事实，伪造证据，即使控告、举报的事实有出入，甚至是错告的，也要和诬告严格加以区别。

公安机关、人民检察院或者人民法院应当保障报案人、控告人、举报人及其近亲属的安全。报案人、控告人、举报人如果不愿公开自己的姓名和报案、控告、举报的行为，应当为他保守秘密。

第八十六条 人民法院、人民检察院或者公安机关对于报案、控告、举报和自首的材料，应当按照管辖范围，迅速进行审查，认为有犯罪事实需要追究刑事责任的时候，应当立案；认为没有犯罪事实，或者犯罪事实显著轻微，不需要追究刑事责任的时候，不予立案，并且将不立案的原因通知控告人。控告人如果不服，可以申请复议。

第八十七条 人民检察院认为公安机关对应当立案侦查的案件而不立案侦查的，或者被害人认为公安机关对应当立案侦查的案件而不立案侦查，向人民检察院提出的，人民检察院应当要求公安机关说明不立案的理由。人民检察院认为公安机关不立案理由不能成立的，应当通知公安机关立案，公安机关接到通知后应当立案。

第八十八条 对于自诉案件，被害人有权向人民法院直接起诉。被害人死亡或者丧失行为能力的，被害人的法定代理人、近亲属有权向人民法院起诉。人民法院应当依法受理。

第二章 侦 查

第一节 一般规定

第八十九条 公安机关对已经立案的刑事案件，应当进行侦查，收集、调取犯罪嫌疑人有罪或者无罪、罪轻或者罪重的证据材料。对现行犯或者重大嫌疑分子可以依法先行拘留，对符合逮捕条件的犯罪嫌疑人，应当依法逮捕。

第九十条 公安机关经过侦查，对有证据证明有犯罪事实的案件，应当进行预审，对收集、调取的证据材料予以核实。

第二节 讯问犯罪嫌疑人

第九十一条 讯问犯罪嫌疑人必须由人民检察院或者公安机关的侦查人员负责进行。讯问的时候，侦查人员不得少于二人。

第九十二条 对于不需要逮捕、拘留的犯罪嫌疑人，可以传唤到犯罪嫌疑人所在市、县内的指定地点或者到他的住处进行讯问，但是应当出示人民检察院或者公安机关的证明文件。

传唤、拘传持续的时间最长不得超过十二小时。不得以连续传唤、拘传的形式变相拘禁犯罪嫌疑人。

第九十三条　侦查人员在讯问犯罪嫌疑人的时候，应当首先讯问犯罪嫌疑人是否有犯罪行为，让他陈述有罪的情节或者无罪的辩解，然后向他提出问题。犯罪嫌疑人对侦查人员的提问，应当如实回答。但是对与本案无关的问题，有拒绝回答的权利。

第九十四条　讯问聋、哑的犯罪嫌疑人，应当有通晓聋、哑手势的人参加，并且将这种情况记明笔录。

第九十五条　讯问笔录应当交犯罪嫌疑人核对，对于没有阅读能力的，应当向他宣读。如果记载有遗漏或者差错，犯罪嫌疑人可以提出补充或者改正。犯罪嫌疑人承认笔录没有错误后，应当签名或者盖章。侦查人员也应当在笔录上签名。犯罪嫌疑人请求自行书写供述的，应当准许。必要的时候，侦查人员也可以要犯罪嫌疑人亲笔书写供词。

第九十六条　犯罪嫌疑人在被侦查机关第一次讯问后或者采取强制措施之日起，可以聘请律师为其提供法律咨询、代理申诉、控告。犯罪嫌疑人被逮捕的，聘请的律师可以为其申请取保候审。涉及国家秘密的案件，犯罪嫌疑人聘请律师，应当经侦查机关批准。

受委托的律师有权向侦查机关了解犯罪嫌疑人涉嫌的罪名，可以会见在押的犯罪嫌疑人，向犯罪嫌疑人了解有关案件情况。律师会见在押的犯罪嫌疑人，侦查机关根据案件情况和需要可以派员在场。涉及国家秘密的案件，律师会见在押的犯罪嫌疑人，应当经侦查机关批准。

第三节　询问证人

第九十七条　侦查人员询问证人，可以到证人的所在单位或者住处进行，但是必须出示人民检察院或者公安机关的证明文件。在必要的时候，也可以通知证人到人民检察院或者公安机关提供证言。

询问证人应当个别进行。

第九十八条　询问证人，应当告知他应当如实地提供证据、证言和有意作伪证或者隐匿罪证要负的法律责任。

询问不满十八岁的证人，可以通知其法定代理人到场。

第九十九条　本法第九十五条的规定，也适用于询问证人。

第一百条　询问被害人，适用本节各条规定。

第四节　勘验、检查

第一百零一条　侦查人员对于与犯罪有关的场所、物品、人身、尸体应当进行勘验或者检查。在必要的时候，可以指派或者聘请具有专门知识的人，在侦查人员的主持下进行勘验、检查。

第一百零二条　任何单位和个人，都有义务保护犯罪现场，并且立即通知公安机关派员勘验。

第一百零三条　侦查人员执行勘验、检查，必须持有人民检察院或者公安机关的证明文件。

第一百零四条　对于死因不明的尸体，公安机关有权决定解剖，并且通知死者家属到场。

第一百零五条 为了确定被害人、犯罪嫌疑人的某些特征、伤害情况或者生理状态，可以对人身进行检查。

犯罪嫌疑人如果拒绝检查，侦查人员认为必要的时候，可以强制检查。

检查妇女的身体，应当由女工作人员或者医师进行。

第一百零六条 勘验、检查的情况应当写成笔录，由参加勘验、检查的人和见证人签名或者盖章。

第一百零七条 人民检察院审查案件的时候，对公安机关的勘验、检查，认为需要复验、复查时，可以要求公安机关复验、复查，并且可以派检察人员参加。

第一百零八条 为了查明案情，在必要的时候，经公安局长批准，可以进行侦查实验。

侦查实验，禁止一切足以造成危险、侮辱人格或者有伤风化的行为。

第五节 搜 查

第一百零九条 为了收集犯罪证据、查获犯罪人，侦查人员可以对犯罪嫌疑人以及可能隐藏罪犯或者犯罪证据的人的身体、物品、住处和其他有关的地方进行搜查。

第一百一十条 任何单位和个人，有义务按照人民检察院和公安机关的要求，交出可以证明犯罪嫌疑人有罪或者无罪的物证、书证、视听资料。

第一百一十一条 进行搜查，必须向被搜查人出示搜查证。

在执行逮捕、拘留的时候，遇有紧急情况，不另用搜查证也可以进行搜查。

第一百一十二条 在搜查的时候，应当有被搜查人或者他的家属，邻居或者其他见证人在场。

搜查妇女的身体，应当由女工作人员进行。

第一百一十三条 搜查的情况应当写成笔录，由侦查人员和被搜查人或者他的家属，邻居或者其他见证人签名或者盖章。如果被搜查人或者他的家属在逃或者拒绝签名、盖章，应当在笔录上注明。

第六节 扣押物证、书证

第一百一十四条 在勘验、搜查中发现的可用以证明犯罪嫌疑人有罪或者无罪的各种物品和文件，应当扣押；与案件无关的物品、文件，不得扣押。

对于扣押的物品、文件，要妥善保管或者封存，不得使用或者损毁。

第一百一十五条 对于扣押的物品和文件，应当会同在场见证人和被扣押物品持有人查点清楚，当场开列清单一式二份，由侦查人员、见证人和持有人签名或者盖章，一份交给持有人，另一份附卷备查。

第一百一十六条 侦查人员认为需要扣押犯罪嫌疑人的邮件、电报的时候，经公安机关或者人民检察院批准，即可通知邮电机关将有关的邮件、电报检交扣押。

不需要继续扣押的时候，应即通知邮电机关。

第一百一十七条 人民检察院、公安机关根据侦查犯罪的需要，可以依照规定查询、冻结犯罪嫌疑人的存款、汇款。

犯罪嫌疑人的存款、汇款已被冻结的，不得重复冻结。

第一百一十八条　对于扣押的物品、文件、邮件、电报或者冻结的存款、汇款，经查明确实与案件无关的，应当在三日以内解除扣押、冻结，退还原主或者原邮电机关。

第七节　鉴　定

第一百一十九条　为了查明案情，需要解决案件中某些专门性问题的时候，应当指派、聘请有专门知识的人进行鉴定。

第一百二十条　鉴定人进行鉴定后，应当写出鉴定结论，并且签名。

对人身伤害的医学鉴定有争议需要重新鉴定或者对精神病的医学鉴定，由省级人民政府指定的医院进行。鉴定人进行鉴定后，应当写出鉴定结论，并且由鉴定人签名，医院加盖公章。

鉴定人故意作虚假鉴定的，应当承担法律责任。

第一百二十一条　侦查机关应当将用作证据的鉴定结论告知犯罪嫌疑人、被害人。如果犯罪嫌疑人、被害人提出申请，可以补充鉴定或者重新鉴定。

第一百二十二条　对犯罪嫌疑人作精神病鉴定的期间不计入办案期限。

第八节　通　缉

第一百二十三条　应当逮捕的犯罪嫌疑人如果在逃，公安机关可以发布通缉令，采取有效措施，追捕归案。

各级公安机关在自己管辖的地区以内，可以直接发布通缉令；超出自己管辖的地区，应当报请有权决定的上级机关发布。

第九节　侦查终结

第一百二十四条　对犯罪嫌疑人逮捕后的侦查羁押期限不得超过二个月。案情复杂、期限届满不能终结的案件，可以经上一级人民检察院批准延长一个月。

第一百二十五条　因为特殊原因，在较长时间内不宜交付审判的特别重大复杂的案件，由最高人民检察院报请全国人民代表大会常务委员会批准延期审理。

第一百二十六条　下列案件在本法第一百二十四条规定的期限届满不能侦查终结的，经省、自治区、直辖市人民检察院批准或者决定，可以延长二个月：

（一）交通十分不便的边远地区的重大复杂案件；

（二）重大的犯罪集团案件；

（三）流窜作案的重大复杂案件；

（四）犯罪涉及面广，取证困难的重大复杂案件。

第一百二十七条　对犯罪嫌疑人可能判处十年有期徒刑以上刑罚，依照本法第一百二十六条规定延长期限届满，仍不能侦查终结的，经省、自治区、直辖市人民检察院批准或者决定，可以再延长二个月。

第一百二十八条　在侦查期间，发现犯罪嫌疑人另有重要罪行的，自发现之日起依照本法第一百二十四条的规定重新计算侦查羁押期限。

犯罪嫌疑人不讲真实姓名、住址，身份不明的，侦查羁押期限自查清其身份之日起计算，但是不得停止对其犯罪行为的侦查取证。对于犯罪事实清楚，证据确实、充分的，也可以按其自报的姓名移送人民检察院审查起诉。

第一百二十九条　公安机关侦查终结的案件，应当做到犯罪事实清楚，证据确实、充分，并且写出起诉意见书，连同案卷材料、证据一并移送同级人民检察院审查决定。

第一百三十条 在侦查过程中，发现不应对犯罪嫌疑人追究刑事责任的，应当撤销案件；犯罪嫌疑人已被逮捕的，应当立即释放，发给释放证明，并且通知原批准逮捕的人民检察院。

第十节 人民检察院对直接受理的案件的侦查

第一百三十一条 人民检察院对直接受理的案件的侦查适用本章规定。

第一百三十二条 人民检察院直接受理的案件中符合本法第六十条、第六十一条第四项、第五项规定情形，需要逮捕、拘留犯罪嫌疑人的，由人民检察院作出决定，由公安机关执行。

第一百三十三条 人民检察院对直接受理的案件中被拘留的人，应当在拘留后的二十四小时以内进行讯问。在发现不应当拘留的时候，必须立即释放，发给释放证明。对需要逮捕而证据还不充足的，可以取保候审或者监视居住。

第一百三十四条 人民检察院对直接受理的案件中被拘留的人，认为需要逮捕的，应当在十日以内作出决定。在特殊情况下，决定逮捕的时间可以延长一日至四日。对不需要逮捕的，应当立即释放；对于需要继续侦查，并且符合取保候审、监视居住条件的，依法取保候审或者监视居住。

第一百三十五条 人民检察院侦查终结的案件，应当作出提起公诉、不起诉或者撤销案件的决定。

第三章 提起公诉

第一百三十六条 凡需要提起公诉的案件，一律由人民检察院审查决定。

第一百三十七条 人民检察院审查案件的时候，必须查明：

（一）犯罪事实、情节是否清楚，证据是否确实、充分，犯罪性质和罪名的认定是否正确；

（二）有无遗漏罪行和其他应当追究刑事责任的人；

（三）是否属于不应追究刑事责任的；

（四）有无附带民事诉讼；

（五）侦查活动是否合法。

第一百三十八条 人民检察院对于公安机关移送起诉的案件，应当在一个月以内作出决定，重大、复杂的案件，可以延长半个月。

人民检察院审查起诉的案件，改变管辖的，从改变后的人民检察院收到案件之日起计算审查起诉期限。

第一百三十九条 人民检察院审查案件，应当讯问犯罪嫌疑人，听取被害人和犯罪嫌疑人、被害人委托的人的意见。

第一百四十条 人民检察院审查案件，可以要求公安机关提供法庭审判所必需的证据材料。

人民检察院审查案件，对于需要补充侦查的，可以退回公安机关补充侦查，也可以自行侦查。

对于补充侦查的案件，应当在一个月以内补充侦查完毕。补充侦查以二次为限。补充侦查完毕移送人民检察院后，人民检察院重新计算审查起诉期限。

对于补充侦查的案件，人民检察院仍然认为证据不足，不符合起诉条件的，可以作出不起诉的决定。

第一百四十一条　人民检察院认为犯罪嫌疑人的犯罪事实已经查清，证据确实、充分，依法应当追究刑事责任的，应当作出起诉决定，按照审判管辖的规定，向人民法院提起公诉。

第一百四十二条　犯罪嫌疑人有本法第十五条规定的情形之一的，人民检察院应当作出不起诉决定。

对于犯罪情节轻微，依照刑法规定不需要判处刑罚或者免除刑罚的，人民检察院可以作出不起诉决定。

人民检察院决定不起诉的案件，应当同时对侦查中扣押、冻结的财物解除扣押、冻结。对被不起诉人需要给予行政处罚、行政处分或者需要没收其违法所得的，人民检察院应当提出检察意见，移送有关主管机关处理。有关主管机关应当将处理结果及时通知人民检察院。

第一百四十三条　不起诉的决定，应当公开宣布，并且将不起诉决定书送达被不起诉人和他的所在单位。如果被不起诉人在押，应当立即释放。

第一百四十四条　对于公安机关移送起诉的案件，人民检察院决定不起诉的，应当将不起诉决定书送达公安机关。公安机关认为不起诉的决定有错误的时候，可以要求复议，如果意见不被接受，可以向上一级人民检察院提请复核。

第一百四十五条　对于有被害人的案件，决定不起诉的，人民检察院应当将不起诉决定书送达被害人。被害人如果不服，可以自收到决定书后七日以内向上一级人民检察院申诉，请求提起公诉。人民检察院应当将复查决定告知被害人。对人民检察院维持不起诉决定的，被害人可以向人民法院起诉。被害人也可以不经申诉，直接向人民法院起诉。人民法院受理案件后，人民检察院应当将有关案件材料移送人民法院。

第一百四十六条　对于人民检察院依照本法第一百四十二条第二款规定作出的不起诉决定，被不起诉人如果不服，可以自收到决定书后七日以内向人民检察院申诉。人民检察院应当作出复查决定，通知被不起诉的人，同时抄送公安机关。

第三编　审　判

第一章　审判组织

第一百四十七条　基层人民法院、中级人民法院审判第一审案件，应当由审判员三人或者由审判员和人民陪审员共三人组成合议庭进行，但是基层人民法院适用简易程序的案件可以由审判员一人独任审判。

高级人民法院、最高人民法院审判第一审案件，应当由审判员三人至七人或者由审判员和人民陪审员共三人至七人组成合议庭进行。

人民陪审员在人民法院执行职务，同审判员有同等的权利。

人民法院审判上诉和抗诉案件，由审判员三人至五人组成合议庭进行。

合议庭的成员人数应当是单数。

合议庭由院长或者庭长指定审判员一人担任审判长。院长或者庭长参加审判案件的时候，自己担任审判长。

第一百四十八条 合议庭进行评议的时候，如果意见分歧，应当按多数人的意见作出决定，但是少数人的意见应当写入笔录。评议笔录由合议庭的组成人员签名。

第一百四十九条 合议庭开庭审理并且评议后，应当作出判决。对于疑难、复杂、重大的案件，合议庭认为难以作出决定的，由合议庭提请院长决定提交审判委员会讨论决定。审判委员会的决定，合议庭应当执行。

第二章 第一审程序

第一节 公诉案件

第一百五十条 人民法院对提起公诉的案件进行审查后，对于起诉书中有明确的指控犯罪事实并且附有证据目录、证人名单和主要证据复印件或者照片的，应当决定开庭审判。

第一百五十一条 人民法院决定开庭审判后，应当进行下列工作：

（一）确定合议庭的组成人员；

（二）将人民检察院的起诉书副本至迟在开庭十日以前送达被告人。对于被告人未委托辩护人的，告知被告人可以委托辩护人，或者在必要的时候指定承担法律援助义务的律师为其提供辩护；

（三）将开庭的时间、地点在开庭三日以前通知人民检察院；

（四）传唤当事人，通知辩护人、诉讼代理人、证人、鉴定人和翻译人员，传票和通知书至迟在开庭三日以前送达；

（五）公开审判的案件，在开庭三日以前先期公布案由、被告人姓名、开庭时间和地点。

上述活动情形应当写入笔录，由审判人员和书记员签名。

第一百五十二条 人民法院审判第一审案件应当公开进行。但是有关国家秘密或者个人隐私的案件，不公开审理。

十四岁以上不满十六岁未成年人犯罪的案件，一律不公开审理。十六岁以上不满十八岁未成年人犯罪的案件，一般也不公开审理。

对于不公开审理的案件，应当当庭宣布不公开审理的理由。

第一百五十三条 人民法院审判公诉案件，人民检察院应当派员出席法庭支持公诉，但是依照本法第一百七十五条的规定适用简易程序的，人民检察院可以不派员出席法庭。

第一百五十四条 开庭的时候，审判长查明当事人是否到庭，宣布案由；宣布合议庭的组成人员、书记员、公诉人、辩护人、诉讼代理人、鉴定人和翻译人员的名单；告知当事人有权对合议庭组成人员、书记员、公诉人、鉴定人和翻译人员申请回避；告知被告人享有辩护权利。

第一百五十五条 公诉人在法庭上宣读起诉书后，被告人、被害人可以就起诉书指控的犯罪进行陈述，公诉人可以讯问被告人。

被害人、附带民事诉讼的原告人和辩护人、诉讼代理人，经审判长许可，可以向被告人发问。

审判人员可以讯问被告人。

第一百五十六条　证人作证，审判人员应当告知他要如实地提供证言和有意作伪证或者隐匿罪证要负的法律责任。公诉人、当事人和辩护人、诉讼代理人经审判长许可，可以对证人、鉴定人发问。审判长认为发问的内容与案件无关的时候，应当制止。

审判人员可以询问证人、鉴定人。

第一百五十七条　公诉人、辩护人应当向法庭出示物证，让当事人辨认，对未到庭的证人的证言笔录、鉴定人的鉴定结论、勘验笔录和其他作为证据的文书，应当当庭宣读。审判人员应当听取公诉人、当事人和辩护人、诉讼代理人的意见。

第一百五十八条　法庭审理过程中，合议庭对证据有疑问的，可以宣布休庭，对证据进行调查核实。

人民法院调查核实证据，可以进行勘验、检查、扣押、鉴定和查询、冻结。

第一百五十九条　法庭审理过程中，当事人和辩护人、诉讼代理人有权申请通知新的证人到庭，调取新的物证，申请重新鉴定或者勘验。

法庭对于上述申请，应当作出是否同意的决定。

第一百六十条　经审判长许可，公诉人、当事人和辩护人、诉讼代理人可以对证据和案件情况发表意见并且可以互相辩论。审判长在宣布辩论终结后，被告人有最后陈述的权利。

第一百六十一条　在法庭审判过程中，如果诉讼参与人或者旁听人员违反法庭秩序，审判长应当警告制止。对不听制止的，可以强行带出法庭；情节严重的，处以一千元以下的罚款或者十五日以下的拘留。罚款、拘留必须经院长批准。被处罚人对罚款、拘留的决定不服的，可以向上一级人民法院申请复议。复议期间不停止执行。

对聚众哄闹、冲击法庭或者侮辱、诽谤、威胁、殴打司法工作人员或者诉讼参与人，严重扰乱法庭秩序，构成犯罪的，依法追究刑事责任。

第一百六十二条　在被告人最后陈述后，审判长宣布休庭，合议庭进行评议，根据已经查明的事实、证据和有关的法律规定，分别作出以下判决：

（一）案件事实清楚，证据确实、充分，依据法律认定被告人有罪的，应当作出有罪判决；

（二）依据法律认定被告人无罪的，应当作出无罪判决；

（三）证据不足，不能认定被告人有罪的，应当作出证据不足、指控的犯罪不能成立的无罪判决。

第一百六十三条　宣告判决，一律公开进行。

当庭宣告判决的，应当在五日以内将判决书送达当事人和提起公诉的人民检察院；定期宣告判决的，应当在宣告后立即将判决书送达当事人和提起公诉的人民检察院。

第一百六十四条　判决书应当由合议庭的组成人员和书记员署名，并且写明上诉的期限和上诉的法院。

第一百六十五条　在法庭审判过程中，遇有下列情形之一，影响审判进行的，可以延期审理：

（一）需要通知新的证人到庭，调取新的物证，重新鉴定或者勘验的；

（二）检察人员发现提起公诉的案件需要补充侦查，提出建议的；

（三）由于当事人申请回避而不能进行审判的。

第一百六十六条 依照本法第一百六十五条第二项的规定延期审理的案件，人民检察院应当在一个月以内补充侦查完毕。

第一百六十七条 法庭审判的全部活动，应当由书记员写成笔录，经审判长审阅后，由审判长和书记员签名。

法庭笔录中的证人证言部分，应当当庭宣读或者交给证人阅读。证人在承认没有错误后，应当签名或者盖章。

法庭笔录应当交给当事人阅读或者向他宣读。当事人认为记载有遗漏或者差错的，可以请求补充或者改正。当事人承认没有错误后，应当签名或者盖章。

第一百六十八条 人民法院审理公诉案件，应当在受理后一个月以内宣判，至迟不得超过一个半月。有本法第一百二十六条规定情形之一的，经省、自治区、直辖市高级人民法院批准或者决定，可以再延长一个月。

人民法院改变管辖的案件，从改变后的人民法院收到案件之日起计算审理期限。

人民检察院补充侦查的案件，补充侦查完毕移送人民法院后，人民法院重新计算审理期限。

第一百六十九条 人民检察院发现人民法院审理案件违反法律规定的诉讼程序，有权向人民法院提出纠正意见。

第二节 自诉案件

第一百七十条 自诉案件包括下列案件：

（一）告诉才处理的案件；

（二）被害人有证据证明的轻微刑事案件；

（三）被害人有证据证明对被告人侵犯自己人身、财产权利的行为应当依法追究刑事责任，而公安机关或者人民检察院不予追究被告人刑事责任的案件。

第一百七十一条 人民法院对于自诉案件进行审查后，按照下列情形分别处理：

（一）犯罪事实清楚，有足够证据的案件，应当开庭审判；

（二）缺乏罪证的自诉案件，如果自诉人提不出补充证据，应当说服自诉人撤回自诉，或者裁定驳回。

自诉人经两次依法传唤，无正当理由拒不到庭的，或者未经法庭许可中途退庭的，按撤诉处理。

法庭审理过程中，审判人员对证据有疑问，需要调查核实的，适用本法第一百五十八条的规定。

第一百七十二条 人民法院对自诉案件，可以进行调解；自诉人在宣告判决前，可以同被告人自行和解或者撤回自诉。本法第一百七十条第三项规定的案件不适用调解。

第一百七十三条 自诉案件的被告人在诉讼过程中，可以对自诉人提起反诉。反诉适用自诉的规定。

第三节 简易程序

第一百七十四条 人民法院对于下列案件，可以适用简易程序，由审判员一人独任审判：

（一）对依法可能判处三年以下有期徒刑、拘役、管制、单处罚金的公诉案件，事实清楚、证据充分，人民检察院建议或者同意适用简易程序的；

（二）告诉才处理的案件；

（三）被害人起诉的有证据证明的轻微刑事案件。

第一百七十五条　适用简易程序审理公诉案件，人民检察院可以不派员出席法庭。被告人可以就起诉书指控的犯罪进行陈述和辩护。人民检察院派员出席法庭的，经审判人员许可，被告人及其辩护人可以同公诉人互相辩论。

第一百七十六条　适用简易程序审理自诉案件，宣读起诉书后，经审判人员许可，被告人及其辩护人可以同自诉人及其诉讼代理人互相辩论。

第一百七十七条　适用简易程序审理案件，不受本章第一节关于讯问被告人、询问证人、鉴定人、出示证据、法庭辩论程序规定的限制。但在判决宣告前应当听取被告人的最后陈述意见。

第一百七十八条　适用简易程序审理案件，人民法院应当在受理后二十日以内审结。

第一百七十九条　人民法院在审理过程中，发现不宜适用简易程序的，应当按照本章第一节或者第二节的规定重新审理。

第三章　第二审程序

第一百八十条　被告人、自诉人和他们的法定代理人，不服地方各级人民法院第一审的判决、裁定，有权用书状或者口头向上一级人民法院上诉。被告人的辩护人和近亲属，经被告人同意，可以提出上诉。

附带民事诉讼的当事人和他们的法定代理人，可以对地方各级人民法院第一审的判决、裁定中的附带民事诉讼部分，提出上诉。

对被告人的上诉权，不得以任何借口加以剥夺。

第一百八十一条　地方各级人民检察院认为本级人民法院第一审的判决、裁定确有错误的时候，应当向上一级人民法院提出抗诉。

第一百八十二条　被害人及其法定代理人不服地方各级人民法院第一审的判决的，自收到判决书后五日以内，有权请求人民检察院提出抗诉。人民检察院自收到被害人及其法定代理人的请求后五日以内，应当作出是否抗诉的决定并且答复请求人。

第一百八十三条　不服判决的上诉和抗诉的期限为十日，不服裁定的上诉和抗诉的期限为五日，从接到判决书、裁定书的第二日起算。

第一百八十四条　被告人、自诉人、附带民事诉讼的原告人和被告人通过原审人民法院提出上诉的，原审人民法院应当在三日以内将上诉状连同案卷、证据移送上一级人民法院，同时将上诉状副本送交同级人民检察院和对方当事人。

被告人、自诉人、附带民事诉讼的原告人和被告人直接向第二审人民法院提出上诉的，第二审人民法院应当在三日以内将上诉状交原审人民法院送交同级人民检察院和对方当事人。

第一百八十五条　地方各级人民检察院对同级人民法院第一审判决、裁定的抗诉，应当通过原审人民法院提出抗诉书，并且将抗诉书抄送上一级人民检察院。原审人民法院应当将抗诉书连同案卷、证据移送上一级人民法院，并且将抗诉书副本送交当事人。

上级人民检察院如果认为抗诉不当，可以向同级人民法院撤回抗诉，并且通知下级人民检察院。

第一百八十六条 第二审人民法院应当就第一审判决认定的事实和适用法律进行全面审查，不受上诉或者抗诉范围的限制。

共同犯罪的案件只有部分被告人上诉的，应当对全案进行审查，一并处理。

第一百八十七条 第二审人民法院对上诉案件，应当组成合议庭，开庭审理。合议庭经过阅卷，讯问被告人、听取其他当事人、辩护人、诉讼代理人的意见，对事实清楚的，可以不开庭审理。对人民检察院抗诉的案件，第二审人民法院应当开庭审理。

第二审人民法院开庭审理上诉、抗诉案件，可以到案件发生地或者原审人民法院所在地进行。

第一百八十八条 人民检察院提出抗诉的案件或者第二审人民法院开庭审理的公诉案件，同级人民检察院都应当派员出庭。第二审人民法院必须在开庭十日以前通知人民检察院查阅案卷。

第一百八十九条 第二审人民法院对不服第一审判决的上诉、抗诉案件，经过审理后，应当按照下列情形分别处理：

（一）原判决认定事实和适用法律正确、量刑适当的，应当裁定驳回上诉或者抗诉，维持原判；

（二）原判决认定事实没有错误，但适用法律有错误，或者量刑不当的，应当改判；

（三）原判决事实不清楚或者证据不足的，可以在查清事实后改判；也可以裁定撤销原判，发回原审人民法院重新审判。

第一百九十条 第二审人民法院审判被告人或者他的法定代理人、辩护人、近亲属上诉的案件，不得加重被告人的刑罚。

人民检察院提出抗诉或者自诉人提出上诉的，不受前款规定的限制。

第一百九十一条 第二审人民法院发现第一审人民法院的审理有下列违反法律规定的诉讼程序的情形之一的，应当裁定撤销原判，发回原审人民法院重新审判：

（一）违反本法有关公开审判的规定的；

（二）违反回避制度的；

（三）剥夺或者限制了当事人的法定诉讼权利，可能影响公正审判的；

（四）审判组织的组成不合法的；

（五）其他违反法律规定的诉讼程序，可能影响公正审判的。

第一百九十二条 原审人民法院对于发回重新审判的案件，应当另行组成合议庭，依照第一审程序进行审判。对于重新审判后的判决，依照本法第一百八十条、第一百八十一条、第一百八十二条的规定可以上诉、抗诉。

第一百九十三条 第二审人民法院对不服第一审裁定的上诉或者抗诉，经过审查后，应当参照本法第一百八十九条、第一百九十一条和第一百九十二条的规定，分别情形用裁定驳回上诉、抗诉，或者撤销、变更原裁定。

第一百九十四条 第二审人民法院发回原审人民法院重新审判的案件，原审人民法院从收到发回的案件之日起，重新计算审理期限。

第一百九十五条 第二审人民法院审判上诉或者抗诉案件的程序，除本章已有规定的以外，参照第一审程序的规定进行。

第一百九十六条　第二审人民法院受理上诉、抗诉案件，应当在一个月以内审结，至迟不得超过一个半月。有本法第一百二十六条规定情形之一的，经省、自治区、直辖市高级人民法院批准或者是决定，可以再延长一个月，但是最高人民法院受理的上诉、抗诉案件，由最高人民法院决定。

第一百九十七条　第二审的判决、裁定和最高人民法院的判决、裁定，都是终审的判决、裁定。

第一百九十八条　公安机关、人民检察院和人民法院对于扣押、冻结犯罪嫌疑人、被告人的财物及其孳息，应当妥善保管，以供核查。任何单位和个人不得挪用或者自行处理。对被害人的合法财产，应当及时返还。对违禁品或者不宜长期保存的物品，应当依照国家有关规定处理。

对作为证据使用的实物应当随案移送，对不宜移送的，应当将其清单、照片或者其他证明文件随案移送。

人民法院作出的判决生效以后，对被扣押、冻结的赃款赃物及其孳息，除依法返还被害人的以外，一律没收，上缴国库。

司法工作人员贪污、挪用或者私自处理被扣押、冻结的赃款赃物及其孳息的，依法追究刑事责任；不构成犯罪的，给予处分。

第四章　死刑复核程序

第一百九十九条　死刑由最高人民法院核准。

第二百条　中级人民法院判处死刑的第一审案件，被告人不上诉的，应当由高级人民法院复核后，报请最高人民法院核准。高级人民法院不同意判处死刑的，可以提审或者发回重新审判。

高级人民法院判处死刑的第一审案件被告人不上诉的，和判处死刑的第二审案件，都应当报请最高人民法院核准。

第二百零一条　中级人民法院判处死刑缓期二年执行的案件，由高级人民法院核准。

第二百零二条　最高人民法院复核死刑案件，高级人民法院复核死刑缓期执行的案件，应当由审判员三人组成合议庭进行。

第五章　审判监督程序

第二百零三条　当事人及其法定代理人、近亲属，对已经发生法律效力的判决、裁定，可以向人民法院或者人民检察院提出申诉，但是不能停止判决、裁定的执行。

第二百零四条　当事人及其法定代理人、近亲属的申诉符合下列情形之一的，人民法院应当重新审判：

（一）有新的证据证明原判决、裁定认定的事实确有错误的；

（二）据以定罪量刑的证据不确实、不充分或者证明案件事实的主要证据之间存在矛盾的；

（三）原判决、裁定适用法律确有错误的；

（四）审判人员在审理该案件的时候，有贪污受贿，徇私舞弊，枉法裁判行为的。

第二百零五条　各级人民法院院长对本院已经发生法律效力的判决和裁定，如果发现在认定事实上或者在适用法律上确有错误，必须提交审判委员会处理。

最高人民法院对各级人民法院已经发生法律效力的判决和裁定，上级人民法院对下级人民法院已经发生法律效力的判决和裁定，如果发现确有错误，有权提审或者指令下级人民法院再审。

最高人民检察院对各级人民法院已经发生法律效力的判决和裁定，上级人民检察院对下级人民法院已经发生法律效力的判决和裁定，如果发现确有错误，有权按照审判监督程序向同级人民法院提出抗诉。

人民检察院抗诉的案件，接受抗诉的人民法院应当组成合议庭重新审理，对于原判决事实不清楚或者证据不足的，可以指令下级人民法院再审。

第二百零六条 人民法院按照审判监督程序重新审判的案件，应当另行组成合议庭进行。如果原来是第一审案件，应当依照第一审程序进行审判，所作的判决、裁定，可以上诉、抗诉；如果原来是第二审案件，或者是上级人民法院提审的案件，应当依照第二审程序进行审判，所作的判决、裁定，是终审的判决、裁定。

第二百零七条 人民法院按照审判监督程序重新审判的案件，应当在作出提审、再审决定之日起三个月以内审结，需要延长期限的，不得超过六个月。

接受抗诉的人民法院按照审判监督程序审判抗诉的案件，审理期限适用前款规定；对需要指令下级人民法院再审的，应当自接受抗诉之日起一个月以内作出决定，下级人民法院审理案件的期限适用前款规定。

第四编　执　行

第二百零八条 判决和裁定在发生法律效力后执行。

下列判决和裁定是发生法律效力的判决和裁定：

（一）已过法定期限没有上诉、抗诉的判决和裁定；

（二）终审的判决和裁定；

（三）最高人民法院核准的死刑的判决和高级人民法院核准的死刑缓期二年执行的判决。

第二百零九条 第一审人民法院判决被告人无罪、免除刑事处罚的，如果被告人在押，在宣判后应当立即释放。

第二百一十条 最高人民法院判处和核准的死刑立即执行的判决，应当由最高人民法院院长签发执行死刑的命令。

被判处死刑缓期二年执行的罪犯，在死刑缓期执行期间，如果没有故意犯罪，死刑缓期执行期满，应当予以减刑，由执行机关提出书面意见，报请高级人民法院裁定；如果故意犯罪，查证属实，应当执行死刑，由高级人民法院报请最高人民法院核准。

第二百一十一条 下级人民法院接到最高人民法院执行死刑的命令后，应当在七日以内交付执行。但是发现有下列情形之一的，应当停止执行，并且立即报告最高人民法院，由最高人民法院作出裁定：

（一）在执行前发现判决可能有错误的；

（二）在执行前罪犯揭发重大犯罪事实或者有其他重大立功表现，可能需要改判的；

（三）罪犯正在怀孕。

前款第一项、第二项停止执行的原因消失后，必须报请最高人民法院院长再签发执行死刑的命令才能执行；由于前款第三项原因停止执行的，应当报请最高人民法院依法改判。

第二百一十二条　人民法院在交付执行死刑前，应当通知同级人民检察院派员临场监督。

死刑采用枪决或者注射等方法执行。

死刑可以在刑场或者指定的羁押场所内执行。

指挥执行的审判人员，对罪犯应当验明正身，讯问有无遗言、信札，然后交付执行人员执行死刑。在执行前，如果发现可能有错误，应当暂停执行，报请最高人民法院裁定。

执行死刑应当公布，不应示众。

执行死刑后，在场书记员应当写成笔录。交付执行的人民法院应当将执行死刑情况报告最高人民法院。

执行死刑后，交付执行的人民法院应当通知罪犯家属。

第二百一十三条　罪犯被交付执行刑罚的时候，应当由交付执行的人民法院将有关的法律文书送达监狱或者其他执行机关。

对于被判处死刑缓期二年执行、无期徒刑、有期徒刑的罪犯，由公安机关依法将该罪犯送交监狱执行刑罚。对于被判处有期徒刑的罪犯，在被交付执行刑罚前，剩余刑期在一年以下的，由看守所代为执行。对于被判处拘役的罪犯，由公安机关执行。

对未成年犯应当在未成年犯管教所执行刑罚。

执行机关应当将罪犯及时收押，并且通知罪犯家属。

判处有期徒刑、拘役的罪犯，执行期满，应当由执行机关发给释放证明书。

第二百一十四条　对于被判处有期徒刑或者拘役的罪犯，有下列情形之一的，可以暂予监外执行：

（一）有严重疾病需要保外就医的；

（二）怀孕或者正在哺乳自己婴儿的妇女。

对于适用保外就医可能有社会危险性的罪犯，或者自伤自残的罪犯，不得保外就医。

对于罪犯确有严重疾病，必须保外就医的，由省级人民政府指定的医院开具证明文件，依照法律规定的程序审批。发现被保外就医的罪犯不符合保外就医条件的，或者严重违反有关保外就医的规定的，应当及时收监。

对于被判处有期徒刑、拘役，生活不能自理，适用暂予监外执行不致危害社会的罪犯，可以暂予监外执行。

对于暂予监外执行的罪犯，由居住地公安机关执行，执行机关应当对其严格管理监督，基层组织或者罪犯的原所在单位协助进行监督。

第二百一十五条　批准暂予监外执行的机关应当将批准的决定抄送人民检察院。人民检察院认为暂予监外执行不当的，应当自接到通知之日起一个月以内将书面意见送交批准暂予监外执行的机关，批准暂予监外执行的机关接到人民检察院的书面意见后，应当立即对该决定进行重新核查。

第二百一十六条　暂予监外执行的情形消失后，罪犯刑期未满的，应当及时收监。

罪犯在暂予监外执行期间死亡的，应当及时通知监狱。

第二百一十七条 对于被判处徒刑缓刑的罪犯，由公安机关交所在单位或者基层组织予以考察。

对于被假释的罪犯，在假释考验期限内，由公安机关予以监督。

第二百一十八条 对于被判处管制、剥夺政治权利的罪犯，由公安机关执行。执行期满，应当由执行机关通知本人，并向有关群众公开宣布解除管制或者恢复政治权利。

第二百一十九条 被判处罚金的罪犯，期满不缴纳的，人民法院应当强制缴纳；如果由于遭遇不能抗拒的灾祸缴纳确实有困难的，可以裁定减少或者免除。

第二百二十条 没收财产的判决，无论附加适用或者独立适用，都由人民法院执行；在必要的时候，可以会同公安机关执行。

第二百二十一条 罪犯在服刑期间又犯罪的，或者发现了判决的时候所没有发现的罪行，由执行机关移送人民检察院处理。

被判处管制、拘役、有期徒刑或者无期徒刑的罪犯，在执行期间确有悔改或者立功表现，应当依法予以减刑、假释的时候，由执行机关提出建议书，报请人民法院审核裁定。

第二百二十二条 人民检察院认为人民法院减刑、假释的裁定不当，应当在收到裁定书副本后二十日以内，向人民法院提出书面纠正意见。人民法院应当在收到纠正意见后一个月以内重新组成合议庭进行审理，作出最终裁定。

第二百二十三条 监狱和其他执行机关在刑罚执行中，如果认为判决有错误或者罪犯提出申诉，应当转请人民检察院或者原判人民法院处理。

第二百二十四条 人民检察院对执行机关执行刑罚的活动是否合法实行监督。如果发现有违法的情况，应当通知执行机关纠正。

附　则

第二百二十五条 军队保卫部门对军队内部发生的刑事案件行使侦查权。

对罪犯在监狱内犯罪的案件由监狱进行侦查。

军队保卫部门、监狱办理刑事案件，适用本法的有关规定。

中华人民共和国民事诉讼法

（1991年4月9日第七届全国人民代表大会第四次会议通过
根据2007年10月28日第十届全国人民代表大会常务委员会第三十次会议
《关于修改〈中华人民共和国民事诉讼法〉的决定》修正）

第一编　总　则

第一章　任务、适用范围和基本原则

第一条　中华人民共和国民事诉讼法以宪法为根据，结合我国民事审判工作的经验和实际情况制定。

第二条　中华人民共和国民事诉讼法的任务，是保护当事人行使诉讼权利，保证人民法院查明事实，分清是非，正确适用法律，及时审理民事案件，确认民事权利义务关系，制裁民事违法行为，保护当事人的合法权益，教育公民自觉遵守法律，维护社会秩序、经济秩序，保障社会主义建设事业顺利进行。

第三条　人民法院受理公民之间、法人之间、其他组织之间以及他们相互之间因财产关系和人身关系提起的民事诉讼，适用本法的规定。

第四条　凡在中华人民共和国领域内进行民事诉讼，必须遵守本法。

第五条　外国人、无国籍人、外国企业和组织在人民法院起诉、应诉，同中华人民共和国公民、法人和其他组织有同等的诉讼权利义务。

外国法院对中华人民共和国公民、法人和其他组织的民事诉讼权利加以限制的，中华人民共和国人民法院对该国公民、企业和组织的民事诉讼权利，实行对等原则。

第六条　民事案件的审判权由人民法院行使。

人民法院依照法律规定对民事案件独立进行审判，不受行政机关、社会团体和个人的干涉。

第七条　人民法院审理民事案件，必须以事实为根据，以法律为准绳。

第八条　民事诉讼当事人有平等的诉讼权利。人民法院审理民事案件，应当保障和便利当事人行使诉讼权利，对当事人在适用法律上一律平等。

第九条　人民法院审理民事案件，应当根据自愿和合法的原则进行调解；调解不成的，应当及时判决。

第十条　人民法院审理民事案件，依照法律规定实行合议、回避、公开审判和两审终审制度。

第十一条　各民族公民都有用本民族语言、文字进行民事诉讼的权利。

在少数民族聚居或者多民族共同居住的地区，人民法院应当用当地民族通用的语言、文字进行审理和发布法律文书。

人民法院应当对不通晓当地民族通用的语言、文字的诉讼参与人提供翻译。

第十二条　人民法院审理民事案件时，当事人有权进行辩论。

第十三条 当事人有权在法律规定的范围内处分自己的民事权利和诉讼权利。

第十四条 人民检察院有权对民事审判活动实行法律监督。

第十五条 机关、社会团体、企业事业单位对损害国家、集体或者个人民事权益的行为，可以支持受损害的单位或者个人向人民法院起诉。

第十六条 人民调解委员会是在基层人民政府和基层人民法院指导下，调解民间纠纷的群众性组织。

人民调解委员会依照法律规定，根据自愿原则进行调解。当事人对调解达成的协议应当履行；不愿调解、调解不成或者反悔的，可以向人民法院起诉。

人民调解委员会调解民间纠纷，如有违背法律的，人民法院应当予以纠正。

第十七条 民族自治地方的人民代表大会根据宪法和本法的原则，结合当地民族的具体情况，可以制定变通或者补充的规定。自治区的规定，报全国人民代表大会常务委员会批准。自治州、自治县的规定，报省或者自治区的人民代表大会常务委员会批准，并报全国人民代表大会常务委员会备案。

第二章 管 辖

第一节 级别管辖

第十八条 基层人民法院管辖第一审民事案件，但本法另有规定的除外。

第十九条 中级人民法院管辖下列第一审民事案件：

（一）重大涉外案件；

（二）在本辖区有重大影响的案件；

（三）最高人民法院确定由中级人民法院管辖的案件。

第二十条 高级人民法院管辖在本辖区有重大影响的第一审民事案件。

第二十一条 最高人民法院管辖下列第一审民事案件：

（一）在全国有重大影响的案件；

（二）认为应当由本院审理的案件。

第二节 地域管辖

第二十二条 对公民提起的民事诉讼，由被告住所地人民法院管辖；被告住所地与经常居住地不一致的，由经常居住地人民法院管辖。

对法人或者其他组织提起的民事诉讼，由被告住所地人民法院管辖。

同一诉讼的几个被告住所地、经常居住地在两个以上人民法院辖区的，各该人民法院都有管辖权。

第二十三条 下列民事诉讼，由原告住所地人民法院管辖；原告住所地与经常居住地不一致的，由原告经常居住地人民法院管辖：

（一）对不在中华人民共和国领域内居住的人提起的有关身份关系的诉讼；

（二）对下落不明或者宣告失踪的人提起的有关身份关系的诉讼；

（三）对被劳动教养的人提起的诉讼；

（四）对被监禁的人提起的诉讼。

第二十四条 因合同纠纷提起的诉讼，由被告住所地或者合同履行地人民法院管辖。

第二十五条 合同的双方当事人可以在书面合同中协议选择被告住所地、合同履行地、合同签订地、原告住所地、标的物所在地人民法院管辖，但不得违反本法对级别管辖和专属管辖的规定。

第二十六条 因保险合同纠纷提起的诉讼，由被告住所地或者保险标的物所在地人民法院管辖。

第二十七条 因票据纠纷提起的诉讼，由票据支付地或者被告住所地人民法院管辖。

第二十八条 因铁路、公路、水上、航空运输和联合运输合同纠纷提起的诉讼，由运输始发地、目的地或者被告住所地人民法院管辖。

第二十九条 因侵权行为提起的诉讼，由侵权行为地或者被告住所地人民法院管辖。

第三十条 因铁路、公路、水上和航空事故请求损害赔偿提起的诉讼，由事故发生地或者车辆、船舶最先到达地、航空器最先降落地或者被告住所地人民法院管辖。

第三十一条 因船舶碰撞或者其他海事损害事故请求损害赔偿提起的诉讼，由碰撞发生地、碰撞船舶最先到达地、加害船舶被扣留地或者被告住所地人民法院管辖。

第三十二条 因海难救助费用提起的诉讼，由救助地或者被救助船舶最先到达地人民法院管辖。

第三十三条 因共同海损提起的诉讼，由船舶最先到达地、共同海损理算地或者航程终止地的人民法院管辖。

第三十四条 下列案件，由本条规定的人民法院专属管辖：

（一）因不动产纠纷提起的诉讼，由不动产所在地人民法院管辖；

（二）因港口作业中发生纠纷提起的诉讼，由港口所在地人民法院管辖；

（三）因继承遗产纠纷提起的诉讼，由被继承人死亡时住所地或者主要遗产所在地人民法院管辖。

第三十五条 两个以上人民法院都有管辖权的诉讼，原告可以向其中一个人民法院起诉；原告向两个以上有管辖权的人民法院起诉的，由最先立案的人民法院管辖。

第三节 移送管辖和指定管辖

第三十六条 人民法院发现受理的案件不属于本院管辖的，应当移送有管辖权的人民法院，受移送的人民法院应当受理。受移送的人民法院认为受移送的案件依照规定不属于本院管辖的，应当报请上级人民法院指定管辖，不得再自行移送。

第三十七条 有管辖权的人民法院由于特殊原因，不能行使管辖权的，由上级人民法院指定管辖。

人民法院之间因管辖权发生争议，由争议双方协商解决；协商解决不了的，报请它们的共同上级人民法院指定管辖。

第三十八条 人民法院受理案件后，当事人对管辖权有异议的，应当在提交答辩状期间提出。人民法院对当事人提出的异议，应当审查。异议成立的，裁定将案件移送有管辖权的人民法院；异议不成立的，裁定驳回。

第三十九条 上级人民法院有权审理下级人民法院管辖的第一审民事案件，也可以把本院管辖的第一审民事案件交下级人民法院审理。

下级人民法院对它所管辖的第一审民事案件，认为需要由上级人民法院审理的，可以报请上级人民法院审理。

第三章　审判组织

第四十条　人民法院审理第一审民事案件，由审判员、陪审员共同组成合议庭或者由审判员组成合议庭。合议庭的成员人数，必须是单数。

适用简易程序审理的民事案件，由审判员一人独任审理。

陪审员在执行陪审职务时，与审判员有同等的权利义务。

第四十一条　人民法院审理第二审民事案件，由审判员组成合议庭。合议庭的成员人数，必须是单数。

发回重审的案件，原审人民法院应当按照第一审程序另行组成合议庭。

审理再审案件，原来是第一审的，按照第一审程序另行组成合议庭；原来是第二审的或者是上级人民法院提审的，按照第二审程序另行组成合议庭。

第四十二条　合议庭的审判长由院长或者庭长指定审判员一人担任；院长或者庭长参加审判的，由院长或者庭长担任。

第四十三条　合议庭评议案件，实行少数服从多数的原则。评议应当制作笔录，由合议庭成员签名。评议中的不同意见，必须如实记入笔录。

第四十四条　审判人员应当依法秉公办案。

审判人员不得接受当事人及其诉讼代理人请客送礼。

审判人员有贪污受贿，徇私舞弊，枉法裁判行为的，应当追究法律责任；构成犯罪的，依法追究刑事责任。

第四章　回　避

第四十五条　审判人员有下列情形之一的，必须回避，当事人有权用口头或者书面方式申请他们回避：

（一）是本案当事人或者当事人、诉讼代理人的近亲属；

（二）与本案有利害关系；

（三）与本案当事人有其他关系，可能影响对案件公正审理的。

前款规定，适用于书记员、翻译人员、鉴定人、勘验人。

第四十六条　当事人提出回避申请，应当说明理由，在案件开始审理时提出；回避事由在案件开始审理后知道的，也可以在法庭辩论终结前提出。

被申请回避的人员在人民法院作出是否回避的决定前，应当暂停参与本案的工作，但案件需要采取紧急措施的除外。

第四十七条　院长担任审判长时的回避，由审判委员会决定；审判人员的回避，由院长决定；其他人员的回避，由审判长决定。

第四十八条　人民法院对当事人提出的回避申请，应当在申请提出的三日内，以口头或者书面形式作出决定。申请人对决定不服的，可以在接到决定时申请复议一次。复议期间，被申请回避的人员，不停止参与本案的工作。人民法院对复议申请，应当在三日内作出复议决定，并通知复议申请人。

第五章　诉讼参加人

第一节　当事人

第四十九条　公民、法人和其他组织可以作为民事诉讼的当事人。

法人由其法定代表人进行诉讼。其他组织由其主要负责人进行诉讼。

第五十条　当事人有权委托代理人，提出回避申请，收集、提供证据，进行辩论，请求调解，提起上诉，申请执行。

当事人可以查阅本案有关材料，并可以复制本案有关材料和法律文书。查阅、复制本案有关材料的范围和办法由最高人民法院规定。

当事人必须依法行使诉讼权利，遵守诉讼秩序，履行发生法律效力的判决书、裁定书和调解书。

第五十一条　双方当事人可以自行和解。

第五十二条　原告可以放弃或者变更诉讼请求。被告可以承认或者反驳诉讼请求，有权提起反诉。

第五十三条　当事人一方或者双方为二人以上，其诉讼标的是共同的，或者诉讼标的是同一种类、人民法院认为可以合并审理并经当事人同意的，为共同诉讼。

共同诉讼的一方当事人对诉讼标的有共同权利义务的，其中一人的诉讼行为经其他共同诉讼人承认，对其他共同诉讼人发生效力；对诉讼标的没有共同权利义务的，其中一人的诉讼行为对其他共同诉讼人不发生效力。

第五十四条　当事人一方人数众多的共同诉讼，可以由当事人推选代表人进行诉讼。代表人的诉讼行为对其所代表的当事人发生效力，但代表人变更、放弃诉讼请求或者承认对方当事人的诉讼请求，进行和解，必须经被代表的当事人同意。

第五十五条　诉讼标的是同一种类、当事人一方人数众多在起诉时人数尚未确定的，人民法院可以发出公告，说明案件情况和诉讼请求，通知权利人在一定期间向人民法院登记。

向人民法院登记的权利人可以推选代表人进行诉讼；推选不出代表人的，人民法院可以与参加登记的权利人商定代表人。

代表人的诉讼行为对其所代表的当事人发生效力，但代表人变更、放弃诉讼请求或者承认对方当事人的诉讼请求，进行和解，必须经被代表的当事人同意。

人民法院作出的判决、裁定，对参加登记的全体权利人发生效力。未参加登记的权利人在诉讼时效期间提起诉讼的，适用该判决、裁定。

第五十六条　对当事人双方的诉讼标的，第三人认为有独立请求权的，有权提起诉讼。

对当事人双方的诉讼标的，第三人虽然没有独立请求权，但案件处理结果同他有法律上的利害关系的，可以申请参加诉讼，或者由人民法院通知他参加诉讼。人民法院判决承担民事责任的第三人，有当事人的诉讼权利义务。

第二节　诉讼代理人

第五十七条　无诉讼行为能力人由他的监护人作为法定代理人代为诉讼。法定代理人之间互相推诿代理责任的，由人民法院指定其中一人代为诉讼。

第五十八条 当事人、法定代理人可以委托一至二人作为诉讼代理人。

律师、当事人的近亲属、有关的社会团体或者所在单位推荐的人、经人民法院许可的其他公民，都可以被委托为诉讼代理人。

第五十九条 委托他人代为诉讼，必须向人民法院提交由委托人签名或者盖章的授权委托书。

授权委托书必须记明委托事项和权限。诉讼代理人代为承认、放弃、变更诉讼请求，进行和解，提起反诉或者上诉，必须有委托人的特别授权。

侨居在国外的中华人民共和国公民从国外寄交或者托交的授权委托书，必须经中华人民共和国驻该国的使领馆证明；没有使领馆的，由与中华人民共和国有外交关系的第三国驻该国的使领馆证明，再转由中华人民共和国驻该第三国使领馆证明，或者由当地的爱国华侨团体证明。

第六十条 诉讼代理人的权限如果变更或者解除，当事人应当书面告知人民法院，并由人民法院通知对方当事人。

第六十一条 代理诉讼的律师和其他诉讼代理人有权调查收集证据，可以查阅本案有关材料。查阅本案有关材料的范围和办法由最高人民法院规定。

第六十二条 离婚案件有诉讼代理人的，本人除不能表达意志的以外，仍应出庭；确因特殊情况无法出庭的，必须向人民法院提交书面意见。

第六章 证 据

第六十三条 证据有下列几种：

（一）书证；

（二）物证；

（三）视听资料；

（四）证人证言；

（五）当事人的陈述；

（六）鉴定结论；

（七）勘验笔录。

以上证据必须查证属实，才能作为认定事实的根据。

第六十四条 当事人对自己提出的主张，有责任提供证据。

当事人及其诉讼代理人因客观原因不能自行收集的证据，或者人民法院认为审理案件需要的证据，人民法院应当调查收集。

人民法院应当按照法定程序，全面地、客观地审查核实证据。

第六十五条 人民法院有权向有关单位和个人调查取证，有关单位和个人不得拒绝。

人民法院对有关单位和个人提出的证明文书，应当辨别真伪，审查确定其效力。

第六十六条 证据应当在法庭上出示，并由当事人互相质证。对涉及国家秘密、商业秘密和个人隐私的证据应当保密，需要在法庭出示的，不得在公开开庭时出示。

第六十七条 经过法定程序公证证明的法律行为、法律事实和文书，人民法院应当作为认定事实的根据。但有相反证据足以推翻公证证明的除外。

第六十八条　书证应当提交原件。物证应当提交原物。提交原件或者原物确有困难的，可以提交复制品、照片、副本、节录本。

提交外文书证，必须附有中文译本。

第六十九条　人民法院对视听资料，应当辨别真伪，并结合本案的其他证据，审查确定能否作为认定事实的根据。

第七十条　凡是知道案件情况的单位和个人，都有义务出庭作证。有关单位的负责人应当支持证人作证。证人确有困难不能出庭的，经人民法院许可，可以提交书面证言。

不能正确表达意志的人，不能作证。

第七十一条　人民法院对当事人的陈述，应当结合本案的其他证据，审查确定能否作为认定事实的根据。

当事人拒绝陈述的，不影响人民法院根据证据认定案件事实。

第七十二条　人民法院对专门性问题认为需要鉴定的，应当交由法定鉴定部门鉴定；没有法定鉴定部门的，由人民法院指定的鉴定部门鉴定。

鉴定部门及其指定的鉴定人有权了解进行鉴定所需要的案件材料，必要时可以询问当事人、证人。

鉴定部门和鉴定人应当提出书面鉴定结论，在鉴定书上签名或者盖章。鉴定人鉴定的，应当由鉴定人所在单位加盖印章，证明鉴定人身份。

第七十三条　勘验物证或者现场，勘验人必须出示人民法院的证件，并邀请当地基层组织或者当事人所在单位派人参加。当事人或者当事人的成年家属应当到场，拒不到场的，不影响勘验的进行。

有关单位和个人根据人民法院的通知，有义务保护现场，协助勘验工作。

勘验人应当将勘验情况和结果制作笔录，由勘验人、当事人和被邀参加人签名或者盖章。

第七十四条　在证据可能灭失或者以后难以取得的情况下，诉讼参加人可以向人民法院申请保全证据，人民法院也可以主动采取保全措施。

第七章　期间、送达

第一节　期　间

第七十五条　期间包括法定期间和人民法院指定的期间。

期间以时、日、月、年计算。期间开始的时和日，不计算在期间内。

期间届满的最后一日是节假日的，以节假日后的第一日为期间届满的日期。

期间不包括在途时间，诉讼文书在期满前交邮的，不算过期。

第七十六条　当事人因不可抗拒的事由或者其他正当理由耽误期限的，在障碍消除后的十日内，可以申请顺延期限，是否准许，由人民法院决定。

第二节　送　达

第七十七条　送达诉讼文书必须有送达回证，由受送达人在送达回证上记明收到日期，签名或者盖章。

受送达人在送达回证上的签收日期为送达日期。

第七十八条 送达诉讼文书，应当直接送交受送达人。受送达人是公民的，本人不在交他的同住成年家属签收；受送达人是法人或者其他组织的，应当由法人的法定代表人、其他组织的主要负责人或者该法人、组织负责收件的人签收；受送达人有诉讼代理人的，可以送交其代理人签收；受送达人已向人民法院指定代收人的，送交代收人签收。

受送达人的同住成年家属，法人或者其他组织的负责收件的人，诉讼代理人或者代收人在送达回证上签收的日期为送达日期。

第七十九条 受送达人或者他的同住成年家属拒绝接收诉讼文书的，送达人应当邀请有关基层组织或者所在单位的代表到场，说明情况，在送达回证上记明拒收事由和日期，由送达人、见证人签名或者盖章，把诉讼文书留在受送达人的住所，即视为送达。

第八十条 直接送达诉讼文书有困难的，可以委托其他人民法院代为送达，或者邮寄送达。邮寄送达的，以回执上注明的收件日期为送达日期。

第八十一条 受送达人是军人的，通过其所在部队团以上单位的政治机关转交。

第八十二条 受送达人是被监禁的，通过其所在监所或者劳动改造单位转交。

受送达人是被劳动教养的，通过其所在劳动教养单位转交。

第八十三条 代为转交的机关、单位收到诉讼文书后，必须立即交受送达人签收，以在送达回证上的签收日期，为送达日期。

第八十四条 受送达人下落不明，或者用本节规定的其他方式无法送达的，公告送达。自发出公告之日起，经过六十日，即视为送达。

公告送达，应当在案卷中记明原因和经过。

第八章 调 解

第八十五条 人民法院审理民事案件，根据当事人自愿的原则，在事实清楚的基础上，分清是非，进行调解。

第八十六条 人民法院进行调解，可以由审判员一人主持，也可以由合议庭主持，并尽可能就地进行。

人民法院进行调解，可以用简便方式通知当事人、证人到庭。

第八十七条 人民法院进行调解，可以邀请有关单位和个人协助。被邀请的单位和个人，应当协助人民法院进行调解。

第八十八条 调解达成协议，必须双方自愿，不得强迫。调解协议的内容不得违反法律规定。

第八十九条 调解达成协议，人民法院应当制作调解书。调解书应当写明诉讼请求、案件的事实和调解结果。

调解书由审判人员、书记员署名，加盖人民法院印章，送达双方当事人。

调解书经双方当事人签收后，即具有法律效力。

第九十条 下列案件调解达成协议，人民法院可以不制作调解书：

（一）调解和好的离婚案件；

（二）调解维持收养关系的案件；

（三）能够即时履行的案件；

（四）其他不需要制作调解书的案件。

对不需要制作调解书的协议，应当记入笔录，由双方当事人、审判人员、书记员签名或者盖章后，即具有法律效力。

第九十一条　调解未达成协议或者调解书送达前一方反悔的，人民法院应当及时判决。

第九章　财产保全和先予执行

第九十二条　人民法院对于可能因当事人一方的行为或者其他原因，使判决不能执行或者难以执行的案件，可以根据对方当事人的申请，作出财产保全的裁定；当事人没有提出申请的，人民法院在必要时也可以裁定采取财产保全措施。

人民法院采取财产保全措施，可以责令申请人提供担保；申请人不提供担保的，驳回申请。

人民法院接受申请后，对情况紧急的，必须在四十八小时内作出裁定；裁定采取财产保全措施的，应当立即开始执行。

第九十三条　利害关系人因情况紧急，不立即申请财产保全将会使其合法权益受到难以弥补的损害的，可以在起诉前向人民法院申请采取财产保全措施。申请人应当提供担保，不提供担保的，驳回申请。

人民法院接受申请后，必须在四十八小时内作出裁定；裁定采取财产保全措施的，应当立即开始执行。

申请人在人民法院采取保全措施后十五日内不起诉的，人民法院应当解除财产保全。

第九十四条　财产保全限于请求的范围，或者与本案有关的财物。

财产保全采取查封、扣押、冻结或者法律规定的其他方法。

人民法院冻结财产后，应当立即通知被冻结财产的人。

财产已被查封、冻结的，不得重复查封、冻结。

第九十五条　被申请人提供担保的，人民法院应当解除财产保全。

第九十六条　申请有错误的，申请人应当赔偿被申请人因财产保全所遭受的损失。

第九十七条　人民法院对下列案件，根据当事人的申请，可以裁定先予执行：

（一）追索赡养费、扶养费、抚育费、抚恤金、医疗费用的；

（二）追索劳动报酬的；

（三）因情况紧急需要先予执行的。

第九十八条　人民法院裁定先予执行的，应当符合下列条件：

（一）当事人之间权利义务关系明确，不先予执行将严重影响申请人的生活或者生产经营的；

（二）被申请人有履行能力。

人民法院可以责令申请人提供担保，申请人不提供担保的，驳回申请。申请人败诉的，应当赔偿被申请人因先予执行遭受的财产损失。

第九十九条　当事人对财产保全或者先予执行的裁定不服的，可以申请复议一次。复议期间不停止裁定的执行。

第十章　对妨害民事诉讼的强制措施

第一百条　人民法院对必须到庭的被告，经两次传票传唤，无正当理由拒不到庭的，可以拘传。

第一百零一条　诉讼参与人和其他人应当遵守法庭规则。

人民法院对违反法庭规则的人，可以予以训诫，责令退出法庭或者予以罚款、拘留。

人民法院对哄闹、冲击法庭，侮辱、诽谤、威胁、殴打审判人员，严重扰乱法庭秩序的人，依法追究刑事责任；情节较轻的，予以罚款、拘留。

第一百零二条　诉讼参与人或者其他人有下列行为之一的，人民法院可以根据情节轻重予以罚款、拘留；构成犯罪的，依法追究刑事责任：

（一）伪造、毁灭重要证据，妨碍人民法院审理案件的；

（二）以暴力、威胁、贿买方法阻止证人作证或者指使、贿买、胁迫他人作伪证的；

（三）隐藏、转移、变卖、毁损已被查封、扣押的财产，或者已被清点并责令其保管的财产，转移已被冻结的财产的；

（四）对司法工作人员、诉讼参加人、证人、翻译人员、鉴定人、勘验人、协助执行的人，进行侮辱、诽谤、诬陷、殴打或者打击报复的；

（五）以暴力、威胁或者其他方法阻碍司法工作人员执行职务的；

（六）拒不履行人民法院已经发生法律效力的判决、裁定的。

人民法院对有前款规定的行为之一的单位，可以对其主要负责人或者直接责任人员予以罚款、拘留；构成犯罪的，依法追究刑事责任。

第一百零三条　有义务协助调查、执行的单位有下列行为之一的，人民法院除责令其履行协助义务外，并可以予以罚款：

（一）有关单位拒绝或者妨碍人民法院调查取证的；

（二）银行、信用合作社和其他有储蓄业务的单位接到人民法院协助执行通知书后，拒不协助查询、冻结或者划拨存款的；

（三）有关单位接到人民法院协助执行通知书后，拒不协助扣留被执行人的收入、办理有关财产权证照转移手续、转交有关票证、证照或者其他财产的；

（四）其他拒绝协助执行的。

人民法院对有前款规定的行为之一的单位，可以对其主要负责人或者直接责任人员予以罚款；对仍不履行协助义务的，可以予以拘留；并可以向监察机关或者有关机关提出予以纪律处分的司法建议。

第一百零四条　对个人的罚款金额，为人民币一万元以下。对单位的罚款金额，为人民币一万元以上三十万元以下。

拘留的期限，为十五日以下。

被拘留的人，由人民法院交公安机关看管。在拘留期间，被拘留人承认并改正错误的，人民法院可以决定提前解除拘留。

第一百零五条　拘传、罚款、拘留必须经院长批准。

拘传应当发拘传票。

罚款、拘留应当用决定书。对决定不服的，可以向上一级人民法院申请复议一次。复议期间不停止执行。

第一百零六条　采取对妨害民事诉讼的强制措施必须由人民法院决定。任何单位和个人采取非法拘禁他人或者非法私自扣押他人财产追索债务的，应当依法追究刑事责任，或者予以拘留、罚款。

第十一章　诉讼费用

第一百零七条　当事人进行民事诉讼，应当按照规定交纳案件受理费。财产案件除交纳案件受理费外，并按照规定交纳其他诉讼费用。

当事人交纳诉讼费用确有困难的，可以按照规定向人民法院申请缓交、减交或者免交。

收取诉讼费用的办法另行制定。

第二编　审判程序

第十二章　第一审普通程序

第一节　起诉和受理

第一百零八条　起诉必须符合下列条件：

（一）原告是与本案有直接利害关系的公民、法人和其他组织；

（二）有明确的被告；

（三）有具体的诉讼请求和事实、理由；

（四）属于人民法院受理民事诉讼的范围和受诉人民法院管辖。

第一百零九条　起诉应当向人民法院递交起诉状，并按照被告人数提出副本。

书写起诉状确有困难的，可以口头起诉，由人民法院记入笔录，并告知对方当事人。

第一百一十条　起诉状应当记明下列事项：

（一）当事人的姓名、性别、年龄、民族、职业、工作单位和住所，法人或者其他组织的名称、住所和法定代表人或者主要负责人的姓名、职务；

（二）诉讼请求和所根据的事实与理由；

（三）证据和证据来源，证人姓名和住所。

第一百一十一条　人民法院对符合本法第一百零八条的起诉，必须受理；对下列起诉，分别情形，予以处理：

（一）依照行政诉讼法的规定，属于行政诉讼受案范围的，告知原告提起行政诉讼；

（二）依照法律规定，双方当事人对合同纠纷自愿达成书面仲裁协议向仲裁机构申请仲裁、不得向人民法院起诉的，告知原告向仲裁机构申请仲裁；

（三）依照法律规定，应当由其他机关处理的争议，告知原告向有关机关申请解决；

（四）对不属于本院管辖的案件，告知原告向有管辖权的人民法院起诉；

（五）对判决、裁定已经发生法律效力的案件，当事人又起诉的，告知原告按照申诉处理，但人民法院准许撤诉的裁定除外；

（六）依照法律规定，在一定期限内不得起诉的案件，在不得起诉的期限内起诉的，不予受理；

（七）判决不准离婚和调解和好的离婚案件，判决、调解维持收养关系的案件，没有新情况、新理由，原告在六个月内又起诉的，不予受理。

第一百一十二条 人民法院收到起诉状或者口头起诉，经审查，认为符合起诉条件的，应当在七日内立案，并通知当事人；认为不符合起诉条件的，应当在七日内裁定不予受理；原告对裁定不服的，可以提起上诉。

第二节 审理前的准备

第一百一十三条 人民法院应当在立案之日起五日内将起诉状副本发送被告，被告在收到之日起十五日内提出答辩状。

被告提出答辩状的，人民法院应当在收到之日起五日内将答辩状副本发送原告。被告不提出答辩状的，不影响人民法院审理。

第一百一十四条 人民法院对决定受理的案件，应当在受理案件通知书和应诉通知书中向当事人告知有关的诉讼权利义务，或者口头告知。

第一百一十五条 合议庭组成人员确定后，应当在三日内告知当事人。

第一百一十六条 审判人员必须认真审核诉讼材料，调查收集必要的证据。

第一百一十七条 人民法院派出人员进行调查时，应当向被调查人出示证件。

调查笔录经被调查人校阅后，由被调查人、调查人签名或者盖章。

第一百一十八条 人民法院在必要时可以委托外地人民法院调查。

委托调查，必须提出明确的项目和要求。受委托人民法院可以主动补充调查。

受委托人民法院收到委托书后，应当在三十日内完成调查。因故不能完成的，应当在上述期限内函告委托人民法院。

第一百一十九条 必须共同进行诉讼的当事人没有参加诉讼的，人民法院应当通知其参加诉讼。

第三节 开庭审理

第一百二十条 人民法院审理民事案件，除涉及国家秘密、个人隐私或者法律另有规定的以外，应当公开进行。

离婚案件，涉及商业秘密的案件，当事人申请不公开审理的，可以不公开审理。

第一百二十一条 人民法院审理民事案件，根据需要进行巡回审理，就地办案。

第一百二十二条 人民法院审理民事案件，应当在开庭三日前通知当事人和其他诉讼参与人。公开审理的，应当公告当事人姓名、案由和开庭的时间、地点。

第一百二十三条 开庭审理前，书记员应当查明当事人和其他诉讼参与人是否到庭，宣布法庭纪律。

开庭审理时，由审判长核对当事人，宣布案由，宣布审判人员、书记员名单，告知当事人有关的诉讼权利义务，询问当事人是否提出回避申请。

第一百二十四条 法庭调查按照下列顺序进行：

（一）当事人陈述；

（二）告知证人的权利义务，证人作证，宣读未到庭的证人证言；

（三）出示书证、物证和视听资料；

（四）宣读鉴定结论；

（五）宣读勘验笔录。

第一百二十五条 当事人在法庭上可以提出新的证据。

当事人经法庭许可，可以向证人、鉴定人、勘验人发问。

当事人要求重新进行调查、鉴定或者勘验的，是否准许，由人民法院决定。

第一百二十六条 原告增加诉讼请求，被告提出反诉，第三人提出与本案有关的诉讼请求，可以合并审理。

第一百二十七条 法庭辩论按照下列顺序进行：

（一）原告及其诉讼代理人发言；

（二）被告及其诉讼代理人答辩；

（三）第三人及其诉讼代理人发言或者答辩；

（四）互相辩论。

法庭辩论终结，由审判长按照原告、被告、第三人的先后顺序征询各方最后意见。

第一百二十八条 法庭辩论终结，应当依法作出判决。判决前能够调解的，还可以进行调解，调解不成的，应当及时判决。

第一百二十九条 原告经传票传唤，无正当理由拒不到庭的，或者未经法庭许可中途退庭的，可以按撤诉处理；被告反诉的，可以缺席判决。

第一百三十条 被告经传票传唤，无正当理由拒不到庭的，或者未经法庭许可中途退庭的，可以缺席判决。

第一百三十一条 宣判前，原告申请撤诉的，是否准许，由人民法院裁定。

人民法院裁定不准许撤诉的，原告经传票传唤，无正当理由拒不到庭的，可以缺席判决。

第一百三十二条 有下列情形之一的，可以延期开庭审理：

（一）必须到庭的当事人和其他诉讼参与人有正当理由没有到庭的；

（二）当事人临时提出回避申请的；

（三）需要通知新的证人到庭，调取新的证据，重新鉴定、勘验，或者需要补充调查的；

（四）其他应当延期的情形。

第一百三十三条 书记员应当将法庭审理的全部活动记入笔录，由审判人员和书记员签名。

法庭笔录应当当庭宣读，也可以告知当事人和其他诉讼参与人当庭或者在五日内阅读。当事人和其他诉讼参与人认为对自己的陈述记录有遗漏或者差错的，有权申请补正。如果不予补正，应当将申请记录在案。

法庭笔录由当事人和其他诉讼参与人签名或者盖章。拒绝签名盖章的，记明情况附卷。

第一百三十四条 人民法院对公开审理或者不公开审理的案件，一律公开宣告判决。

当庭宣判的，应当在十日内发送判决书；定期宣判的，宣判后立即发给判决书。

宣告判决时，必须告知当事人上诉权利、上诉期限和上诉的法院。

宣告离婚判决，必须告知当事人在判决发生法律效力前不得另行结婚。

第一百三十五条 人民法院适用普通程序审理的案件，应当在立案之日起六个月内审结。有特殊情况需要延长的，由本院院长批准，可以延长六个月；还需要延长的，报请上级人民法院批准。

第四节　诉讼中止和终结

第一百三十六条　有下列情形之一的，中止诉讼：

（一）一方当事人死亡，需要等待继承人表明是否参加诉讼的；

（二）一方当事人丧失诉讼行为能力，尚未确定法定代理人的；

（三）作为一方当事人的法人或者其他组织终止，尚未确定权利义务承受人的；

（四）一方当事人因不可抗拒的事由，不能参加诉讼的；

（五）本案必须以另一案的审理结果为依据，而另一案尚未审结的；

（六）其他应当中止诉讼的情形。

中止诉讼的原因消除后，恢复诉讼。

第一百三十七条　有下列情形之一的，终结诉讼：

（一）原告死亡，没有继承人，或者继承人放弃诉讼权利的；

（二）被告死亡，没有遗产，也没有应当承担义务的人的；

（三）离婚案件一方当事人死亡的；

（四）追索赡养费、扶养费、抚育费以及解除收养关系案件的一方当事人死亡的。

第五节　判决和裁定

第一百三十八条　判决书应当写明：

（一）案由、诉讼请求、争议的事实和理由；

（二）判决认定的事实、理由和适用的法律依据；

（三）判决结果和诉讼费用的负担；

（四）上诉期间和上诉的法院。

判决书由审判人员、书记员署名，加盖人民法院印章。

第一百三十九条　人民法院审理案件，其中一部分事实已经清楚，可以就该部分先行判决。

第一百四十条　裁定适用于下列范围：

（一）不予受理；

（二）对管辖权有异议的；

（三）驳回起诉；

（四）财产保全和先予执行；

（五）准许或者不准许撤诉；

（六）中止或者终结诉讼；

（七）补正判决书中的笔误；

（八）中止或者终结执行；

（九）不予执行仲裁裁决；

（十）不予执行公证机关赋予强制执行效力的债权文书；

（十一）其他需要裁定解决的事项。

对前款第（一）、（二）、（三）项裁定，可以上诉。

裁定书由审判人员、书记员署名，加盖人民法院印章。口头裁定的，记入笔录。

第一百四十一条　最高人民法院的判决、裁定，以及依法不准上诉或者超过上诉期没有上诉的判决、裁定，是发生法律效力的判决、裁定。

第十三章　简易程序

第一百四十二条　基层人民法院和它派出的法庭审理事实清楚、权利义务关系明确、争议不大的简单的民事案件，适用本章规定。

第一百四十三条　对简单的民事案件，原告可以口头起诉。

当事人双方可以同时到基层人民法院或者它派出的法庭，请求解决纠纷。基层人民法院或者它派出的法庭可以当即审理，也可以另定日期审理。

第一百四十四条　基层人民法院和它派出的法庭审理简单的民事案件，可以用简便方式随时传唤当事人、证人。

第一百四十五条　简单的民事案件由审判员一人独任审理，并不受本法第一百二十二条、第一百二十四条、第一百二十七条规定的限制。

第一百四十六条　人民法院适用简易程序审理案件，应当在立案之日起三个月内审结。

第十四章　第二审程序

第一百四十七条　当事人不服地方人民法院第一审判决的，有权在判决书送达之日起十五日内向上一级人民法院提起上诉。

当事人不服地方人民法院第一审裁定的，有权在裁定书送达之日起十日内向上一级人民法院提起上诉。

第一百四十八条　上诉应当递交上诉状。上诉状的内容，应当包括当事人的姓名，法人的名称及其法定代表人的姓名或者其他组织的名称及其主要负责人的姓名；原审人民法院名称、案件的编号和案由；上诉的请求和理由。

第一百四十九条　上诉状应当通过原审人民法院提出，并按照对方当事人或者代表人的人数提出副本。

当事人直接向第二审人民法院上诉的，第二审人民法院应当在五日内将上诉状移交原审人民法院。

第一百五十条　原审人民法院收到上诉状，应当在五日内将上诉状副本送达对方当事人，对方当事人在收到之日起十五日内提出答辩状。人民法院应当在收到答辩状之日起五日内将副本送达上诉人。对方当事人不提出答辩状的，不影响人民法院审理。

原审人民法院收到上诉状、答辩状，应当在五日内连同全部案卷和证据，报送第二审人民法院。

第一百五十一条　第二审人民法院应当对上诉请求的有关事实和适用法律进行审查。

第一百五十二条　第二审人民法院对上诉案件，应当组成合议庭，开庭审理。经过阅卷和调查，询问当事人，在事实核对清楚后，合议庭认为不需要开庭审理的，也可以径行判决、裁定。

第二审人民法院审理上诉案件，可以在本院进行，也可以到案件发生地或者原审人民法院所在地进行。

第一百五十三条 第二审人民法院对上诉案件，经过审理，按照下列情形，分别处理：

（一）原判决认定事实清楚，适用法律正确的，判决驳回上诉，维持原判决；

（二）原判决适用法律错误的，依法改判；

（三）原判决认定事实错误，或者原判决认定事实不清，证据不足，裁定撤销原判决，发回原审人民法院重审，或者查清事实后改判；

（四）原判决违反法定程序，可能影响案件正确判决的，裁定撤销原判决，发回原审人民法院重审。

当事人对重审案件的判决、裁定，可以上诉。

第一百五十四条 第二审人民法院对不服第一审人民法院裁定的上诉案件的处理，一律使用裁定。

第一百五十五条 第二审人民法院审理上诉案件，可以进行调解。调解达成协议，应当制作调解书，由审判人员、书记员署名，加盖人民法院印章。调解书送达后，原审人民法院的判决即视为撤销。

第一百五十六条 第二审人民法院判决宣告前，上诉人申请撤回上诉的，是否准许，由第二审人民法院裁定。

第一百五十七条 第二审人民法院审理上诉案件，除依照本章规定外，适用第一审普通程序。

第一百五十八条 第二审人民法院的判决、裁定，是终审的判决、裁定。

第一百五十九条 人民法院审理对判决的上诉案件，应当在第二审立案之日起三个月内审结。有特殊情况需要延长的，由本院院长批准。

人民法院审理对裁定的上诉案件，应当在第二审立案之日起三十日内作出终审裁定。

第十五章 特别程序

第一节 一般规定

第一百六十条 人民法院审理选民资格案件、宣告失踪或者宣告死亡案件、认定公民无民事行为能力或者限制民事行为能力案件和认定财产无主案件，适用本章规定。本章没有规定的，适用本法和其他法律的有关规定。

第一百六十一条 依照本章程序审理的案件，实行一审终审。选民资格案件或者重大、疑难的案件，由审判员组成合议庭审理；其他案件由审判员一人独任审理。

第一百六十二条 人民法院在依照本章程序审理案件的过程中，发现本案属于民事权益争议的，应当裁定终结特别程序，并告知利害关系人可以另行起诉。

第一百六十三条 人民法院适用特别程序审理的案件，应当在立案之日起三十日内或者公告期满后三十日内审结。有特殊情况需要延长的，由本院院长批准。但审理选民资格的案件除外。

第二节 选民资格案件

第一百六十四条 公民不服选举委员会对选民资格的申诉所作的处理决定，可以在选举日的五日以前向选区所在地基层人民法院起诉。

第一百六十五条　人民法院受理选民资格案件后，必须在选举日前审结。

审理时，起诉人、选举委员会的代表和有关公民必须参加。

人民法院的判决书，应当在选举日前送达选举委员会和起诉人，并通知有关公民。

第三节　宣告失踪、宣告死亡案件

第一百六十六条　公民下落不明满二年，利害关系人申请宣告其失踪的，向下落不明人住所地基层人民法院提出。

申请书应当写明失踪的事实、时间和请求，并附有公安机关或者其他有关机关关于该公民下落不明的书面证明。

第一百六十七条　公民下落不明满四年，或者因意外事故下落不明满二年，或者因意外事故下落不明，经有关机关证明该公民不可能生存，利害关系人申请宣告其死亡的，向下落不明人住所地基层人民法院提出。

申请书应当写明下落不明的事实、时间和请求，并附有公安机关或者其他有关机关关于该公民下落不明的书面证明。

第一百六十八条　人民法院受理宣告失踪、宣告死亡案件后，应当发出寻找下落不明人的公告。宣告失踪的公告期间为三个月，宣告死亡的公告期间为一年。因意外事故下落不明，经有关机关证明该公民不可能生存的，宣告死亡的公告期间为三个月。

公告期间届满，人民法院应当根据被宣告失踪、宣告死亡的事实是否得到确认，作出宣告失踪、宣告死亡的判决或者驳回申请的判决。

第一百六十九条　被宣告失踪、宣告死亡的公民重新出现，经本人或者利害关系人申请，人民法院应当作出新判决，撤销原判决。

第四节　认定公民无民事行为能力、限制民事行为能力案件

第一百七十条　申请认定公民无民事行为能力或者限制民事行为能力，由其近亲属或者其他利害关系人向该公民住所地基层人民法院提出。

申请书应当写明该公民无民事行为能力或者限制民事行为能力的事实和根据。

第一百七十一条　人民法院受理申请后，必要时应当对被请求认定为无民事行为能力或者限制民事行为能力的公民进行鉴定。申请人已提供鉴定结论的，应当对鉴定结论进行审查。

第一百七十二条　人民法院审理认定公民无民事行为能力或者限制民事行为能力的案件，应当由该公民的近亲属为代理人，但申请人除外。近亲属互相推诿的，由人民法院指定其中一人为代理人。该公民健康情况许可的，还应当询问本人的意见。

人民法院经审理认定申请有事实根据的，判决该公民为无民事行为能力或者限制民事行为能力人；认定申请没有事实根据的，应当判决予以驳回。

第一百七十三条　人民法院根据被认定为无民事行为能力人、限制民事行为能力人或者他的监护人的申请，证实该公民无民事行为能力或者限制民事行为能力的原因已经消除的，应当作出新判决，撤销原判决。

第五节　认定财产无主案件

第一百七十四条　申请认定财产无主，由公民、法人或者其他组织向财产所在地基层人民法院提出。

申请书应当写明财产的种类、数量以及要求认定财产无主的根据。

第一百七十五条 人民法院受理申请后，经审查核实，应当发出财产认领公告。公告满一年无人认领的，判决认定财产无主，收归国家或者集体所有。

第一百七十六条 判决认定财产无主后，原财产所有人或者继承人出现，在民法通则规定的诉讼时效期间可以对财产提出请求，人民法院审查属实后，应当作出新判决，撤销原判决。

第十六章 审判监督程序

第一百七十七条 各级人民法院院长对本院已经发生法律效力的判决、裁定，发现确有错误，认为需要再审的，应当提交审判委员会讨论决定。

最高人民法院对地方各级人民法院已经发生法律效力的判决、裁定，上级人民法院对下级人民法院已经发生法律效力的判决、裁定，发现确有错误的，有权提审或者指令下级人民法院再审。

第一百七十八条 当事人对已经发生法律效力的判决、裁定，认为有错误的，可以向上一级人民法院申请再审，但不停止判决、裁定的执行。

第一百七十九条 当事人的申请符合下列情形之一的，人民法院应当再审：

（一）有新的证据，足以推翻原判决、裁定的；

（二）原判决、裁定认定的基本事实缺乏证据证明的；

（三）原判决、裁定认定事实的主要证据是伪造的；

（四）原判决、裁定认定事实的主要证据未经质证的；

（五）对审理案件需要的证据，当事人因客观原因不能自行收集，书面申请人民法院调查收集，人民法院未调查收集的；

（六）原判决、裁定适用法律确有错误的；

（七）违反法律规定，管辖错误的；

（八）审判组织的组成不合法或者依法应当回避的审判人员没有回避的；

（九）无诉讼行为能力人未经法定代理人代为诉讼或者应当参加诉讼的当事人，因不能归责于本人或者其诉讼代理人的事由，未参加诉讼的；

（十）违反法律规定，剥夺当事人辩论权利的；

（十一）未经传票传唤，缺席判决的；

（十二）原判决、裁定遗漏或者超出诉讼请求的；

（十三）据以作出原判决、裁定的法律文书被撤销或者变更的。

对违反法定程序可能影响案件正确判决、裁定的情形，或者审判人员在审理该案件时有贪污受贿，徇私舞弊，枉法裁判行为的，人民法院应当再审。

第一百八十条 当事人申请再审的，应当提交再审申请书等材料。人民法院应当自收到再审申请书之日起五日内将再审申请书副本发送对方当事人。对方当事人应当自收到再审申请书副本之日起十五日内提交书面意见；不提交书面意见的，不影响人民法院审查。人民法院可以要求申请人和对方当事人补充有关材料，询问有关事项。

第一百八十一条 人民法院应当自收到再审申请书之日起三个月内审查，符合本法第一百七十九条规定情形之一的，裁定再审；不符合本法第一百七十九条规定的，裁定驳回申请。有特殊情况需要延长的，由本院院长批准。

因当事人申请裁定再审的案件由中级人民法院以上的人民法院审理。最高人民法院、高级人民法院裁定再审的案件，由本院再审或者交其他人民法院再审，也可以交原审人民法院再审。

第一百八十二条　当事人对已经发生法律效力的调解书，提出证据证明调解违反自愿原则或者调解协议的内容违反法律的，可以申请再审。经人民法院审查属实的，应当再审。

第一百八十三条　当事人对已经发生法律效力的解除婚姻关系的判决，不得申请再审。

第一百八十四条　当事人申请再审，应当在判决、裁定发生法律效力后二年内提出；二年后据以作出原判决、裁定的法律文书被撤销或者变更，以及发现审判人员在审理该案件时有贪污受贿，徇私舞弊，枉法裁判行为的，自知道或者应当知道之日起三个月内提出。

第一百八十五条　按照审判监督程序决定再审的案件，裁定中止原判决的执行。裁定由院长署名，加盖人民法院印章。

第一百八十六条　人民法院按照审判监督程序再审的案件，发生法律效力的判决、裁定是由第一审法院作出的，按照第一审程序审理，所作的判决、裁定，当事人可以上诉；发生法律效力的判决、裁定是由第二审法院作出的，按照第二审程序审理，所作的判决、裁定，是发生法律效力的判决、裁定；上级人民法院按照审判监督程序提审的，按照第二审程序审理，所作的判决、裁定是发生法律效力的判决、裁定。

人民法院审理再审案件，应当另行组成合议庭。

第一百八十七条　最高人民检察院对各级人民法院已经发生法律效力的判决、裁定，上级人民检察院对下级人民法院已经发生法律效力的判决、裁定，发现有本法第一百七十九条规定情形之一的，应当提出抗诉。

地方各级人民检察院对同级人民法院已经发生法律效力的判决、裁定，发现有本法第一百七十九条规定情形之一的，应当提请上级人民检察院向同级人民法院提出抗诉。

第一百八十八条　人民检察院提出抗诉的案件，接受抗诉的人民法院应当自收到抗诉书之日起三十日内作出再审的裁定；有本法第一百七十九条第一款第（一）项至第（五）项规定情形之一的，可以交下一级人民法院再审。

第一百八十九条　人民检察院决定对人民法院的判决、裁定提出抗诉的，应当制作抗诉书。

第一百九十条　人民检察院提出抗诉的案件，人民法院再审时，应当通知人民检察院派员出席法庭。

第十七章　督促程序

第一百九十一条　债权人请求债务人给付金钱、有价证券，符合下列条件的，可以向有管辖权的基层人民法院申请支付令：

（一）债权人与债务人没有其他债务纠纷的；

（二）支付令能够送达债务人的。

申请书应当写明请求给付金钱或者有价证券的数量和所根据的事实、证据。

第一百九十二条 债权人提出申请后，人民法院应当在五日内通知债权人是否受理。

第一百九十三条 人民法院受理申请后，经审查债权人提供的事实、证据，对债权债务关系明确、合法的，应当在受理之日起十五日内向债务人发出支付令；申请不成立的，裁定予以驳回。

债务人应当自收到支付令之日起十五日内清偿债务，或者向人民法院提出书面异议。

债务人在前款规定的期间不提出异议又不履行支付令的，债权人可以向人民法院申请执行。

第一百九十四条 人民法院收到债务人提出的书面异议后，应当裁定终结督促程序，支付令自行失效，债权人可以起诉。

第十八章 公示催告程序

第一百九十五条 按照规定可以背书转让的票据持有人，因票据被盗、遗失或者灭失，可以向票据支付地的基层人民法院申请公示催告。依照法律规定可以申请公示催告的其他事项，适用本章规定。

申请人应当向人民法院递交申请书，写明票面金额、发票人、持票人、背书人等票据主要内容和申请的理由、事实。

第一百九十六条 人民法院决定受理申请，应当同时通知支付人停止支付，并在三日内发出公告，催促利害关系人申报权利。公示催告的期间，由人民法院根据情况决定，但不得少于六十日。

第一百九十七条 支付人收到人民法院停止支付的通知，应当停止支付，至公示催告程序终结。

公示催告期间，转让票据权利的行为无效。

第一百九十八条 利害关系人应当在公示催告期间向人民法院申报。

人民法院收到利害关系人的申报后，应当裁定终结公示催告程序，并通知申请人和支付人。

申请人或者申报人可以向人民法院起诉。

第一百九十九条 没有人申报的，人民法院应当根据申请人的申请，作出判决，宣告票据无效。判决应当公告，并通知支付人。自判决公告之日起，申请人有权向支付人请求支付。

第二百条 利害关系人因正当理由不能在判决前向人民法院申报的，自知道或者应当知道判决公告之日起一年内，可以向作出判决的人民法院起诉。

第三编 执行程序

第十九章 一般规定

第二百零一条 发生法律效力的民事判决、裁定，以及刑事判决、裁定中的财产部分，由第一审人民法院或者与第一审人民法院同级的被执行的财产所在地人民法院执行。

法律规定由人民法院执行的其他法律文书，由被执行人住所地或者被执行的财产所在地人民法院执行。

第二百零二条　当事人、利害关系人认为执行行为违反法律规定的，可以向负责执行的人民法院提出书面异议。当事人、利害关系人提出书面异议的，人民法院应当自收到书面异议之日起十五日内审查，理由成立的，裁定撤销或者改正；理由不成立的，裁定驳回。当事人、利害关系人对裁定不服的，可以自裁定送达之日起十日内向上一级人民法院申请复议。

第二百零三条　人民法院自收到申请执行书之日起超过六个月未执行的，申请执行人可以向上一级人民法院申请执行。上一级人民法院经审查，可以责令原人民法院在一定期限内执行，也可以决定由本院执行或者指令其他人民法院执行。

第二百零四条　执行过程中，案外人对执行标的提出书面异议的，人民法院应当自收到书面异议之日起十五日内审查，理由成立的，裁定中止对该标的的执行；理由不成立的，裁定驳回。案外人、当事人对裁定不服，认为原判决、裁定错误的，依照审判监督程序办理；与原判决、裁定无关的，可以自裁定送达之日起十五日内向人民法院提起诉讼。

第二百零五条　执行工作由执行员进行。

采取强制执行措施时，执行员应当出示证件。执行完毕后，应当将执行情况制作笔录，由在场的有关人员签名或者盖章。

人民法院根据需要可以设立执行机构。

第二百零六条　被执行人或者被执行的财产在外地的，可以委托当地人民法院代为执行。受委托人民法院收到委托函件后，必须在十五日内开始执行，不得拒绝。执行完毕后，应当将执行结果及时函复委托人民法院；在三十日内如果还未执行完毕，也应当将执行情况函告委托人民法院。

受委托人民法院自收到委托函件之日起十五日内不执行的，委托人民法院可以请求受委托人民法院的上级人民法院指令受委托人民法院执行。

第二百零七条　在执行中，双方当事人自行和解达成协议的，执行员应当将协议内容记入笔录，由双方当事人签名或者盖章。

一方当事人不履行和解协议的，人民法院可以根据对方当事人的申请，恢复对原生效法律文书的执行。

第二百零八条　在执行中，被执行人向人民法院提供担保，并经申请执行人同意的，人民法院可以决定暂缓执行及暂缓执行的期限。被执行人逾期仍不履行的，人民法院有权执行被执行人的担保财产或者担保人的财产。

第二百零九条　作为被执行人的公民死亡的，以其遗产偿还债务。作为被执行人的法人或者其他组织终止的，由其权利义务承受人履行义务。

第二百一十条　执行完毕后，据以执行的判决、裁定和其他法律文书确有错误，被人民法院撤销的，对已被执行的财产，人民法院应当作出裁定，责令取得财产的人返还；拒不返还的，强制执行。

第二百一十一条　人民法院制作的调解书的执行，适用本编的规定。

第二十章　执行的申请和移送

第二百一十二条　发生法律效力的民事判决、裁定，当事人必须履行。一方拒绝履行的，对方当事人可以向人民法院申请执行，也可以由审判员移送执行员执行。

调解书和其他应当由人民法院执行的法律文书，当事人必须履行。一方拒绝履行的，对方当事人可以向人民法院申请执行。

第二百一十三条 对依法设立的仲裁机构的裁决，一方当事人不履行的，对方当事人可以向有管辖权的人民法院申请执行。受申请的人民法院应当执行。

被申请人提出证据证明仲裁裁决有下列情形之一的，经人民法院组成合议庭审查核实，裁定不予执行：

（一）当事人在合同中没有订有仲裁条款或者事后没有达成书面仲裁协议的；

（二）裁决的事项不属于仲裁协议的范围或者仲裁机构无权仲裁的；

（三）仲裁庭的组成或者仲裁的程序违反法定程序的；

（四）认定事实的主要证据不足的；

（五）适用法律确有错误的；

（六）仲裁员在仲裁该案时有贪污受贿，徇私舞弊，枉法裁决行为的。

人民法院认定执行该裁决违背社会公共利益的，裁定不予执行。

裁定书应当送达双方当事人和仲裁机构。

仲裁裁决被人民法院裁定不予执行的，当事人可以根据双方达成的书面仲裁协议重新申请仲裁，也可以向人民法院起诉。

第二百一十四条 对公证机关依法赋予强制执行效力的债权文书，一方当事人不履行的，对方当事人可以向有管辖权的人民法院申请执行，受申请的人民法院应当执行。

公证债权文书确有错误的，人民法院裁定不予执行，并将裁定书送达双方当事人和公证机关。

第二百一十五条 申请执行的期间为二年。申请执行时效的中止、中断，适用法律有关诉讼时效中止、中断的规定。

前款规定的期间，从法律文书规定履行期间的最后一日起计算；法律文书规定分期履行的，从规定的每次履行期间的最后一日起计算；法律文书未规定履行期间的，从法律文书生效之日起计算。

第二百一十六条 执行员接到申请执行书或者移交执行书，应当向被执行人发出执行通知，责令其在指定的期间履行，逾期不履行的，强制执行。

被执行人不履行法律文书确定的义务，并有可能隐匿、转移财产的，执行员可以立即采取强制执行措施。

第二十一章 执行措施

第二百一十七条 被执行人未按执行通知履行法律文书确定的义务，应当报告当前以及收到执行通知之日前一年的财产情况。被执行人拒绝报告或者虚假报告的，人民法院可以根据情节轻重对被执行人或者其法定代理人、有关单位的主要负责人或者直接责任人员予以罚款、拘留。

第二百一十八条 被执行人未按执行通知履行法律文书确定的义务，人民法院有权向银行、信用合作社和其他有储蓄业务的单位查询被执行人的存款情况，有权冻结、划拨被执行人的存款，但查询、冻结、划拨存款不得超出被执行人应当履行义务的范围。

人民法院决定冻结、划拨存款，应当作出裁定，并发出协助执行通知书，银行、信用合作社和其他有储蓄业务的单位必须办理。

第二百一十九条　被执行人未按执行通知履行法律文书确定的义务，人民法院有权扣留、提取被执行人应当履行义务部分的收入。但应当保留被执行人及其所扶养家属的生活必需费用。

人民法院扣留、提取收入时，应当作出裁定，并发出协助执行通知书，被执行人所在单位、银行、信用合作社和其他有储蓄业务的单位必须办理。

第二百二十条　被执行人未按执行通知履行法律文书确定的义务，人民法院有权查封、扣押、冻结、拍卖、变卖被执行人应当履行义务部分的财产。但应当保留被执行人及其所扶养家属的生活必需品。

采取前款措施，人民法院应当作出裁定。

第二百二十一条　人民法院查封、扣押财产时，被执行人是公民的，应当通知被执行人或者他的成年家属到场；被执行人是法人或者其他组织的，应当通知其法定代表人或者主要负责人到场。拒不到场的，不影响执行。被执行人是公民的，其工作单位或者财产所在地的基层组织应当派人参加。

对被查封、扣押的财产，执行员必须造具清单，由在场人签名或者盖章后，交被执行人一份。被执行人是公民的，也可以交他的成年家属一份。

第二百二十二条　被查封的财产，执行员可以指定被执行人负责保管。因被执行人的过错造成的损失，由被执行人承担。

第二百二十三条　财产被查封、扣押后，执行员应当责令被执行人在指定期间履行法律文书确定的义务。被执行人逾期不履行的，人民法院可以按照规定交有关单位拍卖或者变卖被查封、扣押的财产。国家禁止自由买卖的物品，交有关单位按照国家规定的价格收购。

第二百二十四条　被执行人不履行法律文书确定的义务，并隐匿财产的，人民法院有权发出搜查令，对被执行人及其住所或者财产隐匿地进行搜查。

采取前款措施，由院长签发搜查令。

第二百二十五条　法律文书指定交付的财物或者票证，由执行员传唤双方当事人当面交付，或者由执行员转交，并由被交付人签收。

有关单位持有该项财物或者票证的，应当根据人民法院的协助执行通知书转交，并由被交付人签收。

有关公民持有该项财物或者票证的，人民法院通知其交出。拒不交出的，强制执行。

第二百二十六条　强制迁出房屋或者强制退出土地，由院长签发公告，责令被执行人在指定期间履行。被执行人逾期不履行的，由执行员强制执行。

强制执行时，被执行人是公民的，应当通知被执行人或者他的成年家属到场；被执行人是法人或者其他组织的，应当通知其法定代表人或者主要负责人到场。拒不到场的，不影响执行。被执行人是公民的，其工作单位或者房屋、土地所在地的基层组织应当派人参加。执行员应当将强制执行情况记入笔录，由在场人签名或者盖章。

强制迁出房屋被搬出的财物，由人民法院派人运至指定处所，交给被执行人。被执行人是公民的，也可以交给他的成年家属。因拒绝接收而造成的损失，由被执行人承担。

第二百二十七条　在执行中，需要办理有关财产权证照转移手续的，人民法院可以向有关单位发出协助执行通知书，有关单位必须办理。

第二百二十八条 对判决、裁定和其他法律文书指定的行为，被执行人未按执行通知履行的，人民法院可以强制执行或者委托有关单位或者其他人完成，费用由被执行人承担。

第二百二十九条 被执行人未按判决、裁定和其他法律文书指定的期间履行给付金钱义务的，应当加倍支付迟延履行期间的债务利息。被执行人未按判决、裁定和其他法律文书指定的期间履行其他义务的，应当支付迟延履行金。

第二百三十条 人民法院采取本法第二百一十八条、第二百一十九条、第二百二十条规定的执行措施后，被执行人仍不能偿还债务的，应当继续履行义务。债权人发现被执行人有其他财产的，可以随时请求人民法院执行。

第二百三十一条 被执行人不履行法律文书确定的义务的，人民法院可以对其采取或者通知有关单位协助采取限制出境，在征信系统记录、通过媒体公布不履行义务信息以及法律规定的其他措施。

第二十二章　执行中止和终结

第二百三十二条 有下列情形之一的，人民法院应当裁定中止执行：

（一）申请人表示可以延期执行的；

（二）案外人对执行标的提出确有理由的异议的；

（三）作为一方当事人的公民死亡，需要等待继承人继承权利或者承担义务的；

（四）作为一方当事人的法人或者其他组织终止，尚未确定权利义务承受人的；

（五）人民法院认为应当中止执行的其他情形。

中止的情形消失后，恢复执行。

第二百三十三条 有下列情形之一的，人民法院裁定终结执行：

（一）申请人撤销申请的；

（二）据以执行的法律文书被撤销的；

（三）作为被执行人的公民死亡，无遗产可供执行，又无义务承担人的；

（四）追索赡养费、扶养费、抚育费案件的权利人死亡的；

（五）作为被执行人的公民因生活困难无力偿还借款，无收入来源，又丧失劳动能力的；

（六）人民法院认为应当终结执行的其他情形。

第二百三十四条 中止和终结执行的裁定，送达当事人后立即生效。

第四编　涉外民事诉讼程序的特别规定

第二十三章　一般原则

第二百三十五条 在中华人民共和国领域内进行涉外民事诉讼，适用本编规定。本编没有规定的，适用本法其他有关规定。

第二百三十六条 中华人民共和国缔结或者参加的国际条约同本法有不同规定的，适用该国际条约的规定，但中华人民共和国声明保留的条款除外。

第二百三十七条 对享有外交特权与豁免的外国人、外国组织或者国际组织提起的民事诉讼，应当依照中华人民共和国有关法律和中华人民共和国缔结或者参加的国际条约的规定办理。

第二百三十八条　人民法院审理涉外民事案件，应当使用中华人民共和国通用的语言、文字。当事人要求提供翻译的，可以提供，费用由当事人承担。

第二百三十九条　外国人、无国籍人、外国企业和组织在人民法院起诉、应诉，需要委托律师代理诉讼的，必须委托中华人民共和国的律师。

第二百四十条　在中华人民共和国领域内没有住所的外国人、无国籍人、外国企业和组织委托中华人民共和国律师或者其他人代理诉讼，从中华人民共和国领域外寄交或者托交的授权委托书，应当经所在国公证机关证明，并经中华人民共和国驻该国使领馆认证，或者履行中华人民共和国与该所在国订立的有关条约中规定的证明手续后，才具有效力。

第二十四章　管　辖

第二百四十一条　因合同纠纷或者其他财产权益纠纷，对在中华人民共和国领域内没有住所的被告提起的诉讼，如果合同在中华人民共和国领域内签订或者履行，或者诉讼标的物在中华人民共和国领域内，或者被告在中华人民共和国领域内有可供扣押的财产，或者被告在中华人民共和国领域内设有代表机构，可以由合同签订地、合同履行地、诉讼标的物所在地、可供扣押财产所在地、侵权行为地或者代表机构住所地人民法院管辖。

第二百四十二条　涉外合同或者涉外财产权益纠纷的当事人，可以用书面协议选择与争议有实际联系的地点的法院管辖。选择中华人民共和国人民法院管辖的，不得违反本法关于级别管辖和专属管辖的规定。

第二百四十三条　涉外民事诉讼的被告对人民法院管辖不提出异议，并应诉答辩的，视为承认该人民法院为有管辖权的法院。

第二百四十四条　因在中华人民共和国履行中外合资经营企业合同、中外合作经营企业合同、中外合作勘探开发自然资源合同发生纠纷提起的诉讼，由中华人民共和国人民法院管辖。

第二十五章　送达、期间

第二百四十五条　人民法院对在中华人民共和国领域内没有住所的当事人送达诉讼文书，可以采用下列方式：

（一）依照受送达人所在国与中华人民共和国缔结或者共同参加的国际条约中规定的方式送达；

（二）通过外交途径送达；

（三）对具有中华人民共和国国籍的受送达人，可以委托中华人民共和国驻受送达人所在国的使领馆代为送达；

（四）向受送达人委托的有权代其接受送达的诉讼代理人送达；

（五）向受送达人在中华人民共和国领域内设立的代表机构或者有权接受送达的分支机构、业务代办人送达；

（六）受送达人所在国的法律允许邮寄送达的，可以邮寄送达，自邮寄之日起满六个月，送达回证没有退回，但根据各种情况足以认定已经送达的，期间届满之日视为送达；

（七）不能用上述方式送达的，公告送达，自公告之日起满六个月，即视为送达。

第二百四十六条 被告在中华人民共和国领域内没有住所的，人民法院应当将起诉状副本送达被告，并通知被告在收到起诉状副本后三十日内提出答辩状。被告申请延期的，是否准许，由人民法院决定。

第二百四十七条 在中华人民共和国领域内没有住所的当事人，不服第一审人民法院判决、裁定的，有权在判决书、裁定书送达之日起三十日内提起上诉。被上诉人在收到上诉状副本后，应当在三十日内提出答辩状。当事人不能在法定期间提起上诉或者提出答辩状，申请延期的，是否准许，由人民法院决定。

第二百四十八条 人民法院审理涉外民事案件的期间，不受本法第一百三十五条、第一百五十九条规定的限制。

第二十六章 财产保全

第二百四十九条 当事人依照本法第九十二条的规定可以向人民法院申请财产保全。

利害关系人依照本法第九十三条的规定可以在起诉前向人民法院申请财产保全。

第二百五十条 人民法院裁定准许诉前财产保全后，申请人应当在三十日内提起诉讼。逾期不起诉的，人民法院应当解除财产保全。

第二百五十一条 人民法院裁定准许财产保全后，被申请人提供担保的，人民法院应当解除财产保全。

第二百五十二条 申请有错误的，申请人应当赔偿被申请人因财产保全所遭受的损失。

第二百五十三条 人民法院决定保全的财产需要监督的，应当通知有关单位负责监督，费用由被申请人承担。

第二百五十四条 人民法院解除保全的命令由执行员执行。

第二十七章 仲 裁

第二百五十五条 涉外经济贸易、运输和海事中发生的纠纷，当事人在合同中订有仲裁条款或者事后达成书面仲裁协议，提交中华人民共和国涉外仲裁机构或者其他仲裁机构仲裁的，当事人不得向人民法院起诉。

当事人在合同中没有订有仲裁条款或者事后没有达成书面仲裁协议的，可以向人民法院起诉。

第二百五十六条 当事人申请采取财产保全的，中华人民共和国的涉外仲裁机构应当将当事人的申请，提交被申请人住所地或者财产所在地的中级人民法院裁定。

第二百五十七条 经中华人民共和国涉外仲裁机构裁决的，当事人不得向人民法院起诉。一方当事人不履行仲裁裁决的，对方当事人可以向被申请人住所地或者财产所在地的中级人民法院申请执行。

第二百五十八条 对中华人民共和国涉外仲裁机构作出的裁决，被申请人提出证据证明仲裁裁决有下列情形之一的，经人民法院组成合议庭审查核实，裁定不予执行：

（一）当事人在合同中没有订有仲裁条款或者事后没有达成书面仲裁协议的；

（二）被申请人没有得到指定仲裁员或者进行仲裁程序的通知，或者由于其他不属于被申请人负责的原因未能陈述意见的；

（三）仲裁庭的组成或者仲裁的程序与仲裁规则不符的；

（四）裁决的事项不属于仲裁协议的范围或者仲裁机构无权仲裁的。

人民法院认定执行该裁决违背社会公共利益的，裁定不予执行。

第二百五十九条　仲裁裁决被人民法院裁定不予执行的，当事人可以根据双方达成的书面仲裁协议重新申请仲裁，也可以向人民法院起诉。

第二十八章　司法协助

第二百六十条　根据中华人民共和国缔结或者参加的国际条约，或者按照互惠原则，人民法院和外国法院可以相互请求，代为送达文书、调查取证以及进行其他诉讼行为。

外国法院请求协助的事项有损于中华人民共和国的主权、安全或者社会公共利益的，人民法院不予执行。

第二百六十一条　请求和提供司法协助，应当依照中华人民共和国缔结或者参加的国际条约所规定的途径进行；没有条约关系的，通过外交途径进行。

外国驻中华人民共和国的使领馆可以向该国公民送达文书和调查取证，但不得违反中华人民共和国的法律，并不得采取强制措施。

除前款规定的情况外，未经中华人民共和国主管机关准许，任何外国机关或者个人不得在中华人民共和国领域内送达文书、调查取证。

第二百六十二条　外国法院请求人民法院提供司法协助的请求书及其所附文件，应当附有中文译本或者国际条约规定的其他文字文本。

人民法院请求外国法院提供司法协助的请求书及其所附文件，应当附有该国文字译本或者国际条约规定的其他文字文本。

第二百六十三条　人民法院提供司法协助，依照中华人民共和国法律规定的程序进行。外国法院请求采用特殊方式的，也可以按照其请求的特殊方式进行，但请求采用的特殊方式不得违反中华人民共和国法律。

第二百六十四条　人民法院作出的发生法律效力的判决、裁定，如果被执行人或者其财产不在中华人民共和国领域内，当事人请求执行的，可以由当事人直接向有管辖权的外国法院申请承认和执行，也可以由人民法院依照中华人民共和国缔结或者参加的国际条约的规定，或者按照互惠原则，请求外国法院承认和执行。

中华人民共和国涉外仲裁机构作出的发生法律效力的仲裁裁决，当事人请求执行的，如果被执行人或者其财产不在中华人民共和国领域内，应当由当事人直接向有管辖权的外国法院申请承认和执行。

第二百六十五条　外国法院作出的发生法律效力的判决、裁定，需要中华人民共和国人民法院承认和执行的，可以由当事人直接向中华人民共和国有管辖权的中级人民法院申请承认和执行，也可以由外国法院依照该国与中华人民共和国缔结或者参加的国际条约的规定，或者按照互惠原则，请求人民法院承认和执行。

第二百六十六条　人民法院对申请或者请求承认和执行的外国法院作出的发生法律效力的判决、裁定，依照中华人民共和国缔结或者参加的国际条约，或者按照互惠原则进行审查后，认为不违反中华人民共和国法律的基本原则或者国家主权、安全、社会公共利益的，裁定承认其效力，需要执行的，发出执行令，依照本法的有关规定执行。违反中华人民共和国法律的基本原则或者国家主权、安全、社会公共利益的，不予承认和执行。

第二百六十七条 国外仲裁机构的裁决，需要中华人民共和国人民法院承认和执行的，应当由当事人直接向被执行人住所地或者其财产所在地的中级人民法院申请，人民法院应当依照中华人民共和国缔结或者参加的国际条约，或者按照互惠原则办理。

第二百六十八条 本法自公布之日起施行，《中华人民共和国民事诉讼法（试行）》同时废止。

中华人民共和国律师法

（1996 年 5 月 15 日第八届全国人民代表大会常务委员会第十九次会议通过
2007 年 10 月 28 日第十届全国人民代表大会常务委员会第三十次会议修订）

第一章　总　则

第一条　为了完善律师制度，规范律师执业行为，保障律师依法执业，发挥律师在社会主义法制建设中的作用，制定本法。

第二条　本法所称律师，是指依法取得律师执业证书，接受委托或者指定，为当事人提供法律服务的执业人员。

律师应当维护当事人合法权益，维护法律正确实施，维护社会公平和正义。

第三条　律师执业必须遵守宪法和法律，恪守律师职业道德和执业纪律。

律师执业必须以事实为根据，以法律为准绳。

律师执业应当接受国家、社会和当事人的监督。

律师依法执业受法律保护，任何组织和个人不得侵害律师的合法权益。

第四条　司法行政部门依照本法对律师、律师事务所和律师协会进行监督、指导。

第二章　律师执业许可

第五条　申请律师执业，应当具备下列条件：

（一）拥护中华人民共和国宪法；

（二）通过国家统一司法考试；

（三）在律师事务所实习满一年；

（四）品行良好。

实行国家统一司法考试前取得的律师资格凭证，在申请律师执业时，与国家统一司法考试合格证书具有同等效力。

第六条　申请律师执业，应当向设区的市级或者直辖市的区人民政府司法行政部门提出申请，并提交下列材料：

（一）国家统一司法考试合格证书；

（二）律师协会出具的申请人实习考核合格的材料；

（三）申请人的身份证明；

（四）律师事务所出具的同意接收申请人的证明。

申请兼职律师执业的，还应当提交所在单位同意申请人兼职从事律师职业的证明。

受理申请的部门应当自受理之日起二十日内予以审查，并将审查意见和全部申请材料报送省、自治区、直辖市人民政府司法行政部门。省、自治区、直辖市人民政府司法行政部门应当自收到报送材料之日起十日内予以审核，作出是否准予执业的决定。准予执业的，向申请人颁发律师执业证书；不准予执业的，向申请人书面说明理由。

第七条 申请人有下列情形之一的，不予颁发律师执业证书：

（一）无民事行为能力或者限制民事行为能力的；

（二）受过刑事处罚的，但过失犯罪的除外；

（三）被开除公职或者被吊销律师执业证书的。

第八条 具有高等院校本科以上学历，在法律服务人员紧缺领域从事专业工作满十五年，具有高级职称或者同等专业水平并具有相应的专业法律知识的人员，申请专职律师执业的，经国务院司法行政部门考核合格，准予执业。具体办法由国务院规定。

第九条 有下列情形之一的，由省、自治区、直辖市人民政府司法行政部门撤销准予执业的决定，并注销被准予执业人员的律师执业证书：

（一）申请人以欺诈、贿赂等不正当手段取得律师执业证书的；

（二）对不符合本法规定条件的申请人准予执业的。

第十条 律师只能在一个律师事务所执业。律师变更执业机构的，应当申请换发律师执业证书。

律师执业不受地域限制。

第十一条 公务员不得兼任执业律师。

律师担任各级人民代表大会常务委员会组成人员的，任职期间不得从事诉讼代理或者辩护业务。

第十二条 高等院校、科研机构中从事法学教育、研究工作的人员，符合本法第五条规定条件的，经所在单位同意，依照本法第六条规定的程序，可以申请兼职律师执业。

第十三条 没有取得律师执业证书的人员，不得以律师名义从事法律服务业务；除法律另有规定外，不得从事诉讼代理或者辩护业务。

第三章 律师事务所

第十四条 律师事务所是律师的执业机构。设立律师事务所应当具备下列条件：

（一）有自己的名称、住所和章程；

（二）有符合本法规定的律师；

（三）设立人应当是具有一定的执业经历，且三年内未受过停止执业处罚的律师；

（四）有符合国务院司法行政部门规定数额的资产。

第十五条 设立合伙律师事务所，除应当符合本法第十四条规定的条件外，还应当有三名以上合伙人，设立人应当是具有三年以上执业经历的律师。

合伙律师事务所可以采用普通合伙或者特殊的普通合伙形式设立。合伙律师事务所的合伙人按照合伙形式对该律师事务所的债务依法承担责任。

第十六条 设立个人律师事务所，除应当符合本法第十四条规定的条件外，设立人还应当是具有五年以上执业经历的律师。设立人对律师事务所的债务承担无限责任。

第十七条 申请设立律师事务所，应当提交下列材料：

（一）申请书；

（二）律师事务所的名称、章程；

（三）律师的名单、简历、身份证明、律师执业证书；

（四）住所证明；

（五）资产证明。

设立合伙律师事务所，还应当提交合伙协议。

第十八条　设立律师事务所，应当向设区的市级或者直辖市的区人民政府司法行政部门提出申请，受理申请的部门应当自受理之日起二十日内予以审查，并将审查意见和全部申请材料报送省、自治区、直辖市人民政府司法行政部门。省、自治区、直辖市人民政府司法行政部门应当自收到报送材料之日起十日内予以审核，作出是否准予设立的决定。准予设立的，向申请人颁发律师事务所执业证书；不准予设立的，向申请人书面说明理由。

第十九条　成立三年以上并具有二十名以上执业律师的合伙律师事务所，可以设立分所。设立分所，须经拟设立分所所在地的省、自治区、直辖市人民政府司法行政部门审核。申请设立分所的，依照本法第十八条规定的程序办理。

合伙律师事务所对其分所的债务承担责任。

第二十条　国家出资设立的律师事务所，依法自主开展律师业务，以该律师事务所的全部资产对其债务承担责任。

第二十一条　律师事务所变更名称、负责人、章程、合伙协议的，应当报原审核部门批准。

律师事务所变更住所、合伙人的，应当自变更之日起十五日内报原审核部门备案。

第二十二条　律师事务所有下列情形之一的，应当终止：

（一）不能保持法定设立条件，经限期整改仍不符合条件的；

（二）律师事务所执业证书被依法吊销的；

（三）自行决定解散的；

（四）法律、行政法规规定应当终止的其他情形。

律师事务所终止的，由颁发执业证书的部门注销该律师事务所的执业证书。

第二十三条　律师事务所应当建立健全执业管理、利益冲突审查、收费与财务管理、投诉查处、年度考核、档案管理等制度，对律师在执业活动中遵守职业道德、执业纪律的情况进行监督。

第二十四条　律师事务所应当于每年的年度考核后，向设区的市级或者直辖市的区人民政府司法行政部门提交本所的年度执业情况报告和律师执业考核结果。

第二十五条　律师承办业务，由律师事务所统一接受委托，与委托人签订书面委托合同，按照国家规定统一收取费用并如实入账。

律师事务所和律师应当依法纳税。

第二十六条　律师事务所和律师不得以诋毁其他律师事务所、律师或者支付介绍费等不正当手段承揽业务。

第二十七条　律师事务所不得从事法律服务以外的经营活动。

第四章　律师的业务和权利、义务

第二十八条　律师可以从事下列业务：

（一）接受自然人、法人或者其他组织的委托，担任法律顾问；

（二）接受民事案件、行政案件当事人的委托，担任代理人，参加诉讼；

（三）接受刑事案件犯罪嫌疑人的委托，为其提供法律咨询，代理申诉、控告，为被逮捕的犯罪嫌疑人申请取保候审，接受犯罪嫌疑人、被告人的委托或者人民法院的指定，担任辩护人，接受自诉案件自诉人、公诉案件被害人或者其近亲属的委托，担任代理人，参加诉讼；

（四）接受委托，代理各类诉讼案件的申诉；

（五）接受委托，参加调解、仲裁活动；

（六）接受委托，提供非诉讼法律服务；

（七）解答有关法律的询问、代写诉讼文书和有关法律事务的其他文书。

第二十九条 律师担任法律顾问的，应当按照约定为委托人就有关法律问题提供意见，草拟、审查法律文书，代理参加诉讼、调解或者仲裁活动，办理委托的其他法律事务，维护委托人的合法权益。

第三十条 律师担任诉讼法律事务代理人或者非诉讼法律事务代理人的，应当在受委托的权限内，维护委托人的合法权益。

第三十一条 律师担任辩护人的，应当根据事实和法律，提出犯罪嫌疑人、被告人无罪、罪轻或者减轻、免除其刑事责任的材料和意见，维护犯罪嫌疑人、被告人的合法权益。

第三十二条 委托人可以拒绝已委托的律师为其继续辩护或者代理，同时可以另行委托律师担任辩护人或者代理人。

律师接受委托后，无正当理由的，不得拒绝辩护或者代理。但是，委托事项违法、委托人利用律师提供的服务从事违法活动或者委托人故意隐瞒与案件有关的重要事实的，律师有权拒绝辩护或者代理。

第三十三条 犯罪嫌疑人被侦查机关第一次讯问或者采取强制措施之日起，受委托的律师凭律师执业证书、律师事务所证明和委托书或者法律援助公函，有权会见犯罪嫌疑人、被告人并了解有关案件情况。律师会见犯罪嫌疑人、被告人，不被监听。

第三十四条 受委托的律师自案件审查起诉之日起，有权查阅、摘抄和复制与案件有关的诉讼文书及案卷材料。受委托的律师自案件被人民法院受理之日起，有权查阅、摘抄和复制与案件有关的所有材料。

第三十五条 受委托的律师根据案情的需要，可以申请人民检察院、人民法院收集、调取证据或者申请人民法院通知证人出庭作证。

律师自行调查取证的，凭律师执业证书和律师事务所证明，可以向有关单位或者个人调查与承办法律事务有关的情况。

第三十六条 律师担任诉讼代理人或者辩护人的，其辩论或者辩护的权利依法受到保障。

第三十七条 律师在执业活动中的人身权利不受侵犯。

律师在法庭上发表的代理、辩护意见不受法律追究。但是，发表危害国家安全、恶意诽谤他人、严重扰乱法庭秩序的言论除外。

律师在参与诉讼活动中因涉嫌犯罪被依法拘留、逮捕的，拘留、逮捕机关应当在拘留、逮捕实施后的二十四小时内通知该律师的家属、所在的律师事务所以及所属的律师协会。

第三十八条　律师应当保守在执业活动中知悉的国家秘密、商业秘密，不得泄露当事人的隐私。

律师对在执业活动中知悉的委托人和其他人不愿泄露的情况和信息，应当予以保密。但是，委托人或者其他人准备或者正在实施的危害国家安全、公共安全以及其他严重危害他人人身、财产安全的犯罪事实和信息除外。

第三十九条　律师不得在同一案件中为双方当事人担任代理人，不得代理与本人或者其近亲属有利益冲突的法律事务。

第四十条　律师在执业活动中不得有下列行为：

（一）私自接受委托、收取费用，接受委托人的财物或者其他利益；

（二）利用提供法律服务的便利牟取当事人争议的权益；

（三）接受对方当事人的财物或者其他利益，与对方当事人或者第三人恶意串通，侵害委托人的权益；

（四）违反规定会见法官、检察官、仲裁员以及其他有关工作人员；

（五）向法官、检察官、仲裁员以及其他有关工作人员行贿，介绍贿赂或者指使、诱导当事人行贿，或者以其他不正当方式影响法官、检察官、仲裁员以及其他有关工作人员依法办理案件；

（六）故意提供虚假证据或者威胁、利诱他人提供虚假证据，妨碍对方当事人合法取得证据；

（七）煽动、教唆当事人采取扰乱公共秩序、危害公共安全等非法手段解决争议；

（八）扰乱法庭、仲裁庭秩序，干扰诉讼、仲裁活动的正常进行。

第四十一条　曾经担任法官、检察官的律师，从人民法院、人民检察院离任后二年内，不得担任诉讼代理人或者辩护人。

第四十二条　律师、律师事务所应当按照国家规定履行法律援助义务，为受援人提供符合标准的法律服务，维护受援人的合法权益。

第五章　律师协会

第四十三条　律师协会是社会团体法人，是律师的自律性组织。

全国设立中华全国律师协会，省、自治区、直辖市设立地方律师协会，设区的市根据需要可以设立地方律师协会。

第四十四条　全国律师协会章程由全国会员代表大会制定，报国务院司法行政部门备案。

地方律师协会章程由地方会员代表大会制定，报同级司法行政部门备案。地方律师协会章程不得与全国律师协会章程相抵触。

第四十五条　律师、律师事务所应当加入所在地的地方律师协会。加入地方律师协会的律师、律师事务所，同时是全国律师协会的会员。

律师协会会员享有律师协会章程规定的权利，履行律师协会章程规定的义务。

第四十六条　律师协会应当履行下列职责：

（一）保障律师依法执业，维护律师的合法权益；

（二）总结、交流律师工作经验；

（三）制定行业规范和惩戒规则；

（四）组织律师业务培训和职业道德、执业纪律教育，对律师的执业活动进行考核；

（五）组织管理申请律师执业人员的实习活动，对实习人员进行考核；

（六）对律师、律师事务所实施奖励和惩戒；

（七）受理对律师的投诉或者举报，调解律师执业活动中发生的纠纷，受理律师的申诉；

（八）法律、行政法规、规章以及律师协会章程规定的其他职责。

律师协会制定的行业规范和惩戒规则，不得与有关法律、行政法规、规章相抵触。

第六章　法律责任

第四十七条　律师有下列行为之一的，由设区的市级或者直辖市的区人民政府司法行政部门给予警告，可以处五千元以下的罚款；有违法所得的，没收违法所得；情节严重的，给予停止执业三个月以下的处罚：

（一）同时在两个以上律师事务所执业的；

（二）以不正当手段承揽业务的；

（三）在同一案件中为双方当事人担任代理人，或者代理与本人及其近亲属有利益冲突的法律事务的；

（四）从人民法院、人民检察院离任后二年内担任诉讼代理人或者辩护人的；

（五）拒绝履行法律援助义务的。

第四十八条　律师有下列行为之一的，由设区的市级或者直辖市的区人民政府司法行政部门给予警告，可以处一万元以下的罚款；有违法所得的，没收违法所得；情节严重的，给予停止执业三个月以上六个月以下的处罚：

（一）私自接受委托、收取费用，接受委托人财物或者其他利益的；

（二）接受委托后，无正当理由，拒绝辩护或者代理，不按时出庭参加诉讼或者仲裁的；

（三）利用提供法律服务的便利牟取当事人争议的权益的；

（四）泄露商业秘密或者个人隐私的。

第四十九条　律师有下列行为之一的，由设区的市级或者直辖市的区人民政府司法行政部门给予停止执业六个月以上一年以下的处罚，可以处五万元以下的罚款；有违法所得的，没收违法所得；情节严重的，由省、自治区、直辖市人民政府司法行政部门吊销其律师执业证书；构成犯罪的，依法追究刑事责任：

（一）违反规定会见法官、检察官、仲裁员以及其他有关工作人员，或者以其他不正当方式影响依法办理案件的；

（二）向法官、检察官、仲裁员以及其他有关工作人员行贿，介绍贿赂或者指使、诱导当事人行贿的；

（三）向司法行政部门提供虚假材料或者有其他弄虚作假行为的；

（四）故意提供虚假证据或者威胁、利诱他人提供虚假证据，妨碍对方当事人合法取得证据的；

（五）接受对方当事人财物或者其他利益，与对方当事人或者第三人恶意串通，侵害委托人权益的；

（六）扰乱法庭、仲裁庭秩序，干扰诉讼、仲裁活动的正常进行的；

（七）煽动、教唆当事人采取扰乱公共秩序、危害公共安全等非法手段解决争议的；

（八）发表危害国家安全、恶意诽谤他人、严重扰乱法庭秩序的言论的；

（九）泄露国家秘密的。

律师因故意犯罪受到刑事处罚的，由省、自治区、直辖市人民政府司法行政部门吊销其律师执业证书。

第五十条 律师事务所有下列行为之一的，由设区的市级或者直辖市的区人民政府司法行政部门视其情节给予警告、停业整顿一个月以上六个月以下的处罚，可以处十万元以下的罚款；有违法所得的，没收违法所得；情节特别严重的，由省、自治区、直辖市人民政府司法行政部门吊销律师事务所执业证书：

（一）违反规定接受委托、收取费用的；

（二）违反法定程序办理变更名称、负责人、章程、合伙协议、住所、合伙人等重大事项的；

（三）从事法律服务以外的经营活动的；

（四）以诋毁其他律师事务所、律师或者支付介绍费等不正当手段承揽业务的；

（五）违反规定接受有利益冲突的案件的；

（六）拒绝履行法律援助义务的；

（七）向司法行政部门提供虚假材料或者有其他弄虚作假行为的；

（八）对本所律师疏于管理，造成严重后果的。

律师事务所因前款违法行为受到处罚的，对其负责人视情节轻重，给予警告或者处二万元以下的罚款。

第五十一条 律师因违反本法规定，在受到警告处罚后一年内又发生应当给予警告处罚情形的，由设区的市级或者直辖市的区人民政府司法行政部门给予停止执业三个月以上一年以下的处罚；在受到停止执业处罚期满后二年内又发生应当给予停止执业处罚情形的，由省、自治区、直辖市人民政府司法行政部门吊销其律师执业证书。

律师事务所因违反本法规定，在受到停业整顿处罚期满后二年内又发生应当给予停业整顿处罚情形的，由省、自治区、直辖市人民政府司法行政部门吊销律师事务所执业证书。

第五十二条 县级人民政府司法行政部门对律师和律师事务所的执业活动实施日常监督管理，对检查发现的问题，责令改正；对当事人的投诉，应当及时进行调查。县级人民政府司法行政部门认为律师和律师事务所的违法行为应当给予行政处罚的，应当向上级司法行政部门提出处罚建议。

第五十三条 受到六个月以上停止执业处罚的律师，处罚期满未逾三年的，不得担任合伙人。

第五十四条 律师违法执业或者因过错给当事人造成损失的，由其所在的律师事务所承担赔偿责任。律师事务所赔偿后，可以向有故意或者重大过失行为的律师追偿。

第五十五条 没有取得律师执业证书的人员以律师名义从事法律服务业务的，由所在地的县级以上地方人民政府司法行政部门责令停止非法执业，没收违法所得，处违法所得一倍以上五倍以下的罚款。

第五十六条 司法行政部门工作人员违反本法规定，滥用职权、玩忽职守，构成犯罪的，依法追究刑事责任；尚不构成犯罪的，依法给予处分。

第七章 附 则

第五十七条 为军队提供法律服务的军队律师，其律师资格的取得和权利、义务及行为准则，适用本法规定。军队律师的具体管理办法，由国务院和中央军事委员会制定。

第五十八条 外国律师事务所在中华人民共和国境内设立机构从事法律服务活动的管理办法，由国务院制定。

第五十九条 律师收费办法，由国务院价格主管部门会同国务院司法行政部门制定。

第六十条 本法自 2008 年 6 月 1 日起施行。

最高人民法院关于执行《中华人民共和国刑事诉讼法》若干问题的解释

（法释［1998］23号　1998年6月29日）

为正确理解和适用修正后的刑事诉讼法，现结合人民法院审判工作实际，对执行刑事诉讼法的若干具体问题解释如下：

一、管辖

第一条　人民法院直接受理的自诉案件包括：

（一）告诉才处理的案件：

1. 侮辱、诽谤案（刑法第二百四十六条规定的，但是严重危害社会秩序和国家利益的除外）；

2. 暴力干涉婚姻自由案（刑法第二百五十七条第一款规定的）；

3. 虐待案（刑法第二百六十条第一款规定的）；

4. 侵占案（刑法第二百七十条规定的）。

（二）人民检察院没有提起公诉，被害人有证据证明的轻微刑事案件：

1. 故意伤害案（刑法第二百三十四条第一款规定的）；

2. 非法侵入住宅案（刑法第二百四十五条规定的）；

3. 侵犯通信自由案（刑法第二百五十二条规定的）；

4. 重婚案（刑法第二百五十八条规定的）；

5. 遗弃案（刑法第二百六十一条规定的）；

6. 生产、销售伪劣商品案（刑法分则第三章第一节规定的，但是严重危害社会秩序和国家利益的除外）；

7. 侵犯知识产权案（刑法分则第三章第七节规定的，但是严重危害社会秩序和国家利益的除外）；

8. 属于刑法分则第四章、第五章规定的，对被告人可能判处三年有期徒刑以下刑罚的案件。

对上列八项案件，被害人直接向人民法院起诉的，人民法院应当依法受理。对于其中证据不足、可由公安机关受理的，或者认为对被告人可能判处三年有期徒刑以上刑罚的，应当移送公安机关立案侦查。

（三）被害人有证据证明对被告人侵犯自己人身、财产权利的行为应当依法追究刑事责任，而公安机关或者人民检察院已经作出不予追究的书面决定的案件。

第二条　犯罪地是指犯罪行为发生地。以非法占有为目的的财产犯罪，犯罪地包括犯罪行为发生地和犯罪分子实际取得财产的犯罪结果发生地。

第三条　刑事自诉案件的自诉人、被告人一方或者双方是在港、澳、台居住的中国公民或者其住所地是在港、澳、台的单位的，由犯罪地的基层人民法院审判。

港、澳、台同胞告诉的，应当出示港、澳、台居民身份证、回乡证或者其他能证明本人身份的证明。

第四条 人民检察院认为可能判处无期徒刑、死刑而向中级人民法院提起公诉的普通刑事案件，中级人民法院受理后，认为不需要判处无期徒刑以上刑罚的，可以依法审理，不再交基层人民法院审理。

第五条 一人犯数罪、共同犯罪和其他需要并案审理的案件，只要其中一人或者一罪属于上级人民法院管辖的，全案由上级人民法院管辖。

第六条 单位犯罪的刑事案件，由犯罪地的人民法院管辖。如果由被告单位住所地的人民法院管辖更为适宜的，可以由被告单位住所地的人民法院管辖。

第七条 对于中华人民共和国缔结或者参加的国际条约所规定的罪行，中华人民共和国在所承担条约义务的范围内，行使刑事管辖权。

前款规定的案件由被告人被抓获地的中级人民法院管辖。

第八条 在中华人民共和国领域外的中国船舶内的犯罪，由犯罪发生后该船舶最初停泊的中国口岸所在地的人民法院管辖。

第九条 在中华人民共和国领域外的中国航空器内的犯罪，由犯罪发生后该航空器在中国最初降落地的人民法院管辖。

第十条 在国际列车上的犯罪，按照我国与相关国家签订的有关管辖协定确定管辖。没有协定的，由犯罪发生后该列车最初停靠的中国车站所在地或者目的地的铁路运输法院管辖。

第十一条 中国公民在驻外的中国使领馆内的犯罪，由该公民主管单位所在地或者他的原户籍所在地的人民法院管辖。

第十二条 中国公民在中华人民共和国领域外的犯罪，由该公民离境前的居住地或者原户籍所在地的人民法院管辖。

第十三条 外国人在中华人民共和国领域外对中华人民共和国国家或者公民犯罪，依照《中华人民共和国刑法》应受处罚的，由该外国人入境地的中级人民法院管辖。

第十四条 发现正在服刑的罪犯在判决宣告前还有其他犯罪没有受到审判的，由原审人民法院管辖；如果罪犯服刑地或者新发现罪的主要犯罪地的人民法院管辖更为适宜的，可以由服刑地或者新发现罪的主要犯罪地的人民法院管辖。正在服刑的罪犯在服刑期间又犯罪的，由服刑地的人民法院管辖。

正在服刑的罪犯在脱逃期间的犯罪，如果是在犯罪地捕获并发现的，由犯罪地的人民法院管辖；如果是被缉捕押解回监狱后发现的，由罪犯服刑地的人民法院管辖。

第十五条 上级人民法院认为有必要审理下级人民法院管辖的第一审刑事案件，应当向下级人民法院下达改变管辖决定书，并书面通知同级人民检察院。

第十六条 基层人民法院对于认为案情重大、复杂或者可能判处无期徒刑、死刑的第一审刑事案件，请求移送中级人民法院审判，应当经合议庭报请院长决定后，在案件审理期限届满十五日以前书面请求移送。中级人民法院应当在接到移送申请十日内作出决定。中级人民法院不同意移送的，应当向该基层人民法院下达不同意移送决定书，由该基层人民法院依法审判；同意移送的，应当向该基层人民法院下达同意移送决定书，并书面通知同级人民检察院。基层人民法院接到上级人民法院同意移送决定书后，应当通知同级人民检察院和当事人，并将起诉材料退回同级人民检察院。

第十七条　两个以上同级人民法院都有权管辖的案件，由最初受理的人民法院管辖。尚未开庭审判的，在必要的时候，可以移送被告人主要犯罪地的人民法院审判。对管辖权发生争议的，应当在审限内协商解决；协商不成的，由争议的人民法院分别逐级报请共同的上一级人民法院指定管辖。

第十八条　有管辖权的人民法院因案件涉及本院院长需要回避等原因，不宜行使管辖权的，可以请求上一级人民法院管辖；上一级人民法院也可以指定与提出请求的人民法院同级的其他人民法院管辖。

第十九条　上级人民法院指定管辖的，应当将指定管辖决定书分别送达被指定管辖的人民法院和其他有关的人民法院。

原受理案件的人民法院，在收到上级人民法院指定其他人民法院管辖决定书后，不再行使管辖权。对于公诉案件，应当书面通知提起公诉的人民检察院，并将全部案卷材料退回，同时书面通知当事人；对于自诉案件，应当将全部案卷材料移送被指定管辖的人民法院，并书面通知当事人。

第二十条　现役军人（含军内在编职工，下同）和非军人共同犯罪的，分别由军事法院和地方人民法院或者其他专门法院管辖；涉及国家军事秘密的，全案由军事法院管辖。

第二十一条　下列案件由地方人民法院或者军事法院以外的其他专门法院管辖：

（一）非军人、随军家属在部队营区内犯罪的；

（二）军人在办理退役手续后犯罪的；

（三）现役军人入伍前犯罪的（需与服役期内犯罪一并审判的除外）；

（四）退役军人在服役期内犯罪的（犯军人违反职责罪的除外）。

第二十二条　上级人民法院在必要的时候，可以将下级人民法院管辖的案件指定其他下级人民法院管辖。

二、回避

第二十三条　审判委员会委员、合议庭组成人员及独任审判员有刑事诉讼法第二十八条、第二十九条所列情形之一的，应当自行回避；当事人和他们的法定代理人也有权申请上列人员回避。

第二十四条　审判人员自行回避的，可以口头或者书面提出，并说明理由，由院长决定。

当事人和他们的法定代理人申请审判人员回避的，可以口头或者书面提出，由院长决定，并将决定告知申请人。

第二十五条　当事人和他们的法定代理人申请人民法院院长回避或者院长自行回避的，应当由审判委员会讨论决定，并将决定告知申请人。审判委员会讨论院长回避问题时，由副院长主持，院长不得参加。

第二十六条　应当回避的人员，本人没有自行回避，当事人和他们的法定代理人也没有申请其回避的，院长或者审判委员会应当决定其回避。

第二十七条　依照刑事诉讼法第二十九条规定提出回避申请的，申请人应当提供证明材料。

第二十八条 被决定回避的人员对决定有异议的，可以在恢复庭审前申请复议一次；被驳回回避申请的当事人及其法定代理人对决定有异议的，可以当庭申请复议一次。

第二十九条 不属于刑事诉讼法第二十八条、第二十九条所列情形的回避申请，由法庭当庭驳回，并不得申请复议。

第三十条 当事人及其法定代理人对出庭的检察人员、书记员提出回避申请的，人民法院应当通知指派该检察人员出庭的人民检察院，由该院检察长或者检察委员会决定。

第三十一条 参加过本案侦查、起诉的侦查、检察人员，如果调至人民法院工作，不得担任本案的审判人员。

凡在一个审判程序中参与过本案审判工作的合议庭组成人员，不得再参与本案其他程序的审判。

第三十二条 上述有关回避的规定，适用于法庭书记员、翻译人员和鉴定人。其回避问题由人民法院院长决定。

三、辩护与代理

第三十三条 人民法院审判案件过程中，应当充分保证被告人行使刑事诉讼法第三十二条规定的辩护权利。但下列人员不得被委托担任辩护人：

（一）被宣告缓刑和刑罚尚未执行完毕的人；

（二）依法被剥夺、限制人身自由的人；

（三）无行为能力或者限制行为能力的人；

（四）人民法院、人民检察院、公安机关、国家安全机关、监狱的现职人员；

（五）本院的人民陪审员；

（六）与本案审理结果有利害关系的人；

（七）外国人或者无国籍人。

前款第（四）、（五）、（六）、（七）项规定的人员，如果是被告人的近亲属或者监护人，由被告人委托担任辩护人的，人民法院可以准许。

第三十四条 律师、人民团体、被告人所在单位推荐的公民以及被告人的监护人、亲友，被委托为辩护人的，人民法院应当核实其身份证明和辩护委托书。

第三十五条 一名被告人委托辩护人不得超过两人。在共同犯罪的案件中，一名辩护人不得为两名以上的同案被告人辩护。

第三十六条 被告人没有委托辩护人而具有下列情形之一的，人民法院应当为其指定辩护人：

（一）盲、聋、哑人或者限制行为能力的人；

（二）开庭审理时不满十八周岁的未成年人；

（三）可能被判处死刑的人。

第三十七条 被告人没有委托辩护人而具有下列情形之一的，人民法院可以为其指定辩护人：

（一）符合当地政府规定的经济困难标准的；

（二）本人确无经济来源，其家庭经济状况无法查明的；

（三）本人确无经济来源，其家属经多次劝说仍不愿为其承担辩护律师费用的；

（四）共同犯罪案件中，其他被告人已委托辩护人的；

（五）具有外国国籍的；

（六）案件有重大社会影响的；

（七）人民法院认为起诉意见和移送的案件证据材料可能影响正确定罪量刑的。

第三十八条　被告人坚持自己行使辩护权，拒绝人民法院指定的辩护人为其辩护的，人民法院应当准许，并记录在案；被告人具有本解释第三十六条规定情形之一，拒绝人民法院指定的辩护人为其辩护，有正当理由的，人民法院应当准许，但被告人需另行委托辩护人，或者人民法院应当为其另行指定辩护人。

第三十九条　人民法院指定的辩护人，应当是依法承担法律援助义务的律师。

第四十条　人民法院应当为辩护律师查阅、摘抄、复制本案所指控的犯罪事实的材料提供方便，并保证必要的时间，其他辩护人经人民法院准许，可以查阅、摘抄、复制本案所指控的犯罪事实的材料。但审判委员会和合议庭的讨论记录及有关其他案件的线索材料，辩护律师和其他辩护人不得查阅、摘抄、复制。

第四十一条　辩护律师可以同在押的被告人会见和通信。其他辩护人经人民法院准许，也可以同在押的被告人会见和通信。

第四十二条　人民法院受理自诉案件后三日内，应当告知被告人有权委托辩护人；同时应当告知自诉人及其法定代理人、附带民事诉讼的当事人及其法定代理人有权委托诉讼代理人。

第四十三条　辩护律师申请向被害人及其近亲属、被害人提供的证人收集与本案有关的材料，人民法院认为确有必要的，应当准许，并签发准许调查书。

第四十四条　辩护律师向证人或者其他有关单位和个人收集、调取与本案有关的材料，因证人、有关单位和个人不同意，申请人民法院收集、调取，人民法院认为有必要的，应当同意。

第四十五条　辩护律师直接申请人民法院收集、调取证据，人民法院认为辩护律师不宜或者不能向证人或者其他有关单位和个人收集、调取，并确有必要的，应当同意。人民法院根据辩护律师的申请收集、调取证据时，申请人可以在场。人民法院根据辩护律师的申请收集、调取的证据，应当及时复制移送申请人。

第四十六条　辩护律师根据本解释第四十三条、第四十四条、第四十五条第一款规定提出的申请，应当以书面形式提出，并说明申请的理由，列出需要调查问题的提纲。

第四十七条　当事人委托诉讼代理人应当参照刑事诉讼法第三十二条和本解释第三十三条的规定执行。

第四十八条　诉讼代理人的责任是根据事实和法律，维护被害人、自诉人或者附带民事诉讼当事人的合法权益。

第四十九条　律师担任诉讼代理人，可以查阅、摘抄、复制与本案有关的材料，了解案情。其他诉讼代理人经人民法院准许，也可以查阅、摘抄、复制本案有关材料，了解案情。需要收集、调取与本案有关的材料的，可以参照本解释

第四十四条、第四十五条的规定执行。

第五十条　诉讼代理人应当向人民法院提交由被代理人签名或者盖章的委托书；如果被代理人是附带民事诉讼当事人的，诉讼代理人应当向人民法院提交由被代理人签名或者

盖章的授权委托书。

第五十一条 人民法院对律师、其他辩护人和诉讼代理人查阅、摘抄、复制本案所指控的犯罪事实的材料，只收取复制材料所必需的工本费用。

四、证据

第五十二条 需要运用证据证明的案件事实包括：

（一）被告人的身份；

（二）被指控的犯罪行为是否存在；

（三）被指控的行为是否为被告人所实施；

（四）被告人有无罪过，行为的动机、目的；

（五）实施行为的时间、地点、手段、后果以及其他情节；

（六）被告人的责任以及与其他同案人的关系；

（七）被告人的行为是否构成犯罪，有无法定或者酌定从重、从轻、减轻处罚以及免除处罚的情节；

（八）其他与定罪量刑有关的事实。

第五十三条 收集、调取的书证应当是原件。只有在取得原件确有困难时，才可以是副本或者复制件。

收集、调取的物证应当是原物。只有在原物不便搬运、不易保存或者依法应当返还被害人时，才可以拍摄足以反映原物外形或者内容的照片、录像。

书证的副本、复制件，物证的照片、录像，只有经与原件、原物核实无误或者经鉴定证明真实的，才具有与原件、原物同等的证明力。

制作书证的副本、复制件，拍摄物证的照片、录像以及对有关证据录音时，制作人不得少于二人。提供证据的副本、复制件及照片、音像制品应当附有关于制作过程的文字说明及原件、原物存放何处的说明，并由制作人签名或者盖章。

第五十四条 人民法院依法向有关单位和个人收集、调取、调查、核实证据，认为必要时，可以通知检察人员、辩护人到场。人民法院向有关单位收集、调取的书面证据材料，必须由提供人署名，并加盖单位印章；人民法院向个人收集、调取的书面证据材料，必须由本人确认无误后签名或者盖章。

第五十五条 人民法院对公诉案件依法调查、核实证据时，发现对认定案件事实有重要作用的新的证据材料，应当告知检察人员和辩护人。必要时，也可以直接提取，复制后移送检察人员和辩护人。

第五十六条 人民法院对有关单位和个人提供的证据，应当出具收据，注明证据的名称、收到的时间、件数、页数以及是否原件等，由书记员或者审判员签名。

第五十七条 对于证人能否辨别是非，能否正确表达，必要时可以进行审查或者鉴定。

第五十八条 证据必须经过当庭出示、辨认、质证等法庭调查程序查证属实，否则不能作为定案的根据。对于出庭作证的证人，必须在法庭上经过公诉人、被害人和被告人、辩护人等双方询问、质证，其证言经过审查确实的，才能作为定案的根据；未出庭证人的证言宣读后经当庭查证属实的，可以作为定案的根据。法庭查明证人有意作伪证或者隐匿罪证时，应当依法处理。

第五十九条　对鉴定结论有疑问的，人民法院可以指派或者聘请有专门知识的人或者鉴定机构，对案件中的某些专门性问题进行补充鉴定或者重新鉴定。

第六十条　人民法院在开庭审理时，对省级人民政府指定的医院作出的鉴定结论，经质证后，认为有疑问，不能作为定案根据的，可以另行聘请省级人民政府指定的其他医院进行补充鉴定或者重新鉴定。

第六十一条　严禁以非法的方法收集证据。凡经查证确实属于采用刑讯逼供或者威胁、引诱、欺骗等非法的方法取得的证人证言、被害人陈述、被告人供述，不能作为定案的根据。

第六十二条　在公开审理案件时，对于公诉人、诉讼参与人提出涉及国家秘密或者个人隐私的证据时，审判长应当制止。如确与本案有关的，应当决定案件转为不公开审理。

五、强制措施

第六十三条　人民法院在审判过程中，根据案件情况，可以对被告人拘传、取保候审、监视居住或者决定逮捕。合议庭或者独任审判员认为应当对被告人撤销或者变更强制措施的，应当报请院长批准。

第六十四条　对经过依法传唤，无正当理由拒不到庭，或者根据案件情况有必要拘传的被告人，可以拘传。拘传由司法警察执行，执行人员不得少于二人。拘传被告人时，应当出示拘传票。对抗拒拘传的，可以使用戒具。

第六十五条　审判人员对被拘传的人，应当在拘传后的十二小时以内讯问完毕，不得以连续拘传的形式变相关押被拘传人。

第六十六条　被告人具有下列情形之一的，人民法院可以决定取保候审或者监视居住：

（一）可能判处管制、拘役或者独立适用附加刑的；

（二）可能判处有期徒刑以上刑罚，采取取保候审、监视居住不致发生社会危险的；

（三）应当逮捕但患有严重疾病的，或者是正在怀孕、哺乳自己婴儿的妇女。

第六十七条　人民法院对被告人决定取保候审、监视居住，应当向其本人宣布，并由被告人在取保候审决定书或者监视居住决定书上签名。

第六十八条　被羁押的被告人及其法定代理人、近亲属和律师有权申请取保候审。申请取保候审应当采用书面形式。人民法院应当在接到书面申请后七日内作出是否同意的答复。对符合取保候审条件并且提出了保证人或者能够交纳保证金的，人民法院应当同意，并依法办理取保候审手续；对不符合取保候审条件，不同意取保候审的，应当告知申请人，并说明不同意的理由。

第六十九条　对符合取保候审条件，具有下列情形之一的被告人，人民法院决定取保候审时，可以责令其提供一至二名保证人：

（一）无力交纳保证金的；

（二）未成年人或者具有其他不宜收取保证金情形的。

第七十条　人民法院应当依法严格审查保证人是否符合法定条件。符合保证人条件的，应当告知他必须履行的义务，并由他出具保证书。

第七十一条 人民法院决定对被告人取保候审，根据案件情况，可以责令其交纳保证金。保证金仅限于现金。人民法院应当根据起诉指控犯罪的性质、情节、被告人的经济状况等因素，决定应当收取的保证金数额。保证金应当依照有关规定交由公安机关收取和保管。

第七十二条 对同一被告人决定取保候审的，不能同时使用保证人保证与保证金保证。

第七十三条 根据案件事实，认为已经构成犯罪的被告人在取保候审期间逃匿的，如果保证人与该被告人串通，协助其逃匿以及明知藏匿地点而拒绝向司法机关提供的，对保证人应当依照刑法有关规定追究刑事责任。具有前款规定情形的，如果取保候审的被告人同时也是附带民事诉讼的被告人，保证人还应当承担连带赔偿责任，但应当以其保证前附带民事诉讼原告人提起的诉讼请求数额为限。

第七十四条 被取保候审人违反刑事诉讼法第五十六条规定，被依法没收保证金后，人民法院仍决定对其取保候审的，取保候审的期限应当连续计算。

第七十五条 人民检察院、公安机关已对犯罪嫌疑人取保候审、监视居住，案件起诉到人民法院后，人民法院对于符合取保候审、监视居住条件的，应当依法对被告人重新办理取保候审、监视居住手续。取保候审、监视居住的期限重新计算。人民法院不得对同一被告人重复采取取保候审、监视居住措施。

第七十六条 人民法院决定对被告人取保候审、监视居住，应当在宣布后立即将取保候审决定书、取保候审执行通知书或者监视居住决定书、监视居住执行通知书，送达负责执行的公安机关。

第七十七条 人民法院对有证据证明有犯罪事实存在，可能判处有期徒刑以上刑罚的被告人，认为采取取保候审、监视居住等措施，尚不足以防止发生社会危险而有逮捕必要的，应即决定依法逮捕。

第七十八条 人民法院作出逮捕决定后，应当将逮捕决定书送交公安机关执行。将被告人逮捕后，人民法院应当将逮捕的原因和羁押的处所，在二十四小时内通知被逮捕人的家属或者其所在单位；确实无法通知的，应当将原因记录在卷。

第七十九条 对人民法院决定逮捕的被告人，审判人员必须在逮捕后的二十四小时内进行讯问。如果发现不应当逮捕的，应当报经院长批准后，变更强制措施或者立即释放。立即释放的，应当发给释放证明。

第八十条 对已经逮捕的被告人，符合下列情形之一的，人民法院可以变更强制措施：

（一）患有严重疾病的；

（二）案件不能在法律规定的期限内审结的；

（三）正在怀孕、哺乳自己婴儿的妇女。

第八十一条 对已经逮捕的被告人，符合下列情形之一的，人民法院应当变更强制措施或者释放：

（一）第一审人民法院判处管制或者宣告缓刑以及单独适用附加刑，判决尚未发生法律效力的；

（二）第二审人民法院审理期间，被告人被羁押的时间已到第一审人民法院对其判处的刑期期限的；

（三）因进行司法鉴定而尚未审结的案件，法律规定的期限届满的。

第八十二条　对具有下列情形之一的被告人，应当变更强制措施，决定逮捕：

（一）已取保候审或者监视居住的被告人，违反刑事诉讼法第五十六条、第五十七条的规定，不逮捕可能发生社会危险的；

（二）具有本解释第六十六条第（三）项规定的情形而未予逮捕的被告人，疾病痊愈或者哺乳期已满的。

决定变更强制措施，予以逮捕的，应当通知负责执行取保候审或者监视居住的公安机关。

第八十三条　对被羁押的被告人需要变更强制措施或者释放的，应当将变更强制措施决定书或者释放通知书送交公安机关执行。

六、附带民事诉讼

第八十四条　人民法院受理刑事案件后，可以告知因犯罪行为遭受物质损失的被害人（公民、法人和其他组织）、已死亡被害人的近亲属、无行为能力或者限制行为能力被害人的法定代理人，有权提起附带民事诉讼。

有权提起附带民事诉讼的人放弃诉讼权利的，应当准许，并记录在案。

第八十五条　如果是国家财产、集体财产遭受损失，受损失的单位未提起附带民事诉讼，人民检察院在提起公诉时提起附带民事诉讼的，人民法院应当受理。

第八十六条　附带民事诉讼中依法负有赔偿责任的人包括：

（一）刑事被告人（公民、法人和其他组织）及没有被追究刑事责任的其他共同致害人；

（二）未成年刑事被告人的监护人；

（三）已被执行死刑的罪犯的遗产继承人；

（四）共同犯罪案件中，案件审结前已死亡的被告人的遗产继承人；

（五）其他对刑事被告人的犯罪行为依法应当承担民事赔偿责任的单位和个人。

第八十七条　附带民事诉讼的成年被告人，应当承担赔偿责任的，如果其亲属自愿代为承担，应当准许。

第八十八条　附带民事诉讼的起诉条件是：

（一）提起附带民事诉讼的原告人、法定代理人符合法定条件；

（二）有明确的被告人；

（三）有请求赔偿的具体要求和事实根据；

（四）被害人的物质损失是由被告人的犯罪行为造成的；

（五）属于人民法院受理附带民事诉讼的范围。

第八十九条　附带民事诉讼应当在刑事案件立案以后第一审判决宣告以前提起。有权提起附带民事诉讼的人在第一审判决宣告以前没有提起的，不得再提起附带民事诉讼。但可以在刑事判决生效后另行提起民事诉讼。

第九十条　在侦查、预审、审查起诉阶段，有权提起附带民事诉讼的人向公安机关、人民检察院提出赔偿要求，已经公安机关、人民检察院记录在案的，刑事案件起诉后，人民法院应当按附带民事诉讼案件受理；经公安机关、人民检察院调解，当事人双方达成协议并已给付，被害人又坚持向法院提起附带民事诉讼的，人民法院也可以受理。

第九十一条 提起附带民事诉讼一般应当提交附带民事诉状。书写诉状确有困难的，可以口头起诉。审判人员应当对原告人的口头诉讼请求详细询问，并制作笔录，向原告人宣读；原告人确认无误后，应当签名或者盖章。

第九十二条 人民法院收到附带民事诉状后，应当进行审查，并在七日内决定是否立案。符合刑事诉讼法第七十七条第一、二款以及本解释第八十八条规定的，应当受理；不符合规定的，应当裁定驳回起诉。

第九十三条 人民法院受理附带民事诉讼后，应当在五日内向附带民事诉讼的被告人送达附带民事起诉状副本，或者将口头起诉的内容及时通知附带民事诉讼的被告人，并制作笔录。被告人是未成年人的，应当将附带民事起诉状副本送达其法定代理人，或者将口头起诉的内容通知其法定代理人。

人民法院送达附带民事起诉状副本时，应当根据刑事案件审理的期限，确定被告人或者其法定代理人提交民事答辩状的时间。

第九十四条 附带民事诉讼案件的当事人对自己提出的主张，有责任提供证据。

第九十五条 人民法院审理附带民事诉讼案件，在必要时，可以决定查封或者扣押被告人财产。

第九十六条 审理附带民事诉讼案件，除人民检察院提起的以外，可以调解。调解应当在自愿合法的基础上进行。经调解达成协议的，审判人员应当及时制作调解书。调解书经双方当事人签收后即发生法律效力。

调解达成协议并当庭执行完毕的，可以不制作调解书，但应当记入笔录，经双方当事人、审判人员、书记员签名或者盖章即发生法律效力。

第九十七条 经调解无法达成协议或者调解书签收前当事人反悔的，附带民事诉讼应当同刑事诉讼一并判决。

第九十八条 附带民事诉讼的原告人经人民法院传票传唤，无正当理由拒不到庭，或者未经法庭许可中途退庭的，应当按自行撤诉处理。

第九十九条 对于被害人遭受的物质损失或者被告人的赔偿能力一时难以确定，以及附带民事诉讼当事人因故不能到庭等案件，为了防止刑事案件审判的过分迟延，附带民事诉讼可以在刑事案件审判后，由同一审判组织继续审理。如果同一审判组织的成员确实无法继续参加审判的，可以更换审判组织成员。

第一百条 人民法院审判附带民事诉讼案件，除适用刑法、刑事诉讼法外，还应当适用民法通则、民事诉讼法有关规定。

第一百零一条 人民法院认定公诉案件被告人的行为不构成犯罪的，对已经提起的附带民事诉讼，经调解不能达成协议的，应当一并作出刑事附带民事判决。

第一百零二条 人民法院审理刑事附带民事诉讼案件，不收取诉讼费。

七、期间、送达、审理期限

第一百零三条 期间以时、日、月计算。期间开始的时和日不计算在期间以内；计算法定期间时，应当将路途上的时间扣除；期间的最后一日为节假日的，以节假日后的第一日为期间届满日期。但对于被告人或者罪犯的在押期间，应当至期间届满之日为止，不得因节假日而延长在押期限。

当事人由于不能抗拒的原因或者有其他正当理由而耽误期限，依法申请继续进行应当在期限届满以前完成的诉讼活动，人民法院查证属实后，应当裁定准许。以月计算的期限，自本月某日至下月某日为一个月，如本月 1 日收案至下一个月 1 日、本月最后一日至下一个月最后一日为一个月的审理期限；半月一律按 15 日计算期限。

第一百零四条　送达诉讼文书必须有送达回证。收件人本人应当在送达回证上记明收到的日期，并且签名或者盖章。如果本人不在，可以由其成年家属或者所在单位负责收件人员代收，代收人应当在送达回证上记明收到的日期，并且签名或者盖章。

收件人本人或者代收人在送达回证上签收的日期为送达的日期。

如果收件人本人或者代收人拒绝接收或者拒绝签名、盖章，送达人可以邀请见证人到场，说明情况，在送达回证上记明拒收的事由和日期，由送达人、见证人签名或者盖章，并将诉讼文书留在收件人或者代收人住处或者单位后，即视为送达。

第一百零五条　直接送达诉讼文书有困难的，可以委托收件人所在地的人民法院代为送达，或者邮寄送达。

第一百零六条　委托送达的，应当将委托函、委托送达的诉讼文书及送达回证，寄送收件人所在地的人民法院。受委托的人民法院收到委托送达的诉讼文书，应当登记，并由专人及时送达收件人，然后将送达回证及时退回委托送达的人民法院。受委托的人民法院无法送达时，应当将不能送达的原因及时告知委托的人民法院，并将诉讼文书及送达回证退回。

第一百零七条　邮寄送达的，应当将诉讼文书、送达回证挂号邮寄给收件人。挂号回执上注明的日期为送达的日期。

第一百零八条　诉讼文书的收件人是军人的，可以通过所在部队团级以上单位的政治部门转交。

收件人正在服刑的，可以通过所在监狱或者其他执行机关转交。

收件人正在劳动教养的，可以通过劳动教养单位转交。

代为转交的部门、单位收到诉讼文书后，应当立即交收件人签收，并将送达回证及时退回送达的人民法院。

第一百零九条　审理公诉案件的期限，依照刑事诉讼法的规定执行。适用普通程序审理的被告人被羁押的自诉案件，应当在被告人被羁押后一个月内宣判，至迟不得超过一个半月。有刑事诉讼法第一百二十六条规定情形之一的，经省、自治区、直辖市高级人民法院批准或者决定，可以再延长一个月。

需要延长审理期限的，应当在期满七日以前报请高级人民法院批准或者决定。适用普通程序审理的被告人未被羁押的自诉案件，应当在立案后六个月内宣判。有特殊情况需要延长审理期限的，由本院院长批准，可以延长三个月。

第一百一十条　审理期间，对被告人作精神病鉴定的时间不计入审理期限。

八、审判组织

第一百一十一条　合议庭的审判长由审判员担任，在审判员不能参加合议庭的情况下，助理审判员由本院院长提出，经审判委员会通过，可以临时代行审判员职务，并可以担任审判长。

第一百一十二条 开庭审理和评议案件，必须由同一合议庭进行。合议庭成员在评议案件的时候，应当表明自己的意见。如果意见分歧，应当按多数人的意见作出决定，但是少数人的意见应当写入笔录。评议笔录由合议庭的组成人员在审阅确认无误后签名。评议情况应当保密。

第一百一十三条 审判员依法独任审判时，行使与本解释规定的审判长同样的职权。

第一百一十四条 合议庭开庭审理并且评议后，应当作出判决或者裁定。

对下列疑难、复杂、重大的案件，合议庭认为难以作出决定的，可以提请院长决定提交审判委员会讨论决定：

（一）拟判处死刑的；

（二）合议庭成员意见有重大分歧的；

（三）人民检察院抗诉的；

（四）在社会上有重大影响的；

（五）其他需要由审判委员会讨论决定的。

对于合议庭提请院长决定提交审判委员会讨论决定的案件，院长认为不必要的，可以建议合议庭复议一次。

独任审判的案件，开庭审理后，独任审判员认为有必要的，也可以提请院长决定提交审判委员会讨论决定。

第一百一十五条 审判委员会的决定，合议庭应当执行。合议庭有不同意见的，可以建议院长提交审判委员会复议。

九、公诉案件第一审程序

第一百一十六条 人民法院对人民检察院提起的公诉案件，应当在收到起诉书（一式八份，每增加一名被告人，增加起诉书五份）后，指定审判员审查以下内容：

（一）案件是否属于本院管辖；

（二）起诉书指控的被告人的身份、实施犯罪的时间、地点、手段、犯罪事实、危害后果和罪名以及其他可能影响定罪量刑的情节等是否明确；

（三）起诉书中是否载明被告人被采取强制措施的种类、羁押地点、是否在案以及有无扣押、冻结在案的被告人的财物及存放地点；是否列明被害人的姓名、住址、通讯处，为保护被害人而不宜列明的，应当单独移送被害人名单；

（四）是否附有起诉前收集的证据的目录；

（五）是否附有能够证明指控犯罪行为性质、情节等内容的主要证据复印件或者照片；

（六）是否附有起诉前提供了证言的证人名单；证人名单应当分别列明出庭作证和拟不出庭作证的证人的姓名、性别、年龄、职业、住址和通讯处；

（七）已委托辩护人、代理人的，是否附有辩护人、代理人的姓名、住址、通讯处明确的名单；

（八）提起附带民事诉讼的，是否附有相关证据材料；

（九）侦查、起诉程序的各种法律手续和诉讼文书复印件是否完备；

（十）有无刑事诉讼法第十五条第（二）至（六）项规定的不追究刑事责任的情形，前款第（五）项中所说的主要证据包括：

1. 起诉书中涉及的刑事诉讼法第四十二条规定的证据种类中的主要证据；

2. 同种类多个证据中被确定为主要证据的；如果某一种类证据中只有一个证据，该证据即为主要证据；

3. 作为法定量刑情节的自首、立功、累犯、中止、未遂、防卫过当等证据。

第一百一十七条　案件经审查后，应当根据不同情况分别处理：

（一）对于不属于本院管辖或者被告人不在案的，应当决定退回人民检察院；

（二）对于不符合本解释第一百一十六条第（二）至（九）项规定之一，需要补送材料的，应当通知人民检察院在三日内补送；

（三）对于根据刑事诉讼法第一百六十二条第（三）项规定宣告被告人无罪，人民检察院依据新的事实、证据材料重新起诉的，人民法院应当依法受理；

（四）依照本解释第一百七十七条规定，人民法院裁定准许人民检察院撤诉的案件，没有新的事实、证据，人民检察院重新起诉的，人民法院不予受理；

（五）对于符合刑事诉讼法第十五条第（二）至（六）项规定的情形的，应当裁定终止审理或者决定不予受理；

（六）对于被告人真实身份不明，但符合刑事诉讼法第一百二十八条第二款规定的，人民法院应当依法受理。

第一百一十八条　人民法院对于按照普通程序审理的公诉案件，决定是否受理，应当在七日内审查完毕。对于人民检察院建议按简易程序审理的公诉案件，决定是否受理，应当在三日内审查完毕。

人民法院对提起公诉的案件进行审查的期限，计入人民法院的审理期限。

第一百一十九条　对于决定开庭审理的案件，人民法院应当进行下列工作：

（一）适用普通程序审理的案件，由院长或者庭长指定审判长并确定合议庭组成人员；适用简易程序审理的案件，由庭长指定审判员一人独任审理；

（二）将人民检察院的起诉书副本至迟在开庭十日以前送达当事人；

（三）对于未委托辩护人的被告人，告知其可以委托辩护人；对于符合刑事诉讼法第三十四条第二、三款规定的，应当指定承担法律援助义务的律师为其提供辩护；对于符合刑事诉讼法第三十四条第一款及本解释第三十七条规定的，一般要指定承担法律援助义务的律师为其提供辩护；

（四）通知被告人、辩护人于开庭五日前提供出庭作证的身份、住址、通讯处明确的证人、鉴定人名单及不出庭作证的证人、鉴定人名单和拟当庭宣读、出示的证据复印件、照片；

（五）将开庭的时间、地点在开庭三日以前通知人民检察院；

（六）将传唤当事人和通知辩护人、法定代理人、证人、鉴定人和勘验、检查笔录制作人、翻译人员的传票和通知书，至迟在开庭三日以前送达；

（七）公开审判的案件，在开庭三日以前先期公布案由、被告人姓名、开庭时间和地点。

人民法院通知公诉机关或者辩护人提供的证人时，如果该证人表示拒绝出庭作证或者按照所提供的证人通讯地址未能通知到该证人的，应当及时告知申请通知该证人的公诉机关或者辩护人。

上述工作情况应当制作笔录，并由审判人员和书记员签名。

第一百二十条 开庭审判前，合议庭可以拟出法庭审理提纲，提纲一般包括下列内容：

（一）合议庭成员在庭审中的具体分工；

（二）起诉书指控的犯罪事实部分的重点和认定案件性质方面的要点；

（三）讯问被告人时需了解的案情要点；

（四）控辩双方拟出庭作证的证人、鉴定人和勘验、检查笔录制作人名单；

（五）控辩双方拟当庭宣读、出示的证人书面证言、物证和其他证据的目录；

（六）庭审中可能出现的问题及拟采取的措施。

第一百二十一条 审判案件应当公开进行。但是涉及国家秘密或者个人隐私的案件，不公开审理。对未成年被告人案件的审理，适用相关规定。

对于当事人提出申请的确属涉及商业秘密的案件，法庭应当决定不公开审理。

第一百二十二条 依法不公开审理的案件，任何公民包括与审理该案无关的法院工作人员和被告人的近亲属都不得旁听。审理未成年被告人的案件，适用相关规定。

第一百二十三条 被害人、诉讼代理人、证人、鉴定人经人民法院传唤或者通知未到庭，不影响开庭审判的，人民法院可以开庭审理。

第一百二十四条 开庭审理前，书记员应当依次进行下列工作：

（一）查明公诉人、当事人、证人及其他诉讼参与人是否已经到庭；

（二）宣读法庭规则；

（三）请公诉人、辩护人入庭；

（四）请审判长、审判员（人民陪审员）入庭；

（五）审判人员就座后，当庭向审判长报告开庭前的准备工作已经就绪。

第一百二十五条 审判长宣布开庭，传被告人到庭后，应当查明被告人的下列情况：

（一）姓名、出生年月日、民族、出生地、文化程度、职业、住址，或者单位的名称、住所地、诉讼代表人的姓名、职务；

（二）是否曾受到过法律处分及处分的种类、时间；

（三）是否被采取强制措施及强制措施的种类、时间；

（四）收到人民检察院起诉书副本的日期；

附带民事诉讼的，附带民事诉讼被告人收到民事诉状的日期。

第一百二十六条 审判长宣布案件的来源、起诉的案由、附带民事诉讼原告人和被告人的姓名（名称）及是否公开审理。对于不公开审理的案件，应当当庭宣布不公开审理的理由。

第一百二十七条 审判长宣布合议庭组成人员、书记员、公诉人、辩护人、鉴定人和翻译人员的名单。

第一百二十八条 审判长应当告知当事人、法定代理人在法庭审理过程中依法享有下列诉讼权利：

（一）可以申请合议庭组成人员、书记员、公诉人、鉴定人和翻译人员回避；

（二）可以提出证据，申请通知新的证人到庭、调取新的证据、重新鉴定或者勘验、检查；

（三）被告人可以自行辩护；

（四）被告人可以在法庭辩论终结后作最后的陈述。

第一百二十九条　审判长分别询问当事人、法定代理人是否申请回避，申请何人回避和申请回避的理由。

如果当事人、法定代理人申请审判人员、出庭支持公诉的检察人员回避，合议庭认为符合法定情形的，应当依照本解释有关回避的规定处理；认为不符合法定情形的，应当当庭驳回，继续法庭审理。如果申请回避人当庭申请复议，合议庭应当宣布休庭，待作出复议决定后，决定是否继续法庭审理。

同意或者驳回回避申请的决定及复议决定，由审判长宣布，并说明理由。必要时，也可以由院长到庭宣布。

第一百三十条　审判长宣布法庭调查开始后，应当首先由公诉人宣读起诉书；有附带民事诉讼的，再由附带民事诉讼的原告人或者其诉讼代理人宣读附带民事诉状。

第一百三十一条　起诉书指控的被告人的犯罪事实为两起以上的，法庭调查时，一般应当就每一起犯罪事实分别进行。

第一百三十二条　在审判长主持下，被告人、被害人可以就起诉书指控的犯罪事实分别进行陈述。

第一百三十三条　在审判长主持下，公诉人可以就起诉书中指控的犯罪事实讯问被告人；被害人及其诉讼代理人经审判长准许，可以就公诉人讯问的情况进行补充性发问；附带民事诉讼的原告人及其法定代理人或者诉讼代理人经审判长准许，可以就附带民事诉讼部分的事实向被告人发问；经审判长准许，被告人的辩护人及法定代理人或者诉讼代理人可以在控诉一方就某一具体问题讯问完毕后向被告人发问。

第一百三十四条　对于共同犯罪案件中的被告人，应当分别进行讯问。合议庭认为必要时，可以传唤共同被告人同时到庭对质。

第一百三十五条　控辩双方经审判长准许，可以向被害人、附带民事诉讼原告人发问。

第一百三十六条　审判长对于控辩双方讯问、发问被告人、被害人和附带民事诉讼原告人、被告人的内容与本案无关或者讯问、发问的方式不当的，应当制止。

对于控辩双方认为对方讯问或者发问的内容与本案无关或者讯问、发问的方式不当并提出异议的，审判长应当判明情况予以支持或者驳回。

第一百三十七条　审判人员认为有必要时，可以向被告人、被害人及附带民事诉讼原告人、被告人讯问或者发问。

第一百三十八条　对指控的每一起案件事实，经审判长准许，公诉人可以提请审判长传唤证人、鉴定人和勘验、检查笔录制作人出庭作证，或者出示证据，宣读未到庭的被害人、证人、鉴定人和勘验、检查笔录制作人的书面陈述、证言、鉴定结论及勘验、检查笔录；被害人及其诉讼代理人和附带民事诉讼的原告人及其诉讼代理人经审判长准许，也可以分别提请传唤尚未出庭作证的证人、鉴定人和勘验、检查笔录制作人出庭作证，或者出示公诉人未出示的证据，宣读未宣读的书面证人证言、鉴定结论及勘验、检查笔录。

第一百三十九条 控辩双方要求证人出庭作证，向法庭出示物证、书证、视听资料等证据，应当向审判长说明拟证明的事实，审判长同意的，即传唤证人或者准许出示证据；审判长认为与案件无关或者明显重复、不必要的证据，可以不予准许。

第一百四十条 被告人、辩护人、法定代理人经审判长准许，可以在起诉一方举证提供证据后，分别提请传唤证人、鉴定人出庭作证，或者出示证据、宣读未到庭的证人的书面证言、鉴定人的鉴定结论。

第一百四十一条 证人应当出庭作证。

符合下列情形，经人民法院准许的，证人可以不出庭作证：

（一）未成年人；

（二）庭审期间身患严重疾病或者行动极为不便的；

（三）其证言对案件的审判不起直接决定作用的；

（四）有其他原因的。

第一百四十二条 证人到庭后，审判人员应当先核实证人的身份、与当事人以及本案的关系，告知证人应当如实地提供证言和有意作伪证或者隐匿罪证要负的法律责任。

证人作证前，应当在如实作证的保证书上签名。

第一百四十三条 向证人发问，应当先由提请传唤的一方进行；发问完毕后，对方经审判长准许，也可以发问。

第一百四十四条 鉴定人应当出庭宣读鉴定结论，但经人民法院准许不出庭的除外。鉴定人到庭后，审判人员应当先核实鉴定人的身份、与当事人及本案的关系，告知鉴定人应当如实地提供鉴定意见和有意作虚假鉴定要负的法律责任。

鉴定人说明鉴定结论前，应当在如实说明鉴定结论的保证书上签名。

第一百四十五条 向鉴定人发问，应当先由要求传唤的一方进行；发问完毕后，对方经审判长准许，也可以发问。

第一百四十六条 询问证人应当遵循以下规则：

（一）发问的内容应当与案件的事实相关；

（二）不得以诱导方式提问；

（三）不得威胁证人；

（四）不得损害证人的人格尊严。

前款规定也适用于对被告人、被害人、附带民事诉讼原告人和被告人、鉴定人的讯问、发问或者询问。

第一百四十七条 审判长对于向证人、鉴定人发问的内容与本案无关或者发问的方式不当的，应当制止。

对于控辩双方认为对方发问的内容与本案无关或者发问的方式不当并提出异议的，审判长应当判明情况予以支持或者驳回。

第一百四十八条 审判人员认为有必要时，可以询问证人、鉴定人。

第一百四十九条 向证人和鉴定人发问应当分别进行。证人、鉴定人经控辩双方发问或者审判人员询问后，审判长应当告其退庭。

证人、鉴定人不得旁听对本案的审理。

第一百五十条 当庭出示的物证、书证、视听资料等证据，应当先由出示证据的一方就所出示的证据的来源、特征等作必要的说明，然后由另一方进行辨认并发表意见。控辩双方可以互相质问、辩论。

第一百五十一条 当庭出示的证据、宣读的证人证言、鉴定结论和勘验、检查笔录等，在出示、宣读后，应即将原件移交法庭。

对于确实无法当庭移交的，应当要求出示、宣读证据的一方在休庭后三日内移交。

第一百五十二条 对于公诉人在法庭上宣读、播放未到庭证人的证言的，如果该证人提供过不同的证言，法庭应当要求公诉人将该证人的全部证言在休庭后三日内移交。

人民法院审查前款规定的证据材料，发现与庭审调查认定的案件事实有重大出入，可能影响正确裁判的，应当决定恢复法庭调查。

第一百五十三条 在法庭调查过程中，合议庭对于证据有疑问的，可以宣布休庭，对该证据进行调查核实。

第一百五十四条 人民法院调查核实证据时，可以进行勘验、检查、扣押、鉴定和查询、冻结。必要时，可以通知检察人员、辩护人到场。

第一百五十五条 公诉人要求出示开庭前送交人民法院的证据目录以外的证据，辩护方提出异议的，审判长如认为该证据确有出示的必要，可以准许出示。

如果辩护方提出对新的证据要做必要准备时，可以宣布休庭，并根据具体情况确定辩护方作必要准备的时间。确定的时间期满后，应当继续开庭审理。

第一百五十六条 当事人和辩护人申请通知新的证人到庭，调取新的证据，申请重新鉴定或者勘验的，应当提供证人的姓名、证据的存放地点，说明所要证明的案件事实，要求重新鉴定或者勘验的理由。审判人员根据具体情况，认为可能影响案件事实认定的，应当同意该申请，并宣布延期审理；不同意的，应当告知理由并继续审理。

依照前款规定延期审理的时间不得超过一个月，延期审理的时间不计入审限。

第一百五十七条 在庭审过程中，公诉人发现案件需要补充侦查，提出延期审理建议的，合议庭应当同意。但是建议延期审理的次数不得超过两次。

法庭宣布延期审理后，人民检察院在补充侦查的期限内没有提请人民法院恢复法庭审理的，人民法院应当决定按人民检察院撤诉处理。

第一百五十八条 人民法院向人民检察院调取需要调查核实的证据材料，或者根据辩护人、被告人的申请，向人民检察院调取在侦查、审查起诉中收集的有关被告人无罪和罪轻的证据材料，应当通知人民检察院在收到调取证据材料决定书后三日内移交。

第一百五十九条 合议庭在案件审理过程中，发现被告人可能有自首、立功等法定量刑情节，而起诉和移送的证据材料中没有这方面的证据材料的，应当建议人民检察院补充侦查。

第一百六十条 合议庭认为本案事实已经调查清楚，应当由审判长宣布法庭调查结束，开始就全案事实、证据、适用法律等问题进行法庭辩论。

第一百六十一条 法庭辩论应当在审判长的主持下，按照下列顺序进行：

（一）公诉人发言；

（二）被害人及其诉讼代理人发言；

（三）被告人自行辩护；

（四）辩护人辩护；

（五）控辩双方进行辩论。

第一百六十二条 附带民事诉讼部分的辩论应当在刑事诉讼部分的辩论结束后进行。先由附带民事诉讼原告人及其诉讼代理人发言，然后由被告人及其诉讼代理人答辩。

第一百六十三条 在法庭辩论过程中，审判长对于控辩双方与案件无关、重复或者互相指责的发言应当制止。

第一百六十四条 对于辩护人依照有关规定当庭拒绝继续为被告人进行辩护的，合议庭应当准许。如果被告人要求另行委托辩护人，合议庭应当宣布延期审理，由被告人另行委托辩护人或者由人民法院为其另行指定辩护律师。

第一百六十五条 被告人当庭拒绝辩护人为其辩护，要求另行委托辩护人的，应当同意，并宣布延期审理。被告人要求人民法院另行指定辩护律师，合议庭同意的，应当宣布延期审理。

重新开庭后，被告人再次当庭拒绝重新委托的辩护人或者人民法院指定的辩护律师为其辩护的，合议庭应当分别情形作出处理：

（一）被告人是成年人的，可以准许。但被告人不得再另行委托辩护人，人民法院也不再另行指定辩护律师，被告人可以自行辩护；

（二）被告人具有本解释第三十六条规定情形之一的，不予准许。

依照本解释第一百六十四条、本条第一、二款规定另行委托、指定辩护人或者辩护律师的，自案件宣布延期审理之日起至第十日止，准备辩护时间不计入审限。

第一百六十六条 在法庭辩论过程中，如果合议庭发现新的事实，认为有必要进行调查时，审判长可以宣布暂停辩论，恢复法庭调查，待该事实查清后继续法庭辩论。

第一百六十七条 审判长宣布法庭辩论终结后，合议庭应当保证被告人充分行使最后陈述的权利。如果被告人在最后陈述中多次重复自己的意见，审判长可以制止；如果陈述内容是蔑视法庭、公诉人，损害他人及社会公共利益或者与本案无关的，应当制止；在公开审理的案件中，被告人最后陈述的内容涉及国家秘密或者个人隐私的，也应当制止。

第一百六十八条 被告人在最后陈述中提出了新的事实、证据，合议庭认为可能影响正确裁判的，应当恢复法庭调查；如果被告人提出新的辩解理由，合议庭认为确有必要的，可以恢复法庭辩论。

第一百六十九条 附带民事诉讼部分可以在法庭辩论结束后当庭调解。不能达成协议的，可以同刑事部分一并判决。

第一百七十条 审判长在被告人最后陈述后，应当宣布休庭，合议庭进行评议。

第一百七十一条 开庭审理的全部活动，应当由书记员制作成笔录，经审判长审阅后，分别由审判长和书记员签名。

第一百七十二条 法庭笔录中的出庭证人的证言部分，应当在庭审后交由证人阅读或者向其宣读。证人确认无误后，应当签名或者盖章。

第一百七十三条 法庭笔录应当在庭审后交由当事人阅读或者向其宣读。当事人认为记录有遗漏或者有差错的，可以请求补充或者改正。当事人确认无误后，应当签名或者盖章。

第一百七十四条 对于当庭出示、宣读的证据，审判长宣布休庭后，合议庭应当与提供证据的公诉人、辩护人等办理交接手续。

第一百七十五条　合议庭应当根据已经查明的事实、证据和有关法律规定，并在充分考虑控辩双方意见的基础上，进行评议，确定被告人是否有罪，应否追究刑事责任；构成何罪，应否处以刑罚；判处何种刑罚；有无从重、从轻、减轻或者免除处罚的情节；附带民事诉讼如何解决；赃款赃物如何处理等，并依法作出判决。

第一百七十六条　人民法院应当根据案件的具体情形，分别作出裁判：

（一）起诉指控的事实清楚，证据确实、充分，依据法律认定被告人的罪名成立的，应当作出有罪判决；

（二）起诉指控的事实清楚，证据确实、充分，指控的罪名与人民法院审理认定的罪名不一致的，应当作出有罪判决；

（三）案件事实清楚，证据确实、充分，依据法律认定被告人无罪的，应当判决宣告被告人无罪；

（四）证据不足，不能认定被告人有罪的，应当以证据不足，指控的犯罪不能成立，判决宣告被告人无罪；

（五）案件事实部分清楚，证据确实、充分的，应当依法作出有罪或者无罪的判决；事实不清，证据不足部分，依法不予认定；

（六）被告人因不满十六周岁，不予刑事处罚的，应当判决宣告被告人不负刑事责任；

（七）被告人是精神病人，在不能辨认或者不能控制自己行为的时候造成危害结果，不予刑事处罚的，应当判决宣告被告人不负刑事责任；

（八）犯罪已过追诉时效期限，并且不是必须追诉或者经特赦令免除刑罚的，应当裁定终止审理；

（九）被告人死亡的，应当裁定终止审理；对于根据已查明的案件事实和认定的证据材料，能够确认被告人无罪的，应当判决宣告被告人无罪。

第一百七十七条　在宣告判决前，人民检察院要求撤回起诉的，人民法院应当审查人民检察院撤回起诉的理由，并作出是否准许的裁定。

第一百七十八条　人民法院在审理中发现新的事实，可能影响定罪的，应当建议人民检察院补充或者变更起诉；人民检察院不同意的，人民法院应当就起诉指控的犯罪事实，依照本解释第一百七十六条的有关规定依法作出裁判。

第一百七十九条　依据本解释第一百一十七条第（三）项规定受理的案件，依法作出判决时，人民法院对于前案依据刑事诉讼法第一百六十二条第（三）项规定作出的判决，不予撤销。但应当在判决中写明："被告人×××曾于×年×月×日被××人民检察院以××罪向××人民法院提起公诉。因证据不足，指控的犯罪不能成立，被××人民法院依法判决宣告无罪。"

第一百八十条　合议庭成员应当在评议笔录上签名，在法律文书上署名。

第一百八十一条　在审判过程中，自诉人或者被告人患精神病或者其他严重疾病，以及案件起诉到人民法院后被告人脱逃，致使案件在较长时间内无法继续审理的，人民法院应当裁定中止审理。

由于其他不能抗拒的原因，使案件无法继续审理的，可以裁定中止审理。

中止审理的原因消失后，应当恢复审理。中止审理的期间不计入审理期限。

第一百八十二条　当庭宣告判决的，应当宣布判决结果，并在五日内将判决书送达当事人、法定代理人、诉讼代理人、提起公诉的人民检察院、辩护人和被告人的近亲属。定期宣告判决的，合议庭应当在宣判前，先期公告宣判的时间和地点，传唤当事人并通知公诉人、法定代理人、诉讼代理人和辩护人；判决宣告后应当立即将判决书送达当事人、法定代理人、诉讼代理人、提起公诉的人民检察院、辩护人和被告人的近亲属。判决生效后还应当送达被告人的所在单位或者原户籍所在地的公安派出所。被告人是单位的，应当送达被告人注册登记的工商行政管理机关。

第一百八十三条 宣告判决，应当一律公开进行。

宣告判决时，法庭内全体人员应当起立。

宣判时，公诉人、辩护人、被害人、自诉人或者附带民事诉讼的原告人未到庭的，不影响宣判的进行。

第一百八十四条 在法庭审判过程中，如果诉讼参与人或者旁听人员违反法庭秩序，合议庭应当按照下列情形分别处理：

（一）对于违反法庭秩序情节较轻的，应当当庭警告制止并进行训诫；

（二）对于不听警告制止的，可以指令法警强行带出法庭；

（三）对于违反法庭秩序情节严重的，经报请院长批准后，对行为人处1000元以下的罚款或者十五日以下的拘留；

（四）对于严重扰乱法庭秩序，构成犯罪的，应当依法追究刑事责任。

当事人对人民法院罚款、拘留的决定不服，可以向上一级人民法院申请复议。复议申请可以直接向上一级人民法院提出，也可以通过作出罚款、拘留决定的人民法院提出。通过作出罚款、拘留决定的人民法院向上一级人民法院申请复议的，该人民法院应当自收到复议申请之日起三日内，将申请人的复议申请、罚款或者拘留决定书和有关事实、证据材料一并报上一级人民法院复议。上一级人民法院复议期间，不停止决定的执行。

第一百八十五条 人民检察院认为人民法院审理案件过程中，有违反法律规定的诉讼程序的情况，在庭审后提出书面纠正意见的，人民法院认为正确的，应当采纳。

十、自诉案件第一审程序

第一百八十六条 人民法院受理的自诉案件必须符合下列条件：

（一）属于刑事诉讼法第一百七十条、本解释第一条规定的案件；

（二）属于本院管辖的；

（三）刑事案件的被害人告诉的；

（四）有明确的被告人、具体的诉讼请求和能证明被告人犯罪事实的证据。

人民法院受理刑事诉讼法第一百七十条第（三）项规定的自诉案件，还应当符合刑事诉讼法第八十六条、第一百四十五条的规定。

第一百八十七条 本解释第一条规定的案件，如果被害人死亡、丧失行为能力或者因受强制、威吓等原因无法告诉，或者是限制行为能力人以及由于年老、患病、盲、聋、哑等原因不能亲自告诉，其法定代理人、近亲属代为告诉的，人民法院应当依法受理。

因前款规定的原因，被告人不能告诉，由其法定代理人、近亲属代为告诉的，代为告诉人应当提供与被害人关系的证明和被害人不能亲自告诉的原因的证明。

第一百八十八条 对于自诉案件，人民法院经审查有下列情形之一的，应当说服自诉人撤回起诉，或者裁定驳回起诉：

（一）不符合本解释第一百八十六条规定的条件的；

（二）证据不充分的；

（三）犯罪已过追诉时效期限的；

（四）被告人死亡的；

（五）被告人下落不明的；

（六）除因证据不足而撤诉的以外，自诉人撤诉后，就同一事实又告诉的；

（七）经人民法院调解结案后，自诉人反悔，就同一事实再行告诉的。

第一百八十九条　自诉人应当向人民法院提交刑事自诉状；提起附带民事诉讼的，还应当提交刑事附带民事自诉状。

自诉人书写自诉状确有困难的，可以口头告诉，由人民法院工作人员作出告诉笔录，向自诉人宣读，自诉人确认无误后，应当签名或者盖章。

第一百九十条　自诉状或者告诉笔录应当包括以下内容：

（一）自诉人、被告人、代为告诉人的姓名、性别、年龄、民族、出生地、文化程度、职业、工作单位、住址；

（二）被告人犯罪行为的时间、地点、手段、情节和危害后果等；

（三）具体的诉讼请求；

（四）致送人民法院的名称及具状时间；

（五）证人的姓名、住址及其他证据的名称、来源等。

如果被告人是二人以上的，自诉人在告诉时需按被告人的人数提供自诉状副本。

第一百九十一条　人民法院应当在收到自诉状或者口头告诉第二日起十五日内作出是否立案的决定，并书面通知自诉人或者代为告诉人。

第一百九十二条　对于已经立案，经审查缺乏罪证的自诉案件，如果自诉人提不出补充证据，应当说服自诉人撤回起诉或者裁定驳回起诉；自诉人经说服撤回起诉或者被驳回起诉后，又提出了新的足以证明被告人有罪的证据，再次提起自诉的，人民法院应当受理。

第一百九十三条　自诉人明知有其他共同侵害人，但只对部分侵害人提起自诉的，人民法院应当受理，并视为自诉人对其他侵害人放弃告诉权利。判决宣告后自诉人又对其他共同侵害人就同一事实提起自诉的，人民法院不再受理。共同被害人中只有部分人告诉的，人民法院应当通知其他被害人参加诉讼。被通知人接到通知后表示不参加诉讼或者不出庭的，即视为放弃告诉权利。第一审宣判后，被通知人就同一事实又提起自诉的，人民法院不予受理。但当事人另行提起民事诉讼的，不受本解释限制。

第一百九十四条　被告人实施的两个以上的犯罪行为，分别属于公诉案件和自诉案件的，人民法院可以在审理公诉案件时，对自诉案件一并审理。

第一百九十五条　人民法院受理自诉案件后，对于当事人因客观原因不能取得并提供有关证据而申请人民法院调取证据，人民法院认为必要的，可以依法调取。

第一百九十六条　人民法院对于决定受理的自诉案件，应当开庭审判。

不适用简易程序审理的，审判程序参照公诉案件第一审程序的规定进行。

第一百九十七条　人民法院对告诉才处理和被害人有证据证明的轻微刑事案件，可以在查明事实、分清是非的基础上进行调解。自诉人在宣告判决前可以同被告人自行和解或者撤回起诉。

第一百九十八条 对于自诉人要求撤诉的，经人民法院审查认为确属自愿的，应当准许；经审查认为自诉人系被强迫、威吓等，不是出于自愿的，应当不予准许。

第一百九十九条 对于已经审理的自诉案件，当事人自行和解的，应当记录在卷。

第二百条 调解应当在自愿、合法，不损害国家、集体和其他公民利益的前提下进行。调解达成协议的，人民法院应当制作刑事自诉案件调解书，由审判人员和书记员署名，并加盖人民法院印章。调解书经双方当事人签收后即发生法律效力。调解没有达成协议或者调解书签收前当事人反悔的，人民法院应当进行判决。

第二百零一条 人民法院裁定准许自诉人撤诉或者当事人自行和解的案件，被告人被采取强制措施的，应当立即予以解除。

第二百零二条 自诉人经两次依法传唤，无正当理由拒不到庭的，或者未经法庭准许中途退庭的，人民法院应当决定按自诉人撤诉处理。自诉人是二人以上，其中部分人撤诉的，不影响案件的继续审理。

第二百零三条 对于刑事诉讼法第一百七十条第（三）项规定的案件，不适用调解。

第二百零四条 在自诉案件审理过程中，被告人下落不明的，应当中止审理。被告人归案后，应当恢复审理，必要时，应当对被告人依法采取强制措施。

第二百零五条 审理自诉案件，应当参照刑事诉讼法第一百六十二条和本解释第一百七十六条的有关规定作出判决。对于依法宣告无罪的案件，其附带民事诉讼部分应当依法进行调解或者一并作出判决。

第二百零六条 告诉才处理和被害人有证据证明的轻微刑事案件的被告人或者其法定代理人在诉讼过程中，可以对自诉人提起反诉。反诉必须符合下列条件：

（一）反诉的对象必须是本案自诉人；

（二）反诉的内容必须是与本案有关的行为；

（三）反诉的案件必须符合本解释第一条第（一）、（二）项的规定。

反诉案件适用自诉案件的规定，并应当与自诉案件一并审理。原自诉人撤诉的，不影响反诉案件的继续审理。

中共中央纪律检查委员会、最高人民法院、最高人民检察院、公安部关于纪律检查机关与法院、检察院、公安机关在查处案件过程中互相提供有关案件材料的通知

（中纪发〔1989〕7号　1989年9月17日）

共产党员违法犯罪的案件，有的是由纪律检查机关开始查处的，有的是由法院、检察院、公安机关开始查处的，为了及时、严肃地使那些违法犯罪的党员受到党纪和法律的追究，在查处过程中或结案之后，需要互相提供案件的有关材料。为此，特将有关事项通知如下：

一、由县级以上纪律检查机关或党委（党组）立案检查的案件，在检查过程中，发现需由法院、检察院、公安机关依法查处的违法犯罪案件，或在党纪处理之后，还需追究刑事责任的，应按照公、检、法之间案件管辖的分工，与所在地的公、检、法机关取得联系，把立案材料（正在检查的案件，提供主要证据；已处理的案件，提供处分决定、调查报告、主要证据和本人交待材料）移送法院、检察院、公安机关。

二、法院、检察院、公安机关在接到纪律检查机关或党委（党组）的案件材料和建议后，应及时进行审查。对应立案侦查的，应及时立案，并通知原送案单位；经过审查，不予立案的，应说明不立案的理由，并将材料退回原送案单位。

三、法院、检察院、公安机关查处的党员违法犯罪案件，在依法处理前，有关纪律检查机关或党委决定要作党纪处分，需要法院、检察院、公安机关提供有关材料的，法院、检察院、公安机关应积极配合。

四、法院对犯罪的党员依法判决后，应将判决书（或裁定书）副本送有关纪律检查机关或党委（党组）。有关纪律检查机关或党委认为对犯罪的党员需要作出党纪处分的，可以到作出判决的法院摘抄或复制主要证据和本人交待等材料。党员在外省或外地犯罪被依法判决的，党员组织关系所在地的县以上纪律检查机关可以函请作出判决的法院代为摘抄或复制主要证据和本人交待等材料，或者发函委托当地纪检机关到法院摘抄、复制有关材料。法院应予协助、支持。摘抄、复制材料所需的费用，由发函单位承担。

五、检察院对违法犯罪党员的免予起诉或不起诉的决定副本应送有关纪律检查机关或党委（党组）。需要作出党纪处分的，有关纪律检查机关或党委可以到检察院摘抄或复制主要证据和本人交待等材料。检察院应予协助、支持。

六、公安机关在办理治安管理处罚案件，法院在办理民事、经济和行政案件的过程中，发现共产党员严重违反共产主义道德、工作失职或其他严重错误，亦应向纪律检查机关及时通报情况，提供有关材料，以便纪检机关查处。

七、纪律检查机关与法院、检察院、公安机关互相交接案件的有关材料时，必须正式办理手续。

中共中央纪律检查委员会机关
提高办案效率防止案件积压的暂行办法

（中共中央纪律检查委员会办公厅 1989年10月28日）

为了健全和完善案件经办制度，改进工作作风和工作方法，明确责任，提高效率，防止案件积压，依据《中国共产党纪律检查机关案件检查工作条例》（试行）和《党的纪律检查机关案件审理工作条例》，特制定以下暂行办法。

一、案件经办时限制

1. 中央纪委立案并直接调查的案件（涉及中管干部或其他典型案件），纪检室从受理到写出调查报告报主管常委，或移送审理室审理，时间不超过三个月。如因案情复杂，不能按期报出或移交的，经室主任批准，可适当延期。如果超过半年还没办结，纪检室应向主管常委说明原因并提出办理意见请求核准。

2. 中央纪委向省（区、市）委，省（区、市）纪委，中央和国家机关各部委，中直机关工委，国家机关工委、纪工委（简称为省部级党委、纪委，下同）要结果并由省部级党委、纪委立案直接调查的案件，以及中央纪委委托省部级党委、纪委核实的问题，发函转办时应注明办结的时间要求，经办时限不超过四个月。如因案情复杂，不能按期上报的，经主管室同意，可适当延期。如果超过半年还没办结，纪检室应向主管常委说明原因并提出办理意见请求核准。

3. 中央纪委向省部级党委、纪委要结果但由省部级党委、纪委转下级党委、纪委调查处理的案件和问题，经办时限不超过半年。情节复杂的，经主管室同意，可适当延期。如果超过九个月仍未办结，纪检室应向主管常委说明原因并提出办理意见请求核准。

4. 经常委和中央纪委领导批准结案或销案的案件，从批准之日起，纪检室办理结案或销案手续的时限为10天。

5. 审理室收到纪检室移送审理或省部级党委、纪委报批的案件，在材料齐全，手续完备的情况下，应在两个月内审理完毕，写出审理报告报主管常委。如超过两个月仍未审理完毕，应向主管常委写出报告，说明原因。

二、办案进度报告制

1. 办案进度月报、季报、半年报、年报制。对于案件办理情况及存在的问题，各纪检室的案件经办处或经办人每月向室务会报告一次；纪检室每季度向主管常委报告一次；每半年向主管常委综合报告一次；每年向常委会总结报告一次。中央纪委委托省部级党委、纪委核实或转给省部级党委、纪委调查处理并要求报告结果的问题，纪检室可要求省部级纪委每月向中央纪委报告一次，每半年综合报告一次，每年总结报告一次。对于没有按期办结的案件，要在半年报和年报中说明原因。

2. 登记表制。为便于检查汇总，各纪检室和审理室要在每月5日前将本室上月的案件经办情况填入登记表（表格另发）并送办公厅综合处一份。该登记表的内容，包括案情简介、领导批示、处理方式、每月案件查处进展情况等。

3. 催办制。中央纪委委托省纪委核实或转省部级党委、纪委调查处理并要求报告结果的问题，其中已临近或已超过经办时限的，纪检室每月催办一次。

4. 督促检查制。对中央纪委委托省部级党委、纪委核实和转给省部级党委、纪委调查处理并要求报告结果的案件和问题，纪检室要及时对经办情况进行督促检查。凡是去省里出差的同志，都要承担检查案件进展情况和催办案件的任务。对一些久拖不决的疑难案件，纪检室要派专人前往督促检查或协助办理。

三、案件经办协调制

1. 对中央纪委与省部级党委意见不一致的案件，先由纪检室或审理室进行协调，解决不了的，应及时报告主管常委，由主管常委与省委或部委领导再次协调，如仍不能统一认识，则将中央纪委和省委或部委的意见同时报中央裁定，也可按党章授予中央纪委的权限办理。

2. 对省部级党委和省部级纪委意见不一致而久拖不决的案件，由纪检室通知省部级纪委把他们的意见及省部级党委的意见同时报中央纪委。

3. 纪检室对常委批办事项如有不同意见，要及时向主管常委报告。对纪检室和审理室意见不一致的案件，由主管常委负责进行协调。经协调仍不能统一，可由纪检室和审理室分别向常委会报告，由常委会裁定。

4. 对涉及党纪、政纪和法纪的案件，应争取党纪与政纪、法纪同时处理。如果司法部门和监察部门在短期内不能作出处理，可先进行党纪处理。在纪检机关与司法部门、监察部门对案件的处理有不同意见时，由中央纪委常委出面，提交中央纪委、最高人民检察院、监察部联席会议协调解决。

控告申诉室办理的信访案件，仍按原有规定执行。

中共中央纪律检查委员会、监察部关于纪检监察机关依法采用“两指”“两规”措施若干问题的通知

（中纪发［1998］7号　1998年6月5日）

《中华人民共和国行政监察法》第二十条第（三）项规定的“责令有违反行政纪律嫌疑的人员在指定的时间、地点就调查事项涉及的问题作出解释和说明，但是不得对其实行拘禁或者变相拘禁”（即“两指”），以及《中国共产党纪律检查机关案件检查工作条例》第二十八条第（三）项规定的“要求有关人员在规定的时间、地点就案件所涉及的问题作出说明”（即“两规”），是国家法律和党内法规规定的纪检监察机关查处党纪、政纪案件的必要措施。实践证明，正确采用这项措施对于突破案件具有十分重要的作用，应当继续依法采用。当前，各级纪检监察机关采用“两指”“两规”措施情况总的是好的，同时也存在一些不容忽视的问题。为保证纪检监察机关正确采用这项措施，进一步加强查办案件工作，防止发生违纪违法行为，特作以下规定：

一、不准使用司法手段，不准使用司法机关的办公、羁押场所和行政部门的收容遣送场所。

二、不准修建用于采用“两指”“两规”措施的专门场所。

三、严禁搞逼供、诱供，严禁体罚或者变相体罚，严禁打骂、侮辱人格和使用械具。

各级纪检监察机关要严格遵守上述规定。对执行中的情况和问题，要及时向中央纪委、监察部报告。

最高人民检察院、全国整顿和规范市场经济秩序领导小组办公室、公安部、监察部关于在行政执法中及时移送涉嫌犯罪案件的意见

（高检会［2006］2号　2006年1月21日）

为了完善行政执法与刑事司法相衔接工作机制，加大对破坏社会主义市场经济秩序犯罪、妨害社会管理秩序犯罪以及其他犯罪的打击力度，根据《中华人民共和国刑事诉讼法》、国务院《行政执法机关移送涉嫌犯罪案件的规定》等有关规定，现就在行政执法中及时移送涉嫌犯罪案件提出如下意见：

一、行政执法机关在查办案件过程中，对符合刑事追诉标准、涉嫌犯罪的案件，应当制作《涉嫌犯罪案件移送书》，及时将案件向同级公安机关移送，并抄送同级人民检察院。对未能及时移送并已作出行政处罚的涉嫌犯罪案件，行政执法机关应当于作出行政处罚十日以内向同级公安机关、人民检察院抄送《行政处罚决定书》副本，并书面告知相关权利人。

现场查获的涉案货值或者案件其他情节明显达到刑事追诉标准、涉嫌犯罪的，应当立即移送公安机关查处。

二、任何单位和个人发现行政执法机关不按规定向公安机关移送涉嫌犯罪案件，向公安机关、人民检察院、监察机关或者上级行政执法机关举报的，公安机关、人民检察院、监察机关或者上级行政执法机关应当根据有关规定及时处理，并向举报人反馈处理结果。

三、人民检察院接到控告、举报或者发现行政执法机关不移送涉嫌犯罪案件，经审查或者调查后认为情况基本属实的，可以向行政执法机关查询案件情况、要求行政执法机关提供有关案件材料或者派员查阅案卷材料，行政执法机关应当配合。确属应当移送公安机关而不移送的，人民检察院应当向行政执法机关提出移送的书面意见，行政执法机关应当移送。

四、行政执法机关在查办案件过程中，应当妥善保存案件的相关证据。对易腐烂、变质、灭失等不宜或者不易保管的涉案物品，应当采取必要措施固定证据；对需要进行检验、鉴定的涉案物品，应当由有关部门或者机构依法检验、鉴定，并出具检验报告或者鉴定结论。

行政执法机关向公安机关移送涉嫌犯罪的案件，应当附涉嫌犯罪案件的调查报告、涉案物品清单、有关检验报告或者鉴定结论及其他有关涉嫌犯罪的材料。

五、对行政执法机关移送的涉嫌犯罪案件，公安机关应当及时审查，自受理之日起十日以内作出立案或者不立案的决定；案情重大、复杂的，可以在受理之日起三十日以内作出立案或者不立案的决定。公安机关作出立案或者不立案决定，应当书面告知移送案件的行政执法机关、同级人民检察院及相关权利人。

公安机关对不属于本机关管辖的案件，应当在二十四小时以内转送有管辖权的机关，并书面告知移送案件的行政执法机关、同级人民检察院及相关权利人。

六、行政执法机关对公安机关决定立案的案件，应当自接到立案通知书之日起三日以内将涉案物品以及与案件有关的其他材料移送公安机关，并办理交接手续；法律、行政法规另有规定的，依照其规定办理。

七、行政执法机关对公安机关不立案决定有异议的，在接到不立案通知书后的三日以内，可以向作出不立案决定的公安机关提请复议，也可以建议人民检察院依法进行立案监督。

公安机关接到行政执法机关提请复议书后，应当在三日以内作出复议决定，并书面告知提请复议的行政执法机关。行政执法机关对公安机关不立案的复议决定仍有异议的，可以在接到复议决定书后的三日以内，建议人民检察院依法进行立案监督。

八、人民检察院接到行政执法机关提出的对涉嫌犯罪案件进行立案监督的建议后，应当要求公安机关说明不立案理由，公安机关应当在七日以内向人民检察院作出书面说明。对公安机关的说明，人民检察院应当进行审查，必要时可以进行调查，认为公安机关不立案理由成立的，应当将审查结论书面告知提出立案监督建议的行政执法机关；认为公安机关不立案理由不能成立的，应当通知公安机关立案。公安机关接到立案通知书后应当在十五日以内立案，同时将立案决定书送达人民检察院，并书面告知行政执法机关。

九、公安机关对发现的违法行为，经审查，没有犯罪事实，或者立案侦查后认为犯罪情节显著轻微，不需要追究刑事责任，但依法应当追究行政责任的，应当及时将案件移送行政执法机关，有关行政执法机关应当依法作出处理，并将处理结果书面告知公安机关和人民检察院。

十、行政执法机关对案情复杂、疑难，性质难以认定的案件，可以向公安机关、人民检察院咨询，公安机关、人民检察院应当认真研究，在七日以内回复意见。对有证据表明可能涉嫌犯罪的行为人可能逃匿或者销毁证据，需要公安机关参与、配合的，行政执法机关可以商请公安机关提前介入，公安机关可以派员介入。对涉嫌犯罪的，公安机关应当及时依法立案侦查。

十一、对重大、有影响的涉嫌犯罪案件，人民检察院可以根据公安机关的请求派员介入公安机关的侦查，参加案件讨论，审查相关案件材料，提出取证建议，并对侦查活动实施法律监督。

十二、行政执法机关在依法查处违法行为过程中，发现国家工作人员贪污贿赂或者国家机关工作人员渎职等违纪、犯罪线索的，应当根据案件的性质，及时向监察机关或者人民检察院移送。监察机关、人民检察院应当认真审查，依纪、依法处理，并将处理结果书面告知移送案件线索的行政执法机关。

十三、监察机关依法对行政执法机关查处违法案件和移送涉嫌犯罪案件工作进行监督，发现违纪、违法问题的，依照有关规定进行处理。发现涉嫌职务犯罪的，应当及时移送人民检察院。

十四、人民检察院依法对行政执法机关移送涉嫌犯罪案件情况实施监督，发现行政执法人员徇私舞弊，对依法应当移送的涉嫌犯罪案件不移送，情节严重，构成犯罪的，应当依照刑法有关的规定追究其刑事责任。

十五、国家机关工作人员以及在依照法律、法规规定行使国家行政管理职权的组织中从事公务的人员，或者在受国家机关委托代表国家机关行使职权的组织中从事公务的人员，或者虽未列入国家机关人员编制但在国家机关中从事公务的人员，利用职权干预行政执法机关和公安机关执法，阻挠案件移送和刑事追诉，构成犯罪的，人民检察院应当依照刑法关于渎职罪的规定追究其刑事责任。国家行政机关和法律、法规授权的具有管理公共事务职能的组织以及国家行政机关依法委托的组织及其工勤人员以外的工作人员，利用职权干预行政执法机关和公安机关执法，阻挠案件移送和刑事追诉，构成违纪的，监察机关应当依法追究其纪律责任。

十六、在查办违法犯罪案件工作中，公安机关、监察机关、行政执法机关和人民检察院应当建立联席会议、情况通报、信息共享等机制，加强联系，密切配合，各司其职，相互制约，保证准确有效地执行法律。

十七、本意见所称行政执法机关，是指依照法律、法规或者规章的规定，对破坏社会主义市场经济秩序、妨害社会管理秩序以及其他违法行为具有行政处罚权的行政机关，以及法律、法规授权的具有管理公共事务职能、在法定授权范围内实施行政处罚的组织，不包括公安机关、监察机关。

最高人民法院、最高人民检察院关于办理受贿刑事案件适用法律若干问题的意见

（法发〔2007〕22号 2007年7月9日）

为依法惩治受贿犯罪活动，根据刑法有关规定，现就办理受贿刑事案件具体适用法律若干问题，提出以下意见：

一、关于以交易形式收受贿赂问题

国家工作人员利用职务上的便利为请托人谋取利益，以下列交易形式收受请托人财物的，以受贿论处：

（1）以明显低于市场的价格向请托人购买房屋、汽车等物品的；

（2）以明显高于市场的价格向请托人出售房屋、汽车等物品的；

（3）以其他交易形式非法收受请托人财物的。

受贿数额按照交易时当地市场价格与实际支付价格的差额计算。

前款所列市场价格包括商品经营者事先设定的不针对特定人的最低优惠价格。根据商品经营者事先设定的各种优惠交易条件，以优惠价格购买商品的，不属于受贿。

二、关于收受干股问题

干股是指未出资而获得的股份。国家工作人员利用职务上的便利为请托人谋取利益，收受请托人提供的干股的，以受贿论处。进行了股权转让登记，或者相关证据证明股份发生了实际转让的，受贿数额按转让行为时股份价值计算，所分红利按受贿孳息处理。股份未实际转让，以股份分红名义获取利益的，实际获利数额应当认定为受贿数额。

三、关于以开办公司等合作投资名义收受贿赂问题

国家工作人员利用职务上的便利为请托人谋取利益，由请托人出资，“合作”开办公司或者进行其他“合作”投资的，以受贿论处。受贿数额为请托人给国家工作人员的出资额。

国家工作人员利用职务上的便利为请托人谋取利益，以合作开办公司或者其他合作投资的名义获取“利润”，没有实际出资和参与管理、经营的，以受贿论处。

四、关于以委托请托人投资证券、期货或者其他委托理财的名义收受贿赂问题

国家工作人员利用职务上的便利为请托人谋取利益，以委托请托人投资证券、期货或者其他委托理财的名义，未实际出资而获取“收益”，或者虽然实际出资，但获取“收益”明显高于出资应得收益的，以受贿论处。受贿数额，前一情形，以“收益”额计算；后一情形，以“收益”额与出资应得收益额的差额计算。

五、关于以赌博形式收受贿赂的认定问题

根据《最高人民法院、最高人民检察院关于办理赌博刑事案件具体应用法律若干问题的解释》第七条规定，国家工作人员利用职务上的便利为请托人谋取利益，通过赌博方式收受请托人财物的，构成受贿。

实践中应注意区分贿赂与赌博活动、娱乐活动的界限。具体认定时，主要应当结合以

下因素进行判断：(1) 赌博的背景、场合、时间、次数；(2) 赌资来源；(3) 其他赌博参与者有无事先通谋；(4) 输赢钱物的具体情况和金额大小。

六、关于特定关系人“挂名”领取薪酬问题

国家工作人员利用职务上的便利为请托人谋取利益，要求或者接受请托人以给特定关系人安排工作为名，使特定关系人不实际工作却获取所谓薪酬的，以受贿论处。

七、关于由特定关系人收受贿赂问题

国家工作人员利用职务上的便利为请托人谋取利益，授意请托人以本意见所列形式，将有关财物给予特定关系人的，以受贿论处。

特定关系人与国家工作人员通谋，共同实施前款行为的，对特定关系人以受贿罪的共犯论处。特定关系人以外的其他人与国家工作人员通谋，由国家工作人员利用职务上的便利为请托人谋取利益，收受请托人财物后双方共同占有的，以受贿罪的共犯论处。

八、关于收受贿赂物品未办理权属变更问题

工作人员利用职务上的便利为请托人谋取利益，收受请托人房屋、汽车等物品，未变更权属登记或者借用他人名义办理权属变更登记的，不影响受贿的认定。

认定以房屋、汽车等物品为对象的受贿，应注意与借用的区分。具体认定时，除双方交代或者书面协议之外，主要应当结合以下因素进行判断：(1) 有无借用的合理事由；(2) 是否实际使用；(3) 借用时间的长短；(4) 有无归还的条件；(5) 有无归还的意思表示及行为。

九、关于收受财物后退还或者上交问题

国家工作人员收受请托人财物后及时退还或者上交的，不是受贿。

国家工作人员受贿后，因自身或者与其受贿有关联的人、事被查处，为掩饰犯罪而退还或者上交的，不影响认定受贿罪。

十、关于在职时为请托人谋利，离职后收受财物问题

国家工作人员利用职务上的便利为请托人谋取利益之前或者之后，约定在其离职后收受请托人财物，并在离职后收受的，以受贿论处。

国家工作人员利用职务上的便利为请托人谋取利益，离职前后连续收受请托人财物的，离职前后收受部分均应计入受贿数额。

十一、关于“特定关系人”的范围

本意见所称“特定关系人”，是指与国家工作人员有近亲属、情妇（夫）以及其他共同利益关系的人。

十二、关于正确贯彻宽严相济刑事政策的问题

依照本意见办理受贿刑事案件，要根据刑法关于受贿罪的有关规定和受贿罪权钱交易的本质特征，准确区分罪与非罪、此罪与彼罪的界限，惩处少数，教育多数。在从严惩处受贿犯罪的同时，对于具有自首、立功等情节的，依法从轻、减轻或者免除处罚。

道路交通事故处理程序规定

（公安部令第104号　2008年7月11日）

第一章　总　则

第一条　为了规范道路交通事故处理程序，保障公安机关交通管理部门依法履行职责，保护道路交通事故当事人的合法权益，根据《中华人民共和国道路交通安全法》及其实施条例等有关法律、法规，制定本规定。

第二条　公安机关交通管理部门处理道路交通事故，应当遵循公正、公开、便民、效率的原则。

第三条　交通警察处理道路交通事故，应当取得相应等级的处理道路交通事故资格。

第二章　管　辖

第四条　道路交通事故由发生地的县级公安机关交通管理部门管辖。未设立县级公安机关交通管理部门的，由设区市公安机关交通管理部门管辖。

第五条　道路交通事故发生在两个以上管辖区域的，由事故起始点所在地公安机关交通管理部门管辖。

对管辖权有争议的，由共同的上一级公安机关交通管理部门指定管辖。指定管辖前，最先发现或者最先接到报警的公安机关交通管理部门应当先行救助受伤人员，进行现场前期处理。

第六条　上级公安机关交通管理部门在必要的时候，可以处理下级公安机关交通管理部门管辖的道路交通事故，或者指定下级公安机关交通管理部门限时将案件移送其他下级公安机关交通管理部门处理。

案件管辖发生转移的，处理时限从移送案件之日起计算。

第七条　军队、武警部队人员、车辆发生道路交通事故的，按照本规定处理。需要对现役军人给予行政处罚或者追究刑事责任的，移送军队、武警部队有关部门。

第三章　报警和受理

第八条　道路交通事故有下列情形之一的，当事人应当保护现场并立即报警：

（一）造成人员死亡、受伤的；

（二）发生财产损失事故，当事人对事实或者成因有争议的，以及虽然对事实或者成因无争议，但协商损害赔偿未达成协议的；

（三）机动车无号牌、无检验合格标志、无保险标志的；

（四）载运爆炸物品、易燃易爆化学物品以及毒害性、放射性、腐蚀性、传染病病源体等危险物品车辆的；

（五）碰撞建筑物、公共设施或者其他设施的；

（六）驾驶人无有效机动车驾驶证的；

（七）驾驶人有饮酒、服用国家管制的精神药品或者麻醉药品嫌疑的；

（八）当事人不能自行移动车辆的。

发生财产损失事故，并具有前款第二项至第五项情形之一，车辆可以移动的，当事人可以在报警后，在确保安全的原则下对现场拍照或者标划停车位置，将车辆移至不妨碍交通的地点等候处理。

第九条　公路上发生道路交通事故的，驾驶人必须在确保安全的原则下，立即组织车上人员疏散到路外安全地点，避免发生次生事故。驾驶人已因道路交通事故死亡或者受伤无法行动的，车上其他人员应当自行组织疏散。

第十条　公安机关及其交通管理部门接到道路交通事故报警，应当记录下列内容：

（一）报警方式、报警时间、报警人姓名、联系方式，电话报警的，还应当记录报警电话；

（二）发生道路交通事故时间、地点；

（三）人员伤亡情况；

（四）车辆类型、车辆牌号，是否载有危险物品、危险物品的种类等；

（五）涉嫌交通肇事逃逸的，还应当询问并记录肇事车辆的车型、颜色、特征及其逃逸方向、逃逸驾驶人的体貌特征等有关情况。

报警人不报姓名的，应当记录在案。报警人不愿意公开姓名的，应当为其保密。

第十一条　公安机关交通管理部门接到道路交通事故报警或者出警指令后，应当按照规定立即派交通警察赶赴现场。有人员伤亡或者其他紧急情况的，应当及时通知急救、医疗、消防等有关部门。发生一次死亡三人以上事故或者其他有重大影响的道路交通事故，应当立即向上一级公安机关交通管理部门报告，并通过所属公安机关报告当地人民政府；涉及营运车辆的，通知当地人民政府有关行政管理部门；涉及爆炸物品、易燃易爆化学物品以及毒害性、放射性、腐蚀性、传染病病源体等危险物品的，应当立即通过所属公安机关报告当地人民政府，并通报有关部门及时处理；造成道路、供电、通讯等设施损毁的，应当通报有关部门及时处理。

第十二条　当事人未在道路交通事故现场报警，事后请求公安机关交通管理部门处理的，公安机关交通管理部门应当按照本规定第十条的规定予以记录，并在三日内作出是否受理的决定。经核查道路交通事故事实存在的，公安机关交通管理部门应当受理，并告知当事人；经核查无法证明道路交通事故事实存在，或者不属于公安机关交通管理部门管辖的，应当书面告知当事人，并说明理由。

第四章　自行协商和简易程序

第十三条　机动车与机动车、机动车与非机动车发生财产损失事故，当事人对事实及成因无争议的，可以自行协商处理损害赔偿事宜。车辆可以移动的，当事人应当在确保安全的原则下对现场拍照或者标划事故车辆现场位置后，立即撤离现场，将车辆移至不妨碍交通的地点，再进行协商。

非机动车与非机动车或者行人发生财产损失事故，基本事实及成因清楚的，当事人应当先撤离现场，再协商处理损害赔偿事宜。

对应当自行撤离现场而未撤离的，交通警察应当责令当事人撤离现场；造成交通堵塞的，对驾驶人处以200元罚款；驾驶人有其他道路交通安全违法行为的，依法一并处罚。

第十四条 具有本规定第十三条规定情形，当事人自行协商达成协议的，填写道路交通事故损害赔偿协议书，并共同签名。损害赔偿协议书内容包括事故发生的时间、地点、天气、当事人姓名、机动车驾驶证号、联系方式、机动车种类和号牌、保险凭证号、事故形态、碰撞部位、赔偿责任等内容。

第十五条 对仅造成人员轻微伤或者具有本规定第八条第一款第二项至第八项规定情形之一的财产损失事故，公安机关交通管理部门可以适用简易程序处理，但是有交通肇事犯罪嫌疑的除外。

适用简易程序的，可以由一名交通警察处理。

第十六条 交通警察适用简易程序处理道路交通事故时，应当在固定现场证据后，责令当事人撤离现场，恢复交通。拒不撤离现场的，予以强制撤离；对当事人不能自行移动车辆的，交通警察应当将车辆移至不妨碍交通的地点。具有本规定第八条第一款第六项、第七项情形之一的，按照《道路交通安全法实施条例》第一百零四条规定处理。

撤离现场后，交通警察应当根据现场固定的证据和当事人、证人叙述等，认定并记录道路交通事故发生的时间、地点、天气、当事人姓名、机动车驾驶证号、联系方式、机动车种类和号牌、保险凭证号、交通事故形态、碰撞部位等，并根据当事人的行为对发生道路交通事故所起的作用以及过错的严重程度，确定当事人的责任，制作道路交通事故认定书，由当事人签名。

第十七条 当事人共同请求调解的，交通警察应当当场进行调解，并在道路交通事故认定书上记录调解结果，由当事人签名，交付当事人。

第十八条 有下列情形之一的，不适用调解，交通警察可以在道路交通事故认定书上载明有关情况后，将道路交通事故认定书交付当事人：

（一）当事人对道路交通事故认定有异议的；

（二）当事人拒绝在道路交通事故认定书上签名的；

（三）当事人不同意调解的。

第五章 调 查

第一节 一般规定

第十九条 除简易程序外，公安机关交通管理部门对道路交通事故进行调查时，交通警察不得少于二人。

交通警察调查时应当向被调查人员出示《人民警察证》，告知被调查人依法享有的权利和义务，向当事人发送联系卡。联系卡载明交通警察姓名、办公地址、联系方式、监督电话等内容。

第二十条 交通警察调查道路交通事故时，应当客观、全面、及时、合法地收集证据。

第二节 现场处置和现场调查

第二十一条 交通警察到达事故现场后，应当立即进行下列工作：

（一）划定警戒区域，在安全距离位置放置发光或者反光锥筒和警告标志，确定专人负责现场交通指挥和疏导，维护良好道路通行秩序。因道路交通事故导致交通中断或者现场处置、勘查需要采取封闭道路等交通管制措施的，还应当在事故现场来车方向提前组织分流，放置绕行提示标志，避免发生交通堵塞。

（二）组织抢救受伤人员；

（三）指挥勘查、救护等车辆停放在便于抢救和勘查的位置，开启警灯，夜间还应当开启危险报警闪光灯和示廓灯；

（四）查找道路交通事故当事人和证人，控制肇事嫌疑人。

第二十二条　道路交通事故造成人员死亡的，应当经急救、医疗人员确认，并由医疗机构出具死亡证明。尸体应当存放在殡葬服务单位或者有停尸条件的医疗机构。

第二十三条　交通警察应当对事故现场进行调查，做好下列工作：

（一）勘查事故现场，查明事故车辆、当事人、道路及其空间关系和事故发生时的天气情况；

（二）固定、提取或者保全现场证据材料；

（三）查找当事人、证人进行询问，并制作询问笔录；

（四）其他调查工作。

第二十四条　交通警察勘查道路交通事故现场，应当按照有关法规和标准的规定，拍摄现场照片，绘制现场图，提取痕迹、物证，制作现场勘查笔录。发生一次死亡三人以上道路交通事故的，应当进行现场摄像。

现场图、现场勘查笔录应当由参加勘查的交通警察、当事人或者见证人签名。当事人、见证人拒绝签名或者无法签名以及无见证人的，应当记录在案。

第二十五条　痕迹或者证据可能因时间、地点、气象等原因导致灭失的，交通警察应当及时固定、提取或者保全。

车辆驾驶人有饮酒或者服用国家管制的精神药品、麻醉药品嫌疑的，公安机关交通管理部门应当按照《道路交通安全违法行为处理程序规定》及时抽血或者提取尿样，送交有检验资格的机构进行检验；车辆驾驶人当场死亡的，应当及时抽血检验。

第二十六条　交通警察应当检查当事人的身份证件、机动车驾驶证、机动车行驶证、保险标志等；对交通肇事嫌疑人可以依法传唤。

第二十七条　交通警察勘查事故现场完毕后，应当清点并登记现场遗留物品，迅速组织清理现场，尽快恢复交通。

现场遗留物品能够现场发还的，应当现场发还并做记录；现场无法确定所有人的，应当妥善保管，待所有人确定后，及时发还。

第二十八条　因收集证据的需要，公安机关交通管理部门可以扣留事故车辆及机动车行驶证，并开具行政强制措施凭证。扣留的车辆及机动车行驶证应当妥善保管。

公安机关交通管理部门不得扣留事故车辆所载货物。对所载货物在核实重量、体积及货物损失后，通知机动车驾驶人或者货物所有人自行处理。无法通知当事人或者当事人不自行处理的，按照《公安机关办理行政案件程序规定》的有关规定办理。

第二十九条　因收集证据的需要，公安机关交通管理部门可以扣押与事故有关的物品，并开具扣押物品清单一式两份，一份交给被扣押物品的持有人，一份附卷。扣押的物品应当妥善保管。

扣押期限不得超过三十日，案情重大、复杂的，经本级公安机关负责人或者上一级公安机关交通管理部门负责人批准可以延长三十日；法律、法规另有规定的除外。

第三十条 公安机关交通管理部门经过现场调查认为不属于道路交通事故的，应当书面通知当事人，并将案件移送有关部门或者告知当事人处理途径。

公安机关交通管理部门在调查过程中，发现当事人有交通肇事犯罪嫌疑的，应当按照《公安机关办理刑事案件程序规定》立案侦查。发现当事人有其他违法犯罪嫌疑的，应当及时移送有关部门，移送不影响事故的调查和处理。

第三十一条 投保机动车交通事故责任强制保险的车辆发生道路交通事故，因抢救受伤人员需要保险公司支付抢救费用的，公安机关交通管理部门书面通知保险公司。

抢救受伤人员需要道路交通事故社会救助基金垫付费用的，公安机关交通管理部门书面通知道路交通事故社会救助基金管理机构。

第三节 交通肇事逃逸查缉

第三十二条 公安机关交通管理部门应当根据管辖区域和道路情况，制定交通肇事逃逸案件查缉预案。

发生交通肇事逃逸案件后，公安机关交通管理部门应当根据当事人陈述、证人证言、交通事故现场痕迹、遗留物等线索，及时启动查缉预案，布置堵截和查缉。

第三十三条 案发地公安机关交通管理部门可以通过发协查通报、向社会公告等方式要求协查、举报交通肇事逃逸车辆或者侦破线索。发出协查通报或者向社会公告时，应当提供交通肇事逃逸案件基本事实、交通肇事逃逸车辆情况、特征及逃逸方向等有关情况。

第三十四条 接到协查通报的公安机关交通管理部门，应当立即布置堵截或者排查。发现交通肇事逃逸车辆或者嫌疑车辆的，应当予以扣留，依法传唤交通肇事逃逸人或者与协查通报相符的嫌疑人，并及时将有关情况通知案发地公安机关交通管理部门。案发地公安机关交通管理部门应当立即派交通警察前往办理移交。

第三十五条 公安机关交通管理部门查获交通肇事逃逸车辆后，应当按原范围发出撤销协查通报。

第三十六条 公安机关交通管理部门侦办交通肇事逃逸案件期间，交通肇事逃逸案件的受害人及其家属向公安机关交通管理部门询问案件侦办情况的，公安机关交通管理部门应当告知。

第四节 检验、鉴定

第三十七条 需要进行检验、鉴定的，公安机关交通管理部门应当自事故现场调查结束之日起三日内委托具备资格的鉴定机构进行检验、鉴定。尸体检验应当在死亡之日起三日内委托。

对现场调查结束之日起三日后需要检验、鉴定的，应当报经上一级公安机关交通管理部门批准。

对精神病的鉴定，应当由省级人民政府指定的医院进行。

第三十八条 公安机关交通管理部门应当与检验、鉴定机构约定检验、鉴定完成的期限，约定的期限不得超过二十日。超过二十日的，应当报经上一级公安机关交通管理部门批准，但最长不得超过六十日。

第三十九条　卫生行政主管部门许可的医疗机构具有执业资格的医生为道路交通事故受伤人员出具的诊断证明，公安机关交通管理部门可以作为认定人身伤害程度的依据。

第四十条　检验尸体不得在公众场合进行。检验中需要解剖尸体的，应当征得其家属的同意。

解剖未知名尸体，应当报经县级以上公安机关或者上一级公安机关交通管理部门负责人批准。

第四十一条　检验尸体结束后，应当书面通知死者家属在十日内办理丧葬事宜。无正当理由逾期不办理的应记录在案，并经县级以上公安机关负责人批准，由公安机关处理尸体，逾期存放的费用由死者家属承担。

对未知名尸体，由法医提取人身识别检材，并对尸体拍照、采集相关信息后，由公安机关交通管理部门填写未知名尸体信息登记表，并在设区市级以上报纸刊登认尸启事。登报后三十日仍无人认领的，由县级以上公安机关负责人或者上一级公安机关交通管理部门负责人批准处理尸体。

第四十二条　检验、鉴定机构应当在约定或者规定的期限内完成检验、鉴定，并出具书面检验、鉴定报告，由检验、鉴定人签名并加盖机构印章。检验、鉴定报告应当载明以下事项：

（一）委托人；

（二）委托事项；

（三）提交的相关材料；

（四）检验、鉴定的时间；

（五）依据和结论性意见，通过分析得出结论性意见的，应当有分析过程的说明。

第四十三条　公安机关交通管理部门应当在收到检验、鉴定报告之日起二日内，将检验、鉴定报告复印件送达当事人。

当事人对检验、鉴定结论有异议的，可以在公安机关交通管理部门送达之日起三日内申请重新检验、鉴定，经县级公安机关交通管理部门负责人批准后，进行重新检验、鉴定。重新检验、鉴定应当另行委托检验、鉴定机构或者由原检验、鉴定机构另行指派鉴定人。公安机关交通管理部门应当在收到重新检验、鉴定报告之日起二日内，将重新检验、鉴定报告复印件送达当事人。重新检验、鉴定以一次为限。

第四十四条　检验、鉴定结论确定之日起五日内，公安机关交通管理部门应当通知当事人领取扣留的事故车辆、机动车行驶证以及扣押的物品。

对驾驶人逃逸的无主车辆或者经通知当事人三十日后仍不领取的车辆，经公告三个月仍不来接受处理的，对扣留的车辆依法处理。

第六章　认定与复核

第一节　道路交通事故认定

第四十五条　道路交通事故认定应当做到程序合法、事实清楚、证据确实充分、适用法律正确、责任划分公正。

第四十六条　公安机关交通管理部门应当根据当事人的行为对发生道路交通事故所起

的作用以及过错的严重程度，确定当事人的责任。

（一）因一方当事人的过错导致道路交通事故的，承担全部责任；

（二）因两方或者两方以上当事人的过错发生道路交通事故的，根据其行为对事故发生的作用以及过错的严重程度，分别承担主要责任、同等责任和次要责任；

（三）各方均无导致道路交通事故的过错，属于交通意外事故的，各方均无责任。

一方当事人故意造成道路交通事故的，他方无责任。

省级公安机关可以根据有关法律、法规制定具体的道路交通事故责任确定细则或者标准。

第四十七条 公安机关交通管理部门应当自现场调查之日起十日内制作道路交通事故认定书。交通肇事逃逸案件在查获交通肇事车辆和驾驶人后十日内制作道路交通事故认定书。对需要进行检验、鉴定的，应当在检验、鉴定结论确定之日起五日内制作道路交通事故认定书。

发生死亡事故，公安机关交通管理部门应当在制作道路交通事故认定书前，召集各方当事人到场，公开调查取得证据。证人要求保密或者涉及国家秘密、商业秘密以及个人隐私的证据不得公开。当事人不到场的，公安机关交通管理部门应当予以记录。

第四十八条 道路交通事故认定书应当载明以下内容：

（一）道路交通事故当事人、车辆、道路和交通环境等基本情况；

（二）道路交通事故发生经过；

（三）道路交通事故证据及事故形成原因的分析；

（四）当事人导致道路交通事故的过错及责任或者意外原因；

（五）作出道路交通事故认定的公安机关交通管理部门名称和日期。

道路交通事故认定书应当由办案民警签名或者盖章，加盖公安机关交通管理部门道路交通事故处理专用章，分别送达当事人，并告知当事人向公安机关交通管理部门申请复核、调解和直接向人民法院提起民事诉讼的权利、期限。

第四十九条 逃逸交通事故尚未侦破，受害一方当事人要求出具道路交通事故认定书的，公安机关交通管理部门应当在接到当事人书面申请后十日内制作道路交通事故认定书，并送达受害一方当事人。道路交通事故认定书应当载明事故发生的时间、地点、受害人情况及调查得到的事实，有证据证明受害人有过错的，确定受害人的责任；无证据证明受害人有过错的，确定受害人无责任。

第五十条 道路交通事故成因无法查清的，公安机关交通管理部门应当出具道路交通事故证明，载明道路交通事故发生的时间、地点、当事人情况及调查得到的事实，分别送达当事人。

第二节 复　核

第五十一条 当事人对道路交通事故认定有异议的，可以自道路交通事故认定书送达之日起三日内，向上一级公安机关交通管理部门提出书面复核申请。

复核申请应当载明复核请求及其理由和主要证据。

第五十二条 上一级公安机关交通管理部门收到当事人书面复核申请后五日内，应当作出是否受理决定。有下列情形之一的，复核申请不予受理，并书面通知当事人。

（一）任何一方当事人向人民法院提起诉讼并经法院受理的；

（二）人民检察院对交通肇事犯罪嫌疑人批准逮捕的；

（三）适用简易程序处理的道路交通事故；

（四）车辆在道路以外通行时发生的事故。

公安机关交通管理部门受理复核申请的，应当书面通知各方当事人。

第五十三条　上一级公安机关交通管理部门自受理复核申请之日起三十日内，对下列内容进行审查，并作出复核结论：

（一）道路交通事故事实是否清楚，证据是否确实充分，适用法律是否正确；

（二）道路交通事故责任划分是否公正；

（三）道路交通事故调查及认定程序是否合法。

复核原则上采取书面审查的办法，但是当事人提出要求或者公安机关交通管理部门认为有必要时，可以召集各方当事人到场，听取各方当事人的意见。

复核审查期间，任何一方当事人就该事故向人民法院提起诉讼并经法院受理的，公安机关交通管理部门应当终止复核。

第五十四条　上一级公安机关交通管理部门经审查认为原道路交通事故认定事实不清、证据不确实充分、责任划分不公正、或者调查及认定违反法定程序的，应当作出复核结论，责令原办案单位重新调查、认定。

上一级公安机关交通管理部门经审查认为原道路交通事故认定事实清楚、证据确实充分、适用法律正确、责任划分公正、调查程序合法的，应当作出维持原道路交通事故认定的复核结论。

第五十五条　上一级公安机关交通管理部门作出复核结论后，应当召集事故各方当事人，当场宣布复核结论。当事人没有到场的，应当采取其他法定形式将复核结论送达当事人。

上一级公安机关交通管理部门复核以一次为限。

第五十六条　上一级公安机关交通管理部门作出责令重新认定的复核结论后，原办案单位应当在十日内依照本规定重新调查，重新制作道路交通事故认定书，撤销原道路交通事故认定书。

重新调查需要检验、鉴定的，原办案单位应当在检验、鉴定结论确定之日起五日内，重新制作道路交通事故认定书，撤销原道路交通事故认定书。

重新制作道路交通事故认定书的，原办案单位应当送达各方当事人，并书面报上一级公安机关交通管理部门备案。

第七章　处罚执行

第五十七条　公安机关交通管理部门应当在作出道路交通事故认定之日起五日内，对当事人的道路交通安全违法行为依法作出处罚。

第五十八条　对发生道路交通事故构成犯罪，依法应当吊销驾驶人机动车驾驶证的，应当在人民法院作出有罪判决后，由设区市公安机关交通管理部门依法吊销机动车驾驶证；同时具有逃逸情形的，公安机关交通管理部门应当同时依法作出终生不得重新取得机动车驾驶证的决定。

第五十九条　专业运输单位六个月内两次发生一次死亡三人以上道路交通事故，且单位或者车辆驾驶人对事故承担全部责任或者主要责任的，专业运输单位所在地的公安机关交通管理部门应当报经设区市公安机关交通管理部门批准后，作出责令限期消除安全隐患的决定，禁止未消除安全隐患的机动车上道路行驶，并通报道路交通事故发生地及运输单位属地的人民政府有关行政管理部门。

第八章 损害赔偿调解

第六十条 当事人对道路交通事故损害赔偿有争议，各方当事人一致请求公安机关交通管理部门调解的，应当在收到道路交通事故认定书或者上一级公安机关交通管理部门维持原道路交通事故认定的复核结论之日起十日内，向公安机关交通管理部门提出书面申请。

第六十一条 公安机关交通管理部门应当按照合法、公正、自愿、及时的原则，并采取公开方式进行道路交通事故损害赔偿调解。调解时允许旁听，但是当事人要求不予公开的除外。

第六十二条 公安机关交通管理部门应当与当事人约定调解的时间、地点，并于调解时间三日前通知当事人。口头通知的，应当记入调解记录。调解参加人因故不能按期参加调解的，应当在预定调解时间一日前通知承办的交通警察，请求变更调解时间。

第六十三条 参加损害赔偿调解的人员包括：

（一）道路交通事故当事人及其代理人；

（二）道路交通事故车辆所有人或者管理人；

（三）公安机关交通管理部门认为有必要参加的其他人员。

委托代理人应当出具由委托人签名或者盖章的授权委托书。授权委托书应当载明委托事项和权限。

参加调解时当事人一方不得超过三人。

第六十四条 公安机关交通管理部门应当按照下列规定日期开始调解，并于十日内制作道路交通事故损害赔偿调解书或者道路交通事故损害赔偿调解终结书：

（一）造成人员死亡的，从规定的办理丧葬事宜时间结束之日起；

（二）造成人员受伤的，从治疗终结之日起；

（三）因伤致残的，从定残之日起；

（四）造成财产损失的，从确定损失之日起。

第六十五条 交通警察调解道路交通事故损害赔偿，按照下列程序实施：

（一）告知道路交通事故各方当事人的权利、义务；

（二）听取当事人各方的请求；

（三）根据道路交通事故认定书认定的事实以及《中华人民共和国道路交通安全法》第七十六条的规定，确定当事人承担的损害赔偿责任；

（四）计算损害赔偿的数额，确定各方当事人各自承担的比例，人身损害赔偿的标准按照《最高人民法院关于审理人身损害赔偿案件适用法律若干问题的解释》规定执行，财产损失的修复费用、折价赔偿费用按照实际价值或者评估机构的评估结论计算；

（五）确定赔偿履行方式及期限。

第六十六条 经调解达成协议的，公安机关交通管理部门应当当场制作道路交通事故损害赔偿调解书，由各方当事人签字，分别送达各方当事人。

调解书应当载明以下内容：

（一）调解依据；

（二）道路交通事故认定书认定的基本事实和损失情况；

（三）损害赔偿的项目和数额；

（四）各方的损害赔偿责任及比例；

（五）赔偿履行方式和期限；

（六）调解日期。

经调解各方当事人未达成协议的，公安机关交通管理部门应当终止调解，制作道路交通事故损害赔偿调解终结书送达各方当事人。

第六十七条　有下列情形之一的，公安机关交通管理部门应当终止调解，并记录在案：

（一）在调解期间有一方当事人向人民法院提起民事诉讼的；

（二）一方当事人无正当理由不参加调解的；

（三）一方当事人调解过程中退出调解的。

第九章　涉外道路交通事故处理

第六十八条　外国人在中华人民共和国境内发生道路交通事故的，除按照本规定执行外，还应当按照办理涉外案件的有关法律、法规、规章的规定执行。

公安机关交通管理部门处理外国人发生的道路交通事故，应当告知当事人我国法律、法规规定的当事人在处理道路交通事故中的权利和义务。

第六十九条　外国人发生道路交通事故，在未处理完毕前，公安机关可以依法不准其出境。

第七十条　外国人发生道路交通事故并承担全部责任或者主要责任的，公安机关交通管理部门应当告知道路交通事故损害赔偿权利人可以向人民法院提出采取诉前财产保全措施的请求。

第七十一条　公安机关交通管理部门在处理道路交通事故过程中，使用中华人民共和国通用的语言文字。对不通晓我国语言文字的，应当为其提供翻译；当事人通晓我国语言文字而不需要他人翻译的，应当出具书面声明。

经公安机关交通管理部门批准，外国籍当事人可以自己聘请翻译，翻译费由当事人承担。

第七十二条　享有外交特权与豁免的外国人发生道路交通事故时，交通警察认为应当给予暂扣或者吊销机动车驾驶证处罚的，可以扣留其机动车驾驶证。需要检验、鉴定车辆的，公安机关交通管理部门应当征得其同意，并在检验、鉴定后立即发还；其不同意检验、鉴定的，记录在案，不强行检验、鉴定。需要对享有外交特权和豁免的外国人进行调查的，可以约谈，谈话时仅限于与道路交通事故有关的内容；本人不接受调查的，记录在案。

公安机关交通管理部门应当根据收集的证据，制作道路交通事故认定书送达当事人，当事人拒绝接收的，送达至其所在机构。

享有外交特权与豁免的外国人拒绝接受调查或者检验、鉴定的，其损害赔偿事宜通过外交途径解决。

第七十三条 公安机关交通管理部门处理享有外交特权与豁免的外国人发生人员死亡事故的，应当将其身份、证件及事故经过、损害后果等基本情况记录在案，并将有关情况迅速通报省级人民政府外事部门和该外国人所属国家的驻华使馆或者领馆。

第七十四条 外国驻华领事机构、国际组织、国际组织驻华代表机构享有特权与豁免的人员发生道路交通事故的，公安机关交通管理部门参照本规定第七十三条、第七十四条规定办理，但《中华人民共和国领事特权与豁免条例》、中国已参加的国际公约以及我国与有关国家或者国际组织缔结的协议有不同规定的除外。

第十章 执法监督

第七十五条 公安机关警务督察部门可以依法对公安机关交通管理部门及其交通警察处理交通事故工作进行现场督察，查处违法违纪行为。

上级公安机关交通管理部门对下级公安机关交通管理部门处理道路交通事故工作进行监督，发现错误应当及时纠正。

第七十六条 交通警察违反本规定，故意或者过失造成认定事实错误、适用法律错误、违反法定程序或者其他执法错误的，应当依照有关规定，根据其违法事实、情节、后果和责任程度，追究执法过错责任人员行政责任、经济责任和刑事责任；造成严重后果、恶劣影响的，还应当追究公安机关交通管理部门领导责任。

第七十七条 交通警察或者公安机关检验、鉴定人员需要回避的，由本级公安机关交通管理部门负责人或者检验、鉴定人员所属的公安机关决定。公安机关交通管理部门负责人需要回避的，由公安机关负责人或者上一级公安机关交通管理部门负责人决定。

对当事人提出的回避申请，公安机关交通管理部门应当在二日内作出决定，并通知申请人。

第七十八条 人民法院、人民检察院审理、审查道路交通事故案件，需要公安机关交通管理部门提供有关证据的，公安机关交通管理部门应当在接到调卷公函之日起三日内，或者按照其时限要求，将道路交通事故案件调查材料正本移送人民法院或者人民检察院。

第七十九条 公安机关交通管理部门对查获交通肇事逃逸车辆及人员提供有效线索或者协助的人员、单位，应当给予表彰和奖励。

公安机关交通管理部门及其交通警察接到协查通报不配合协查并造成严重后果的，由公安机关或者上级公安机关交通管理部门追究有关人员和单位主管领导的责任。

第八十条 除涉及国家秘密、商业秘密或者个人隐私，以及应当事人、证人要求保密的内容外，当事人及其代理人收到道路交通事故认定书后，可以查阅、复制、摘录公安机关交通管理部门处理道路交通事故的证据材料。公安机关交通管理部门对当事人复制的证据材料应当加盖公安机关交通管理部门事故处理专用章。

第十一章 附 则

第八十一条 道路交通事故处理资格等级管理规定由公安部另行制定，资格证书式样全国统一。

第八十二条 公安机关交通管理部门应当在邻省、市（地）、县交界的国、省、县道上，以及辖区内交通流量集中的路段，设置标有管辖地公安机关交通管理部门名称及道路交通事故报警电话号码的提示牌。

第八十三条 车辆在道路以外通行时发生的事故，公安机关交通管理部门接到报案的，参照本规定处理。涉嫌犯罪的，及时移送有关部门。

第八十四条 执行本规定所需要的法律文书式样，由公安部制定。公安部没有制定式样，执法工作中需要的其他法律文书，省级公安机关可以制定式样。

当事人自行协商处理损害赔偿事宜的，可以自行制作协议书，但应当符合本规定第十四条关于协议书内容的规定。

第八十五条 本规定中下列用语的含义：

（一）“交通肇事逃逸”，是指发生道路交通事故后，道路交通事故当事人为逃避法律追究，驾驶车辆或者遗弃车辆逃离道路交通事故现场的行为。

（二）“检验、鉴定结论确定”，是指检验、鉴定报告复印件送达当事人之日起三日内，当事人未申请重新检验、鉴定的，以及公安机关交通管理部门批准重新检验、鉴定，检验、鉴定机构出具检验、鉴定意见的。

（三）本规定所称的“一日”、“二日”、“三日”、“五日”、“十日”、“二十日”，是指工作日，不包括节假日。

（四）本规定所称的“以上”、“以下”均包括本数在内。

（五）“县级（以上）公安机关交通管理部门”，是指县级（以上）人民政府公安机关交通管理部门或者相当于同级的公安机关交通管理部门。“设区市公安机关交通管理部门”，是指设区的市人民政府公安机关交通管理部门或者相当于同级的公安机关交通管理部门。“设区市公安机关”，是指设区的市人民政府公安机关或者相当于同级的公安机关。

（六）“死亡事故”，是指造成人员死亡的道路交通事故。

（七）“财产损失事故”，是指仅造成财产损失的道路交通事故。

第八十六条 本规定没有规定的道路交通事故案件办理程序，依照《公安机关办理行政案件程序规定》、《公安机关办理刑事案件程序规定》的有关规定执行。

第八十七条 本规定自2009年1月1日起施行。2004年4月30日发布的《交通事故处理程序规定》（公安部令第70号）同时废止。本规定施行后，与本规定不一致的，以本规定为准。

中华人民共和国海关办理行政处罚案件程序规定

（海关总署令第 159 号　2007 年 2 月 14 日）

第一章　总　则

第一条　为了规范海关办理行政处罚案件程序，保护公民、法人或者其他组织的合法权益，根据《中华人民共和国行政处罚法》、《中华人民共和国海关法》、《中华人民共和国海关行政处罚实施条例》（以下简称海关行政处罚实施条例）及有关法律、行政法规的规定，制定本规定。

第二条　海关办理行政处罚案件的程序适用本规定。法律、行政法规另有规定的除外。

海关侦查走私犯罪公安机构办理治安管理处罚案件的程序依照《中华人民共和国治安管理处罚法》、《公安机关办理行政案件程序规定》执行。

第三条　海关办理行政处罚案件应当遵循公正、公开、及时和便民的原则。

第四条　海关办理行政处罚案件，在少数民族聚居或者多民族共同居住的地区，应当使用当地通用的语言进行查问和询问。

对不通晓当地通用语言文字的当事人，应当为其提供翻译人员。

第五条　海关办理行政处罚案件过程中涉及国家秘密、商业秘密、海关工作秘密或者个人隐私的，应当保守秘密。

第二章　一般规定

第六条　海关发现的依法应当由其他行政机关或者刑事侦查部门处理的违法行为，应当制作案件移送函，及时将案件移送有关行政机关或者刑事侦查部门处理。

第七条　海关在调查、收集证据时，办理行政处罚案件的海关工作人员（以下简称办案人员）不得少于 2 人，并且应当向当事人或者有关人员出示执法证件。

第八条　办案人员有下列情形之一的，应当回避，当事人及其代理人有权申请其回避：

（一）是本案的当事人或者当事人的近亲属；

（二）本人或者其近亲属与本案有利害关系；

（三）与本案当事人有其他关系，可能影响案件公正处理的。

第九条　办案人员的回避，由其所属的直属海关或者隶属海关关长决定。

第十条　办案人员要求回避的，应当提出书面申请，并且说明理由。

办案人员具有应当回避的情形之一，没有申请回避，当事人及其代理人也没有申请他们回避的，有权决定他们回避的海关关长可以指令他们回避。

当事人及其代理人要求办案人员回避的，应当提出申请，并且说明理由。口头提出申请的，海关应当记录在案。

第十一条　对当事人及其代理人提出的回避申请，海关应当在3个工作日内作出决定并且书面通知申请人。

对海关驳回回避申请有异议的，当事人及其代理人可以在收到书面通知后的3个工作日内向作出决定的海关申请复核1次；作出决定的海关应当在3个工作日内作出复核决定并且书面通知申请人。

第十二条　在海关作出回避决定前，办案人员不停止办理行政处罚案件。在回避决定作出以前，办案人员进行的与案件有关的活动是否有效，由作出回避决定的海关根据案件情况决定。

第十三条　化验人、鉴定人和翻译人员的回避，适用本规定第八条至第十二条的规定。

第十四条　海关办理行政处罚案件的证据种类主要有：

（一）书证；

（二）物证；

（三）视听资料、电子数据；

（四）证人证言；

（五）化验报告、鉴定结论；

（六）当事人的陈述；

（七）查验、检查记录。

证据应当经查证属实，才能作为认定事实的根据。

第十五条　海关收集的物证、书证应当是原物、原件。收集原物、原件确有困难的，可以拍摄、复制足以反映原物、原件内容或者外形的照片、录像、复制件，并且可以指定或者委托有关单位或者个人对原物、原件予以妥善保管。

收集物证、书证的原物、原件的，应当开列清单，注明收集的日期，由有关单位或者个人确认后盖章或者签字。

收集由有关单位或者个人保管书证原件的复制件、影印件或者抄录件的，应当注明出处和收集时间，经提供单位或者个人核对无异后盖章或者签字。

收集由有关单位或者个人保管物证原物的照片、录像的，应当附有关制作过程及原物存放处的文字说明，并且由提供单位或者个人在文字说明上盖章或者签字。

提供单位或者个人拒绝盖章或者签字的，办案人员应当注明。

第十六条　海关收集电子数据或者录音、录像等视听资料，应当收集原始载体。收集原始载体确有困难的，可以收集复制件，注明制作方法、制作时间、制作人、证明对象以及原始载体存放处等，并且由有关单位或者个人确认后盖章或者签字。

海关对收集的电子数据或者录音、录像等视听资料的复制件应当进行证据转换，电子数据能转换为纸质资料的应当及时打印，录音资料应当附有声音内容的文字记录，并且由有关单位或者个人确认后盖章或者签字。

第十七条　违法行为在2年内未被发现的，不再给予行政处罚。法律另有规定的除外。

前款规定的期限，从违法行为发生之日起计算；违法行为有连续或者继续状态的，从行为终了之日起计算。

第十八条 期间以时、日、月、年计算。期间开始的时和日，不计算在期间内。期间届满的最后一日是法定节假日或者法定休息日的，以其后的第一个工作日为期间届满日期。

期间不包括在途时间，法定期满前交付邮寄的，不视为逾期。

第十九条 当事人因不可抗拒的事由或者其他正当理由耽误期限的，在障碍消除后的10日内可以向海关申请顺延期限，是否准许，由海关决定。

第二十条 海关送达行政法律文书，应当直接送交受送达人。受送达人是公民的，本人不在交其同住成年家属签收；受送达人是法人或者其他组织的，应当由法人的法定代表人、其他组织的主要负责人或者该法人、组织负责收件的人签收；受送达人有委托接受送达的代理人的，可以送交代理人签收。

直接送达行政法律文书，由受送达人在送达回证上签字或者盖章，并且注明签收日期。送达回证上的签收日期为送达日期。

第二十一条 受送达人或者与其同住的成年家属拒绝签收行政法律文书，送达人应当邀请见证人到场，说明情况，在送达回证上注明拒收事由和日期，由送达人、见证人签字或者盖章，把行政法律文书留在受送达人的住所，即视为送达。

第二十二条 直接送达行政法律文书有困难的，可以委托其他海关代为送达，或者邮寄送达。

委托其他海关代为送达的，应当向受托海关出具委托手续，并且由受托海关向当事人出示。

邮寄送达的，应当附有送达回证并且以送达回证上注明的收件日期为送达日期；送达回证没有寄回的，以挂号信回执或者查询复单上注明的收件日期为送达日期。

第二十三条 海关对中华人民共和国领域内有住所的外国人、无国籍人、外国企业或者组织送达行政法律文书，适用本规定第二十条至第二十二条规定。

海关对中华人民共和国领域内没有住所的外国人、无国籍人、外国企业或者组织能够直接送交行政法律文书的，应当直接送达。受送达人有委托接受送达的代理人的，海关可以向代理人直接送达，也可以向受送达人在中华人民共和国领域内设立的代表机构或者有权接受送达的分支机构、业务代办人直接送达。海关对授权委托有疑问的，可以要求代理人提供经过公证机关公证的授权委托书。

直接送达行政法律文书有困难并且受送达人所在国的法律允许邮寄送达的，可以邮寄送达。

海关向我国香港、澳门和台湾地区送达法律文书的，比照对中华人民共和国领域内没有住所的外国人、无国籍人、外国企业或者组织送达法律文书的相关规定执行。

第二十四条 受送达人是军人的，通过其所在部队团以上单位的政治机关转交。

受送达人是被监禁的或者被劳动教养的，通过其所在监所、劳动改造单位或者劳动教养单位转交。

受送达人在送达回证上的签收日期，为送达日期。

第二十五条 经采取本规定第二十条至第二十四条规定的送达方式无法送达的，公告送达。

依法予以公告送达的，海关应当将行政法律文书的正本张贴在海关公告栏内。行政处罚决定书公告送达的，还应当在报纸上刊登公告。

公告送达，自发出公告之日起满60日，视为送达；对在中华人民共和国领域内没有住所的当事人进行公告送达，自发出公告之日起满6个月，视为送达。

法律、行政法规另有规定，以及我国缔结或者参加的国际条约中约定有特别送达方式的除外。

第二十六条　违法事实确凿并且有法定依据，对公民处以50元以下、对法人或者其他组织处以1000元以下罚款或者警告的行政处罚的，可以按照《中华人民共和国行政处罚法》第五章第一节的有关规定当场作出行政处罚决定。

第三章　案件调查

第一节　立　案

第二十七条　海关发现公民、法人或者其他组织有依法应当由海关给予行政处罚的行为的，应当立案调查。

第二十八条　海关受理或者发现的违法线索，经核实有下列情形之一的，不予立案：

（一）没有违法事实的；

（二）违法行为超过法律规定的处罚时效的；

（三）其他依法不予立案的情形。

海关决定不予立案的，应当制作不予立案通知书，及时通知举报人、线索移送机关或者主动投案的违法嫌疑人。

第二节　查问、询问

第二十九条　办案人员查问违法嫌疑人、询问证人应当个别进行，并且告知其依法享有的权利和作伪证应当承担的法律责任。

违法嫌疑人、证人应当如实陈述、提供证据。

第三十条　办案人员查问违法嫌疑人，可以到其所在单位或者住所进行，也可以要求其到海关或者指定的地点进行。

办案人员询问证人，可以到其所在单位或者住所进行。必要时，也可以通知证人到海关或者指定地点进行。

第三十一条　查问、询问应当制作查问、询问笔录。

查问、询问笔录上所列项目，应当按照规定填写齐全，并且注明查问、询问开始和结束的时间；办案人员应当在查问、询问笔录上签字。

查问、询问笔录应当当场交给被查问人、被询问人核对或者向其宣读。被查问人、被询问人核对无误后，应当在查问、询问笔录上逐页签字或者捺指印，拒绝签字或者捺指印的，办案人员应当在查问、询问笔录上注明。如记录有误或者遗漏，应当允许被查问人、被询问人更正或者补充，并且在更正或者补充处签字或者捺指印。

第三十二条　查问、询问聋、哑人时，应当有通晓聋、哑手语的人作为翻译人员参加，并且在笔录上注明被查问人、被询问人的聋、哑情况。

查问、询问不通晓中国语言文字的外国人、无国籍人，应当为其提供翻译人员；被查问人、被询问人通晓中国语言文字不需要提供翻译人员的，应当出具书面声明，办案人员应当在查问、询问笔录中注明。

翻译人员的姓名、工作单位和职业应当在查问、询问笔录中注明。翻译人员应当在查问、询问笔录上签字。

第三十三条 海关首次查问违法嫌疑人、询问证人时，应当问明违法嫌疑人、证人的姓名、出生日期、户籍所在地、现住址、身份证件种类及号码、工作单位、文化程度，是否曾受过刑事处罚或者被行政机关给予行政处罚等情况；必要时，还应当问明家庭主要成员等情况。

违法嫌疑人或者证人不满18周岁的，查问、询问时应当通知其父母或者其他监护人到场。确实无法通知或者通知后未到场的，应当记录在案。

第三十四条 被查问人、被询问人要求自行提供书面陈述材料的，应当准许；必要时，办案人员也可以要求被查问人、被询问人自行书写陈述。

被查问人、被询问人自行提供书面陈述材料的，应当在陈述材料上签字并且注明书写陈述的时间、地点和陈述人等。办案人员收到书面陈述后，应当注明收到时间并且签字确认。

第三十五条 查问、询问时，在文字记录的同时，可以根据需要录音、录像。

第三十六条 办案人员对违法嫌疑人、证人的陈述应当认真听取，并且如实记录。

办案人员不得以暴力、威胁、引诱、欺骗以及其他非法手段获取陈述。

第三节 检查、查验

第三十七条 办案人员依法检查运输工具和场所，查验货物、物品，应当制作检查、查验记录。检查、查验记录由办案人员、当事人或者其代理人签字或者盖章；当事人或者其代理人不在场或者拒绝签字或者盖章的，办案人员应当在检查、查验记录上注明，并且由见证人签字或者盖章。

第三十八条 办案人员依法检查走私嫌疑人的身体，应当在隐蔽的场所或者非检查人员视线之外，由2名以上与被检查人同性别的办案人员执行。

检查走私嫌疑人身体可以由医生协助进行，必要时可前往医疗机构作专业检查。

第四节 化验、鉴定

第三十九条 在案件调查过程中，需要对有关货物、物品进行取样化验、鉴定的，由海关或者海关委托的化验、鉴定机构提取样品。提取样品时，当事人或者其代理人应当到场；当事人或者其代理人未到场的，海关应当邀请见证人到场。

提取的样品应当予以加封确认，并且填制提取样品记录，由办案人员或者海关委托的化验、鉴定机构人员、当事人或者其代理人、见证人签字或者盖章。

海关提取的样品应当及时送化验、鉴定机构化验、鉴定。

第四十条 依法先行变卖或者经海关许可先行放行有关货物、物品的，海关应当提取1式2份以上样品；样品份数及每份样品数量以能够认定样品的品质特征为限。

第四十一条 化验、鉴定应当交由海关化验鉴定机构或者委托国家认可的其他机构进行。有关货物、物品持有人或者所有人应当根据化验、鉴定要求提供化验、鉴定所需的有关资料。

第四十二条　化验人、鉴定人进行化验、鉴定后，应当出具化验报告、鉴定结论。

化验报告、鉴定结论应当载明委托人和委托化验、鉴定的事项，向化验、鉴定部门提交的相关材料，化验、鉴定的依据和使用的科学技术手段，化验、鉴定部门和化验、鉴定人资格的说明，并且应当有化验、鉴定人的签字和化验、鉴定部门的盖章。通过分析获得的鉴定结论，应当说明分析过程。

第四十三条　当事人对化验报告、鉴定结论有异议的，可以申请重新化验、鉴定1次；海关经审查确有正当理由的，应当重新进行化验、鉴定。

化验、鉴定费用由海关承担。但是经当事人申请海关重新化验、鉴定的，如果化验、鉴定结论有改变的，化验、鉴定费用由海关承担；如果化验、鉴定结论没有改变的，化验、鉴定费用由重新化验、鉴定申请人承担。

第五节　查询存款、汇款

第四十四条　在调查走私案件时，办案人员查询案件涉嫌单位和涉嫌人员在金融机构、邮政企业的存款、汇款，需要经直属海关关长或者其授权的隶属海关关长批准。

第四十五条　办案人员查询案件涉嫌单位和涉嫌人员在金融机构、邮政企业的存款、汇款，应当表明执法身份，出示海关协助查询通知书。

第六节　扣留和担保

第四十六条　海关依法扣留货物、物品、运输工具、其他财产及账册、单据等资料，应当出示执法证件，制作扣留凭单送达当事人，当场告知其采取扣留的理由、依据及其依法享有的权利。

扣留凭单应当记载被扣货物、物品、运输工具或者其他财产的品名、规格、数量、重量等，品名、规格、数量、重量当场无法确定的，应当尽可能完整地描述其外在特征。扣留凭单应当由办案人员、当事人或者其代理人、保管人签字或者盖章；当事人或者其代理人不在场或者拒绝签字或者盖章的，办案人员应当在扣留凭单上注明，并且由见证人签字或者盖章。

海关依法扣留货物、物品、运输工具、其他财产及账册、单据等资料，可以加施海关封志。加施海关封志的，当事人或者其代理人、保管人应当妥善保管。

第四十七条　海关扣留货物、物品、运输工具、其他财产以及账册、单据等资料的期限不得超过1年。因案件调查需要，经直属海关关长或者其授权的隶属海关关长批准，可以延长，延长期限不得超过1年。但是复议、诉讼期间不计算在内。

第四十八条　在人民法院判决或者海关行政处罚决定作出之前，对扣留的危险品或者鲜活、易腐、易烂、易失效、易变质等不宜长期保存的货物、物品以及所有人申请先行变卖的货物、物品、运输工具，需要依法先行变卖的，应当经直属海关关长或者其授权的隶属海关关长批准。

海关在变卖前，应当通知先行变卖的货物、物品、运输工具的所有人。如果变卖前无法及时通知的，海关应当在货物、物品、运输工具变卖后，通知其所有人。

第四十九条　海关依法解除对货物、物品、运输工具、其他财产及有关账册、单据等资料的扣留，应当制发解除扣留通知书送达当事人。解除扣留通知书由办案人员、当事人或者其代理人、保管人签字或者盖章；当事人或者其代理人不在场，或者当事人、代理人拒绝签字或者盖章的，办案人员应当在解除扣留通知书上注明，并且由见证人签字或者盖章。

第五十条 有违法嫌疑的货物、物品、运输工具无法或者不便扣留的，当事人或者运输工具负责人向海关提供担保时，办案人员应当制作收取担保凭单送达当事人或者运输工具负责人，收取担保凭单由办案人员、当事人、运输工具负责人或者其代理人签字或者盖章。

收取担保后，可以对涉案货物、物品、运输工具进行拍照或者录像存档。

第五十一条 海关依法解除担保的，应当制发解除担保通知书送达当事人或者运输工具负责人。解除担保通知书由办案人员及当事人、运输工具负责人或者其代理人、保管人签字或者盖章；当事人、运输工具负责人或者其代理人不在场或者拒绝签字或者盖章的，办案人员应当在解除担保通知书上注明，并且由见证人签字或者盖章。

第五十二条 依法对走私犯罪嫌疑人实施人身扣留依照《中华人民共和国海关实施人身扣留规定》的程序办理。

第七节 调查中止和终结

第五十三条 海关办理行政处罚案件，在立案后发现当事人的违法行为应当移送其他行政机关或者刑事侦查部门办理的，应当及时移送。

行政处罚案件自海关移送其他行政机关或者刑事侦查部门之日起中止调查。

第五十四条 海关中止调查的行政处罚案件，有下列情形之一的，应当恢复调查：

（一）其他行政机关或者刑事侦查部门已作出处理的海关移送案件，仍需要海关作出行政处罚的；

（二）其他行政机关或者刑事侦查部门不予受理或者不予追究刑事责任，退回海关处理的。

第五十五条 经调查后，行政处罚案件有下列情形之一的，可以终结调查：

（一）违法事实清楚、法律手续完备、据以定性处罚的证据充分的；

（二）没有违法事实的；

（三）作为当事人的自然人死亡的；

（四）作为当事人的法人或者其他组织终止，无法人或者其他组织承受其权利义务，又无其他关系人可以追查的；

（五）其他行政机关或者刑事侦查部门已作出处理的海关移送案件，不需要海关作出行政处罚的；

（六）其他依法应当终结调查的情形。

第四章 行政处罚的决定

第一节 案件审查

第五十六条 海关对已经调查终结的行政处罚案件，应当经过审查；未经审查程序，不得作出撤销案件、不予行政处罚、予以行政处罚等处理决定。

第五十七条 海关对行政处罚案件进行审查时，应当审查案件的违法事实是否清楚，定案的证据是否客观、充分，调查取证的程序是否合法、适当，以及是否存在不予行政处罚或者减轻、从轻、从重处罚的情节，并且提出适用法律和案件处理意见。

有关案件违法事实不清、证据不充分或者调查程序违法的，应当退回补充调查。

第五十八条　不满14周岁的人有违法行为的，不予行政处罚，但是应当责令其监护人加以管教。已满14周岁不满18周岁的人有违法行为的，从轻或者减轻行政处罚。

第五十九条　精神病人在不能辨认或者不能控制自己行为时有违法行为的，不予行政处罚，但应当责令其监管人严加看管和治疗。间歇性精神病人在精神正常时有违法行为的，应当给予行政处罚。

第二节　告知、复核和听证

第六十条　海关在作出行政处罚决定前，应当告知当事人作出行政处罚决定的事实、理由和依据，并且告知当事人依法享有的权利。

作出暂停从事有关业务、暂停报关执业、撤销海关注册登记、取消报关从业资格、对公民处1万元以上罚款、对法人或者其他组织处10万元以上罚款、没收有关货物、物品、走私运输工具等行政处罚决定之前，应当告知当事人有要求举行听证的权利。

在履行告知义务时，海关应当制发行政处罚告知单，送达当事人。

第六十一条　除因不可抗力或者海关认可的其他正当理由外，当事人应当在收到行政处罚告知单的3个工作日内提出书面陈述、申辩和听证申请。逾期视为放弃陈述、申辩和要求听证的权利。

当事人当场口头提出陈述、申辩的，海关应当制作书面记录，并且由当事人签字或者盖章确认。

当事人放弃陈述、申辩和听证权利的，海关可以直接作出行政处罚决定。当事人放弃陈述、申辩和听证权利应当有书面记载，并且由当事人或者其代理人签字或者盖章确认。

第六十二条　海关在收到当事人的书面陈述、申辩意见后，应当进行复核；当事人提出的事实、理由或者证据成立的，海关应当采纳。

第六十三条　海关不得因当事人的申辩而加重处罚，但是海关发现新的违法事实的除外。

第六十四条　经复核后，变更原处罚告知事实、理由、依据、处罚幅度的，应当重新制发海关行政处罚告知单，并且依据本规定第六十条至第六十三条的规定办理。

第六十五条　当事人申请举行听证的，依照《中华人民共和国海关行政处罚听证办法》规定办理。

第三节　处理决定

第六十六条　海关关长应当根据对行政处罚案件审查的不同结果，依法作出以下决定：

（一）确有违法行为，应当给予行政处罚的，根据其情节和危害后果的轻重，作出行政处罚决定；

（二）依法不予行政处罚的，作出不予行政处罚决定；

（三）有本规定第五十五条第（二）至（四）项情形之一的，撤销案件；

（四）符合海关行政处罚实施条例第六十二条第（三）、（四）、（五）项规定的收缴条件的，予以收缴；

（五）违法行为涉嫌犯罪的，移送刑事侦查部门依法办理。

海关作出行政处罚决定，应当做到认定违法事实清楚，定案证据确凿充分，违法行为定性准确，适用法律正确，办案程序合法，处罚幅度合理适当。

第六十七条 对情节复杂或者重大违法行为给予较重的行政处罚，应当由海关案件审理委员会集体讨论决定。

第六十八条 海关依法作出行政处罚决定或者不予行政处罚决定的，应当制发行政处罚决定书或者不予行政处罚决定书。

第六十九条 行政处罚决定书应当载明以下内容：

（一）当事人的基本情况，包括当事人姓名或者名称、海关注册编码、报关员海关注册编码、地址等；

（二）违反法律、行政法规或者规章的事实和证据；

（三）行政处罚的种类和依据；

（四）行政处罚的履行方式和期限；

（五）不服行政处罚决定，申请行政复议或者提起行政诉讼的途径和期限；

（六）作出行政处罚决定的海关名称和作出决定的日期，并且加盖作出行政处罚决定海关的印章。

第七十条 不予行政处罚决定书应当载明以下内容：

（一）当事人的基本情况，包括当事人姓名或者名称、海关注册编码、报关员海关注册编码、地址等；

（二）违反法律、行政法规或者规章的事实和证据；

（三）不予行政处罚的依据；

（四）不服不予行政处罚决定，申请行政复议或者提起行政诉讼的途径和期限；

（五）作出不予行政处罚决定的海关名称和作出决定的日期，并且加盖作出不予行政处罚决定海关的印章。

第七十一条 行政处罚决定书应当在宣告后当场交付当事人；当事人不在场的，海关应当在 7 日内将行政处罚决定书送达当事人。

第七十二条 根据海关行政处罚实施条例第六十二条的规定收缴有关货物、物品、违法所得、运输工具、特制设备的，应当制作收缴清单送达被收缴人。

走私违法事实基本清楚，但是当事人无法查清的案件，海关在制发收缴清单之前，应当制发收缴公告，公告期限为 3 个月，并且限令有关当事人在公告期限内到指定海关办理相关海关手续。公告期满后仍然没有当事人到海关办理相关海关手续的，海关可以根据海关行政处罚实施条例第六十二条第一款第（四）项的规定予以收缴。

第七十三条 收缴清单应当载明予以收缴的货物、物品、违法所得、运输工具、特制设备的名称、规格、数量或者重量等。有关货物、物品、走私运输工具、特制设备有重要、明显特征或者瑕疵的，办案人员应当在收缴清单中予以注明。

第七十四条 收缴清单由办案人员、被收缴人或者其代理人签字或者盖章。

被收缴人或者其代理人拒绝签字或者盖章，或者被收缴人无法查清但是有见证人在场的，应当由见证人签字或者盖章。

没有被收缴人签字或者盖章的，办案人员应当在收缴清单上注明原因。

根据海关行政处罚实施条例第六十二条第一款第（四）项的规定而制发的收缴清单应当公告送达。

第五章　行政处罚决定的执行

第七十五条　海关作出行政处罚决定后，当事人应当在行政处罚决定书规定的期限内，予以履行。

海关对当事人依法作出暂停从事有关业务或者执业、撤销其注册登记、取消其报关从业资格等行政处罚决定的执行程序，由海关总署另行制定。

第七十六条　当事人确有经济困难向海关提出延期或者分期缴纳罚款的，应当以书面方式提出申请。

海关收到当事人申请延期、分期执行申请后，应当在10个工作日内作出是否准予延期、分期缴纳罚款的决定，并且制发通知书送达申请人。

海关同意当事人延期或者分期缴纳的，应当及时通知收缴罚款的机构。

第七十七条　同意当事人延期或者分期缴纳罚款的，执行完毕的期限自处罚决定书规定的履行期限届满之日起不得超过180日。

第七十八条　当事人逾期不履行行政处罚决定的，海关可以采取下列措施：

（一）到期当事人不缴纳罚款的，每日按照罚款数额的3%加处罚款；

（二）当事人逾期不履行海关的处罚决定又不申请复议或者向人民法院提起诉讼的，海关可以将扣留的货物、物品、运输工具变价抵缴，或者以当事人提供的担保抵缴，也可以申请人民法院强制执行。

第七十九条　海关依照本规定第七十八条规定采取加处罚款、抵缴措施之前，应当制发执行通知书并且送达当事人。

第八十条　受海关处罚的当事人或者其法定代表人、主要负责人在出境前未缴清罚款、违法所得和依法追缴的货物、物品、走私运输工具的等值价款的，也未向海关提供相当于上述款项担保的，海关可以制作阻止出境协助函，通知出境管理机关阻止其出境。

阻止出境协助函应当随附行政处罚决定书等相关行政法律文书，并且载明被阻止出境人员的姓名、性别、出生日期、出入境证件种类和号码。被阻止出境人员是外国人、无国籍人员的，应当注明其英文姓名。

第八十一条　当事人或者其法定代表人、主要负责人缴清罚款、违法所得和依法追缴的货物、物品、走私运输工具等值价款的，或者向海关提供相当于上述款项担保的，海关应当及时制作解除阻止出境协助函通知出境管理机关。

第八十二条　将当事人的担保抵缴或者将当事人被扣留的货物、物品、运输工具依法变价抵缴罚款之后仍然有剩余的，应当及时发还或者解除扣留、解除担保。

第八十三条　自海关送达解除扣留通知书之日起3个月内，当事人无正当理由未到海关办理有关货物、物品、运输工具或者其他财产的退还手续的，海关可以将有关货物、物品、运输工具或者其他财产提取变卖，并且保留变卖价款。变卖价款在扣除自海关送达解除扣留通知书之日起算的仓储等相关费用后，尚有余款的，当事人在海关送达解除扣留通知书之日起1年内应当前来海关办理相关手续，逾期海关将余款上缴国库。

第八十四条　自海关送达解除担保通知书之日起1年内，当事人无正当理由未到海关办理财产、权利凭证退还手续的，由海关将相关财产、权利凭证等变卖折价或者兑付，并且上缴国库。

第八十五条 向人民法院申请强制执行的，海关应当填写申请执行书，并且提供人民法院要求提供的其他材料。

第八十六条 申请人民法院强制执行应当符合《最高人民法院关于执行〈中华人民共和国行政诉讼法〉若干问题的解释》的规定并且在下列期限内提起：

（一）行政处罚决定书送达后当事人未申请行政复议或者向人民法院提起诉讼的，在处罚决定书送达之日起3个月后起算的180日内；

（二）复议决定书送达后当事人未提起行政诉讼的，在复议决定书送达之日起15日后起算的180日内；

（三）第一审行政判决后当事人未提出上诉的，在判决书送达之日起15日后起算的180日内；

（四）第一审行政裁定后当事人未提出上诉的，在裁定书送达之日起10日后起算的180日内；

（五）第二审行政判决书送达之日起180日内。

第八十七条 当事人实施违反《中华人民共和国海关法》的行为后，发生企业分立、合并或者其他资产重组等情形，对当事人处以罚款、没收违法所得或者依法追缴走私货物、物品、运输工具等值价款的，应当将承受当事人权利义务的法人、组织作为被执行人。

第八十八条 有下列情形之一的，应当中止执行：

（一）处罚决定可能存在违法或者不当情况的；

（二）申请人民法院强制执行，人民法院裁定中止执行的；

（三）行政复议机关、人民法院认为需要中止执行的；

（四）其他依法应当中止执行的。

根据前款第（一）项情形中止执行的，应当经直属海关关长或者其授权的隶属海关关长批准。

中止执行的情形消失后，应当恢复执行。

第八十九条 有下列情形之一的，应当终结执行：

（一）据以执行的法律文书被撤销的；

（二）作为当事人的自然人死亡的；

（三）作为当事人的法人或者其他组织被依法终止，又无权利义务承受人的，也无其他财产可供执行的；

（四）海关行政处罚决定履行期限届满超过2年，海关依法采取各种执行措施后仍无法执行完毕的，但是申请人民法院强制执行情形除外；

（五）申请人民法院强制执行的，人民法院裁定中止执行后超过2年仍无法执行完毕的；

（六）申请人民法院强制执行后，人民法院裁定终结执行的；

（七）其他依法应当终结执行的。

第六章　简单案件处理程序

第九十条　海关对行邮、快件、货管、保税监管等业务现场及其他海关监管业务中违法事实清楚，违法情节轻微的案件，可以适用简单案件处理程序。但适用本规定第二十六条规定程序的除外。

第九十一条　适用简单案件处理程序的案件，海关进行现场调查后，可以直接制发行政处罚告知单，当场由当事人或者其代理人签收。

第九十二条　有以下所列情形之一的，海关可以当场作出行政处罚决定：

（一）当事人当场放弃陈述、申辩或者听证权利的；

（二）当事人当场进行陈述、申辩，经海关当场复核后，当事人或者其代理人接受复核意见。

当事人当场放弃陈述、申辩、听证的权利，或者当场进行陈述、申辩以及是否接受复核意见的情况，应当有书面记载，由当事人签字或者盖章确认。

当场作出行政处罚决定的，应当制发行政处罚决定书，并且当场送达当事人。

第九十三条　适用简单案件处理程序过程中，有下列情形之一的，海关不得当场作出行政处罚决定，应当按照一般程序规定办理：

（一）海关对当事人提出的陈述、申辩意见无法当场进行复核的；

（二）海关当场复核后，当事人对海关的复核意见仍然不服的；

（三）当事人当场依法向海关要求听证的；

（四）海关认为需要进一步调查取证的。

第七章　附　则

第九十四条　办案人员玩忽职守、徇私舞弊、滥用职权、索取或者收受他人财物的，依法给予处分；构成犯罪的，依法追究刑事责任。

第九十五条　海关对外国人、无国籍人、外国企业或者组织给予行政处罚的，适用本规定。

第九十六条　本规定由海关总署负责解释。

第九十七条　本规定自 2007 年 7 月 1 日起施行。

农业行政处罚程序规定

（农业部令第 63 号　2006 年 4 月 13 日）

第一章　总　则

第一条　为规范农业行政处罚，保障和监督农业行政主管部门有效实施行政管理，保护公民、法人和其他组织的合法权益，根据《中华人民共和国行政处罚法》（以下简称行政处罚法）和有关法律、法规的规定，结合农业系统实际，制定本规定。

第二条　农业行政处罚应当遵守行政处罚法和有关法律、法规、规章及本规定。

第三条　本规定所称农业行政主管部门，是指种植业、畜牧（草原）、兽医、渔业、农垦、乡镇企业、饲料工业和农业机械化等行政主管机关。

本规定所称农业行政处罚机关，是指依法行使行政处罚权的县级以上人民政府的农业行政主管部门和法律、法规授权的农业管理机构。

第四条　法律、法规授权的农业管理机构在法定授权范围内实施行政处罚，并对该行为的后果承担法律责任。

农业行政主管部门依法设立的农业行政综合执法机构具体承担农业行政处罚工作。

未设立农业行政综合执法机构的，农业行政主管部门根据法律、法规或规章的规定，可以委托符合行政处罚法第十九条规定的农业管理机构实施行政处罚。

第五条　农业行政综合执法机构和受委托的农业管理机构应当以农业行政主管部门的名义实施农业行政处罚。农业行政主管部门对受委托的农业管理机构实施行政处罚行为应当进行监督，并对该行为的后果承担法律责任。

第六条　上级农业行政处罚机关应当加强对下级农业行政处罚机关实施行政处罚的监督检查。

第二章　农业行政处罚的管辖

第七条　农业行政处罚由违法行为发生地的农业行政处罚机关管辖。

第八条　县级农业行政处罚机关管辖本行政区域内的行政违法案件。

设区的市、自治州的农业行政处罚机关和省级农业行政处罚机关管辖本行政区域内重大、复杂的行政违法案件。

农业部及其所属的经法律、法规授权的农业管理机构管辖全国或所辖区域内重大、复杂的行政违法案件。

第九条　渔业行政处罚机关管辖本辖区范围内发生的和上级部门指定管辖的渔业违法案件。

渔业行政处罚有下列情况之一的，适用“谁查获谁处理”的原则：

（一）违法行为发生在共管区、叠区的；

（二）违法行为发生在管辖权不明确或者有争议的区域的；

（三）违法行为发生地与查获地不一致的。

第十条　对当事人的同一违法行为，两个以上农业行政处罚机关都有管辖权的，应当由先立案的农业行政处罚机关管辖。

第十一条　上级农业行政处罚机关在必要时可以管辖下级农业行政处罚机关管辖的行政处罚案件。

下级农业行政处罚机关认为行政处罚案件重大复杂或者本地不宜管辖，可以报请上一级农业行政处罚机关管辖。

第十二条　农业行政处罚机关对管辖发生争议的，应当协商解决。协商不成的，报请共同上一级农业行政处罚机关指定管辖。

第十三条　农业行政处罚机关发现受理的行政处罚案件不属于自己管辖的，应当移送有管辖权的行政处罚机关处理。

受移送的农业行政处罚机关如果认为移送不当，应当报请共同上一级农业行政处罚机关指定管辖，不得再自行移送。

第十四条　上级农业行政处罚机关在收到报请管辖或指定管辖的请示后，应当在十日内作出书面决定。

第十五条　县级以上地方农业行政处罚机关在办理跨行政区域案件时，需要其他农业行政处罚机关协查的，可以发送协查函。有关农业行政处罚机关应当予以协助并及时书面告知协查结果。

第十六条　农业行政处罚机关在办理案件时，对需要其他部门作出吊销有关许可证、批准文号、营业执照等行政处罚决定的，应当将查处结果告知作出许可决定的部门并提出处理建议。

第十七条　违法行为涉嫌构成犯罪的，农业行政处罚机关应当将案件移送司法机关，依法追究刑事责任，不得以行政处罚代替刑罚。

第三章　农业行政处罚的决定

第十八条　公民、法人或者其他组织违反农业行政管理秩序的行为，依法应当给予行政处罚的，农业行政处罚机关必须查明事实；违法事实不清的，不得给予行政处罚。

第十九条　执法人员调查处理农业行政处罚案件时，应当向当事人或者有关人员出示执法证件。有统一执法服装或执法标志的应当着装或佩戴执法标志。

农业行政执法证件由农业部统一制定，省级以上农业行政主管部门法制工作机构负责执法证件的发放和管理工作。

第二十条　农业行政处罚机关在作出农业行政处罚决定前，应当告知当事人作出行政处罚的事实、理由及依据，并告知当事人依法享有的权利。

农业行政处罚机关必须充分听取当事人的意见，对当事人提出的事实、理由及证据，应当进行复核；当事人提出的事实、理由或者证据成立的，农业行政处罚机关应当采纳。

农业行政处罚机关不得因当事人申辩而加重处罚。

第二十一条　农业行政处罚程序分为简易程序和一般程序。

第一节　简易程序

第二十二条　违法事实确凿并有法定依据，对公民处以五十元以下、对法人或者其他组织处以一千元以下罚款或者警告的行政处罚的，可以当场作出农业行政处罚决定。

第二十三条 当场作出行政处罚决定时应当遵守下列程序：（一）向当事人表明身份，出示执法证件；（二）当场查清违法事实，收集和保存必要的证据；（三）告知当事人违法事实、处罚理由和依据，并听取当事人陈述和申辩；（四）填写《当场处罚决定书》，当场交付当事人，并应当告知当事人，如不服行政处罚决定，可以依法申请行政复议或者提起行政诉讼。

第二十四条 执法人员应当在作出当场处罚决定之日起、渔业执法人员应当自抵岸之日起二日内将《当场处罚决定书》报所属农业行政处罚机关备案。

第二节 一般程序

第二十五条 实施农业行政处罚，除适用简易程序的外，应当适用一般程序。

第二十六条 除依法可以当场决定行政处罚的外，执法人员经初步调查，发现公民、法人或者其他组织涉嫌有违法行为依法应当给予行政处罚的，应当填写《行政处罚立案审批表》，报本行政处罚机关负责人批准立案。

第二十七条 农业行政处罚机关应当对案件情况进行全面、客观、公正地调查，收集证据；必要时，依照法律、法规的规定，可以进行检查。

执法人员调查收集证据时不得少于二人。

证据包括书证、物证、视听资料、证人证言、当事人陈述、鉴定结论、勘验笔录和现场笔录。

第二十八条 执法人员询问证人或当事人（以下简称被询问人），应当制作《询问笔录》。笔录经被询问人阅核后，由询问人和被询问人签名或者盖章。被询问人拒绝签名或盖章的，由询问人在笔录上注明情况。

第二十九条 农业行政处罚机关为调查案件需要，有权要求当事人或者有关人员协助调查；有权依法进行现场检查或者勘验；有权要求当事人提供相应的证据资料；对重要的书证，有权进行复制。

执法人员对与案件有关的物品或者场所进行现场检查或者勘验检查时，应当通知当事人到场，制作《现场检查（勘验）笔录》，当事人拒不到场或拒绝签名盖章的，应当在笔录中注明，并可以请在场的其他人员见证。

第三十条 农业行政处罚机关在调查案件时，对需要鉴定的专门性问题，交由法定鉴定部门进行鉴定；没有法定鉴定部门的，可以提交有资质的专业机构进行鉴定。

第三十一条 农业行政处罚机关收集证据时，可以采取抽样取证的方法。

在证据可能灭失或者以后难以取得的情况下，经农业行政处罚机关负责人批准，可以先行登记保存。

农业行政处罚机关可以依据有关法律、法规的规定，对违法物品采取查封、扣押等强制措施。

第三十二条 农业行政处罚机关对证据进行抽样取证、登记保存或者采取查封、扣押等强制措施，应当有当事人在场；当事人拒绝签名盖章的，应当在笔录中注明；当事人不在场或拒绝到场的，执法人员可以邀请其他人员到场见证。

对抽样取证、登记保存、查封扣押的物品应当制作《抽样取证凭证》、《证据登记保存清单》、《查封（扣押）通知书》。

第三十三条　农业行政处罚机关抽样送检的，应当将检测结果及时告知当事人。

非从生产单位直接抽样的，农业行政处罚机关可以向产品标注生产单位发送《产品确认通知书》。

第三十四条　先行登记保存物品时，就地由当事人保存的，当事人或者有关人员不得使用、销售、转移、损毁或者隐匿。

就地保存可能妨害公共秩序、公共安全，或者存在其他不适宜就地保存情况的，可以异地保存。对异地保存的物品，农业行政处罚机关应当妥善保管。

第三十五条　农业行政处罚机关对先行登记保存的证据，应当在七日内作出下列处理决定并告知当事人：

（一）需要进行技术检验或者鉴定的，送交有关部门检验或者鉴定；

（二）对依法应予没收的物品，依照法定程序处理；

（三）对依法应当由有关部门处理的，移交有关部门；

（四）为防止损害公共利益，需要销毁或者无害化处理的，依法进行处理；

（五）不需要继续登记保存的，解除登记保存。

第三十六条　案件调查人员与本案有利害关系或者其他关系可能影响公正处理的，应当申请回避，当事人也有权向农业行政处罚机关申请要求回避。

案件调查人员的回避，由农业行政处罚机关负责人决定；农业行政处罚机关负责人的回避由集体讨论决定。

回避未被决定前，不得停止对案件的调查处理。

第三十七条　执法人员在调查结束后，认为案件事实清楚，证据充分，应当制作《案件处理意见书》，报农业行政处罚机关负责人审批。

案情复杂或者有重大违法行为需要给予较重行政处罚的，应当由农业行政处罚机关负责人集体讨论决定。

第三十八条　在作出行政处罚决定之前，农业行政处罚机关应当制作《行政处罚事先告知书》，送达当事人，告知拟给予的行政处罚内容及其事实、理由和依据，并告知当事人可以在收到告知书之日起三日内，进行陈述、申辩。符合听证条件的，告知当事人可以要求听证。

当事人无正当理由逾期未提出陈述、申辩或者要求听证的，视为放弃上述权利。

第三十九条　农业行政处罚机关应当及时对当事人的陈述、申辩或者听证情况进行审查，认为违法事实清楚，证据确凿，决定给予行政处罚的，应当制作《行政处罚决定书》。

第四十条　在边远、水上和交通不便的地区按一般程序实施处罚时，执法人员可以采用通讯方式报请处罚机关负责人批准立案和对调查结果及处理意见进行审查。报批记录必须存档备案。

当事人可当场向执法人员进行陈述和申辩。不提出陈述和申辩的，视为放弃此权利。

本条不适用于应当由农业行政处罚机关负责人集体讨论决定的案件。

第四十一条　农业行政处罚案件自立案之日起，应当在三个月内作出处理决定；特殊情况下三个月内不能作出处理的，报经上一级农业行政处罚机关批准可以延长至一年。

对专门性问题需要鉴定的，所需时间不计算在办案期限内。

第三节　听证程序

第四十二条　农业行政处罚机关作出责令停产停业、吊销许可证或者执照、较大数额罚款的行政处罚决定前，应当告知当事人有要求举行听证的权利。当事人要求听证的，农业行政处罚机关应当组织听证。

前款所指的较大数额罚款，地方农业行政处罚机关按省级人大常委会或者人民政府规定的标准执行；农业部及其所属的经法律、法规授权的农业管理机构对公民罚款超过三千元、对法人或其他组织罚款超过三万元属较大数额罚款。

第四十三条　听证由拟作出行政处罚的农业行政处罚机关组织。具体实施工作由其法制工作机构或者相应机构负责。

第四十四条　当事人要求听证的，应当在收到《行政处罚事先告知书》之日起三日内向听证机关提出。

第四十五条　听证机关应当在举行听证会的七日前送达《行政处罚听证会通知书》，告知当事人举行听证的时间、地点、听证主持人名单及可以申请回避和可以委托代理人等事项。

当事人应当按期参加听证。当事人有正当理由要求延期的，经听证机关批准可以延期一次；当事人未按期参加听证并且未事先说明理由的，视为放弃听证权利。

第四十六条　听证参加人由听证主持人、听证员、书记员、案件调查人员、当事人及其委托代理人组成。

听证主持人、听证员、书记员应当由听证机关负责人指定的法制工作机构工作人员或其他相应工作人员等非本案调查人员担任。

当事人委托代理人参加听证的，应当提交授权委托书。

第四十七条　除涉及国家秘密、商业秘密或个人隐私外，听证应当公开举行。

第四十八条　当事人在听证中的权利和义务：

（一）有权对案件涉及的事实、适用法律及有关情况进行陈述和申辩；

（二）有权对案件调查人员提出的证据质证并提出新的证据；

（三）如实回答主持人的提问；

（四）遵守听证会场纪律，服从听证主持人指挥。

第四十九条　听证按下列程序进行：

（一）听证书记员宣布听证会场纪律、当事人的权利和义务。听证主持人宣布案由，核实听证参加人名单，宣布听证开始；

（二）案件调查人员提出当事人的违法事实、出示证据，说明拟作出的农业行政处罚的内容及法律依据；

（三）当事人或其委托代理人对案件的事实、证据、适用的法律等进行陈述、申辩和质证，可以向听证会提交新的证据；

（四）听证主持人就案件的有关问题向当事人、案件调查人员、证人询问；

（五）案件调查人员、当事人或其委托代理人相互辩论；

（六）当事人或其委托代理人作最后陈述；

（七）听证主持人宣布听证结束。听证笔录交当事人和案件调查人员审核无误后签字或者盖章。

第五十条　听证结束后，听证主持人应当依据听证情况，制作《行政处罚听证会报告书》，连同听证笔录，报农业行政处罚机关负责人审查。

第五十一条　听证机关组织听证，不得向当事人收取费用。

第四章　农业行政处罚决定的送达和执行

第五十二条　《行政处罚决定书》应当在宣告后当场交付当事人；当事人不在场的，应当在七日内送达当事人，并由当事人在《送达回证》上签名或者盖章；当事人不在的，可以交给其成年家属或者所在单位代收，并在送达回证上签名或者盖章。

当事人或者代收人拒绝接收、签名、盖章的，送达人可以邀请有关基层组织或者其所在单位的有关人员到场，说明情况，把《行政处罚决定书》留在其住处或者单位，并在送达回证上记明拒绝的事由、送达的日期，由送达人、见证人签名或者盖章，即视为送达。

直接送达农业行政处罚文书有困难的，可委托其他农业行政处罚机关代为送达，也可以邮寄、公告送达。

邮寄送达的，挂号回执上注明的收件日期为送达日期；公告送达的，自发出公告之日起经过六十天，即视为送达。

第五十三条　除本规定第五十四、第五十五条规定外，农业行政处罚机关不得自行收缴罚款。决定罚款的农业行政处罚机关或执法人员应当书面告知当事人向指定的银行缴纳罚款。

第五十四条　依照本规定第二十二条的规定当场作出农业行政处罚决定，有下列情形之一的，执法人员可以当场收缴罚款：

（一）依法给予二十元以下罚款的；（二）不当场收缴事后难以执行的。

五十五条　在边远、水上、交通不便地区，农业行政处罚机关及其执法人员依照本规定第二十二条、第三十九条的规定作出罚款决定后，当事人向指定的银行缴纳罚款确有困难，经当事人提出，农业行政处罚机关及其执法人员可以当场收缴罚款。

第五十六条　农业行政处罚机关及其执法人员当场收缴罚款的，应当向当事人出具省级财政部门统一制发的罚款收据，不出具财政部门统一制发的罚款收据的，当事人有权拒绝缴纳罚款。

第五十七条　执法人员当场收缴的罚款，应当自返回行政处罚机关所在地之日起二日内，交至农业行政处罚机关；在水上当场收缴的罚款，应当自抵岸之日起二日内交至农业行政处罚机关；农业行政处罚机关应当在二日内将罚款交至指定的银行。

第五十八条　农业行政处罚决定依法作出后，当事人对行政处罚决定不服申请行政复议或者提起行政诉讼的，除法律另有规定外，行政处罚决定不停止执行。

第五十九条　对需要继续行驶的农业机械、渔业船舶实施暂扣或者吊销证照的行政处罚，农业行政处罚机关在实施行政处罚的同时，应当发给当事人相应的证明，允许农业机械、渔业船舶驶往预定或指定的地点。

第六十条　对生效的农业行政处罚决定，当事人拒不履行的，作出农业行政处罚决定的农业行政处罚机关依法可以采取下列措施：

（一）到期不缴纳罚款的，每日按罚款数额的百分之三加处罚款；

（二）根据法律规定，将查封、扣押的财物拍卖抵缴罚款；

（三）申请人民法院强制执行。

第六十一条 当事人确有经济困难，需要延期或者分期缴纳罚款的，当事人应当书面申请，经作出行政处罚决定的机关批准，可以暂缓或者分期缴纳。

第六十二条 除依法应当予以销毁的物品外，依法没收的非法财物必须按照国家有关规定处理。

罚款、没收的违法所得或者拍卖非法财物的款项，必须全部上缴国库，农业行政处罚机关或者个人不得以任何形式截留、私分或者变相私分。

第六十三条 农业行政处罚案件终结后，案件调查人员应填写《行政处罚结案报告》，经农业行政处罚机关负责人批准后结案。

第五章　立卷归档

第六十四条 农业行政处罚机关应当按照下列要求及时将案件材料立卷归档：

（一）一案一卷；（二）文书齐全，手续完备；（三）案卷应当按顺序装订。

第六十五条 案件立卷归档后，任何单位和个人不得私自增加或者抽取案卷材料，不得修改案卷内容。

第六章　附　则

第六十六条 农业行政处罚机关及其执法人员违反本规定的，按照行政处罚法和有关规定追究法律责任。

第六十七条 农业行政处罚基本文书格式由农业部统一制定。省级农业行政主管部门可以根据地方性法规、规章和工作需要，调整有关内容或补充相应文书，报农业部备案。

第六十八条 本规定自2006年7月1日起实施。1997年10月25日农业部发布的《农业行政处罚程序规定》同时废止。

第五编

纠正损害群众利益与执法监察法律法规

第22章 减轻农民、企业负担工作制度

中华人民共和国物权法

（2007年3月16日第十届全国人民代表大会第五次会议通过）

第一编 总 则

第一章 基本原则

第一条 为了维护国家基本经济制度，维护社会主义市场经济秩序，明确物的归属，发挥物的效用，保护权利人的物权，根据宪法，制定本法。

第二条 因物的归属和利用而产生的民事关系，适用本法。

本法所称物，包括不动产和动产。法律规定权利作为物权客体的，依照其规定。

本法所称物权，是指权利人依法对特定的物享有直接支配和排他的权利，包括所有权、用益物权和担保物权。

第三条 国家在社会主义初级阶段，坚持公有制为主体、多种所有制经济共同发展的基本经济制度。

国家巩固和发展公有制经济，鼓励、支持和引导非公有制经济的发展。

国家实行社会主义市场经济，保障一切市场主体的平等法律地位和发展权利。

第四条 国家、集体、私人的物权和其他权利人的物权受法律保护，任何单位和个人不得侵犯。

第五条 物权的种类和内容，由法律规定。

第六条 不动产物权的设立、变更、转让和消灭，应当依照法律规定登记。动产物权的设立和转让，应当依照法律规定交付。

第七条 物权的取得和行使，应当遵守法律，尊重社会公德，不得损害公共利益和他人合法权益。

第八条 其他相关法律对物权另有特别规定的，依照其规定。

第二章 物权的设立、变更、转让和消灭

第一节 不动产登记

第九条 不动产物权的设立、变更、转让和消灭，经依法登记，发生效力；未经登记，不发生效力，但法律另有规定的除外。

依法属于国家所有的自然资源，所有权可以不登记。

第十条 不动产登记，由不动产所在地的登记机构办理。

国家对不动产实行统一登记制度。统一登记的范围、登记机构和登记办法，由法律、

行政法规规定。

第十一条 当事人申请登记，应当根据不同登记事项提供权属证明和不动产界址、面积等必要材料。

第十二条 登记机构应当履行下列职责：

（一）查验申请人提供的权属证明和其他必要材料；

（二）就有关登记事项询问申请人；

（三）如实、及时登记有关事项；

（四）法律、行政法规规定的其他职责。

申请登记的不动产的有关情况需要进一步证明的，登记机构可以要求申请人补充材料，必要时可以实地查看。

第十三条 登记机构不得有下列行为：

（一）要求对不动产进行评估；

（二）以年检等名义进行重复登记；

（三）超出登记职责范围的其他行为。

第十四条 不动产物权的设立、变更、转让和消灭，依照法律规定应当登记的，自记载于不动产登记簿时发生效力。

第十五条 当事人之间订立有关设立、变更、转让和消灭不动产物权的合同，除法律另有规定或者合同另有约定外，自合同成立时生效；未办理物权登记的，不影响合同效力。

第十六条 不动产登记簿是物权归属和内容的根据。不动产登记簿由登记机构管理。

第十七条 不动产权属证书是权利人享有该不动产物权的证明。不动产权属证书记载的事项，应当与不动产登记簿一致；记载不一致的，除有证据证明不动产登记簿确有错误外，以不动产登记簿为准。

第十八条 权利人、利害关系人可以申请查询、复制登记资料，登记机构应当提供。

第十九条 权利人、利害关系人认为不动产登记簿记载的事项错误的，可以申请更正登记。不动产登记簿记载的权利人书面同意更正或者有证据证明登记确有错误的，登记机构应当予以更正。

不动产登记簿记载的权利人不同意更正的，利害关系人可以申请异议登记。登记机构予以异议登记的，申请人在异议登记之日起十五日内不起诉，异议登记失效。异议登记不当，造成权利人损害的，权利人可以向申请人请求损害赔偿。

第二十条 当事人签订买卖房屋或者其他不动产物权的协议，为保障将来实现物权，按照约定可以向登记机构申请预告登记。预告登记后，未经预告登记的权利人同意，处分该不动产的，不发生物权效力。

预告登记后，债权消灭或者自能够进行不动产登记之日起三个月内未申请登记的，预告登记失效。

第二十一条 当事人提供虚假材料申请登记，给他人造成损害的，应当承担赔偿责任。

因登记错误，给他人造成损害的，登记机构应当承担赔偿责任。登记机构赔偿后，可以向造成登记错误的人追偿。

第二十二条 不动产登记费按件收取，不得按照不动产的面积、体积或者价款的比例收取。具体收费标准由国务院有关部门会同价格主管部门规定。

第二节 动产交付

第二十三条 动产物权的设立和转让，自交付时发生效力，但法律另有规定的除外。

第二十四条 船舶、航空器和机动车等物权的设立、变更、转让和消灭，未经登记，不得对抗善意第三人。

第二十五条 动产物权设立和转让前，权利人已经依法占有该动产的，物权自法律行为生效时发生效力。

第二十六条 动产物权设立和转让前，第三人依法占有该动产的，负有交付义务的人可以通过转让请求第三人返还原物的权利代替交付。

第二十七条 动产物权转让时，双方又约定由出让人继续占有该动产的，物权自该约定生效时发生效力。

第三节 其他规定

第二十八条 因人民法院、仲裁委员会的法律文书或者人民政府的征收决定等，导致物权设立、变更、转让或者消灭的，自法律文书或者人民政府的征收决定等生效时发生效力。

第二十九条 因继承或者受遗赠取得物权的，自继承或者受遗赠开始时发生效力。

第三十条 因合法建造、拆除房屋等事实行为设立或者消灭物权的，自事实行为成就时发生效力。

第三十一条 依照本法第二十八条至第三十条规定享有不动产物权的，处分该物权时，依照法律规定需要办理登记的，未经登记，不发生物权效力。

第三章 物权的保护

第三十二条 物权受到侵害的，权利人可以通过和解、调解、仲裁、诉讼等途径解决。

第三十三条 因物权的归属、内容发生争议的，利害关系人可以请求确认权利。

第三十四条 无权占有不动产或者动产的，权利人可以请求返还原物。

第三十五条 妨害物权或者可能妨害物权的，权利人可以请求排除妨害或者消除危险。

第三十六条 造成不动产或者动产毁损的，权利人可以请求修理、重作、更换或者恢复原状。

第三十七条 侵害物权，造成权利人损害的，权利人可以请求损害赔偿，也可以请求承担其他民事责任。

第三十八条 本章规定的物权保护方式，可以单独适用，也可以根据权利被侵害的情形合并适用。

侵害物权，除承担民事责任外，违反行政管理规定的，依法承担行政责任；构成犯罪的，依法追究刑事责任。

第二编　所有权

第四章　一般规定

第三十九条　所有权人对自己的不动产或者动产，依法享有占有、使用、收益和处分的权利。

第四十条　所有权人有权在自己的不动产或者动产上设立用益物权和担保物权。用益物权人、担保物权人行使权利，不得损害所有权人的权益。

第四十一条　法律规定专属于国家所有的不动产和动产，任何单位和个人不能取得所有权。

第四十二条　为了公共利益的需要，依照法律规定的权限和程序可以征收集体所有的土地和单位、个人的房屋及其他不动产。

征收集体所有的土地，应当依法足额支付土地补偿费、安置补助费、地上附着物和青苗的补偿费等费用，安排被征地农民的社会保障费用，保障被征地农民的生活，维护被征地农民的合法权益。

征收单位、个人的房屋及其他不动产，应当依法给予拆迁补偿，维护被征收人的合法权益；征收个人住宅的，还应当保障被征收人的居住条件。

任何单位和个人不得贪污、挪用、私分、截留、拖欠征收补偿费等费用。

第四十三条　国家对耕地实行特殊保护，严格限制农用地转为建设用地，控制建设用地总量。不得违反法律规定的权限和程序征收集体所有的土地。

第四十四条　因抢险、救灾等紧急需要，依照法律规定的权限和程序可以征用单位、个人的不动产或者动产。被征用的不动产或者动产使用后，应当返还被征用人。单位、个人的不动产或者动产被征用或者征用后毁损、灭失的，应当给予补偿。

第五章　国家所有权和集体所有权、私人所有权

第四十五条　法律规定属于国家所有的财产，属于国家所有即全民所有。

国有财产由国务院代表国家行使所有权；法律另有规定的，依照其规定。

第四十六条　矿藏、水流、海域属于国家所有。

第四十七条　城市的土地，属于国家所有。法律规定属于国家所有的农村和城市郊区的土地，属于国家所有。

第四十八条　森林、山岭、草原、荒地、滩涂等自然资源，属于国家所有，但法律规定属于集体所有的除外。

第四十九条　法律规定属于国家所有的野生动植物资源，属于国家所有。

第五十条　无线电频谱资源属于国家所有。

第五十一条　法律规定属于国家所有的文物，属于国家所有。

第五十二条　国防资产属于国家所有。

铁路、公路、电力设施、电信设施和油气管道等基础设施，依照法律规定为国家所有的，属于国家所有。

第五十三条　国家机关对其直接支配的不动产和动产，享有占有、使用以及依照法律和国务院的有关规定处分的权利。

第五十四条　国家举办的事业单位对其直接支配的不动产和动产，享有占有、使用以及依照法律和国务院的有关规定收益、处分的权利。

第五十五条　国家出资的企业，由国务院、地方人民政府依照法律、行政法规规定分别代表国家履行出资人职责，享有出资人权益。

第五十六条　国家所有的财产受法律保护，禁止任何单位和个人侵占、哄抢、私分、截留、破坏。

第五十七条　履行国有财产管理、监督职责的机构及其工作人员，应当依法加强对国有财产的管理、监督，促进国有财产保值增值，防止国有财产损失；滥用职权，玩忽职守，造成国有财产损失的，应当依法承担法律责任。

违反国有财产管理规定，在企业改制、合并分立、关联交易等过程中，低价转让、合谋私分、擅自担保或者以其他方式造成国有财产损失的，应当依法承担法律责任。

第五十八条　集体所有的不动产和动产包括：

（一）法律规定属于集体所有的土地和森林、山岭、草原、荒地、滩涂；

（二）集体所有的建筑物、生产设施、农田水利设施；

（三）集体所有的教育、科学、文化、卫生、体育等设施；

（四）集体所有的其他不动产和动产。

第五十九条　农民集体所有的不动产和动产，属于本集体成员集体所有。

下列事项应当依照法定程序经本集体成员决定：

（一）土地承包方案以及将土地发包给本集体以外的单位或者个人承包；

（二）个别土地承包经营权人之间承包地的调整；

（三）土地补偿费等费用的使用、分配办法；

（四）集体出资的企业的所有权变动等事项；

（五）法律规定的其他事项。

第六十条　对于集体所有的土地和森林、山岭、草原、荒地、滩涂等，依照下列规定行使所有权：

（一）属于村农民集体所有的，由村集体经济组织或者村民委员会代表集体行使所有权；

（二）分别属于村内两个以上农民集体所有的，由村内各该集体经济组织或者村民小组代表集体行使所有权；

（三）属于乡镇农民集体所有的，由乡镇集体经济组织代表集体行使所有权。

第六十一条　城镇集体所有的不动产和动产，依照法律、行政法规的规定由本集体享有占有、使用、收益和处分的权利。

第六十二条　集体经济组织或者村民委员会、村民小组应当依照法律、行政法规以及章程、村规民约向本集体成员公布集体财产的状况。

第六十三条　集体所有的财产受法律保护，禁止任何单位和个人侵占、哄抢、私分、破坏。

集体经济组织、村民委员会或者其负责人作出的决定侵害集体成员合法权益的，受侵害的集体成员可以请求人民法院予以撤销。

第六十四条　私人对其合法的收入、房屋、生活用品、生产工具、原材料等不动产和动产享有所有权。

第六十五条 私人合法的储蓄、投资及其收益受法律保护。

国家依照法律规定保护私人的继承权及其他合法权益。

第六十六条 私人的合法财产受法律保护，禁止任何单位和个人侵占、哄抢、破坏。

第六十七条 国家、集体和私人依法可以出资设立有限责任公司、股份有限公司或者其他企业。国家、集体和私人所有的不动产或者动产，投到企业的，由出资人按照约定或者出资比例享有资产收益、重大决策以及选择经营管理者等权利并履行义务。

第六十八条 企业法人对其不动产和动产依照法律、行政法规以及章程享有占有、使用、收益和处分的权利。

企业法人以外的法人，对其不动产和动产的权利，适用有关法律、行政法规以及章程的规定。

第六十九条 社会团体依法所有的不动产和动产，受法律保护。

第六章 业主的建筑物区分所有权

第七十条 业主对建筑物内的住宅、经营性用房等专有部分享有所有权，对专有部分以外的共有部分享有共有和共同管理的权利。

第七十一条 业主对其建筑物专有部分享有占有、使用、收益和处分的权利。业主行使权利不得危及建筑物的安全，不得损害其他业主的合法权益。

第七十二条 业主对建筑物专有部分以外的共有部分，享有权利，承担义务；不得以放弃权利不履行义务。

业主转让建筑物内的住宅、经营性用房，其对共有部分享有的共有和共同管理的权利一并转让。

第七十三条 建筑区划内的道路，属于业主共有，但属于城镇公共道路的除外。建筑区划内的绿地，属于业主共有，但属于城镇公共绿地或者明示属于个人的除外。建筑区划内的其他公共场所、公用设施和物业服务用房，属于业主共有。

第七十四条 建筑区划内，规划用于停放汽车的车位、车库应当首先满足业主的需要。

建筑区划内，规划用于停放汽车的车位、车库的归属，由当事人通过出售、附赠或者出租等方式约定。

占用业主共有的道路或者其他场地用于停放汽车的车位，属于业主共有。

第七十五条 业主可以设立业主大会，选举业主委员会。

地方人民政府有关部门应当对设立业主大会和选举业主委员会给予指导和协助。

第七十六条 下列事项由业主共同决定：

（一）制定和修改业主大会议事规则；

（二）制定和修改建筑物及其附属设施的管理规约；

（三）选举业主委员会或者更换业主委员会成员；

（四）选聘和解聘物业服务企业或者其他管理人；

（五）筹集和使用建筑物及其附属设施的维修资金；

（六）改建、重建建筑物及其附属设施；

（七）有关共有和共同管理权利的其他重大事项。

决定前款第五项和第六项规定的事项，应当经专有部分占建筑物总面积三分之二以上的业主且占总人数三分之二以上的业主同意。决定前款其他事项，应当经专有部分占建筑物总面积过半数的业主且占总人数过半数的业主同意。

第七十七条　业主不得违反法律、法规以及管理规约，将住宅改变为经营性用房。业主将住宅改变为经营性用房的，除遵守法律、法规以及管理规约外，应当经有利害关系的业主同意。

第七十八条　业主大会或者业主委员会的决定，对业主具有约束力。

业主大会或者业主委员会作出的决定侵害业主合法权益的，受侵害的业主可以请求人民法院予以撤销。

第七十九条　建筑物及其附属设施的维修资金，属于业主共有。经业主共同决定，可以用于电梯、水箱等共有部分的维修。维修资金的筹集、使用情况应当公布。

第八十条　建筑物及其附属设施的费用分摊、收益分配等事项，有约定的，按照约定；没有约定或者约定不明确的，按照业主专有部分占建筑物总面积的比例确定。

第八十一条　业主可以自行管理建筑物及其附属设施，也可以委托物业服务企业或者其他管理人管理。

对建设单位聘请的物业服务企业或者其他管理人，业主有权依法更换。

第八十二条　物业服务企业或者其他管理人根据业主的委托管理建筑区划内的建筑物及其附属设施，并接受业主的监督。

第八十三条　业主应当遵守法律、法规以及管理规约。

业主大会和业主委员会，对任意弃置垃圾、排放污染物或者噪声、违反规定饲养动物、违章搭建、侵占通道、拒付物业费等损害他人合法权益的行为，有权依照法律、法规以及管理规约，要求行为人停止侵害、消除危险、排除妨害、赔偿损失。业主对侵害自己合法权益的行为，可以依法向人民法院提起诉讼。

第七章　相邻关系

第八十四条　不动产的相邻权利人应当按照有利生产、方便生活、团结互助、公平合理的原则，正确处理相邻关系。

第八十五条　法律、法规对处理相邻关系有规定的，依照其规定；法律、法规没有规定的，可以按照当地习惯。

第八十六条　不动产权利人应当为相邻权利人用水、排水提供必要的便利。

对自然流水的利用，应当在不动产的相邻权利人之间合理分配。对自然流水的排放，应当尊重自然流向。

第八十七条　不动产权利人对相邻权利人因通行等必须利用其土地的，应当提供必要的便利。

第八十八条　不动产权利人因建造、修缮建筑物以及铺设电线、电缆、水管、暖气和燃气管线等必须利用相邻土地、建筑物的，该土地、建筑物的权利人应当提供必要的便利。

第八十九条　建造建筑物，不得违反国家有关工程建设标准，妨碍相邻建筑物的通风、采光和日照。

第九十条 不动产权利人不得违反国家规定弃置固体废物，排放大气污染物、水污染物、噪声、光、电磁波辐射等有害物质。

第九十一条 不动产权利人挖掘土地、建造建筑物、铺设管线以及安装设备等，不得危及相邻不动产的安全。

第九十二条 不动产权利人因用水、排水、通行、铺设管线等利用相邻不动产的，应当尽量避免对相邻的不动产权利人造成损害；造成损害的，应当给予赔偿。

第八章 共 有

第九十三条 不动产或者动产可以由两个以上单位、个人共有。共有包括按份共有和共同共有。

第九十四条 按份共有人对共有的不动产或者动产按照其份额享有所有权。

第九十五条 共同共有人对共有的不动产或者动产共同享有所有权。

第九十六条 共有人按照约定管理共有的不动产或者动产；没有约定或者约定不明确的，各共有人都有管理的权利和义务。

第九十七条 处分共有的不动产或者动产以及对共有的不动产或者动产作重大修缮的，应当经占份额三分之二以上的按份共有人或者全体共同共有人同意，但共有人之间另有约定的除外。

第九十八条 对共有物的管理费用以及其他负担，有约定的，按照约定；没有约定或者约定不明确的，按份共有人按照其份额负担，共同共有人共同负担。

第九十九条 共有人约定不得分割共有的不动产或者动产，以维持共有关系的，应当按照约定，但共有人有重大理由需要分割的，可以请求分割；没有约定或者约定不明确的，按份共有人可以随时请求分割，共同共有人在共有的基础丧失或者有重大理由需要分割时可以请求分割。因分割对其他共有人造成损害的，应当给予赔偿。

第一百条 共有人可以协商确定分割方式。达不成协议，共有的不动产或者动产可以分割并且不会因分割减损价值的，应当对实物予以分割；难以分割或者因分割会减损价值的，应当对折价或者拍卖、变卖取得的价款予以分割。

共有人分割所得的不动产或者动产有瑕疵的，其他共有人应当分担损失。

第一百零一条 按份共有人可以转让其享有的共有的不动产或者动产份额。其他共有人在同等条件下享有优先购买的权利。

第一百零二条 因共有的不动产或者动产产生的债权债务，在对外关系上，共有人享有连带债权、承担连带债务，但法律另有规定或者第三人知道共有人不具有连带债权债务关系的除外；在共有人内部关系上，除共有人另有约定外，按份共有人按照份额享有债权、承担债务，共同共有人共同享有债权、承担债务。偿还债务超过自己应当承担份额的按份共有人，有权向其他共有人追偿。

第一百零三条 共有人对共有的不动产或者动产没有约定为按份共有或者共同共有，或者约定不明确的，除共有人具有家庭关系等外，视为按份共有。

第一百零四条 按份共有人对共有的不动产或者动产享有的份额，没有约定或者约定不明确的，按照出资额确定；不能确定出资额的，视为等额享有。

第一百零五条　两个以上单位、个人共同享有用益物权、担保物权的，参照本章规定。

第九章　所有权取得的特别规定

第一百零六条　无处分权人将不动产或者动产转让给受让人的，所有权人有权追回；除法律另有规定外，符合下列情形的，受让人取得该不动产或者动产的所有权：

（一）受让人受让该不动产或者动产时是善意的；

（二）以合理的价格转让；

（三）转让的不动产或者动产依照法律规定应当登记的已经登记，不需要登记的已经交付给受让人。

受让人依照前款规定取得不动产或者动产的所有权的，原所有权人有权向无处分权人请求赔偿损失。

当事人善意取得其他物权的，参照前两款规定。

第一百零七条　所有权人或者其他权利人有权追回遗失物。该遗失物通过转让被他人占有的，权利人有权向无处分权人请求损害赔偿，或者自知道或者应当知道受让人之日起二年内向受让人请求返还原物，但受让人通过拍卖或者向具有经营资格的经营者购得该遗失物的，权利人请求返还原物时应当支付受让人所付的费用。权利人向受让人支付所付费用后，有权向无处分权人追偿。

第一百零八条　善意受让人取得动产后，该动产上的原有权利消灭，但善意受让人在受让时知道或者应当知道该权利的除外。

第一百零九条　拾得遗失物，应当返还权利人。拾得人应当及时通知权利人领取，或者送交公安等有关部门。

第一百一十条　有关部门收到遗失物，知道权利人的，应当及时通知其领取；不知道的，应当及时发布招领公告。

第一百一十一条　拾得人在遗失物送交有关部门前，有关部门在遗失物被领取前，应当妥善保管遗失物。因故意或者重大过失致使遗失物毁损、灭失的，应当承担民事责任。

第一百一十二条　权利人领取遗失物时，应当向拾得人或者有关部门支付保管遗失物等支出的必要费用。

权利人悬赏寻找遗失物的，领取遗失物时应当按照承诺履行义务。

拾得人侵占遗失物的，无权请求保管遗失物等支出的费用，也无权请求权利人按照承诺履行义务。

第一百一十三条　遗失物自发布招领公告之日起六个月内无人认领的，归国家所有。

第一百一十四条　拾得漂流物、发现埋藏物或者隐藏物的，参照拾得遗失物的有关规定。文物保护法等法律另有规定的，依照其规定。

第一百一十五条　主物转让的，从物随主物转让，但当事人另有约定的除外。

第一百一十六条　天然孳息，由所有权人取得；既有所有权人又有用益物权人的，由用益物权人取得。当事人另有约定的，按照约定。

法定孳息，当事人有约定的，按照约定取得；没有约定或者约定不明确的，按照交易习惯取得。

第三编 用益物权

第十章 一般规定

第一百一十七条 用益物权人对他人所有的不动产或者动产，依法享有占有、使用和收益的权利。

第一百一十八条 国家所有或者国家所有由集体使用以及法律规定属于集体所有的自然资源，单位、个人依法可以占有、使用和收益。

第一百一十九条 国家实行自然资源有偿使用制度，但法律另有规定的除外。

第一百二十条 用益物权人行使权利，应当遵守法律有关保护和合理开发利用资源的规定。所有权人不得干涉用益物权人行使权利。

第一百二十一条 因不动产或者动产被征收、征用致使用益物权消灭或者影响用益物权行使的，用益物权人有权依照本法第四十二条、第四十四条的规定获得相应补偿。

第一百二十二条 依法取得的海域使用权受法律保护。

第一百二十三条 依法取得的探矿权、采矿权、取水权和使用水域、滩涂从事养殖、捕捞的权利受法律保护。

第十一章 土地承包经营权

第一百二十四条 农村集体经济组织实行家庭承包经营为基础、统分结合的双层经营体制。

农民集体所有和国家所有由农民集体使用的耕地、林地、草地以及其他用于农业的土地，依法实行土地承包经营制度。

第一百二十五条 土地承包经营权人依法对其承包经营的耕地、林地、草地等享有占有、使用和收益的权利，有权从事种植业、林业、畜牧业等农业生产。

第一百二十六条 耕地的承包期为三十年。草地的承包期为三十年至五十年。林地的承包期为三十年至七十年；特殊林木的林地承包期，经国务院林业行政主管部门批准可以延长。

前款规定的承包期届满，由土地承包经营权人按照国家有关规定继续承包。

第一百二十七条 土地承包经营权自土地承包经营权合同生效时设立。

县级以上地方人民政府应当向土地承包经营权人发放土地承包经营权证、林权证、草原使用权证，并登记造册，确认土地承包经营权。

第一百二十八条 土地承包经营权人依照农村土地承包法的规定，有权将土地承包经营权采取转包、互换、转让等方式流转。流转的期限不得超过承包期的剩余期限。未经依法批准，不得将承包地用于非农建设。

第一百二十九条 土地承包经营权人将土地承包经营权互换、转让，当事人要求登记的，应当向县级以上地方人民政府申请土地承包经营权变更登记；未经登记，不得对抗善意第三人。

第一百三十条 承包期内发包人不得调整承包地。

因自然灾害严重毁损承包地等特殊情形，需要适当调整承包的耕地和草地的，应当依照农村土地承包法等法律规定办理。

第一百三十一条　承包期内发包人不得收回承包地。农村土地承包法等法律另有规定的，依照其规定。

第一百三十二条　承包地被征收的，土地承包经营权人有权依照本法第四十二条第二款的规定获得相应补偿。

第一百三十三条　通过招标、拍卖、公开协商等方式承包荒地等农村土地，依照农村土地承包法等法律和国务院的有关规定，其土地承包经营权可以转让、入股、抵押或者以其他方式流转。

第一百三十四条　国家所有的农用地实行承包经营的，参照本法的有关规定。

第十二章　建设用地使用权

第一百三十五条　建设用地使用权人依法对国家所有的土地享有占有、使用和收益的权利，有权利用该土地建造建筑物、构筑物及其附属设施。

第一百三十六条　建设用地使用权可以在土地的地表、地上或者地下分别设立。新设立的建设用地使用权，不得损害已设立的用益物权。

第一百三十七条　设立建设用地使用权，可以采取出让或者划拨等方式。

工业、商业、旅游、娱乐和商品住宅等经营性用地以及同一土地有两个以上意向用地者的，应当采取招标、拍卖等公开竞价的方式出让。

严格限制以划拨方式设立建设用地使用权。采取划拨方式的，应当遵守法律、行政法规关于土地用途的规定。

第一百三十八条　采取招标、拍卖、协议等出让方式设立建设用地使用权的，当事人应当采取书面形式订立建设用地使用权出让合同。

建设用地使用权出让合同一般包括下列条款：

（一）当事人的名称和住所；

（二）土地界址、面积等；

（三）建筑物、构筑物及其附属设施占用的空间；

（四）土地用途；

（五）使用期限；

（六）出让金等费用及其支付方式；

（七）解决争议的方法。

第一百三十九条　设立建设用地使用权的，应当向登记机构申请建设用地使用权登记。建设用地使用权自登记时设立。登记机构应当向建设用地使用权人发放建设用地使用权证书。

第一百四十条　建设用地使用权人应当合理利用土地，不得改变土地用途；需要改变土地用途的，应当依法经有关行政主管部门批准。

第一百四十一条　建设用地使用权人应当依照法律规定以及合同约定支付出让金等费用。

第一百四十二条　建设用地使用权人建造的建筑物、构筑物及其附属设施的所有权属于建设用地使用权人，但有相反证据证明的除外。

第一百四十三条　建设用地使用权人有权将建设用地使用权转让、互换、出资、赠与或者抵押，但法律另有规定的除外。

第一百四十四条 建设用地使用权转让、互换、出资、赠与或者抵押的，当事人应当采取书面形式订立相应的合同。使用期限由当事人约定，但不得超过建设用地使用权的剩余期限。

第一百四十五条 建设用地使用权转让、互换、出资或者赠与的，应当向登记机构申请变更登记。

第一百四十六条 建设用地使用权转让、互换、出资或者赠与的，附着于该土地上的建筑物、构筑物及其附属设施一并处分。

第一百四十七条 建筑物、构筑物及其附属设施转让、互换、出资或者赠与的，该建筑物、构筑物及其附属设施占用范围内的建设用地使用权一并处分。

第一百四十八条 建设用地使用权期间届满前，因公共利益需要提前收回该土地的，应当依照本法第四十二条的规定对该土地上的房屋及其他不动产给予补偿，并退还相应的出让金。

第一百四十九条 住宅建设用地使用权期间届满的，自动续期。

非住宅建设用地使用权期间届满后的续期，依照法律规定办理。该土地上的房屋及其他不动产的归属，有约定的，按照约定；没有约定或者约定不明确的，依照法律、行政法规的规定办理。

第一百五十条 建设用地使用权消灭的，出让人应当及时办理注销登记。登记机构应当收回建设用地使用权证书。

第一百五十一条 集体所有的土地作为建设用地的，应当依照土地管理法等法律规定办理。

第十三章 宅基地使用权

第一百五十二条 宅基地使用权人依法对集体所有的土地享有占有和使用的权利，有权依法利用该土地建造住宅及其附属设施。

第一百五十三条 宅基地使用权的取得、行使和转让，适用土地管理法等法律和国家有关规定。

第一百五十四条 宅基地因自然灾害等原因灭失的，宅基地使用权消灭。对失去宅基地的村民，应当重新分配宅基地。

第一百五十五条 已经登记的宅基地使用权转让或者消灭的，应当及时办理变更登记或者注销登记。

第十四章 地役权

第一百五十六条 地役权人有权按照合同约定，利用他人的不动产，以提高自己的不动产的效益。

前款所称他人的不动产为供役地，自己的不动产为需役地。

第一百五十七条 设立地役权，当事人应当采取书面形式订立地役权合同。

地役权合同一般包括下列条款：

（一）当事人的姓名或者名称和住所；

（二）供役地和需役地的位置；

（三）利用目的和方法；

（四）利用期限；

（五）费用及其支付方式；

（六）解决争议的方法。

第一百五十八条　地役权自地役权合同生效时设立。当事人要求登记的，可以向登记机构申请地役权登记；未经登记，不得对抗善意第三人。

第一百五十九条　供役地权利人应当按照合同约定，允许地役权人利用其土地，不得妨害地役权人行使权利。

第一百六十条　地役权人应当按照合同约定的利用目的和方法利用供役地，尽量减少对供役地权利人物权的限制。

第一百六十一条　地役权的期限由当事人约定，但不得超过土地承包经营权、建设用地使用权等用益物权的剩余期限。

第一百六十二条　土地所有权人享有地役权或者负担地役权的，设立土地承包经营权、宅基地使用权时，该土地承包经营权人、宅基地使用权人继续享有或者负担已设立的地役权。

第一百六十三条　土地上已设立土地承包经营权、建设用地使用权、宅基地使用权等权利的，未经用益物权人同意，土地所有权人不得设立地役权。

第一百六十四条　地役权不得单独转让。土地承包经营权、建设用地使用权等转让的，地役权一并转让，但合同另有约定的除外。

第一百六十五条　地役权不得单独抵押。土地承包经营权、建设用地使用权等抵押的，在实现抵押权时，地役权一并转让。

第一百六十六条　需役地以及需役地上的土地承包经营权、建设用地使用权部分转让时，转让部分涉及地役权的，受让人同时享有地役权。

第一百六十七条　供役地以及供役地上的土地承包经营权、建设用地使用权部分转让时，转让部分涉及地役权的，地役权对受让人具有约束力。

第一百六十八条　地役权人有下列情形之一的，供役地权利人有权解除地役权合同，地役权消灭：

（一）违反法律规定或者合同约定，滥用地役权；

（二）有偿利用供役地，约定的付款期间届满后在合理期限内经两次催告未支付费用。

第一百六十九条　已经登记的地役权变更、转让或者消灭的，应当及时办理变更登记或者注销登记。

第四编　担保物权

第十五章　一般规定

第一百七十条　担保物权人在债务人不履行到期债务或者发生当事人约定的实现担保物权的情形，依法享有就担保财产优先受偿的权利，但法律另有规定的除外。

第一百七十一条　债权人在借贷、买卖等民事活动中，为保障实现其债权，需要担保的，可以依照本法和其他法律的规定设立担保物权。

第三人为债务人向债权人提供担保的，可以要求债务人提供反担保。反担保适用本法和其他法律的规定。

第一百七十二条 设立担保物权，应当依照本法和其他法律的规定订立担保合同。担保合同是主债权债务合同的从合同。主债权债务合同无效，担保合同无效，但法律另有规定的除外。

担保合同被确认无效后，债务人、担保人、债权人有过错的，应当根据其过错各自承担相应的民事责任。

第一百七十三条 担保物权的担保范围包括主债权及其利息、违约金、损害赔偿金、保管担保财产和实现担保物权的费用。当事人另有约定的，按照约定。

第一百七十四条 担保期间，担保财产毁损、灭失或者被征收等，担保物权人可以就获得的保险金、赔偿金或者补偿金等优先受偿。被担保债权的履行期未届满的，也可以提存该保险金、赔偿金或者补偿金等。

第一百七十五条 第三人提供担保，未经其书面同意，债权人允许债务人转移全部或者部分债务的，担保人不再承担相应的担保责任。

第一百七十六条 被担保的债权既有物的担保又有人的担保的，债务人不履行到期债务或者发生当事人约定的实现担保物权的情形，债权人应当按照约定实现债权；没有约定或者约定不明确，债务人自己提供物的担保的，债权人应当先就该物的担保实现债权；第三人提供物的担保的，债权人可以就物的担保实现债权，也可以要求保证人承担保证责任。提供担保的第三人承担担保责任后，有权向债务人追偿。

第一百七十七条 有下列情形之一的，担保物权消灭：

（一）主债权消灭；

（二）担保物权实现；

（三）债权人放弃担保物权；

（四）法律规定担保物权消灭的其他情形。

第一百七十八条 担保法与本法的规定不一致的，适用本法。

第十六章　抵押权

第一节　一般抵押权

第一百七十九条 为担保债务的履行，债务人或者第三人不转移财产的占有，将该财产抵押给债权人的，债务人不履行到期债务或者发生当事人约定的实现抵押权的情形，债权人有权就该财产优先受偿。

前款规定的债务人或者第三人为抵押人，债权人为抵押权人，提供担保的财产为抵押财产。

第一百八十条 债务人或者第三人有权处分的下列财产可以抵押：

（一）建筑物和其他土地附着物；

（二）建设用地使用权；

（三）以招标、拍卖、公开协商等方式取得的荒地等土地承包经营权；

（四）生产设备、原材料、半成品、产品；

（五）正在建造的建筑物、船舶、航空器；

（六）交通运输工具；

（七）法律、行政法规未禁止抵押的其他财产。

抵押人可以将前款所列财产一并抵押。

第一百八十一条　经当事人书面协议，企业、个体工商户、农业生产经营者可以将现有的以及将有的生产设备、原材料、半成品、产品抵押，债务人不履行到期债务或者发生当事人约定的实现抵押权的情形，债权人有权就实现抵押权时的动产优先受偿。

第一百八十二条　以建筑物抵押的，该建筑物占用范围内的建设用地使用权一并抵押。以建设用地使用权抵押的，该土地上的建筑物一并抵押。

抵押人未依照前款规定一并抵押的，未抵押的财产视为一并抵押。

第一百八十三条　乡镇、村企业的建设用地使用权不得单独抵押。以乡镇、村企业的厂房等建筑物抵押的，其占用范围内的建设用地使用权一并抵押。

第一百八十四条　下列财产不得抵押：

（一）土地所有权；

（二）耕地、宅基地、自留地、自留山等集体所有的土地使用权，但法律规定可以抵押的除外；

（三）学校、幼儿园、医院等以公益为目的的事业单位、社会团体的教育设施、医疗卫生设施和其他社会公益设施；

（四）所有权、使用权不明或者有争议的财产；

（五）依法被查封、扣押、监管的财产；

（六）法律、行政法规规定不得抵押的其他财产。

第一百八十五条　设立抵押权，当事人应当采取书面形式订立抵押合同。

抵押合同一般包括下列条款：

（一）被担保债权的种类和数额；

（二）债务人履行债务的期限；

（三）抵押财产的名称、数量、质量、状况、所在地、所有权归属或者使用权归属；

（四）担保的范围。

第一百八十六条　抵押权人在债务履行期届满前，不得与抵押人约定债务人不履行到期债务时抵押财产归债权人所有。

第一百八十七条　以本法第一百八十条第一款第一项至第三项规定的财产或者第五项规定的正在建造的建筑物抵押的，应当办理抵押登记。抵押权自登记时设立。

第一百八十八条　以本法第一百八十条第一款第四项、第六项规定的财产或者第五项规定的正在建造的船舶、航空器抵押的，抵押权自抵押合同生效时设立；未经登记，不得对抗善意第三人。

第一百八十九条　企业、个体工商户、农业生产经营者以本法第一百八十一条规定的动产抵押的，应当向抵押人住所地的工商行政管理部门办理登记。抵押权自抵押合同生效时设立；未经登记，不得对抗善意第三人。

依照本法第一百八十一条规定抵押的，不得对抗正常经营活动中已支付合理价款并取得抵押财产的买受人。

第一百九十条　订立抵押合同前抵押财产已出租的，原租赁关系不受该抵押权的影响。抵押权设立后抵押财产出租的，该租赁关系不得对抗已登记的抵押权。

第一百九十一条 抵押期间，抵押人经抵押权人同意转让抵押财产的，应当将转让所得的价款向抵押权人提前清偿债务或者提存。转让的价款超过债权数额的部分归抵押人所有，不足部分由债务人清偿。

抵押期间，抵押人未经抵押权人同意，不得转让抵押财产，但受让人代为清偿债务消灭抵押权的除外。

第一百九十二条 抵押权不得与债权分离而单独转让或者作为其他债权的担保。债权转让的，担保该债权的抵押权一并转让，但法律另有规定或者当事人另有约定的除外。

第一百九十三条 抵押人的行为足以使抵押财产价值减少的，抵押权人有权要求抵押人停止其行为。抵押财产价值减少的，抵押权人有权要求恢复抵押财产的价值，或者提供与减少的价值相应的担保。抵押人不恢复抵押财产的价值也不提供担保的，抵押权人有权要求债务人提前清偿债务。

第一百九十四条 抵押权人可以放弃抵押权或者抵押权的顺位。抵押权人与抵押人可以协议变更抵押权顺位以及被担保的债权数额等内容，但抵押权的变更，未经其他抵押权人书面同意，不得对其他抵押权人产生不利影响。

债务人以自己的财产设定抵押，抵押权人放弃该抵押权、抵押权顺位或者变更抵押权的，其他担保人在抵押权人丧失优先受偿权益的范围内免除担保责任，但其他担保人承诺仍然提供担保的除外。

第一百九十五条 债务人不履行到期债务或者发生当事人约定的实现抵押权的情形，抵押权人可以与抵押人协议以抵押财产折价或者以拍卖、变卖该抵押财产所得的价款优先受偿。协议损害其他债权人利益的，其他债权人可以在知道或者应当知道撤销事由之日起一年内请求人民法院撤销该协议。

抵押权人与抵押人未就抵押权实现方式达成协议的，抵押权人可以请求人民法院拍卖、变卖抵押财产。

抵押财产折价或者变卖的，应当参照市场价格。

第一百九十六条 依照本法第一百八十一条规定设定抵押的，抵押财产自下列情形之一发生时确定：

（一）债务履行期届满，债权未实现；

（二）抵押人被宣告破产或者被撤销；

（三）当事人约定的实现抵押权的情形；

（四）严重影响债权实现的其他情形。

第一百九十七条 债务人不履行到期债务或者发生当事人约定的实现抵押权的情形，致使抵押财产被人民法院依法扣押的，自扣押之日起抵押权人有权收取该抵押财产的天然孳息或者法定孳息，但抵押权人未通知应当清偿法定孳息的义务人的除外。

前款规定的孳息应当先充抵收取孳息的费用。

第一百九十八条 抵押财产折价或者拍卖、变卖后，其价款超过债权数额的部分归抵押人所有，不足部分由债务人清偿。

第一百九十九条 同一财产向两个以上债权人抵押的，拍卖、变卖抵押财产所得的价款依照下列规定清偿：

（一）抵押权已登记的，按照登记的先后顺序清偿；顺序相同的，按照债权比例清偿；

（二）抵押权已登记的先于未登记的受偿；

（三）抵押权未登记的，按照债权比例清偿。

第二百条　建设用地使用权抵押后，该土地上新增的建筑物不属于抵押财产。该建设用地使用权实现抵押权时，应当将该土地上新增的建筑物与建设用地使用权一并处分，但新增建筑物所得的价款，抵押权人无权优先受偿。

第二百零一条　依照本法第一百八十条第一款第三项规定的土地承包经营权抵押的，或者依照本法第一百八十三条规定以乡镇、村企业的厂房等建筑物占用范围内的建设用地使用权一并抵押的，实现抵押权后，未经法定程序，不得改变土地所有权的性质和土地用途。

第二百零二条　抵押权人应当在主债权诉讼时效期间行使抵押权；未行使的，人民法院不予保护。

第二节　最高额抵押权

第二百零三条　为担保债务的履行，债务人或者第三人对一定期间内将要连续发生的债权提供担保财产的，债务人不履行到期债务或者发生当事人约定的实现抵押权的情形，抵押权人有权在最高债权额限度内就该担保财产优先受偿。

最高额抵押权设立前已经存在的债权，经当事人同意，可以转入最高额抵押担保的债权范围。

第二百零四条　最高额抵押担保的债权确定前，部分债权转让的，最高额抵押权不得转让，但当事人另有约定的除外。

第二百零五条　最高额抵押担保的债权确定前，抵押权人与抵押人可以通过协议变更债权确定的期间、债权范围以及最高债权额，但变更的内容不得对其他抵押权人产生不利影响。

第二百零六条　有下列情形之一的，抵押权人的债权确定：

（一）约定的债权确定期间届满；

（二）没有约定债权确定期间或者约定不明确，抵押权人或者抵押人自最高额抵押权设立之日起满二年后请求确定债权；

（三）新的债权不可能发生；

（四）抵押财产被查封、扣押；

（五）债务人、抵押人被宣告破产或者被撤销；

（六）法律规定债权确定的其他情形。

第二百零七条　最高额抵押权除适用本节规定外，适用本章第一节一般抵押权的规定。

第十七章　质　权

第一节　动产质权

第二百零八条　为担保债务的履行，债务人或者第三人将其动产出质给债权人占有的，债务人不履行到期债务或者发生当事人约定的实现质权的情形，债权人有权就该动产优先受偿。

前款规定的债务人或者第三人为出质人，债权人为质权人，交付的动产为质押财产。

第二百零九条 法律、行政法规禁止转让的动产不得出质。

第二百一十条 设立质权，当事人应当采取书面形式订立质权合同。

质权合同一般包括下列条款：

（一）被担保债权的种类和数额；

（二）债务人履行债务的期限；

（三）质押财产的名称、数量、质量、状况；

（四）担保的范围；

（五）质押财产交付的时间。

第二百一十一条 质权人在债务履行期届满前，不得与出质人约定债务人不履行到期债务时质押财产归债权人所有。

第二百一十二条 质权自出质人交付质押财产时设立。

第二百一十三条 质权人有权收取质押财产的孳息，但合同另有约定的除外。

前款规定的孳息应当先充抵收取孳息的费用。

第二百一十四条 质权人在质权存续期间，未经出质人同意，擅自使用、处分质押财产，给出质人造成损害的，应当承担赔偿责任。

第二百一十五条 质权人负有妥善保管质押财产的义务；因保管不善致使质押财产毁损、灭失的，应当承担赔偿责任。

质权人的行为可能使质押财产毁损、灭失的，出质人可以要求质权人将质押财产提存，或者要求提前清偿债务并返还质押财产。

第二百一十六条 因不能归责于质权人的事由可能使质押财产毁损或者价值明显减少，足以危害质权人权利的，质权人有权要求出质人提供相应的担保；出质人不提供的，质权人可以拍卖、变卖质押财产，并与出质人通过协议将拍卖、变卖所得的价款提前清偿债务或者提存。

第二百一十七条 质权人在质权存续期间，未经出质人同意转质，造成质押财产毁损、灭失的，应当向出质人承担赔偿责任。

第二百一十八条 质权人可以放弃质权。债务人以自己的财产出质，质权人放弃该质权的，其他担保人在质权人丧失优先受偿权益的范围内免除担保责任，但其他担保人承诺仍然提供担保的除外。

第二百一十九条 债务人履行债务或者出质人提前清偿所担保的债权的，质权人应当返还质押财产。

债务人不履行到期债务或者发生当事人约定的实现质权的情形，质权人可以与出质人协议以质押财产折价，也可以就拍卖、变卖质押财产所得的价款优先受偿。

质押财产折价或者变卖的，应当参照市场价格。

第二百二十条 出质人可以请求质权人在债务履行期届满后及时行使质权；质权人不行使的，出质人可以请求人民法院拍卖、变卖质押财产。

出质人请求质权人及时行使质权，因质权人怠于行使权利造成损害的，由质权人承担赔偿责任。

第二百二十一条　质押财产折价或者拍卖、变卖后，其价款超过债权数额的部分归出质人所有，不足部分由债务人清偿。

第二百二十二条　出质人与质权人可以协议设立最高额质权。

最高额质权除适用本节有关规定外，参照本法第十六章第二节最高额抵押权的规定。

第二节　权利质权

第二百二十三条　债务人或者第三人有权处分的下列权利可以出质：

（一）汇票、支票、本票；

（二）债券、存款单；

（三）仓单、提单；

（四）可以转让的基金份额、股权；

（五）可以转让的注册商标专用权、专利权、著作权等知识产权中的财产权；

（六）应收账款；

（七）法律、行政法规规定可以出质的其他财产权利。

第二百二十四条　以汇票、支票、本票、债券、存款单、仓单、提单出质的，当事人应当订立书面合同。质权自权利凭证交付质权人时设立；没有权利凭证的，质权自有关部门办理出质登记时设立。

第二百二十五条　汇票、支票、本票、债券、存款单、仓单、提单的兑现日期或者提货日期先于主债权到期的，质权人可以兑现或者提货，并与出质人协议将兑现的价款或者提取的货物提前清偿债务或者提存。

第二百二十六条　以基金份额、股权出质的，当事人应当订立书面合同。以基金份额、证券登记结算机构登记的股权出质的，质权自证券登记结算机构办理出质登记时设立；以其他股权出质的，质权自工商行政管理部门办理出质登记时设立。

基金份额、股权出质后，不得转让，但经出质人与质权人协商同意的除外。出质人转让基金份额、股权所得的价款，应当向质权人提前清偿债务或者提存。

第二百二十七条　以注册商标专用权、专利权、著作权等知识产权中的财产权出质的，当事人应当订立书面合同。质权自有关主管部门办理出质登记时设立。

知识产权中的财产权出质后，出质人不得转让或者许可他人使用，但经出质人与质权人协商同意的除外。出质人转让或者许可他人使用出质的知识产权中的财产权所得的价款，应当向质权人提前清偿债务或者提存。

第二百二十八条　以应收账款出质的，当事人应当订立书面合同。质权自信贷征信机构办理出质登记时设立。

应收账款出质后，不得转让，但经出质人与质权人协商同意的除外。出质人转让应收账款所得的价款，应当向质权人提前清偿债务或者提存。

第二百二十九条　权利质权除适用本节规定外，适用本章第一节动产质权的规定。

第十八章　留置权

第二百三十条　债务人不履行到期债务，债权人可以留置已经合法占有的债务人的动产，并有权就该动产优先受偿。

前款规定的债权人为留置权人，占有的动产为留置财产。

第二百三十一条 债权人留置的动产，应当与债权属于同一法律关系，但企业之间留置的除外。

第二百三十二条 法律规定或者当事人约定不得留置的动产，不得留置。

第二百三十三条 留置财产为可分物的，留置财产的价值应当相当于债务的金额。

第二百三十四条 留置权人负有妥善保管留置财产的义务；因保管不善致使留置财产毁损、灭失的，应当承担赔偿责任。

第二百三十五条 留置权人有权收取留置财产的孳息。

前款规定的孳息应当先充抵收取孳息的费用。

第二百三十六条 留置权人与债务人应当约定留置财产后的债务履行期间；没有约定或者约定不明确的，留置权人应当给债务人两个月以上履行债务的期间，但鲜活易腐等不易保管的动产除外。债务人逾期未履行的，留置权人可以与债务人协议以留置财产折价，也可以就拍卖、变卖留置财产所得的价款优先受偿。

留置财产折价或者变卖的，应当参照市场价格。

第二百三十七条 债务人可以请求留置权人在债务履行期届满后行使留置权；留置权人不行使的，债务人可以请求人民法院拍卖、变卖留置财产。

第二百三十八条 留置财产折价或者拍卖、变卖后，其价款超过债权数额的部分归债务人所有，不足部分由债务人清偿。

第二百三十九条 同一动产上已设立抵押权或者质权，该动产又被留置的，留置权人优先受偿。

第二百四十条 留置权人对留置财产丧失占有或者留置权人接受债务人另行提供担保的，留置权消灭。

第五编 占 有

第十九章 占 有

第二百四十一条 基于合同关系等产生的占有，有关不动产或者动产的使用、收益、违约责任等，按照合同约定；合同没有约定或者约定不明确的，依照有关法律规定。

第二百四十二条 占有人因使用占有的不动产或者动产，致使该不动产或者动产受到损害的，恶意占有人应当承担赔偿责任。

第二百四十三条 不动产或者动产被占有人占有的，权利人可以请求返还原物及其孳息，但应当支付善意占有人因维护该不动产或者动产支出的必要费用。

第二百四十四条 占有的不动产或者动产毁损、灭失，该不动产或者动产的权利人请求赔偿的，占有人应当将因毁损、灭失取得的保险金、赔偿金或者补偿金等返还给权利人；权利人的损害未得到足够弥补的，恶意占有人还应当赔偿损失。

第二百四十五条 占有的不动产或者动产被侵占的，占有人有权请求返还原物；对妨害占有的行为，占有人有权请求排除妨害或者消除危险；因侵占或者妨害造成损害的，占有人有权请求损害赔偿。

占有人返还原物的请求权，自侵占发生之日起一年内未行使的，该请求权消灭。

附　则

第二百四十六条　法律、行政法规对不动产统一登记的范围、登记机构和登记办法作出规定前，地方性法规可以依照本法有关规定作出规定。

第二百四十七条　本法自 2007 年 10 月 1 日起施行。

关于转发《农业部、监察部、财政部、国家计委、国务院法制局关于当前减轻农民负担的情况和今后工作的意见》的通知

（中办发［1996］6号　1996年3月9日）

《农业部、监察部、财政部、国家计委、国务院法制局关于当前减轻农民负担的情况和今后工作的意见》已经党中央、国务院领导同志同意，现转发给你们，请认真贯彻执行。

党中央一再告诫全党，农业、农村和农民问题始终是我国革命和建设的根本问题，是正确处理改革、发展、稳定三者关系的关键。在当前发展社会主义市场经济的过程中，更要注意引导好、保护好、发挥好农民的积极性。近年来，党中央、国务院下达了一系列减轻农民负担、保护农民合法权益的政策和措施，对扭转加重农民负担的局面起到了重要作用，深受广大农民的拥护。经过各方面的共同努力，减轻农民负担工作取得了一定的成效。但是，最近一段时间，一些地区的农民负担又出现“反弹”，有的地方的问题相当严重，甚至由此引发了逼死人命等恶性案件。对此，各级党委和政府应当引起高度重视，采取断然措施，坚决遏制这种“反弹”的势头。

党中央、国务院重申，各地区、各部门必须不折不扣地贯彻执行减轻农民负担工作的“约法三章”：第一，坚决把不合理的负担项目压下来，停止一切不符合规定和不切合实际的集资、摊派项目；第二，暂停审批一切新的收费项目，禁止一切需要农民出钱、出物、出工的达标升级活动；第三，《中共中央办公厅、国务院办公厅关于涉及农民负担项目审核处理意见的通知》（中办发［1993］10号）已明令取消的项目，任何地方和部门都无权恢复，国务院规定的提留统筹费不超过上年农民人均纯收入5%的比例限额不得突破。

各级党委和政府要清醒地看到减轻农民负担工作的极端重要性和艰巨性。江泽民同志多次强调领导干部要讲政治，要有政治观点，要有群众观点。减轻农民负担决不只是单纯的经济问题，而是关系农村改革、发展，关系农村大局稳定，关系正确对待农民、密切党和政府同农民联系的重大政治问题。各级领导干部对减轻农民负担的问题，一定要讲政治、讲大局、讲党性，各地区、各部门都要把认识统一到中央关于减轻农民负担的一系列重大决策上来，真正把减轻农民负担当作大事、要事、急事来抓，坚决做到令行禁止、违者必究。我们想问题、办事情，一定要从我国的实际出发，一定要从各地的实际出发，一定要考虑到人民群众的承受能力，要量力而行，留有余地，切不可要求过高、过快、过急。一定要讲究工作方法，非常谨慎地处理好涉及农民负担的各种问题，绝不允许动用专政工具，动用公安、武警、保安人员，动用枪支、警棍等，绝不允许非法抓人、铐人、关押人和收取农民家中的财物，如有违犯，严惩不贷。

党中央、国务院决定，在春节后，各地要对农民负担问题进行一次全面检查和清理，重点检查“约法三章”的执行情况。对所有向农民收费的项目进行一次彻底清理，凡是不

符合中央规定、违背“约法三章”的，不管来自哪一级，不管来自哪个部门，一律停止执行。检查清理要以县为单位、逐乡逐村解决问题，不留死角，不走过场，不搞特例。省、地（市）两级负责督查，要一级检查一级，各级都要切实负起责任。对农民反映强烈的突出问题要专项治理，对农村“三乱”（乱收费、乱罚款和各种乱摊派）要限期解决。中央和国家机关各部委要自行检查清理，作出规定，明确要求。要抓紧查处一批加重农民负担的违法违纪案件。对恶性案件，要依法依纪从严查处，决不姑息。情节严重的，不仅要追究当事人和直接领导者的责任，还要追究上一级领导机关的责任。在阶段性工作结束后，各省、自治区、直辖市要向党中央、国务院作出报告。

农业部、监察部、财政部、国家计委、国务院法制局关于当前减轻农民负担的情况和今后工作的意见

根据中央经济工作会议和中央农村工作会议精神，现就当前减轻农民负担的情况和今后工作的意见报告如下：

一、减轻农民负担工作取得了一定成效

近年来，针对一些地方农民负担过重的问题，党中央、国务院采取了一系列重大措施，各地区、各部门为减轻农民负担做了大量工作。实践证明，党中央、国务院关于减轻农民负担的一系列重大决策是正确的。经过各方面的艰苦努力，减轻农民负担工作取得了一定的成效，摸索了一些有益的做法和经验。

（一）进一步落实了减轻农民负担工作责任制。目前，全国大部分地区建立并较好地落实了减轻农民负担工作责任制，已有27个省、自治区、直辖市成立了由省级领导任组长的农民负担监督管理工作领导小组。有的省要求各级党政一把手亲自抓减轻农民负担工作；有的省规定，对擅自出台加重农民负担项目的，按谁出主意谁负责、谁签发文件谁负责、谁讲话谁负责的原则，追究领导人的责任。

（二）加快了法规、制度建设。全国有27个省、自治区、直辖市人大或政府制定了地方性农民负担管理法规或行政规章。一些地方逐步建立了农民负担预决算、专项审计、监督卡等监督管理制度。

（三）国务院有关部门和省、自治区、直辖市两级基本把住了农民负担项目审批的源头。近两年，农业部等五部门严格审核涉及农民负担的项目，先后对农村治安、卫生、体育、计划生育、教育、土地管理等部门涉及农民负担方面的文件进行了认真审核，做到了不擅自开加重农民负担的口子。绝大部分省、自治区、直辖市没有出台新的涉及农民负担的收费项目。

（四）加大了对涉及农民负担案件的查处力度。1994年发生的9起恶性案件已得到查处；去年发生的几起案件，大部分也已查清，对有关责任者给予了党纪、政纪处分，对情节严重者依法追究了法律责任。各地普遍开展了对农民负担工作的执法监察。

（五）狠抓了农村“三乱”的治理。针对目前一些地区农村“三乱”比较严重的状况，

许多地方进行了专项治理。有的省制定了教育集资管理办法，明确了监督管理程序；有的省加强了对农村低压电价的管理；有的省对农村“一度电、一方木、一辆拖拉机、一艘渔船、一个中小学生、一张证明”的收费情况进行了重点清理。

从全国的情况来看，去年大多数地方减轻农民负担工作做得是好的，特别是去年8月全国农民负担监督管理工作会议和国务院宣布“约法三章”之后，各地立即行动，进一步加大了工作力度，农民负担上升的势头有所遏制。

二、减轻农民负担工作形势依然严峻

最近一段时间，一些地方的农民负担又出现“反弹”，有的相当严重。有些地方农民实际负担超出了国务院规定的范围和限额，超过了当地经济发展水平和农民的承受能力。农民负担过重的问题还没有从根本上解决。主要问题有：

（一）“三乱”在一些地方屡禁不止。有的地方在收购农副产品和安排农作物种植时向农户罚款；有的地方在结婚登记、计划生育、中小学教育等工作中向农民收取不合理费用；有的以摊派方式强行要求农民交养老保险金；有的在粮棉收购中强行代扣代缴各种款项。不少地方在修路和中小学建设中搞一些不切合实际的集资，涉及面广、数额大，农民不堪承受。

（二）一些地方仍在执行明令取消的收费项目。有的以押金的方式继续向农户变相收取宅基地有偿使用费；有的以提高电费的方式继续收取乡镇级管电组织维护管理费。

（三）擅自出台加重农民负担的项目。有的县、乡不按《农民承担费用和劳务管理条例》（国务院令第92号）规定的程序报批收费项目，以县、乡人大决议、领导讲话和推广典型经验的方式，出台加重农民负担的项目。（四）不按规定管理、使用提留统筹费。一些县、乡在预算外加项加码和对五项统筹擅自规定比例，平调、挪用集体资金，高估或虚报农民收入、抬高提留统筹费数额等。

（五）一些地方又发生了因加重农民负担而引发的伤亡事件和干群冲突。去年以来，山东、江西、安徽、湖北、湖南、四川、河南等省都发生了因加重农民负担而导致人员伤亡的案件，有的农民被逼自杀或被打死。江西、安徽、贵州等省还因农民负担问题引发了干群冲突。

对上述问题，农民群众意见很大，反映强烈。1995年，仅农业部农民负担监督管理办公室接待的涉及农民负担来信来访就比1994年增加了40%以上。一些地方农民负担减而复增，已缓解的干群关系又趋紧张。

党中央、国务院制定的一系列减轻农民负担的政策、法规之所以在一些地方未能很好地贯彻落实，农民负担一再“反弹”，主要原因，一是思想认识问题还未解决，一些地方的领导同志把减轻农民负担当作一般性工作，往往停留在一般号召上，没有采取得力的措施。二是不从实际出发，过高地估计农民的富裕程度，搞建设不量力而行，资金不足就向农民伸手。三是一些基层干部工作作风简单、粗暴，有的甚至目无法纪，不尊重农民的民主权益。四是乡镇机构庞大，“吃皇粮”的人太多。五是有关农民负担的法规不健全。

三、坚持不懈地做好减轻农民负担工作

针对上述问题，当前和今后一个时期减轻农民负担工作，要按照“深化改革、发展经济、规范管理、群众监督”的要求，坚定不移地贯彻执行国务院宣布的“约法三章”，重点解决好提留统筹费超过规定比例和农村“三乱”问题。从今年开始要力争达到：在县一级的范围内，村提留、乡统筹费和劳务控制在《农民承担费用和劳务管理条例》规定的限额以内，不得突破；涉及农民负担的行政事业性收费、集资和基金项目，逐步纳入依法有序管理的轨道，使农村“三乱”得到制止；建立健全减轻农民负担的法规、制度，形成有效的监督管理体系。为此，需采取以下措施：

（一）建立减轻农民负担工作行政主要领导负责制。要把减轻农民负担作为考核各级各部门领导干部的一项重要标准，行政主要领导要亲自抓好减轻农民负担政策、法规的贯彻落实，按照“约法三章”的要求，确保本地区提留统筹费不超过上年农民人均纯收入的5%，不得擅自出台任何加重农民负担的项目。要严格检查“约法三章”的执行情况，做到令行禁止，有违必究。

（二）坚决堵住加重农民负担的源头。要严格执行《中华人民共和国农业法》和《农民承担费用和劳务管理条例》的规定。凡是涉及农民负担的收费、集资、基金等项目，必须经过省级以上农民负担监督管理、财政、计划、物价部门审批。对擅自乱开口子向农民要钱、要物的单位和个人，要依照党纪国法追究当事人和直接领导者的责任。要继续按照《财政部、国家计委、监察部、农业部关于1995年深入开展反腐败继续治理乱收费工作的通知》（财综字［1995］52号）的要求，抓紧对农村各种基金进行清理登记，制定农村集资管理办法，规范各种收费行为。

（三）实行提留统筹资金统一管理制度。乡镇经营管理站（办公室）要加强对农村集体资金的统一提取、管理和使用，实行“一个漏斗向下”的管理办法。对资金的使用，改“拨付制”为“报账制”。当前要重点推行农民负担日常监督管理的三项制度：一是预决算制度。各地要严格按照审批的预决算方案执行，不准层层加码，不准乱塞项目，不准乱分比例。二是全面推行农民负担监督卡制度。已建立监督卡制度的地方，要做好完善工作；尚未建立监督卡制度的地方，要尽快建立起来。今年农民上缴费用要全部做到凭卡收取。三是建立健全农民负担专项审计制度。各级农民负担监督管理部门要把这项工作全面开展起来，并逐级上报审计结果，定期公布。同时，普遍实行“两公开、一监督”制度，乡、村两级凡与农民有关的政务和一切财务收支，包括各种集资、收费都要向群众公布，接受群众监督。对财务管理混乱的乡村，要组织力量及时清理整顿，切实解决平调、挪用、挤占集体资金的问题。各地要尽快制定劳动积累工、农村义务工（以下简称“两工”）的管理使用办法，健全劳动积累制度，管理和使用好“两工”。

（四）健全分工协作的监督管理机制。各有关职能部门要在同级党委、政府的统一领导下，按照全国农民负担监督管理工作会议确定的职责分工，加强监督检查，共同做好减轻农民负担工作。农民负担监督管理部门要管好提留统筹费和“两工”，做到不突破限额，按照职责分工，分别与财政、计划、物价部门审核涉及农民负担的集资、罚款、收费等项目和文件，共同纠正和查处农村“三乱”问题；纪检、监察部门要督促各有关部门落实减轻农民负担的政策、法规，加强执法监察；财政部门要加强对涉及农民负担的基金的管理，严肃处理各种乱征乱收行为；物价部门要强化农村的价格管理，认真查处各种乱涨价行为；物价、财政部门要认真审核各项涉及农民负担的行政事业性收费标准，坚决把过高的标准降下来。

（五）建立健全农民负担执法检查、群众举报和案件查处制度。执法检查要把检查和处理结合起来，对加重农民负担的违法违纪行为和恶性案件，要坚决查处。要向社会公布举报电话，倾听群众的呼声，对反映突出的问题要及时组织专项治理。各级纪检、监察机关和农民负担主管部门要全面开展对减轻农民负担工作的执法监察，发现问题，及时纠正。对违反规定出台的项目要立即取消。对乱收的款物要及时督促清退。

（六）务必做好灾区、贫困地区减轻农民负担工作。对于灾区、贫困地区减轻农民负担工作要给予特别的重视，把减轻农民负担工作同关心灾区、贫困地区群众生活结合起来。要安排好灾区、重点贫困地区群众和特困户的生活。按照有关法律、法规的规定，做好灾区、贫困地区税费减免工作。禁止在灾区、贫困地区向农民搞任何名义、任何形式的集资、募捐活动。灾区、贫困地区农民群众承担的提留统筹费的绝对额不得超过上年。

（七）加强宣传工作，把法规、政策交给干部、群众。各地要利用《农民承担费用和劳务管理条例》颁布五周年的时机，大力宣传党中央、国务院关于减轻农民负担的政策、法规，提高干部、群众的法制观念和政策水平，教育干部严格依法办事，依法行政，使减轻农民负担工作成为广大干部的自觉行动。要教育广大农民群众认真履行应尽义务，依法抵制不合理负担。要坚持正面宣传为主的方针，大力宣传和总结推广减轻农民负担工作的好经验、好做法。对于经查实的违法违纪典型案件，经过批准，可以公开报道，以起警示作用。

（八）切实转变工作作风，严禁采取非法手段向农民收取款物。各级干部要实事求是、一切从实际出发，切实转变工作作风。农村各项事业的发展必须建立在经济发展和农民生活改善的基础上，办事既要量力而行，也要群众自愿。条件不具备的，群众不愿意的，就不要硬办，不要强迫命令。要反腐倡廉、艰苦奋斗、勤俭节约，多为农民办实事，密切党群关系。不得动用公安、武警、保安人员和使用警械、警具参与向农民强制性摊派、集资以及收取各种预付款的活动；不得派公安干警参加任何部门向农民摊派的收费、罚款活动；不得以“小分队”、“突击队”、“工作队”等形式向农民强制收取款物。

（九）尽快完善有关农民负担的法律、法规。法制部门要进一步完善有关农民负担的立法，要加大对违反政策法规、加重农民负担行为的处罚力度。抓紧制定有关保护农民合法权益的法律、法规。

（十）积极探索减轻农民负担的有效途径。各地要结合机构改革，下决心精简县、乡超编人员，压缩村社享受补贴的人员，杜绝不合理开支。要结合农村基层组织建设，大力扶持发展集体经济，增强集体经济实力。要充分发挥农民负担监督管理试点县的示范作用，积极探索减轻农民负担工作的成功经验和有效途径，力争从根本上解决农民负担过重的问题。

中共中央、国务院关于切实做好减轻农民负担工作的决定

（中发［1996］13号　1996年12月30日）

当前，我国农村形势很好，农村经济全面发展，农民收入显著增加，农村社会稳定。形势越好，越要注意保护农民的积极性，继续做好减轻农民负担工作。近几年来，针对农民负担存在的突出问题，党中央、国务院及时采取了一系列政策措施，减轻农民负担工作取得了一定的成效。但是，农民负担重的问题还没有从根本上解决，仍然是当前农民反映最强烈的问题之一，有些地方问题还相当严重。有的地方和部门置中央的三令五申于不顾，巧立名目，向农民乱收费、乱集资、乱涨价、乱罚款和摊派；有些地方虚报农民收入，超限额提取村提留乡统筹费，强迫农民以资代劳；极少数基层干部作风粗暴，目无法纪，挥霍、侵吞集体和农民的资财，甚至动用专政工具和手段强行向农民收钱收物，个别地方酿成了干群冲突的严重事件和死人伤人的恶性案件。这些都严重地侵犯了农民的合法权益，挫伤了农民的生产积极性，伤害了农民对党和政府的感情，引起了农民群众强烈不满。

加重农民负担的行为屡禁不止，农民负担一再反弹，原因很多，主要是：有些地方盲目追求发展速度，超越了财政的承受能力，以各种名目向农民“伸手”；有些部门在农村办事情要求过高过急，不切实际地推行达标升级活动，搞形式主义，加重了农民负担；有些乡村干部不善于做群众工作，方法简单粗暴，甚至违法乱纪；许多地方乡镇机构臃肿，干部队伍庞大，加之集体经济薄弱，干什么都要向农民收粮要钱；现行的农民负担管理办法不够完善，缺乏群众民主监督，农村集体财务制度不健全，等等。总之，归结起来，一是一些地方和部门背离了党的实事求是的思想路线，订计划、办事情不从实际出发，发展农村各项事业的要求超越了农村经济和农民收入的实际水平。二是有些干部忘记了党的全心全意为人民服务的根本宗旨，群众观念淡薄，对农民总是给予的少，索取的多，以至侵害农民的利益。

中央认为，农民负担重，已成为影响农村改革、发展和稳定的一个十分突出的问题。如不坚决加以解决，势必妨碍国民经济和社会发展“九五”计划和2010年远景目标的实现，影响基层政权的巩固，危及国家的长治久安。全党务必从政治、全局的高度看待这个问题，采取有力措施，切实做好减轻农民负担工作。

当前和今后一个时期，减轻农民负担工作的指导思想和主要任务是：以邓小平建设有中国特色社会主义理论和党的基本路线为指导，坚持党的十一届三中全会以来关于农村工作的一系列方针政策，正确处理新时期的农民问题，坚定不移地维护农民的合法权益，坚持不懈地减轻农民负担，禁止非法负担，管理好合理负担，推动农民负担监督管理工作走上法制化、规范化轨道。经过努力，坚决把农民承担的村提留乡统筹费和劳务全面控制在国家规定的限额之内，严禁面向农村的乱收费、乱集资、乱涨价、乱罚款和各种摊派，取消一切加重农民负担的达标升级活动，杜绝因农民负担过重引发的严重事件和死人伤人的

恶性案件，切实把不合理的农民负担减下来，并长期稳定在政策规定的范围之内。为此，党中央、国务院特作以下决定。

一、国家的农业税收政策稳定不变。“九五”期间，对农业生产不开征新的税种，国家规定的农业税税率不再提高。任何地方无权设立税种、提高税率，非法设立的税种和擅自提高的税率一律取消。农业特产税、屠宰税必须据实征收，不得向农民下指标，不得按人头、田亩平摊。农业税和农业特产税不得重复征收。有关部门要抓紧完善农业税收稽征办法。

二、村提留乡统筹费不超过上年农民人均纯收入5%的政策稳定不变。随着经济的发展和农民收入水平的提高，农民实际负担村提留乡统筹费的比例还应该逐步降下来。按照公平合理负担的原则，改革完善村提留乡统筹费计提办法，收入高的多负担，收入低的少负担。将以乡农民人均纯收入为依据改为以村农民人均纯收入为依据计提村提留乡统筹费。有条件的地方，可以实行农户上交的村提留乡统筹费额一定几年不变、按年度收取的办法。对从事个体工商业和私营企业的农户，由县级人民政府根据国家有关规定，合理确定村提留乡统筹费的提取比例。对受灾地区农民上交的村提留乡统筹费要适当调减。受灾严重的农户，免交全部公益金和公积金。做好农民人均纯收入的统计核实工作，防止虚报多收。

加强对村提留乡统筹费的管理和监督。村提留占提留统筹费的比例应在一半以上。除法律法规已有规定外，乡统筹费开支项目一律不得定比例。坚决纠正平调、挪用、挤占村提留乡统筹费的错误做法。要健全村提留乡统筹费的财务管理制度，村提留乡统筹费的收支要严格执行预算方案，村提留的使用情况要定期张榜公布，并允许村民查帐，乡统筹费的使用要接受专项审计。乡镇人大、集体经济组织和有关职能部门要加强监督。

三、农民承担义务工和劳动积累工制度稳定不变。义务工和劳动积累工以出劳为主，原则上不得以资代劳，各级各部门都不得向乡村下达以资代劳指标。农民自愿以资代劳的，必须由本人提出申请，经村集体经济组织批准后，可以由农民出资自己雇请劳力，也可以由村集体经济组织管理以资代劳资金，统一雇请劳力，完成本村的出工任务。不得要求把以资代劳资金上交县、乡有关部门管理。除抢险救灾、农田水利工程和法律法规已有规定外，义务工和劳动积累工不得跨乡使用。

四、严禁一切要农民出钱出物出工的达标升级活动。各级政府和部门在农村开展工作，不得违反规定要求集体经济组织和农民出钱出物出工，不得脱离农村实际定统一的标准、下统一的量化指标，也不得以检查验收和评比等形式搞变相的达标升级活动。

五、严禁在农村搞法律规定外的任何形式的集资活动。今后，各地区、各部门均不得出台任何面向农村的集资项目。教育集资必须依照《教育法》的有关规定，坚决按照自愿、量力的原则，控制数量，严格审批。不得超规定范围使用教育集资款，不得将教育集资变成经常性的集资活动，也不得以教育集资的名义乱集资。坚决禁止不切实际地搞高标准的学校建设。有关部门要抓紧共同制定教育集资的管理办法。政府及部门组织兴办的道路、电力、通讯、广播电视等建设项目，不得向农民集资。

农民在村范围内兴办生产和公益事业所需资金，应从公积金和公益金中列支。资金不足的，可以提交村民大会讨论，经多数村民同意后，由群众自愿筹集。

六、严禁对农民的一切乱收费、乱涨价、乱罚款。“九五”期间，停止审批一切面向农民的新的收费项目。各级各部门要按照中央的统一部署，抓紧清理面向农民的各种收费。中央和地方已明令取消的项目，不得恢复，仍在执行的要坚决停止；擅自设立的收费项目，要坚决取消；偏高的收费标准，要坚决降下来。清理后的收费项目和标准，要向农民公布。要纠正只收费不服务、多收费少服务或强制性服务等错误做法。禁止在结婚登记、中小学生就学、建房和计划生育指标等审批、办理过程中向农民的一切搭车收费。禁止非法经营农业生产资料，严肃查处违反国家价格政策的乱涨价行为。禁止非法向农民罚款，取消无法律法规依据的罚款项目，坚决纠正因农民未完成种植养殖任务而处以罚款等的错误做法。

七、严禁各种摊派行为。有关部门在农村开展保险业务和合作医疗，都必须坚持自愿量力，不得强求。不得以任何形式下达保险指标，强行要求农民投保。乡村干部不得代农民投保，中小学校也不得代办保险。向农村集体经济组织和农民征订报刊、书籍，必须坚持自愿原则，不得强征代订，不得以回扣等不正当方式扩大发行，增加农民负担。

八、严禁动用专政工具和手段向农民收取钱物。农民要按照国家规定，积极缴纳税金，完成农产品定购任务，承担村提留乡统筹费和劳务。凡农民应缴纳的钱物都要通过农民负担监督卡或承包合同等书面形式确定下来，明确项目和数量，由农民自觉缴纳，不得在收购农副产品时代扣代缴村提留乡统筹费。收取村提留乡统筹费要使用省级有关部门统一印制的专用票据。对未缴纳村提留乡统筹费的农户，要区别情况，做好工作。对缴纳村提留乡统筹费确有困难的，要依照有关规定，分别予以减、缓、免。对有能力缴纳而又不缴纳的，可以依照村规民约进行教育，或者按照诉讼程序依法解决。不能用解决对抗性矛盾的方式和手段来处理这类问题。不允许动用专政工具和手段向农民收取钱物；不允许到农民家里抓猪牵羊、强行收缴财物；不允许非法采取收回承包地等错误做法胁迫农民交钱交物。对非法向农民收取钱物的，农民有权拒交，有权向上级有关部门反映，有权向人民法院起诉。对农民的反映和起诉，要认真受理、不得压制。

九、减免贫困户的税费负担。要认真贯彻中央制定的对贫困地区的各项税收优惠政策。对国定贫困县的特困村，经县级人民政府批准，免除农民承担的乡统筹费；对尚未解决温饱的贫困户，免除全部村提留乡统筹费。各省、自治区、直辖市要做好本辖区贫困县农民村提留乡统筹费的减免工作，落实好其他地区低收入困难户村提留乡统筹费的减免政策。县级人民政府要根据当地的实际情况，对享受减免政策的农户确定适当的比例，并切实执行。对因执行减、缓、免政策而减少的税费收入，不得分摊到其他农户。

十、减轻乡镇企业的负担。加重乡镇企业负担，也就是加重农民的负担。要严格执行《乡镇企业法》的有关规定，坚决制止各种加重乡镇企业负担的行为。任何单位和部门不得向乡镇企业乱收费、乱集资、乱罚款和摊派，不得以任何形式和名义拉赞助、搞评比，增加企业的负担。乡、村干部不得在乡村集体企业乱开支。乡镇企业行政主管部门要会同有关部门对乡镇企业的负担进行清理，并制定监督管理的具体办法。

十一、减少乡镇机构和人员的开支。“九五”期间，各地不再增加乡镇机构和人员编制，坚决裁减超编人员。有关部门要抓紧研究适应社会主义市场经济体制的乡镇机构改革问题。村级各类组织的干部可以交叉兼职，减少补贴干部的职数。严格控制乡村代课教师数量，聘任代课教师须由县（市、区）教育行政部门审批，乡、村不得自行聘任。

十二、加强领导，实行减轻农民负担党政一把手负责制。各级党政领导一把手要亲自抓，负总责，一级管一级。要把减轻农民负担工作作为考核和任用各级领导干部特别是县、乡两级领导干部的一项重要指标。县、乡两级领导干部要确保在本辖区内，不出现村提留乡统筹费突破上年农民人均纯收入5%的村；不违反中央规定出台加重农民负担的项目；不发生因农民负担引发的严重事件和恶性案件。各级有关部门尤其是中央有关部门，要带头执行中央减轻农民负担的有关政策规定，坚决维护政令统一，做到令行禁止。有关部门的领导要切实负起责任，把好关口。今后哪个地方和部门加重农民负担，就要追究那里主要领导的责任。凡因加重农民负担受到处分的干部，在规定的期限内不得提拔和重用。

十三、加强监督检查，严肃查处加重农民负担的违法违纪行为。要加强农民负担监督管理机构的建设，充实力量，强化职能。各级党委和政府每年都要组织两次农民负担执法检查，并将检查情况逐级上报，上级党委和政府要将有关情况及时予以通报。各级有关部门要针对农民反映的突出问题开展专项治理。要发挥人大、政协的监督作用，加强群众的民主监督和舆论监督。要严肃处理各种加重农民负担的行为。对违反规定的，各级纪检监察机关要依照党纪政纪追究责任；对非法向农民收取钱物的，农业、财政、计划、物价等部门要依照有关规定责成其如数退还，有关部门可视情况依法给予经济处罚；对造成严重后果、触犯刑律的，司法部门要依法追究刑事责任。凡因加重农民负担，引发严重事件和死人伤人恶性案件的，要追究乡、村主要负责人和直接责任人的责任，凡涉及地、县领导责任的，要依照有关规定追究地、县党政主要领导的责任，以吸取教训；连续发生严重事件和死人伤人恶性案件的省、自治区、直辖市，党政主要领导同志要向党中央、国务院作出书面检查；对瞒案、压案、报而不查或打击报复举报人的，一经发现，要从严处理。要加快农民负担监督管理的立法工作。

以上十三条，各级党委和政府要认真贯彻执行，逐项逐条落到实处，决不允许出现任何梗阻现象，决不允许在执行中走样。以前的文件规定凡与本决定不符合的，均以本决定为准。各省、自治区、直辖市党委和政府，对上述决定的传达贯彻要作出专门部署，首先向县以上党政机关干部传达，然后由各县（市、区）党委、政府组织乡、村干部学习，逐级搞好培训，以统一思想，提高认识。在此基础上，于春节后用一个月时间将决定内容同广大农民群众见面，并反复宣传，做到家喻户晓。

减轻农民负担是一项十分紧迫的政治任务，做好这项工作，关键在干部。各级干部特别是广大基层干部为农村经济和各项事业的发展做了大量的艰苦的工作，主流是好的。中央希望，各级干部尤其是领导干部，都必须始终牢记全心全意为人民服务的宗旨，时刻把农民的利益放在心上；必须坚持实事求是的思想路线，一切从实际出发，因地制宜办好农村的事情；必须切实转变工作作风，改进工作方法，善于做好新时期的农民工作。在实际工作中，必须认真做到：要努力给农民更多的经济实惠，不要与民争利；要保障农民的个人财产和合法收入不受侵犯，不要乱向农民伸手；要充分尊重农民的意愿，不要剥夺农民的民主权利；要量力而行地办好农村各项事业，不要急于求成；要区别情况分类指导农村工作，不要不切实际地向下压指标、搞“一刀切”；要把主要精力放在帮助农民发展经济上，不要只想着向农民要这要那；要把对上级负责和对农民负责统一起来，不要把两者对立起来；要教育和引导农民自觉履行应尽的义务，不要放弃领导应有的责任；要严格执行政策，耐心细致地做好群众工作，不要用强迫命令和简单粗暴的方式对待农民；要说真话、办实事，不要搞形式主义，弄虚作假。

减轻农民负担是一项长期性的工作。从根本上解决好农民负担问题，必须坚持深化改革。对有的地方进行的负担分流和一些粮食主产区进行的税费改革探索，可以继续试验。要大力发展农村经济，努力增加农民收入，要不断壮大集体经济，增强集体经济组织服务和兴办公益事业的实力，解决好“有钱办事”的问题。坚持依靠农民群众进行民主监督，规范政府行为，依法管理农民负担。要规范农村财务制度，加强财务管理。

减轻农民负担，事关重大，任务艰巨。中央号召，全党同志务必以对党和人民高度负责的精神，讲政治，讲纪律，统一思想，步调一致，切实做好减轻农民负担工作，为实现新时期的宏伟目标，确保国家的长治久安而努力奋斗！

中共中央办公厅、国务院办公厅关于切实做好当前减轻农民负担工作的通知

（中办发［1998］18号　1998年7月21日）

1998年改革发展任务繁重。要保证各项任务的实现，必须确保农业增产、农民增收、农村稳定。上半年，由于种种原因，农民收入增长缓慢，而一些地方农民负担不仅没有减少，反而继续增加。有的违反规定，变相多收提留统筹费，平摊农业特产税、屠宰税；有的继续乱收费、乱集资、乱罚款；有的盲目举债，向农民转嫁债务负担。这些问题如不纠正，将严重影响农民的生产积极性，对夺取1998年的农业丰收、保障各项改革措施的顺利实施、维护社会稳定的大局极为不利。各地区、各部门必须充分认识当前增加农民收入和减轻农民负担的特殊重要意义，在采取措施加强秋季作物田间管理、抓好养殖业生产、发展乡镇企业和农村其它二三产业、增加农民收入的同时，必须下大力气认真做好减轻农民负担工作，切实把农民的不合理负担减下来。为此，经党中央、国务院同意，特作如下通知：

一、严格控制提留统筹费。鉴于目前农民收入增长缓慢的实际情况，1998年农民承担的提留统筹费的绝对额，不仅要严格控制在上年农民人均纯收入的5%以内，而且不得超出1997年的预算额。1998年的预算额小于1997年预算额的地方，按1998年的预算方案执行；1998年预算额大于1997年预算额的地方，要坚决调减下来，并重新明确到户。已按1998年预算额收缴的，超过1997年的部分，能退的要退，不能退的应在下年预算执行中扣减。提留统筹费核减后，要坚决防止以共同生产费、统一服务费、以资代劳金等名义，在提留统筹费之外乱开口子，变相加重农民负担。也要防止违反规定多收承包费。除工副业、果园、鱼塘、“四荒”等实行专业承包和招标承包的项目外，其它承包费都要一并纳入农民上缴的提留统筹费以内实行限额管理。各级农民负担监督管理部门要切实加强监督管理。

二、坚决把向农民的乱收费、乱集资、乱罚款和各种摊派全部停下来。1998年除防汛、抗旱、抢险、救灾和专项安排的农田基本建设外，各部门在农村安排的各项事业能缓办的要缓办，可办可不办的坚决不办，要求农民出钱出物出工的各种达标升级和集资活动必须立即停止。凡在结婚登记、中小学生就学、建房和计划生育指标等审批、办理过程中向农民乱收费，因未完成种植养殖任务而向农民乱罚款，强行向集体和农民摊派报刊和各种保险费用的，必须坚决查处。要实行农村“三乱”专项治理部门责任制，谁主管谁负责。今后，“三乱”出自哪个部门，就追究那个部门领导的责任。

三、严格加强对农民义务工的管理。1998年国家安排的公路、铁路、水利设施、粮食储备库、农村电网、天然林资源保护工程等基本建设，是增加农民收入和减轻农民负担的重大措施，各级党委、政府和有关部门必须抓紧落实。在项目实施中，要严格执行国家有关农民投工投劳的政策，不得挪用国家下达的工程款，也不得强行以资代劳向农民摊派工程款。凡超过国家规定的义务工限额的，要按规定给农民支付劳务报酬。

四、严格执行国家的农业税收政策。农业税要坚持以实计征。对少数折征代金的地方，1998 年粮食定购价格调低了的，农业税征收金额应随之减下来。农业特产税、屠宰税必须据实征收，不得按预计产量、预计出售价格计征，不得层层下达指标或者提前预收，不得按人头、田亩和牲畜存栏头数平摊。同一地块的农业特产税、农业税不得重复征收。各级财税部门要把禁止在农村乱征乱收税费，作为纠正行业不正之风的重要内容，切实抓好。

五、严禁在粮食收购时代扣代缴各种款项。国有粮食收储企业要严格执行《粮食收购条例》的有关规定，按保护价敞开收购农民的余粮，不得拒收、限收，不得压级压价或者抬级抬价。在粮食收购中，除农业税外，国有粮食收储企业不得接受任何组织或者个人委托代扣代缴任何税费。乡（镇）、村干部不得在粮食收购现场坐收提留统筹费和其他任何税费。凡违反规定的，依照《粮食收购条例》坚决查处。将提留统筹费折成粮食计征的试点办法，可以结合税费改革继续研究，但必须执行《粮食收购条例》，不得将提留统筹费随粮食收购一并征收。

六、严禁强迫农民借款、贷款缴纳各种税费。要教育农民自觉履行应尽义务，按规定缴纳税费。严禁乡（镇）、村干部擅自以集体名义向任何单位和个人借款、贷款或者强迫农民借款、贷款用以缴纳各种税费和集资。凡未经群众集体讨论同意，以乡（镇）、村名义向单位、个人借款或贷款所发生的债务，不得向农户分摊。对于没有完成上缴任务的农户，要区别不同情况正确处理。对确实无力缴纳的农户，要认真落实好减免政策；对确有缴纳能力拒不缴纳规定税费的，要按有关法规及时追缴。当前，要特别注意做好贫困地区和受灾地区的减轻农民负担工作。这些地区 1998 年的农民负担只能减轻，不能增加。中央规定的各项税费减免政策必须落实到村到户，任何部门和单位不得截留税费减免指标。因执行减免政策而减少的税费收入，一律不得分摊到其他农户。

七、切实减少乡（镇）、村非生产性支出。要严格执行《中共中央、国务院关于切实做好减轻农民负担工作的决定》（中发［1996］13 号）中关于“‘九五’期间，各地不再增加乡镇机构和人员编制”的规定，继续冻结编制。对乡镇一级的机构，可设可不设的不设，可合设的一定不要分设。超编的非生产人员要坚决予以清退。要最大限度地减少村组干部人数，严格控制村管理费和招待费开支，严禁大吃大喝，全面实行村级财务公开，搞好民主监督。

八、严肃查处加重农民负担的违法违纪行为。各地要抓紧组织一次农民负担情况的检查，要把执行中发［1996］13 号文件和本《通知》有关规定情况，作为今年执法检查的重点，切实搞好自查自纠。农业部、监察部、财政部、国家发展计划委员会、国务院法制办公室下半年要联合组织抽查。各级纪检监察机关要加大查处力度，对顶风违纪加重农民负担的，要从重、从快处理。一些典型案件的查处结果，经批准可以公开曝光。

九、进一步加强对减轻农民负担工作的领导。各级党委和政府要充分认识做好当前减轻农民负担工作的特殊重要意义。要继续坚持党政一把手亲自抓、负总责的制度，在换届和机构改革中，做到领导力量不减、工作队伍不散。要不断完善减轻农民负担领导干部考核制度，明确把中发［1996］13 号文件对各级领导干部特别是县、乡两级领导干部提出的“确保在本辖区内，不出现村提留乡统筹费突破上年农民人均纯收入 5%的村；不违反中央规定出台加重农民负担的项目；不发生因农民负担引发的严重事件和恶性案件”等三项要求作为考核标准。要逐步建立农民负担问题领导干部谈话制度，对负担问题突出的地方，上一级党政领导要及时向下一级党政领导打招呼，督促其解决问题。各地要高度重视和认真做好涉及农民负担的来信来访工作，注意倾听群众呼声，把矛盾解决在基层，解决在萌芽状态。国务院减轻农民负担联席会议各成员单位要认真履行职责，搞好监督检查。

减轻农民负担，事关农村改革、发展、稳定的大局，必须坚持不懈地抓紧抓好。中发［1996］13号文件的各项规定是我们党向农民的庄严承诺，必须毫不动摇地继续贯彻落实。各地区、各部门要组织干部重新学习中发［1996］13号文件，认真进行一次再教育，不断增强贯彻党的农村基本政策的自觉性，进一步把减轻农民负担工作做实做好。

国务院纠正行业不正之风办公室关于清理党政机关及其工作人员利用职权无偿占用企业钱物的实施意见

（中办发［1994］10号　1994年7月6日）

清理党政机关及其工作人员利用职权无偿占用企业（包括实行企业化管理的事业单位，下同）的钱物，是今年纠正部门和行业不正之风专项治理的一项重要内容。搞好这项工作，对于保持党政机关清正廉洁，减轻企业负担，维护企业的合法权益，具有重要意义。各地区、各部门都要按照党中央、国务院关于今年深入开展反腐败斗争的工作部署和有关要求，把党政机关及其工作人员利用职权无偿占用企业钱物问题列为专项，集中一段时间进行认真清理，务必抓出成效，坚决刹住这一不正之风。为保证清理工作顺利进行，现提出以下实施意见：

一、清理的重点是，党政机关假借各种名义为本部门充作小金库或搞福利而无偿占用企业的资金，以及党政机关工作人员利用职权占用企业的资金；党政机关及其工作人员利用职权无偿占用企业的交通工具、通讯设备、音像设备及其他高档贵重物品；党政机关为谋取本部门利益向企业索要的赞助款。

二、清理工作中对有关问题按照以下原则处理：

1. 1992年7月23日《全民所有制工业企业转换经营机制条例》发布实施后，党政机关无偿占用企业的上述设备和物品都应归还企业；1992年7月23日以前无偿占用、群众反映强烈的，原则上也要进行清退。立即归还确有困难的，要与被占用的企业协商并经上级机关批准，或付款购买，或签订租赁协议。

2. 1992年7月23日以来，党政机关为本部门充作小金库或搞福利而占用企业的资金，以及为谋取本部门利益向企业索要的赞助款，都应归还企业。立即归还确有困难的，要与被占用或被索要的企业协商并经上级机关批准，作出还款计划。

3. 党政机关工作人员利用职权和工作之便无偿占用的企业钱物，要一律限期归还。所占用物品丢失或损坏的，要作价赔偿；利用无偿占用钱物经商牟利的，要追缴其非法所得。

4. 党政机关及其工作人员无偿占用企业钱物，凡主动自查、清退的，一般不追究单位和个人的责任；问题严重又不自查自纠的，经查实要责令其清退，并对其主管领导和直接责任人给予党纪、政纪处分，触犯刑律的，由司法机关依法处理。对1994年3月1日中央纪委第三次全体会议后，继续利用职权无偿占用企业钱物或继续为谋取本部门利益向企业索要赞助款的，一经查实，要从严处理。

三、各级党政机关及其工作人员都要认真进行自查自纠，不得以工作需要或经费紧张为由，对清理工作敷衍推拖，更不准弄虚作假，隐瞒不报。要动员企业和广大职工群众积极参与清理工作，协助提供有关情况。要坚持边清边改，针对暴露出来的问题和管理上、制度上存在的漏洞，认真总结经验教训，制定改进措施。

四、各级党委和政府要加强对这项工作的领导，认真安排部署，精心组织指导。要确定一位领导同志主管清理工作，必要时可从有关部门抽调人员组成临时工作班子负责具体工作。各级经（计）委和财政、审计等部门要把这项工作作为专项检查的内容，同级纪检、监察机关要加强监督检查，对不认真清理甚至走过场的，应坚决要求其进行补课，确保清理工作取得实效。

中共中央、国务院关于治理向企业乱收费、乱罚款和各种摊派等问题的决定

（中发［1997］14号　1997年7月7日）

近年来，党中央、国务院针对一些地区和部门出现的向企业乱收费、乱罚款和各种摊派等问题，多次发布文件加以制止，各地区、各部门按要求做了一些工作，但问题一直没有得到很好解决。向企业乱收费、乱罚款和各种摊派，严重干扰了企业正常的生产经营，加重了企业负担，助长了不正之风，损害了党和政府同人民群众的关系，已经到了非解决不可的时候。各地区、各部门一定要从政治和全局的高度，充分认识抓好这项工作对于推进企业改革和发展、加强廉政建设、保持社会稳定的重要意义，下决心进行专项治理。为此，党中央、国务院决定：

一、坚决取消不符合规定的向企业的行政事业性收费、罚款、集资、基金项目和各种摊派。凡属国家法律法规、国务院及财政部、国家计委和省、自治区、直辖市人民政府明文规定之外向企业的行政事业性收费项目，国家法律法规规定之外向企业实施的罚款项目，国家法律法规和国务院明文规定（指农村集资办学，集资办电、修路、建住房等）之外向企业集资的项目，国务院及财政部规定之外向企业收取基金的项目，均一律取消。各种摊派和乱集资一律取消。向企业收取费用和罚款必须严格按规定标准执行，坚决制止超标准收费和罚款的行为。

过去已经省、自治区、直辖市人民政府财政、物价部门审批的收费项目，少数确需保留的，应经省、自治区、直辖市人民政府重新审批，并征得财政部、国家计委同意。

二、全面清理按规定未被取消的向企业的行政事业性收费、罚款、集资、基金项目。对不合理的项目要坚决取消并向社会公布；合理的保留，但标准过高的要把标准降下来；重复收取的要予以合并。凡需保留的包括降低标准和合并的项目，要按照管理权限从严重新审批。其中，行政事业性收费项目按照隶属关系分别报国务院或省、自治区、直辖市人民政府审批，集资、基金项目报国务院审批。凡需国务院审批的项目，由国务院减轻企业负担部际联席会议审核后报国务院。

清理期间，除国家法律法规规定之外，暂停审批新的向企业的行政事业性收费、集资、基金项目。凡利用行政权力和垄断地位强行进行的经营服务性收费，属于乱收费行为，要一律严肃查处。事业单位及其所属机构向企业的经营服务性收费项目，由物价部门负责清理。清理向乡镇企业的乱收费、乱集资、乱罚款和各种摊派，按照《中共中央、国务院关于切实做好减轻农民负担工作的决定》（中发［1996］13号）的有关规定执行。

三、建立健全向企业的行政事业性收费、罚款、集资、基金项目的审批管理制度。今后，所有新增加向企业的行政事业性收费项目和标准，必须按隶属关系分别报财政部、国家计委或省、自治区、直辖市人民政府审批，重要的报国务院审批。各省、自治区、直辖市人民政府审批的收费项目和收费标准，要分别征得财政部和国家计委同意。向企业实施罚款，必须严格按照国家法律法规的规定执行。向企业集资，必须依据国家法律法规和国

务院的规定进行。向企业收取基金，必须按照规定报财政部会同有关部门审批，重要的要报国务院审批。

四、加强对行政事业性收费、罚款、集资、基金的收缴和使用管理的监督，防止截留、挤占和挪作他用。行政事业性收费，要按照《国务院关于加强预算外资金管理的决定》（国发［1996］29号）进行管理。罚款要全部上缴同级国库，取消和禁止各种形式的罚款收入提留分成办法。执法部门所需办案和业务经费，一律列入同级财政预算。集资、基金实行收支两条线管理。

向企业收取行政事业性费用，必须凭物价部门颁发的《收费许可证》和财政部或省、自治区、直辖市人民政府财政部门统一制发的行政事业性收费票据，依法征税的必须使用税务部门统一印制的发票。否则，企业应拒绝交费。可进行“企业交费登记卡”制度试点，有条件的地方可以实行统一征管的办法，规范收费行为。企业要建立健全内部监督约束机制，严格执行各项财务制度，定期向职工代表大会报告企业交费情况。

五、严格执行国家规定，坚决做到令行禁止。严禁擅自设立行政事业性收费、罚款、集资、基金项目；严禁擅自提高收取标准，扩大收取范围；严禁向企业摊派、索要赞助和无偿占用企业的人财物；严禁向企业强买强卖，强制企业接受指定服务，从中牟利；严禁在公务活动中通过中介组织对企业进行收费；严禁将应由企业自愿接受的咨询、信息、检测、商业保险等服务变为强制性服务，强行收费；严禁强制企业参加不必要的会议、培训、学术研讨、技术考核、检查评比和学会、协会、研究会等；严禁强行向企业拉广告，强制企业订购书报刊物、音像制品等；严禁机关、事业单位及其工作人员到企业报销各种费用。

六、加强监督检查，加大执法力度。要组织力量对重点地区、部门和单位进行重点检查和审计。各级经贸、计划（物价）、财政、监察、纠风、审计等有关部门要建立举报制度，并设立联系点。任何单位和个人都有权举报向企业乱收费、乱罚款和各种摊派等行为。有关部门受理举报后，要认真进行调查处理。对于造成恶劣影响和严重后果的重大案件，要追究主要负责人和当事人的责任，根据情节轻重给予相应的党纪政纪处分，触犯刑律的要移交司法机关依法处理。对于顶风作案和打击报复举报人或刁难企业的，要依法从重处理，决不姑息。

七、充分发挥新闻舆论的监督作用。中央和地方新闻单位要紧密配合这项工作，突出宣传党和政府减轻企业负担的方针政策，宣传各地的好经验好做法。对于违反本决定精神、情节恶劣的典型案件，要予以曝光。

八、加强领导，建立责任制。治理向企业乱收费、乱罚款和各种摊派等问题的工作，涉及面广，政策性强，情况复杂，难度很大，要实行统一领导、分级负责，采取自查自纠与监督检查相结合的方式进行。各地区、各有关部门要按照党中央、国务院的部署和要求，切实加强领导，并指定一位领导同志负责，明确责任制，及时研究解决存在的问题。为更好地开展这项工作，中央确定，由国家经贸委牵头，国家计委、财政部、监察部、国务院纠风办和审计署参加，建立国务院减轻企业负担部际联席会议制度，并设立办公室，负责工作指导、监督检查和组织协调。各地区、各有关部门贯彻落实本决定情况，要报告党中央、国务院。

本决定自发布之日起实行。以前的规定凡与本决定不一致的，以本决定为准。

国务院关于停止对企业进行不必要的检查评比和不干预企业内部机构设置的通知

（国发［1991］65号　1991年12月5日）

各省、自治区、直辖市人民政府，国务院各部委、各直属机构：

近几年来，政府有关部门和社会团体对企业的各种检查评比活动越来越多，一些业务主管部门还强制要求企业设置对口机构，配备对口业务人员，严重干预了企业经营自主权，增加了企业负担，干扰了企业的正常生产经营活动，助长了不正之风的蔓延。对此，企业反映十分强烈，普遍要求尽快解决这一问题。

为了认真贯彻最近召开的中央工作会议精神，进一步落实《中华人民共和国全民所有制工业企业法》（以下简称《企业法》），减少对企业的干预，切实减轻企业负担，各级政府及其业务主管部门必须采取坚决措施，停止对企业进行不必要的检查评比，不再干预企业内部的机构设置。现对有关问题通知如下：

一、各地区、各部门和社会团体对企业的各种评比和评比性检查，包括各种升级、评优及各类专项奖等活动，要立即停止进行。正在进行的上述各项活动的善后工作，由主办单位妥善处理。产品鉴定会、技术鉴定会等，也要从简。

二、政府职能部门按国务院规定对企业进行财政、税收、物价、审计、质量、安全等监督和检查，要依法办事，精减人员，简化程序，避免重复，为政清廉，并不得干预企业的正常生产经营活动，以减轻企业负担。

对企业进行检查，除国家明文规定需要收费的项目外，一律不得收费。收费标准要符合国家的有关规定。

各类协会、学会、研究会等社会团体和民间组织以及新闻、事业单位一律不得对企业进行检查。

三、各企业有权拒绝和揭发违反上述规定的评比、检查活动。

四、按照《企业法》关于“企业有权决定机构设置及其人员编制”的规定，任何部门和单位都不得要求企业设置对口机构和规定相应的人员编制及级别待遇。企业对原有的机构有权根据生产经营的需要，本着“精简、效能”的原则进行调整，政府有关部门应予以支持。

各省、自治区、直辖市人民政府和国务院各有关部门要抓好本通知的落实工作，特别要加强对国营大中型企业工作的领导，深入调查研究，切实帮助企业解决实际问题，为搞好企业做好服务。

中共中央办公厅、国务院办公厅关于严格控制评比活动有关问题的通知

（厅字［1996］10号　1996年3月20日）

《国务院关于停止对企业进行不必要的检查评比和不干预企业内部机构设置的通知》（国发［1991］65号，以下简称《通知》）发出后，对企业不必要的评比活动一度得到控制。但是近年来，一些地区、部门、社会团体、新闻单位、企事业单位及民间组织无视《通知》的规定，擅自以各种名义举办名目繁多的对企业的评比或变相评比活动（包括对企业、企业经营管理者、企业产品进行的评比、评选、评价、评奖、评优、展评等活动，以下简称各种评比活动），严重干扰了企业的生产经营，增加了企业负担。许多评比活动以谋取小团体或个人经济利益为目的，缺乏客观性和公正性，影响公平竞争环境的形成，助长了沽名钓誉、弄虚作假等不正之风，社会各界对此反映强烈。根据1995年中央经济工作会议精神，为维护正常的社会经济秩序，促进国民经济和各项社会事业健康发展，必须严格控制评比活动。经党中央、国务院领导同志同意，现就有关问题通知如下：

一、清理整顿正在举办的对企业的各种评比活动。除按法律规定和经党中央、国务院批准外，目前各地区、各部门、社会团体、新闻单位、企事业单位及民间组织正在举办的对企业的各种评比活动一律立即停止，并认真搞好清理整顿。对已收取的费用要立即如数退还。新闻单位对上述评比活动不得进行宣传报道。

二、今后，除按法律规定和经党中央、国务院批准外，不得再举办全国性或行业性的对企业的各种评比活动。确有必要举办的个别评比活动，须经有关主管部门或单位严格审核同意，然后统一归口国家经贸委从严审查，报国务院审批。国家经贸委要会同中央宣传部等有关部门，尽快制订加强对企业进行的各种评比活动管理的具体规定，对包括归口审查办法、评比项目设置条件、主办单位资格认定、申报审批程序、评比或评价范围以及宣传报道等提出严格、明确的要求，报经党中央、国务院批准后实施。

三、对企业以外其他全国性或行业性的各类评比活动，也要严格控制。确有必要举办的，须经有关主管部门严格审批。对那些增加地方政府负担、基层反映强烈的全国性或行业性评比活动，如全国百强县评比等活动要立即停办。

四、全国性或行业性的各类评比活动（包括对企业的各种评比活动），一律不得向企事业和基层单位及个人收费或变相收费。

五、各级党委和政府要充分认识过多过乱的评比活动的危害性及严格控制各类评比活动的必要性，要根据上述原则和本通知精神制订出相应的管理规定，严格控制本地区的各类评比活动。

六、凡违反本通知精神，继续举办、宣传未经批准的评比活动的，上级党政机关要立即予以制止，并追究主办单位领导的责任。对继续以各类评比活动为名谋取私利的有关人员要严肃查处，情节严重的要给予党纪、政纪处分，触犯刑律的要依法追究其刑事责任。对未经批准举办的评比活动，有关企事业单位或个人应当予以抵制，并及时向有关方面

举报。

中央和国家机关各部门、各单位要带头贯彻执行本通知精神。各地区、各部门、各单位要根据本通知要求，对本地区、本部门、本单位举办的各类评比活动立即进行清理整顿和自查自纠。中央纪委、监察部要对清理情况进行抽查。

第23章 治理乱收费工作制度

中华人民共和国义务教育法

（1986年4月12日第六届全国人民代表大会第四次会议通过
2006年6月29日第十届全国人民代表大会常务委员会第二十二次会议修订）

第一章 总 则

第一条 为了保障适龄儿童、少年接受义务教育的权利，保证义务教育的实施，提高全民族素质，根据宪法和教育法，制定本法。

第二条 国家实行九年义务教育制度。

义务教育是国家统一实施的所有适龄儿童、少年必须接受的教育，是国家必须予以保障的公益性事业。

实施义务教育，不收学费、杂费。

国家建立义务教育经费保障机制，保证义务教育制度实施。

第三条 义务教育必须贯彻国家的教育方针，实施素质教育，提高教育质量，使适龄儿童、少年在品德、智力、体质等方面全面发展，为培养有理想、有道德、有文化、有纪律的社会主义建设者和接班人奠定基础。

第四条 凡具有中华人民共和国国籍的适龄儿童、少年，不分性别、民族、种族、家庭财产状况、宗教信仰等，依法享有平等接受义务教育的权利，并履行接受义务教育的义务。

第五条 各级人民政府及其有关部门应当履行本法规定的各项职责，保障适龄儿童、少年接受义务教育的权利。

适龄儿童、少年的父母或者其他法定监护人应当依法保证其按时入学接受并完成义务教育。

依法实施义务教育的学校应当按照规定标准完成教育教学任务，保证教育教学质量。

社会组织和个人应当为适龄儿童、少年接受义务教育创造良好的环境。

第六条 国务院和县级以上地方人民政府应当合理配置教育资源，促进义务教育均衡发展，改善薄弱学校的办学条件，并采取措施，保障农村地区、民族地区实施义务教育，保障家庭经济困难的和残疾的适龄儿童、少年接受义务教育。

国家组织和鼓励经济发达地区支援经济欠发达地区实施义务教育。

第七条 义务教育实行国务院领导，省、自治区、直辖市人民政府统筹规划实施，县级人民政府为主管理的体制。

县级以上人民政府教育行政部门具体负责义务教育实施工作；县级以上人民政府其他

有关部门在各自的职责范围内负责义务教育实施工作。

第八条　人民政府教育督导机构对义务教育工作执行法律法规情况、教育教学质量以及义务教育均衡发展状况等进行督导，督导报告向社会公布。

第九条　任何社会组织或者个人有权对违反本法的行为向有关国家机关提出检举或者控告。

发生违反本法的重大事件，妨碍义务教育实施，造成重大社会影响的，负有领导责任的人民政府或者人民政府教育行政部门负责人应当引咎辞职。

第十条　对在义务教育实施工作中做出突出贡献的社会组织和个人，各级人民政府及其有关部门按照有关规定给予表彰、奖励。

第二章　学　生

第十一条　凡年满六周岁的儿童，其父母或者其他法定监护人应当送其入学接受并完成义务教育；条件不具备的地区的儿童，可以推迟到七周岁。

适龄儿童、少年因身体状况需要延缓入学或者休学的，其父母或者其他法定监护人应当提出申请，由当地乡镇人民政府或者县级人民政府教育行政部门批准。

第十二条　适龄儿童、少年免试入学。地方各级人民政府应当保障适龄儿童、少年在户籍所在地学校就近入学。

父母或者其他法定监护人在非户籍所在地工作或者居住的适龄儿童、少年，在其父母或者其他法定监护人工作或者居住地接受义务教育的，当地人民政府应当为其提供平等接受义务教育的条件。具体办法由省、自治区、直辖市规定。

县级人民政府教育行政部门对本行政区域内的军人子女接受义务教育予以保障。

第十三条　县级人民政府教育行政部门和乡镇人民政府组织和督促适龄儿童、少年入学，帮助解决适龄儿童、少年接受义务教育的困难，采取措施防止适龄儿童、少年辍学。

居民委员会和村民委员会协助政府做好工作，督促适龄儿童、少年入学。

第十四条　禁止用人单位招用应当接受义务教育的适龄儿童、少年。

根据国家有关规定经批准招收适龄儿童、少年进行文艺、体育等专业训练的社会组织，应当保证所招收的适龄儿童、少年接受义务教育；自行实施义务教育的，应当经县级人民政府教育行政部门批准。

第三章　学　校

第十五条　县级以上地方人民政府根据本行政区域内居住的适龄儿童、少年的数量和分布状况等因素，按照国家有关规定，制定、调整学校设置规划。新建居民区需要设置学校的，应当与居民区的建设同步进行。

第十六条　学校建设，应当符合国家规定的办学标准，适应教育教学需要；应当符合国家规定的选址要求和建设标准，确保学生和教职工安全。

第十七条　县级人民政府根据需要设置寄宿制学校，保障居住分散的适龄儿童、少年入学接受义务教育。

第十八条　国务院教育行政部门和省、自治区、直辖市人民政府根据需要，在经济发达地区设置接收少数民族适龄儿童、少年的学校（班）。

第十九条 县级以上地方人民政府根据需要设置相应的实施特殊教育的学校（班），对视力残疾、听力语言残疾和智力残疾的适龄儿童、少年实施义务教育。特殊教育学校（班）应当具备适应残疾儿童、少年学习、康复、生活特点的场所和设施。

普通学校应当接收具有接受普通教育能力的残疾适龄儿童、少年随班就读，并为其学习、康复提供帮助。

第二十条 县级以上地方人民政府根据需要，为具有预防未成年人犯罪法规定的严重不良行为的适龄少年设置专门的学校实施义务教育。

第二十一条 对未完成义务教育的未成年犯和被采取强制性教育措施的未成年人应当进行义务教育，所需经费由人民政府予以保障。

第二十二条 县级以上人民政府及其教育行政部门应当促进学校均衡发展，缩小学校之间办学条件的差距，不得将学校分为重点学校和非重点学校。学校不得分设重点班和非重点班。

县级以上人民政府及其教育行政部门不得以任何名义改变或者变相改变公办学校的性质。

第二十三条 各级人民政府及其有关部门依法维护学校周边秩序，保护学生、教师、学校的合法权益，为学校提供安全保障。

第二十四条 学校应当建立、健全安全制度和应急机制，对学生进行安全教育，加强管理，及时消除隐患，预防发生事故。

县级以上地方人民政府定期对学校校舍安全进行检查；对需要维修、改造的，及时予以维修、改造。

学校不得聘用曾经因故意犯罪被依法剥夺政治权利或者其他不适合从事义务教育工作的人担任工作人员。

第二十五条 学校不得违反国家规定收取费用，不得以向学生推销或者变相推销商品、服务等方式谋取利益。

第二十六条 学校实行校长负责制。校长应当符合国家规定的任职条件。校长由县级人民政府教育行政部门依法聘任。

第二十七条 对违反学校管理制度的学生，学校应当予以批评教育，不得开除。

第四章　教　师

第二十八条 教师享有法律规定的权利，履行法律规定的义务，应当为人师表，忠诚于人民的教育事业。

全社会应当尊重教师。

第二十九条 教师在教育教学中应当平等对待学生，关注学生的个体差异，因材施教，促进学生的充分发展。

教师应当尊重学生的人格，不得歧视学生，不得对学生实施体罚、变相体罚或者其他侮辱人格尊严的行为，不得侵犯学生合法权益。

第三十条 教师应当取得国家规定的教师资格。

国家建立统一的义务教育教师职务制度。教师职务分为初级职务、中级职务和高级职务。

第三十一条 各级人民政府保障教师工资福利和社会保险待遇，改善教师工作和生活条件；完善农村教师工资经费保障机制。

教师的平均工资水平应当不低于当地公务员的平均工资水平。

特殊教育教师享有特殊岗位补助津贴。在民族地区和边远贫困地区工作的教师享有艰苦贫困地区补助津贴。

第三十二条 县级以上人民政府应当加强教师培养工作，采取措施发展教师教育。

县级人民政府教育行政部门应当均衡配置本行政区域内学校师资力量，组织校长、教师的培训和流动，加强对薄弱学校的建设。

第三十三条 国务院和地方各级人民政府鼓励和支持城市学校教师和高等学校毕业生到农村地区、民族地区从事义务教育工作。

国家鼓励高等学校毕业生以志愿者的方式到农村地区、民族地区缺乏教师的学校任教。县级人民政府教育行政部门依法认定其教师资格，其任教时间计入工龄。

第五章 教育教学

第三十四条 教育教学工作应当符合教育规律和学生身心发展特点，面向全体学生，教书育人，将德育、智育、体育、美育等有机统一在教育教学活动中，注重培养学生独立思考能力、创新能力和实践能力，促进学生全面发展。

第三十五条 国务院教育行政部门根据适龄儿童、少年身心发展的状况和实际情况，确定教学制度、教育教学内容和课程设置，改革考试制度，并改进高级中等学校招生办法，推进实施素质教育。

学校和教师按照确定的教育教学内容和课程设置开展教育教学活动，保证达到国家规定的基本质量要求。

国家鼓励学校和教师采用启发式教育等教育教学方法，提高教育教学质量。

第三十六条 学校应当把德育放在首位，寓德育于教育教学之中，开展与学生年龄相适应的社会实践活动，形成学校、家庭、社会相互配合的思想道德教育体系，促进学生养成良好的思想品德和行为习惯。

第三十七条 学校应当保证学生的课外活动时间，组织开展文化娱乐等课外活动。社会公共文化体育设施应当为学校开展课外活动提供便利。

第三十八条 教科书根据国家教育方针和课程标准编写，内容力求精简，精选必备的基础知识、基本技能，经济实用，保证质量。

国家机关工作人员和教科书审查人员，不得参与或者变相参与教科书的编写工作。

第三十九条 国家实行教科书审定制度。教科书的审定办法由国务院教育行政部门规定。

未经审定的教科书，不得出版、选用。

第四十条 教科书由国务院价格行政部门会同出版行政部门按照微利原则确定基准价。省、自治区、直辖市人民政府价格行政部门会同出版行政部门按照基准价确定零售价。

第四十一条 国家鼓励教科书循环使用。

第六章　经费保障

第四十二条　国家将义务教育全面纳入财政保障范围，义务教育经费由国务院和地方各级人民政府依照本法规定予以保障。

国务院和地方各级人民政府将义务教育经费纳入财政预算，按照教职工编制标准、工资标准和学校建设标准、学生人均公用经费标准等，及时足额拨付义务教育经费，确保学校的正常运转和校舍安全，确保教职工工资按照规定发放。

国务院和地方各级人民政府用于实施义务教育财政拨款的增长比例应当高于财政经常性收入的增长比例，保证按照在校学生人数平均的义务教育费用逐步增长，保证教职工工资和学生人均公用经费逐步增长。

第四十三条　学校的学生人均公用经费基本标准由国务院财政部门会同教育行政部门制定，并根据经济和社会发展状况适时调整。制定、调整学生人均公用经费基本标准，应当满足教育教学基本需要。

省、自治区、直辖市人民政府可以根据本行政区域的实际情况，制定不低于国家标准的学校学生人均公用经费标准。

特殊教育学校（班）学生人均公用经费标准应当高于普通学校学生人均公用经费标准。

第四十四条　义务教育经费投入实行国务院和地方各级人民政府根据职责共同负担，省、自治区、直辖市人民政府负责统筹落实的体制。农村义务教育所需经费，由各级人民政府根据国务院的规定分项目、按比例分担。

各级人民政府对家庭经济困难的适龄儿童、少年免费提供教科书并补助寄宿生生活费。

义务教育经费保障的具体办法由国务院规定。

第四十五条　地方各级人民政府在财政预算中将义务教育经费单列。

县级人民政府编制预算，除向农村地区学校和薄弱学校倾斜外，应当均衡安排义务教育经费。

第四十六条　国务院和省、自治区、直辖市人民政府规范财政转移支付制度，加大一般性转移支付规模和规范义务教育专项转移支付，支持和引导地方各级人民政府增加对义务教育的投入。地方各级人民政府确保将上级人民政府的义务教育转移支付资金按照规定用于义务教育。

第四十七条　国务院和县级以上地方人民政府根据实际需要，设立专项资金，扶持农村地区、民族地区实施义务教育。

第四十八条　国家鼓励社会组织和个人向义务教育捐赠，鼓励按照国家有关基金会管理的规定设立义务教育基金。

第四十九条　义务教育经费严格按照预算规定用于义务教育；任何组织和个人不得侵占、挪用义务教育经费，不得向学校非法收取或者摊派费用。

第五十条　县级以上人民政府建立健全义务教育经费的审计监督和统计公告制度。

第七章　法律责任

第五十一条　国务院有关部门和地方各级人民政府违反本法第六章的规定，未履行对义务教育经费保障职责的，由国务院或者上级地方人民政府责令限期改正；情节严重的，对直接负责的主管人员和其他直接责任人员依法给予行政处分。

第五十二条　县级以上地方人民政府有下列情形之一的，由上级人民政府责令限期改正；情节严重的，对直接负责的主管人员和其他直接责任人员依法给予行政处分：

（一）未按照国家有关规定制定、调整学校的设置规划的；

（二）学校建设不符合国家规定的办学标准、选址要求和建设标准的；

（三）未定期对学校校舍安全进行检查，并及时维修、改造的；

（四）未依照本法规定均衡安排义务教育经费的。

第五十三条　县级以上人民政府或者其教育行政部门有下列情形之一的，由上级人民政府或者其教育行政部门责令限期改正、通报批评；情节严重的，对直接负责的主管人员和其他直接责任人员依法给予行政处分：

（一）将学校分为重点学校和非重点学校的；

（二）改变或者变相改变公办学校性质的。

县级人民政府教育行政部门或者乡镇人民政府未采取措施组织适龄儿童、少年入学或者防止辍学的，依照前款规定追究法律责任。

第五十四条　有下列情形之一的，由上级人民政府或者上级人民政府教育行政部门、财政部门、价格行政部门和审计机关根据职责分工责令限期改正；情节严重的，对直接负责的主管人员和其他直接责任人员依法给予处分：

（一）侵占、挪用义务教育经费的；

（二）向学校非法收取或者摊派费用的。

第五十五条　学校或者教师在义务教育工作中违反教育法、教师法规定的，依照教育法、教师法的有关规定处罚。

第五十六条　学校违反国家规定收取费用的，由县级人民政府教育行政部门责令退还所收费用；对直接负责的主管人员和其他直接责任人员依法给予处分。

学校以向学生推销或者变相推销商品、服务等方式谋取利益的，由县级人民政府教育行政部门给予通报批评；有违法所得的，没收违法所得；对直接负责的主管人员和其他直接责任人员依法给予处分。

国家机关工作人员和教科书审查人员参与或者变相参与教科书编写的，由县级以上人民政府或者其教育行政部门根据职责权限责令限期改正，依法给予行政处分；有违法所得的，没收违法所得。

第五十七条　学校有下列情形之一的，由县级人民政府教育行政部门责令限期改正；情节严重的，对直接负责的主管人员和其他直接责任人员依法给予处分：

（一）拒绝接收具有接受普通教育能力的残疾适龄儿童、少年随班就读的；

（二）分设重点班和非重点班的；

（三）违反本法规定开除学生的；

（四）选用未经审定的教科书的。

第五十八条 适龄儿童、少年的父母或者其他法定监护人无正当理由未依照本法规定送适龄儿童、少年入学接受义务教育的，由当地乡镇人民政府或者县级人民政府教育行政部门给予批评教育，责令限期改正。

第五十九条 有下列情形之一的，依照有关法律、行政法规的规定予以处罚：

（一）胁迫或者诱骗应当接受义务教育的适龄儿童、少年失学、辍学的；

（二）非法招用应当接受义务教育的适龄儿童、少年的；

（三）出版未经依法审定的教科书的。

第六十条 违反本法规定，构成犯罪的，依法追究刑事责任。

第八章 附 则

第六十一条 对接受义务教育的适龄儿童、少年不收杂费的实施步骤，由国务院规定。

第六十二条 社会组织或者个人依法举办的民办学校实施义务教育的，依照民办教育促进法有关规定执行；民办教育促进法未作规定的，适用本法。

第六十三条 本法自 2006 年 9 月 1 日起施行。

国务院办公厅转发监察部和国务院纠正行业不正之风办公室关于2006年纠风工作实施意见的通知

（国办发〔2006〕20号　2006年3月22日）

各省、自治区、直辖市人民政府，国务院各部委、各直属机构：

监察部、国务院纠正行业不正之风办公室《关于2006年纠风工作的实施意见》已经国务院同意，现转发给你们，请结合实际，认真贯彻执行。

关于2006年纠风工作的实施意见

为贯彻落实中央纪委第六次全会和国务院第四次廉政工作会议的部署和要求，现提出2006年纠风工作实施意见。

一、主要任务

2006年的纠风工作，要以邓小平理论和“三个代表”重要思想为指导，紧紧围绕解决损害群众切身利益的突出问题，纠建并举，注重预防，务求在重点工作上有新成效、在难点问题上有新突破，为全面贯彻落实科学发展观、构建社会主义和谐社会、顺利实施“十一五”规划提供重要保障。

（一）积极推进治理教育乱收费工作。认真落实西部地区全部免除农村义务教育阶段学生学杂费政策；继续做好对农村贫困家庭学生免费提供教科书和补助寄宿生生活费工作。坚决查处并杜绝农村学校乱收费行为，绝不允许一边免费、一边乱收费。仍实行“一费制”的地区，要继续执行义务教育阶段公办学校“一费制”收费办法，严格规范服务性收费。停止审批新的改制学校，对已改制学校进行全面清理整顿，符合“四独立”（独立办学、独立法人、独立校园或校舍、独立财务核算）要求的要加强收费监管，严格规范办学行为；不符合“四独立”要求的要坚决予以纠正。坚决禁止公办高中以下学校开办“校中校”、“校中班”，切实加强对“示范”、“星级”等学校达标创建活动的管理，坚决制止把学校分为不同等级、实行不同收费标准的做法，严禁以还贷等名义向学生高额收费。进一步完善公办普通高中招收择校生“三限”（限分数、限人数、限钱数）政策，全面推进高校招生“阳光工程”。加强对中小学收费资金管理使用情况的监督审计，严禁以任何名义和方式挤占、挪用。2006年，对全国各级各类学校的收费项目和标准进行全面清理和规范。继续开展创建教育收费示范县（区、市）活动，总结和推广一批先进典型。

（二）加大纠正医药购销和医疗服务中不正之风的力度。推进药品、医疗器械流通体制改革，认真治理变相涨价和层层加价行为。推行以省（区、市）为单位的网上药品集中招标采购办法，鼓励大型制药企业直接参与竞标；继续推进高值医用耗材和大型医用设备集中采购试点工作。开展医药购销领域商业贿赂专项治理工作，严肃查处药品回扣、开单提成等商业贿赂案件。加强医疗机构管理，推进院务公开，探索建立科学完善的医院管理和医疗服务质量评价体系，坚决制止科室承包及医务人员个人收入与科室经济收入直接挂钩的做法，规范医院和医生的用药和治疗行为，坚决纠正医务人员收受“红包”等问题。强化医药价格监管，严格执行国家有关医疗服务和药品价格规定，全面规范医院药品加价行为，降低医院药品实际加价率，认真清理整顿乱检查、乱开药、乱加价、乱收费等问题，严肃查处各种价格违法行为；进一步完善药品定价办法，对政府定价的药品分期分批降低价格，对市场调节价格的药品和医疗器械的价格进行必要的干预。简化药品批发环节，加速推进药品零售连锁经营，抓好农村药品监督网络和农村药品供应网络建设。扩大城镇基本医疗保险覆盖面，完善医疗保险制度，加强医保定点机构管理。

（三）认真解决企业违法排污等破坏环境的问题。坚决贯彻落实《国务院关于落实科学发展观加强环境保护的决定》（国发［2005］39号），以保障群众饮用水源安全为重点，严厉打击企业违法排污行为，对群众反应强烈的工业园区集中超标排放污染物等问题进行全面整治，并用三年时间督促地方政府和企业对重大环境安全隐患进行全面整改，建立较为完善的环境污染事件应急管理体系。按照监察部、环保总局《环境保护违法违纪行为处分暂行规定》，坚决查处各种环境违法违纪行为，保障广大群众的健康和生命安全。

（四）加强对农民负担监督管理工作。紧密围绕推进社会主义新农村建设和农村综合改革，加强监督检查，确保取消农业税和其他各项支农惠农政策和资金落实到位，严防农民负担反弹。严格执行涉农税收、价格和收费“公示制”，乡镇、村级组织和农村中小学校公费订阅报刊“限额制”，涉及农民负担案（事）件“责任追究制”。坚决纠正面向农民的乱收费、乱罚款和各种集资、摊派行为，不断完善预防和处置涉及农民负担案（事）件的有效机制。严厉打击哄抬农资价格、制售假劣农资伤农坑农行为，推进“放心农资下乡进村”活动，切实维护农民的合法权益。进一步清理和取消各种针对农民工进城就业的歧视性规定和不合理限制，改善农民工就业环境。积极推进村干部任期和离任专项审计工作，加强农村财务管理和监督。

（五）继续纠正在征收征用土地、城镇房屋拆迁、企业重组改制和关闭破产中损害群众利益，以及拖欠农民工工资等问题。加强法规制度建设，进一步完善征地补偿安置办法，各省（区、市）人民政府要在年底前制定并公布各市、县征地的统一年产值标准或区片综合地价并严格执行；严格执行征地告知、确认、听证、公告等程序规定，加强村集体征地补偿费的使用管理，维护被征地农民集体和农户的知情权、参与权、监督权和申诉权。认真做好城镇房屋拆迁计划的编制工作，合理确定城镇房屋拆迁规模；建立健全拆迁公示、听证、许可、承诺、资金监管、投诉举报、行政裁决和责任追究等制度，全面推进拆迁管理规范化，完善拆迁管理工作责任制和责任追究机制。继续加强国有资产管理、工会、劳动保障、监察、财政等部门之间的工作协调，加强对企业重组改制和关闭破产工作的监督检查，切实解决好对职工的经济补偿和社会保障等问题。建立健全解决拖欠农民工工资问题的长效机制，完善企业工资支付制度，加强工资支付保障制度建设。

（六）全面清理和规范评比达标活动。各地区、各部门要在全面调查摸底的基础上，坚决取消脱离实际以及加重基层、企业和人民群众负担的评比达标项目，严肃查处利用评比达标活动乱收费和搞各种摊派的行为，制订进一步加强评比达标活动管理的规范性意见，确保评比达标活动过多过滥问题得到基本解决。

（七）严格规范出租汽车行业管理。认真落实《国务院办公厅关于进一步规范出租汽车行业管理有关问题的通知》（国办发［2004］81号），严格清理整顿出租汽车经营权有偿出让的做法，所有城市一律不得出台新的出租汽车经营权有偿出让政策，已经出让的要依法解决好遗留问题；加强对出租汽车行业行政主管部门及其工作人员的监管，全面清理针对出租汽车的收费项目，严禁各种乱收费、乱罚款；严格规范出租汽车企业经营行为，切实保障出租汽车从业人员合法权益。

（八）巩固全国公路基本无“三乱”等工作的成果。制订公路“三乱”反弹摘牌办法，建立健全快速反应机制，严格责任追究制度；严格临时性动物、植物防疫监督检查站的设置、审批和监督管理；严禁在高速公路上设置车辆通行费收费站以外的各类站点，加强对高速公路收费情况的审计监督；畅通鲜活农产品运输“绿色通道”，落实各项优惠政策。深化治理党政部门报刊过滥和利用职权发行报刊的工作，进一步规范发行行为。

（九）进一步加强部门和行业作风建设。各地区、各部门要牢固树立科学发展观和正确的政绩观，坚持“管行业必须管理行风”的原则，认真履行监管职责，以基层为重点，坚决纠正以权谋私、与民争利、侵害群众利益的问题，坚决克服形式主义、官僚主义和弄虚作假行为；大力推进行政执法责任制，规范行政执法行为，严格按照法定程序行使权力、履行职责，对违法或不当的行政执法行为要坚决纠正。与人民群众利益密切相关的部门和行业，要围绕加强职业道德建设，积极开展多种形式的文明行业创建活动，努力为群众办实事、办好事，以良好的作风取信于民。深化民主评议政风行风活动，在坚持全面评议的基础上，各地要结合实际，把评议工作与纠风专项治理紧密结合起来，深入开展对教育、卫生等行政部门和公用事业单位的评议。各省（区、市）和有条件的市（地）要开办“政风行风热线”，并逐步建立纠风工作互联网站，强化人民群众和新闻媒体对部门和行业作风的监督。

二、主要措施

（一）加强领导，落实责任制。各地区、各部门要把纠风工作作为党风政风建设的重点工作，坚持“谁主管谁负责”的原则，结合实际，尽快作出工作部署，细化任务，明确责任，狠抓落实，并加强对纠风工作的考核。各专项治理工作的牵头部门要精心制订工作方案，各责任单位要按照分工抓紧组织实施。各派驻监察机构要把切实做好本部门本系统的纠风工作作为一项经常性的重要任务，认真履行职责，落实各项工作措施。

（二）突出重点，加强监督检查。各地区、各部门要把治理教育乱收费、纠正医药购销和医疗服务中的不正之风、解决企业违法排污问题作为纠风工作的重中之重，进一步抓紧抓好，务求实效。要把监督检查贯穿于各项治理工作的全过程，坚持定期的普遍检查与经常性的明察暗访相结合，及时发现和解决工作中存在的问题。监督检查的重点是：落实全部免除西部地区农村义务教育阶段学生学杂费等政策，以及地方政府履行教育投入责任情况；招标采购中标药品让利患者、医疗机构执行国家有关医疗服务和药品价格规定情况；企业违法排污及治理情况；有关征收征用土地、城镇房屋拆迁、企业重组改制和关闭破产，以及农民工工资等政策法规执行情况；评比达标活动依法登记和清理情况；出租汽车经营权出让及出租汽车行业收费情况；可能发生公路“三乱”问题的重点地区、重点路段。

（三）坚决查处不正之风案件，严格责任追究。各地区、各部门要坚持以查案促纠风，对损害群众利益的不正之风问题，坚决做到发现一起、查处一起。要依据有关规定，严肃追究直接责任人和有关领导的责任；对问题严重、影响恶劣的，要予以曝光。要从严查处以下方面的问题：学校以“改制”等名义违规收费、中小学校违规办班收费、学校强制性服务收费，地方政府及有关部门违规出台收费政策，以及政府部门挤占、挪用、截留教育经费的；医疗机构乱收费和医务人员收受回扣、“红包”和开单提成，刊发虚假违法医药广告，以及制售假冒伪劣药品的；企业违法排污造成严重环境污染的；挪用、克扣涉农转移支付和粮食直补资金，巧立名目加重农民负担特别是由此引发恶性案件和严重群体性事件的；侵吞、截留、挪用征地补偿安置费和城镇房屋拆迁中不依法办事、滥用强制手段的；在治理车辆超限超载中以罚代纠、只罚不纠和借执法为之名谋取私利的；政府公务人员利用职权徇私舞弊、私养“黑车”，或因监管不力引发群体性事件、侵害出租汽车企业或从业人员合法权益的。

（四）注重预防，加大源头治理力度。各地区、各部门要增强工作的预见性和主动性，加强调查研究，对发现的苗头性、倾向性问题，要及时采取有效措施加以治理，防止蔓延。要切实加强制度建设，特别是要从改革体制机制、解决利益驱动问题入手，逐步铲除滋生不正之风的土壤。在教育方面，要加快推进教育综合改革，抓紧抓好教育均衡发展，逐步缩小区域内办学差距；全面清理和规范各级各类学校的收费项目和标准，全面落实学校收费公示制，清理规范后保留的收费项目要在当地政府门户网站或通过其他方式予以公布，做到公开透明；进一步加强对中小学教材价格的监管，建立教育行政部门审定内容、新闻出版行政部门审定印装技术标准和质量、价格行政部门审定价格的中小学教材联合审定机制，推行教材出版、发行招标采购制度。在医药卫生方面，要加快健全农村县、乡、村三级卫生服务网络，加快推进农村新型合作医疗制度建设，大力发展城市社区卫生服务，加快建立以社区为基础的新型城市医疗服务体系，方便城乡群众看病就医，降低医疗负担；要进一步完善药品审评程序，严格药品审评标准和市场准入条件；对部分政府定价药品试行核定出厂价和限制流通环节加价率。其他纠风专项治理工作，也要通过深化改革、创新机制推进源头治理。

教育部、国务院纠风办、监察部等关于在农村义务教育经费保障机制改革中坚决制止学校乱收费的通知

（教财［2006］6号　2006年7月6日）

从今年春季开始，农村义务教育经费保障机制改革已在西部地区和中部试点地区全面实施。这项改革对切实减轻农民负担，促进农村义务教育健康发展发挥了重要作用，深受广大农村学生家长的欢迎。但是，在国家实行“两免一补”的同时，一些学校乱收费现象仍然存在，有的还较为严重，如不坚决制止，将使中央的惠民政策大打折扣。为此，现将进一步规范农村义务教育阶段学校收费行为，坚决制止学校乱收费的有关要求通知如下：

一、农村义务教育经费保障机制改革实施的地区

（一）进一步明确收费项目，严格执行收费标准

1. 农村义务教育阶段学校除按“一费制”标准收取课本费（不含按规定享受免费教科书的学生）、作业本费和寄宿生住宿费外，严禁再向学生收取其他任何费用。

2. 作业本费按原“一费制”规定的标准收取。如需要购买练习册等，应一律纳入作业本总费用中，不得另行增加项目和提高标准。

3. 由政府财政资金建设的学生宿舍，原则上不收住宿费，所需相关费用从学校公用经费中开支。使用其他资金建设的学生宿舍，在公用经费基本标准全部落实到位前，如学校经费确有困难的可适当收取一些住宿费，但从2009年春季开始全部取消。住宿费标准要在省级人民政府批准的限额之内，要在当地老百姓能够承受的范围之内。

4. 学校可以向自愿在学校就餐的学生收取伙食费，但不准强迫。学校可拒绝任何单位和个人向学校摊派集中就餐。

（二）取消规定以外的所有收费项目，合理开支纳入公用经费支出范围

1. 除以上规定的费用外，学校其它各项代收费，包括教辅材料费、学具费、校服费、保险费、体检防疫费等一律取消。严格禁止任何部门、学校、教师以提高教学质量为由，向学生推销或变相推销教辅材料和其它学习用品。一律不准教辅材料销售部门和其它商业服务机构进入校园推销教辅材料和其它商品。

2. 在教科书之外必须让学生接受教育且免费提供有困难的专项读本、教学参考必需的教辅材料，学校可以根据教师的教学需要少量购买，存放在图书馆（室），供学生借阅，轮流使用，所需经费从公用经费中开支，不得另行向学生收取费用，学校不得要求学生人手一册。

3. 取消各种服务性收费项目，如存车费、热饭费、饮水费等，相应的合理支出应纳入公用经费开支范围，不得向学生收取。

（三）规范学校办学秩序，严禁收费办班、补课

1. 学校不得举办或参与举办向学生收费的各种提高班、补习班、特长班、竞赛班等，所有规定的教学内容必须纳入正常课堂教学之中。

2. 教师为学生补课不得收费，但可计入教师的工作量中，作为工作考核的一项内容。

二、暂时未进行农村义务教育经费保障机制改革的地区

要严格执行现行“一费制”收费办法，不准擅自设立收费项目和提高收费标准。同时，要严格执行收费公示制度。

各地、各部门要从讲政治、讲大局的高度，充分认识在农村义务教育经费保障机制改革中，坚决制止向学生乱收费的重要性，要切实负起责任，加大工作力度，规范学校的办学行为和校长、教师的职业行为，确保改革顺利推进。要强化监督检查，结合当地实际建立一套行之有效的监督检查机制。要严格执行收费公示制度。要给学生家长发收费明白卡，列出所有的收费项目及标准。

上述要求，自本通知印发之日起执行。各地要对本地区的收费项目进行全面清理，凡不符合本通知规定的收费项目一律废止。要组织力量对每一所农村学校和教学点的收费情况进行一次检查，对仍然违规收费的，要坚决查处，绝不姑息迁就，绝不允许一边免费，一边乱收费的情况存在。

教育部、国务院纠正行业不正之风办公室、监察部等关于2006年治理教育乱收费工作的实施意见

（教监［2006］6号 2006年4月6日）

各省、自治区、直辖市教育厅（教委）、纠风办、监察厅（局）、发展改革委、物价局、财政厅（局）、审计厅（局）、新闻出版局，新疆生产建设兵团教育局、纠风办、监察局、发展改革委、物价局、财务局、审计局、新闻出版局，有关部门（单位）办公厅，教育部部属各高等学校：

为认真贯彻落实中央纪委第六次全会和国务院第四次廉政工作会议精神，深入开展治理教育乱收费工作，现就2006年的治理教育乱收费工作提出如下实施意见。

一、指导思想

坚持以“三个代表”重要思想和科学发展观为指导，坚持教育、制度、监督并重，建立健全治理和预防教育乱收费的体系；坚持“谁主管、谁负责”的原则和相关部门各司其职、齐抓共管的工作格局；坚持标本兼治，综合治理，重在治本，建立长效机制；进一步清理、规范农村中小学收费行为，确保国务院深化农村义务教育经费保障机制改革顺利进行。

二、主要任务

（一）确保国务院的决定落实到位，严格规范中小学收费行为

国务院决定，深化农村义务教育经费保障机制改革，从今年春季开学起西部地区农村义务教育阶段中小学生全部免除学杂费；中央财政同时对西部地区农村义务教育阶段中小学安排公用经费补助资金，提高公用经费保障水平；启动全国农村义务教育阶段中小学校校舍维修改造资金保障新机制；巩固和完善农村中小学教师工资保障机制。对此要采取强有力的措施，确保这一新机制的顺利运转。国家鼓励有条件的地区全面实施义务教育阶段学生免除学杂费政策，所需资金由地方负担。

实行免杂费的地区，除按原“一费制”相关标准向学生收取课本费、作业本费及向寄宿学生收取住宿费外，不得再向学生收取其他任何费用；享受免费教科书的学生，不再缴纳课本费。绝不允许“一边免费，一边乱收费”。未实行免杂费的地区，要严格按“一费制”规定的项目和标准收取费用。继续落实对义务教育阶段家庭困难学生的“两免一补”政策。督促各级政府调整教育支出结构，确保按预算内生均公用经费标准落实到位。

学校向学生提供服务，必须坚持自愿和不盈利原则，严禁采取强制或变相强制手段提供服务和进行收费。

（二）坚决制止以改制为名乱收费，进一步规范公办学校办学行为

2006年，各地要严格执行《国家发展改革委、教育部关于做好清理整顿改制学校收费准备工作的通知》（发改价格［2005］2827号）规定，加强对办学体制改革工作的领导，全面停止审批新的改制学校和新的改制学校收费标准。进一步规范义务教育办学行为，对以改制为名乱收费的学校进行全面清理。公办学校凡改制为民办学校的，必须符合“四独立”原则，否则要停止招生。严禁搞“校中校”、“一校两制”和以改制为名乱收费。

各地要切实加强对“示范”、“星级”等学校达标创建活动的管理，坚决制止一些学校搞超豪华建设、变相提高收费标准的做法。学校规划建设要与当地经济发展水平和人民群众经济承担能力相适应，坚持安全、节约、坚固、实用的原则，坚决纠正在学校建设中互相攀比、追求豪华、高额举债和规模超大等不良做法，坚决禁止通过高收费将还贷责任转嫁给学生和家长。要加强对学校在建项目工程的监督和建设资金使用情况的审计，控制标准和规模。

（三）严格执行公办高中招收择校生的“三限”政策

继续巩固完善公办高中招收择校生“三限”政策，严格限制择校生比例和收费标准，力争逐年有所降低；切实将择校生纳入当地统一招生计划并及时向社会公示；招收择校生要以学校为单位计算，每个学校招收择校生的比例最高不得超过本校当年招收高中学生计划数的30％，现有比例已低于此标准的不准再提高；不得在择校生之外以非计划生、自费生、旁听生等其他任何名义招收学生；要按照报名学生的考试成绩，从高分到低分依次录取，一次招满。

（四）实施高校招生“阳光工程”，坚决制止与招生录取挂钩的乱收费

要继续认真实施高校招生“阳光工程”，切实加大信息公开力度，把学校招生资格和计划、学校收费项目和标准、学生入学条件和录取结果向社会全部公开，确保高校招生的公平、公正；任何地方和学校不得以任何形式向学生收取与录取挂钩的任何费用；要加大对非法招生中介的打击力度，严禁高考移民和违规招生；继续稳定高校学费、住宿费标准，不得以任何理由、任何形式提高或变相提高；严格落实已经明确的相关收费政策和管理措施，预科生升入本、专科以及专升本学生升入本科后，其学费标准应与同学年同专业的其他学生保持一致，禁止对其提高收费标准；学校在首次为学生办理学生证、借书证、毕业证、就餐卡等学生在校学习生活中必须使用或应当取得的证卡时，不得收取各类证卡工本费；凡地方出台的政策与教育部、国家发展改革委、财政部的有关规定不符的，必须坚决纠正。

（五）加强中小学教辅材料管理，遏制教辅材料过多过滥状况

对教辅材料（含各种形式的练习、测试题集）、报刊杂志等课外读物，要严格做到不强制统一征订，不统一购买。坚决遏制教辅材料过多过滥状况。进一步加强市场监督管理工作，严厉打击教辅材料盗版行为。

（六）全面清理学校收费项目和标准，规范学校收费行为

今年，财政部、国家发展改革委、教育部将在全面清理各级各类学校收费项目的基础上，进一步明确国家教育收费政策，教育收费项目属于全国性行政事业收费项目，除国务院规定或经财政部、教育部、国家发展改革委联合批准外，其他任何部门、省级及省级以下政府都无权出台新的教育收费项目。在国家规定限额内或国家未规定限额的收费标准，

由省级人民政府审批。各地要认真做出工作计划，对各级各类学校的收费项目和标准，进行一次全面清理和规范，不留死角。清理规范后按照国家规定保留的收费项目，以及各省（自治区、直辖市）确定的教育收费标准，要在当地政府门户网站或通过其他方式予以公布，方便群众查询和监督。今年上半年，各地要完成自查自纠工作，8月底前将清理结果函报教育部、国家发展改革委、财政部。部际联席会议办公室将适时组织抽查。

三、主要措施

（一）提高认识，加强领导

各地要从讲政治、顾大局的高度，依法行政，依法治教，充分认识治理教育乱收费工作是实践“三个代表”重要思想的具体体现；充分认识到国务院对西部地区农村义务教育阶段中小学全部免除学杂费，是促进农村义务教育发展的重大举措，是一件功在当代、利在千秋、惠及民心的大事；充分认识继续抓好治理教育乱收费工作的重要性、紧迫性和艰巨性。各地要进一步完善联席会议统一指导和协调治理工作的有效机制，进一步加强对治理工作的领导。各地在治理教育乱收费工作中，要注重调查研究，及时掌握新情况，解决新问题，切实加大对本地区治理工作的督促检查和指导力度。部际联席会议将适时组织力量，对各地治理教育乱收费联席会议机构工作情况进行抽查。

各地要对自行制定的有关教育招生、收费等方面的政策、文件进行全面清理，凡与国家法律法规及相关政策不符的，要坚决废止和限期纠正。

（二）落实政府责任，促进教育均衡发展

公办学校经费来源必须坚持政府投入为主，学生缴费只能作为办学经费不足的补充。进一步完善教育投入保障机制，督促地方各级政府依法保证教育经费的“三个增长”，加大对义务教育的投入；同时，要确保中央提出的新增教育经费主要用于农村义务教育的政策得到落实。

各地要采取有效措施，切实提高经费使用效益。要加快薄弱学校的改造进程，缩小校际间办学条件和教学水平的差距。要坚持科学发展观，禁止各类学校超越当地经济发展水平盲目发展。

要研究中外合作办学收费管理工作中出现的问题，制定《中外合作办学学校收费管理暂行办法（试行）》。要组织力量，对义务教育阶段学校“择校”问题进行调研，制订出切实可行的解决办法。

（三）进一步降低中小学教材价格，减轻学生经济负担

要进一步降低义务教育阶段的中小学教材价格，严格执行中小学教材用纸及印制标准，减轻学生经济负担；扩大推行中小学教材出版发行招标投标试点工作，严格执行《中小学教材出版招标投标试点实施办法（修订）》和《中小学教材发行招标投标试点实施办法（修订）》；研究制订《关于中小学教材编写审定管理的补充规定》、《关于严禁在中小学教材出版发行环节违规收取费用的规定》，严禁任何部门和单位以任何借口向出版发行单位违规收取费用，坚决纠正以培训费等名义收取市场准入费的变相乱收费行为。引导中小学教材出版、发行单位规范售后服务行为。

（四）规范高校服务性收费行为，加强学校服务性收费管理

高校提供属于正常教学活动必须的服务，不得另外收取费用；学校提供的服务性收费必须坚持自愿和不盈利原则，严禁强制服务和强制收费；服务性收费应“即时发生即时收取”，不得与学费一并收取；对涉及全体学生的服务性收费或代收费，如额外收取的水、电等费用，要按程序申报，通过召开听证会后确定。

研究规范高等学校服务性收费的办法，制订《改革财政拨款以外的研究生收费管理制度的意见》，制订并完善《高等学校生均培养成本计算与核定办法（试行）》。

（五）严格执行学校收费“收支两条线”管理办法，加强学校收费资金管理

教育收费要严格执行“收支两条线”管理规定，即公办学校学费、住宿费等行政事业性收费收入要按规定全额缴入同级国库或财政专户，纳入部门预算编制范围；支出由财政部门根据部门预算统筹安排。政府要按规定的生均预算内公用经费拨款标准拨付学校公用经费，保证学校正常运转；要确保转移支付中的教育经费足额用于教育事业。要加强各级各类学校会计核算和财务管理，健全学校财务制度，规范收费收入征缴入库行为，不得坐收坐支；合理制订学校开支项目和标准，要将学校的账目、资金使用情况予以公开，接受学生家长和社会监督。严禁将学校教育经费用于房地产投资开发、购买股票、证券、期货和滥发奖金、补贴、津贴、实物及组织公费旅游等。要切实落实学校收费管理“一把手负责制”和责任追究制，各地要加强对学校收费行为的监督检查，并严肃查处乱收费有关责任人及负责人。

（六）继续加强督导检查工作，严肃查处教育乱收费案件

要继续加大督导检查力度，保持治理工作高压态势，将落实国务院对西部地区农村义务教育阶段中小学生全部免除学杂费的决定作为工作重点，确保财政投入资金安全有效。

严肃查处通过学校向学生搭车收费和面向学校的各种乱摊派、乱罚款、乱收费行为；截留、挪用、挤占教育经费和学校收费收入的行为；滥印、滥发教材、教辅材料的行为；利用服务性收费为单位和个人谋取私利行为；高校与招生录取挂钩乱收费的行为；地方或学校越权制定、审批教育收费政策等任何形式的违规收费行为。要有计划地对一些学校教育收费的管理和使用情况进行专项审计。督促有问题的地区落实整改计划，对情节严重、影响恶劣的案件，不但要追究当事人的责任，还要追究有关领导的责任，并通过新闻媒体予以曝光。

继续在全国组织开展治理教育乱收费专项检查工作，国家发展改革委要会同相关部门拟定开展专项检查的意见，部署专项检查工作。部际联席会议办公室负责教育收费督查工作的组织实施。各地要认真做好自查自纠工作。

研究制订《关于加强农村义务教育经费保障机制督导工作的意见》，尽快下发《关于对教育乱收费实行责任追究的暂行办法》。

（七）进一步加大宣传工作力度，继续开展创建规范教育收费示范县（市、区）活动

各地要高度重视宣传工作，制订工作计划，充分发挥新闻媒体的作用，向群众广泛宣传有关教育收费的政策、治理工作的部署和进展、规范收费的正面典型和违法违纪的典型案件。扩大群众参与和社会监督的范围，在全社会努力营造有利于治理工作深入开展的良好氛围。

要继续认真组织开展创建规范教育收费示范县（市、区）活动。去年未启动的省份，

今年要做到早动手、早部署，认真做好工作计划，精心组织，开展工作；去年已开展工作的省份，今年要继续开展，稳步推进，扩大工作面，严把质量关。部际联席会议于今年上半年组织召开创建规范教育收费示范县活动工作座谈会，各地汇报工作开展情况，进一步推动工作开展。部际联席会议办公室将建立工作情况通报制度。

各地要按照要求，认真抓好各项治理任务的落实，对工作中出现的新情况、新问题要及时研究解决并向部际联席会议办公室反馈。

教育部、监察部、国务院纠风办关于严厉禁止学校违规收费落实政府对教育的投入责任的紧急通知

（教监［2005］10号　2005年8月16日）

各省、自治区、直辖市教育厅（教委）、监察厅（局）、纠风办：

近年来，各级人民政府和有关部门从践行“三个代表”重要思想、构建社会主义和谐社会的高度出发，按照党中央、国务院的统一部署，各司其职，共同努力，使教育乱收费在一定程度上得到了遏制，学校收费逐步规范，群众的满意度不断提高。但治理工作发展很不平衡，一些地方和学校乱收费依然存在，有些问题还相当严重，群众对此反映依然强烈，治理工作面临的形势依然严峻。各地对此要高度重视，切实采取有效措施，坚决遏制教育乱收费。秋季开学在即，为切实做好学校收费管理工作，落实政府对教育的投入责任，有效制止教育乱收费行为，努力减轻学生家庭经济负担，现就有关政策规定重申如下：

一、义务教育阶段学校要严格执行“一费制”收费办法，坚决制止和纠正中小学各种乱收费行为

各地要坚决按照中央要求，确保义务教育阶段公办学校在今年秋季开学时全面实行“一费制”收费办法，任何地方、任何学校不得以任何理由推迟实行。要坚决依照教育部、国家发改委、财政部《关于在全国义务教育阶段学校推行“一费制”收费办法的意见》（教财［2004］7号）制定本地的“一费制”实施方案，已制定的“一费制”实施方案与中央要求不一致的，必须在秋季开学前予以纠正。严禁将国家规定之外的收费项目纳入“一费制”中；严禁擅自提高“一费制”收费标准；严禁学校从代收费和服务性收费中牟取利益；严禁学校为学生统一办理保险、征订和购买教辅材料。

二、公办高中招收择校生要严格执行“三限”政策，坚决禁止擅自扩大择校生人数，降低择校生分数，提高择校生费用

坚决按照中央统一要求，将公办高中招收择校生纳入统一招生计划，严格执行“限钱数、限人数、限分数”的政策，录取人数、分数和收费要坚持省定标准并向社会公示，接受群众监督。严禁以任何名义挤占计划内招生指标；严禁擅自降低录取分数线和扩大择校生比例；严禁擅自提高收费标准或在择校费限定金额外收取其他任何费用。

三、继续稳定高等学校收费标准，进一步加强收费管理，坚决遏制与招生录取挂钩的各种乱收费

各地和各高等学校必须严格执行《教育部、国家发展改革委员会、财政部关于做好2005年高等学校收费工作有关问题的通知》（教财［2005］10号）规定，严禁以任何理由、任何形式提高或变相提高学费、住宿费收费标准，不准出台新的收费项目，也不准向

学生收取国家规定项目外的其他任何费用；严禁高校强行向学生提供有偿服务，并从中牟取不当利益。

各地要进一步严格规范高校收费管理，坚决制止与招生录取挂钩的各种乱收费。对顶风违纪、置高压线于不顾的违规招生、违规收费案件必须严肃查处，尤其是与招生录取挂钩乱收费的高等学校，主管部门一经发现，要责令其主要负责人先停职检查，再进行组织处理。

四、地方各级政府要认真落实对教育的投入责任，坚决制止挤占、截留、平调、挪用学校收费收入行为

各地要坚决贯彻执行《教育法》和财政部《关于切实做好教育经费预算安排、确保实行法定增长有关问题的通知》（财教［2004］146 号）的有关规定，调整财政支出结构，进一步加大预算内教育经费的投入力度，确保年初预算安排和全年预算执行结果均实现预算内教育经费拨款的增长高于财政经常性收入增长的要求。

各地在落实义务教育阶段学校“一费制”收费办法的同时，必须按照国务院有关规定制定并实施中小学生均公用经费基本标准和财政预算内生均公用经费拨款标准，并认真予以落实。对财力确有困难的县（市、区），省、地（市）政府对其公用经费缺口要予以补足。

各地要坚决执行财政部、教育部《关于严禁截留和挪用学校收费收入加强学校收费资金管理的通知》（财综［2003］94 号）的规定，严禁将学校收费资金用于平衡预算。严禁以任何理由和形式挤占、截留、平调、挪用教育经费和学校收费收入。

五、加强对教育收费的监督管理，严肃查处各种教育乱收费行为

各级教育行政部门和学校必须依法从严治教，规范管理，进一步强化学校财务管理和收费审计，加大财务监管力度，严格执行“收支两条线”规定和教育收费公示制度，把有限的资金全部用于教育事业发展。

各地教育、监察和纠风部门要坚决把住学校秋季开学的关口，切实加大监督检查力度，对顶风违纪的乱收费案件，发现一起，查处一起，不仅要追究有关责任者的责任，还要追究主管领导的责任。对借教育收费以权谋私和中饱私囊的，坚决依纪依法从严查处，决不姑息，决不手软。要充分发挥新闻媒体的监督作用，对一些在社会上造成恶劣影响的乱收费案件，坚决予以曝光。

今年秋季开学后，教育部、监察部和国务院纠风办将会同国务院有关部门组成联合检查组，采取多种方式，对部分省份的治理工作进行重点检查，对检查中发现的问题，不仅要坚决予以纠正，还要按照党风廉政建设责任制的要求追究有关领导的责任，并向社会公布。

各地要将本《通知》逐级传达到每一所高等学校和中小学校，并通过新闻媒体广泛宣传，争取各方面的支持，接受群众监督。

第六编

党纪政纪处分与处罚法律法规

第 24 章　党纪处分制度

中共中央纪律检查委员会、中共中央组织部、人事部关于受党纪处分的党政机关工作人员年度考核有关问题的意见

（组通字〔1998〕19 号　1998 年 4 月 8 日）

为了进一步完善年度考核制度，做好年度考核工作，现对受党纪处分的党委、人大、政协、法院、检察院、人民团体机关工作人员和政府机关公务员确定年度考核等次的有关问题，提出如下意见：

一、受党内警告处分的当年，参加年度考核，不得确定为优秀等次。

二、受党内严重警告处分的当年，参加年度考核，因与职务行为有关的错误而受严重警告处分的，确定为不称职；因其他错误而受严重警告处分的，只写评语不确定等次。

三、受撤销党内职务处分的当年，参加年度考核，确定为不称职；第二年按其新任职务参加年度考核，按规定条件确定等次。

四、受留党察看处分的当年，参加年度考核，确定为不称职；受留党察看一年处分的第二年，参加年度考核，只写评语不确定等次；受留党察看二年处分的，第二年和第三年参加年度考核，只写评语不确定等次。

五、受开除党籍处分的当年，参加年度考核，确定为不称职；第二年和第三年参加年度考核，只写评语不确定等次。

六、涉嫌违犯党纪被立案检查的，可以参加年度考核，但在其受检查期间不确定等次。结案后，不给予党纪处分的，按规定补定等次；给予党纪处分的，视其所受处分种类，分别按上述一、二、三、四、五条的规定办理。

七、受党纪处分同时又受行政处分的，按受党纪处分的情况确定其考核等次。

企业、事业单位对受党纪处分人员确定年度考核等次，可参照本意见执行。

中共中央纪律检查委员会办公厅关于对《军队转业干部党纪处分批准权限问题的请示》的答复

（中纪办［1999］188号　1999年11月3日）

“军队转业干部到地方工作，被安排在比原职务低的职位上工作，但仍保留原职级待遇的，对这部分干部的党纪处分批准权限是按其享受的待遇还是按现职务履行批准手续”的问题，中央纪委曾作过答复，指出“军队转业的党员干部，职务没有得到相应的安排，仍享受原职级的政治、生活待遇，因犯错误须要给予党纪处分的，按其原职级和处分违纪党员批准权限报批。”

考虑到目前各地区、各部门的组织人事部门对这部分党员干部一般是按其现任职务进行管理的，如对这部分干部的党纪处分批准权限仍按原职级报批，就会在同一级党委中造成对这部分干部有权任免无权处分的现象，不利于对这部分干部的监督管理和违纪问题的查处。经研究，并征得中央组织部同意，对这一问题重新作出如下答复：

对没有按原职级安排，但仍享受原职级待遇的军队转业干部，因违纪须给予党纪处分的，按现任职务和处分违纪党员的批准权限报批。

关于对违反《党政领导干部选拔任用工作暂行条例》行为的处理规定

（中办发［1997］10号　1997年5月16日）

第一条　为加强对党政领导干部选拔任用工作的监督，严肃党的组织纪律，保证党的干部路线、方针、政策的贯彻执行，根据《中国共产党章程》和《党政领导干部选拔任用工作暂行条例》（以下简称《条例》）、《中国共产党纪律处分条例（试行）》，制定本规定。

第二条　违反《条例》规定，不按照党政领导干部选拔任用条件、任职资格、工作程序选拔任用干部和违反《条例》第四十七条所列纪律的，所作出的干部任免决定一律无效，由上级党委（党组）及组织（人事）部门或者同级党委（党组）按照规定程序予以纠正。

第三条　以书记办公会、少数人研究或者圈阅等形式，代替党委（党组）会集体讨论决定干部任免的，对主要责任者进行批评教育或者通报批评；情节较重的，给予警告处分。

第四条　临时动议决定干部任免的，对提议者给予批评教育，对负责人给予批评教育或者通报批评；情节严重的，给予警告处分。

第五条　党委（党组）领导成员个人决定干部任免的，或者个人改变党委（党组）会集体作出的干部任免决定的，对主要责任者给予通报批评；情节较重的，给予警告或者严重警告处分；情节严重的，给予撤销党内职务处分。

第六条　部门和单位不执行上级派进、调出干部决定的，对该部门、单位的主要负责人给予批评教育或者通报批评，并责令执行；经批评教育或者通报批评仍不执行的，给予警告或者严重警告处分；情节严重的，给予撤销党内职务处分。

干部本人不服从组织调动和交流决定的，给予批评教育或者通报批评；情节较重的，给予警告或者严重警告处分，并按照程序就地免职或者降职使用；情节严重的，给予撤销党内职务处分。

第七条　领导干部违反《条例》有关规定，提拔本人配偶、子女及其他亲属的，给予通报批评；情节较重的，给予警告或者严重警告处分；情节严重的，给予撤销党内职务处分。

领导干部不按照党政领导干部选拔任用条件、任职资格和工作程序，指令或者指使提拔本人的秘书等身边工作人员的，给予批评教育或者通报批评；情节较重的，给予警告处分。

第八条　党委（党组）成员及组织（人事）等有关部门工作人员，泄露党委（党组）酝酿、讨论干部任免情况的，给予批评教育或者通报批评；情节较重的，给予警告或者严重警告处分；情节严重的，给予撤销党内职务处分。

第九条　领导干部在工作调动、机构变动时突击提拔干部的，或者在调离后干预原地区（单位）干部选拔任用的，给予批评教育或者通报批评；情节较重的，给予警告或者严重警告处分；情节严重的，给予撤销党内职务处分。

第十条 党员干部侵犯公民或者党员的选举权、被选举权的，给予批评教育或者通报批评；情节较重的，给予警告或者严重警告处分。在选举中伪造事实，篡改选举结果，或者以威胁、贿赂、欺骗及其他手段妨害公民、党员或者代表自由行使选举权和被选举权的，给予撤销党内职务、留党察看或者开除党籍处分。

党员干部在选举中搞非组织活动的，给予严重警告或者撤销党内职务处分；情节严重的，给予留党察看或者开除党籍处分。

第十一条 从事干部考察工作的人员在干部考察工作中隐瞒或者歪曲事实真相的，给予通报批评；情节较重的，给予警告或者严重警告处分；情节严重的，给予撤销党内职务或者留党察看处分。

第十二条 领导干部、组织（人事）干部在选拔任用干部工作中，利用职权对他人打击报复或者营私舞弊的，给予严重警告或者撤销党内职务处分；情节严重的，给予留党察看或者开除党籍处分。

第十三条 领导干部、组织（人事）干部在选拔任用干部工作中封官许愿的，给予批评教育或者通报批评；情节较重的，给予警告或者严重警告处分。

第十四条 领导干部、组织（人事）干部在选拔任用干部工作中收受贿赂的，依照《中国共产党纪律处分条例（试行）》第六十一条规定从重处理。

第十五条 党员干部采取行贿手段谋取职务、职级待遇的，依照《中国共产党纪律处分条例（试行）》第六十六条规定从重处理。

党员干部采取行贿以外的其他不正当手段谋取职务、职级待遇，情节较轻的，给予批评教育或者通报批评；情节较重的，给予警告或者严重警告处分；情节严重的，给予撤销党内职务处分。

第十六条 组织（人事）干部由于工作失职造成用人失误的，给予批评教育或者通报批评；情节较重的，给予警告或者严重警告处分；情节严重的，给予撤销党内职务处分。

第十七条 违反《条例》规定，应受党纪处分，但能够主动纠正、挽回影响的，可以从轻或者减轻处分。

组织（人事）干部犯有本规定第十一条、第十二条、第十三条所列错误受到党纪处分的，应当调离组织（人事）工作岗位。

第十八条 违反《条例》规定需要给予行政处分的，党的组织和纪律检查机关可以提出建议；触犯刑律的，由司法机关依法处理。

第十九条 本规定由中共中央纪律检查委员会和中共中央组织部负责解释。

第二十条 本规定自发布之日起施行。

中共中央纪律检查委员会关于对犯有贪污、赌赂错误党纪处分的数额界限问题的请示的答复

（中纪法复［1997］2号　1997年9月1日）

《中国共产党纪律处分条例（试行）》（以下简称《条例》）和修订后的《中华人民共和国刑法》（以下简称《刑法》）颁布后，一些地区和部门来电来函请示，《刑法》正式施行后，在实际执纪工作中，对于犯有贪污、贿赂错误的党纪处分的数额界限怎样掌握？经研究，现答复如下：

一、贪污、受贿数额在5 000元以上的，给予开除党籍处分。贪污、受贿在5 000元以上，未被判处《刑法》规定的主刑，且具有《条例》第二十六条规定的减轻处分情节的，也可以不开除党籍，须给予留党察看处分；被依法判处《刑法》规定的主刑的，依照《条例》第三十条的规定，一律开除党籍。

二、对于贪污、受贿数额不满5 000元的党纪处分标准，在中央纪委未作出具体规定之前，由各地区、各部门根据具体情节酌情掌握。

三、处理贪污、贿赂错误规定的违纪金额标准，只是违纪行为社会危害程度的一个方面，在实际执纪工作中，还应考虑其他情节。

四、中央纪委以前颁布的有关规定与本答复相抵触的，1997年10月1日后以本答复为准。

关于对违反《关于党政机关厉行节约制止奢侈浪费行为的若干规定》行为的党纪处理办法

（中纪发［1997］9号　1997年10月15日）

一、为了保证《中共中央、国务院关于党政机关厉行节约制止奢侈浪费行为的若干规定》（以下简称《规定》）的贯彻执行，正确处理违反《规定》的行为，根据《中国共产党纪律处分条例（试行）》（以下简称《条例》）及有关规定，制定本办法。

二、违反《规定》第一条，有下列行为之一的，依照《条例》第八十七条的规定，对负直接责任的主管人员和其他直接责任人员中的共产党员给予党纪处分：

（一）党政机关现有办公楼已达到规定建筑面积指标，又改扩建、新建或购买办公楼的；

（二）以建业务楼等名义新建办公楼的；

（三）用贷款或挪用其他资金新建或购买办公楼的；

（四）贫困地区的党政机关新建或购买办公楼的。

三、违反《规定》第二条，有下列行为之一的，依照《条例》第八十七条的规定，对会议主办单位负直接责任的主管人员和其他直接责任人员中的共产党员给予党纪处分：

（一）赠送礼品或纪念品的；

（二）组织高消费娱乐活动的；

（三）以开会为名游山玩水的。

四、违反《规定》第三条，在庆典活动中发放礼品或贵重纪念品的，依照《条例》第八十七条的规定，对庆典主办单位负直接责任的主管人员和其他直接责任人员中的共产党员给予党纪处分。

五、违反《规定》第四条，有下列行为之一的，依照《条例》第八十七条的规定，对负直接责任的主管人员和其他直接责任人员中的共产党员给予党纪处分：

（一）到上级领导机关所在地宴请领导机关工作人员的；

（二）利用各种学习、培训之机互相宴请的；

（三）参加用公款支付的高消费娱乐活动的。

前款属于个人行为的，依照《条例》第八十六条的规定给予党纪处分。

六、违反《规定》第五条，有下列行为之一的，依照《条例》第八十七条的规定，对负直接责任的主管人员和其他直接责任人员中的共产党员给予党纪处分：

（一）单位违反规定为个人安装住宅电话和配备移动电话的；

（二）个人利用职权违反规定安装住宅电话和配备移动电话的；

（三）占用企业事业单位和下属单位等其他单位的移动电话的。

前款属于个人行为的，依照《条例》第八十六条的规定给予党纪处分。

七、违反《规定》第六条，有下列行为之一的，依照《条例》第八十七条的规定，对负直接责任的主管人员和其他直接责任人员中的共产党员给予党纪处分：

（一）向被检查、评比、达标单位和个人收费或变相收费的；

（二）借检查、评比、达标活动之机大吃大喝和敛财的。

八、违反《规定》第七条的，依照《关于党政机关县（处）级以上党员领导干部违反廉洁自律规定购买、更换小汽车行为的党纪处理办法》给予党纪处分；其中县（处）级以下党员干部比照该处理办法给予党纪处分。

九、违反《规定》第八条的，依照《条例》有关条款对负直接责任的主管人员和其他直接责任人员中的共产党员给予党纪处分：用公款变相出国（境）旅游的，依照《条例》第八十七条的规定给予党纪处分；跨地区、跨部门组织出国（境）活动的，依照《条例》第五十三条的规定给予党纪处分；擅自增加访问国家、绕道或延长在国（境）外停留时间的，依照《条例》第五十四条的规定给予党纪处分。

党政机关的省（部）级领导干部违反《规定》在国（境）外主持和参加经贸洽谈会、展销会、招商会等经贸活动的，进行股票发行推介活动的，参加企业事业单位团组出国（境）的，视情节给予警告、严重警告或者撤销党内职务处分。

十、本办法所列违反《规定》的行为，除给予党纪处分外，有的要公开报道。本办法未列的违反《规定》的其他行为，依照有关规定处理。

十一、违反《规定》需要给予行政处分的，由其任免机关或监察机关比照本办法处理。国有企业事业单位参照执行本办法。

十二、本办法由中共中央纪律检查委员会负责解释。

十三、本办法自发布之日起施行。《规定》发布后，本办法发布前，违反《规定》行为尚未处理的，依照本办法处理。

关于党政机关县（处）级以上党员领导干部违反廉洁自律规定购买、更换小汽车行为的党纪处理办法

（中纪发［1996］15号　1996年8月26日）

为保证党政机关县（处）级以上领导干部廉洁自律有关规定的贯彻执行，正确处理违反规定购买、更换小汽车的行为，依据《中共中央办公厅、国务院办公厅关于党政机关汽车配备和使用管理的规定》、中央纪委第三次全体会议重申和提出的“新五条规定”及其《实施意见》，制定本办法。

本办法发布施行前对违反规定购买、更换小汽车的行为已作了处理的，不再重新处理；未作处理的和本办法发布施行后违反规定购买、更换、装修小汽车的，依照本办法处理。

一、违反中央有关规定，购买供县（处）级以上领导干部乘坐的进口豪华小轿车，或者追求享受更换进口豪华小轿车，不主动检查纠正的，以及在中央纪委第三次全体会议后违反规定购买和更换小轿车的，小轿车予以收缴，并给予有关领导干部警告或严重警告处分；情节严重的，给予撤销党内职务处分。

购买、更换奔驰、林肯、卡迪拉克、公爵王等高档进口豪华小轿车，不主动检查纠正的，以及在中央纪委第三次全体会议后违反规定的，依照前款规定处理。

二、利用职权向企业、下属单位调换、借用和摊派款项购买各种机动车辆，不主动检查纠正的，以及在中央纪委第三次全体会议后向企业、下属单位调换、借用和摊派款项购买机动车辆的，责令其限期纠正，并给予有关领导干部警告或严重警告处分；情节严重的，给予撤销党内职务处分。

三、用贷款、集资款和专项资金购买小汽车供领导干部使用，不主动检查纠正的，以及在中央纪委第三次全体会议后违反规定的，给予有关领导干部和责任者严重警告或撤销党内职务处分。其中，挪用救灾款、救济款、扶贫款、教育基金等专项资金购买的，从重或加重处分。

四、非法购买走私车供领导干部使用的，车辆予以没收，并给予有关领导干部和责任者严重警告或撤销党内职务处分；情节严重的，给予留党察看或开除党籍处分。触犯刑律的，由司法机关依法处理。

五、拖欠职工工资（由财政负担的部分）的县（市）的县（市）党政领导机关购买小汽车，或拖欠职工工资的其他单位购买小汽车，不主动检查纠正的，以及在中央纪委第三次全体会议后违反规定的，责令其限期纠正，并给予有关领导干部警告、严重警告或撤销党内职务处分。

六、在中央纪委第三次全体会议后，对党政机关县（处）级以上领导干部使用的普通轿车进行豪华装修，情节较轻的，责令有关领导干部和责任者作出检查；情节较重的，给予警告或严重警告处分；情节严重的，给予撤销党内职务处分。

在中央纪委第五次全体会议后，对国有企业事业单位的领导干部使用的普通轿车进行豪华装修的，依照前款规定处理。需要给予行政处分的，由其任免机关或监察机关参照本办法和有关规定处理。

七、对党政机关县（处）级以上领导干部违反廉洁自律规定购买、更换、装修小汽车的行为，需要给予行政处分的，由其任免机关或监察机关参照本办法和有关规定处理。

对国有企业领导干部违反廉洁自律规定购买、更换小汽车的行为，依照《中共中央纪委关于国有企业领导干部廉洁自律“四条规定”的实施和处理意见》的规定处理。

八、各地各部门制定的有关规定与本办法有抵触的，以本办法为准。

九、本办法由中共中央纪律检查委员会负责解释。

党员领导干部犯严重官僚主义失职错误党纪处分的暂行规定

（中共中央纪律检查委员会 1988年5月23日）

第一章 总 则

第一条 为了贯彻党的基本路线，保证社会主义现代化建设和改革、开放的顺利进行，反对官僚主义，根据党的章程和国家的有关法律法规，制定本规定。

第二条 严重官僚主义失职错误，是指由于工作不负责任而不履行或不正确履行职责，致使党、国家和人民的利益遭受重大损失的行为。党员领导干部犯严重官僚主义失职错误，是违犯党的纪律的，应当受到党的纪律处分。

第三条 各级党政军机关、人民团体、企业、事业单位的党员领导干部，由于犯严重官僚主义失职错误应受党纪处分的，都适用本规定。

第四条 在处理严重官僚主义失职案件时，要区分直接责任者和负领导责任的人员。对于负领导责任的人员，要区分直接领导责任者、重要领导责任者和一般领导责任者。

第五条 对严重官僚主义失职案件，要在查清事实的基础上，分清责任，按照下列原则处理：

已触犯刑律被判刑的党员领导干部，一般要开除党籍。

对造成巨大损失负有各种领导责任的人员，要加重处分，即按照对造成重大损失负各种领导责任者应受的党纪处分，加一档处分。

对于造成重大损失负领导责任的党员领导干部，要按照分则条文的规定给予党纪处分。

对于那些构不成重大损失，但给本地区、本单位造成重大不良影响的案件，对负有领导责任者，也应酌情给予党纪处分。

由于不可抗拒或不可预见的因素而造成损失的，不作为官僚主义问题处理。

第六条 对于犯有严重官僚主义失职错误的党员领导干部，应给予撤销党内职务以上处分的，一般应同时建议撤销党外职务；对于按分则规定应受撤销党内职务处分而没有党内职务的，可给予党内严重警告处分或留党察看处分，同时建议撤销党外职务。

第二章 分 则

第七条 党员领导干部在政治、思想工作方面，有下列行为之一，造成重大损失或恶劣影响的，对负有直接领导责任者，给予撤销党内职务或党内严重警告处分；负有重要领导责任者，给予党内严重警告或警告处分。造成巨大损失或特别恶劣影响的，加重处分。

（一）对党和国家的方针、政策，不传达贯彻，不检查督促落实，或作出错误决策，致使某一方面的工作在政治上遭受重大损失或造成恶劣影响的；

（二）对本部门、本单位发生的公开反对四项基本原则、反对改革开放总政策的行为，不报告、不批评、不制止，以致造成恶劣影响或严重后果的；

（三）对本单位人员中的思想问题和实际问题，该管的不管，能解决的不解决，致使矛盾激化，造成闹事、罢工、罢课或其他恶性事件，严重影响了生产、工作、教学、科研和社会正常秩序的；

（四）对本部门、本单位发生的严重违法乱纪案件，不查处或拖延，以致造成恶劣影响或严重后果的。

第八条　党员领导干部在经济建设工作中，违反科学决策程序，盲目决定施工、投产，或盲目批准签订合同，购进不合格及不适用的设备、技术，给国家造成重大损失的，对负有直接领导责任者，给予党内严重警告或撤销党内职务处分，负有重要领导责任者，给予党内严重警告或警告处分。造成巨大损失的，加重处分。

第九条　党员领导干部在生产经营管理工作中，有下列行为之一，给国家、集体和人民利益造成重大损失的，对负有直接领导责任者给予撤销党内职务或留党察看处分；负有重要领导责任者，给予党内严重警告或撤销党内职务处分；负有一般领导责任者，给予党内警告处分或批评教育。造成巨大损失的，加重处分。

（一）由于管理混乱，致使生产和基本建设方面发生重大质量、技术事故，造成重大经济损失或造成人身伤亡事故的；

（二）对下属企业产销假冒产品，长期失察，或发现后不采取措施处理，或措施不力，造成重大损失的；

（三）对下属企业产销伪劣药品、有害食品，或其他危害人民健康的商品，长期失察，或发现后不采取措施处理，或措施不力，以致给人民健康造成严重损害或伤亡事故的；

（四）由于管理混乱、纪律松弛，致使国家或集体财物被贪污、盗窃、诈骗、浪费，造成重大损失的；

（五）对本单位或直属单位违反财务制度和财经纪律的行为长期失察，或发现后不纠正，致使国家利益遭受重大损失的。

第十条　党员领导干部在对内、对外的经济贸易活动中，有下列行为之一，造成重大经济损失的，对负有直接领导责任者，给予撤销党内职务或留党察看处分；负有重要领导责任者，给予党内严重警告或警告处分；负有一般领导责任者，给予党内警告处分或批评教育。造成巨大损失的，加重处分。

（一）盲目进货，或不执行商品验收、检验制度，购进不合格商品，致使商品积压、变质、损坏，造成重大损失的；

（二）不了解对方资信情况，盲目与之签订合同，或擅自改变合同，或未签订合同即预付货款，以及为对方担保贷款而被骗，造成重大损失的；

（三）发现购进商品质量不合格或不符合合同规定的标准，不采取措施，以致延误索赔期，造成重大损失的；

（四）对购进的设备，长期积压，保管不善，造成重大损失的；

（五）工作不负责任，不按合同规定提供商品，以致被对方索赔或退货，造成重大损失的。

第十一条　党员领导干部在物资储藏、运输过程中，由于严重官僚主义失职行为，致使物资丢失、损坏、霉烂、变质，造成重大损失的，对负有直接领导责任者，给予撤销党内职务或留党察看处分；负有重要领导责任者，给予党内严重警告或警告处分；负有一般领导责任者，给予党内警告处分或批评教育。造成巨大损失的，加重处分。

第十二条 党员领导干部在安全工作方面，有下列行为之一，造成重大损失的，对负有直接领导责任者，给予撤销党内职务或留党察看处分；负有重要领导责任者，给予党内严重警告或撤销党内职务处分；负有一般领导责任者，给予党内警告处分或批评教育。造成巨大损失的，加重处分。

（一）不认真执行劳动保护和安全生产方面的法规，不采取措施排除事故隐患，或者批准不具备安全生产条件的企业开工生产，致使发生爆炸、火灾、翻车、翻船、飞机失事、工程倒塌以及其他恶性事故，造成重大损失的；

（二）在灾害面前，未采取必要和可能的措施，贻误时机，使本来可以避免的损失未能避免，造成重大损失的；

（三）在组织群众性活动时，缺乏周密布置，对可能发生的问题未采取有效的防范措施，发生恶性事故，造成重大损失的。

第十三条 党员领导干部，由于严重官僚主义失职行为，致使文教卫生、环境保护、社会福利、社会服务等某一方面发生严重事故或遭受重大损失的，对负有直接领导责任者，给予撤销党内职务或留党察看处分；负有重要领导责任者，给予党内严重警告或撤销党内职务处分；负有一般领导责任者，给予党内警告处分或批评教育。造成巨大损失的，加重处分。

第三章　附　则

第十四条 有关领导责任人员的区分。

（一）直接领导责任者，是指在法定职责范围内，对其直接主管的工作不负责任，不履行或不正确履行自己的职责，对造成的损失负主要领导责任的党员领导干部。

（二）重要领导责任者，是指在法定职责范围内，对自己应管的工作或应由其参与决定的工作，不履行或不正确履行自己的职责，对造成的损失负次要领导责任的党员领导干部。

（三）一般领导责任者，是指对下属单位存在的重大问题失察或发现后纠正不力，以致发生重大事故，对造成的损失负一定领导责任的党员领导干部。

第十五条 本规定所指重大损失和巨大损失的标准。

（一）造成下列结果之一的是重大损失：

直接经济损失 10 万元至 50 万元；

死亡 1 人至 5 人，或重伤 5 人至 30 人；

造成严重政治影响的。

（二）造成下列结果之一的，是巨大损失（本款所列数额不含本数）：

直接经济损失 50 万元以上；

死亡 5 人以上，或重伤 30 人以上；

造成特别严重政治影响的。

第十六条 直接经济损失，是指与直接责任者的行为有直接关系而造成财产毁损的实际价值。由直接经济损失引起和牵连的其他损失是间接经济损失。计算经济损失主要计算直接经济损失。

直接经济损失数额是指到立案时为止的实际损失数额。通过办案挽回的经济损失部分仍计算为直接经济损失，在量纪时可作为情节考虑。

第十七条　对于犯有本规定中没有列举的其他严重官僚主义失职错误，可根据其错误事实、情节和造成的后果，比照有关条款处理。但须按批准权限报上一级纪委备案。

第十八条　本规定自 1988 年 7 月 1 日起生效。

共产党员在涉外活动中违犯纪律党纪处分的暂行规定

（中共中央纪律检查委员会 1988 年 5 月 23 日）

第一条 为了维护党和国家的利益，同涉外活动中的一切违犯纪律的行为和腐败现象作斗争，根据党章和国家有关的法律法规，制定本规定。

第二条 在涉外活动中，共产党员必须模范地遵守纪律。一切严重违犯纪律的行为，必须受到党的纪律处分。

第三条 在涉外活动中，触犯我国刑律被依法判刑的，一般给予开除党籍处分。属于过失犯罪，判处较轻刑罚，平时表现较好的，可以给予留党察看处分。

第四条 为外国情报机关或敌特机关服务的；出卖党和国家秘密的；叛逃的；参加敌视我国的反动组织的；对外发表反对四项基本原则的言论的，给予开除党籍处分。

第五条 在涉外活动中，其行为在政治上造成恶劣影响，损害党和国家尊严和利益的，给予撤销党内职务或留党察看处分。情节严重的，给予开除党籍处分。

第六条 在国外、境外期间，触犯驻在国家、地区法律、法令，或不尊重驻在国家、地区宗教习俗，造成不良影响，损害我国利益的，给予党内警告或严重警告处分。情节严重的，给予撤销党内职务处分。

第七条 在涉外活动或国际间通讯中，泄露党和国家秘密的；丢失秘密、机密级文件，造成或可能造成严重后果的，给予党内警告、严重警告或撤销党内职务处分。泄露绝密级党和国家秘密的；丢失绝密级文件，造成或可能造成特别严重后果的，给予撤销党内职务直至开除党籍处分。

第八条 以不正当的方式和手段，谋求个人或亲友出国、出境的，给予党内警告或严重警告处分。为了谋求个人或亲友出国、出境，弄虚作假，伪造证件，或利用工作、职务之便，在经济或其他方面损害国家利益的，给予留党察看或开除党籍处分。

拒不服从组织决定，擅自临时或短期出国、出境的，给予党内严重警告或撤销党内职务处分。

第九条 在出国、出境审批工作中，由于失职造成严重后果的，对主要责任者，给予党内警告或严重警告处分。情节严重的，给予撤销党内职务处分。

第十条 临时出国、出境团（组）或人员擅自提前出国、出境，延长在国外、境外期限或变更路线，造成不良影响或经济损失的，给予主要责任者党内警告或严重警告处分。情节严重的，给予撤销党内职务处分。

第十一条 驻外机构或临时出国、出境团（组）中的共产党员，擅自脱离组织，行动失控的；从事外事、机要、军事等工作的党员，违犯规定，擅自同外国机构、外国人联系和交往的，给予党内警告或严重警告处分。在国外、境外失控期间以及在国内与外国人、外国机构交往中，犯有其他错误的，按照有关条款，给予党纪处分。

第十二条 在涉外活动中，参与嫖娼卖淫、吸毒贩毒的，给予开除党籍处分。

在国外、境外淫秽下流场所寻欢作乐的；与外国人搞不正当两性关系的，给予撤销党内职务或留党察看处分。情节严重的，给予开除党籍处分。

参与赌博活动的，给予撤销党内职务或留党察看处分。情节严重的，给予开除党籍处分。

第十三条 在国外、境外期间，多次观看淫秽影视书画的，给予党内警告或严重警告处分。对批准或组织观看者，从重处理。

携带（包括托他人携带）淫秽影视书画及其他淫秽物品入境，以及进行复制、传播的，给予撤销党内职务以上的处分。

第十四条 在涉外活动中，有索贿受贿、贪污、盗窃、投机倒把、走私贩私、逃汇套汇、挪用外汇等行为的；为了谋取个人私利行贿的；在对外经济活动中，损害国家利益的，按《关于共产党员在经济领域中违法犯罪的党纪处理暂行办法》的有关条款从重处理。

依照国家规定应交公的礼品不交公的，以贪污论处。

第十五条 犯有本规定所列两种以上错误的，合并处理。即在应受最高处分基础上加重处理，或按应受最高处分处理。

犯有本规定未列举的其他违犯纪律行为的，按其所犯错误的性质、情节及造成的后果，比照本规定有关条款处理。但须按批准权限报上一级纪委备案。

第十六条 本规定自 1988 年 7 月 1 日起生效。

对参与嫖娼、卖淫活动的共产党员及有关责任者党纪处分的暂行规定

（中共中央纪律检查委员会　1988 年 5 月 23 日）

嫖娼、卖淫活动，是一种严重的腐败现象。共产党员中极少数腐败分子参与嫖娼、卖淫活动，严重地腐蚀党的肌体，败坏党的声誉。为了纯洁党的组织，对参与嫖娼、卖淫活动的共产党员及有关责任者，必须严肃处理。现作如下规定。

第一条　有下列行为之一的，给予开除党籍的处分：

（一）嫖娼或卖淫的；

（二）强迫、介绍、教唆、引诱他人嫖娼或卖淫的；

（三）有意容留他人嫖娼、卖淫的；

（四）有意为嫖娼、卖淫提供方便条件的；

（五）向嫖娼、卖淫人员敲诈勒索钱物而放纵其嫖娼、卖淫活动的。

第二条　对参与嫖娼、卖淫活动的人进行包庇的；或阻挠查处嫖娼、卖淫活动，情节严重的，给予撤销党内职务以上的处分。

第三条　宾馆、旅店、饭店、招待所等单位，由于管理混乱，多次发生嫖娼、卖淫活动的，对负有直接领导责任者，给予党内严重警告或撤销党内职务的处分。

第四条　对本单位职工参与嫖娼、卖淫活动，发现后不查处，不采取措施防止再次发生，给予直接领导责任者党内警告或严重警告的处分。

第五条　在处理工作中，要严格区分嫖娼、卖淫与搞不正当两性关系的界限。

第六条　本规定自 1988 年 7 月 1 日起生效。

中共中央纪律检查委员会关于共产党员违反社会主义道德党纪处分的若干规定（试行）

（中国共产党纪律检查委员会　1989年12月28日）

第一条　为严肃党纪，同败坏社会主义道德的行为作斗争，保持共产党员先锋模范作用，密切党群关系，促进社会主义精神文明建设，保证改革开放的顺利进行，根据《中国共产党章程》和国家有关的法律、法规，制定本规定。

第二条　共产党员必须全心全意为人民服务，坚持党和人民的利益高于一切，为了共产主义理想和人民的利益，吃苦在前，享受在后，克己奉公，艰苦奋斗，忠于职守，勇于献身，发扬社会主义新风尚，模范地遵守社会主义道德。

共产党员违反社会主义道德依据本规定应予党纪处分的，必须按照本规定处理。

第三条　共产党员因严重违反社会主义道德，触犯刑律被依法判刑或按《劳动教养条例》被劳动教养的，给予开除党籍处分。

第四条　弄虚作假，骗取荣誉、职务、职称、待遇或其他利益的，给予警告或严重警告处分；情节较重的，给予撤销党内职务或留党察看处分；情节严重的，给予开除党籍处分。

所骗取的荣誉、职务、职称、待遇等由原批准单位予以取消。

第五条　利用职权，大办婚丧喜庆事宜的，给予警告或严重警告处分；情节严重的，给予撤销党内职务处分。

在大办婚丧喜庆事宜中，侵犯国家、集体、群众的经济利益或其他利益的，从重或加重处分，直至开除党籍。

第六条　不承担抚养教育未成年子女或不承担赡养父母义务，情节较重的，给予警告或严重警告处分；情节严重的，给予撤销党内职务处分。

虐待家庭成员情节较重或遗弃家庭成员的，给予撤销党内职务或留党察看处分；情节严重的，给予开除党籍处分。

第七条　侮辱、诽谤他人，破坏他人名誉，情节较重的，给予警告或严重警告处分；情节严重的，给予撤销党内职务、留党察看或开除党籍处分。

第八条　诬告陷害他人的，根据所诬陷的事实参照被诬陷者受到或可能受到的处分，给予相应的党纪处分；造成其他严重后果的，从重或加重处分。

错告或检举失实的，不适用前款规定。

第九条　遇到国家和人民生命财产受到严重威胁时，临危退缩，能救而不救，情节较重的，给予严重警告或撤销党内职务处分；情节严重的，给予留党察看或开除党籍处分。

第十条　猥亵、侮辱妇女或进行其他流氓活动的，给予严重警告或撤销党内职务处分；情节较重的，给予留党察看或开除党籍处分。

第十一条　犯通奸错误的，一般给予警告或严重警告处分；造成严重后果的，给予撤销党内职务、留党察看或开除党籍处分。

与现役军人配偶通奸的，从重或加重处分。

第十二条 利用职权、教养关系或诱骗等其他手段与他人发生性关系的，给予撤销党内职务处分；情节严重的，给予留党察看或开除党籍处分。

第十三条 与直系血亲发生性关系的，给予开除党籍处分。

第十四条 本规定由中央纪律检查委员会负责解释。

第十五条 本规定自下发之日起施行。

中共中央纪律检查委员会、中共中央组织部、监察部关于维护党的纪律严肃处理党风方面若干突出问题的意见

（中纪发［2005］2号　2005年1月14日）

为严格执行领导干部廉洁从政有关规定，切实解决当前党风方面存在的突出问题，在严肃执纪的同时，加大组织处理力度，经中共中央同意，对顶风违纪有以下行为的领导干部，必须严肃处理：

违反规定收送现金、有价证券和支付凭证的，按照组织程序一律先免职，再依据规定处理。

“跑官要官”的，要批评教育，不能提拔重用，在重要岗位上的要予以调整，已得到提拔的要坚决撤下来；对“跑官要官”制止不力造成用人严重失察失误的，要严肃追究责任。

放任、纵容配偶、子女及其配偶和身边工作人员利用领导干部职权和职务影响经商办企业或从事中介活动谋取非法利益的，要辞去现任职务或者由组织责令辞职，并按照规定给予纪律处分，

利用婚丧嫁娶等事宜收钱敛财的，要严肃查处。

参加赌博的，应予以免职，再依据规定处理；到国（境）外赌博的，要从严惩处。

本意见适用于党的机关、人大机关、行政机关、政府机关、审判机关、检察机关、人民团体、事业单位的各级领导干部和国有企业的领导人员。

第 25 章　行政处分制度

中华人民共和国治安管理处罚法

（2005 年 8 月 28 日第十届全国人民代表大会常务委员会第十七次会议通过）

第一章　总　则

第一条　为维护社会治安秩序，保障公共安全，保护公民、法人和其他组织的合法权益，规范和保障公安机关及其人民警察依法履行治安管理职责，制定本法。

第二条　扰乱公共秩序，妨害公共安全，侵犯人身权利、财产权利，妨害社会管理，具有社会危害性，依照《中华人民共和国刑法》的规定构成犯罪的，依法追究刑事责任；尚不够刑事处罚的，由公安机关依照本法给予治安管理处罚。

第三条　治安管理处罚的程序，适用本法的规定；本法没有规定的，适用《中华人民共和国行政处罚法》的有关规定。

第四条　在中华人民共和国领域内发生的违反治安管理行为，除法律有特别规定的外，适用本法。

在中华人民共和国船舶和航空器内发生的违反治安管理行为，除法律有特别规定的外，适用本法。

第五条　治安管理处罚必须以事实为依据，与违反治安管理行为的性质、情节以及社会危害程度相当。

实施治安管理处罚，应当公开、公正，尊重和保障人权，保护公民的人格尊严。

办理治安案件应当坚持教育与处罚相结合的原则。

第六条　各级人民政府应当加强社会治安综合治理，采取有效措施，化解社会矛盾，增进社会和谐，维护社会稳定。

第七条　国务院公安部门负责全国的治安管理工作。县级以上地方各级人民政府公安机关负责本行政区域内的治安管理工作。

治安案件的管辖由国务院公安部门规定。

第八条　违反治安管理的行为对他人造成损害的，行为人或者其监护人应当依法承担民事责任。

第九条　对于因民间纠纷引起的打架斗殴或者损毁他人财物等违反治安管理行为，情节较轻的，公安机关可以调解处理。经公安机关调解，当事人达成协议的，不予处罚。经调解未达成协议或者达成协议后不履行的，公安机关应当依照本法的规定对违反治安管理行为人给予处罚，并告知当事人可以就民事争议依法向人民法院提起民事诉讼。

第二章　处罚的种类和适用

第十条　治安管理处罚的种类分为：

（一）警告；

（二）罚款；

（三）行政拘留；

（四）吊销公安机关发放的许可证。

对违反治安管理的外国人，可以附加适用限期出境或者驱逐出境。

第十一条　办理治安案件所查获的毒品、淫秽物品等违禁品，赌具、赌资，吸食、注射毒品的用具以及直接用于实施违反治安管理行为的本人所有的工具，应当收缴，按照规定处理。

违反治安管理所得的财物，追缴退还被侵害人；没有被侵害人的，登记造册，公开拍卖或者按照国家有关规定处理，所得款项上缴国库。

第十二条　已满十四周岁不满十八周岁的人违反治安管理的，从轻或者减轻处罚；不满十四周岁的人违反治安管理的，不予处罚，但是应当责令其监护人严加管教。

第十三条　精神病人在不能辨认或者不能控制自己行为的时候违反治安管理的，不予处罚，但是应当责令其监护人严加看管和治疗。间歇性的精神病人在精神正常的时候违反治安管理的，应当给予处罚。

第十四条　盲人或者又聋又哑的人违反治安管理的，可以从轻、减轻或者不予处罚。

第十五条　醉酒的人违反治安管理的，应当给予处罚。

醉酒的人在醉酒状态中，对本人有危险或者对他人的人身、财产或者公共安全有威胁的，应当对其采取保护性措施约束至酒醒。

第十六条　有两种以上违反治安管理行为的，分别决定，合并执行。行政拘留处罚合并执行的，最长不超过二十日。

第十七条　共同违反治安管理的，根据违反治安管理行为人在违反治安管理行为中所起的作用，分别处罚。

教唆、胁迫、诱骗他人违反治安管理的，按照其教唆、胁迫、诱骗的行为处罚。

第十八条　单位违反治安管理的，对其直接负责的主管人员和其他直接责任人员依照本法的规定处罚。其他法律、行政法规对同一行为规定给予单位处罚的，依照其规定处罚。

第十九条　违反治安管理有下列情形之一的，减轻处罚或者不予处罚：

（一）情节特别轻微的；

（二）主动消除或者减轻违法后果，并取得被侵害人谅解的；

（三）出于他人胁迫或者诱骗的；

（四）主动投案，向公安机关如实陈述自己的违法行为的；

（五）有立功表现的。

第二十条　违反治安管理有下列情形之一的，从重处罚：

（一）有较严重后果的；

（二）教唆、胁迫、诱骗他人违反治安管理的；

（三）对报案人、控告人、举报人、证人打击报复的；

（四）六个月内曾受过治安管理处罚的。

第二十一条 违反治安管理行为人有下列情形之一，依照本法应当给予行政拘留处罚的，不执行行政拘留处罚：

（一）已满十四周岁不满十六周岁的；

（二）已满十六周岁不满十八周岁，初次违反治安管理的；

（三）七十周岁以上的；

（四）怀孕或者哺乳自己不满一周岁婴儿的。

第二十二条 违反治安管理行为在六个月内没有被公安机关发现的，不再处罚。

前款规定的期限，从违反治安管理行为发生之日起计算；违反治安管理行为有连续或者继续状态的，从行为终了之日起计算。

第三章 违反治安管理的行为和处罚

第一节 扰乱公共秩序的行为和处罚

第二十三条 有下列行为之一的，处警告或者二百元以下罚款；情节较重的，处五日以上十日以下拘留，可以并处五百元以下罚款：

（一）扰乱机关、团体、企业、事业单位秩序，致使工作、生产、营业、医疗、教学、科研不能正常进行，尚未造成严重损失的；

（二）扰乱车站、港口、码头、机场、商场、公园、展览馆或者其他公共场所秩序的；

（三）扰乱公共汽车、电车、火车、船舶、航空器或者其他公共交通工具上的秩序的；

（四）非法拦截或者强登、扒乘机动车、船舶、航空器以及其他交通工具，影响交通工具正常行驶的；

（五）破坏依法进行的选举秩序的。

聚众实施前款行为的，对首要分子处十日以上十五日以下拘留，可以并处一千元以下罚款。

第二十四条 有下列行为之一，扰乱文化、体育等大型群众性活动秩序的，处警告或者二百元以下罚款；情节严重的，处五日以上十日以下拘留，可以并处五百元以下罚款：

（一）强行进入场内的；

（二）违反规定，在场内燃放烟花爆竹或者其他物品的；

（三）展示侮辱性标语、条幅等物品的；

（四）围攻裁判员、运动员或者其他工作人员的；

（五）向场内投掷杂物，不听制止的；

（六）扰乱大型群众性活动秩序的其他行为。

因扰乱体育比赛秩序被处以拘留处罚的，可以同时责令其十二个月内不得进入体育场馆观看同类比赛；违反规定进入体育场馆的，强行带离现场。

第二十五条 有下列行为之一的，处五日以上十日以下拘留，可以并处五百元以下罚款；情节较轻的，处五日以下拘留或者五百元以下罚款：

（一）散布谣言，谎报险情、疫情、警情或者以其他方法故意扰乱公共秩序的；

（二）投放虚假的爆炸性、毒害性、放射性、腐蚀性物质或者传染病病原体等危险物质扰乱公共秩序的；

（三）扬言实施放火、爆炸、投放危险物质扰乱公共秩序的。

第二十六条 有下列行为之一的，处五日以上十日以下拘留，可以并处五百元以下罚款；情节较重的，处十日以上十五日以下拘留，可以并处一千元以下罚款：

（一）结伙斗殴的；

（二）追逐、拦截他人的；

（三）强拿硬要或者任意损毁、占用公私财物的；

（四）其他寻衅滋事行为。

第二十七条 有下列行为之一的，处十日以上十五日以下拘留，可以并处一千元以下罚款；情节较轻的，处五日以上十日以下拘留，可以并处五百元以下罚款：

（一）组织、教唆、胁迫、诱骗、煽动他人从事邪教、会道门活动或者利用邪教、会道门、迷信活动，扰乱社会秩序、损害他人身体健康的；

（二）冒用宗教、气功名义进行扰乱社会秩序、损害他人身体健康活动的。

第二十八条 违反国家规定，故意干扰无线电业务正常进行的，或者对正常运行的无线电台（站）产生有害干扰，经有关主管部门指出后，拒不采取有效措施消除的，处五日以上十日以下拘留；情节严重的，处十日以上十五日以下拘留。

第二十九条 有下列行为之一的，处五日以下拘留；情节较重的，处五日以上十日以下拘留：

（一）违反国家规定，侵入计算机信息系统，造成危害的；

（二）违反国家规定，对计算机信息系统功能进行删除、修改、增加、干扰，造成计算机信息系统不能正常运行的；

（三）违反国家规定，对计算机信息系统中存储、处理、传输的数据和应用程序进行删除、修改、增加的；

（四）故意制作、传播计算机病毒等破坏性程序，影响计算机信息系统正常运行的。

第二节 妨害公共安全的行为和处罚

第三十条 违反国家规定，制造、买卖、储存、运输、邮寄、携带、使用、提供、处置爆炸性、毒害性、放射性、腐蚀性物质或者传染病病原体等危险物质的，处十日以上十五日以下拘留；情节较轻的，处五日以上十日以下拘留。

第三十一条 爆炸性、毒害性、放射性、腐蚀性物质或者传染病病原体等危险物质被盗、被抢或者丢失，未按规定报告的，处五日以下拘留；故意隐瞒不报的，处五日以上十日以下拘留。

第三十二条 非法携带枪支、弹药或者弩、匕首等国家规定的管制器具的，处五日以下拘留，可以并处五百元以下罚款；情节较轻的，处警告或者二百元以下罚款。

非法携带枪支、弹药或者弩、匕首等国家规定的管制器具进入公共场所或者公共交通工具的，处五日以上十日以下拘留，可以并处五百元以下罚款。

第三十三条 有下列行为之一的，处十日以上十五日以下拘留：

（一）盗窃、损毁油气管道设施、电力电信设施、广播电视设施、水利防汛工程设施或者水文监测、测量、气象测报、环境监测、地质监测、地震监测等公共设施的；

（二）移动、损毁国家边境的界碑、界桩以及其他边境标志、边境设施或者领土、领海标志设施的；

（三）非法进行影响国（边）界线走向的活动或者修建有碍国（边）境管理的设施的。

第三十四条 盗窃、损坏、擅自移动使用中的航空设施，或者强行进入航空器驾驶舱的，处十日以上十五日以下拘留。

在使用中的航空器上使用可能影响导航系统正常功能的器具、工具，不听劝阻的，处五日以下拘留或者五百元以下罚款。

第三十五条 有下列行为之一的，处五日以上十日以下拘留，可以并处五百元以下罚款；情节较轻的，处五日以下拘留或者五百元以下罚款：

（一）盗窃、损毁或者擅自移动铁路设施、设备、机车车辆配件或者安全标志的；

（二）在铁路线路上放置障碍物，或者故意向列车投掷物品的；

（三）在铁路线路、桥梁、涵洞处挖掘坑穴、采石取沙的；

（四）在铁路线路上私设道口或者平交过道的。

第三十六条 擅自进入铁路防护网或者火车来临时在铁路线路上行走坐卧、抢越铁路，影响行车安全的，处警告或者二百元以下罚款。

第三十七条 有下列行为之一的，处五日以下拘留或者五百元以下罚款；情节严重的，处五日以上十日以下拘留，可以并处五百元以下罚款：

（一）未经批准，安装、使用电网的，或者安装、使用电网不符合安全规定的；

（二）在车辆、行人通行的地方施工，对沟井坎穴不设覆盖物、防围和警示标志的，或者故意损毁、移动覆盖物、防围和警示标志的；

（三）盗窃、损毁路面井盖、照明等公共设施的。

第三十八条 举办文化、体育等大型群众性活动，违反有关规定，有发生安全事故危险的，责令停止活动，立即疏散；对组织者处五日以上十日以下拘留，并处二百元以上五百元以下罚款；情节较轻的，处五日以下拘留或者五百元以下罚款。

第三十九条 旅馆、饭店、影剧院、娱乐场、运动场、展览馆或者其他供社会公众活动的场所的经营管理人员，违反安全规定，致使该场所有发生安全事故危险，经公安机关责令改正，拒不改正的，处五日以下拘留。

第三节 侵犯人身权利、财产权利的行为和处罚

第四十条 有下列行为之一的，处十日以上十五日以下拘留，并处五百元以上一千元以下罚款；情节较轻的，处五日以上十日以下拘留，并处二百元以上五百元以下罚款：

（一）组织、胁迫、诱骗不满十六周岁的人或者残疾人进行恐怖、残忍表演的；

（二）以暴力、威胁或者其他手段强迫他人劳动的；

（三）非法限制他人人身自由、非法侵入他人住宅或者非法搜查他人身体的。

第四十一条 胁迫、诱骗或者利用他人乞讨的，处十日以上十五日以下拘留，可以并处一千元以下罚款。

反复纠缠、强行讨要或者以其他滋扰他人的方式乞讨的，处五日以下拘留或者警告。

第四十二条 有下列行为之一的，处五日以下拘留或者五百元以下罚款；情节较重的，处五日以上十日以下拘留，可以并处五百元以下罚款：

（一）写恐吓信或者以其他方法威胁他人人身安全的；

（二）公然侮辱他人或者捏造事实诽谤他人的；

（三）捏造事实诬告陷害他人，企图使他人受到刑事追究或者受到治安管理处罚的；

（四）对证人及其近亲属进行威胁、侮辱、殴打或者打击报复的；

（五）多次发送淫秽、侮辱、恐吓或者其他信息，干扰他人正常生活的；

（六）偷窥、偷拍、窃听、散布他人隐私的。

第四十三条　殴打他人的，或者故意伤害他人身体的，处五日以上十日以下拘留，并处二百元以上五百元以下罚款；情节较轻的，处五日以下拘留或者五百元以下罚款。

有下列情形之一的，处十日以上十五日以下拘留，并处五百元以上一千元以下罚款：

（一）结伙殴打、伤害他人的；

（二）殴打、伤害残疾人、孕妇、不满十四周岁的人或者六十周岁以上的人的；

（三）多次殴打、伤害他人或者一次殴打、伤害多人的。

第四十四条　猥亵他人的，或者在公共场所故意裸露身体，情节恶劣的，处五日以上十日以下拘留；猥亵智力残疾人、精神病人、不满十四周岁的人或者有其他严重情节的，处十日以上十五日以下拘留。

第四十五条　有下列行为之一的，处五日以下拘留或者警告：

（一）虐待家庭成员，被虐待人要求处理的；

（二）遗弃没有独立生活能力的被扶养人的。

第四十六条　强买强卖商品，强迫他人提供服务或者强迫他人接受服务的，处五日以上十日以下拘留，并处二百元以上五百元以下罚款；情节较轻的，处五日以下拘留或者五百元以下罚款。

第四十七条　煽动民族仇恨、民族歧视，或者在出版物、计算机信息网络中刊载民族歧视、侮辱内容的，处十日以上十五日以下拘留，可以并处一千元以下罚款。

第四十八条　冒领、隐匿、毁弃、私自开拆或者非法检查他人邮件的，处五日以下拘留或者五百元以下罚款。

第四十九条　盗窃、诈骗、哄抢、抢夺、敲诈勒索或者故意损毁公私财物的，处五日以上十日以下拘留，可以并处五百元以下罚款；情节较重的，处十日以上十五日以下拘留，可以并处一千元以下罚款。

第四节　妨害社会管理的行为和处罚

第五十条　有下列行为之一的，处警告或者二百元以下罚款；情节严重的，处五日以上十日以下拘留，可以并处五百元以下罚款：

（一）拒不执行人民政府在紧急状态情况下依法发布的决定、命令的；

（二）阻碍国家机关工作人员依法执行职务的；

（三）阻碍执行紧急任务的消防车、救护车、工程抢险车、警车等车辆通行的；

（四）强行冲闯公安机关设置的警戒带、警戒区的。

阻碍人民警察依法执行职务的，从重处罚。

第五十一条　冒充国家机关工作人员或者以其他虚假身份招摇撞骗的，处五日以上十日以下拘留，可以并处五百元以下罚款；情节较轻的，处五日以下拘留或者五百元以下罚款。

冒充军警人员招摇撞骗的，从重处罚。

第五十二条　有下列行为之一的，处十日以上十五日以下拘留，可以并处一千元以下罚款；情节较轻的，处五日以上十日以下拘留，可以并处五百元以下罚款：

（一）伪造、变造或者买卖国家机关、人民团体、企业、事业单位或者其他组织的公文、证件、证明文件、印章的；

（二）买卖或者使用伪造、变造的国家机关、人民团体、企业、事业单位或者其他组织的公文、证件、证明文件的；

（三）伪造、变造、倒卖车票、船票、航空客票、文艺演出票、体育比赛入场券或者其他有价票证、凭证的；

（四）伪造、变造船舶户牌，买卖或者使用伪造、变造的船舶户牌，或者涂改船舶发动机号码的。

第五十三条 船舶擅自进入、停靠国家禁止、限制进入的水域或者岛屿的，对船舶负责人及有关责任人员处五百元以上一千元以下罚款；情节严重的，处五日以下拘留，并处五百元以上一千元以下罚款。

第五十四条 有下列行为之一的，处十日以上十五日以下拘留，并处五百元以上一千元以下罚款；情节较轻的，处五日以下拘留或者五百元以下罚款：

（一）违反国家规定，未经注册登记，以社会团体名义进行活动，被取缔后，仍进行活动的；

（二）被依法撤销登记的社会团体，仍以社会团体名义进行活动的；

（三）未经许可，擅自经营按照国家规定需要由公安机关许可的行业的。

有前款第三项行为的，予以取缔。

取得公安机关许可的经营者，违反国家有关管理规定，情节严重的，公安机关可以吊销许可证。

第五十五条 煽动、策划非法集会、游行、示威，不听劝阻的，处十日以上十五日以下拘留。

第五十六条 旅馆业的工作人员对住宿的旅客不按规定登记姓名、身份证件种类和号码的，或者明知住宿的旅客将危险物质带入旅馆，不予制止的，处二百元以上五百元以下罚款。

旅馆业的工作人员明知住宿的旅客是犯罪嫌疑人员或者被公安机关通缉的人员，不向公安机关报告的，处二百元以上五百元以下罚款；情节严重的，处五日以下拘留，可以并处五百元以下罚款。

第五十七条 房屋出租人将房屋出租给无身份证件的人居住的，或者不按规定登记承租人姓名、身份证件种类和号码的，处二百元以上五百元以下罚款。

房屋出租人明知承租人利用出租房屋进行犯罪活动，不向公安机关报告的，处二百元以上五百元以下罚款；情节严重的，处五日以下拘留，可以并处五百元以下罚款。

第五十八条 违反关于社会生活噪声污染防治的法律规定，制造噪声干扰他人正常生活的，处警告；警告后不改正的，处二百元以上五百元以下罚款。

第五十九条 有下列行为之一的，处五百元以上一千元以下罚款；情节严重的，处五日以上十日以下拘留，并处五百元以上一千元以下罚款：

（一）典当业工作人员承接典当的物品，不查验有关证明、不履行登记手续，或者明知是违法犯罪嫌疑人、赃物，不向公安机关报告的；

（二）违反国家规定，收购铁路、油田、供电、电信、矿山、水利、测量和城市公用设施等废旧专用器材的；

（三）收购公安机关通报寻查的赃物或者有赃物嫌疑的物品的；

（四）收购国家禁止收购的其他物品的。

第六十条　有下列行为之一的，处五日以上十日以下拘留，并处二百元以上五百元以下罚款：

（一）隐藏、转移、变卖或者损毁行政执法机关依法扣押、查封、冻结的财物的；

（二）伪造、隐匿、毁灭证据或者提供虚假证言、谎报案情，影响行政执法机关依法办案的；

（三）明知是赃物而窝藏、转移或者代为销售的；

（四）被依法执行管制、剥夺政治权利或者在缓刑、保外就医等监外执行中的罪犯或者被依法采取刑事强制措施的人，有违反法律、行政法规和国务院公安部门有关监督管理规定的行为。

第六十一条　协助组织或者运送他人偷越国（边）境的，处十日以上十五日以下拘留，并处一千元以上五千元以下罚款。

第六十二条　为偷越国（边）境人员提供条件的，处五日以上十日以下拘留，并处五百元以上二千元以下罚款。

偷越国（边）境的，处五日以下拘留或者五百元以下罚款。

第六十三条　有下列行为之一的，处警告或者二百元以下罚款；情节较重的，处五日以上十日以下拘留，并处二百元以上五百元以下罚款：

（一）刻划、涂污或者以其他方式故意损坏国家保护的文物、名胜古迹的；

（二）违反国家规定，在文物保护单位附近进行爆破、挖掘等活动，危及文物安全的。

第六十四条　有下列行为之一的，处五百元以上一千元以下罚款；情节严重的，处十日以上十五日以下拘留，并处五百元以上一千元以下罚款：

（一）偷开他人机动车的；

（二）未取得驾驶证驾驶或者偷开他人航空器、机动船舶的。

第六十五条　有下列行为之一的，处五日以上十日以下拘留；情节严重的，处十日以上十五日以下拘留，可以并处一千元以下罚款：

（一）故意破坏、污损他人坟墓或者毁坏、丢弃他人尸骨、骨灰的；

（二）在公共场所停放尸体或者因停放尸体影响他人正常生活、工作秩序，不听劝阻的。

第六十六条　卖淫、嫖娼的，处十日以上十五日以下拘留，可以并处五千元以下罚款；情节较轻的，处五日以下拘留或者五百元以下罚款。

在公共场所拉客招嫖的，处五日以下拘留或者五百元以下罚款。

第六十七条　引诱、容留、介绍他人卖淫的，处十日以上十五日以下拘留，可以并处五千元以下罚款；情节较轻的，处五日以下拘留或者五百元以下罚款。

第六十八条　制作、运输、复制、出售、出租淫秽的书刊、图片、影片、音像制品等淫秽物品或者利用计算机信息网络、电话以及其他通讯工具传播淫秽信息的，处十日以上十五日以下拘留，可以并处三千元以下罚款；情节较轻的，处五日以下拘留或者五百元以下罚款。

第六十九条 有下列行为之一的，处十日以上十五日以下拘留，并处五百元以上一千元以下罚款：

（一）组织播放淫秽音像的；

（二）组织或者进行淫秽表演的；

（三）参与聚众淫乱活动的。

明知他人从事前款活动，为其提供条件的，依照前款的规定处罚。

第七十条 以营利为目的，为赌博提供条件的，或者参与赌博赌资较大的，处五日以下拘留或者五百元以下罚款；情节严重的，处十日以上十五日以下拘留，并处五百元以上三千元以下罚款。

第七十一条 有下列行为之一的，处十日以上十五日以下拘留，可以并处三千元以下罚款；情节较轻的，处五日以下拘留或者五百元以下罚款：

（一）非法种植罂粟不满五百株或者其他少量毒品原植物的；

（二）非法买卖、运输、携带、持有少量未经灭活的罂粟等毒品原植物种子或者幼苗的；

（三）非法运输、买卖、储存、使用少量罂粟壳的。

有前款第一项行为，在成熟前自行铲除的，不予处罚。

第七十二条 有下列行为之一的，处十日以上十五日以下拘留，可以并处二千元以下罚款；情节较轻的，处五日以下拘留或者五百元以下罚款：

（一）非法持有鸦片不满二百克、海洛因或者甲基苯丙胺不满十克或者其他少量毒品的；

（二）向他人提供毒品的；

（三）吸食、注射毒品的；

（四）胁迫、欺骗医务人员开具麻醉药品、精神药品的。

第七十三条 教唆、引诱、欺骗他人吸食、注射毒品的，处十日以上十五日以下拘留，并处五百元以上二千元以下罚款。

第七十四条 旅馆业、饮食服务业、文化娱乐业、出租汽车业等单位的人员，在公安机关查处吸毒、赌博、卖淫、嫖娼活动时，为违法犯罪行为人通风报信的，处十日以上十五日以下拘留。

第七十五条 饲养动物，干扰他人正常生活的，处警告；警告后不改正的，或者放任动物恐吓他人的，处二百元以上五百元以下罚款。

驱使动物伤害他人的，依照本法第四十三条第一款的规定处罚。

第七十六条 有本法第六十七条、第六十八条、第七十条的行为，屡教不改的，可以按照国家规定采取强制性教育措施。

第四章 处罚程序

第一节 调 查

第七十七条 公安机关对报案、控告、举报或者违反治安管理行为人主动投案，以及其他行政主管部门、司法机关移送的违反治安管理案件，应当及时受理，并进行登记。

第七十八条　公安机关受理报案、控告、举报、投案后，认为属于违反治安管理行为的，应当立即进行调查；认为不属于违反治安管理行为的，应当告知报案人、控告人、举报人、投案人，并说明理由。

第七十九条　公安机关及其人民警察对治安案件的调查，应当依法进行。严禁刑讯逼供或者采用威胁、引诱、欺骗等非法手段收集证据。

以非法手段收集的证据不得作为处罚的根据。

第八十条　公安机关及其人民警察在办理治安案件时，对涉及的国家秘密、商业秘密或者个人隐私，应当予以保密。

第八十一条　人民警察在办理治安案件过程中，遇有下列情形之一的，应当回避；违反治安管理行为人、被侵害人或者其法定代理人也有权要求他们回避：

（一）是本案当事人或者当事人的近亲属的；

（二）本人或者其近亲属与本案有利害关系的；

（三）与本案当事人有其他关系，可能影响案件公正处理的。

人民警察的回避，由其所属的公安机关决定；公安机关负责人的回避，由上一级公安机关决定。

第八十二条　需要传唤违反治安管理行为人接受调查的，经公安机关办案部门负责人批准，使用传唤证传唤。对现场发现的违反治安管理行为人，人民警察经出示工作证件，可以口头传唤，但应当在询问笔录中注明。

公安机关应当将传唤的原因和依据告知被传唤人。对无正当理由不接受传唤或者逃避传唤的人，可以强制传唤。

第八十三条　对违反治安管理行为人，公安机关传唤后应当及时询问查证，询问查证的时间不得超过八小时；情况复杂，依照本法规定可能适用行政拘留处罚的，询问查证的时间不得超过二十四小时。

公安机关应当及时将传唤的原因和处所通知被传唤人家属。

第八十四条　询问笔录应当交被询问人核对；对没有阅读能力的，应当向其宣读。记载有遗漏或者差错的，被询问人可以提出补充或者更正。被询问人确认笔录无误后，应当签名或者盖章，询问的人民警察也应当在笔录上签名。

被询问人要求就被询问事项自行提供书面材料的，应当准许；必要时，人民警察也可以要求被询问人自行书写。

询问不满十六周岁的违反治安管理行为人，应当通知其父母或者其他监护人到场。

第八十五条　人民警察询问被侵害人或者其他证人，可以到其所在单位或者住处进行；必要时，也可以通知其到公安机关提供证言。

人民警察在公安机关以外询问被侵害人或者其他证人，应当出示工作证件。

询问被侵害人或者其他证人，同时适用本法第八十四条的规定。

第八十六条　询问聋哑的违反治安管理行为人、被侵害人或者其他证人，应当有通晓手语的人提供帮助，并在笔录上注明。

询问不通晓当地通用的语言文字的违反治安管理行为人、被侵害人或者其他证人，应当配备翻译人员，并在笔录上注明。

第八十七条　公安机关对与违反治安管理行为有关的场所、物品、人身可以进行检查。检查时，人民警察不得少于二人，并应当出示工作证件和县级以上人民政府公安机关开具的检查证明文件。对确有必要立即进行检查的，人民警察经出示工作证件，可以当场检查，但检查公民住所应当出示县级以上人民政府公安机关开具的检查证明文件。

检查妇女的身体，应当由女性工作人员进行。

第八十八条 检查的情况应当制作检查笔录，由检查人、被检查人和见证人签名或者盖章；被检查人拒绝签名的，人民警察应当在笔录上注明。

第八十九条 公安机关办理治安案件，对与案件有关的需要作为证据的物品，可以扣押；对被侵害人或者善意第三人合法占有的财产，不得扣押，应当予以登记。对与案件无关的物品，不得扣押。

对扣押的物品，应当会同在场见证人和被扣押物品持有人查点清楚，当场开列清单一式二份，由调查人员、见证人和持有人签名或者盖章，一份交给持有人，另一份附卷备查。

对扣押的物品，应当妥善保管，不得挪作他用；对不宜长期保存的物品，按照有关规定处理。经查明与案件无关的，应当及时退还；经核实属于他人合法财产的，应当登记后立即退还；满六个月无人对该财产主张权利或者无法查清权利人的，应当公开拍卖或者按照国家有关规定处理，所得款项上缴国库。

第九十条 为了查明案情，需要解决案件中有争议的专门性问题的，应当指派或者聘请具有专门知识的人员进行鉴定；鉴定人鉴定后，应当写出鉴定意见，并且签名。

第二节 决 定

第九十一条 治安管理处罚由县级以上人民政府公安机关决定；其中警告、五百元以下的罚款可以由公安派出所决定。

第九十二条 对决定给予行政拘留处罚的人，在处罚前已经采取强制措施限制人身自由的时间，应当折抵。限制人身自由一日，折抵行政拘留一日。

第九十三条 公安机关查处治安案件，对没有本人陈述，但其他证据能够证明案件事实的，可以作出治安管理处罚决定。但是，只有本人陈述，没有其他证据证明的，不能作出治安管理处罚决定。

第九十四条 公安机关作出治安管理处罚决定前，应当告知违反治安管理行为人作出治安管理处罚的事实、理由及依据，并告知违反治安管理行为人依法享有的权利。

违反治安管理行为人有权陈述和申辩。公安机关必须充分听取违反治安管理行为人的意见，对违反治安管理行为人提出的事实、理由和证据，应当进行复核；违反治安管理行为人提出的事实、理由或者证据成立的，公安机关应当采纳。

公安机关不得因违反治安管理行为人的陈述、申辩而加重处罚。

第九十五条 治安案件调查结束后，公安机关应当根据不同情况，分别作出以下处理：

（一）确有依法应当给予治安管理处罚的违法行为的，根据情节轻重及具体情况，作出处罚决定；

（二）依法不予处罚的，或者违法事实不能成立的，作出不予处罚决定；

（三）违法行为已涉嫌犯罪的，移送主管机关依法追究刑事责任；

（四）发现违反治安管理行为人有其他违法行为的，在对违反治安管理行为作出处罚决定的同时，通知有关行政主管部门处理。

第九十六条　公安机关作出治安管理处罚决定的，应当制作治安管理处罚决定书。决定书应当载明下列内容：

（一）被处罚人的姓名、性别、年龄、身份证件的名称和号码、住址；

（二）违法事实和证据；

（三）处罚的种类和依据；

（四）处罚的执行方式和期限；

（五）对处罚决定不服，申请行政复议、提起行政诉讼的途径和期限；

（六）作出处罚决定的公安机关的名称和作出决定的日期。

决定书应当由作出处罚决定的公安机关加盖印章。

第九十七条　公安机关应当向被处罚人宣告治安管理处罚决定书，并当场交付被处罚人；无法当场向被处罚人宣告的，应当在二日内送达被处罚人。决定给予行政拘留处罚的，应当及时通知被处罚人的家属。

有被侵害人的，公安机关应当将决定书副本抄送被侵害人。

第九十八条　公安机关作出吊销许可证以及处二千元以上罚款的治安管理处罚决定前，应当告知违反治安管理行为人有权要求举行听证；违反治安管理行为人要求听证的，公安机关应当及时依法举行听证。

第九十九条　公安机关办理治安案件的期限，自受理之日起不得超过三十日；案情重大、复杂的，经上一级公安机关批准，可以延长三十日。

为了查明案情进行鉴定的期间，不计入办理治安案件的期限。

第一百条　违反治安管理行为事实清楚，证据确凿，处警告或者二百元以下罚款的，可以当场作出治安管理处罚决定。

第一百零一条　当场作出治安管理处罚决定的，人民警察应当向违反治安管理行为人出示工作证件，并填写处罚决定书。处罚决定书应当当场交付被处罚人；有被侵害人的，并将决定书副本抄送被侵害人。

前款规定的处罚决定书，应当载明被处罚人的姓名、违法行为、处罚依据、罚款数额、时间、地点以及公安机关名称，并由经办的人民警察签名或者盖章。

当场作出治安管理处罚决定的，经办的人民警察应当在二十四小时内报所属公安机关备案。

第一百零二条　被处罚人对治安管理处罚决定不服的，可以依法申请行政复议或者提起行政诉讼。

第三节　执　行

第一百零三条　对被决定给予行政拘留处罚的人，由作出决定的公安机关送达拘留所执行。

第一百零四条　受到罚款处罚的人应当自收到处罚决定书之日起十五日内，到指定的银行缴纳罚款。但是，有下列情形之一的，人民警察可以当场收缴罚款：

（一）被处五十元以下罚款，被处罚人对罚款无异议的；

（二）在边远、水上、交通不便地区，公安机关及其人民警察依照本法的规定作出罚款决定后，被处罚人向指定的银行缴纳罚款确有困难，经被处罚人提出的；

（三）被处罚人在当地没有固定住所，不当场收缴事后难以执行的。

第一百零五条 人民警察当场收缴的罚款，应当自收缴罚款之日起二日内，交至所属的公安机关；在水上、旅客列车上当场收缴的罚款，应当自抵岸或者到站之日起二日内，交至所属的公安机关；公安机关应当自收到罚款之日起二日内将罚款缴付指定的银行。

第一百零六条 人民警察当场收缴罚款的，应当向被处罚人出具省、自治区、直辖市人民政府财政部门统一制发的罚款收据；不出具统一制发的罚款收据的，被处罚人有权拒绝缴纳罚款。

第一百零七条 被处罚人不服行政拘留处罚决定，申请行政复议、提起行政诉讼的，可以向公安机关提出暂缓执行行政拘留的申请。公安机关认为暂缓执行行政拘留不致发生社会危险的，由被处罚人或者其近亲属提出符合本法第一百零八条规定条件的担保人，或者按每日行政拘留二百元的标准交纳保证金，行政拘留的处罚决定暂缓执行。

第一百零八条 担保人应当符合下列条件：

（一）与本案无牵连；

（二）享有政治权利，人身自由未受到限制；

（三）在当地有常住户口和固定住所；

（四）有能力履行担保义务。

第一百零九条 担保人应当保证被担保人不逃避行政拘留处罚的执行。

担保人不履行担保义务，致使被担保人逃避行政拘留处罚的执行的，由公安机关对其处三千元以下罚款。

第一百一十条 被决定给予行政拘留处罚的人交纳保证金，暂缓行政拘留后，逃避行政拘留处罚的执行的，保证金予以没收并上缴国库，已经作出的行政拘留决定仍应执行。

第一百一十一条 行政拘留的处罚决定被撤销，或者行政拘留处罚开始执行的，公安机关收取的保证金应当及时退还交纳人。

第五章 执法监督

第一百一十二条 公安机关及其人民警察应当依法、公正、严格、高效办理治安案件，文明执法，不得徇私舞弊。

第一百一十三条 公安机关及其人民警察办理治安案件，禁止对违反治安管理行为人打骂、虐待或者侮辱。

第一百一十四条 公安机关及其人民警察办理治安案件，应当自觉接受社会和公民的监督。

公安机关及其人民警察办理治安案件，不严格执法或者有违法违纪行为的，任何单位和个人都有权向公安机关或者人民检察院、行政监察机关检举、控告；收到检举、控告的机关，应当依据职责及时处理。

第一百一十五条 公安机关依法实施罚款处罚，应当依照有关法律、行政法规的规定，实行罚款决定与罚款收缴分离；收缴的罚款应当全部上缴国库。

第一百一十六条 人民警察办理治安案件，有下列行为之一的，依法给予行政处分；构成犯罪的，依法追究刑事责任：

（一）刑讯逼供、体罚、虐待、侮辱他人的；

（二）超过询问查证的时间限制人身自由的；

（三）不执行罚款决定与罚款收缴分离制度或者不按规定将罚没的财物上缴国库或者依法处理的；

（四）私分、侵占、挪用、故意损毁收缴、扣押的财物的；

（五）违反规定使用或者不及时返还被侵害人财物的；

（六）违反规定不及时退还保证金的；

（七）利用职务上的便利收受他人财物或者谋取其他利益的；

（八）当场收缴罚款不出具罚款收据或者不如实填写罚款数额的；

（九）接到要求制止违反治安管理行为的报警后，不及时出警的；

（十）在查处违反治安管理活动时，为违法犯罪行为人通风报信的；

（十一）有徇私舞弊、滥用职权，不依法履行法定职责的其他情形的。

办理治安案件的公安机关有前款所列行为的，对直接负责的主管人员和其他直接责任人员给予相应的行政处分。

第一百一十七条　公安机关及其人民警察违法行使职权，侵犯公民、法人和其他组织合法权益的，应当赔礼道歉；造成损害的，应当依法承担赔偿责任。

第六章　附　则

第一百一十八条　本法所称以上、以下、以内，包括本数。

第一百一十九条　本法自 2006 年 3 月 1 日起施行。1986 年 9 月 5 日公布、1994 年 5 月 12 日修订公布的《中华人民共和国治安管理处罚条例》同时废止。

行政机关公务员处分条例

（国务院令第495号　2007年4月22日）

第一章　总　则

第一条　为了严肃行政机关纪律，规范行政机关公务员的行为，保证行政机关及其公务员依法履行职责，根据《中华人民共和国公务员法》和《中华人民共和国行政监察法》，制定本条例。

第二条　行政机关公务员违反法律、法规、规章以及行政机关的决定和命令，应当承担纪律责任的，依照本条例给予处分。

法律、其他行政法规、国务院决定对行政机关公务员处分有规定的，依照该法律、行政法规、国务院决定的规定执行；法律、其他行政法规、国务院决定对行政机关公务员应当受到处分的违法违纪行为做了规定，但是未对处分幅度做规定的，适用本条例第三章与其最相类似的条款有关处分幅度的规定。

地方性法规、部门规章、地方政府规章可以补充规定本条例第三章未作规定的应当给予处分的违法违纪行为以及相应的处分幅度。除国务院监察机关、国务院人事部门外，国务院其他部门制定处分规章，应当与国务院监察机关、国务院人事部门联合制定。

除法律、法规、规章以及国务院决定外，行政机关不得以其他形式设定行政机关公务员处分事项。

第三条　行政机关公务员依法履行职务的行为受法律保护，非因法定事由，非经法定程序，不受处分。

第四条　给予行政机关公务员处分，应当坚持公正、公平和教育与惩处相结合的原则。

给予行政机关公务员处分，应当与其违法违纪行为的性质、情节、危害程度相适应。

给予行政机关公务员处分，应当事实清楚、证据确凿、定性准确、处理恰当、程序合法、手续完备。

第五条　行政机关公务员违法违纪涉嫌犯罪的，应当移送司法机关依法追究刑事责任。

第二章　处分的种类和适用

第六条　行政机关公务员处分的种类为：

（一）警告；

（二）记过；

（三）记大过；

（四）降级；

（五）撤职；

（六）开除。

第七条　行政机关公务员受处分的期间为：

（一）警告，6 个月；

（二）记过，12 个月；

（三）记大过，18 个月；

（四）降级、撤职，24 个月。

第八条　行政机关公务员在受处分期间不得晋升职务和级别，其中，受记过、记大过、降级、撤职处分的，不得晋升工资档次；受撤职处分的，应当按照规定降低级别。

第九条　行政机关公务员受开除处分的，自处分决定生效之日起，解除其与单位的人事关系，不得再担任公务员职务。

行政机关公务员受开除以外的处分，在受处分期间有悔改表现，并且没有再发生违法违纪行为的，处分期满后，应当解除处分。解除处分后，晋升工资档次、级别和职务不再受原处分的影响。但是，解除降级、撤职处分的，不视为恢复原级别、原职务。

第十条　行政机关公务员同时有两种以上需要给予处分的行为的，应当分别确定其处分。应当给予的处分种类不同的，执行其中最重的处分；应当给予撤职以下多个相同种类处分的，执行该处分，并在一个处分期以上、多个处分期之和以下，决定处分期。

行政机关公务员在受处分期间受到新的处分的，其处分期为原处分期尚未执行的期限与新处分期限之和。

处分期最长不得超过 48 个月。

第十一条　行政机关公务员 2 人以上共同违法违纪，需要给予处分的，根据各自应当承担的纪律责任，分别给予处分。

第十二条　有下列情形之一的，应当从重处分：

（一）在 2 人以上的共同违法违纪行为中起主要作用的；

（二）隐匿、伪造、销毁证据的；

（三）串供或者阻止他人揭发检举、提供证据材料的；

（四）包庇同案人员的；

（五）法律、法规、规章规定的其他从重情节。

第十三条　有下列情形之一的，应当从轻处分：

（一）主动交代违法违纪行为的；

（二）主动采取措施，有效避免或者挽回损失的；

（三）检举他人重大违法违纪行为，情况属实的。

第十四条　行政机关公务员主动交代违法违纪行为，并主动采取措施有效避免或者挽回损失的，应当减轻处分。

行政机关公务员违纪行为情节轻微，经过批评教育后改正的，可以免予处分。

第十五条　行政机关公务员有本条例第十二条、第十三条规定情形之一的，应当在本条例第三章规定的处分幅度以内从重或者从轻给予处分。

行政机关公务员有本条例第十四条第一款规定情形的，应当在本条例第三章规定的处分幅度以外，减轻一个处分的档次给予处分。应当给予警告处分，又有减轻处分的情形的，免予处分。

第十六条 行政机关经人民法院、监察机关、行政复议机关或者上级行政机关依法认定有行政违法行为或者其他违法违纪行为，需要追究纪律责任的，对负有责任的领导人员和直接责任人员给予处分。

第十七条 违法违纪的行政机关公务员在行政机关对其作出处分决定前，已经依法被判处刑罚、罢免、免职或者已经辞去领导职务，依法应当给予处分的，由行政机关根据其违法违纪事实，给予处分。

行政机关公务员依法被判处刑罚的，给予开除处分。

第三章 违法违纪行为及其适用的处分

第十八条 有下列行为之一的，给予记大过处分；情节较重的，给予降级或者撤职处分；情节严重的，给予开除处分：

（一）散布有损国家声誉的言论，组织或者参加旨在反对国家的集会、游行、示威等活动的；

（二）组织或者参加非法组织，组织或者参加罢工的；

（三）违反国家的民族宗教政策，造成不良后果的；

（四）以暴力、威胁、贿赂、欺骗等手段，破坏选举的；

（五）在对外交往中损害国家荣誉和利益的；

（六）非法出境，或者违反规定滞留境外不归的；

（七）未经批准获取境外永久居留资格，或者取得外国国籍的；

（八）其他违反政治纪律的行为。

有前款第（六）项规定行为的，给予开除处分；有前款第（一）项、第（二）项或者第（三）项规定的行为，属于不明真相被裹挟参加，经批评教育后确有悔改表现的，可以减轻或者免予处分。

第十九条 有下列行为之一的，给予警告、记过或者记大过处分；情节较重的，给予降级或者撤职处分；情节严重的，给予开除处分：

（一）负有领导责任的公务员违反议事规则，个人或者少数人决定重大事项，或者改变集体作出的重大决定的；

（二）拒绝执行上级依法作出的决定、命令的；

（三）拒不执行机关的交流决定的；

（四）拒不执行人民法院对行政案件的判决、裁定或者监察机关、审计机关、行政复议机关作出的决定的；

（五）违反规定应当回避而不回避，影响公正执行公务，造成不良后果的；

（六）离任、辞职或者被辞退时，拒不办理公务交接手续或者拒不接受审计的；

（七）旷工或者因公外出、请假期满无正当理由逾期不归，造成不良影响的；

（八）其他违反组织纪律的行为。

第二十条 有下列行为之一的，给予记过、记大过处分；情节较重的，给予降级或者撤职处分；情节严重的，给予开除处分：

（一）不依法履行职责，致使可以避免的爆炸、火灾、传染病传播流行、严重环境污染、严重人员伤亡等重大事故或者群体性事件发生的；

（二）发生重大事故、灾害、事件或者重大刑事案件、治安案件，不按规定报告、处理的；

（三）对救灾、抢险、防汛、防疫、优抚、扶贫、移民、救济、社会保险、征地补偿等专项款物疏于管理，致使款物被贪污、挪用，或者毁损、灭失的；

（四）其他玩忽职守、贻误工作的行为。

第二十一条　有下列行为之一的，给予警告或者记过处分；情节较重的，给予记大过或者降级处分；情节严重的，给予撤职处分：

（一）在行政许可工作中违反法定权限、条件和程序设定或者实施行政许可的；

（二）违法设定或者实施行政强制措施的；

（三）违法设定或者实施行政处罚的；

（四）违反法律、法规规定进行行政委托的；

（五）对需要政府、政府部门决定的招标投标、征收征用、城市房屋拆迁、拍卖等事项违反规定办理的。

第二十二条　弄虚作假，误导、欺骗领导和公众，造成不良后果的，给予警告、记过或者记大过处分；情节较重的，给予降级或者撤职处分；情节严重的，给予开除处分。

第二十三条　有贪污、索贿、受贿、行贿、介绍贿赂、挪用公款、利用职务之便为自己或者他人谋取私利、巨额财产来源不明等违反廉政纪律行为的，给予记过或者记大过处分；情节较重的，给予降级或者撤职处分；情节严重的，给予开除处分。

第二十四条　违反财经纪律，挥霍浪费国家资财的，给予警告处分；情节较重的，给予记过或者记大过处分；情节严重的，给予降级或者撤职处分。

第二十五条　有下列行为之一的，给予记过或者记大过处分；情节较重的，给予降级或者撤职处分；情节严重的，给予开除处分：

（一）以殴打、体罚、非法拘禁等方式侵犯公民人身权利的；

（二）压制批评，打击报复，扣压、销毁举报信件，或者向被举报人透露举报情况的；

（三）违反规定向公民、法人或者其他组织摊派或者收取财物的；

（四）妨碍执行公务或者违反规定干预执行公务的；

（五）其他滥用职权，侵害公民、法人或者其他组织合法权益的行为。

第二十六条　泄露国家秘密、工作秘密，或者泄露因履行职责掌握的商业秘密、个人隐私，造成不良后果的，给予警告、记过或者记大过处分；情节较重的，给予降级或者撤职处分；情节严重的，给予开除处分。

第二十七条　从事或者参与营利性活动，在企业或者其他营利性组织中兼任职务的，给予记过或者记大过处分；情节较重的，给予降级或者撤职处分；情节严重的，给予开除处分。

第二十八条　严重违反公务员职业道德，工作作风懈怠、工作态度恶劣，造成不良影响的，给予警告、记过或者记大过处分。

第二十九条　有下列行为之一的，给予警告、记过或者记大过处分；情节较重的，给予降级或者撤职处分；情节严重的，给予开除处分：

（一）拒不承担赡养、抚养、扶养义务的；

（二）虐待、遗弃家庭成员的；

（三）包养情人的；

（四）严重违反社会公德的行为。

有前款第（三）项行为的，给予撤职或者开除处分。

第三十条 参与迷信活动，造成不良影响的，给予警告、记过或者记大过处分；组织迷信活动的，给予降级或者撤职处分，情节严重的，给予开除处分。

第三十一条 吸食、注射毒品或者组织、支持、参与卖淫、嫖娼、色情淫乱活动的，给予撤职或者开除处分。

第三十二条 参与赌博的，给予警告或者记过处分；情节较重的，给予记大过或者降级处分；情节严重的，给予撤职或者开除处分。

为赌博活动提供场所或者其他便利条件的，给予警告、记过或者记大过处分；情节严重的，给予撤职或者开除处分。

在工作时间赌博的，给予记过、记大过或者降级处分；屡教不改的，给予撤职或者开除处分。

挪用公款赌博的，给予撤职或者开除处分。

利用赌博索贿、受贿或者行贿的，依照本条例第二十三条的规定给予处分。

第三十三条 违反规定超计划生育的，给予降级或者撤职处分；情节严重的，给予开除处分。

第四章 处分的权限

第三十四条 对行政机关公务员给予处分，由任免机关或者监察机关（以下统称处分决定机关）按照管理权限决定。

第三十五条 对经全国人民代表大会及其常务委员会决定任命的国务院组成人员给予处分，由国务院决定。其中，拟给予撤职、开除处分的，由国务院向全国人民代表大会提出罢免建议，或者向全国人民代表大会常务委员会提出免职建议。罢免或者免职前，国务院可以决定暂停其履行职务。

第三十六条 对经地方各级人民代表大会及其常务委员会选举或者决定任命的地方各级人民政府领导人员给予处分，由上一级人民政府决定。

拟给予经县级以上地方人民代表大会及其常务委员会选举或者决定任命的县级以上地方人民政府领导人员撤职、开除处分的，应当先由本级人民政府向同级人民代表大会提出罢免建议。其中，拟给予县级以上地方人民政府副职领导人员撤职、开除处分的，也可以向同级人民代表大会常务委员会提出撤销职务的建议。拟给予乡镇人民政府领导人员撤职、开除处分的，应当先由本级人民政府向同级人民代表大会提出罢免建议。罢免或者撤销职务前，上级人民政府可以决定暂停其履行职务；遇有特殊紧急情况，省级以上人民政府认为必要时，也可以对其作出撤职或者开除的处分，同时报告同级人民代表大会常务委员会，并通报下级人民代表大会常务委员会。

第三十七条 对地方各级人民政府工作部门正职领导人员给予处分，由本级人民政府决定。其中，拟给予撤职、开除处分的，由本级人民政府向同级人民代表大会常务委员会提出免职建议。免去职务前，本级人民政府或者上级人民政府可以决定暂停其履行职务。

第三十八条 行政机关公务员违法违纪，已经被立案调查，不宜继续履行职责的，任免机关可以决定暂停其履行职务。

被调查的公务员在违法违纪案件立案调查期间，不得交流、出境、辞去公职或者办理退休手续。

第五章　处分的程序

第三十九条　任免机关对涉嫌违法违纪的行政机关公务员的调查、处理，按照下列程序办理：

（一）经任免机关负责人同意，由任免机关有关部门对需要调查处理的事项进行初步调查；

（二）任免机关有关部门经初步调查认为该公务员涉嫌违法违纪，需要进一步查证的，报任免机关负责人批准后立案；

（三）任免机关有关部门负责对该公务员违法违纪事实做进一步调查，包括收集、查证有关证据材料，听取被调查的公务员所在单位的领导成员、有关工作人员以及所在单位监察机构的意见，向其他有关单位和人员了解情况，并形成书面调查材料，向任免机关负责人报告；

（四）任免机关有关部门将调查认定的事实及拟给予处分的依据告知被调查的公务员本人，听取其陈述和申辩，并对其所提出的事实、理由和证据进行复核，记录在案。被调查的公务员提出的事实、理由和证据成立的，应予采信；

（五）经任免机关领导成员集体讨论，作出对该公务员给予处分、免予处分或者撤销案件的决定；

（六）任免机关应当将处分决定以书面形式通知受处分的公务员本人，并在一定范围内宣布；

（七）任免机关有关部门应当将处分决定归入受处分的公务员本人档案，同时汇集有关材料形成该处分案件的工作档案。

受处分的行政机关公务员处分期满解除处分的程序，参照前款第（五）项、第（六）项和第（七）项的规定办理。

任免机关应当按照管理权限，及时将处分决定或者解除处分决定报公务员主管部门备案。

第四十条　监察机关对违法违纪的行政机关公务员的调查、处理，依照《中华人民共和国行政监察法》规定的程序办理。

第四十一条　对行政机关公务员违法违纪案件进行调查，应当由 2 名以上办案人员进行；接受调查的单位和个人应当如实提供情况。

严禁以暴力、威胁、引诱、欺骗等非法方式收集证据；非法收集的证据不得作为定案的依据。

第四十二条　参与行政机关公务员违法违纪案件调查、处理的人员有下列情形之一的，应当提出回避申请；被调查的公务员以及与案件有利害关系的公民、法人或者其他组织有权要求其回避：

（一）与被调查的公务员是近亲属关系的；

（二）与被调查的案件有利害关系的；

（三）与被调查的公务员有其他关系，可能影响案件公正处理的。

第四十三条 处分决定机关负责人的回避，由处分决定机关的上一级行政机关负责人决定；其他违法违纪案件调查、处理人员的回避，由处分决定机关负责人决定。

处分决定机关或者处分决定机关的上一级行政机关，发现违法违纪案件调查、处理人员有应当回避的情形，可以直接决定该人员回避。

第四十四条 给予行政机关公务员处分，应当自批准立案之日起 6 个月内作出决定；案情复杂或者遇有其他特殊情形的，办案期限可以延长，但是最长不得超过 12 个月。

第四十五条 处分决定应当包括下列内容：

（一）被处分人员的姓名、职务、级别、工作单位等基本情况；

（二）经查证的违法违纪事实；

（三）处分的种类和依据；

（四）不服处分决定的申诉途径和期限；

（五）处分决定机关的名称、印章和作出决定的日期。

解除处分决定除包括前款第（一）项、第（二）项和第（五）项规定的内容外，还应当包括原处分的种类和解除处分的依据，以及受处分的行政机关公务员在受处分期间的表现情况。

第四十六条 处分决定、解除处分决定自作出之日起生效。

第四十七条 行政机关公务员受到开除处分后，有新工作单位的，其本人档案转由新工作单位管理；没有新工作单位的，其本人档案转由其户籍所在地人事部门所属的人才服务机构管理。

第六章 不服处分的申诉

第四十八条 受到处分的行政机关公务员对处分决定不服的，依照《中华人民共和国公务员法》和《中华人民共和国行政监察法》的有关规定，可以申请复核或者申诉。

复核、申诉期间不停止处分的执行。

行政机关公务员不因提出复核、申诉而被加重处分。

第四十九条 有下列情形之一的，受理公务员复核、申诉的机关应当撤销处分决定，重新作出决定或者责令原处分决定机关重新作出决定：

（一）处分所依据的违法违纪事实证据不足的；

（二）违反法定程序，影响案件公正处理的；

（三）作出处分决定超越职权或者滥用职权的。

第五十条 有下列情形之一的，受理公务员复核、申诉的机关应当变更处分决定，或者责令原处分决定机关变更处分决定：

（一）适用法律、法规、规章或者国务院决定错误的；

（二）对违法违纪行为的情节认定有误的；

（三）处分不当的。

第五十一条 行政机关公务员的处分决定被变更，需要调整该公务员的职务、级别或者工资档次的，应当按照规定予以调整；行政机关公务员的处分决定被撤销的，应当恢复该公务员的级别、工资档次，按照原职务安排相应的职务，并在适当范围内为其恢复名誉。

被撤销处分或者被减轻处分的行政机关公务员工资福利受到损失的，应当予以补偿。

第七章　附　则

第五十二条　有违法违纪行为应当受到处分的行政机关公务员，在处分决定机关作出处分决定前已经退休的，不再给予处分；但是，依法应当给予降级、撤职、开除处分的，应当按照规定相应降低或者取消其享受的待遇。

第五十三条　行政机关公务员违法违纪取得的财物和用于违法违纪的财物，除依法应当由其他机关没收、追缴或者责令退赔的，由处分决定机关没收、追缴或者责令退赔。违法违纪取得的财物应当退还原所有人或者原持有人的，退还原所有人或者原持有人；属于国家财产以及不应当退还或者无法退还原所有人或者原持有人的，上缴国库。

第五十四条　对法律、法规授权的具有公共事务管理职能的事业单位中经批准参照《中华人民共和国公务员法》管理的工作人员给予处分，参照本条例的有关规定办理。

第五十五条　本条例自 2007 年 6 月 1 日起施行。1988 年 9 月 13 日国务院发布的《国家行政机关工作人员贪污贿赂行政处分暂行规定》同时废止。

国务院关于特大安全事故行政责任追究的规定

（国务院令第302号 2001年4月21日）

第一条 为了有效地防范特大安全事故的发生，严肃追究特大安全事故的行政责任，保障人民群众生命、财产安全，制定本规定。

第二条 地方人民政府主要领导人和政府有关部门正职负责人对下列特大安全事故的防范、发生，依照法律、行政法规和本规定的规定有失职、渎职情形或者负有领导责任的，依照本规定给予行政处分；构成玩忽职守罪或者其他罪的，依法追究刑事责任：

（一）特大火灾事故；

（二）特大交通安全事故；

（三）特大建筑质量安全事故；

（四）民用爆炸物品和化学危险品特大安全事故；

（五）煤矿和其他矿山特大安全事故；

（六）锅炉、压力容器、压力管道和特种设备特大安全事故；

（七）其他特大安全事故。

地方人民政府和政府有关部门对特大安全事故的防范、发生直接负责的主管人员和其他直接责任人员，比照本规定给予行政处分；构成玩忽职守罪或者其他罪的，依法追究刑事责任。

特大安全事故肇事单位和个人的刑事处罚、行政处罚和民事责任，依照有关法律、法规和规章的规定执行。

第三条 特大安全事故的具体标准，按照国家有关规定执行。

第四条 地方各级人民政府及政府有关部门应当依照有关法律、法规和规章的规定，采取行政措施，对本地区实施安全监督管理，保障本地区人民群众生命、财产安全，对本地区或者职责范围内防范特大安全事故的发生、特大安全事故发生后的迅速和妥善处理负责。

第五条 地方各级人民政府应当每个季度至少召开一次防范特大安全事故工作会议，由政府主要领导人或者政府主要领导人委托政府分管领导人召集有关部门正职负责人参加，分析、布置、督促、检查本地区防范特大安全事故的工作。会议应当作出决定并形成纪要，会议确定的各项防范措施必须严格实施。

第六条 市（地、州）、县（市、区）人民政府应当组织有关部门按照职责分工对本地区容易发生特大安全事故的单位、设施和场所安全事故的防范明确责任、采取措施，并组织有关部门对上述单位、设施和场所进行严格检查。

第七条 市（地、州）、县（市、区）人民政府必须制定本地区特大安全事故应急处理预案。本地区特大安全事故应急处理预案经政府主要领导人签署后，报上一级人民政府备案。

第八条 市（地、州）、县（市、区）人民政府应当组织有关部门对本规定第二条所列各类特大安全事故的隐患进行查处；发现特大安全事故隐患的，责令立即排除；特大安全事故隐患排除前或者排除过程中，无法保证安全的，责令暂时停产、停业或者停止使用。法律、行政法规对查处机关另有规定的，依照其规定。

第九条 市（地、州）、县（市、区）人民政府及其有关部门对本地区存在的特大安全事故隐患，超出其管辖或者职责范围的，应当立即向有管辖权或者负有职责的上级人民政府或者政府有关部门报告；情况紧急的，可以立即采取包括责令暂时停产、停业在内的紧急措施，同时报告；有关上级人民政府或者政府有关部门接到报告后，应当立即组织查处。

第十条 中小学校对学生进行劳动技能教育以及组织学生参加公益劳动等社会实践活动，必须确保学生安全。严禁以任何形式、名义组织学生从事接触易燃、易爆、有毒、有害等危险品的劳动或者其他危险性劳动。严禁将学校场地出租作为从事易燃、易爆、有毒、有害等危险品的生产、经营场所。

中小学校违反前款规定的，按照学校隶属关系，对县（市、区）、乡（镇）人民政府主要领导人和县（市、区）人民政府教育行政部门正职负责人，根据情节轻重，给予记过、降级直至撤职的行政处分；构成玩忽职守罪或者其他罪的，依法追究刑事责任。

中小学校违反本条第一款规定的，对校长给予撤职的行政处分，对直接组织者给予开除公职的行政处分；构成非法制造爆炸物罪或者其他罪的，依法追究刑事责任。

第十一条 依法对涉及安全生产事项负责行政审批（包括批准、核准、许可、注册、认证、颁发证照、竣工验收等，下同）的政府部门或者机构，必须严格依照法律、法规和规章规定的安全条件和程序进行审查；不符合法律、法规和规章规定的安全条件的，不得批准；不符合法律、法规和规章规定的安全条件，弄虚作假，骗取批准或者勾结串通行政审批工作人员取得批准的，负责行政审批的政府部门或者机构除必须立即撤销原批准外，应当对弄虚作假骗取批准或者勾结串通行政审批工作人员的当事人依法给予行政处罚；构成行贿罪或者其他罪的，依法追究刑事责任。

负责行政审批的政府部门或者机构违反前款规定，对不符合法律、法规和规章规定的安全条件予以批准的，对部门或者机构的正职负责人，根据情节轻重，给予降级、撤职直至开除公职的行政处分；与当事人勾结串通的，应当开除公职；构成受贿罪、玩忽职守罪或者其他罪的，依法追究刑事责任。

第十二条 对依照本规定第十一条第一款的规定取得批准的单位和个人，负责行政审批的政府部门或者机构必须对其实施严格监督检查；发现其不再具备安全条件的，必须立即撤销原批准。

负责行政审批的政府部门或者机构违反前款规定，不对取得批准的单位和个人实施严格监督检查，或者发现其不再具备安全条件而不立即撤销原批准的，对部门或者机构的正职负责人，根据情节轻重，给予降级或者撤职的行政处分；构成受贿罪、玩忽职守罪或者其他罪的，依法追究刑事责任。

第十三条 对未依法取得批准，擅自从事有关活动的，负责行政审批的政府部门或者机构发现或者接到举报后，应当立即予以查封、取缔，并依法给予行政处罚；属于经营单位的，由工商行政管理部门依法相应吊销营业执照。

负责行政审批的政府部门或者机构违反前款规定，对发现或者举报的未依法取得批准而擅自从事有关活动的，不予查封、取缔、不依法给予行政处罚，工商行政管理部门不予吊销营业执照的，对部门或者机构的正职负责人，根据情节轻重，给予降级或者撤职的行政处分；构成受贿罪、玩忽职守罪或者其他罪的，依法追究刑事责任。

第十四条 市（地、州）、县（市、区）人民政府依照本规定应当履行职责而未履行，或者未按照规定的职责和程序履行，本地区发生特大安全事故的，对政府主要领导人，根据情节轻重，给予降级或者撤职的行政处分；构成玩忽职守罪的，依法追究刑事责任。

负责行政审批的政府部门或者机构、负责安全监督管理的政府有关部门，未依照本规定履行职责，发生特大安全事故的，对部门或者机构的正职负责人，根据情节轻重，给予撤职或者开除公职的行政处分；构成玩忽职守罪或者其他罪的，依法追究刑事责任。

第十五条 发生特大安全事故，社会影响特别恶劣或者性质特别严重的，由国务院对负有领导责任的省长、自治区主席、直辖市市长和国务院有关部门正职负责人给予行政处分。

第十六条 特大安全事故发生后，有关县（市、区）、市（地、州）和省、自治区、直辖市人民政府及政府有关部门应当按照国家规定的程序和时限立即上报，不得隐瞒不报、谎报或者拖延报告，并应当配合、协助事故调查，不得以任何方式阻碍、干涉事故调查。

特大安全事故发生后，有关地方人民政府及政府有关部门违反前款规定的，对政府主要领导人和政府部门正职负责人给予降级的行政处分。

第十七条 特大安全事故发生后，有关地方人民政府应当迅速组织救助，有关部门应当服从指挥、调度，参加或者配合救助，将事故损失降到最低限度。

第十八条 特大安全事故发生后，省、自治区、直辖市人民政府应当按照国家有关规定迅速、如实发布事故消息。

第十九条 特大安全事故发生后，按照国家有关规定组织调查组对事故进行调查。事故调查工作应当自事故发生之日起60日内完成，并由调查组提出调查报告；遇有特殊情况的，经调查组提出并报国家安全生产监督管理机构批准后，可以适当延长时间。调查报告应当包括依照本规定对有关责任人员追究行政责任或者其他法律责任的意见。

省、自治区、直辖市人民政府应当自调查报告提交之日起30日内，对有关责任人员作出处理决定；必要时，国务院可以对特大安全事故的有关责任人员作出处理决定。

第二十条 地方人民政府或者政府部门阻挠、干涉对特大安全事故有关责任人员追究行政责任的，对该地方人民政府主要领导人或者政府部门正职负责人，根据情节轻重，给予降级或者撤职的行政处分。

第二十一条 任何单位和个人均有权向有关地方人民政府或者政府部门报告特大安全事故隐患，有权向上级人民政府或者政府部门举报地方人民政府或者政府部门不履行安全监督管理职责或者不按照规定履行职责的情况。接到报告或者举报的有关人民政府或者政府部门，应当立即组织对事故隐患进行查处，或者对举报的不履行、不按照规定履行安全监督管理职责的情况进行调查处理。

第二十二条　监察机关依照行政监察法的规定，对地方各级人民政府和政府部门及其工作人员履行安全监督管理职责实施监察。

第二十三条　对特大安全事故以外的其他安全事故的防范、发生追究行政责任的办法，由省、自治区、直辖市人民政府参照本规定制定。

第二十四条　本规定自公布之日起施行。

安全生产违法行为行政处罚办法

（国家安全生产监督管理总局令第 15 号　2007 年 11 月 9 日）

第一章　总　则

第一条　为了制裁安全生产违法行为，规范安全生产行政处罚工作，依照行政处罚法、安全生产法及其他有关法律、行政法规的规定，制定本办法。

第二条　县级以上人民政府安全生产监督管理部门对生产经营单位及其有关人员在生产经营活动中违反有关安全生产的法律、行政法规、部门规章、国家标准、行业标准和规程的违法行为（以下统称安全生产违法行为）实施行政处罚，适用本办法。

煤矿安全监察机构依照本办法和煤矿安全监察行政处罚办法，对煤矿、煤矿安全生产中介机构等生产经营单位及其有关人员的安全生产违法行为实施行政处罚。

有关法律、行政法规对安全生产违法行为行政处罚的种类、幅度或者决定机关另有规定的，依照其规定。

第三条　对安全生产违法行为实施行政处罚，应当遵循公平、公正、公开的原则。

安全生产监督管理部门或者煤矿安全监察机构（以下统称安全监管监察部门）及其行政执法人员实施行政处罚，必须以事实为依据。行政处罚应当与安全生产违法行为的事实、性质、情节以及社会危害程度相当。

第四条　生产经营单位及其有关人员对安全监管监察部门给予的行政处罚，依法享有陈述权、申辩权和听证权；对行政处罚不服的，有权依法申请行政复议或者提起行政诉讼；因违法给予行政处罚受到损害的，有权依法申请国家赔偿。

第二章　行政处罚的种类、管辖

第五条　安全生产违法行为行政处罚的种类：

（一）警告；

（二）罚款；

（三）责令改正、责令限期改正、责令停止违法行为；

（四）没收违法所得、没收非法开采的煤炭产品、采掘设备；

（五）责令停产停业整顿、责令停产停业、责令停止建设、责令停止施工；

（六）暂扣或者吊销有关许可证，暂停或者撤销有关执业资格、岗位证书；

（七）关闭；

（八）拘留；

（九）安全生产法律、行政法规规定的其他行政处罚。

法律、行政法规将前款的责令改正、责令限期改正、责令停止违法行为规定为现场处理措施的除外。

第六条　县级以上安全监管监察部门应当按照本章的规定，在各自的职责范围内对安全生产违法行为行政处罚行使管辖权。

安全生产违法行为的行政处罚，由安全生产违法行为发生地的县级以上安全监管监察部门管辖。中央企业及其所属企业、有关人员的安全生产违法行为的行政处罚，由安全生产违法行为发生地的设区的市级以上安全监管监察部门管辖。

暂扣、吊销有关许可证和暂停、撤销有关执业资格、岗位证书的行政处罚，由发证机关决定。其中，暂扣有关许可证和暂停有关执业资格、岗位证书的期限一般不得超过6个月；法律、行政法规另有规定的，依照其规定。

给予关闭的行政处罚，由县级以上安全监管监察部门报请县级以上人民政府按照国务院规定的权限决定。

给予拘留的行政处罚，由县级以上安全监管监察部门建议公安机关依照治安管理处罚法的规定决定。

第七条　两个以上安全监管监察部门因行政处罚管辖权发生争议的，由其共同的上一级安全监管监察部门指定管辖。

第八条　对报告或者举报的安全生产违法行为，安全监管监察部门应当受理；发现不属于自己管辖的，应当及时移送有管辖权的部门。

受移送的安全监管监察部门对管辖权有异议的，应当报请共同的上一级安全监管监察部门指定管辖。

第九条　安全生产违法行为构成犯罪的，安全监管监察部门应当将案件移送司法机关，依法追究刑事责任；尚不够刑事处罚但依法应当给予行政处罚的，由安全监管监察部门管辖。

第十条　上级安全监管监察部门可以直接查处下级安全监管监察部门管辖的案件，也可以将自己管辖的案件交由下级安全监管监察部门管辖。

下级安全监管监察部门可以将重大、疑难案件报请上级安全监管监察部门管辖。

第十一条　上级安全监管监察部门有权对下级安全监管监察部门违法或者不适当的行政处罚予以纠正或者撤销。

第十二条　安全监管监察部门根据需要，可以在其法定职权范围内委托符合行政处罚法第十九条规定条件的组织或者乡镇人民政府、城市街道办事处设立的安全生产监督管理机构实施行政处罚。受委托的单位在委托范围内，以委托的安全监管监察部门名义实施行政处罚。

委托的安全监管监察部门应当监督检查受委托的单位实施行政处罚，并对其实施行政处罚的后果承担法律责任。

第三章　行政处罚的程序

第十三条　安全生产行政执法人员在执行公务时，必须出示省级以上安全生产监督管理部门或者县级以上地方人民政府统一制作的有效行政执法证件。其中对煤矿进行安全监察，必须出示国家安全生产监督管理总局统一制作的煤矿安全监察员证。

第十四条 安全监管监察部门及其行政执法人员在监督检查时发现生产经营单位存在事故隐患的，应当按照下列规定采取现场处理措施：

（一）能够立即排除的，应当责令立即排除；

（二）重大事故隐患排除前或者排除过程中无法保证安全的，应当责令从危险区域撤出作业人员，并责令暂时停产停业、停止建设、停止施工或者停止使用，限期排除隐患。

隐患排除后，经安全监管监察部门审查同意，方可恢复生产经营和使用。

本条第一款第（二）项规定的责令暂时停产停业、停止建设、停止施工或者停止使用的期限一般不超过 6 个月；法律、行政法规另有规定的，依照其规定。

第十五条 对有根据认为不符合安全生产的国家标准或者行业标准的在用设施、设备、器材，安全监管监察部门应当依法予以查封或者扣押，并在 15 日内按照下列规定作出处理决定：

（一）能够修理、更换的，责令予以修理、更换；不能修理、更换的，不准使用；

（二）依法采取其他行政强制措施或者现场处理措施；

（三）依法给予行政处罚；

（四）经核查予以查封或者扣押的设备、设施、器材符合国家标准或者行业标准的，解除查封或者扣押。

实施查封、扣押，应当当场下达查封、扣押决定书和被查封、扣押的财物清单。在交通不便地区，或者不及时查封、扣押可能影响案件查处，或者存在事故隐患可能导致生产安全事故的，可以先行实施查封、扣押，并在 48 小时内补办查封、扣押决定书，送达当事人。

第十六条 生产经营单位被责令限期改正或者限期进行隐患排除治理的，应当在规定限期内完成。因不可抗力无法在规定限期内完成的，应当在进行整改或者治理的同时，于限期届满前 10 日内提出书面延期申请，安全监管监察部门应当在收到申请之日起 5 日内书面答复是否准予延期。

生产经营单位提出复查申请或者整改、治理限期届满的，安全监管监察部门应当自申请或者限期届满之日起 10 日内进行复查，填写复查意见书，由被复查单位和安全监管监察部门复查人员签名后存档。逾期未整改、未治理或者整改、治理不合格的，安全监管监察部门应当依法给予行政处罚。

第十七条 安全监管监察部门在作出行政处罚决定前，应当填写行政处罚告知书，告知当事人作出行政处罚决定的事实、理由、依据，以及当事人依法享有的权利，并送达当事人。当事人应当在收到行政处罚告知书之日起 3 日内进行陈述、申辩，或者依法提出听证要求，逾期视为放弃上述权利。

第十八条 安全监管监察部门应当充分听取当事人的陈述和申辩，对当事人提出的事实、理由和证据，应当进行复核；当事人提出的事实、理由和证据成立的，安全监管监察部门应当采纳。

安全监管监察部门不得因当事人陈述或者申辩而加重处罚。

第十九条 安全监管监察部门对安全生产违法行为实施行政处罚，应当符合法定程序，制作行政执法文书。

第一节　简易程序

第二十条　违法事实确凿并有法定依据，对个人处以50元以下罚款、对生产经营单位处以1千元以下罚款或者警告的行政处罚的，安全生产行政执法人员可以当场作出行政处罚决定。

第二十一条　安全生产行政执法人员当场作出行政处罚决定，应当填写预定格式、编有号码的行政处罚决定书并当场交付当事人。

安全生产行政执法人员当场作出行政处罚决定后应当及时报告，并在5日内报所属安全监管监察部门备案。

第二节　一般程序

第二十二条　除依照简易程序当场作出的行政处罚外，安全监管监察部门发现生产经营单位及其有关人员有应当给予行政处罚的行为的，应当予以立案，填写立案审批表，并全面、客观、公正地进行调查，收集有关证据。对确需立即查处的安全生产违法行为，可以先行调查取证，并在5日内补办立案手续。

第二十三条　对已经立案的案件，由立案审批人指定两名或者两名以上安全生产行政执法人员进行调查。

有下列情形之一的，承办案件的安全生产行政执法人员应当回避：

（一）本人是本案的当事人或者当事人的近亲属的；

（二）本人或者其近亲属与本案有利害关系的；

（三）与本人有其他利害关系，可能影响案件的公正处理的。

安全生产行政执法人员的回避，由派出其进行调查的安全监管监察部门的负责人决定。进行调查的安全监管监察部门负责人的回避，由该部门负责人集体讨论决定。回避决定作出之前，承办案件的安全生产行政执法人员不得擅自停止对案件的调查。

第二十四条　进行案件调查时，安全生产行政执法人员不得少于两名。当事人或者有关人员应当如实回答安全生产行政执法人员的询问，并协助调查或者检查，不得拒绝、阻挠或者提供虚假情况。

询问或者检查应当制作笔录。笔录应当记载时间、地点、询问和检查情况，并由被询问人、被检查单位和安全生产行政执法人员签名或者盖章；被询问人、被检查单位要求补正的，应当允许。被询问人或者被检查单位拒绝签名或者盖章的，安全生产行政执法人员应当在笔录上注明原因并签名。

第二十五条　安全生产行政执法人员应当收集、调取与案件有关的原始凭证作为证据。调取原始凭证确有困难的，可以复制，复制件应当注明“经核对与原件无异”的字样和原始凭证存放的单位及其处所，并由出具证据的人员签名或者单位盖章。

第二十六条　安全生产行政执法人员在收集证据时，可以采取抽样取证的方法；在证据可能灭失或者以后难以取得的情况下，经本单位负责人批准，可以先行登记保存，并应当在7日内作出处理决定：

（一）违法事实成立依法应当没收的，作出行政处罚决定，予以没收；依法应当扣留或者封存的，予以扣留或者封存；

（二）违法事实不成立，或者依法不应当予以没收、扣留、封存的，解除登记保存。

第二十七条 安全生产行政执法人员对与案件有关的物品、场所进行勘验检查时，应当通知当事人到场，制作勘验笔录，并由当事人核对无误后签名或者盖章。当事人拒绝到场的，可以邀请在场的其他人员作证，并在勘验笔录中注明；也可以采用录音、录像等方式记录有关物品、场所的情况后，再进行勘验检查。

第二十八条 案件调查终结后，负责承办案件的安全生产行政执法人员应当填写案件处理呈批表，连同有关证据材料一并报本部门负责人审批。

安全监管监察部门负责人应当及时对案件调查结果进行审查，根据不同情况，分别作出以下决定：

（一）确有应受行政处罚的违法行为的，根据情节轻重及具体情况，作出行政处罚决定；

（二）违法行为轻微，依法可以不予行政处罚的，不予行政处罚；

（三）违法事实不能成立，不得给予行政处罚；

（四）违法行为涉嫌犯罪的，移送司法机关处理。

对严重安全生产违法行为给予责令停产停业整顿、责令停产停业、责令停止建设、责令停止施工、吊销有关许可证、撤销有关执业资格或者岗位证书、3 万元以上罚款、没收违法所得、没收非法开采的煤炭产品或者采掘设备价值 3 万元以上的行政处罚的，应当由安全监管监察部门的负责人集体讨论决定。

第二十九条 安全监管监察部门依照本办法第二十八条的规定给予行政处罚，应当制作行政处罚决定书。行政处罚决定书应当载明下列事项：

（一）当事人的姓名或者名称、地址或者住址；

（二）违法事实和证据；

（三）行政处罚的种类和依据；

（四）行政处罚的履行方式和期限；

（五）不服行政处罚决定，申请行政复议或者提起行政诉讼的途径和期限；

（六）作出行政处罚决定的安全监管监察部门的名称和作出决定的日期。

行政处罚决定书必须盖有作出行政处罚决定的安全监管监察部门的印章。

第三十条 行政处罚决定书应当在宣告后当场交付当事人；当事人不在场的，安全监管监察部门应当在 7 日内依照民事诉讼法的有关规定，将行政处罚决定书送达当事人或者其他的法定受送达人：

（一）送达必须有送达回执，由受送达人在送达回执上注明收到日期，签名或者盖章；

（二）送达应当直接送交受送达人。受送达人是个人的，本人不在交他的同住成年家属签收，并在行政处罚决定书送达回执的备注栏内注明与受送达人的关系；

（三）受送达人是法人或者其他组织的，应当由法人的法定代表人、其他组织的主要负责人或者该法人、组织负责收件的人签收；

（四）受送达人指定代收人的，交代收人签收并注明受当事人委托的情况；

（五）直接送达确有困难的，可以挂号邮寄送达，也可以委托当地安全监管监察部门代为送达，代为送达的安全监管监察部门收到文书后，必须立即交受送达人签收；

（六）当事人或者他的同住成年家属拒绝接收的，送达人应当邀请有关基层组织的代表或者有关人员到场，注明情况，在行政处罚决定书送达回执上注明拒收的事由和日期，由送达人、见证人签名或者盖章，将文书留在当事人的收发部门或者住所，即视为送达；

（七）受送达人下落不明，或者用以上方式无法送达的，可以公告送达，自公告发布之日起经过60日，即视为送达。公告送达，应当在案卷中注明原因和经过。

安全监管监察部门送达其他行政处罚执法文书，按照前款规定办理。

第三十一条 行政处罚案件应当自立案之日起30日内办理完毕；由于客观原因不能完成的，经安全监管监察部门负责人同意，可以延长，但不得超过90日；特殊情况需进一步延长的，应当经上一级安全监管监察部门批准，可延长至180日。

第三节 听证程序

第三十二条 安全监管监察部门作出责令停产停业整顿、责令停产停业、吊销有关许可证、撤销有关执业资格、岗位证书或者较大数额罚款的行政处罚决定之前，应当告知当事人有要求举行听证的权利；当事人要求听证的，安全监管监察部门应当组织听证，不得向当事人收取听证费用。

前款所称较大数额罚款，为省、自治区、直辖市人大常委会或者人民政府规定的数额；没有规定数额的，其数额对个人罚款为1万元以上，对生产经营单位罚款为3万元以上。

第三十三条 当事人要求听证的，应当在安全监管监察部门依照本办法第十七条规定告知后3日内以书面方式提出。

第三十四条 当事人提出听证要求后，安全监管监察部门应当在举行听证会的7日前，通知当事人举行听证的时间、地点。

当事人应当按期参加听证。当事人有正当理由要求延期的，经组织听证的安全监管监察部门负责人批准可以延期1次；当事人未按期参加听证，并且未事先说明理由的，视为放弃听证权利。

第三十五条 听证参加人由听证主持人、听证员、案件调查人员、当事人及其委托代理人、书记员组成。

听证主持人、听证员、书记员应当由组织听证的安全监管监察部门负责人指定的非本案调查人员担任。

当事人可以委托1至2名代理人参加听证，并提交委托书。

第三十六条 除涉及国家秘密、商业秘密或者个人隐私外，听证应当公开举行。

第三十七条 当事人在听证中的权利和义务：

（一）有权对案件涉及的事实、适用法律及有关情况进行陈述和申辩；

（二）有权对案件调查人员提出的证据质证并提出新的证据；

（三）如实回答主持人的提问；

（四）遵守听证会场纪律，服从听证主持人指挥。

第三十八条 听证按照下列程序进行：

（一）书记员宣布听证会场纪律、当事人的权利和义务。听证主持人宣布案由，核实听证参加人名单，宣布听证开始；

（二）案件调查人员提出当事人的违法事实、出示证据，说明拟作出的行政处罚的内容及法律依据；

（三）当事人或者其委托代理人对案件的事实、证据、适用的法律等进行陈述和申辩，提交新的证据材料；

（四）听证主持人就案件的有关问题向当事人、案件调查人员、证人询问；

（五）案件调查人员、当事人或者其委托代理人相互辩论；

（六）当事人或者其委托代理人作最后陈述；

（七）听证主持人宣布听证结束。

听证笔录应当当场交当事人核对无误后签名或者盖章。

第三十九条 有下列情形之一的，应当中止听证：

（一）需要重新调查取证的；

（二）需要通知新证人到场作证的；

（三）因不可抗力无法继续进行听证的。

第四十条 有下列情形之一的，应当终止听证：

（一）当事人撤回听证要求的；

（二）当事人无正当理由不按时参加听证的；

（三）拟作出的行政处罚决定已经变更，不适用听证程序的。

第四十一条 听证结束后，听证主持人应当依据听证情况，填写听证会报告书，提出处理意见并附听证笔录报安全监管监察部门负责人审查。安全监管监察部门依照本办法第二十八条的规定作出决定。

第四章 行政处罚的适用

第四十二条 生产经营单位的决策机构、主要负责人、个人经营的投资人（包括实际控制人，下同）未依法保证下列安全生产所必需的资金投入，致使生产经营单位不具备安全生产条件的，责令限期改正，提供必需的资金，并可以对生产经营单位处 1 万元以上 3 万元以下罚款，对生产经营单位的主要负责人、个人经营的投资人处 5 千元以上 1 万元以下罚款；逾期未改正的，责令生产经营单位停产停业整顿：

（一）未按规定缴存和使用安全生产风险抵押金的；

（二）未按规定足额提取和使用安全生产费用的；

（三）国家规定的其他安全生产所必须的资金投入。

生产经营单位主要负责人、个人经营的投资人有前款违法行为，导致发生生产安全事故的，依照《生产安全事故报告和调查处理条例》的规定给予处罚。

第四十三条 生产经营单位的主要负责人未依法履行安全生产管理职责，导致生产安全事故发生的，依照《生产安全事故报告和调查处理条例》的规定给予处罚。

第四十四条 生产经营单位及其主要负责人或者其他人员有下列行为之一的，给予警告，并可以对生产经营单位处 1 万元以上 3 万元以下罚款，对其主要负责人、其他有关人员处 1 千元以上 1 万元以下的罚款：

（一）违反操作规程或者安全管理规定作业的；

（二）违章指挥从业人员或者强令从业人员违章、冒险作业的；

（三）发现从业人员违章作业不加制止的；

（四）超过核定的生产能力、强度或者定员进行生产的；

（五）对被查封或者扣押的设施、设备、器材，擅自启封或者使用的；

（六）故意提供虚假情况或者隐瞒存在的事故隐患以及其他安全问题的；

（七）对事故预兆或者已发现的事故隐患不及时采取措施的；

（八）拒绝、阻碍安全生产行政执法人员监督检查的；

（九）拒绝、阻碍安全监管监察部门聘请的专家进行现场检查的；

（十）拒不执行安全监管监察部门及其行政执法人员的安全监管监察指令的。

第四十五条　危险物品的生产、经营、储存单位以及矿山企业、建筑施工单位有下列行为之一的，责令改正，并可以处 1 万元以上 3 万元以下的罚款：

（一）未建立应急救援组织或者未按规定签订救护协议的；

（二）未配备必要的应急救援器材、设备，并进行经常性维护、保养，保证正常运转的。

第四十六条　生产经营单位与从业人员订立协议，免除或者减轻其对从业人员因生产安全事故伤亡依法应承担的责任的，该协议无效；对生产经营单位的主要负责人、个人经营的投资人按照下列规定处以罚款：

（一）在协议中减轻因生产安全事故伤亡对从业人员依法应承担的责任的，处 2 万元以上 5 万元以下的罚款；

（二）在协议中免除因生产安全事故伤亡对从业人员依法应承担的责任的，处 5 万元以上 10 万元以下的罚款。

第四十七条　生产经营单位不具备法律、行政法规和国家标准、行业标准规定的安全生产条件，经责令停产停业整顿仍不具备安全生产条件的，安全监管监察部门应当提请有管辖权的人民政府予以关闭；人民政府决定关闭的，安全监管监察部门应当依法吊销其有关许可证。

第四十八条　生产经营单位转让安全生产许可证的，没收违法所得，吊销安全生产许可证，并按照下列规定处以罚款：

（一）接受转让的单位和个人未发生生产安全事故的，处 10 万元以上 30 万元以下的罚款；

（二）接受转让的单位和个人发生生产安全事故但没有造成人员死亡的，处 30 万元以上 40 万元以下的罚款；

（三）接受转让的单位和个人发生人员死亡生产安全事故的，处 40 万元以上 50 万元以下的罚款。

第四十九条　知道或者应当知道生产经营单位未取得安全生产许可证或者其他批准文件擅自从事生产经营活动，仍为其提供生产经营场所、运输、保管、仓储等条件的，责令立即停止违法行为，有违法所得的，没收违法所得，并处违法所得 1 倍以上 3 倍以下的罚款，但是最高不得超过 3 万元；没有违法所得的，并处 5 千元以上 1 万元以下的罚款。

第五十条　生产经营单位及其有关人员弄虚作假，骗取或者勾结、串通行政审批工作人员取得安全生产许可证书及其他批准文件的，撤销许可及批准文件，并按照下列规定处以罚款：

（一）生产经营单位有违法所得的，没收违法所得，并处违法所得1倍以上3倍以下的罚款，但是最高不得超过3万元；没有违法所得的，并处5千元以上1万元以下的罚款；

（二）对有关人员处1千元以上1万元以下的罚款。

有前款规定违法行为的生产经营单位及其有关人员在3年内不得再次申请该行政许可。

生产经营单位及其有关人员未依法办理安全生产许可证书变更手续的，责令限期改正，并对生产经营单位处1万元以上3万元以下的罚款，对有关人员处1千元以上5千元以下的罚款。

第五十一条　未取得相应资格、资质证书的机构及其有关人员从事安全评价、认证、检测、检验工作，责令停止违法行为，并按照下列规定处以罚款：

（一）机构有违法所得的，没收违法所得，并处违法所得1倍以上3倍以下的罚款，但是最高不得超过3万元；没有违法所得的，并处5千元以上1万元以下的罚款；

（二）有关人员处5千元以上1万元以下的罚款。

第五十二条　生产经营单位及其有关人员触犯不同的法律规定，有两个以上应当给予行政处罚的安全生产违法行为的，安全监管监察部门应当适用不同的法律规定，分别裁量，合并处罚。

第五十三条　对同一生产经营单位及其有关人员的同一安全生产违法行为，不得给予两次以上罚款的行政处罚。

第五十四条　生产经营单位及其有关人员有下列情形之一的，应当从重处罚：

（一）危及公共安全或者其他生产经营单位安全的，经责令限期改正，逾期未改正的；

（二）一年内因同一违法行为受到两次以上行政处罚的；

（三）拒不整改或者整改不力，其违法行为呈持续状态的；

（四）拒绝、阻碍或者以暴力威胁行政执法人员的。

第五十五条　生产经营单位及其有关人员有下列情形之一的，应当从轻或者减轻行政处罚：

（一）主动消除或者减轻安全生产违法行为危害后果的；

（二）受他人胁迫实施安全生产违法行为的；

（三）配合安全监管监察部门查处安全生产违法行为有立功表现的；

（四）其他依法应予从轻或者减轻行政处罚的。

安全生产违法行为轻微并及时纠正，没有造成危害后果的，不予行政处罚。

第五章　行政处罚的执行和备案

第五十六条　安全监管监察部门实施行政处罚时，应当同时责令生产经营单位及其有关人员停止、改正或者限期改正违法行为。

第五十七条　本办法所称的违法所得，按照下列规定计算：

（一）生产、加工产品的，以生产、加工产品的销售收入作为违法所得；

（二）销售商品的，以销售收入作为违法所得；

（三）提供安全生产中介、租赁等服务的，以服务收入或者报酬作为违法所得；

（四）销售收入无法计算的，按当地同类同等规模的生产经营单位的平均销售收入计算；

（五）服务收入、报酬无法计算的，按照当地同行业同种服务的平均收入或者报酬计算。

第五十八条　行政处罚决定依法作出后，当事人应当在行政处罚决定的期限内，予以履行；当事人逾期不履行的，作出行政处罚决定的安全监管监察部门可以采取下列措施：

（一）到期不缴纳罚款的，每日按罚款数额的3%加处罚款；

（二）根据法律规定，将查封、扣押的设施、设备、器材拍卖所得价款抵缴罚款；

（三）申请人民法院强制执行。

当事人对行政处罚决定不服申请行政复议或者提起行政诉讼的，行政处罚不停止执行，法律另有规定的除外。

第五十九条　安全生产行政执法人员当场收缴罚款的，应当出具省、自治区、直辖市财政部门统一制发的罚款收据；当场收缴的罚款，应当自收缴罚款之日起2日内，交至所属安全监管监察部门；安全监管监察部门应当在2日内将罚款缴付指定的银行。

第六十条　除依法应当予以销毁的物品外，需要将查封、扣押的设施、设备、器材拍卖抵缴罚款的，依照法律或者国家有关规定处理。销毁物品，依照国家有关规定处理；没有规定的，经县级以上安全监管监察部门负责人批准，由两名以上安全生产行政执法人员监督销毁，并制作销毁记录。处理物品，应当制作清单。

第六十一条　罚款、没收违法所得的款项和没收非法开采的煤炭产品、采掘设备，必须按照有关规定上缴，任何单位和个人不得截留、私分或者变相私分。

第六十二条　县级安全生产监督管理部门处以2万元以上罚款、没收违法所得、没收非法生产的煤炭产品或者采掘设备价值2万元以上、责令停产停业、停止建设、停止施工、停产停业整顿、撤销有关资格、岗位证书或者吊销有关许可证的行政处罚的，应当自作出行政处罚决定之日起10日内报设区的市级安全生产监督管理部门备案。

第六十三条　设区的市级安全生产监督管理部门、煤矿安全监察分局处以5万元以上罚款、没收违法所得、没收非法生产的煤炭产品或者采掘设备价值5万元以上、责令停产停业、停止建设、停止施工、停产停业整顿、撤销有关资格、岗位证书或者吊销有关许可证的行政处罚的，应当自作出行政处罚决定之日起10日内报省级安全监管监察部门备案。

第六十四条　省级安全监管监察部门处以10万元以上罚款、没收违法所得、没收非法生产的煤炭产品或者采掘设备价值10万元以上、责令停产停业、停止建设、停止施工、停产停业整顿、撤销有关资格、岗位证书或者吊销有关许可证的行政处罚的，应当自作出行政处罚决定之日起10日内报国家安全生产监督管理总局或者国家煤矿安全监察局备案。

对上级安全监管监察部门交办案件给予行政处罚的，由决定行政处罚的安全监管监察部门自作出行政处罚决定之日起10日内报上级安全监管监察部门备案。

第六十五条　行政处罚执行完毕后，案件材料应当按照有关规定立卷归档。

案卷立案归档后，任何单位和个人不得擅自增加、抽取、涂改和销毁案卷材料。未经安全监管监察部门负责人批准，任何单位和个人不得借阅案卷。

第六章　附　则

第六十六条　安全生产监督管理部门所用的行政处罚文书式样，由国家安全生产监督管理总局统一制定。

煤矿安全监察机构所用的行政处罚文书式样，由国家煤矿安全监察局统一制定。

第六十七条　本办法所称的生产经营单位，是指合法和非法从事生产或者经营活动的基本单元，包括企业法人、不具备企业法人资格的合伙组织、个体工商户和自然人等生产经营主体。

本办法所称的“以上”包括本数，所称的“以下”不包括本数。

第六十八条　本办法自2008年1月1日起施行。原国家安全生产监督管理局（国家煤矿安全监察局）2003年5月19日公布的《安全生产违法行为行政处罚办法》、2001年4月27日公布的《煤矿安全监察程序暂行规定》同时废止。

监察部、人力资源和社会保障部关于企业中由行政机关任命的人员参照执行《行政机关公务员处分条例》的通知

（监发［2008］3号　2008年5月9日）

各省、自治区、直辖市监察厅（局、委）、人事厅（局）、劳动保障厅（局），新疆生产建设兵团监察局、人事局、劳动保障局，监察部各派驻监察局、监察专员办公室，国务院各部委、各直属机构人事劳动部门：

2008年1月15日，国务院发布的《关于废止部分行政法规的决定》（第516号令）将《企业职工奖惩条例》（国发［1982］59号）予以废止。由于《行政监察法》对企业中由行政机关任命的人员给予处分的权限、程序和种类只有原则性规定，没有关于企业中由行政机关任命的人员贪污、行贿受贿、玩忽职守、渎职等违法违纪行为的实体处分规定，《企业职工奖惩条例》被废止后，监察机关或者任免机关对上述人员给予处分缺乏统一的实体处分依据。一些地方和部门来电来文请示，给予企业中由行政机关任命人员的处分能否适用《行政机关公务员处分条例》。经研究，通知如下：

目前，在国务院对企业中由行政机关任命的人员的专门处分规定出台前，给予违法违纪的行政机关任命的企业人员处分参照《行政机关公务员处分条例》执行。

安全生产领域违法违纪行为政纪处分暂行规定

（监察部、国家安全生产监督管理总局令第11号　2006年11月22日）

第一条　为了加强安全生产工作，惩处安全生产领域违法违纪行为，促进安全生产法律法规的贯彻实施，保障人民群众生命财产和公共财产安全，根据《中华人民共和国行政监察法》、《中华人民共和国安全生产法》及其他有关法律法规，制定本规定。

第二条　国家行政机关及其公务员，企业、事业单位中由国家行政机关任命的人员有安全生产领域违法违纪行为，应当给予处分的，适用本规定。

第三条　有安全生产领域违法违纪行为的国家行政机关，对其直接负责的主管人员和其他直接责任人员，以及对有安全生产领域违法违纪行为的国家行政机关公务员（以下统称有关责任人员），由监察机关或者任免机关按照管理权限，依法给予处分。

有安全生产领域违法违纪行为的企业、事业单位，对其直接负责的主管人员和其他直接责任人员，以及对有安全生产领域违法违纪行为的企业、事业单位工作人员中由国家行政机关任命的人员（以下统称有关责任人员），由监察机关或者任免机关按照管理权限，依法给予处分。

第四条　国家行政机关及其公务员有下列行为之一的，对有关责任人员，给予警告、记过或者记大过处分；情节较重的，给予降级或者撤职处分；情节严重的，给予开除处分：

（一）不执行国家安全生产方针政策和安全生产法律、法规、规章以及上级机关、主管部门有关安全生产的决定、命令、指示的；

（二）制定或者采取与国家安全生产方针政策以及安全生产法律、法规、规章相抵触的规定或者措施，造成不良后果或者经上级机关、有关部门指出仍不改正的。

第五条　国家行政机关及其公务员有下列行为之一的，对有关责任人员，给予警告、记过或者记大过处分；情节较重的，给予降级或者撤职处分；情节严重的，给予开除处分：

（一）向不符合法定安全生产条件的生产经营单位或者经营者颁发有关证照的；

（二）对不具备法定条件机构、人员的安全生产资质、资格予以批准认定的；

（三）对经责令整改仍不具备安全生产条件的生产经营单位，不撤销原行政许可、审批或者不依法查处的；

（四）违法委托单位或者个人行使有关安全生产的行政许可权或者审批权的；

（五）有其他违反规定实施安全生产行政许可或者审批行为的。

第六条　国家行政机关及其公务员有下列行为之一的，对有关责任人员，给予警告、记过或者记大过处分；情节较重的，给予降级或者撤职处分；情节严重的，给予开除处分：

（一）批准向合法的生产经营单位或者经营者超量提供剧毒品、火工品等危险物资，造成后果的；

（二）批准向非法或者不具备安全生产条件的生产经营单位或者经营者，提供剧毒品、火工品等危险物资或者其他生产经营条件的。

第七条　国家行政机关公务员利用职权或者职务上的影响，违反规定为个人和亲友谋取私利，有下列行为之一的，给予警告、记过或者记大过处分；情节较重的，给予降级或者撤职处分；情节严重的，给予开除处分：

（一）干预、插手安全生产装备、设备、设施采购或者招标投标等活动的；

（二）干预、插手安全生产行政许可、审批或者安全生产监督执法的；

（三）干预、插手安全生产中介活动的；

（四）有其他干预、插手生产经营活动危及安全生产行为的。

第八条　国家行政机关及其公务员有下列行为之一的，对有关责任人员，给予警告、记过或者记大过处分；情节较重的，给予降级或者撤职处分；情节严重的，给予开除处分：

（一）未按照有关规定对有关单位申报的新建、改建、扩建工程项目的安全设施，与主体工程同时设计、同时施工、同时投入生产和使用中组织审查验收的；

（二）发现存在重大安全隐患，未按规定采取措施，导致生产安全事故发生的；

（三）对发生的生产安全事故瞒报、谎报、拖延不报，或者组织、参与瞒报、谎报、拖延不报的；

（四）生产安全事故发生后，不及时组织抢救的；

（五）对生产安全事故的防范、报告、应急救援有其他失职、渎职行为的。

第九条　国家行政机关及其公务员有下列行为之一的，对有关责任人员，给予警告、记过或者记大过处分；情节较重的，给予降级或者撤职处分；情节严重的，给予开除处分：

（一）阻挠、干涉生产安全事故调查工作的；

（二）阻挠、干涉对事故责任人员进行责任追究的；

（三）不执行对事故责任人员的处理决定，或者擅自改变上级机关批复的对事故责任人员的处理意见的。

第十条　国家行政机关公务员有下列行为之一的，给予警告、记过或者记大过处分；情节较重的，给予降级或者撤职处分；情节严重的，给予开除处分：

（一）本人及其配偶、子女及其配偶违反规定在煤矿等企业投资入股或者在安全生产领域经商办企业的；

（二）违反规定从事安全生产中介活动或者其他营利活动的；

（三）在事故调查处理时，滥用职权、玩忽职守、徇私舞弊的；

（四）利用职务上的便利，索取他人财物，或者非法收受他人财物，在安全生产领域为他人谋取利益的。

对国家行政机关公务员本人违反规定投资入股煤矿的处分，法律、法规另有规定的，从其规定。

第十一条　国有企业及其工作人员有下列行为之一的，对有关责任人员，给予警告、记过或者记大过处分；情节较重的，给予降级、撤职或者留用察看处分；情节严重的，给予开除处分：

（一）未取得安全生产行政许可及相关证照或者不具备安全生产条件从事生产经营活动的；

（二）弄虚作假，骗取安全生产相关证照的；

（三）出借、出租、转让或者冒用安全生产相关证照的；

（四）未按照有关规定保证安全生产所必需的资金投入，导致产生重大安全隐患的；

（五）新建、改建、扩建工程项目的安全设施，不与主体工程同时设计、同时施工、同时投入生产和使用，或者未按规定审批、验收，擅自组织施工和生产的；

（六）被依法责令停产停业整顿、吊销证照、关闭的生产经营单位，继续从事生产经营活动的。

第十二条 国有企业及其工作人员有下列行为之一，导致生产安全事故发生的，对有关责任人员，给予警告、记过或者记大过处分；情节较重的，给予降级、撤职或者留用察看处分；情节严重的，给予开除处分：

（一）对存在的重大安全隐患，未采取有效措施的；

（二）违章指挥，强令工人违章冒险作业的；

（三）未按规定进行安全生产教育和培训并经考核合格，允许从业人员上岗，致使违章作业的；

（四）制造、销售、使用国家明令淘汰或者不符合国家标准的设施、设备、器材或者产品的；

（五）超能力、超强度、超定员组织生产经营，拒不执行有关部门整改指令的；

（六）拒绝执法人员进行现场检查或者在被检查时隐瞒事故隐患，不如实反映情况的；

（七）有其他不履行或者不正确履行安全生产管理职责的。

第十三条 国有企业及其工作人员有下列行为之一的，对有关责任人员，给予记过或者记大过处分；情节较重的，给予降级、撤职或者留用察看处分；情节严重的，给予开除处分：

（一）对发生的生产安全事故瞒报、谎报或者拖延不报的；

（二）组织或者参与破坏事故现场、出具伪证或者隐匿、转移、篡改、毁灭有关证据，阻挠事故调查处理的；

（三）生产安全事故发生后，不及时组织抢救或者擅离职守的。

生产安全事故发生后逃匿的，给予开除处分。

第十四条 国有企业及其工作人员不执行或者不正确执行对事故责任人员作出的处理决定，或者擅自改变上级机关批复的对事故责任人员的处理意见的，对有关责任人员，给予警告、记过或者记大过处分；情节较重的，给予降级、撤职或者留用察看处分；情节严重的，给予开除处分。

第十五条 国有企业负责人及其配偶、子女及其配偶违反规定在煤矿等企业投资入股或者在安全生产领域经商办企业的，对由国家行政机关任命的人员，给予警告、记过或者记大过处分；情节较重的，给予降级、撤职或者留用察看处分；情节严重的，给予开除处分。

第十六条 承担安全评价、培训、认证、资质验证、设计、检测、检验等工作的机构及其工作人员，出具虚假报告等与事实不符的文件、材料，造成安全生产隐患的，对有关责任人员，给予警告、记过或者记大过处分；情节较重的，给予降级、降职或者撤职处分；情节严重的，给予开除留用察看或者开除处分。

第十七条　法律、法规授权的具有管理公共事务职能的组织以及国家行政机关依法委托的组织及其工勤人员以外的工作人员有安全生产领域违法违纪行为，应当给予处分的，参照本规定执行。

企业、事业单位中除由国家行政机关任命的人员外，其他人员有安全生产领域违法违纪行为，应当给予处分的，由企业、事业单位参照本规定执行。

第十八条　有安全生产领域违法违纪行为，需要给予组织处理的，依照有关规定办理。

第十九条　有安全生产领域违法违纪行为，涉嫌犯罪的，移送司法机关依法处理。

第二十条　本规定由监察部和国家安全生产监督管理总局负责解释。

第二十一条　本规定自公布之日起施行。

中共中央纪委办公厅、监察部办公厅、国家安全监督管理总局办公厅关于认真学习贯彻《安全生产领域违法违纪行为政纪处分暂行规定》的通知

(中纪办发 [2006] 15号 2006年11月27日)

各省、自治区、直辖市纪委、监察厅（局）、安全生产监管局、各省级煤矿安全监察机构，中央和国家机关各部委纪检组（纪委）、监察局，中央纪委各派驻纪检组，监察部各派驻监察局、监察专员办公室，中央直属机关纪工委，中央国家机关纪工委、军委纪委：

《安全生产领域违法违纪行为政纪处分暂行规定》（以下简称《暂行规定》）已于2006年11月22日发布实施。《暂行规定》是我国第一部关于安全生产领域政纪处分方面的部门规章，对国家行政机关、企事业单位及其工作人员的各类安全生产领域违法违纪行为及其处分量纪标准作了明确规定，是查处安全生产领域违法违纪案件的重要依据。为做好《暂行规定》的学习、宣传和贯彻工作，现通知如下：

一、充分认识贯彻实施《暂行规定》的重要意义

党中央、国务院始终高度重视安全生产工作。党的十六届五中全会确定了安全发展的指导原则，六中全会把安全生产作为群众最直接、最现实、最关心的问题纳入构建社会主义和谐社会的系统工程。为深入贯彻党的十六届五中、六中全会精神，实现好、维护好、发展好最广大人民群众的根本利益，促使安全生产形势稳定好转，监察部和国家安监总局制定了《暂行规定》。它的颁布实施，对于切实加强安全生产工作，惩处安全生产领域违法违纪行为，促进安全生产法律法规的贯彻实施，落实各级安全生产责任制，保障人民群众生命财产和公共财产安全，落实科学发展观，构建社会主义和谐社会，具有十分重要的意义。

二、认真学习，广泛宣传，准确把握《暂行规定》的主要内容和基本精神

各级纪检监察机关和安全监管监察机构要把学习《暂行规定》列入本机关的学习培训计划，在今明两年组织的学习培训活动中，应安排《暂行规定》的学习内容。通过学习培训，掌握《暂行规定》的各项内容和基本精神，提高依法查处安全生产领域违法违纪行为的能力和水平。要充分发挥新闻媒体的作用，利用报纸、杂志、电视、广播、网络等媒体，大力宣传《暂行规定》，使社会各界及时了解《暂行规定》的重要意义和各项内容，在全社会形成人人关心安全生产、监督安全生产、检举安全生产违法违纪行为、推动严格执法的良好氛围。

三、切实履行职责，加强协作配合，严肃查处安全生产领域违法违纪行为

各级纪检监察机关和安全监管监察等有关部门要加强对安全生产责任制各个方面、各个环节落实情况的监督检查，加大责任追究力度，严肃查处安全生产领域违法违纪行为。不仅要追究直接责任者的责任，还要追究管理人员和领导者的责任。要把查处事故背后的腐败问题作为事故调查处理的重要内容和必不可少的程序，作为贯彻落实《暂行规定》的重要环节来抓。通过监督检查、事故调查、受理举报等渠道，深挖细查腐败问题线索。对于查处的典型案例要予以公开曝光。各级纪检监察机关和安全监管监察部门要互通情况，相互支持，加强协作配合，共同做好安全生产领域违法违纪案件的查处工作，坚决遏制生产安全重特大事故的发生，促进全国安全状况的稳定好转。

环境保护违法违纪行为处分暂行规定

（监察部、国家环境保护总局第 10 号令 2006 年 2 月 20 日）

第一条 为了加强环境保护工作，惩处环境保护违法违纪行为，促进环境保护法律法规的贯彻实施，根据《中华人民共和国环境保护法》、《中华人民共和国行政监察法》及其他有关法律、法规，制定本规定。

第二条 国家行政机关及其工作人员、企业中由国家行政机关任命的人员有环境保护违法违纪行为，应当给予处分的，适用本规定。

法律、行政法规对环境保护违法违纪行为的处分作出规定的，依照其规定。

第三条 有环境保护违法违纪行为的国家行政机关，对其直接负责的主管人员和其他直接责任人员，以及对有环境保护违法违纪行为的国家行政机关工作人员（以下统称直接责任人员），由任免机关或者监察机关按照管理权限，依法给予行政处分。

企业有环境保护违法违纪行为的，对其直接负责的主管人员和其他直接责任人员中由国家行政机关任命的人员，由任免机关或者监察机关按照管理权限，依法给予纪律处分。

第四条 国家行政机关及其工作人员有下列行为之一的，对直接责任人员，给予警告、记过或者记大过处分；情节较重的，给予降级处分；情节严重的，给予撤职处分：

（一）拒不执行环境保护法律、法规以及人民政府关于环境保护的决定、命令的；

（二）制定或者采取与环境保护法律、法规、规章以及国家环境保护政策相抵触的规定或者措施，经指出仍不改正的；

（三）违反国家有关产业政策，造成环境污染或者生态破坏的；

（四）不按照国家规定淘汰严重污染环境的落后生产技术、工艺、设备或者产品的；

（五）对严重污染环境的企业事业单位不依法责令限期治理或者不按规定责令取缔、关闭、停产的；

（六）不按照国家规定制定环境污染与生态破坏突发事件应急预案的。

第五条 国家行政机关及其工作人员有下列行为之一的，对直接责任人员，给予警告、记过或者记大过处分；情节较重的，给予降级处分；情节严重的，给予撤职处分：

（一）在组织环境影响评价时弄虚作假或者有失职行为，造成环境影响评价严重失实，或者对未依法编写环境影响篇章、说明或者未依法附送环境影响报告书的规划草案予以批准的；

（二）不按照法定条件或者违反法定程序审核、审批建设项目环境影响评价文件，或者在审批、审核建设项目环境影响评价文件时收取费用，情节严重的；

（三）对依法应当进行环境影响评价而未评价，或者环境影响评价文件未经批准，擅自批准该项目建设或者擅自为其办理征地、施工、注册登记、营业执照、生产（使用）许可证的；

（四）不按照规定核发排污许可证、危险废物经营许可证、医疗废物集中处置单位经营许可证、核与辐射安全许可证以及其他环境保护许可证，或者不按照规定办理环境保护审批文件的；

（五）违法批准减缴、免缴、缓缴排污费的；

（六）有其他违反环境保护的规定进行许可或者审批行为的。

第六条　国家行政机关及其工作人员有下列行为之一的，对直接责任人员，给予警告、记过或者记大过处分；情节较重的，给予降级处分；情节严重的，给予撤职处分：

（一）未经批准，擅自撤销自然保护区或者擅自调整、改变自然保护区的性质、范围、界线、功能区划的；

（二）未经批准，在自然保护区开展参观、旅游活动的；

（三）开设与自然保护区保护方向不一致的参观、旅游项目的；

（四）不按照批准的方案开展参观、旅游活动的。

第七条　依法具有环境保护监督管理职责的国家行政机关及其工作人员有下列行为之一的，对直接责任人员，给予警告、记过或者记大过处分；情节较重的，给予降级处分；情节严重的，给予撤职处分：

（一）不按照法定条件或者违反法定程序，对环境保护违法行为实施行政处罚的；

（二）擅自委托环境保护违法行为行政处罚权的；

（三）违法实施查封、扣押等环境保护强制措施，给公民人身或者财产造成损害或者给法人、其他组织造成损失的；

（四）有其他违反环境保护的规定进行行政处罚或者实施行政强制措施行为的。

第八条　依法具有环境保护监督管理职责的国家行政机关及其工作人员有下列行为之一的，对直接责任人员，给予警告、记过或者记大过处分；情节较重的，给予降级或者撤职处分；情节严重的，给予开除处分：

（一）发现环境保护违法行为或者接到对环境保护违法行为的举报后不及时予以查处的；

（二）对依法取得排污许可证、危险废物经营许可证、核与辐射安全许可证等环境保护许可证件或者批准文件的单位不履行监督管理职责，造成严重后果的；

（三）发生重大环境污染事故或者生态破坏事故，不按照规定报告或者在报告中弄虚作假，或者不依法采取必要措施或者拖延、推诿采取措施，致使事故扩大或者延误事故处理的；

（四）对依法应当移送有关机关处理的环境保护违法违纪案件不移送，致使违法违纪人员逃脱处分、行政处罚或者刑事处罚的；

（五）有其他不履行环境保护监督管理职责行为的。

第九条　国家行政机关及其工作人员有下列行为之一的，对直接责任人员，给予警告、记过或者记大过处分；情节较重的，给予降级或者撤职处分；情节严重的，给予开除处分：

（一）利用职务上的便利，侵吞、窃取、骗取或者以其他手段将收缴的罚款、排污费或者其他财物据为已有的；

（二）利用职务上的便利，索取他人财物，或者非法收受他人财物，为他人谋取利益的；

（三）截留、挤占环境保护专项资金或者将环境保护专项资金挪作他用的；

（四）擅自使用、调换、变卖或者毁损被依法查封、扣押的财物的；

（五）将罚款、没收的违法所得或者财物截留、私分或者变相私分的。

第十条 国家行政机关及其工作人员为被检查单位通风报信或者包庇、纵容环境保护违法违纪行为的，对直接责任人员，给予降级或者撤职处分；致使公民、法人或者其他组织的合法权益、公共利益遭受重大损害，或者导致发生群体性事件或者冲突，严重影响社会安定的，给予开除处分。

第十一条 企业有下列行为之一的，对其直接负责的主管人员和其他直接责任人员中由国家行政机关任命的人员给予降级处分；情节较重的，给予撤职或者留用察看处分；情节严重的，给予开除处分：

（一）未依法履行环境影响评价文件审批程序，擅自开工建设，或者经责令停止建设、限期补办环境影响评价审批手续而逾期不办的；

（二）与建设项目配套建设的环境保护设施未与主体工程同时设计、同时施工、同时投产使用的；

（三）擅自拆除、闲置或者不正常使用环境污染治理设施，或者不正常排污的；

（四）违反环境保护法律、法规，造成环境污染事故，情节较重的；

（五）不按照国家有关规定制定突发事件应急预案，或者在突发事件发生时，不及时采取有效控制措施导致严重后果的；

（六）被依法责令停业、关闭后仍继续生产的；

（七）阻止、妨碍环境执法人员依法执行公务的；

（八）有其他违反环境保护法律、法规进行建设、生产或者经营行为的。

第十二条 有环境保护违法违纪行为，涉嫌犯罪的，移送司法机关依法处理。

第十三条 环境保护行政主管部门和监察机关在查处环境保护违法违纪案件中，认为属于对方职责范围内的，应当及时移送。

监察机关认为应当给予有关责任人员处分的，应当依法作出监察决定或者提出给予处分的监察建议。

第十四条 法律、法规授权的具有管理公共事务职能的组织和国家行政机关依法委托的组织及其工作人员，以及其他事业单位中由国家行政机关任命的人员有环境保护违法违纪行为，应当给予处分的，参照本规定执行。

第十五条 本规定由监察部和国家环境保护总局负责解释。

第十六条 本规定自公布之日起施行。

关于违反土地管理规定行为行政处分暂行办法

（监察部、国土资源部令第9号　2000年3月2日）

第一条　为了加强土地管理，惩处违反土地管理规定的行为，根据《中华人民共和国土地管理法》、《中华人民共和国行政监察法》、《中华人民共和国土地管理法实施条例》等有关法律、法规，制定本办法。

第二条　单位或者个人有本办法所列违反土地管理规定行为的，除依法给予行政处罚外，对有关的国家公务员依照本办法给予行政处分；涉嫌犯罪的，移送司法机关依法处理。

第三条　单位买卖或者以其他形式非法转让土地的，对直接负责的主管人员和其他直接责任人员，分别依照下列规定给予行政处分：

（一）买卖或者以其他形式非法转让基本农田不足0.2公顷（3亩），或者其他耕地不足0.33公顷（5亩），或者其他土地不足0.67公顷（10亩）的，给予警告、记过或者记大过处分；

（二）买卖或者以其他形式非法转让基本农田0.2公顷（3亩）以上不足0.33公顷（5亩），或者其他耕地0.33公顷（5亩）以上不足0.67公顷（10亩），或者其他土地0.67公顷（10亩）以上不足1.33公顷（20亩）的，给予降级或者撤职处分；

（三）买卖或者以其他形式非法转让基本农田0.33公顷（5亩）以上，或者其他耕地0.67公顷（10亩）以上，或者其他土地1.33公顷（20亩）以上的，给予开除处分。

个人买卖或者以其他形式非法转让土地的，依照前款规定从重或者加重处分。

第四条　单位未经批准或者采取欺骗手段骗取批准，非法占用土地的，对直接负责的主管人员和其他直接责任人员，分别依照下列规定给予行政处分：

（一）非法占用基本农田不足0.2公顷（3亩），或者其他耕地不足0.33公顷（5亩），或者其他土地不足0.67公顷（10亩）的，给予警告、记过或者记大过处分；

（二）非法占用基本农田0.2公顷（3亩）以上不足0.33公顷（5亩），或者其他耕地0.33公顷（5亩）以上不足0.67公顷（10亩），或者其他土地0.67公顷（10亩）以上不足1.33公顷（20亩）的，给予降级或者撤职处分；

（三）非法占用基本农田0.33公顷（5亩）以上，或者其他耕地0.67公顷（10亩）以上，或者其他土地1.33公顷（20亩）以上的，给予开除处分。

个人未经批准或者采取欺骗手段骗取批准，非法占用土地的，给予警告、记过或者记大过处分；情节较重的，给予降级或者撤职处分；情节严重的，给予开除处分。

超过批准的数量占用土地，多占的土地以非法占用土地论处。

第五条　单位或者个人非法批准征用、占用土地的，对有关责任人员，分别依照下列规定给予行政处分：

（一）非法批准征用、占用基本农田不足0.33公顷（5亩），或者其他耕地不足1公顷（15亩），或者其他土地不足2公顷（30亩）的，给予警告、记过或者记大过处分；

（二）非法批准征用、占用基本农田 0.33 公顷（5 亩）以上不足 0.67 公顷（10 亩），或者其他耕地 1 公顷（15 亩）以上不足 2 公顷（30 亩），或者其他土地 2 公顷（30 亩）以上不足 3.33 公顷（50 亩）的，给予降级或者撤职处分；

（三）非法批准征用、占用基本农田 0.67 公顷（10 亩）以上，或者其他耕地 2 公顷（30 亩）以上，或者其他土地 3.33 公顷（50 亩）以上的，给予开除处分。

非法批准征用、占用土地数量未达到但接近第（三）项标准且导致被非法批准征用、占用的土地或者植被遭到严重破坏，或者造成有关单位、个人直接经济损失 20 万元以上的，给予开除处分。

非法批准征用、占用土地，影响群众生产、生活，引起纠纷的，给予警告、记过或者记大过处分；造成不良影响或者其他较重后果的，给予降级或者撤职处分；造成恶劣影响或者其他严重后果的，给予开除处分。

第六条 超越批准权限非法批准征用、占用土地的，视其超越权限以外批准征用、占用土地的数量和其他情节，对直接负责的主管人员和其他直接责任人员按照第五条的规定给予行政处分。

第七条 不按照土地利用总体规划确定的用途批准用地的，对直接负责的主管人员和其他直接责任人员给予警告、记过或者记大过处分；情节严重的，给予降级或者撤职处分。

第八条 违反法律规定的程序批准征用、占用土地的，对直接负责的主管人员和其他直接责任人员，给予警告、记过或者记大过处分；情节严重的，给予降级处分。

第九条 单位侵占、挪用被征用土地单位的征地补偿费用和其他有关费用的，对直接负责的主管人员和其他直接责任人员，分别依照下列规定给予行政处分。

（一）侵占、挪用不足 10 万元，且情节严重的，给予警告、记过或者记大过处分；

（二）侵占、挪用 10 万元以上不足 50 万元的，给予降级或者撤职处分；

（三）侵占、挪用 50 万元以上的，给予开除处分。

侵占、挪用基本农田的耕地开垦费的，依照前款的规定从重处分。

第十条 应当将耕地划入基本农田而不划入，且拒不改正的，对直接负责的主管人员和其他直接责任人员，给予警告、记过或者记大过处分；情节严重的，给予降级处分。

第十一条 单位或者个人擅自批准出让或者擅自出让土地使用权用于房地产开发的，对有关责任人员，给予警告、记过或者记大过处分；情节较重的，给予降级或者撤职处分；情节严重的，给予开除处分。

第十二条 非法低价（包括无偿）出让国有土地使用权的，对直接负责的主管人员和其他直接责任人员，分别依照下列规定给予行政处分：

（一）非法低价出让国有土地使用权不足 1 公顷（15 亩）的，给予警告、记过或者记大过处分；

（二）非法低价出让国有土地使用权 1 公顷（15 亩）以上不足 2 公顷（30 亩）的，给予降级或者撤职处分；

（三）非法低价出让国有土地使用权 2 公顷（30 亩）以上的，给予开除处分。

非法低价出让国有土地使用权的数量未达到第（三）项标准，但造成国有土地资产流失价值 20 万元以上，或者接近第（三）项标准且导致植被遭到严重破坏的，给予开除处分。

非法低价出让国有土地使用权，影响群众生产、生活，引起纠纷的，给予警告、记过或者记大过处分；造成不良影响或者其他较重后果的，给予降级或者撤职处分；造成恶劣影响或者其他严重后果的，给予开除处分。

第十三条　土地行政主管部门的工作人员玩忽职守，有下列行为之一，给国家和人民利益造成损失或者不良影响的，给予警告、记过或者记大过处分；造成较大损失或者恶劣影响的，给予降级或者撤职处分；造成重大损失或者特别恶劣影响的，给予开除处分。但是法律、法规及本办法另有规定的，依照规定。

（一）对符合法律规定的建设用地申请，无正当理由而拒绝或者超过规定期限未予办理的；

（二）在签订土地有偿使用合同过程中，因严重不负责任被诈骗的；

（三）对违反土地管理规定的行为不制止、不查处的；

（四）需要向监察机关或者其他有关机关提出行政处分建议，超过规定期限未提出或者不按照规定移送《行政处分建议书》及有关证据材料，且经上级土地行政主管部门责令改正而拒不改正的；

（五）有其他玩忽职守行为的。

第十四条　土地行政主管部门的工作人员滥用职权，有下列行为之一，给国家和人民利益造成损失，情节较轻的，给予记过或者记大过处分；情节较重的，给予降级或者撤职处分；情节严重的，给予开除处分。但是法律、法规及本办法另有规定的，依照规定。

（一）违反规定低价确认土地使用权价格的；

（二）泄露土地招标、拍卖底价或者其他有关保密资料的；

（三）明知土地违法案件正在查处中，仍继续为其办理土地审批、颁发土地证书等手续的；

（四）有其他滥用职权行为的。

第十五条　土地行政主管部门的工作人员徇私舞弊，有本办法所列玩忽职守、滥用职权行为的，从重或者加重处分。

第十六条　有下列情形之一的，应当从重或者加重处分：

（一）非法占用或者非法批准征用、占用土地，且违反土地利用总体规划的；

（二）非法占用或者非法批准征用、占用农用地，致使土地遭受严重破坏，或者给国家利益和公共财物造成较大损害的；

（三）拒绝、阻碍土地执法监察人员依法查处土地违法案件的；

（四）拒不停止、改正违反土地管理规定行为的；

（五）伪造、销毁、藏匿证据，包庇同案人的；

（六）其他依法应当从重或者加重处分的。

第十七条　有下列情形之一的，应当从轻或者减轻处分：

（一）保持土地原貌的；

（二）主动交代问题的；

（三）主动退还违法所得或者侵占、挪用的征地补偿费用等有关款项的；

（四）揭发、检举他人违反土地管理规定行为，经查证属实的；

（五）其他依法应当从轻或者减轻处分的。

第十八条 违反土地管理规定，有本办法规定的从轻处分、从重处分情节的，应当在本办法规定的不同情节的处分幅度以内给予处分；有本办法规定的减轻处分、加重处分情节的，应当在本办法规定的不同情节的处分幅度以外减轻或者加重一档给予处分，如果应当给予开除处分的，即给予开除处分。

第十九条 土地行政主管部门需要向监察机关或者其他有关机关提出行政处分建议的，应当在作出行政处罚决定后10日内将《行政处分建议书》及有关证据材料移送监察机关或者其他有关机关。

第二十条 监察机关或者其他有关机关收到土地行政主管部门送达的《行政处分建议书》后，应当依法处理，并将处理结果告知提出行政处分建议的土地行政主管部门。

第二十一条 违反土地管理规定行为应当给予党纪处分的，移送党的纪律检查机关处理。

第二十二条 本办法所称土地管理规定，是指全国人民代表大会及其常务委员会制定的法律和决定，国务院制定的行政法规、规定的行政措施、发布的决定和命令，地方性法规，自治条例和单行条例，国务院各部门、各省级人民政府制定的规章中有关土地管理的规定。

第二十三条 本办法所称“以上”、“以内”均包括本数，“以外”不包括本数。

第二十四条 本办法由监察部、国土资源部负责解释。

第二十五条 本办法自发布之日起施行。

违反行政事业性收费和罚没收入收支两条线管理规定行政处分暂行规定

（国务院令第 281 号　2000 年 2 月 12 日）

第一条　为了严肃财经纪律，加强廉政建设，落实行政事业性收费和罚没收入“收支两条线”管理，促进依法行政，根据法律、行政法规和国家有关规定，制定本规定。

第二条　国家公务员和法律、行政法规授权行使行政事业性收费或者罚没职能的事业单位的工作人员有违反“收支两条线”管理规定行为的，依照本规定给予行政处分。

第三条　本规定所称“行政事业性收费”，是指下列属于财政性资金的收入：

（一）依据法律、行政法规、国务院有关规定、国务院财政部门与计划部门共同发布的规章或者规定以及省、自治区、直辖市的地方性法规、政府规章或者规定和省、自治区、直辖市人民政府财政部门与计划（物价）部门共同发布的规定所收取的各项收费；

（二）法律、行政法规和国务院规定的以及国务院财政部门按照国家有关规定批准的政府性基金、附加。

事业单位因提供服务收取的经营服务性收费不属于行政事业性收费。

第四条　本规定所称“罚没收入”，是指法律、行政法规授权的执行处罚的部门依法实施处罚取得的罚没款和没收物品的折价收入。

第五条　违反规定，擅自设立行政事业性收费项目或者设置罚没处罚的，对直接负责的主管人员和其他直接责任人员给予降级或者撤职处分。

第六条　违反规定，擅自变更行政事业性收费或者罚没范围、标准的，对直接负责的主管人员和其他直接责任人员给予记大过处分；情节严重的，给予降级或者撤职处分。

第七条　对行政事业性收费项目审批机关已经明令取消或者降低标准的收费项目，仍按原定项目或者标准收费的，对直接负责的主管人员和其他直接责任人员给予记大过处分；情节严重的，给予降级或者撤职处分。

第八条　下达或者变相下达罚没指标的，对直接负责的主管人员和其他直接责任人员给予降级或者撤职处分。

第九条　违反《收费许可证》规定实施行政事业性收费的，对直接负责的主管人员和其他直接责任人员给予警告处分；情节严重的，给予记过或者记大过处分。

第十条　违反财政票据管理规定实施行政事业性收费、罚没的，对直接负责的主管人员和其他直接责任人员给予降级或者撤职处分；以实施行政事业性收费、罚没的名义收取钱物，不出具任何票据的，给予开除处分。

第十一条　违反罚款决定与罚款收缴分离的规定收缴罚款的，对直接负责的主管人员和其他直接责任人员给予记大过或者降级处分。

第十二条　不履行行政事业性收费、罚没职责，应收不收、应罚不罚，经批评教育仍不改正的，对直接负责的主管人员和其他直接责任人员给予警告处分；情节严重的，给予记过或者记大过处分。

第十三条 不按照规定将行政事业性收费纳入单位财务统一核算、管理的，对直接负责的主管人员和其他直接责任人员给予记过处分；情节严重的，给予记大过或者降级处分。

第十四条 不按照规定将行政事业性收费缴入国库或者预算外资金财政专户的，对直接负责的主管人员和其他直接责任人员给予记大过处分；情节严重的，给予降级或者撤职处分。

不按照规定将罚没收入上缴国库的，依照前款规定给予处分。

第十五条 违反规定，擅自开设银行帐户的，对直接负责的主管人员和其他直接责任人员给予降级处分；情节严重的，给予撤职或者开除处分。

第十六条 截留、挪用、坐收坐支行政事业性收费、罚没收入的，对直接负责的主管人员和其他直接责任人员给予降级处分；情节严重的，给予撤职或者开除处分。

第十七条 违反规定，将行政事业性收费、罚没收入用于提高福利补贴标准或者扩大福利补贴范围、滥发奖金实物、挥霍浪费或者有其他超标准支出行为的，对直接负责的主管人员和其他直接责任人员给予记大过处分；情节严重的，给予降级或者撤职处分。

第十八条 不按照规定编制预算外资金收支计划、单位财务收支计划和收支决算的，对直接负责的主管人员和其他直接责任人员给予记过处分；情节严重的，给予记大过或者降级处分。

第十九条 不按照预算和批准的收支计划核拨财政资金，贻误核拨对象正常工作的，对直接负责的主管人员和其他直接责任人员给予记过处分；情节严重的，给予记大过或者降级处分。

第二十条 对坚持原则抵制违法违纪的行政事业性收费、罚没行为的单位或者个人打击报复的，给予降级处分；情节严重的，给予撤职或者开除处分。

第二十一条 实施行政处分的权限以及不服行政处分的申诉，按照国家有关规定办理。

第二十二条 违反本规定，构成犯罪的，依法追究刑事责任。

第二十三条 本规定自发布之日起施行。

价格违法行为行政处罚规定

（国务院令第 515 号　2008 年 1 月 13 日）

第一条　为了依法惩处价格违法行为，保护消费者和经营者的合法权益，根据《中华人民共和国价格法》（以下简称价格法）的有关规定，制定本规定。

第二条　县级以上各级人民政府价格主管部门依法对价格活动进行监督检查，并决定对价格违法行为的行政处罚。

第三条　价格违法行为的行政处罚由价格违法行为发生地的地方人民政府价格主管部门决定；国务院价格主管部门规定由其上级价格主管部门决定的，从其规定。

第四条　经营者违反价格法第十四条的规定，有下列行为之一的，责令改正，没收违法所得，并处违法所得 5 倍以下的罚款；没有违法所得的，处 10 万元以上 100 万元以下的罚款；情节严重的，责令停业整顿，或者由工商行政管理机关吊销营业执照：

（一）相互串通，操纵市场价格，损害其他经营者或者消费者的合法权益的；

（二）除依法降价处理鲜活商品、季节性商品、积压商品等商品外，为了排挤竞争对手或者独占市场，以低于成本的价格倾销，扰乱正常的生产经营秩序，损害国家利益或者其他经营者的合法权益的；

（三）提供相同商品或者服务，对具有同等交易条件的其他经营者实行价格歧视的。

行业协会组织本行业的经营者相互串通，操纵市场价格的，对经营者依照前款的规定处罚；对行业协会可以处 50 万元以下的罚款，情节严重的，社会团体登记管理机关可以依法撤销登记。

第五条　经营者违反价格法第十四条的规定，捏造、散布涨价信息，恶意囤积以及利用其他手段哄抬价格，推动商品价格过高上涨的，或者利用虚假的或者使人误解的价格手段，诱骗消费者或者其他经营者与其进行交易的，责令改正，没收违法所得，并处违法所得 5 倍以下的罚款；没有违法所得的，处 5 万元以上 50 万元以下的罚款；情节严重的，责令停业整顿，或者由工商行政管理机关吊销营业执照。

行业协会有前款规定的违法行为的，可以处 50 万元以下的罚款；情节严重的，社会团体登记管理机关可以依法撤销登记。

第六条　经营者违反价格法第十四条的规定，采取抬高等级或者压低等级等手段销售、收购商品或者提供服务，变相提高或者压低价格的，责令改正，没收违法所得，并处违法所得 5 倍以下的罚款；没有违法所得的，处 2 万元以上 20 万元以下的罚款；情节严重的，责令停业整顿，或者由工商行政管理机关吊销营业执照。

第七条　经营者不执行政府指导价、政府定价，有下列行为之一的，责令改正，没收违法所得，并处违法所得 5 倍以下的罚款；没有违法所得的，处 5 万元以上 50 万元以下的罚款；情节严重的，责令停业整顿：

（一）超出政府指导价浮动幅度制定价格的；

（二）高于或者低于政府定价制定价格的；

（三）擅自制定属于政府指导价、政府定价范围内的商品或者服务价格的；

（四）提前或者推迟执行政府指导价、政府定价的；

（五）自立收费项目或者自定标准收费的；

（六）采取分解收费项目、重复收费、扩大收费范围等方式变相提高收费标准的；

（七）对政府明令取消的收费项目继续收费的；

（八）违反规定以保证金、抵押金等形式变相收费的；

（九）强制或者变相强制服务并收费的；

（十）不按照规定提供服务而收取费用的；

（十一）不执行政府指导价、政府定价的其他行为。

第八条 经营者不执行法定的价格干预措施、紧急措施，有下列行为之一的，责令改正，没收违法所得，并处违法所得5倍以下的罚款；没有违法所得的，处10万元以上100万元以下的罚款；情节严重的，责令停业整顿：

（一）不执行提价申报或者调价备案制度的；

（二）超过规定的差价率、利润率幅度的；

（三）不执行规定的限价、最低保护价的；

（四）不执行集中定价权限措施的；

（五）不执行冻结价格措施的；

（六）不执行法定的价格干预措施、紧急措施的其他行为。

第九条 本规定第四条至第八条规定中经营者为个人的，对其没有违法所得的价格违法行为，可以处10万元以下的罚款。

第十条 经营者违反法律、法规的规定牟取暴利的，责令改正，没收违法所得，可以并处违法所得5倍以下的罚款；情节严重的，责令停业整顿，或者由工商行政管理机关吊销营业执照。

第十一条 经营者违反明码标价规定，有下列行为之一的，责令改正，没收违法所得，可以并处5000元以下的罚款：

（一）不标明价格的；

（二）不按照规定的内容和方式明码标价的；

（三）在标价之外加价出售商品或者收取未标明的费用的；

（四）违反明码标价规定的其他行为。

第十二条 拒绝提供价格监督检查所需资料或者提供虚假资料的，责令改正，给予警告；逾期不改正的，可以处5万元以下的罚款，对直接负责的主管人员和其他直接责任人员给予纪律处分。

第十三条 政府价格主管部门进行价格监督检查时，发现经营者的违法行为同时具有下列三种情形的，可以依照价格法第三十四条第（三）项的规定责令其暂停相关营业：

（一）违法行为情节复杂或者情节严重，经查明后可能给予较重处罚的；

（二）不暂停相关营业，违法行为将继续的；

（三）不暂停相关营业，可能影响违法事实的认定，采取其他措施又不足以保证查明的。

政府价格主管部门进行价格监督检查时，执法人员不得少于 2 人，并应当向经营者或者有关人员出示证件。

第十四条　本规定第四条至第十一条规定中的违法所得，属于价格法第四十一条规定的消费者或者其他经营者多付价款的，责令经营者限期退还。难以查找多付价款的消费者或者其他经营者的，责令公告查找。

经营者拒不按照前款规定退还消费者或者其他经营者多付的价款，以及期限届满没有退还消费者或者其他经营者多付的价款，由政府价格主管部门予以没收，消费者或者其他经营者要求退还时，由经营者依法承担民事责任。

第十五条　经营者有行政处罚法第二十七条所列情形的，应当依法从轻或者减轻处罚。

经营者有下列情形之一的，应当从重处罚：

（一）价格违法行为严重或者社会影响较大的；

（二）屡查屡犯的；

（三）伪造、涂改或者转移、销毁证据的；

（四）转移与价格违法行为有关的资金或者商品的；

（五）经营者拒不按照本规定第十四条第一款规定退还消费者或者其他经营者多付价款的；

（六）应予从重处罚的其他价格违法行为。

第十六条　经营者对政府价格主管部门作出的处罚决定不服的，应当先依法申请行政复议；对行政复议决定不服的，可以依法向人民法院提起诉讼。

第十七条　逾期不缴纳罚款的，每日按罚款数额的 3%加处罚款；逾期不缴纳违法所得的，每日按违法所得数额的 2‰加处罚款。

第十八条　任何单位和个人有本规定所列价格违法行为，情节严重，拒不改正的，政府价格主管部门除依照本规定给予处罚外，可以公告其价格违法行为，直至其改正。

第十九条　有关法律对价格法第十四条所列行为的处罚及处罚机关另有规定的，可以依照有关法律的规定执行。

第二十条　价格执法人员泄露国家秘密、经营者的商业秘密或者滥用职权、玩忽职守、徇私舞弊，构成犯罪的，依法追究刑事责任；尚不构成犯罪的，依法给予处分。

第二十一条　本规定自公布之日起施行。

抗震救灾款物管理使用违法违纪行为处分规定

（中纪发〔2008〕15号　2008年5月29日）

为贯彻落实党中央、国务院抗震救灾的重大决策部署，加强对抗震救灾款物管理使用的监督，防止抗震救灾款物管理使用违法违纪行为的发生，严厉惩处违法违纪行为，保证抗震救灾款物及时用于灾民救助和群众基本生活，尽快恢复生产、重建家园，确保抗震救灾工作有力有序有效进行，根据《中国共产党纪律处分条例》等党内法规和《中华人民共和国防震减灾法》、《行政机关公务员处分条例》、《财政违法行为处罚处分条例》等国家法律法规，作如下规定。

一、严格禁止并严肃查处以赈灾、募捐名义诈骗、敛取不义之财行为。

有关机关、企业事业单位、社会团体、城乡基层群众自治组织开展抗震救灾款物的募集活动要严格按照有关规定进行，应当公开名称、地址、银行账号及接收捐赠情况，并将全部捐赠款物及时通过正规渠道送往灾区。对打着赈灾、募捐旗号，非法募捐，诈骗民众钱财，敛取不义之财的，党内给予开除党籍处分，行政给予开除处分。

二、严格禁止并严肃查处截留、挤占或者无故迟滞拨付、发放抗震救灾款物行为。

各地区各部门要加强协作、积极配合，提高抗震救灾款物运行效率和使用效益，不得截留、挤占或者无故迟滞拨付、发放抗震救灾款物。违反规定的，对有关责任人员党内给予严重警告或者撤销党内职务处分，行政给予记大过、降级或者撤职处分；情节严重的，党内给予留党察看或者开除党籍处分，行政给予开除处分。

三、严格禁止并严肃查处虚报、冒领抗震救灾款物行为。

各地区各部门应当如实上报人员伤亡、财产损失等受灾情况，不得虚报灾情或者骗取、冒领抗震救灾款物。违反规定的，对有关责任人员党内给予严重警告或者撤销党内职务处分，行政给予记大过、降级或者撤职处分；情节严重的，党内给予留党察看或者开除党籍处分，行政给予开除处分。

四、严格禁止并严肃查处利用职权为自己、亲友和有关单位徇私发放或者有偿发放抗震救灾款物行为。

各地区各部门在抗震救灾款物分配使用过程中，要规范管理，保证抗震救灾款物的分配使用公平、公正。不得利用职权为自己、亲友和有关单位徇私发放或者有偿发放抗震救灾款物。违反规定的，对有关责任人员党内给予严重警告或者撤销党内职务处分，行政给予记大过、降级或者撤职处分；情节严重的，党内给予留党察看或者开除党籍处分，行政给予开除处分。

五、严格禁止并严肃查处擅自改变抗震救灾款物用途，挪作他用行为。

各地区各部门应当坚持专款专用、专项专用、重点使用、合理分配，定向捐赠的抗震救灾款物要尊重捐赠人的意愿。不得向非灾区拨款；不得用于弥补救灾之外的其他社会救济费的不足；不得擅自扩大抗震救灾款物使用范围，用于地方其他事业费和任何行政经费开支。违反规定的，对有关责任人员党内给予警告、严重警告处分，行政给予记大过或者降级处分；情节严重的，党内给予撤销党内职务、留党察看或者开除党籍处分，行政给予撤职或者开除处分。

挪用抗震救灾款物归个人使用的，党内给予撤销党内职务或者留党察看处分，行政给予降级或者撤职处分；情节严重的，党内给予开除党籍处分，行政给予开除处分。

六、严格禁止并严肃查处擅自变卖抗震救灾物资行为。

对灾区不适用的境内救灾捐赠物资，经捐赠人书面同意，报县级以上地方人民政府民政部门批准后可以变卖。对灾区不适用的境外救灾捐赠物资以及无法取得捐赠人同意的救灾捐赠物资，应当报省级人民政府民政部门批准后变卖。变卖救灾捐赠物资应当由县级以上地方人民政府民政部门依照有关规定统一组织实施。违反规定的，对有关责任人员党内给予警告或者严重警告处分，行政给予警告、记过或者记大过处分；情节严重的，党内给予撤销党内职务或者留党察看处分，行政给予降级或者撤职处分。

变卖抗震救灾捐赠物资所得款项，应当作为抗震救灾捐赠款管理、使用。

七、严格禁止并严肃查处故意违背政府应急救助和灾后重建规划使用抗震救灾款物行为。

各地区各部门对抗震救灾款物要依法管理、合理安排、科学调度，按照政府应急救助和灾后重建规划使用抗震救灾款物。故意违反规定的，对有关责任人员党内给予警告、严重警告处分，行政给予记大过或者降级处分；情节严重的，党内给予撤销党内职务或者留党察看处分，行政给予撤职处分。

八、严格禁止并严肃查处伪造、变造和毁损抗震救灾款物原始登记资料及相关账簿行为。

各地区各部门应当按照规定设立抗震救灾款物账户和登记制度，做到账目清楚、手续完备。不得伪造、变造、私设抗震救灾款物会计账簿或者在非紧急情况下，不登记、不如实登记捐赠款物；不得违反规定填制、取得原始凭证；不得违反规定保管抗震救灾款物原始登记资料，致使其毁损、灭失。违反规定的，对有关责任人员党内给予警告、严重警告或者撤销党内职务处分，行政给予记大过、降级或者撤职处分；情节严重的，党内给予留党察看或者开除党籍处分，行政给予开除处分。

故意毁损、灭失抗震救灾款物原始登记资料及相关账簿的，从重处分。

九、严格禁止并严肃查处隐瞒抗震救灾款物管理使用分配信息，依照规定应当公开而不公开的行为。

各地区各单位要主动公开抗震救灾款物的来源、数量、种类和去向。市、县两级要重点公开抗震救灾款物的管理、使用和分配情况。乡镇要重点公开抗震救灾款物的发放情况。村民委员会、居民委员会要公开发放的对象和原则；公开上级拨来的抗震救灾款物数量；公开得款户、得物户的名单和数量。违反规定的，对有关责任人员党内给予警告或者严重警告处分，行政给予警告、记过或者记大过处分；情节严重的，党内给予撤销党内职务或者留党察看处分，行政给予降级或者撤职处分。

十、严肃查处在抗震救灾款物管理使用中玩忽职守、贻误工作行为。

有关部门和人员在抗震救灾款物管理使用过程中，应当忠于职守、勤勉尽责，不得敷衍塞责、消极懈怠。对疏于管理，致使抗震救灾款物被贪污、挪用、毁损、灭失或者浪费严重的，对有关责任人员党内给予警告或者严重警告处分，行政给予警告、记过或者记大过处分；情节严重的，党内给予撤销党内职务、留党察看或者开除党籍处分，行政给予降级、撤职或者开除处分。

对因失职渎职影响灾民生活或者造成其他严重后果的，加重或者从重处分。

十一、严肃查处贪污、私分抗震救灾款物行为。

经手管理使用抗震救灾款物应当手续完备、专款专用、专人负责、独立核算、账目清楚。对贪污抗震救灾款物的，党内给予撤销党内职务或者留党察看处分，行政给予降级或者撤职处分；情节严重的，党内给予开除党籍处分，行政给予开除处分。

以集体名义将抗震救灾款物私分给个人的，对有关责任人员党内给予撤销党内职务或者留党察看处分，行政给予降级或者撤职处分；情节严重的，党内给予开除党籍处分，行政给予开除处分。

少数人私分抗震救灾款物的，以贪污论。

十二、有违反抗震救灾款物管理使用有关规定行为的单位，其负有责任的领导人员和直接责任人员，以及有违反抗震救灾款物管理使用有关规定行为的个人，应当承担纪律责任。属于下列人员，按照本规定给予党纪政纪处分：

（一）党员；

（二）行政机关公务员；

（三）法律、法规授权的具有公共事务管理职能的组织中除工勤人员以外的工作人员；

（四）行政机关依法委托的组织中除工勤人员以外的工作人员；

（五）企业、事业单位、社会团体中由行政机关任命的人员；

（六）村民委员会、居民委员会的组成人员。

十三、对违反上述规定的单位和个人，要依法依纪从快、从严查处。涉嫌犯罪的，移送司法机关依法处理。对违反上述规定的案件隐瞒不报、压案不查、包庇袒护的，一经发现，严肃追究有关责任人员的责任。

十四、本规定所称抗震救灾款物，是指各级财政投入、拨付的和社会捐赠的用于抗震救灾的资金、物资。

十五、本规定自发布之日起施行。

本规定发布前，有抗震救灾款物管理使用违法违纪行为，造成严重后果或者恶劣影响的，依照本规定处理。

违反大中型水库移民后期扶持基金征收使用管理规定责任追究办法

（监察部、人事部、财政部令第13号 2007年12月25日）

第一条 为了规范大中型水库移民后期扶持基金（以下简称后期扶持基金）征收使用管理工作，严肃财经纪律，确保后期扶持基金征收使用管理的安全有效，根据《行政机关公务员处分条例》、《财政违法行为处罚处分条例》、《大中型水利水电工程建设征地补偿和移民安置条例》及其他有关法律、行政法规，制定本办法。

第二条 有违反后期扶持基金征收使用管理规定行为的单位，对其负有责任的领导人员和直接责任人员，以及对有违反后期扶持基金征收使用管理规定行为的个人，属于下列人员的（以下统称有关责任人员），由监察机关或者任免机关按照管理权限依法给予处分：

（一）行政机关公务员；

（二）法律、法规授权的具有公共事务管理职能的事业单位中经批准参照《中华人民共和国公务员法》管理的工作人员；

（三）行政机关依法委托的组织中除工勤人员以外的工作人员；

（四）企业、事业单位、社会团体中由行政机关任命的人员。

县级以上人民政府财政部门在职权范围内，依法对违反后期扶持基金征收使用管理规定的行为作出处理、处罚决定。

省级以上人民政府财政部门的派出机构，应当在规定职权范围内，依法对违反后期扶持基金征收使用管理规定的行为作出处理、处罚决定。

第三条 地方人民政府及其有关部门、财政部驻当地财政监察专员办事处擅自减免后期扶持基金，擅自调整基金征收标准或者扩大社会销售电量扣除范围的，责令改正，调整有关会计账目，补收应当收取的基金，限期退还违法所得。对单位给予警告或者通报批评。对有关责任人员给予警告、记过或者记大过处分；情节严重的，给予降级或者撤职处分。

第四条 省级电网企业及其工作人员未按照规定向财政部驻当地财政监察专员办事处申报上月实际销售电量和应缴纳的后期扶持基金的，责令改正。对单位给予警告或者通报批评。

第五条 省级电网企业及其工作人员未及时按照规定足额上缴代征的后期扶持基金的，责令改正，调整有关会计账目，收缴应当上缴的基金。对单位给予警告，没收违法所得，并处不缴或者少缴基金额10%以上30%以下的罚款；对有关责任人员处3 000元以上5万元以下的罚款。

第六条 地方人民政府及其有关部门截留、挪用后期扶持基金的，责令退赔，限期退还违法所得。对单位给予警告或者通报批评。对有关责任人员给予记大过处分；情节较重的，给予降级或者撤职处分；情节严重的，给予开除处分。

第七条 省级电网企业及其工作人员截留、挪用后期扶持基金的，责令退赔，限期退还违法所得，并处截留、挪用基金额 3 倍以下的罚款。对单位给予警告或者通报批评。

第八条 省级电网企业及其工作人员从代征的后期扶持基金收入中直接提留代征手续费的，责令改正，调整有关会计账目，收缴应当上缴的后期扶持基金。对单位给予警告或者通报批评。

第九条 地方财政部门、移民管理机构及其工作人员未按照年度后期扶持基金使用计划和规定用途及时拨付资金的，责令改正，调整有关会计账目，追回有关财政资金，限期退还违法所得。对单位给予警告或者通报批评。对有关责任人员给予记大过处分；情节较重的，给予降级或者撤职处分；情节严重的，给予开除处分。

第十条 地方财政部门、移民管理机构未按照规定编制年度后期扶持基金收支预（决）算，或者未将预（决）算报上一级机关备案的，责令改正。对单位给予警告或者通报批评。对有关责任人员给予警告、记过或者记大过处分；情节较重的，给予降级处分；情节严重的，给予撤职处分。

第十一条 具体使用管理后期扶持基金的机构及其工作人员未按照国家规定的使用范围和扶持方式使用后期扶持基金，责令改正，追回有关财政资金，限期退还违法所得。对单位给予警告或者通报批评。对有关责任人员给予记大过处分；情节较重的，给予降级或者撤职处分；情节严重的，给予开除处分。

第十二条 具体使用管理后期扶持基金的机构未设立移民个人或者家庭档案和基金发放的账册、账户的，责令限期改正。对有关责任人员给予警告、记过或者记大过处分；情节较重的，给予降级处分；情节严重的，给予撤职处分。

第十三条 使用后期扶持基金的地方人民政府未按有关规定向上级人民政府财政部门和移民管理机构上报基金使用报告的，责令改正；情节严重的，给予警告或者通报批评。

第十四条 有违反后期扶持基金征收使用管理规定行为，涉嫌犯罪的，应当移送司法机关依法追究刑事责任。

第十五条 本办法由监察部、人事部和财政部负责解释。

第十六条 本办法自公布之日起施行。

关于对涉及农民负担案（事）件实行责任追究的暂行办法

（中办发［2002］19号　2002年8月9日）

第一条　为贯彻落实党中央、国务院关于减轻农民负担的各项方针政策，强化减轻农民负担工作党政一把手负责制，切实抓好减轻农民负担工作，进一步密切党群、干群关系，维护农村社会稳定，根据《中共中央、国务院关于切实做好减轻农民负担工作的决定9（中发［1996］13号）和《中共中央、国务院关于印发〈关于实行党风廉政建设责任制的规定）的通知9（中发［1998］16号）等文件精神和有关规定，结合实际，制定本办法。

第二条　地方各级党委、政府应当对本地区贯彻执行减轻农民负担政策的情况实行有效的监督管理，严格执行责任追究制度，对发生涉及农民负担的恶性案件、严重群体性事件成造成重大影响的其他案（事）件负有责任的县（市、区）、乡（镇）党政领导人员和其他直接责任人员，给予党纪、政纪处分。

第三条　实行责任追究要坚持实事求是、客观公正的原则。

第四条　责任追究的对象；是指因农民负担问题引发的恶性案件、严重群体性事件戉造成重大彰响的其他案（事）件的县（市、区），乡（镇）的党政；主要负责人和对案（事）件发生负有直接领导责任的其他党改领导班子成员，以及有关部门的领导人员和其他直接责任人员。

第五条　具有下列情形之一的，对担任党内领导职务的责任追究对象给予警告、严重警告处分，情节严重的，给予撤销党内职务处分，情节特别严重的，给予留党察看、开除党籍处分；对担任行政领导职务的责任追究对象给予警告、记过、记大过处分，情节严重的，给予降级、撤职处分；情节特别严重的，给予开除公职处分。对同时担任党内领导职务和行政领导职务的责任追究对象，情节严重的，应当同时给予党纪、政纪处分。

（一）违反减轻农民负担政策、工作作风粗暴或违反规定采取措施，导致农民死亡或直接造成农民受重伤的；

（二）违反减轻农民负担政策，使害农民的合法权益，导致发生干群冲突群体性事件成影响社会稳定的其他群体性事件的；

（三）发生因涉及农民负担而造成重大影响的其他案（事））件的。

第六条　责任追究权由省、自治区、直辖市和市（地）、县（市、区）党委;：政府按照干部管理权限行使.

省、自治区、直辖市（地）、县（市、区）农民负担监督管理部门根据调查、检查和考核结果，向本级党委、政府提出责任追究建议，经批准后，由纪检，监察、组织、人事等机关部们根据各自的职责具体执行。对涉及农民负担案，（事）件的其他直接责任人员，按照干部管理权限和有关规定给予党纪、政纪处分。

第七条　对发生涉及农民负担案（事）件负有直接责任的有关部门的领导人员和其他

直接责任人员，由有关部门或纪检、监察机关按照干部管理权限和有关规定进行处理。

第八条 各级组织、人事部门要把减轻农民负担工作作为考核和任用各级党政领导人员特别是县、乡两级党政领导人员的一项重要依据和内容，在涉及县（市、区）、乡（镇）党政领导人员晋职、晋级时，按照干部管理权限和规定的程序，征求有关方面的意见。

第九条 对屡次发生涉及农民负担恶性案件、严重群体性事件或造成重大影响的其他案（事）件，影响特别恶劣的，对该市（地）党政领导人员依照本办法第五条的规定处理。

第十条 涉及农民负担的恶性案件、严重群体性事件或造成重大影响的其他案（事）件发生后，县（市、区）、乡（镇）党委、政府及有关部门应当按照规定的程序和时限上报，并配合、协助上级机关进行调查，不得隐瞒不报、谎报或拖延报告，不得以任何方式阻碍、干扰调查。

对违反本条规定的，要对责任人和有关领导人员加重处理。

第十一条 辖区内有自然村的街道办事处依照本办法执行。

第十二条 各省、自治区、直辖市可根据本办法，结合本地实际，制定实施细则。

第十三条 本办法实施中的问题由中央纪委、监察部、农业部负责解释。

第十四条 本办法自发布之日起施行。

关于执行《关于对涉及农民负担案（事）件实行责任追究的暂行办法》若干问题的解释

（中纪发［2005］13号 2005年9月22日）

第一条 为正确、有效地贯彻实施《中共中央办公厅、国务院办公厅关于印发〈关于对涉及农民负担案（事）件实行责任追究的暂行办法〉的通知》（中办发［2002］19号，以下简称《暂行办法》），严格执行责任追究制，依据《暂行办法》第十三条的规定，结合工作实际，制定本解释。

第二条 《暂行办法》第二条所称“涉及农民负担的恶性案件”，是指因违反减轻农民负担政策、工作作风粗暴或者违反规定采取措施，导致农民死亡或者直接造成农民受重伤的案件。

《暂行办法》第二条所称“涉及农民负担的严重群体性事件”，是指因违反减轻农民负担政策，侵害农民的合法权益，导致发生干群冲突群体性事件，或者农民集体越级上访、堵塞铁路或主要公路交通干道，以及围攻乡（镇）及以上党委、政府机关等影响社会稳定的其他群体性事件。

《暂行办法》第二条所称“造成重大影响的其他案（事）件”，是指由下列行为引发的、在本地区造成重大社会影响的涉及农民负担案（事）件：

（一）在涉及农民负担工作中违法采取限制农民人身自由的强制措施的；

（二）组织工作队，或者组织公安、检察、法院等政法机关的人员向农民收取钱物的；

（三）违法使用武器、警械等对农民实施暴力行为，尚未造成农民重伤的；

（四）造成重大影响的其他行为。

第三条 《暂行办法》第五条规定的“违反减轻农民负担政策”，包括以下行为：

（一）违反有关规定，擅自出台涉及农民负担收费文件或者收费项目、擅自提高收费标准，增加农民负担的；

（二）违反“一事一议”管理规定向农民筹资筹劳，或者强行以资代劳的；

（三）向农村中小学生乱收费和搭车收费的；

（四）组织要农民出钱出物出工的达标升级活动，或者以检查验收、评比等形式搞变相达标升级活动的；

（五）向农民收取没有法律、法规依据的行政事业性收费的；

（六）对农民乱罚款和进行各种集资、摊派的；

（七）违反自愿原则，强行向农民提供经营性服务收取服务费用或者只收费不服务的；

（八）动用警力、警械或者组织工作队，到农民家中收款收物的；

（九）在收取税费过程中，强行以物抵款，或者殴打、关押农民的；

（十）截留、挪用、克扣粮食直接补贴、良种补贴、农机具购置补贴、退耕还林钱粮补助等应发给农民的各种补贴资金，或者向农民“打白条”的；

（十一）违反减免农业税政策，不对农民依法减免农业税，或者减免农业税不到位的；

（十二）其他违反减轻农民负担政策的行为。

第四条 凡发生涉及农民负担案（事）件的，应当根据有关情况，同时追究负有责任的县（市、区）、乡（镇）党委、政府的主要负责人和对案（事）件的发生负有直接领导责任的其他党政领导班子成员，以及有关部门负责人和其他直接责任人员的党纪、政纪责任。

第五条 对涉及农民负担案（事）件的发生负有责任的有关党政主要负责人和对案（事）件的发生负有直接领导责任的其他党政领导班子成员，以及有关部门负责人和其他直接责任人员，不因辞职、调离、退休等工作变动原因而免除其责任。

第六条 对涉及农民负担案（事）件的责任人员给予党纪、政纪处分的同时，可以给予通报批评、责令辞职、停职、免职和调离等组织处理。涉嫌犯罪的，应当移送司法机关处理。

第七条 涉及农民负担案（事）件发生后，发生地的市（地）、县（市、区）农民负担监督管理部门应当会同监察等部门负责对案（事）件进行调查，并在调查核实的基础上，向本级党委、政府提出处理建议。经批准后，由纪检、监察、组织、人事等部门按照职责分工和干部管理权限执行。必要时，省（区、市）农民负担监督管理部门可以会同监察等部门，直接调查下级管辖的涉及农民负担案（事）件，并提出处理建议。在对案（事）件进行核查处理之后，省（区、市）农民负担监督管理部门应当会同同级监察部门，联合向监察部、农业部提交核查和处理情况报告。

监察部、农业部负责全国涉及农民负担案（事）件的督办，必要时可以直接立案调查。对有关省（区、市）自行调查的案（事）件，监察部、农业部要对上报的调查报告进行审核，认为需要补充调查的，可以退回补充调查。有关省（区、市）应当在一个月内完成补充调查。

第八条 发生涉及农民负担案（事）件的地方，当地党委、政府要及时向上一级党委、政府和有关部门报告案情，逐级上报到监察部、农业部的时间不得超过案发后的第七天。查处结果报到监察部、农业部的时间不得超过案发后的两个月；对案情重大复杂、期限届满仍不能终结的案（事）件，经监察部或者农业部批准可以延长一个月。

对由于征收税费引发的农民非正常死亡或者伤残的案（事）件，不论发生时是否定性为涉及农民负担案（事）件，都要在规定期限内如实上报案情及查处结果。

第九条 地方各级人民政府的有关部门违反减轻农民负担政策，擅自制定和发布向农民乱收费、乱罚款和各种集资、摊派等加重农民负担的文件或者收费项目、擅自提高收费标准，引发涉及农民负担案（事）件的，对该部门的领导人员依照《暂行办法》第五条的规定追究其相关责任。

实行垂直领导的部门的工作人员实施了直接导致涉及农民负担案（事）件发生的行政行为，对该部门的负责人和直接责任人员分别依照《暂行办法》第五条、第六条第三款的规定追究其相关责任。

第十条 《暂行办法》第九条规定的“对屡次发生涉及农民负担恶性案件、严重群体性事件或造成重大影响的其他案（事）件”中的“屡次”，是指一年内两次以上（含两次）。

第十一条 具有《暂行办法》第五条规定情形之一，同时违反《暂行办法》第十条第一款规定的，应当合并处理。

第十二条 本解释自发布之日起施行。中央纪委、监察部、农业部以前单独或者联合发布的有关涉及农民负担案（事）件责任追究的规范性文件，凡与本解释不一致的，按照本解释执行。

第 26 章　纪律处分制度

中国共产党纪律处分条例

（中发［2003］18 号　2003 年 12 月 31 日）

第一编　总　则

第一章　指导思想、原则和适用范围

第一条　中国共产党纪律处分条例，以马克思列宁主义、毛泽东思想、邓小平理论和“三个代表”重要思想为指导，依据党章和宪法、法律，结合党的建设的实践制定。

第二条　本条例的任务，是维护党的章程和其他党内法规，严肃党的纪律，纯洁党的组织，保障党员民主权利，教育党员遵纪守法，维护党的团结统一，保证党的路线、方针、政策、决议和国家法律、法规的贯彻执行。

第三条　坚持党要管党、从严治党的原则。党的各级组织和全体党员应当遵守和维护党的纪律。对于违犯党纪的党组织和党员，必须严肃处理。

第四条　坚持党员在党纪面前人人平等的原则。党内不允许有任何不受纪律约束的党组织和党员。凡是违犯党纪的行为，都必须受到追究；应当受到党纪处分的，必须给予相应的处分。

第五条　坚持实事求是的原则。对党组织和党员违犯党纪的行为，应当以事实为依据，以党章、其他党内法规和国家法律、法规为准绳，准确地认定违纪性质，区别不同情况，恰当地予以处理。

第六条　坚持民主集中制的原则。实施党纪处分，应当按照规定程序经党组织集体讨论决定，不允许任何个人或者少数人决定和批准。上级党组织对违犯党纪的党组织和党员作出的处理决定，下级党组织必须执行。

第七条　坚持惩前毖后、治病救人的原则。处理违犯党纪的党组织和党员，应当实行惩戒与教育相结合，做到宽严相济。

第八条　本条例适用于违犯党纪应当受到党纪追究的党组织和党员。

第二章　违纪与纪律处分

第九条　党的纪律是党的各级组织和全体党员必须遵守的行为规则。党组织和党员违反党章和其他党内法规，违反国家法律、法规，违反党和国家政策、社会主义道德，危害党、国家和人民利益的行为，依照规定应当给予党纪处分的，都必须受到追究。

第十条　对党员的纪律处分种类：

（一）警告；

（二）严重警告；

（三）撤销党内职务；

（四）留党察看；

（五）开除党籍。

第十一条　对严重违犯党纪的党组织的纪律处理措施：

（一）改组；

（二）解散。

第十二条　党员受到警告或者严重警告处分，一年内不得在党内提升职务和向党外组织推荐担任高于其原任职务的党外职务。

第十三条　撤销党内职务处分，是指撤销受处分党员由党内选举或者组织任命的党内各种职务。对于在党内担任两个以上职务的，党组织在作处分决定时，应当明确是撤销其一切职务还是某个职务。如果决定撤销其某个职务，则必须从其担任的最高职务开始依次撤销。对于在党外组织担任职务的，应当建议党外组织依照规定作相应处理。

对于应当受到撤销党内职务处分，但是本人没有担任党内职务的，应当给予其严重警告处分。其中，在党外组织担任职务的，应当建议党外组织撤销其党外职务。

党员受到撤销党内职务处分，二年内不得在党内担任和向党外组织推荐担任与其原任职务相当或者高于其原任职务的职务。

第十四条　留党察看处分，分为留党察看一年、留党察看二年。对于受到留党察看处分一年的党员，期满后仍不符合恢复党员权利条件的，再延长一年留党察看期限。留党察看期限最长不得超过二年。

党员受留党察看处分期间，没有表决权、选举权和被选举权。留党察看期间，确有悔改表现的，期满后恢复其党员权利；坚持不改或者又发现其他应受党纪处分的违纪行为的，应当开除党籍。

党员受到留党察看处分，其党内职务自然撤销。对于担任党外职务的，应当建议党外组织撤销其党外职务。受到留党察看处分的党员，恢复党员权利后二年内，不得在党内担任和向党外组织推荐担任与其原任职务相当或者高于其原任职务的职务。

第十五条　党员受到开除党籍处分，五年内不得重新入党。另有规定不准重新入党的，依照规定。

第十六条　对于严重违犯党纪、本身又不能纠正的党组织领导机构，应当予以改组。受到改组处理的党组织领导机构成员，除应当受到撤销党内职务以上（含撤销党内职务）处分的外，均自然免职。

第十七条　对于全体或者多数党员严重违犯党纪的党组织，应当予以解散。对于受到解散处理的党组织中的党员，应当逐个审查。其中，符合党员条件的，应当重新登记，并参加新的组织过党的生活；不符合党员条件的，宣布除名；有违纪行为的，依照规定予以追究。

第三章　纪律处分运用规则

第十八条　故意违纪受处分后又因故意违纪应当受到党纪处分的，应当从重处分。

第十九条　从轻、从重处分，是指在本条例分则中规定的违纪行为应当受到的处分幅度以内，给予较轻或者较重的处分。

第二十条 减轻、加重处分，是指在本条例分则中规定的违纪行为应当受到的处分幅度以外，减轻或者加重一档给予处分。

本条例规定的只有开除党籍处分一个档次的违纪行为，不适用前款减轻处分的规则。

第二十一条 有下列情形之一的，可以依照规定从轻或者减轻处分：

（一）主动交代本人应当受到党纪处分的问题的；

（二）主动检举同案人或者其他人应当受到党纪处分的问题，经查证属实的；

（三）主动挽回损失或者有效阻止危害结果发生的；

（四）主动退出违纪违法所得的；

（五）有其他立功表现的；

（六）本条例分则中另有规定的。

第二十二条 根据案件的特殊情况，由中央纪委决定或者经省（部）级纪委（不含副省级市纪委）决定并呈报中央纪委批准，对违纪党员也可以在本条例规定的量纪幅度以外减轻处分。

第二十三条 对于党员违犯党纪应当给予警告或者严重警告处分，但是具有本条例第二十一条规定的情形之一或者本条例分则中另有规定的，可以给予批评教育或者组织处理，免予党纪处分。对违纪党员免予处分，应当作出书面结论。

第二十四条 有下列情形之一的，可以依照规定从重或者加重处分：

（一）强迫、唆使他人违纪违法的；

（二）串供或者伪造、销毁、隐匿证据的；

（三）阻止他人揭发检举、提供证据材料的；

（四）包庇同案人员或者打击报复批评人、检举人、控告人、证人及其他人员的；

（五）有其他干扰、妨碍组织审查行为的；

（六）本条例分则中另有规定的。

第二十五条 一人有本条例分则中规定的两种以上（含两种）应当受到党纪处分的违纪行为，应当合并处理，按其数种违纪行为中应当受到的最高处分加重一档给予处分；如果其中一种违纪行为应当受到开除党籍处分的，即给予开除党籍处分。

第二十六条 基于一个违纪故意或者过失，其行为触犯本条例分则中两个以上（含两个）条款，依照处分较重的条款定性处理。

一个条款规定的违纪构成要件全部包含在另一个条款规定的违纪构成要件中，特别规定与一般规定不一致的，适用特别规定。

第二十七条 二人以上（含二人）共同故意违纪的，对为首者，除本条例分则中另有规定的外，从重处分；对其他成员，按照其在共同违纪中所起的作用和应负的责任，分别给予党纪处分。

对于经济方面共同违纪的，按照个人所得数额及其所起作用，分别处分。对违纪集团的首要分子，按照集团违纪的总数额处分；对其他共同违纪的为首者，情节严重的，按照共同违纪的总数额处分。

教唆他人违纪违法的，应当按照其在共同违纪中所起的作用追究党纪责任。

第二十八条 党组织领导机构集体作出违犯党纪的决定或者实施其他违犯党纪的行

为，对具有共同故意的成员，按共同违纪处理；对过失违纪的成员，按照各自在集体违纪中所起的作用和应负的责任分别处分。

第二十九条　对于本条例没有规定但危害党、国家和人民利益，确需追究党纪责任的违纪行为，比照分则中最相类似的条款处理。需要比照处理的案件，按照处分党员批准权限的规定，应当由省（部）级党委、纪委批准处理的案件，报请中央纪委批准；应当由省（部）级以下党委、纪委批准处理的案件，由省（部）级纪委（不含副省级市纪委）批准并报中央纪委备案。

第四章　对违法犯罪党员的纪律处分

第三十条　有下列情形之一的，应当给予开除党籍处分：

（一）因故意犯罪被依法判处《中华人民共和国刑法》规定的主刑（含宣告缓刑）的；

（二）单处或者附加剥夺政治权利的；

（三）因过失犯罪，被依法判处三年以上（不含三年）有期徒刑的。

因过失犯罪被判处三年以下（含三年）有期徒刑或者被判处管制、拘役的，一般应当开除党籍。对于个别可以不开除党籍的，应当对照处分党员批准权限的规定，报请再上一级党组织批准。

第三十一条　依法被劳动教养的，应当给予开除党籍处分，但是中共中央和中央纪委另有规定的除外。

第三十二条　党员受到党纪追究，需要给予行政处分或者其他纪律处分的，作出或者批准作出处理决定的党组织应当向有关机关或者组织提出建议；涉嫌犯罪的，应当移送司法机关。

第三十三条　党员依法受到刑事追究的，党组织应当根据司法机关的生效判决、裁定和决定及其认定的事实、性质和情节，依照本条例规定给予党纪处分或者组织处理。

党员依法受到行政处罚、行政处分，应当追究党纪责任的，党组织可以根据生效的行政处罚、行政处分决定认定的事实、性质和情节，经核实后依照本条例规定给予党纪处分或者组织处理。

党员违反国家法律、法规、企事业单位或者其他社会组织的规章制度受到其他纪律处分，应当追究党纪责任的，党组织在对有关方面认定的事实、性质和情节进行核实后，依照本条例规定给予党纪处分或者组织处理。

第五章　其他规定

第三十四条　本条例所称党和国家工作人员，包括党的工作人员和国家工作人员。

党的工作人员，是指党的各级机关中除工勤人员以外的工作人员和党的基层组织中专职、兼职从事党内事务的党员。

对国家工作人员和以国家工作人员论的人员的认定，依照法律和全国人民代表大会常务委员会的法律解释以及司法解释执行。

本条例所称非国家工作人员，是指企业（公司）或者其他单位中除国家工作人员和以国家工作人员论的人员之外的人员。

第三十五条　预备党员违犯党纪，情节较轻，尚可保留预备党员资格的，应当对其批评教育或者延长预备期；情节较重的，应当取消其预备党员资格。

第三十六条 对违纪后下落不明的党员，应当区别情况作出处理：

（一）对有严重违纪行为，应当给予开除党籍处分的，党组织应当作出决定，开除其党籍；

（二）除前项规定的情况外，下落不明时间超过六个月的，党组织应当按照党章规定对其予以除名。

第三十七条 违纪党员在党组织作出处分决定前死亡，或者在死亡之后发现其曾有严重违纪行为，对于应当给予开除党籍处分的，开除其党籍；对于应当给予留党察看以下（含留党察看）处分的，作出书面结论，不再给予党纪处分。

第三十八条 失职、渎职行为有关责任人员的区分：

（一）直接责任者，是指在其职责范围内，不履行或者不正确履行自己的职责，对造成的损失或者后果起决定性作用的党员或者党员领导干部。

（二）主要领导责任者，是指在其职责范围内，对直接主管的工作不履行或者不正确履行职责，对造成的损失或者后果负直接领导责任的党员领导干部。

（三）重要领导责任者，是指在其职责范围内，对应管的工作或者参与决定的工作不履行或者不正确履行职责，对造成的损失或者后果负次要领导责任的党员领导干部。

第三十九条 本条例所称主动交代，是指涉嫌违纪的党员在组织初核前向有关组织交代自己的问题，或者在初核和立案调查其问题期间交代组织未掌握的问题。

在案件的初核、立案调查过程中，涉嫌违纪的党员能够配合调查工作，如实坦白组织已掌握的其本人主要违纪事实的，可以从轻处分。

第四十条 直接经济损失，是指与违纪行为有直接因果关系而造成财产损毁的实际价值。计算经济损失主要计算直接经济损失。

第四十一条 对于违纪行为所获得的经济利益，应当收缴或者责令退赔。

对于违纪行为所获得的职务、职称、学历、学位、奖励、资格等其他利益，应当由承办案件的纪检机关或者由其上级纪检机关建议有关组织、部门、单位按规定予以纠正。

对于依照本条例第三十六条、第三十七条规定处理的党员，经调查确属其实施违纪行为获得的利益，依照本条规定处理。

第四十二条 党纪处分决定作出后，应当在一个月内向受处分党员所在党的基层组织中的全体党员及其本人宣布，并按照干部管理权限和组织关系将处分决定材料归入受处分者档案；对于受到撤销党内职务以上（含撤销党内职务）处分的，还应当在一个月内办理职务、工资等相应变更手续；涉及撤销或者调整其党外职务的，应当建议党外组织及时撤销或者调整其党外职务。特殊情况下，经作出或者批准作出处分决定的组织批准，可以适当延长办理期限。

第四十三条 执行党纪处分决定的机关或者受处分党员所在单位，应当在六个月内将处分决定的执行情况向作出或者批准处分决定的机关报告。

不按照规定落实党纪处分决定和其他相关处理手续的，应当追究主要责任者和其他直接责任人员的责任。其中情节较重应当给予党纪处分的，依照本条例规定处理。

第四十四条 本条例总则适用于有党纪处分规定的其他党内法规，但是中共中央发布或者批准发布的其他党内法规有特别规定的除外。

第二编　分　则

第六章　违反政治纪律的行为

第四十五条　组织、参加反对党的基本理论、基本路线、基本纲领、基本经验或者重大方针政策的集会、游行、示威等活动的，对策划者、组织者和骨干分子，给予开除党籍处分。

对其他参加人员或者以提供信息、资料、财物、场地等方式支持上述活动者，情节较轻的，给予警告或者严重警告处分；情节较重的，给予撤销党内职务或者留党察看处分；情节严重的，给予开除党籍处分。

对不明真相被裹挟参加，经批评教育后确有悔改表现的，可以免予处分或者不予处分。

第四十六条　坚持资产阶级自由化立场，公开发表反对四项基本原则，或者反对改革开放的文章、演说、宣言、声明等的，给予开除党籍处分。

公开发表违背四项基本原则、违背改革开放或者其他有严重政治问题的文章、演说、宣言、声明等的，给予批评教育；情节较重的，给予警告或者严重警告处分；情节严重的，给予撤销党内职务、留党察看或者开除党籍处分。

违反党和国家有关规定，播出、刊登、出版第一款、第二款所列文章、演说、宣言、声明等的，对主要责任者和其他直接责任人员，给予严重警告或者撤销党内职务处分；情节严重的，给予留党察看或者开除党籍处分。

第四十七条　从国（境）外携带反动书刊、音像制品、电子读物等入境的，给予批评教育；情节较重的，给予警告或者严重警告处分；情节严重的，给予撤销党内职务、留党察看或者开除党籍处分。

第四十八条　组织、领导旨在反对党的领导、反对社会主义制度、敌视政府或者危害国家安全的非法组织的，对策划者、组织者和骨干分子，给予开除党籍处分。

对其他参加人员，情节较轻的，给予警告或者严重警告处分；情节较重的，给予撤销党内职务或者留党察看处分；情节严重的，给予开除党籍处分。

第四十九条　组织、领导会道门或者邪教组织的，对策划者、组织者和骨干分子，给予开除党籍处分。

对其他参加人员，情节较轻的，给予警告或者严重警告处分；情节较重的，给予撤销党内职务或者留党察看处分；情节严重的，给予开除党籍处分。

对不明真相的参加人员，经批评教育后确有悔改表现的，可以免予处分或者不予处分。

第五十条　拒不执行党和国家的方针政策和重大工作部署、决定，或者故意作出与党和国家的方针政策和重大工作部署、决定相违背决定的，对直接责任者，给予严重警告或者撤销党内职务处分；情节严重的，给予留党察看或者开除党籍处分。

第五十一条　在党内以组织秘密集团等方式进行分裂党的活动的，给予开除党籍处分。

参加秘密集团或者其他分裂党的活动的，给予留党察看或者开除党籍处分。

第五十二条　参加国（境）外情报组织或者向国（境）外机构、组织、人员非法提供情报的，给予开除党籍处分。

第五十三条 投敌叛变的，给予开除党籍处分。

向敌人自首的，给予开除党籍处分。

第五十四条 在国（境）外、外国驻华使（领）馆申请政治避难，或者违纪违法后逃往国（境）外、外国驻华使（领）馆的，给予开除党籍处分。

在国（境）外公开发表反对党和政府的言论的，依照前款规定处理。

故意为上述行为提供方便条件的，给予留党察看或者开除党籍处分。

第五十五条 挑拨民族关系制造事端或者参加民族分裂活动的，对策划者、组织者和骨干分子，给予开除党籍处分。

对其他参加人员，情节较轻的，给予警告或者严重警告处分；情节较重的，给予撤销党内职务或者留党察看处分；情节严重的，给予开除党籍处分。

对不明真相被裹挟参加，经批评教育后确有悔改表现的，可以免予处分或者不予处分。

有其他违反党和国家民族政策的行为，情节较轻的，给予警告或者严重警告处分；情节较重的，给予撤销党内职务或者留党察看处分；情节严重的，给予开除党籍处分。

第五十六条 组织、利用宗教活动反对党的路线、方针、政策，煽动骚乱闹事，破坏国家统一和民族团结的，对策划者、组织者和骨干分子，给予开除党籍处分。

对其他参加人员，情节较轻的，给予警告或者严重警告处分；情节较重的，给予撤销党内职务或者留党察看处分；情节严重的，给予开除党籍处分。

对不明真相被裹挟参加，经批评教育后确有悔改表现的，可以免予处分或者不予处分。

有其他违反党和国家宗教政策的行为，情节较轻的，给予警告或者严重警告处分；情节较重的，给予撤销党内职务或者留党察看处分；情节严重的，给予开除党籍处分。

第五十七条 组织、利用宗族势力对抗党和政府，妨碍党和国家的方针政策以及法律、法规的贯彻实施，或者制造宗族矛盾破坏社会稳定的，对策划者、组织者和骨干分子，情节较重的，给予开除党籍或者留党察看处分；情节较轻，能够认真检讨并有悔改表现的，给予撤销党内职务或者严重警告处分。

第五十八条 编造谣言丑化党和国家形象，情节较轻的，给予警告或者严重警告处分；情节较重的，给予撤销党内职务或者留党察看处分；情节严重的，给予开除党籍处分。

传播谣言丑化党和国家形象，情节较重的，给予警告或者严重警告处分；情节严重的，给予撤销党内职务处分。

第五十九条 在涉外活动中，其行为在政治上造成恶劣影响，损害党和国家尊严、利益的，给予撤销党内职务或者留党察看处分；情节严重的，给予开除党籍处分。

第七章 违反组织、人事纪律的行为

第六十条 违反党章和其他党内法规的规定，采取弄虚作假或者其他手段把不符合党员条件的人发展为党员，或者为非党员出具党员身份证明的，对主要责任者，给予警告或者严重警告处分；情节严重的，给予撤销党内职务处分。

违反有关规定程序发展党员的，对主要责任者，依照前款规定处理。

第六十一条　违反民主集中制原则，拒不执行或者擅自改变党组织作出的重大决定，或者违反议事规则，个人或者少数人决定重大事项的，给予警告或者严重警告处分；情节严重的，给予撤销党内职务或者留党察看处分。

第六十二条　下级党组织拒不执行上级党组织决定的，对主要责任者，给予警告或者严重警告处分；情节严重的，给予撤销党内职务或者留党察看处分。

第六十三条　在党内搞非组织活动，破坏党的团结统一的，给予严重警告或者撤销党内职务处分；情节严重的，给予留党察看或者开除党籍处分。

第六十四条　在干部选拔任用工作中，违反干部选拔任用规定的，追究主要责任者和其他直接责任人员的责任，情节较轻的，给予警告或者严重警告处分；情节较重的，给予撤销党内职务或者留党察看处分；情节严重的，给予开除党籍处分。

在选举中，进行违反党章、其他党内法规和国家法律、法规以及其他有关章程活动的，对主要责任者和其他直接责任人员，依照前款规定处理。

用人失察失误造成严重后果的，对主要责任者和其他直接责任人员，依照第一款规定处理。

第六十五条　拒不执行组织的分配、调动、交流决定的，给予警告、严重警告或者撤销党内职务处分。

第六十六条　在干部、职工的录用、考核、职务晋升、职称评定和征兵、安置复转军人等工作中，隐瞒、歪曲事实真相或者利用职务上的便利违反规定为本人或者其他人谋取利益的，给予警告或者严重警告处分；情节严重的，给予撤销党内职务或者留党察看处分。

第六十七条　在考试、录取工作中，有泄露试题、考场舞弊、涂改考卷等违反有关规定行为的，给予警告或者严重警告处分；情节较重的，给予撤销党内职务或者留党察看处分；情节严重的，给予开除党籍处分。

第六十八条　以不正当方式谋求本人或者其他人用公款出国（境），情节较轻的，给予警告处分；情节较重的，给予严重警告处分；情节严重的，给予撤销党内职务处分。

第六十九条　临时出国（境）团（组）或者人员中的党员，擅自延长在国（境）外期限，或者擅自变更路线，造成不良影响或者经济损失的，对主要责任者，给予警告或者严重警告处分；情节严重的，给予撤销党内职务处分。

第七十条　驻外机构或者临时出国（境）团（组）中的党员擅自脱离组织，或者从事外事、机要、军事等工作的党员违反有关规定同国（境）外机构、人员联系和交往的，给予警告、严重警告或者撤销党内职务处分。

第七十一条　驻外机构或者临时出国（境）团（组）中的党员，脱离组织出走时间不满六个月又自动回归的，给予严重警告、撤销党内职务或者留党察看处分；脱离组织出走时间超过六个月的，按照自行脱党处理，党内予以除名。

故意为他人脱离组织出走提供方便条件的，给予警告、严重警告或者撤销党内职务处分；情节较轻并认真检讨的，可以免予处分。

第八章　违反廉洁自律规定的行为

第七十二条　利用职务上的便利，非法占有非本人经管的国家、集体和个人财物，或者以购买物品时象征性地支付钱款等方式非法占有国家、集体和个人财物，或者无偿、象征性地支付报酬接受服务、使用劳务，情节较轻的，给予警告或者严重警告处分；情节较重的，给予撤销党内职务或者留党察看处分；情节严重的，给予开除党籍处分。

利用职务上的便利，将本人或者亲属应当由个人支付的费用，由下属单位或者其他单位支付、报销的，依照前款规定处理。

利用职务上的便利，将配偶、子女及其配偶应当由个人支付的出国（境）留学费用，由他人支付、报销的，依照第一款规定处理。

第七十三条　利用职务上的便利，占用公物归个人使用，时间超过六个月，情节较重的，给予警告或者严重警告处分；情节严重的，给予撤销党内职务处分。

占用公物进行营利活动或者非法活动的，给予警告或者严重警告处分；情节较重的，给予撤销党内职务或者留党察看处分；情节严重的，给予开除党籍处分。

第七十四条　党和国家工作人员或者其他从事公务的人员，接受可能影响公正执行公务的礼品馈赠，不登记交公，情节较轻的，给予警告或者严重警告处分；情节较重的，给予撤销党内职务或者留党察看处分；情节严重的，给予开除党籍处分。

前款所列人员接受其他礼品，按照规定应当登记交公而不登记交公，情节较轻的，给予警告或者严重警告处分；情节较重的，给予撤销党内职务或者留党察看处分；情节严重的，给予开除党籍处分。

在国内公务活动或者对外交往中接受礼品，按照规定应当交公而不交公的，依照本条例第八十三条规定处理。

第七十五条　党和国家工作人员或者其他从事公务的人员利用职务上的便利，为他人谋取利益，其父母、配偶、子女及其配偶以及其他共同生活的家庭成员收受对方财物的，应当追究该人员的责任，情节较重的，给予警告或者严重警告处分；情节严重的，给予撤销党内职务或者留党察看处分。

前款所列人员利用职务上的便利，为他人谋取利益，并指定其他第三人从中收受财物的，依照前款规定从重或者加重处分。

有第一款规定情形，查实本人知道的，依照本条例第八十五条规定处理。

第七十六条　党员领导干部的配偶、子女及其配偶，违反有关规定在该党员领导干部管辖的区域或者业务范围内从事可能影响其公正执行公务的经营活动，或者在该党员领导干部管辖的区域或者业务范围内的外商独资企业、中外合资企业中担任由外方委派、聘任的高级职务的，该党员领导干部应当按照规定予以纠正；拒不纠正的，其本人应当辞去现任职务或者由组织予以调整职务；不辞去现任职务或者不服从组织调整职务的，给予撤销党内职务处分。

第七十七条　违反有关规定从事营利活动，有下列行为之一，情节较轻的，给予警告或者严重警告处分；情节较重的，给予撤销党内职务或者留党察看处分；情节严重的，给予开除党籍处分：

（一）经商办企业的；

（二）个人违反规定买卖股票或者进行其他证券投资的；

（三）从事有偿中介活动的；

（四）在国（境）外注册公司或者投资入股的；

（五）有其他违反有关规定从事营利活动行为的。

利用职务上的便利，为其亲友的经营活动谋取利益的，依照前款规定处理。

违反有关规定兼职或者兼职取酬的，依照第一款规定处理。

第七十八条　挥霍浪费公共财产，有下列行为之一，情节较轻的，给予警告或者严重警告处分；情节较重的，给予撤销党内职务或者留党察看处分；情节严重的，给予开除党籍处分：

（一）用公款旅游或者以考察、学习、培训、研讨、招商、参展等名义用公款出国（境）旅游的；

（二）违反规定参与用公款支付的高消费娱乐、健身活动的；

（三）购买、更换超过规定标准的小轿车或者对所乘坐的小轿车进行豪华装修的；

（四）有其他挥霍浪费公共财产行为的。

第七十九条　在分配、购买住房中侵犯国家、集体利益，情节较轻的，给予警告或者严重警告处分；情节较重的，给予撤销党内职务或者留党察看处分；情节严重的，给予开除党籍处分。

利用职务上的便利，用公款购买住房归个人所有的，依照本条例第八十三条规定处理。

第八十条　接受可能影响公正执行公务的宴请，情节较重的，给予警告或者严重警告处分；情节严重的，给予撤销党内职务或者留党察看处分。

第八十一条　利用职务上的便利操办婚丧喜庆事宜，在社会上造成不良影响的，给予警告或者严重警告处分；情节严重的，给予撤销党内职务处分。

在操办婚丧喜庆事宜中，借机敛财或者有其他侵犯国家、集体和人民利益行为的，依照前款规定从重或者加重处分，直至开除党籍。

第八十二条　有其他违反廉洁自律规定的行为，情节较轻的，给予警告或者严重警告处分；情节较重的，给予撤销党内职务或者留党察看处分；情节严重的，给予开除党籍处分。

第九章　贪污贿赂行为

第八十三条　党和国家工作人员或者受委托管理、经营国有财产的人员，利用职务上的便利，侵吞、窃取、骗取或者以其他手段非法占有公共财物，情节较轻的，给予警告或者严重警告处分；情节较重的，给予撤销党内职务或者留党察看处分；情节严重的，给予开除党籍处分。

贪污党费、社保基金和救灾、抢险、防汛、优抚、扶贫、移民、救济、防疫款物的，依照前款规定从重或者加重处分，直至开除党籍。

第八十四条　党和国家机关、国有企业（公司）、事业单位、人民团体，违反有关规定以单位名义将国有资产集体私分给个人的，追究主要责任者和其他直接责任人员的责任，情节较轻的，给予警告或者严重警告处分；情节较重的，给予撤销党内职务或者留党察看处分；情节严重的，给予开除党籍处分。

执纪机关、行政执法机关、司法机关违反有关规定将应当上缴国家的罚没财物以单位名义集体私分给个人的，对主要责任者和其他直接责任人员，依照前款规定处理。

第八十五条 党和国家工作人员或者其他从事公务的人员，利用职务上的便利，索取他人财物，或者非法收受他人财物为他人谋取利益，情节较轻的，给予警告或者严重警告处分；情节较重的，给予撤销党内职务或者留党察看处分；情节严重的，给予开除党籍处分。

前款所列人员利用职务上的便利，变相非法收受他人财物为他人谋取利益，情节较重的，给予警告或者严重警告处分；情节严重的，给予撤销党内职务、留党察看或者开除党籍处分。

因受贿给国家、集体和人民利益造成重大损失的，从重或者加重处分，直至开除党籍。

因索取财物未遂而刁难报复对方，给对方造成损失的，给予警告或者严重警告处分；情节较重的，给予撤销党内职务或者留党察看处分；情节严重的，给予开除党籍处分。

第八十六条 党和国家工作人员或者其他从事公务的人员，在经济往来中违反有关规定收受财物或者各种名义的回扣、手续费，归个人所有的，以受贿论，依照本条例第八十五条规定处理。

第八十七条 党和国家工作人员或者其他从事公务的人员，利用本人职务上的便利，通过其他党和国家工作人员职务上的行为，为请托人谋取不正当利益，索取请托人财物，或者收受、变相非法收受请托人财物的，依照本条例第八十五条规定处理。

第八十八条 党和国家工作人员退（离）休后，利用本人原有职权或者地位形成的便利条件，通过在职党和国家工作人员职务上的行为为请托人谋取利益，而本人索取或者非法收受、变相非法收受请托人财物的，依照本条例第八十五条规定处理。

第八十九条 党和国家机关、国有企业（公司）、事业单位、人民团体，索取或者非法收受、变相非法收受他人财物，为他人谋取利益的，追究主要责任者和其他直接责任人员的责任，情节较重的，给予警告、严重警告或者撤销党内职务处分；情节严重的，给予留党察看或者开除党籍处分。

前款所列单位，在经济往来中，在账外暗中收受各种名义的回扣、手续费的，以受贿论，对主要责任者和其他直接责任人员，依照前款规定处理。

因索取财物未遂而对下属单位、客户刁难报复，给对方造成损失的，对主要责任者和其他直接责任人员，给予警告或者严重警告处分；造成较大损失的，给予撤销党内职务或者留党察看处分；造成重大损失的，给予开除党籍处分。

将索取或者非法收受、变相非法收受的财物合伙私分的，以受贿论，根据个人所得数额和所起作用，依照本条例第八十五条规定处理。

第九十条 为谋取不正当利益，给予党和国家工作人员或者其他从事公务的人员以财物，情节较轻的，给予警告或者严重警告处分；情节较重的，给予撤销党内职务或者留党察看处分；情节严重的，给予开除党籍处分。

在经济往来中违反有关规定，给予党和国家工作人员或者其他从事公务的人员以财物或者各种名义的回扣、手续费的，依照前款规定处理。

因行贿给国家、集体和人民利益造成重大损失的，依照本条规定从重或者加重处分，直至开除党籍。

第九十一条　为谋取不正当利益，给予党和国家机关、国有企业（公司）、事业单位、人民团体以财物，或者在经济往来中违反有关规定给予各种名义的回扣、手续费，情节较轻的，给予警告或者严重警告处分；情节较重的，给予撤销党内职务或者留党察看处分；情节严重的，给予开除党籍处分。

单位有前款所列行为的，对主要责任者和其他直接责任人员，依照前款规定处理。

第九十二条　向党和国家工作人员或者其他从事公务的人员介绍贿赂，情节较轻的，给予警告或者严重警告处分；情节较重的，给予撤销党内职务或者留党察看处分；情节严重的，给予开除党籍处分。

第九十三条　单位为谋取不正当利益而行贿，或者违反有关规定给予党和国家工作人员或者其他从事公务的人员以财物或者各种名义的回扣、手续费的，追究主要责任者和其他直接责任人员的责任，情节较重的，给予警告、严重警告或者撤销党内职务处分；情节严重的，给予留党察看或者开除党籍处分。因行贿取得的违纪违法所得归个人所有的，依照本条例第九十条规定处理。

第九十四条　党和国家工作人员或者受委托管理、经营国有财产的人员，利用职务上的便利，挪用公款归个人使用，进行非法活动，或者进行营利活动，或者超过三个月未还，情节较轻的，给予警告或者严重警告处分；情节较重的，给予撤销党内职务或者留党察看处分；情节严重的，给予开除党籍处分。

挪用党费、社保基金和救灾、抢险、防汛、优抚、扶贫、移民、救济、防疫款物的，依照前款规定从重或者加重处分，直至开除党籍。

挪用公款归个人使用时间不足三个月，但数额较大的，依照本条规定处理。

第九十五条　农村党组织、社区党组织和村民委员会、社区居民委员会等基层组织中的党员从事下列公务，利用职务上的便利，非法占有公共财物，挪用公款，索取他人财物或者非法收受、变相非法收受他人财物为他人谋取利益的，分别依照本条例第八十三条、第九十四条、第八十五条规定处理：

（一）党费、社保基金和救灾、抢险、防汛、优抚、扶贫、移民、救济、防疫款物的管理；

（二）社会捐助公益事业款物的管理；

（三）国有土地的经营和管理；

（四）土地征用补偿费的管理；

（五）代征、代缴税款；

（六）有关计划生育、户籍、征兵工作；

（七）协助人民政府从事的其他行政管理工作；

（八）依照党内法规从事党的纪检、组织（人事）、宣传等工作。

第九十六条　党和国家工作人员或者其他从事公务的人员，其财产或者支出明显超过合法收入，差额较大的，可以责令其说明来源，本人不能说明其来源是合法的，差额部分以非法所得论，给予严重警告或者撤销党内职务处分；情节严重的，给予留党察看或者开除党籍处分。

党和国家工作人员违反有关规定隐瞒境外存款的，依照前款规定处理。

第十章　破坏社会主义经济秩序的行为

第九十七条　进行走私，情节较轻的，给予警告或者严重警告处分；情节较重的，给予撤销党内职务或者留党察看处分；情节严重的，给予开除党籍处分。利用职务上的便利进行走私的，从重处分。

单位走私的，对主要责任者和其他直接责任人员，依照前款规定处理。

第九十八条　企业（公司）或者其他单位中的非国家工作人员，利用职务上的便利，将本单位财物非法占为己有，情节较轻的，给予警告或者严重警告处分；情节较重的，给予撤销党内职务或者留党察看处分；情节严重的，给予开除党籍处分。

第九十九条　企业（公司）或者其他单位中的非国家工作人员，利用职务上的便利，挪用本单位资金归个人使用或者借贷给他人，超过三个月未还，或者进行营利活动，或者进行非法活动，情节较轻的，给予警告或者严重警告处分；情节较重的，给予撤销党内职务或者留党察看处分；情节严重的，给予开除党籍处分。

挪用本单位资金不退还的，依照前款规定从重或者加重处分。

挪用本单位资金归个人使用时间不足三个月，但数额较大的，依照本条规定处理。

第一百条　国家机关、国家拨给经费的团体和事业单位，挪用财政资金或者科研、教育、卫生、军工等专项资金的，追究主要责任者和其他直接责任人员的责任，情节较轻的，给予警告或者严重警告处分；情节较重的，给予撤销党内职务或者留党察看处分；情节严重的，给予开除党籍处分。

挪用党费、社保基金和救灾、抢险、防汛、优抚、扶贫、移民、救济、防疫款物的，依照前款规定从重或者加重处分，直至开除党籍。

第一百零一条　企业（公司）或者其他单位中的非国家工作人员，利用职务上的便利，索取他人财物，或者非法收受、变相非法收受他人财物为他人谋取利益，情节较轻的，给予警告或者严重警告处分；情节较重的，给予撤销党内职务或者留党察看处分；情节严重的，给予开除党籍处分。

前款所列人员，在经济往来中违反有关规定收受各种名义的回扣、手续费，归个人所有的，依照前款规定处理。

第一百零二条　为谋取不正当利益，给予企业（公司）中的非国家工作人员以财物，情节较轻的，给予警告或者严重警告处分；情节较重的，给予撤销党内职务或者留党察看处分；情节严重的，给予开除党籍处分。

单位有前款所列行为的，对主要责任者和其他直接责任人员，依照前款规定处理。

第一百零三条　国有企业（公司）的管理人员，利用职务上的便利，自己经营或者为他人经营与其所任职企业（公司）同类的业务，谋取非法利益的，给予警告或者严重警告处分；情节较重的，给予撤销党内职务或者留党察看处分；情节严重的，给予开除党籍处分。

前款所列人员以他人名义登记注册企业（公司），实则本人经营的，依照前款规定处理。

第一百零四条　国有企业（公司）、事业单位和集体所有制企业（公司）中的党员，利用职务上的便利，有下列行为之一，损害国家、集体和人民利益的，给予警告或者严重警告处分；情节较重的，给予撤销党内职务或者留党察看处分；情节严重的，给予开除党籍处分：

（一）将本单位的盈利业务交由其亲友经营的；

（二）以明显高于市场的价格向其亲友经营管理的单位采购商品或者以明显低于市场的价格向其亲友经营管理的单位销售商品的；

（三）向其亲友经营管理的单位采购不合格商品的。

第一百零五条　党和国家机关违反有关规定经商办企业的，对主要责任者和其他直接责任人员，给予警告或者严重警告处分；情节严重的，给予撤销党内职务处分。

第一百零六条　金融从业人员违反金融法律、法规，情节较轻的，给予警告或者严重警告处分；情节较重的，给予撤销党内职务或者留党察看处分；情节严重的，给予开除党籍处分。

强迫金融企业或者国家金融监管机构违纪违法的，对主要责任者和其他直接责任人员，依照前款规定处理。

由于党和国家机关非法干预致使金融从业人员违反金融法律、法规的，对金融从业人员可以依照第一款规定从轻或者减轻处分。其中，金融从业人员进行了抵制的，不予处分。

第一百零七条　不履行法定纳税义务，情节较轻的，给予警告或者严重警告处分；情节较重的，给予撤销党内职务或者留党察看处分；情节严重的，给予开除党籍处分。

单位不履行法定纳税义务的，对主要责任者和其他直接责任人员，依照前款规定处理。

第一百零八条　虚开、伪造、非法出售、非法购买、擅自制造或者出售伪造、擅自制造的增值税专用发票或者可用于骗税、抵扣税款的其他票据的，给予撤销党内职务或者留党察看处分；情节严重的，给予开除党籍处分。

单位有前款所列行为的，对主要责任者和其他直接责任人员，依照前款规定处理。

第一百零九条　非法占用、买卖或者以其他形式非法出让、转让土地使用权，情节较轻的，给予警告或者严重警告处分；情节较重的，给予撤销党内职务或者留党察看处分；情节严重的，给予开除党籍处分。

单位有前款所列行为的，对主要责任者和其他直接责任人员，依照前款规定处理。

第一百一十条　从事资产评估、验资（证）、会计、审计、法律服务等工作的社会中介组织，出具虚假评估、虚假资信证明、虚假鉴证等文件的，追究主要责任者和其他直接责任人员的责任，情节较轻的，给予警告或者严重警告处分；情节较重的，给予撤销党内职务或者留党察看处分；情节严重的，给予开除党籍处分。

第一百一十一条　在市场经济活动中，有下列行为之一的，追究主要责任者和其他直接责任人员的责任，情节较轻的，给予警告或者严重警告处分；情节较重的，给予撤销党内职务或者留党察看处分；情节严重的，给予开除党籍处分：

（一）生产、销售假冒伪劣商品的；

（二）知悉或者非法获取内幕信息，进行证券、期货交易的；

（三）捏造并散布虚假事实，损害他人的商业信誉、商品声誉或者对商品和服务作虚假宣传的；

（四）侵犯他人知识产权或者商业秘密的；

（五）利用行政垄断或者行业垄断地位，实施或者变相实施妨碍公平竞争行为的；

（六）限制外地商品和服务进入本地市场或者限制本地商品和服务流向外地市场的。

第一百一十二条 有其他破坏社会主义经济秩序的行为，情节较轻的，给予警告或者严重警告处分；情节较重的，给予撤销党内职务或者留党察看处分；情节严重的，给予开除党籍处分。

第十一章 违反财经纪律的行为

第一百一十三条 隐瞒、截留、坐支应当上交国家的财政收入的，对主要责任者和其他直接责任人员，给予严重警告处分；情节较重的，给予撤销党内职务或者留党察看处分；情节严重的，给予开除党籍处分。

将隐瞒、截留款合伙私分的，对主要责任者和其他直接责任人员，依照前款规定从重或者加重处分，直至开除党籍。

第一百一十四条 党和国家机关、国有企业（公司）、事业单位、人民团体，以虚报、冒领等手段骗取国家财政拨款、退税款或者补贴的，对主要责任者和其他直接责任人员，给予警告或者严重警告处分；情节较重的，给予撤销党内职务或者留党察看处分；情节严重的，给予开除党籍处分。

将以虚报、冒领等手段骗取的钱款合伙私分的，对主要责任者和其他直接责任人员，依照前款规定从重或者加重处分，直至开除党籍。

第一百一十五条 不按照预算或者用款计划核拨国家财政经费、资金的，对主要责任者和其他直接责任人员，给予警告或者严重警告处分；情节较重的，给予撤销党内职务或者留党察看处分；情节严重的，给予开除党籍处分。

擅自动用国库款项或者财政专户资金的，对主要责任者和其他直接责任人员，依照前款规定处理。

第一百一十六条 个人借用公款超过六个月不还的，追还所欠公款，情节较重的，给予警告或者严重警告处分；情节严重的，给予撤销党内职务处分。但确因生活困难到期无力归还的除外。

个人借用公款进行营利活动，情节较轻的，给予警告或者严重警告处分；情节较重的，给予撤销党内职务或者留党察看处分。个人借用公款进行非法活动的，从重或者加重处分。

违反有关规定将公款借给他人，情节较重的，给予警告或者严重警告处分；情节严重的，给予撤销党内职务处分。

第一百一十七条 以个人名义存储公款的，追究主要责任者和其他直接责任人员的责任，情节较轻的，给予警告处分；情节较重的，给予严重警告处分；情节严重的，给予撤销党内职务处分。

第一百一十八条 党和国家机关违反有关规定，在对内对外活动中接受礼品应当上交而不上交的，追究主要责任者和其他直接责任人员的责任，情节较重的，给予警告或者严重警告处分；情节严重的，给予撤销党内职务处分。

将接受的礼品集体私分的，以私分国有资产论，根据个人所得数额和所起作用，依照本条例第八十四条规定处理。

第一百一十九条　违反有关规定擅自开设银行账户的，对主要责任者和其他直接责任人员，给予严重警告处分；情节较重的，给予撤销党内职务或者留党察看处分；情节严重的，给予开除党籍处分。

第一百二十条　擅自使用、调换、变卖或者损毁被查封、扣押、冻结、划拨、收缴的财物，或者擅自处理应当委托拍卖的物品的，追究主要责任者和其他直接责任人员的责任，情节较轻的，给予警告或者严重警告处分；情节较重的，给予撤销党内职务或者留党察看处分；情节严重的，给予开除党籍处分。

第一百二十一条　违反有关规定为他人提供担保的，追究主要责任者和其他直接责任人员的责任，情节较轻的，给予警告或者严重警告处分；情节较重的，给予撤销党内职务或者留党察看处分；情节严重的，给予开除党籍处分。

第一百二十二条　违反国有资产管理规定，造成国有资产流失的，对主要责任者和其他直接责任人员，给予警告或者严重警告处分；情节较重的，给予撤销党内职务或者留党察看处分；情节严重的，给予开除党籍处分。

第一百二十三条　违反“收支两条线”规定和国库集中收付制度，将应当纳入法定账簿的资产未纳入法定账簿或者转为账外的，追究主要责任者和其他直接责任人员的责任，情节较轻的，给予警告或者严重警告处分；情节较重的，给予撤销党内职务或者留党察看处分；情节严重的，给予开除党籍处分。

第一百二十四条　党和国家机关、国有企业（公司）、事业单位、人民团体，违反政府采购和招投标法律、法规的，追究主要责任者和其他直接责任人员的责任，情节较轻的，给予警告或者严重警告处分；情节较重的，给予撤销党内职务或者留党察看处分；情节严重的，给予开除党籍处分。

第一百二十五条　党和国家机关、国有企业（公司）、事业单位、人民团体，在财务管理活动中违反会计法律、法规的，追究主要责任者和其他直接责任人员的责任，情节较轻的，给予警告或者严重警告处分；情节较重的，给予撤销党内职务或者留党察看处分；情节严重的，给予开除党籍处分。

伪造、变造会计凭证、会计账簿，或者编制虚假财务会计报告，或者隐匿、故意销毁依法应当保存的会计凭证、会计账簿、财务会计报告的，对主要责任者和其他直接责任人员，依照前款规定从重或者加重处分。

第一百二十六条　在财经方面有其他违纪违法行为，情节较轻的，给予警告或者严重警告处分；情节较重的，给予撤销党内职务或者留党察看处分；情节严重的，给予开除党籍处分。

第十二章　失职、渎职行为

第一百二十七条　党和国家工作人员或者其他从事公务的人员，在工作中不履行或者不正确履行职责，给党、国家和人民利益以及公共财产造成较大损失的，给予警告或者严重警告处分；造成重大损失的，给予撤销党内职务、留党察看或者开除党籍处分。本条例另有规定的，依照规定。

前款所列人员，在工作中滥用职权或者玩忽职守，给党、国家和人民利益以及公共财产造成较大损失的，给予严重警告处分；造成重大损失的，给予撤销党内职务、留党察看或者开除党籍处分。在工作中徇私舞弊的，从重或者加重处分。本条例另有规定的，依照规定。

第一百二十八条 党组织负责人在工作中违反有关规定或者不负责任，有下列情形之一，给党、国家和人民利益以及公共财产造成较大损失的，对负有直接责任者，给予警告或者严重警告处分。造成重大损失的，对负有直接责任者，给予撤销党内职务、留党察看或者开除党籍处分；负有主要领导责任者，给予严重警告、撤销党内职务或者留党察看处分；负有重要领导责任者，给予警告、严重警告或者撤销党内职务处分：

（一）不传达贯彻、不检查督促落实党和国家的方针政策，或者作出违背党和国家方针政策的错误决策的；

（二）本地区、本部门、本系统和本单位发生公开反对党的基本理论、基本路线、基本纲领、基本经验或者党和国家方针政策行为的；

（三）不制止、不查处本地区、本部门、本系统和本单位发生的严重违纪违法行为的；

（四）在党的思想、组织、作风建设以及党风廉政建设方面有其他违反有关规定或者不负责任行为的。

有上述情形之一，造成巨大损失或者恶劣影响的，对有关责任者，依照前款规定加重处分。

第一百二十九条 国家行政机关或者法律、法规授权的部门、单位工作人员，在履行经济调节、市场监管、社会管理和公共服务职责中失职、渎职，情节较轻的，给予警告或者严重警告处分；情节较重的，给予撤销党内职务或者留党察看处分；情节严重的，给予开除党籍处分。

第一百三十条 国有企业（公司）和集体所有制企业（公司）工作人员，在生产、经营、管理等活动中有下列情形之一，给党、国家和人民利益以及公共财产造成较大损失的，对负有直接责任者，给予警告或者严重警告处分。造成重大损失的，对负有直接责任者，给予撤销党内职务、留党察看或者开除党籍处分；负有主要领导责任者，给予严重警告、撤销党内职务或者留党察看处分；负有重要领导责任者，给予警告、严重警告或者撤销党内职务处分：

（一）在签订、履行合同过程中违反有关规定或者不负责任的；

（二）对本单位、下属单位生产、销售假冒伪劣商品和其他危害公共安全、人身健康、生命财产安全的产品发现后不采取措施处理或者措施不力，或者因工作严重不负责任购进假冒伪劣商品的；

（三）对本单位、下属单位发生的破坏国家自然资源的行为，发现后不采取措施处理或者措施不力的；

（四）对本单位、下属单位违反财政、金融、工商管理、海关、会计、统计等方面法律、法规的行为长期失察或者发现后不予纠正的；

（五）因工作不负责任，致使公共财物被贪污、挪用、盗窃、诈骗或者物资丢失、损坏、变质的。

有上述情形之一，造成巨大损失或者恶劣影响的，对有关责任者，依照前款规定加重处分。

第一百三十一条　在工作中违反有关规定或者不负责任，有下列情形之一，给党、国家和人民利益以及公共财产造成较大损失的，对负有直接责任者，给予严重警告或者撤销党内职务处分。造成重大损失的，对负有直接责任者，给予留党察看或者开除党籍处分；负有主要领导责任者，给予严重警告、撤销党内职务或者留党察看处分；负有重要领导责任者，给予警告、严重警告或者撤销党内职务处分：

（一）在决定基本建设项目的立项、设计、施工、投产等工作中造成重大失误的；

（二）在文教卫生、邮电通信、环境保护、社会福利等社会管理和服务方面发生严重事故的；

（三）在灾害、事故面前未采取必要和可能的措施，贻误时机，使本可以避免或者减少的损失未能避免或者减少的；

（四）对突发事件、重大事故和其他重要情况瞒报、谎报、缓报、漏报的；

（五）对涉及人民群众生产、生活等切身利益的问题能解决而不解决的。

有上述情形之一，造成巨大损失或者恶劣影响的，对有关责任者，依照前款规定加重处分。

第一百三十二条　在管辖范围内，有下列情形之一，给党、国家和人民利益以及公共财产造成较大损失的，对负有直接责任者，给予警告或者严重警告处分。造成重大损失的，对负有直接责任者，给予撤销党内职务或者留党察看处分；负有主要领导责任者，给予严重警告或者撤销党内职务处分；负有重要领导责任者，给予警告或者严重警告处分：

（一）对发生的反对党的基本路线的集会、游行等活动放任不管，致使本单位多数党员、群众参加集会、游行等活动的；

（二）对存在的问题不认真解决，致使矛盾激化，造成闹事、罢工、罢课或者其他重大事件，严重影响生产、工作、教学和社会正常秩序的；

（三）对发生的明令禁止的不正之风不制止、不查处的；

（四）对发生的重大事件不及时采取措施进行处理的。

有上述情形之一，造成巨大损失或者恶劣影响的，对有关责任者，依照前款规定加重处分。

第一百三十三条　在安全工作方面，有下列情形之一，造成较大损失的，对负有直接责任者，给予严重警告或者撤销党内职务处分。造成重大损失的，对负有直接责任者，给予留党察看或者开除党籍处分；负有主要领导责任者，给予撤销党内职务或者留党察看处分；负有重要领导责任者，给予警告、严重警告或者撤销党内职务处分：

（一）不认真执行劳动保护、安全生产和消防等方面的法律、法规，发生爆炸、火灾、交通安全、建筑质量安全、矿山安全以及其他事故的；

（二）在组织群众性活动时，对可能发生的问题未采取有效的防范措施，发生责任事故的；

（三）因工作不负责任致使学校、幼儿园或者公共场所发生人身伤亡事故的；

（四）生产、销售假劣药品、有害食品，发生危害人身健康的事故的。

有上述情形之一，造成巨大损失或者恶劣影响的，对有关责任者，依照前款规定加重处分。

第一百三十四条 在执纪、行政执法和司法工作中违反有关规定或者不负责任，有下列情形之一的，对负有直接责任者，给予警告或者严重警告处分。情节较重的，对负有直接责任者，给予撤销党内职务或者留党察看处分；负有主要领导责任者，给予警告或者严重警告处分。情节严重的，对负有直接责任者，给予开除党籍处分；负有主要领导责任者，给予撤销党内职务或者留党察看处分：

（一）在查处违纪违法案件中，瞒案不报、压案不办的；

（二）对他人要求保护合法权益的申请，无正当理由不予答复和办理的；

（三）违法采取保全措施或者不履行法定执行职责的；

（四）对依照规定应当移交其他机关或者组织的案件不移交的；

（五）在办案工作中因违反有关规定或者不负责任导致有关人员伤亡等事件的。

在行政裁决或者案件侦查、起诉、审理、审判活动中徇私舞弊或者枉法裁判的，或者刑讯逼供、暴力取证的，或者经查证确属冤假错案而不予纠正的，对负有直接责任者，给予严重警告或者撤销党内职务处分；负有主要领导责任者，给予警告或者严重警告处分。情节严重的，对负有直接责任者，给予留党察看或者开除党籍处分；负有主要领导责任者，给予撤销党内职务或者留党察看处分。

第一百三十五条 违反有关规定，强令他人履行非法定义务，有下列情形之一，情节较轻的，给予警告或者严重警告处分；情节较重的，给予撤销党内职务或者留党察看处分；情节严重的，给予开除党籍处分：

（一）以各种方式乱收费、乱摊派的；

（二）擅自向他人征收、征用财物的；

（三）有其他强令他人履行非法定义务情形的。

第一百三十六条 利用职务上的便利，强令党和国家工作人员或者其他从事公务的人员违反有关规定行使职权，情节较重的，给予严重警告或者撤销党内职务处分；情节严重的，给予留党察看或者开除党籍处分。

强令公民、法人或者其他组织实施违反法律规定行为的，依照前款规定处理。

第一百三十七条 因工作不负责任致使所属人员叛逃的，给予警告或者严重警告处分；情节严重的，给予撤销党内职务处分。

因工作不负责任致使所属人员出走，情节较重的，给予警告或者严重警告处分；情节严重的，给予撤销党内职务处分。

第一百三十八条 丢失秘密文件资料或者泄露党和国家秘密，情节较轻的，给予警告或者严重警告处分；情节较重的，给予撤销党内职务或者留党察看处分；情节严重的，给予开除党籍处分。

在保密工作方面不负责任，致使发生重大失密泄密事故，造成或者可能造成较大损失的，对负有主要领导责任者，给予警告或者严重警告处分；造成或者可能造成重大损失的，对负有主要领导责任者，给予撤销党内职务处分。

第一百三十九条 对因工作失职、渎职，所造成的后果虽不够较大损失的标准，但给本地区、本单位造成严重不良影响的直接责任者，以及所造成的后果虽不够重大损失的标准，但给本地区、本单位造成严重不良影响的主要领导责任者，根据损失的数额及影响程度，给予警告、严重警告或者撤销党内职务处分。

第十三章　侵犯党员权利、公民权利的行为

第一百四十条　对批评、检举、控告进行阻挠、压制，或者将批评、检举、控告、申诉材料私自扣押、销毁，或者故意将其泄露给被批评人、被检举人、被控告人的，给予警告或者严重警告处分；情节较重的，给予撤销党内职务或者留党察看处分；情节严重的，给予开除党籍处分。

对批评人、检举人、控告人、证人及其他人员打击报复的，依照前款规定从重或者加重处分。

第一百四十一条　对党员或者公民的申辩、辩护、申诉、作证等，进行压制，造成不良后果的，给予警告或者严重警告处分；情节严重的，给予撤销党内职务处分。

第一百四十二条　侵犯党员或者公民的选举权、被选举权、表决权，情节较重的，给予警告或者严重警告处分；情节严重的，给予撤销党内职务处分。

伪造选举文件、篡改选举结果或者以威胁、贿赂、欺骗等手段，妨害选民或者代表自由行使选举权、被选举权和表决权的，给予撤销党内职务、留党察看或者开除党籍处分。

第一百四十三条　侵犯他人人身权利，有下列行为之一，情节较轻的，给予警告或者严重警告处分；情节较重的，给予撤销党内职务或者留党察看处分；情节严重的，给予开除党籍处分：

（一）侮辱、诽谤他人的；

（二）对他人进行殴打、体罚、非法拘禁、非法搜查的；

（三）非法侵入或者非法搜查他人住宅的；

（四）有其他侵犯他人人身权利行为的。

第一百四十四条　违反劳动管理法律、法规侵犯他人权利，情节较重的，给予警告或者严重警告处分；情节严重的，给予撤销党内职务、留党察看或者开除党籍处分。

第一百四十五条　隐匿、毁弃或者非法开拆他人邮件、信件，侵犯他人通信自由，情节较重的，给予警告或者严重警告处分；情节严重的，给予撤销党内职务、留党察看或者开除党籍处分。

利用职务上的便利侵犯他人通信自由的，依照前款规定加重处分。

第一百四十六条　干涉他人婚姻自由，情节较重的，给予警告或者严重警告处分；情节严重的，给予撤销党内职务、留党察看或者开除党籍处分。

第一百四十七条　诬告陷害他人的，给予警告或者严重警告处分；情节较重的，给予撤销党内职务或者留党察看处分；情节严重的，给予开除党籍处分。

第一百四十八条　有其他侵犯党员权利、公民权利的行为，情节较重的，给予警告或者严重警告处分；情节严重的，给予撤销党内职务、留党察看或者开除党籍处分。

第十四章　严重违反社会主义道德的行为

第一百四十九条　弄虚作假，骗取荣誉的，给予警告或者严重警告处分；情节较重的，给予撤销党内职务或者留党察看处分；情节严重的，给予开除党籍处分。

第一百五十条　与他人通奸，造成不良影响的，给予警告或者严重警告处分；情节较重的，给予撤销党内职务或者留党察看处分；情节严重的，给予开除党籍处分。

与现役军人的配偶通奸的，依照前款规定从重或者加重处分。

重婚或者包养情妇（夫）的，给予开除党籍处分。

第一百五十一条 利用职权、教养关系、从属关系或者其他相类似关系与他人发生性关系的，给予撤销党内职务处分；情节严重的，给予留党察看或者开除党籍处分。

第一百五十二条 拒不承担抚养教育义务或者赡养义务，情节较重的，给予警告或者严重警告处分；情节严重的，给予撤销党内职务处分。

虐待家庭成员情节较重或者遗弃家庭成员的，给予撤销党内职务或者留党察看处分；情节严重的，给予开除党籍处分。

第一百五十三条 遇到国家财产和人民群众生命财产受到严重威胁时，能救而不救，情节较重的，给予警告、严重警告或者撤销党内职务处分；情节严重的，给予留党察看或者开除党籍处分。

第一百五十四条 有其他严重违反社会主义道德的行为，情节较重的，给予警告或者严重警告处分；情节严重的，给予撤销党内职务、留党察看或者开除党籍处分。

第十五章　妨害社会管理秩序的行为

第一百五十五条 进行色情活动的，给予严重警告或者撤销党内职务处分；情节严重的，给予留党察看或者开除党籍处分。本条例另有规定的，依照规定。

第一百五十六条 嫖娼、卖淫，或者组织、强迫、介绍、教唆、引诱、容留他人嫖娼、卖淫，或者故意为嫖娼、卖淫提供方便条件的，给予开除党籍处分。

第一百五十七条 制作、复制、出售、出租、传播淫秽影视书画或者其他淫秽物品，情节较轻的，给予严重警告处分；情节较重的，给予撤销党内职务或者留党察看处分；情节严重的，给予开除党籍处分。

第一百五十八条 观看淫秽影视书画，情节较重的，给予警告或者严重警告处分；情节严重的，给予撤销党内职务处分。

观看淫秽表演的，给予严重警告或者撤销党内职务处分；情节严重的，给予留党察看或者开除党籍处分。

组织进行淫秽表演的，给予开除党籍处分。

第一百五十九条 进行淫乱活动的，给予严重警告或者撤销党内职务处分；情节严重的，给予留党察看或者开除党籍处分。

猥亵、侮辱妇女的，依照前款规定处理。

第一百六十条 违反有关规定吸食、注射毒品、精神药品或者其他违禁品的，给予撤销党内职务处分；情节严重的，给予留党察看或者开除党籍处分。

以牟利为目的，违反有关规定种植毒品原植物或者制造、运输、贩卖毒品、精神药品和其他违禁品的，给予开除党籍处分。

单位有前款所列行为的，对主要责任者和其他直接责任人员，依照前款规定处理。

第一百六十一条 侵犯公私财产，有下列行为之一，情节较轻的，给予警告或者严重警告处分；情节较重的，给予撤销党内职务或者留党察看处分；情节严重的，给予开除党籍处分：

（一）盗窃公私财物的；

（二）诈骗公私财物的；

（三）抢夺公私财物的；

（四）破坏或者哄抢公私财物的；

（五）有其他侵犯公私财产行为的。

敲诈勒索公私财物的，给予开除党籍处分；情节较轻的，给予留党察看处分。

第一百六十二条 以营利为目的聚众赌博或者以赌博为业的，给予开除党籍处分。

参加赌博屡教屡犯，或者赌资较大，或者在工作时间赌博，或者在国（境）外赌博的，给予警告、严重警告或者撤销党内职务处分；情节严重的，给予留党察看或者开除党籍处分。党员领导干部参加赌博的，从重或者加重处分。

故意为赌博活动提供场所或者其他方便条件，情节较重的，给予警告、严重警告或者撤销党内职务处分；情节严重的，给予留党察看或者开除党籍处分。

第一百六十三条 妨碍党和国家工作人员或者其他从事公务的人员依纪依法执行公务，情节较轻的，给予警告或者严重警告处分；情节较重的，给予撤销党内职务或者留党察看处分；情节严重的，给予开除党籍处分。

第一百六十四条 扰乱和破坏生产、交通、工作等公共秩序的，给予警告或者严重警告处分；情节较重的，给予撤销党内职务或者留党察看处分；情节严重的，给予开除党籍处分。

搞封建迷信活动，扰乱生产、工作、社会生活秩序的，依照前款规定从重或者加重处分。

第一百六十五条 伪造、变造或者买卖、使用伪造的党和国家机关、企业（公司）、事业单位、人民团体的公文、证件、印章的，给予严重警告处分；情节较重的，给予撤销党内职务或者留党察看处分；情节严重的，给予开除党籍处分。

抢夺党和国家机关、企业（公司）、事业单位、人民团体的公文、证件、印章的，依照前款规定从重或者加重处分。

伪造、变造或者买卖、使用伪造的学历、文凭的，依照第一款规定处理。

第一百六十六条 违反人口与计划生育法律、法规超计划生育的，给予严重警告或者撤销党内职务处分；情节严重的，给予留党察看或者开除党籍处分。

破坏人口与计划生育法律、法规实施的，给予撤销党内职务或者留党察看处分；情节严重的，给予开除党籍处分。

第一百六十七条 违反国家关于保护环境、自然资源和文物古迹等方面的法律、法规，情节较轻的，给予警告或者严重警告处分；情节较重的，给予撤销党内职务或者留党察看处分；情节严重的，给予开除党籍处分。

单位有前款所列行为的，对主要责任者和其他直接责任人员，依照前款规定处理。

第一百六十八条 编造、散播虚假信息或者其他对社会有害的信息，情节较重的，给予警告或者严重警告处分；情节严重的，给予撤销党内职务、留党察看或者开除党籍处分。

第一百六十九条 违反有关规定，侵入、破坏计算机信息系统，损害党、国家和人民利益，情节较轻的，给予警告或者严重警告处分；情节较重的，给予撤销党内职务或者留党察看处分；情节严重的，给予开除党籍处分。

第一百七十条 包庇犯罪分子，情节较轻的，给予严重警告或者撤销党内职务处分；情节较重的，给予留党察看处分；情节严重的，给予开除党籍处分。

包庇恐怖组织、黑社会性质组织及其主要成员的，给予开除党籍处分。

包庇有严重违纪行为应受纪律处分人员的，给予警告或者严重警告处分；情节严重的，给予撤销党内职务处分。

第一百七十一条 被犯罪分子蒙骗而为其犯罪活动提供方便条件的，给予警告或者严重警告处分；情节严重的，给予撤销党内职务或者留党察看处分。

第一百七十二条 驻外机构或者临时出国（境）团（组）中的党员，触犯驻在国家、地区的法律、法令或者不尊重驻在国家、地区的宗教习俗，情节较重的，给予警告或者严重警告处分；情节严重的，给予撤销党内职务、留党察看或者开除党籍处分。

第一百七十三条 违反国（边）境管理法律、法规，偷越国（边）境的，给予开除党籍处分。

第一百七十四条 有其他妨害社会管理秩序的行为，情节较重的，给予警告或者严重警告处分；情节严重的，给予撤销党内职务、留党察看或者开除党籍处分。

第三编 附 则

第一百七十五条 本条例由中共中央纪律检查委员会负责解释。

第一百七十六条 中央军委可以根据本条例，结合中国人民解放军和中国人民武装警察部队的实际情况，制定补充规定或者单项规定。

第一百七十七条 各省、自治区、直辖市党委，中央直属机关工委、中央国家机关工委，国务院国有资产监督管理委员会党委，中国银行业监督管理委员会、中国证券监督管理委员会、中国保险监督管理委员会以及其他实行垂直管理部门的党委（党组），可以根据本条例，结合各自工作的实际情况，制定单项实施规定，报中共中央纪律检查委员会备案。

第一百七十八条 本条例自发布之日起施行。

本条例发布前，已结案的案件如需进行复查复议，适用当时的规定或者政策。尚未结案的案件，如果行为发生时的规定或者政策不认为是违纪，而本条例认为是违纪的，依照当时的规定或者政策处理；如果行为发生时的规定或者政策认为是违纪的，依照当时的规定或者政策处理，但是如果本条例不认为是违纪或者处理较轻的，依照本条例规定处理。

中共中央纪律检查委员会、监察部关于纪检监察机关加强对没收追缴违纪违法款物管理的通知

（中纪发［1998］12号 1998年8月25日）

加强行政性收费和罚没收入管理工作，有利于依法行政和公正执法；有利于从源头上预防和治理腐败；有利于建设高素质的执纪执法队伍。各级纪检监察机关要认真贯彻落实中共中央办公厅、国务院办公厅“中办发［1998］14号”文件精神，切实加强对纪检监察机关暂予扣留、封存、没收、追缴违纪违法款物的管理，全面落实行政性收费和罚没收入“收支两条线”的各项规定。

一、严格执行《中国共产党纪律处分条例（试行）》第一百六十八条、《中国共产党纪律检查机关案件检查工作条例》第二十八条第（六）项，以及《中华人民共和国行政监察法》第二十四条第（二）项、《监察机关没收追缴和责令退赔财物办法》的规定，对纪检监察机关直接查办的或牵头组织其他部门联合查办的违纪违法案件中涉及的违纪违法款物，依法应当予以没收、追缴的，要及时没收、追缴；确需采取暂予扣留、封存措施的，要按规定程序办理。做到既严肃查处违纪违法行为，又尽量挽回经济损失。

二、没收、追缴违纪违法款物，必须使用财政部门统一印制或监制的票据。办案处室经手的没收、追缴款物，一律交由机关财务部门统一管理，机关财务部门应有专人管理，设立专门帐户。暂予扣留和封存的款物亦应有专人妥善管理。

三、要按规定及时将违纪违法款物上缴国库，或及时退还给原财物所有人或者使用人，不准截留、挪用、侵占、私分，不准将违纪违法款设立“小金库”。

四、建立健全对违纪违法款物收缴和管理的制度，进一步加强规范化管理，堵塞漏洞，防微杜渐。

五、要加强监督检查，对违反规定，截留、挪用、侵占、私分收缴的违纪违法款物的，依照有关党纪政纪条规进行严肃处理，决不能姑息迁就；对触犯刑律的，移交司法机关依法惩处。

六、各单位接到本通知后，要对违纪违法款物的收缴和管理进行一次认真清理，发现问题，限期纠正。各单位要于年底前将有关清理情况报中央纪委办公厅。

监察部、人事部、中国人民银行、海关总署、国家外汇管理局关于骗购外汇、非法套汇、逃汇、非法买卖外汇等违反外汇管理规定行为的行政处分或者纪律处分暂行规定

（监察部令第 7 号　1999 年 1 月 25 日）

第一条　为了维护国家外汇管理秩序，惩处违反外汇管理规定的行为，防范金融风险，根据《中华人民共和国外汇管理条例》、《国家公务员暂行条例》和《企业职工奖惩条例》，制定本规定。

第二条　本规定适用于国家公务员以及经批准经营外汇业务的金融机构、国有外经贸企业的工作人员。

本规定所称经批准经营外汇业务的金融机构，是指经批准经营外汇业务的中资银行、非银行金融机构及其分支机构。

本规定所称国有外经贸企业，是指国有外贸公司、自营进出口的国有生产企业、有进出口经营权的国有企业和国有资产占控股地位或者主导地位的企业。

第三条　有本规定所列违反外汇管理规定的行为的，除依法给予行政处罚外，对有关责任人员依照本规定给予行政处分或者纪律处分；构成犯罪的，依法追究刑事责任。

第四条　经批准经营外汇业务的金融机构、国有外经贸企业的工作人员，有下列骗购外汇行为之一，数额不满 10 万美元的，给予留用察看处分；数额在 10 万美元以上的，给予开除处分：

（一）伪造、变造海关报关单、进口证明、外汇管理部门核准件等凭证和单据的；

（二）使用、买卖伪造、变造的海关报关单、进口证明、外汇管理部门核准件等凭证和单据的；

（三）重复使用海关报关单、进口证明、外汇管理部门核准件等凭证和单据的；

（四）明知用于骗购外汇而提供人民币资金或者其他服务的；

（五）以其他方式骗购外汇的。

单位有前款行为之一的，对负有直接责任的主管人员和其他直接责任人员，依照前款规定给予纪律处分。

第五条　经批准经营外汇业务的金融机构、国有外经贸企业的工作人员，有下列非法套汇行为之一，数额不满 10 万美元的，给予警告、记过或者记大过处分；数额在 10 万美元以上不满 100 万美元的，给予降级或者撤职处分；数额在 100 万美元以上的，给予留用察看或者开除处分：

（一）违反国家规定，以人民币支付或者以实物偿付应当以外汇支付的进口货款或者其他类似支出的，但是合法的易货贸易除外；

（二）以人民币为他人支付在境内的费用，而由对方给付外汇的；

（三）明知用于非法套汇而提供人民币资金或者其他服务的；

（四）以其他方式非法套汇的。

单位有前款行为之一的，对负有直接责任的主管人员和其他直接责任人员，依照前款规定给予纪律处分。

第六条　经批准经营外汇业务的金融机构、国有外经贸企业的工作人员，有下列逃汇行为之一，数额不满10万美元的，给予撤职处分；数额在10万美元以上不满100万美元的，给予留用察看处分；数额在100万美元以上的，给予开除处分：

（一）违反国家规定，擅自将外汇存放在境外的；

（二）不按照国家规定将外汇卖给外汇指定银行的；

（三）违反国家规定将外汇汇出或者携带出境的；

（四）未经外汇管理部门批准，擅自将外币存款凭证、外币有价证券携带或者邮寄出境的；

（五）明知用于逃汇而提供人民币资金或者其他服务的；

（六）以其他方式逃汇的。

单位有前款行为之一的，对负有直接责任的主管人员和其他直接责任人员，依照前款规定给予纪律处分。

第七条　经批准经营外汇业务的金融机构、国有外经贸企业的工作人员，以营利为目的，在国家规定的交易场所以外非法买卖外汇，数额不满5万美元或者违法所得不满1万元人民币的，给予撤职处分；数额在5万美元以上不满10万美元或者违法所得在1万元人民币以上不满3万元人民币的，给予留用察看处分；数额在10万美元以上或者违法所得在3万元人民币以上的，给予开除处分。

单位有前款所列行为的，对负有直接责任的主管人员和其他直接责任人员，依照前款规定给予纪律处分。

第八条　国有外经贸企业在代理进口业务中，因过失导致他人骗购外汇或者非法套汇，对负有直接责任的主管人员和其他直接责任人员给予纪律处分，数额不满10万美元的，给予警告、记过或者记大过处分；数额在10万美元以上不满100万美元的，给予降级或者撤职处分；数额在100万美元以上的，给予留用察看或者开除处分。

第九条　经批准经营外汇业务的金融机构在办理结汇、售汇、付汇和开户业务中，因过失导致他人骗购外汇、非法套汇或者逃汇，对负有直接责任的主管人员和其他直接责任人员给予纪律处分，数额不满10万美元的，给予警告、记过或者记大过处分；数额在10万美元以上不满100万美元的，给予降级或者撤职处分；数额在100万美元以上的，给予留用察看或者开除处分。

第十条　国家公务员有本规定所列骗购外汇、非法套汇、逃汇或者非法买卖外汇等违反外汇管理规定行为之一的，给予降级、撤职或者开除处分。

第十一条　海关、外汇管理等部门的国家公务员与骗购外汇、非法套汇、逃汇或者非法买卖外汇的行为人通谋，为其提供便利，或者明知是伪造、变造的凭证和单据而为其提供服务，或者有其他滥用职权、徇私舞弊行为造成他人骗购外汇、非法套汇或者逃汇后果的，给予开除处分。

海关、外汇管理等部门的国家公务员，玩忽职守，造成他人骗购外汇、非法套汇或者逃汇的，给予降级或者撤职处分；情节严重的，给予开除处分。

第十二条 对本单位发生的违反外汇管理规定行为不制止、不查处，情节较重的，对负有直接责任的主管人员给予警告、记过或者记大过处分；情节严重的，给予降级或者撤职处分。

第十三条 国家公务员利用职权，包庇违反外汇管理规定行为，或者有其他妨碍外汇管理执法监督、检查行为的，给予撤职或者开除处分。

经批准经营外汇业务的金融机构、国有外经贸企业的工作人员有前款行为的，给予留用察看或者开除处分。

单位有本条第一款所列行为的，对负有直接责任的主管人员和其他直接责任人员，分别依照前两款规定给予行政处分或者纪律处分。

第十四条 主动交代违反外汇管理规定行为，并退出外汇和违法所得，或者主动采取措施避免损失，或者有立功表现的，可以从轻、减轻或者免予行政处分或者纪律处分。

隐瞒事实真相，或者弄虚作假，出具伪证，或者隐匿、毁灭证据，或者拒绝提供有关文件、资料和证明材料的，应当从重或者加重行政处分或者纪律处分。

第十五条 自营进出口的国有事业单位及其工作人员有本规定所列违反外汇管理规定行为的，参照本规定执行。

第十六条 本规定自发布之日起施行。1996 年 4 月 1 日《中华人民共和国外汇管理条例》施行后、本规定施行前发生的违反外汇管理规定的行为，尚未处理的，适用本规定。

关于违反信访工作纪律处分暂行规定

（监察部、人力资源和社会保障部、国家信访局令第 16 号　2008 年 6 月 30 日）

第一条　为严格执行处理信访突出问题及群体性事件工作责任制，切实落实领导责任，惩处信访工作违纪行为，维护信访工作秩序，保护信访人合法权益，促进社会和谐稳定，根据《中华人民共和国行政监察法》、《中华人民共和国公务员法》、《信访条例》、《行政机关公务员处分条例》及其他有关法律法规，制定本规定。

第二条　本规定适用于各级行政机关公务员。

第三条　本规定所称违反信访工作纪律，是指违反党和国家有关信访工作的规定的行为。

第四条　本规定所称领导责任，是指有关领导人员在处理信访突出问题及群体性事件时，承担的与领导工作职责相关的责任，分为主要领导责任和重要领导责任。

主要领导责任，是指在其职责范围内，对直接主管的工作不履行或不正确履行职责，对造成的影响或后果负直接领导责任。

重要领导责任，是指在其职责范围内，对应管的工作或参与决策的工作不履行或不正确履行职责，对造成的影响或后果负次要领导责任。

第五条　有下列情形之一的，对负有直接责任者，给予记大过、降级、撤职或者开除处分；负有主要领导责任者，给予记大过、降级或者撤职处分；负有重要领导责任者，给予记过、记大过或者降级处分：

（一）决策违反法律法规和政策，严重损害群众利益，引发信访突出问题或群体性事件的；

（二）主要领导不及时处理重要来信、来访或不及时研究解决信访突出问题，导致矛盾激化，造成严重后果的；

（三）对疑难复杂的信访问题，未按有关规定落实领导专办责任，久拖不决，造成严重后果的。

第六条　有下列情形之一的，对负有直接责任者，给予记大过、降级、撤职或者开除处分；负有主要领导责任者，给予记过、记大过、降级或者撤职处分；负有重要领导责任者，给予警告、记过、记大过或者降级处分：

（一）拒不办理上级机关和信访工作机构交办、督办的重要信访事项，或者编报虚假材料欺骗上级机关，造成严重后果的；

（二）拒不执行有关职能机关提出的支持信访请求意见，引发信访突出问题或群体性事件的；

（三）本地区、单位或部门发生越级集体上访或群体性事件后，未认真落实上级机关的明确处理意见，导致矛盾激化、事态扩大或引发重复越级集体上访，造成较大社会影响的；

（四）不按有关规定落实信访工作机构提出的改进工作、完善政策、给予处分等建议，造成严重后果的；

（五）对可能造成社会影响的重大、紧急信访事项和信访信息，隐瞒、谎报、缓报，或者授意他人隐瞒、谎报、缓报，造成严重后果的。

第七条 有下列情形之一的，对负有直接责任者，给予记过、记大过、降级或者撤职处分；负有主要领导责任者，给予记过、记大过或者降级处分；负有重要领导责任者，给予警告、记过或者记大过处分：

（一）在处理信访事项过程中，工作作风简单粗暴，造成严重后果的；

（二）对信访事项应当受理、登记、转送、交办、答复而未按规定办理或逾期未结，或者应当履行督查督办职责而未履行，造成严重后果的；

（三）在处理信访事项过程中，敷衍塞责、推诿扯皮导致矛盾激化，造成严重后果的；

（四）对重大信访突出问题和群体性事件，应到现场处置而未到现场处置或处置不当，造成严重后果或较大社会影响的。

第八条 有下列情形之一的，对负有直接责任者，给予记大过、降级、撤职或者开除处分；负有主要领导责任者，给予记过、记大过、降级或者撤职处分；负有重要领导责任者，给予警告、记过、记大过或者降级处分：

（一）超越或者滥用职权，侵害公民、法人或者其他组织合法权益，导致信访事项发生，造成严重后果的；

（二）应当作为而不作为，侵害公民、法人或者其他组织合法权益，导致信访事项发生，造成严重后果的；

（三）因故意或重大过失导致认定事实错误，或者适用法律、法规错误，或者违反法定程序，侵害公民、法人或者其他组织合法权益，导致信访事项发生，造成严重后果的。

第九条 违反规定使用警力处置群体性事件，或者滥用警械、强制措施，或者违反规定携带、使用武器的，对负有直接责任者，给予记过、记大过、降级或者撤职处分。造成严重后果的，对负有直接责任者，给予撤职或者开除处分；负有主要领导责任者，给予记过、记大过、降级或者撤职处分；负有重要领导责任者，给予警告、记过、记大过或者降级处分。

第十条 在信访工作中有其他失职、渎职行为，引发信访突出问题或群体性事件的，对负有直接责任者，给予记大过、降级、撤职或者开除处分；负有主要领导责任者，给予记过、记大过、降级或者撤职处分；负有重要领导责任者，给予警告、记过、记大过或者降级处分。

第十一条 有本规定第五条至第十条规定的行为，除给予政纪处分外，对负有领导责任的人员，可同时建议有关机关给予组织处理。

第十二条 有本规定第五条至第十条规定的行为，但未造成较大影响或严重后果的，可以责令作出深刻检查或给予通报批评。

第十三条 对法律、法规授权的具有公共事务管理职能的事业单位中经批准参照《中华人民共和国公务员法》管理的工作人员和其他事业单位中由国家行政机关任命的人员有本规定第五条至第十条规定的行为的，参照本规定执行。

第十四条 本规定由监察部、人力资源和社会保障部、国家信访局负责解释。

第十五条 本规定自公布之日起施行。

中共中央纪委关于印发《安全生产领域违纪行为适用〈中国共产党纪律处分条例〉若干问题的解释》的通知

（中纪发［2007］17号 2007年10月8日）

为加强安全生产工作，惩处安全生产领域违纪行为，促进安全生产法律法规的贯彻实施，保障人民群众生命财产和公共财产安全，现对安全生产领域违纪行为适用《中国共产党纪律处分条例》若干问题解释如下：

一、党和国家工作人员或者其他从事公务的人员在安全生产领域，有下列情形之一的，依照《中国共产党纪律处分条例》第一百二十七条规定处理：

（一）利用职权干预生产安全事故调查工作或者阻挠、干涉对事故责任人员进行责任追究的；

（二）不执行对事故责任人员的处理决定，或者擅自改变上级机关对事故责任人员的处理意见的；

（三）利用职权干预安全生产行政许可、审批或者安全生产监督执法的；

（四）利用职权干预安全生产中介活动的；

（五）利用职权干预安全生产装备、设备、设施采购或者招标投标等活动的；

（六）有其他利用职权干预生产经营活动危及安全生产行为的。

二、党组织负责人在安全生产领域有下列情形之一的，依照《中国共产党纪律处分条例》第一百二十八条规定处理：

（一）不执行党和国家安全生产方针政策和安全生产法律、法规、规章以及上级机关、主管部门有关安全生产的决定、命令、指示的；

（二）制定或者采取与党和国家安全生产方针政策以及安全生产法律、法规、规章相抵触的规定或措施，造成不良后果或者经上级机关、有关部门指出仍不改正的。

三、国家行政机关或者法律、法规授权的部门、单位的工作人员在安全生产领域，违反规定实施行政许可或者审批，有下列情形之一的，依照《中国共产党纪律处分条例》第一百二十九条规定处理：

（一）向不符合法定安全生产条件的生产经营单位或者经营者颁发有关证照的；

（二）对不具备法定条件机构、人员的安全生产资质、资格予以批准认定的；

（三）对经责令整改仍不具备安全生产条件的生产经营单位，不撤销原行政许可、审批或者不依法查处的；

（四）违法委托单位或者个人行使有关安全生产的行政许可权或者审批权的；

（五）有其他违反规定实施安全生产行政许可或者审批行为的。

四、国家行政机关或者法律、法规授权的部门、单位的工作人员在安全生产领域，有下列情形之一的，依照《中国共产党纪律处分条例》第一百二十九条规定处理：

（一）批准向合法的生产经营单位或者经营者超量提供剧毒品、火工品等危险物资，造成危害后果的；

（二）批准向非法的或者不具备安全生产条件的生产经营单位或者经营者，提供剧毒品、火工品等危险物资或者其他生产经营条件的。

五、国家行政机关或者法律、法规授权的部门、单位的工作人员，未按照有关规定对有关单位新建、改建、扩建工程项目的安全设施组织审查验收的，依照《中国共产党纪律处分条例》第一百三十一条规定处理。

六、国有企业（公司）和集体所有制企业（公司）的工作人员，违反安全生产作业方面的规定，有下列情形之一的，依照《中国共产党纪律处分条例》第一百三十三条规定处理：

（一）对存在的重大安全隐患，未采取有效措施的；

（二）违章指挥，强令工人冒险作业的；

（三）未按规定进行安全生产教育和培训并经考核合格，允许从业人员上岗，致使违章作业的；

（四）超能力、超强度、超定员组织生产经营，拒不执行有关部门整改指令的。

其他企业（公司）的工作人员有前款规定情形的，依照前款的规定酌情处理。

七、国有企业（公司）和集体所有制企业（公司）的工作人员，违反有关安全生产行政许可的规定，有下列情形之一的，依照《中国共产党纪律处分条例》第一百三十三条规定处理：

（一）未取得安全生产行政许可及相关证照或者不具备安全生产条件从事生产经营活动的；

（二）弄虚作假，骗取安全生产相关证照的；

（三）出借、出租、转让或者冒用安全生产相关证照的；

（四）被依法责令停产停业整顿、吊销证照、关闭的生产经营单位，继续从事生产经营活动的。

其他企业（公司）的工作人员有前款规定情形的，依照前款的规定酌情处理。

八、国有企业（公司）和集体所有制企业（公司）的工作人员，在安全生产、经营、管理等活动中有下列情形之一的，依照《中国共产党纪律处分条例》第一百三十三条规定处理：

（一）未按照有关规定保证安全生产所必需的资金投入，导致产生重大安全隐患的；

（二）制造、销售、使用国家明令淘汰或者不符合国家标准的设施、设备、器材或者产品的；

（三）拒绝执法人员进行现场检查或者在被检查时隐瞒事故隐患，不如实反映情况的。

其他企业（公司）的工作人员有前款规定情形的，依照前款的规定酌情处理。

九、国家机关工作人员的配偶、子女及其配偶违反规定在煤矿等企业投资入股或者在安全生产领域经商办企业的，对该国家机关工作人员依照《中国共产党纪律处分条例》第七十七条规定处理。

国有企业领导人员的配偶、子女及其配偶违反规定在煤矿等企业投资入股或者在安全生产领域经商办企业的，依照前款规定处理。

十、承担安全评价、培训、认证、资质验证、设计、检测、检验等工作的机构，出具虚假报告等与事实不符的文件材料的，依照《中国共产党纪律处分条例》第一百一十条规定处理。

监察部关于对犯错误的已退休国家公务员追究行政纪律责任中如何减扣退休金问题的答复

（监法复［2004］1号　2004年6月24日）

各省、自治区、直辖市监察厅（局），各省、自治区人民政府所在地的市监察局，各经济特区、经国务院批准的较大的市监察局，监察部各派驻监察局、监察专员办公室；

自2001年起，在职国家公务员工资正常晋档时，国家没有规定退休国家公务员相应增加退休费，且目前尚无其他增加退休国家公务员退休费的相关规定，因此，一段时间以来，部分省、市监察机关就目前如何根据《关于对犯错误的已退休国家公务员追究行政纪律责任若干问题的通知》（监发［2001］3号）对犯错误的已退休国家公务员减扣退休金问题进行请示。经商人事部，答复如下：

1. 监发［2001］3号文件中，对于国家公务员在任职期间违纪退休后被查处，应给予记过、记大过行政处分的，按照每两年一次增加退休费的标准降低其基本退休金的规定自2004年1月1日起停止执行。

2. 对于国家公务员退休后，有危害国家安全、荣誉和利益，以及泄密、贪污、贿赂等严重违纪行为，但尚不够给予行政处罚或者刑事处罚的，根据其所犯错误，比照应受到的行政处分种类，应当给予记过或者记大过处分的，按照每年一次增加退休费的标准降低其基本退休金的规定自2004年1月1日起停止执行；应当给予降级以上处分的，自2004年1月1日起，不再以每两年一次增加退休费的标准降低其基本退休金后的基本退休金为基数，而应以其现有的基本退休金为基数，再按照监发［2001］3号文件规定的比例减发基本退休。

第 27 章　处分执行制度

中共中央纪律检查委员会办公厅关于中央、中央纪委决定或批准的对犯错误党员的处分执行程序的通知

（中纪办发［1992］6 号　1992 年 9 月 5 日）

近年来，各级党组织对执行上级党组织决定或批准的对犯错误党员的处分，是严肃认真的。但是，个别单位在执行中仍然存在一些问题。为了加强对有关党组织执行中央、中央纪委决定或批准的对犯错误党员处分的监督，维护党纪的严肃性，根据《中国共产党章程》和中央纪委《党的纪律检查机关案件审理工作条例》的精神，特做如下通知：

一、对中央、中央纪委决定或批准的对犯错误党员的处分，有关党组织应在犯错误党员所在的基层党委或党支部的范围内予以宣布，并将处分决定及批复给犯错误党员一份。

二、中央纪委直接做出的对犯错误党员的处分决定，由中央纪委或中央纪委委托有关党组织宣布执行。

有关党组织做出的对犯错误党员的处分决定，呈报中央或中央纪委审批的，中央或中央纪委批准后，由呈报单位党组织宣布执行。

三、有关党组织接到中央或中央纪委的批复之日起，必须在一个月内予以宣布执行。并在两个月内将执行情况填写《处分决定执行情况报告表》报中央纪委（具体内容见附表）。

有关党组织如有特殊原因不能按规定时间宣布中央、中央纪委的决定或批复的，应向中央纪委申明原因。对既不按规定时间宣布中央、中央纪委的决定或批复，又不向中央纪委申明原因的，应追究有关责任者和领导者的责任。

四、有关党组织报给中央纪委的《处分决定执行情况报告表》，由中央纪委案件审理室承办。

五、各级纪委可结合本地区、本部门的实际情况，参照本通知的精神，制定相应的规定，并报上一级纪委备案。

关于解除国家公务员行政处分有关问题的通知

（人发［1999］100号　1999年8月23日）

各省、自治区、直辖市人事（人事劳动）厅（局）、监察厅（局）；国务院各部委、各直属机构人事（干部）部门、监察局（室）：

最近，一些省市要求对国家公务员的行政处分解除问题予以明确。根据《国家公务员暂行条例》的规定，现对解除国家公务员行政处分的有关问题通知如下：

（一）解除行政处分，按照谁给予处分，谁负责解除的原则，由批准给予行政处分的国家行政机关负责办理。

（二）国家公务员受到开除以外的行政处分已改正错误的，按照《关于国家公务员纪律惩戒有关问题的通知》（人发［1996］82号）规定的期限予以解除。规定期限的起始时间，从行政处分决定之日起计算。

改正错误，是指国家公务员在受行政处分期间，没有再犯与受到行政处分的违纪行为同一性质的错误，也没有其他需要给予行政处分的违纪行为。

（三）国家公务员在受行政处分期间有特殊贡献，可以提前解除行政处分。提前解除行政处分的时间，不得少于规定的行政处分期限的一半。

特殊贡献，是指国家公务员在受行政处分期间，表现突出，有重大贡献，获得一等功以上奖励的。

（四）国家公务员在受行政处分期间，有隐瞒其他严重错误，需要追加行政处分的，行政处分期限合并计算。

在受行政处分期间，受到行政处分的国家公务员又犯错误，需要给予行政处分的，在给予新的行政处分时，加重一档处分，行政处分期限合并计算。

（五）监察机关直接批准做出的行政处分，由批准的监察机关解除行政处分。

上级监察机关对下一级监察机关的监察对象直接做出行政处分的，由做出行政处分决定的监察机关解除行政处分。

（六）经本级人民政府批准，由监察机关做出行政处分决定的，解除行政处分时，需经本级人民政府批准，由监察机关解除行政处分。

监察机关提出监察建议，由有关行政机关给予行政处分的，由做出行政处分决定的行政机关批准解除行政处分；提前解除行政处分的，须征求提出监察建议的监察机关同意。

（七）解除国家公务员行政处分，应由受行政处分的国家公务员所在单位，根据受行政处分者改正错误的表现，向做出行政处分决定的国家行政机关提出申请。

做出解除行政处分决定的机关，应以书面形式通知有关部门和受行政处分的国家公务员本人。

（八）行政机关做出解除行政处分决定，由人事部门按照任免权限，根据有关规定办理手续，并将有关材料归入本人档案。

（九）各级国家行政机关做出解除行政处分决定，按有关规定报上一级行政机关备案。

监察机关直接做出行政处分决定，向上级监察机关备案的，解除行政处分时，也应报上级监察机关备案。

人事部办公厅、监察部
关于解除国家公务员行政处分有关问题的补充通知

（国人厅发［2005］13号　2005年2月4日）

各省、自治区、直辖市人事厅（局）、监察厅（局），国务院各部委、各直属机构人事部门，监察部各派驻监察局、监察专员办公室：

近一时期，一些省市要求对解除国家公务员行政处分有关问题的政策予以明确。根据《关于解除国家公务员行政处分有关问题的通知》（人发［1999］100号）的有关规定，现对解除国家公务员行政处分的有关问题补充通知如下：

一、关于受行政处分人员在受行政处分期间调动工作的，解除行政处分的问题

国家公务员在受行政处分期间，调动到其他行政机关或依照公务员制度管理的事业单位工作的，解除行政处分时，原处分决定机关应出具受处分人员在调动前有关表现的证明材料，由调动后的有关机关按照任免权限办理；调动到其他事业单位和企业工作的，所受行政处分不参照《国家公务员暂行条例》和《关于解除国家公务员行政处分有关问题的通知》予以解除。

依照公务员制度管理的事业单位工作人员，在受行政处分期间有关规定调入行政机关工作是，解除行政处分时，原处分决定机关应出具受处分人员在调动前有关表现的证明材料，由调入后的有关机关按照任免权限办理。

二、关于国家公务员在受行政处分期间退休的，解除行政处分的问题

国家公务员在受行政处分期间退休的，根据人发［1999］100号的规定已改正错误的，按照《关于国家公务员纪律惩戒有关问题的通知》（人发［1996］82号）规定的期限到期自动解除，在行政处分期间因违纪被查处，需要给予行政处理的，按照《人事部对〈关于对离退休的国家公务员所犯错误如何追究其政纪责任的函〉的复函＝（人函［2001］27）号的有关规定执行。

三、关于国家公务员在受行政处分期间，其所在单位的隶属关系发生变化后，解除行政处分的问题

国家公务员在受行政处分期间，其所在单位的隶属关系发生变化后，解除行政处分时，由隶属关系变化后的有关机关按照任免权限办理。依照公务员制度管理的事业单位的工作人员，依照本规定执行。

第七编

纪检监察机构与工作制度法律法规

第28章　纪检、监察机关的机构职责

地方各级人民政府机构设置和编制管理条例

（国务院令第486号　2007年2月24日）

第一章　总　则

第一条　为了规范地方各级人民政府机构设置，加强编制管理，提高行政效能，根据宪法、地方各级人民代表大会和地方各级人民政府组织法，制定本条例。

第二条　地方各级人民政府机构的设置、职责配置、编制核定以及对机构编制工作的监督管理，适用本条例。

第三条　地方各级人民政府机构设置和编制管理工作，应当按照经济社会全面协调可持续发展的要求，适应全面履行职能的需要，遵循精简、统一、效能的原则。

第四条　地方各级人民政府的机构编制工作，实行中央统一领导、地方分级管理的体制。

第五条　县级以上各级人民政府机构编制管理机关应当按照管理权限履行管理职责，并对下级机构编制工作进行业务指导和监督。

第六条　依照国家规定的程序设置的机构和核定的编制，是录用、聘用、调配工作人员、配备领导成员和核拨经费的依据。

县级以上各级人民政府应当建立机构编制、人员工资与财政预算相互制约的机制，在设置机构、核定编制时，应当充分考虑财政的供养能力。机构实有人员不得突破规定的编制。禁止擅自设置机构和增加编制。对擅自设置机构和增加编制的，不得核拨财政资金或者挪用其他资金安排其经费。

第七条　县级以上各级人民政府行政机构不得干预下级人民政府行政机构的设置和编制管理工作，不得要求下级人民政府设立与其业务对口的行政机构。

第二章　机构设置管理

第八条　地方各级人民政府行政机构应当以职责的科学配置为基础，综合设置，做到职责明确、分工合理、机构精简、权责一致，决策和执行相协调。

地方各级人民政府行政机构应当根据履行职责的需要，适时调整。但是，在一届政府任期内，地方各级人民政府的工作部门应当保持相对稳定。

第九条　地方各级人民政府行政机构的设立、撤销、合并或者变更规格、名称，由本级人民政府提出方案，经上一级人民政府机构编制管理机关审核后，报上一级人民政府批准；其中，县级以上地方各级人民政府行政机构的设立、撤销或者合并，还应当依法报本级人民代表大会常务委员会备案。

第十条 地方各级人民政府行政机构职责相同或者相近的，原则上由一个行政机构承担。

行政机构之间对职责划分有异议的，应当主动协商解决。协商一致的，报本级人民政府机构编制管理机关备案；协商不一致的，应当提请本级人民政府机构编制管理机关提出协调意见，由机构编制管理机关报本级人民政府决定。

第十一条 地方各级人民政府设立议事协调机构，应当严格控制；可以交由现有机构承担职能的或者由现有机构进行协调可以解决问题的，不另设立议事协调机构。

为办理一定时期内某项特定工作设立的议事协调机构，应当明确规定其撤销的条件和期限。

第十二条 县级以上地方各级人民政府的议事协调机构不单独设立办事机构，具体工作由有关的行政机构承担。

第十三条 地方各级人民政府行政机构根据工作需要和精干的原则，设立必要的内设机构。县级以上地方各级人民政府行政机构的内设机构的设立、撤销、合并或者变更规格、名称，由该行政机构报本级人民政府机构编制管理机关审批。

第三章 编制管理

第十四条 地方各级人民政府行政机构的编制，应当根据其所承担的职责，按照精简的原则核定。

第十五条 机构编制管理机关应当按照编制的不同类别和使用范围审批编制。地方各级人民政府行政机构应当使用行政编制，事业单位应当使用事业编制，不得混用、挤占、挪用或者自行设定其他类别的编制。

第十六条 地方各级人民政府的行政编制总额，由省、自治区、直辖市人民政府提出，经国务院机构编制管理机关审核后，报国务院批准。

第十七条 根据工作需要，国务院机构编制管理机关报经国务院批准，可以在地方行政编制总额内对特定的行政机构的行政编制实行专项管理。

第十八条 地方各级人民政府根据调整职责的需要，可以在行政编制总额内调整本级人民政府有关部门的行政编制。但是，在同一个行政区域不同层级之间调配使用行政编制的，应当由省、自治区、直辖市人民政府机构编制管理机关报国务院机构编制管理机关审批。

第十九条 地方各级人民政府议事协调机构不单独确定编制，所需要的编制由承担具体工作的行政机构解决。

第二十条 地方各级人民政府行政机构的领导职数，按照地方各级人民代表大会和地方各级人民政府组织法的有关规定确定。

第四章 监督检查

第二十一条 县级以上各级人民政府机构编制管理机关应当按照管理权限，对机构编制管理的执行情况进行监督检查；必要时，可以会同监察机关和其他有关部门对机构编制管理的执行情况进行监督检查。有关组织和个人应当予以配合。

第二十二条　县级以上各级人民政府机构编制管理机关实施监督检查时，应当严格执行规定的程序，发现违反本条例规定的行为，应当向本级人民政府提出处理意见和建议。

第二十三条　地方各级人民政府机构编制管理机关，应当如实向上级机构编制管理机关提交机构编制年度统计资料，不得虚报、瞒报、伪造。

第二十四条　县级以上各级人民政府机构编制管理机关应当定期评估机构和编制的执行情况，并将评估结果作为调整机构编制的参考依据。评估的具体办法，由国务院机构编制管理机关制定。

第二十五条　任何组织和个人对违反机构编制管理规定的行为，都有权向机构编制管理机关、监察机关等有关部门举报。

县级以上各级人民政府机构编制管理机关应当接受社会监督。

第五章　法律责任

第二十六条　有下列行为之一的，由机构编制管理机关给予通报批评，并责令限期改正；情节严重的，对直接负责的主管人员和其他直接责任人员，依法给予处分：

（一）擅自设立、撤销、合并行政机构或者变更规格、名称的；

（二）擅自改变行政机构职责的；

（三）擅自增加编制或者改变编制使用范围的；

（四）超出编制限额调配财政供养人员、为超编人员核拨财政资金或者挪用其他资金安排其经费、以虚报人员等方式占用编制并冒用财政资金的；

（五）擅自超职数、超规格配备领导成员的；

（六）违反规定干预下级人民政府行政机构的设置和编制管理工作的；

（七）违反规定审批机构、编制的；

（八）违反机构编制管理规定的其他行为。

第二十七条　机构编制管理机关工作人员在机构编制管理工作中滥用职权、玩忽职守、徇私舞弊，构成犯罪的，依法追究刑事责任；尚不构成犯罪的，依法给予处分。

第六章　附　则

第二十八条　本条例所称编制，是指机构编制管理机关核定的行政机构和事业单位的人员数额和领导职数。

第二十九条　地方的事业单位机构和编制管理办法，由省、自治区、直辖市人民政府机构编制管理机关拟定，报国务院机构编制管理机关审核后，由省、自治区、直辖市人民政府发布。事业编制的全国性标准由国务院机构编制管理机关会同国务院财政部门和其他有关部门制定。

第三十条　本条例自 2007 年 5 月 1 日起施行。

煤矿安全监察条例

（国务院令第 296 号　2000 年 11 月 7 日）

第一章　总　则

第一条　为了保障煤矿安全，规范煤矿安全监察工作，保护煤矿职工人身安全和身体健康，根据煤炭法、矿山安全法、第九届全国人民代表大会第一次会议通过的国务院机构改革方案和国务院关于煤矿安全监察体制的决定，制定本条例。

第二条　国家对煤矿安全实行监察制度。国务院决定设立的煤矿安全监察机构按照国务院规定的职责，依照本条例的规定对煤矿实施安全监察。

第三条　煤矿安全监察机构依法行使职权，不受任何组织和个人的非法干涉。

煤矿及其有关人员必须接受并配合煤矿安全监察机构依法实施的安全监察，不得拒绝、阻挠。

第四条　地方各级人民政府应当加强煤矿安全管理工作，支持和协助煤矿安全监察机构依法对煤矿实施安全监察。

煤矿安全监察机构应当及时向有关地方人民政府通报煤矿安全监察的有关情况，并可以提出加强和改善煤矿安全管理的建议。

第五条　煤矿安全监察应当以预防为主，及时发现和消除事故隐患，有效纠正影响煤矿安全的违法行为，实行安全监察与促进安全管理相结合、教育与惩处相结合。

第六条　煤矿安全监察应当依靠煤矿职工和工会组织。

煤矿职工对事故隐患或者影响煤矿安全的违法行为有权向煤矿安全监察机构报告或者举报。煤矿安全监察机构对报告或者举报有功人员给予奖励。

第七条　煤矿安全监察机构及其煤矿安全监察人员应当依法履行安全监察职责。任何单位和个人对煤矿安全监察机构及其煤矿安全监察人员的违法违纪行为，有权向上级煤矿安全监察机构或者有关机关检举和控告。

第二章　煤矿安全监察机构及其职责

第八条　本条例所称煤矿安全监察机构，是指国家煤矿安全监察机构和在省、自治区、直辖市设立的煤矿安全监察机构（以下简称地区煤矿安全监察机构）及其在大中型矿区设立的煤矿安全监察办事处。

第九条　地区煤矿安全监察机构及其煤矿安全监察办事处负责对划定区域内的煤矿实施安全监察；煤矿安全监察办事处在国家煤矿安全监察机构规定的权限范围内，可以对违法行为实施行政处罚。

第十条　煤矿安全监察机构设煤矿安全监察员。煤矿安全监察员应当公道、正派，熟悉煤矿安全法律、法规和规章，具有相应的专业知识和相关的工作经验，并经考试录用。

煤矿安全监察员的具体管理办法由国家煤矿安全监察机构商国务院有关部门制定。

第十一条　地区煤矿安全监察机构、煤矿安全监察办事处应当对煤矿实施经常性安全检查；对事故多发地区的煤矿，应当实施重点安全检查。国家煤矿安全监察机构根据煤矿安全工作的实际情况，组织对全国煤矿的全面安全检查或者重点安全抽查。

第十二条　地区煤矿安全监察机构、煤矿安全监察办事处应当对每个煤矿建立煤矿安全监察档案。煤矿安全监察人员对每次安全检查的内容、发现的问题及其处理情况，应当作详细记录，并由参加检查的煤矿安全监察人员签名后归档。

第十三条　地区煤矿安全监察机构、煤矿安全监察办事处应当每15日分别向国家煤矿安全监察机构、地区煤矿安全监察机构报告一次煤矿安全监察情况；有重大煤矿安全问题的，应当及时采取措施并随时报告。

国家煤矿安全监察机构应当定期公布煤矿安全监察情况。

第十四条　煤矿安全监察人员履行安全监察职责，有权随时进入煤矿作业场所进行检查，调阅有关资料，参加煤矿安全生产会议，向有关单位或者人员了解情况。

第十五条　煤矿安全监察人员在检查中发现影响煤矿安全的违法行为，有权当场予以纠正或者要求限期改正；对依法应当给予行政处罚的行为，由煤矿安全监察机构依照行政处罚法和本条例规定的程序作出决定。

第十六条　煤矿安全监察人员进行现场检查时，发现存在事故隐患的，有权要求煤矿立即消除或者限期解决；发现威胁职工生命安全的紧急情况时，有权要求立即停止作业，下达立即从危险区内撤出作业人员的命令，并立即将紧急情况和处理措施报告煤矿安全监察机构。

第十七条　煤矿安全监察机构在实施安全监察过程中，发现煤矿存在的安全问题涉及有关地方人民政府或其有关部门的，应当向有关地方人民政府或其有关部门提出建议，并向上级人民政府或其有关部门报告。

第十八条　煤矿发生伤亡事故的，由煤矿安全监察机构负责组织调查处理。

煤矿安全监察机构组织调查处理事故，应当依照国家规定的事故调查程序和处理办法进行。

第十九条　煤矿安全监察机构及其煤矿安全监察人员不得接受煤矿的任何馈赠、报酬、福利待遇，不得在煤矿报销任何费用，不得参加煤矿安排、组织或者支付费用的宴请、娱乐、旅游、出访等活动，不得借煤矿安全监察工作在煤矿为自己、亲友或者他人谋取利益。

第三章　煤矿安全监察内容

第二十条　煤矿安全监察机构对煤矿执行煤炭法、矿山安全法和其他有关煤矿安全的法律、法规以及国家安全标准、行业安全标准、煤矿安全规程和行业技术规范的情况实施监察。

第二十一条　煤矿建设工程设计必须符合煤矿安全规程和行业技术规范的要求。煤矿建设工程安全设施设计必须经煤矿安全监察机构审查同意；未经审查同意的，不得施工。

煤矿安全监察机构审查煤矿建设工程安全设施设计，应当自收到申请审查的设计资料之日起30日内审查完毕，签署同意或者不同意的意见，并书面答复。

第二十二条　煤矿建设工程竣工后或者投产前，应当经煤矿安全监察机构对其安全设施和条件进行验收；未经验收或者验收不合格的，不得投入生产。

煤矿安全监察机构对煤矿建设工程安全设施和条件进行验收，应当自收到申请验收文件之日起 30 日内验收完毕，签署合格或者不合格的意见，并书面答复。

第二十三条 煤矿安全监察机构应当监督煤矿制定事故预防和应急计划，并检查煤矿制定的发现和消除事故隐患的措施及其落实情况。

第二十四条 煤矿安全监察机构发现煤矿矿井通风、防火、防水、防瓦斯、防毒、防尘等安全设施和条件不符合国家安全标准、行业安全标准、煤矿安全规程和行业技术规范要求的，应当责令立即停止作业或者责令限期达到要求。

第二十五条 煤矿安全监察机构发现煤矿进行独眼井开采的，应当责令关闭。

第二十六条 煤矿安全监察机构发现煤矿作业场所有下列情形之一的，应当责令立即停止作业，限期改正；有关煤矿或其作业场所经复查合格的，方可恢复作业：

（一）未使用专用防爆电器设备的；

（二）未使用专用放炮器的；

（三）未使用人员专用升降容器的；

（四）使用明火明电照明的。

第二十七条 煤矿安全监察机构对煤矿安全技术措施专项费用的提取和使用情况进行监督，对未依法提取或者使用的，应当责令限期改正。

第二十八条 煤矿安全监察机构发现煤矿矿井使用的设备、器材、仪器、仪表、防护用品不符合国家安全标准或者行业安全标准的，应当责令立即停止使用。

第二十九条 煤矿安全监察机构发现煤矿有下列情形之一的，应当责令限期改正：

（一）未依法建立安全生产责任制的；

（二）未设置安全生产机构或者配备安全生产人员的；

（三）矿长不具备安全专业知识的；

（四）特种作业人员未取得资格证书上岗作业的；

（五）分配职工上岗作业前，未进行安全教育、培训的；

（六）未向职工发放保障安全生产所需的劳动防护用品的。

第三十条 煤矿安全监察人员发现煤矿作业场所的瓦斯、粉尘或者其他有毒有害气体的浓度超过国家安全标准或者行业安全标准的，煤矿擅自开采保安煤柱的，或者采用危及相邻煤矿生产安全的决水、爆破、贯通巷道等危险方法进行采矿作业的，应当责令立即停止作业，并将有关情况报告煤矿安全监察机构。

第三十一条 煤矿安全监察人员发现煤矿矿长或者其他主管人员违章指挥工人或者强令工人违章、冒险作业，或者发现工人违章作业的，应当立即纠正或者责令立即停止作业。

第三十二条 煤矿安全监察机构及其煤矿安全监察人员履行安全监察职责，向煤矿有关人员了解情况时，有关人员应当如实反映情况，不得提供虚假情况，不得隐瞒本煤矿存在的事故隐患以及其他安全问题。

第三十三条 煤矿安全监察机构依照本条例的规定责令煤矿限期解决事故隐患、限期改正影响煤矿安全的违法行为或者限期使安全设施和条件达到要求的，应当在限期届满时及时对煤矿的执行情况进行复查并签署复查意见；经有关煤矿申请，也可以在限期内进行复查并签署复查意见。

煤矿安全监察机构及其煤矿安全监察人员依照本条例的规定责令煤矿立即停止作业，责令立即停止使用不符合国家安全标准或者行业安全标准的设备、器材、仪器、仪表、防护用品，或者责令关闭矿井的，应当对煤矿的执行情况随时进行检查。

第三十四条 煤矿安全监察机构及其煤矿安全监察人员履行安全监察职责，应当出示安全监察证件。发出安全监察指令，应当采用书面通知形式；紧急情况下需要采取紧急处置措施，来不及书面通知的，应当随后补充书面通知。

第四章 罚 则

第三十五条 煤矿建设工程安全设施设计未经煤矿安全监察机构审查同意，擅自施工的，由煤矿安全监察机构责令停止施工；拒不执行的，由煤矿安全监察机构移送地质矿产主管部门依法吊销采矿许可证。

第三十六条 煤矿建设工程安全设施和条件未经验收或者验收不合格，擅自投入生产的，由煤矿安全监察机构责令停止生产，处5万元以上10万元以下的罚款；拒不停止生产的，由煤矿安全监察机构移送地质矿产主管部门依法吊销采矿许可证。

第三十七条 煤矿矿井通风、防火、防水、防瓦斯、防毒、防尘等安全设施和条件不符合国家安全标准、行业安全标准、煤矿安全规程和行业技术规范的要求，经煤矿安全监察机构责令限期达到要求，逾期仍达不到要求的，由煤矿安全监察机构责令停产整顿；经停产整顿仍不具备安全生产条件的，由煤矿安全监察机构决定吊销煤炭生产许可证，并移送地质矿产主管部门依法吊销采矿许可证。

第三十八条 煤矿作业场所未使用专用防爆电器设备、专用放炮器、人员专用升降容器或者使用明火明电照明，经煤矿安全监察机构责令限期改正，逾期不改正的，由煤矿安全监察机构责令停产整顿，可以处3万元以下的罚款。

第三十九条 未依法提取或者使用煤矿安全技术措施专项费用，或者使用不符合国家安全标准或者行业安全标准的设备、器材、仪器、仪表、防护用品，经煤矿安全监察机构责令限期改正或者责令立即停止使用，逾期不改正或者不立即停止使用的，由煤矿安全监察机构处5万元以下的罚款；情节严重的，由煤矿安全监察机构责令停产整顿；对直接负责的主管人员和其他直接责任人员，依法给予纪律处分。

第四十条 煤矿矿长不具备安全专业知识，或者特种作业人员未取得操作资格证书上岗作业，经煤矿安全监察机构责令限期改正，逾期不改正的，责令停产整顿；调整配备合格人员并经复查合格后，方可恢复生产。

第四十一条 分配职工上岗作业前未进行安全教育、培训，经煤矿安全监察机构责令限期改正，逾期不改正的，由煤矿安全监察机构处4万元以下的罚款；情节严重的，由煤矿安全监察机构责令停产整顿；对直接负责的主管人员和其他直接责任人员，依法给予纪律处分。

第四十二条 煤矿作业场所的瓦斯、粉尘或者其他有毒有害气体的浓度超过国家安全标准或者行业安全标准，经煤矿安全监察人员责令立即停止作业，拒不停止作业的，由煤矿安全监察机构责令停产整顿，可以处10万元以下的罚款。

第四十三条 擅自开采保安煤柱，或者采用危及相邻煤矿生产安全的决水、爆破、贯通巷道等危险方法进行采矿作业，经煤矿安全监察人员责令立即停止作业，拒不停止作业的，由煤矿安全监察机构决定吊销煤炭生产许可证，并移送地质矿产主管部门依法吊销采矿许可证；构成犯罪的，依法追究刑事责任；造成损失的，依法承担赔偿责任。

第四十四条 煤矿矿长或者其他主管人员有下列行为之一的，由煤矿安全监察机构给予警告；造成严重后果，构成犯罪的，依法追究刑事责任：

（一）违章指挥工人或者强令工人违章、冒险作业的；

（二）对工人屡次违章作业熟视无睹，不加制止的；

（三）对重大事故预兆或者已发现的事故隐患不及时采取措施的；

（四）拒不执行煤矿安全监察机构及其煤矿安全监察人员的安全监察指令的。

第四十五条 煤矿有关人员拒绝、阻碍煤矿安全监察机构及其煤矿安全监察人员现场检查，或者提供虚假情况，或者隐瞒存在的事故隐患以及其他安全问题的，由煤矿安全监察机构给予警告，可以并处5万元以上10万元以下的罚款；情节严重的，由煤矿安全监察机构责令停产整顿；对直接负责的主管人员和其他直接责任人员，依法给予撤职直至开除的纪律处分。

第四十六条 煤矿发生事故，有下列情形之一的，由煤矿安全监察机构给予警告，可以并处3万元以上15万元以下的罚款；情节严重的，由煤矿安全监察机构责令停产整顿；对直接负责的主管人员和其他直接责任人员，依法给予降级直至开除的纪律处分；构成犯罪的，依法追究刑事责任：

（一）不按照规定及时、如实报告煤矿事故的；

（二）伪造、故意破坏煤矿事故现场的；

（三）阻碍、干涉煤矿事故调查工作，拒绝接受调查取证、提供有关情况和资料的。

第四十七条 依照本条例规定被吊销采矿许可证、煤炭生产许可证的，由工商行政管理部门依法相应吊销营业执照。

第四十八条 煤矿安全监察人员滥用职权、玩忽职守、徇私舞弊，应当发现而没有发现煤矿事故隐患或者影响煤矿安全的违法行为，或者发现事故隐患或者影响煤矿安全的违法行为不及时处理或者报告，或者有违反本条例第十九条规定行为之一，构成犯罪的，依法追究刑事责任；尚不构成犯罪的，依法给予行政处分。

第五章 附 则

第四十九条 未设立地区煤矿安全监察机构的省、自治区、直辖市，省、自治区、直辖市人民政府可以指定有关部门依照本条例的规定对本行政区域内的煤矿实施安全监察。

第五十条 本条例自2000年12月1日起施行。

特种设备安全监察条例

（国务院令第 373 号　2003 年 3 月 11 日）

第一章　总　则

第一条　为了加强特种设备的安全监察，防止和减少事故，保障人民群众生命和财产安全，促进经济发展，制定本条例。

第二条　本条例所称特种设备是指涉及生命安全、危险性较大的锅炉、压力容器（含气瓶，下同）、压力管道、电梯、起重机械、客运索道、大型游乐设施。

前款特种设备的目录由国务院负责特种设备安全监督管理的部门（以下简称国务院特种设备安全监督管理部门）制订，报国务院批准后执行。

第三条　特种设备的生产（含设计、制造、安装、改造、维修，下同）、使用、检验检测及其监督检查，应当遵守本条例，但本条例另有规定的除外。

军事装备、核设施、航空航天器、铁路机车、海上设施和船舶以及煤矿矿井使用的特种设备的安全监察不适用本条例。

房屋建筑工地和市政工程工地用起重机械的安装、使用的监督管理，由建设行政主管部门依照有关法律、法规的规定执行。

第四条　国务院特种设备安全监督管理部门负责全国特种设备的安全监察工作，县以上地方负责特种设备安全监督管理的部门对本行政区域内特种设备实施安全监察（以下统称特种设备安全监督管理部门）。

第五条　特种设备生产、使用单位应当建立健全特种设备安全管理制度和岗位安全责任制度。

特种设备生产、使用单位的主要负责人应当对本单位特种设备的安全全面负责。

特种设备生产、使用单位和特种设备检验检测机构，应当接受特种设备安全监督管理部门依法进行的特种设备安全监察。

第六条　特种设备检验检测机构，应当依照本条例规定，进行检验检测工作，对其检验检测结果、鉴定结论承担法律责任。

第七条　县级以上地方人民政府应当督促、支持特种设备安全监督管理部门依法履行安全监察职责，对特种设备安全监察中存在的重大问题及时予以协调、解决。

第八条　国家鼓励推行科学的管理方法，采用先进技术，提高特种设备安全性能和管理水平，增强特种设备生产、使用单位防范事故的能力，对取得显著成绩的单位和个人，给予奖励。

第九条　任何单位和个人对违反本条例规定的行为，有权向特种设备安全监督管理部门和行政监察等有关部门举报。

特种设备安全监督管理部门应当建立特种设备安全监察举报制度，公布举报电话、信箱或者电子邮件地址，受理对特种设备生产、使用和检验检测违法行为的举报，并及时予以处理。

特种设备安全监督管理部门和行政监察等有关部门应当为举报人保密，并按照国家有关规定给予奖励。

第二章　特种设备的生产

第十条　特种设备生产单位，应当依照本条例规定以及国务院特种设备安全监督管理部门制订并公布的安全技术规范（以下简称安全技术规范）的要求，进行生产活动。

特种设备生产单位对其生产的特种设备的安全性能负责。

第十一条　压力容器的设计单位应当经国务院特种设备安全监督管理部门许可，方可从事压力容器的设计活动。

压力容器的设计单位应当具备下列条件：

（一）有与压力容器设计相适应的设计人员、设计审核人员；

（二）有与压力容器设计相适应的健全的管理制度和责任制度。

第十二条　锅炉、压力容器中的气瓶（以下简称气瓶）、氧舱和客运索道、大型游乐设施的设计文件，应当经国务院特种设备安全监督管理部门核准的检验检测机构鉴定，方可用于制造。

第十三条　按照安全技术规范的要求，应当进行型式试验的特种设备产品、部件或者试制特种设备新产品、新部件，必须进行整机或者部件的型式试验。

第十四条　锅炉、压力容器、电梯、起重机械、客运索道、大型游乐设施及其安全附件、安全保护装置的制造、安装、改造单位，以及压力管道用管子、管件、阀门、法兰、补偿器、安全保护装置等（以下简称压力管道元件）的制造单位，应当经国务院特种设备安全监督管理部门许可，方可从事相应的活动。

前款特种设备的制造、安装、改造单位应当具备下列条件：

（一）有与特种设备制造、安装、改造相适应的专业技术人员和技术工人；

（二）有与特种设备制造、安装、改造相适应的生产条件和检测手段；

（三）有健全的质量管理制度和责任制度。

第十五条　特种设备出厂时，应当附有安全技术规范要求的设计文件、产品质量合格证明、安装及使用维修说明、监督检验证明等文件。

第十六条　锅炉、压力容器、电梯、起重机械、客运索道、大型游乐设施的维修单位，应当有与特种设备维修相适应的专业技术人员和技术工人以及必要的检测手段，并经省、自治区、直辖市特种设备安全监督管理部门许可，方可从事相应的维修活动。

第十七条　锅炉、压力容器、起重机械、客运索道、大型游乐设施的安装、改造、维修，必须由依照本条例取得许可的单位进行。

电梯的安装、改造、维修，必须由电梯制造单位或者其通过合同委托、同意的依照本条例取得许可的单位进行。电梯制造单位对电梯质量以及安全运行涉及的质量问题负责。

特种设备安装、改造、维修的施工单位应当在施工前将拟进行的特种设备安装、改造、维修情况书面告知直辖市或者设区的市的特种设备安全监督管理部门，告知后即可施工。

第十八条　电梯井道的土建工程必须符合建筑工程质量要求。电梯安装施工过程中，电梯安装单位应当遵守施工现场的安全生产要求，落实现场安全防护措施。电梯安装施工过程中，施工现场的安全生产监督，由有关部门依照有关法律、行政法规的规定执行。

电梯安装施工过程中，电梯安装单位应当服从建筑施工总承包单位对施工现场的安全生产管理，并订立合同，明确各自的安全责任。

第十九条　电梯的制造、安装、改造和维修活动，必须严格遵守安全技术规范的要求。电梯制造单位委托或者同意其他单位进行电梯安装、改造、维修活动的，应当对其安装、改造、维修活动进行安全指导和监控。电梯的安装、改造、维修活动结束后，电梯制造单位应当按照安全技术规范的要求对电梯进行校验和调试，并对校验和调试的结果负责。

第二十条　锅炉、压力容器、电梯、起重机械、客运索道、大型游乐设施的安装、改造、维修竣工后，安装、改造、维修的施工单位应当在验收后30日内将有关技术资料移交使用单位。使用单位应当将其存入该特种设备的安全技术档案。

第二十一条　锅炉、压力容器、压力管道元件、起重机械、大型游乐设施的制造过程和锅炉、压力容器、电梯、起重机械、客运索道、大型游乐设施的安装、改造、重大维修过程，必须经国务院特种设备安全监督管理部门核准的检验检测机构按照安全技术规范的要求进行监督检验；未经监督检验合格的不得出厂或者交付使用。

第二十二条　气瓶充装单位应当经省、自治区、直辖市的特种设备安全监督管理部门许可，方可从事充装活动。

气瓶充装单位应当具备下列条件：

（一）有与气瓶充装和管理相适应的管理人员和技术人员；

（二）有与气瓶充装和管理相适应的充装设备、检测手段、场地厂房、器具、安全设施和一定的气体储存能力，并能够向使用者提供符合安全技术规范要求的气瓶；

（三）有健全的充装安全管理制度、责任制度、紧急处理措施。

气瓶充装单位应当对气瓶使用者安全使用气瓶进行指导，提供服务。

第三章　特种设备的使用

第二十三条　特种设备使用单位，应当严格执行本条例和有关安全生产的法律、行政法规的规定，保证特种设备的安全使用。

第二十四条　特种设备使用单位应当使用符合安全技术规范要求的特种设备。特种设备投入使用前，使用单位应当核对其是否附有本条例第十五条规定的相关文件。

第二十五条　特种设备在投入使用前或者投入使用后30日内，特种设备使用单位应当向直辖市或者设区的市的特种设备安全监督管理部门登记。登记标志应当置于或者附着于该特种设备的显著位置。

第二十六条　特种设备使用单位应当建立特种设备安全技术档案。安全技术档案应当包括以下内容：

（一）特种设备的设计文件、制造单位、产品质量合格证明、使用维护说明等文件以及安装技术文件和资料；

（二）特种设备的定期检验和定期自行检查的记录；

（三）特种设备的日常使用状况记录；

（四）特种设备及其安全附件、安全保护装置、测量调控装置及有关附属仪器仪表的日常维护保养记录；

（五）特种设备运行故障和事故记录。

第二十七条 特种设备使用单位应当对在用特种设备进行经常性日常维护保养，并定期自行检查。

特种设备使用单位对在用特种设备应当至少每月进行一次自行检查，并作出记录。特种设备使用单位在对在用特种设备进行自行检查和日常维护保养时发现异常情况的，应当及时处理。

特种设备使用单位应当对在用特种设备的安全附件、安全保护装置、测量调控装置及有关附属仪器仪表进行定期校验、检修，并作出记录。

第二十八条 特种设备使用单位应当按照安全技术规范的定期检验要求，在安全检验合格有效期届满前1个月向特种设备检验检测机构提出定期检验要求。

检验检测机构接到定期检验要求后，应当按照安全技术规范的要求及时进行检验。

未经定期检验或者检验不合格的特种设备，不得继续使用。

第二十九条 特种设备出现故障或者发生异常情况，使用单位应当对其进行全面检查，消除事故隐患后，方可重新投入使用。

第三十条 特种设备存在严重事故隐患，无改造、维修价值，或者超过安全技术规范规定使用年限，特种设备使用单位应当及时予以报废，并应当向原登记的特种设备安全监督管理部门办理注销。

第三十一条 特种设备使用单位应当制定特种设备的事故应急措施和救援预案。

第三十二条 电梯的日常维护保养必须由依照本条例取得许可的安装、改造、维修单位或者电梯制造单位进行。

电梯应当至少每15日进行一次清洁、润滑、调整和检查。

第三十三条 电梯的日常维护保养单位应当在维护保养中严格执行国家安全技术规范的要求，保证其维护保养的电梯的安全技术性能，并负责落实现场安全防护措施，保证施工安全。

电梯的日常维护保养单位，应当对其维护保养的电梯的安全性能负责。接到故障通知后，应当立即赶赴现场，并采取必要的应急救援措施。

第三十四条 电梯、客运索道、大型游乐设施等为公众提供服务的特种设备运营使用单位，应当设置特种设备安全管理机构或者配备专职的安全管理人员；其他特种设备使用单位，应当根据情况设置特种设备安全管理机构或者配备专职、兼职的安全管理人员。

特种设备的安全管理人员应当对特种设备使用状况进行经常性检查，发现问题的应当立即处理；情况紧急时，可以决定停止使用特种设备并及时报告本单位有关负责人。

第三十五条 客运索道、大型游乐设施的运营使用单位在客运索道、大型游乐设施每日投入使用前，应当进行试运行和例行安全检查，并对安全装置进行检查确认。

电梯、客运索道、大型游乐设施的运营使用单位应当将电梯、客运索道、大型游乐设施的安全注意事项和警示标志置于易于为乘客注意的显著位置。

第三十六条 客运索道、大型游乐设施的运营使用单位的主要负责人应当熟悉客运索道、大型游乐设施的相关安全知识，并全面负责客运索道、大型游乐设施的安全使用。

客运索道、大型游乐设施的运营使用单位的主要负责人至少应当每月召开一次会议，督促、检查客运索道、大型游乐设施的安全使用工作。

客运索道、大型游乐设施的运营使用单位，应当结合本单位的实际情况，配备相应数量的营救装备和急救物品。

第三十七条　电梯、客运索道、大型游乐设施的乘客应当遵守使用安全注意事项的要求，服从有关工作人员的指挥。

第三十八条　电梯投入使用后，电梯制造单位应当对其制造的电梯的安全运行情况进行跟踪调查和了解，对电梯的日常维护保养单位或者电梯的使用单位在安全运行方面存在的问题，提出改进建议，并提供必要的技术帮助。发现电梯存在严重事故隐患的，应当及时向特种设备安全监督管理部门报告。电梯制造单位对调查和了解的情况，应当作出记录。

第三十九条　锅炉、压力容器、电梯、起重机械、客运索道、大型游乐设施的作业人员及其相关管理人员（以下统称特种设备作业人员），应当按照国家有关规定经特种设备安全监督管理部门考核合格，取得国家统一格式的特种作业人员证书，方可从事相应的作业或者管理工作。

第四十条　特种设备使用单位应当对特种设备作业人员进行特种设备安全教育和培训，保证特种设备作业人员具备必要的特种设备安全作业知识。

特种设备作业人员在作业中应当严格执行特种设备的操作规程和有关的安全规章制度。

第四十一条　特种设备作业人员在作业过程中发现事故隐患或者其他不安全因素，应当立即向现场安全管理人员和单位有关负责人报告。

第四章　检验检测

第四十二条　从事本条例规定的监督检验、定期检验、型式试验检验检测工作的特种设备检验检测机构，应当经国务院特种设备安全监督管理部门核准。

特种设备使用单位设立的特种设备检验检测机构，经国务院特种设备安全监督管理部门核准，负责本单位一定范围内的特种设备定期检验、型式试验工作。

第四十三条　特种设备检验检测机构，应当具备下列条件：

（一）有与所从事的检验检测工作相适应的检验检测人员；

（二）有与所从事的检验检测工作相适应的检验检测仪器和设备；

（三）有健全的检验检测管理制度、检验检测责任制度。

第四十四条　特种设备的监督检验、定期检验和型式试验应当由依照本条例经核准的特种设备检验检测机构进行。

特种设备检验检测工作应当符合安全技术规范的要求。

第四十五条　从事本条例规定的监督检验、定期检验和型式试验的特种设备检验检测人员应当经国务院特种设备安全监督管理部门组织考核合格，取得检验检测人员证书，方可从事检验检测工作。

检验检测人员从事检验检测工作，必须在特种设备检验检测机构执业，但不得同时在两个以上检验检测机构中执业。

第四十六条 特种设备检验检测机构和检验检测人员进行特种设备检验检测，应当遵循诚信原则和方便企业的原则，为特种设备生产、使用单位提供可靠、便捷的检验检测服务。

特种设备检验检测机构和检验检测人员对涉及的被检验检测单位的商业秘密，负有保密义务。

第四十七条 特种设备检验检测机构和检验检测人员应当客观、公正、及时地出具检验检测结果、鉴定结论。检验检测结果、鉴定结论经检验检测人员签字后，由检验检测机构负责人签署。

特种设备检验检测机构和检验检测人员对检验检测结果、鉴定结论负责。

国务院特种设备安全监督管理部门应当组织对特种设备检验检测机构的检验检测结果、鉴定结论进行监督抽查。县以上地方负责特种设备安全监督管理的部门在本行政区域内也可以组织监督抽查，但是要防止重复抽查。监督抽查结果应当向社会公布。

第四十八条 特种设备检验检测机构和检验检测人员不得从事特种设备的生产、销售，不得以其名义推荐或者监制、监销特种设备。

第四十九条 特种设备检验检测机构进行特种设备检验检测，发现严重事故隐患，应当及时告知特种设备使用单位，并立即向特种设备安全监督管理部门报告。

第五十条 特种设备检验检测机构和检验检测人员利用检验检测工作故意刁难特种设备生产、使用单位，特种设备生产、使用单位有权向特种设备安全监督管理部门投诉，接到投诉的特种设备安全监督管理部门应当及时进行调查处理。

第五章 监督检查

第五十一条 特种设备安全监督管理部门依照本条例规定，对特种设备生产、使用单位和检验检测机构实施安全监察。

对学校、幼儿园以及车站、客运码头、商场、体育场馆、展览馆、公园等公众聚集场所的特种设备，特种设备安全监督管理部门应当实施重点安全监察。

第五十二条 特种设备安全监督管理部门根据举报或者取得的涉嫌违法证据，对涉嫌违反本条例规定的行为进行查处时，可以行使下列职权：

（一）向特种设备生产、使用单位和检验检测机构的法定代表人、主要负责人和其他有关人员调查、了解与涉嫌从事违反本条例的生产、使用、检验检测有关的情况；

（二）查阅、复制特种设备生产、使用单位和检验检测机构的有关合同、发票、账簿以及其他有关资料；

（三）对有证据表明不符合安全技术规范要求的或者有其他严重事故隐患的特种设备或者其主要部件，予以查封或者扣押。

第五十三条 依照本条例规定，实施许可、核准、登记的特种设备安全监督管理部门，应当严格依照本条例规定条件和安全技术规范要求对有关事项进行审查；不符合本条例规定条件和安全技术规范要求的，不得许可、核准、登记。

未依法取得许可、核准、登记的单位擅自从事特种设备的生产、使用或者检验检测活动的，特种设备安全监督管理部门应当予以取缔或者依法予以处理。

已经取得许可、核准、登记的特种设备的生产、使用单位和检验检测机构，特种设备安全监督管理部门发现其不再符合本条例规定条件和安全技术规范要求的，应当依法撤销原许可、核准、登记。

第五十四条 特种设备安全监督管理部门在办理本条例规定的有关行政审批事项时，其受理、审查、许可、核准的程序必须公开，并应当自受理申请之日起30日内，作出许可、核准或者不予许可、核准的决定；不予许可、核准的，应当书面向申请人说明理由。

第五十五条 地方各级特种设备安全监督管理部门不得以任何形式进行地方保护和地区封锁，不得对已经依照本条例规定在其他地方取得许可的特种设备生产单位重复进行许可，也不得要求对依照本条例规定在其他地方检验检测合格的特种设备，重复进行检验检测。

第五十六条 特种设备安全监督管理部门的安全监察人员（以下简称特种设备安全监察人员）应当熟悉相关法律、法规、规章和安全技术规范，具有相应的专业知识和工作经验，并经国务院特种设备安全监督管理部门考核，取得特种设备安全监察人员证书。

特种设备安全监察人员应当忠于职守、坚持原则、秉公执法。

第五十七条 特种设备安全监督管理部门对特种设备生产、使用单位和检验检测机构实施安全监察时，应当有两名以上特种设备安全监察人员参加，并出示有效的特种设备安全监察人员证件。

第五十八条 特种设备安全监督管理部门对特种设备生产、使用单位和检验检测机构实施安全监察，应当对每次安全监察的内容、发现的问题及处理情况，作出记录，并由参加安全监察的特种设备安全监察人员和被检查单位的有关负责人签字后归档。被检查单位的有关负责人拒绝签字的，特种设备安全监察人员应当将情况记录在案。

第五十九条 特种设备安全监督管理部门对特种设备生产、使用单位和检验检测机构进行安全监察时，发现有违反本条例和安全技术规范的行为或者在用的特种设备存在事故隐患的，应当以书面形式发出特种设备安全监察指令，责令有关单位及时采取措施，予以改正或者消除事故隐患。紧急情况下需要采取紧急处置措施的，应当随后补发书面通知。

第六十条 特种设备安全监督管理部门对特种设备生产、使用单位和检验检测机构进行安全监察，发现重大违法行为或者严重事故隐患时，应当在采取必要措施的同时，及时向上级特种设备安全监督管理部门报告。接到报告的特种设备安全监督管理部门应当采取必要措施，及时予以处理。

对违法行为或者严重事故隐患的处理需要当地人民政府和有关部门的支持、配合时，特种设备安全监督管理部门应当报告当地人民政府，并通知其他有关部门。当地人民政府和其他有关部门应当采取必要措施，及时予以处理。

第六十一条 国务院特种设备安全监督管理部门和省、自治区、直辖市特种设备安全监督管理部门应当定期向社会公布特种设备安全状况。

公布特种设备安全状况，应当包括下列内容：

（一）在用的特种设备数量；

（二）特种设备事故的情况、特点、原因分析、防范对策；

（三）其他需要公布的情况。

第六十二条 特种设备发生事故，事故发生单位应当迅速采取有效措施，组织抢救，防止事故扩大，减少人员伤亡和财产损失，并按照国家有关规定，及时、如实地向负有安全生产监督管理职责的部门和特种设备安全监督管理部门等有关部门报告。不得隐瞒不报、谎报或者拖延不报。

第六十三条 特种设备发生事故的，按照国家有关规定进行事故调查，追究责任。

第六章 法律责任

第六十四条 未经许可，擅自从事压力容器设计活动的，由特种设备安全监督管理部门予以取缔，处5万元以上20万元以下罚款；有违法所得的，没收违法所得；触犯刑律的，对负有责任的主管人员和其他直接责任人员依照刑法关于非法经营罪或者其他罪的规定，依法追究刑事责任。

第六十五条 锅炉、气瓶、氧舱和客运索道、大型游乐设施的设计文件，未经国务院特种设备安全监督管理部门核准的检验检测机构鉴定，擅自用于制造的，由特种设备安全监督管理部门责令改正，没收非法制造的产品，处5万元以上20万元以下罚款；触犯刑律的，对负有责任的主管人员和其他直接责任人员依照刑法关于生产、销售伪劣产品罪、非法经营罪或者其他罪的规定，依法追究刑事责任。

第六十六条 按照安全技术规范的要求应当进行型式试验的特种设备产品、部件或者试制特种设备新产品、新部件，未进行整机或者部件型式试验的，由特种设备安全监督管理部门责令限期改正；逾期未改正的，处2万元以上10万元以下罚款。

第六十七条 未经许可，擅自从事锅炉、压力容器、电梯、起重机械、客运索道、大型游乐设施及其安全附件、安全保护装置的制造、安装、改造以及压力管道元件的制造活动的，由特种设备安全监督管理部门予以取缔，没收非法制造的产品，已经实施安装、改造的，责令恢复原状或者责令限期由取得许可的单位重新安装、改造，处5万元以上20万元以下罚款；触犯刑律的，对负有责任的主管人员和其他直接责任人员依照刑法关于生产、销售伪劣产品罪、非法经营罪、重大责任事故罪或者其他罪的规定，依法追究刑事责任。

第六十八条 特种设备出厂时，未按照安全技术规范的要求附有设计文件、产品质量合格证明、安装及使用维修说明、监督检验证明等文件的，由特种设备安全监督管理部门责令改正；情节严重的，责令停止生产、销售，处违法生产、销售货值金额30%以下罚款；有违法所得的，没收违法所得。

第六十九条 未经许可，擅自从事锅炉、压力容器、电梯、起重机械、客运索道、大型游乐设施的维修或者日常维护保养的，由特种设备安全监督管理部门予以取缔，处1万元以上5万元以下罚款；有违法所得的，没收违法所得；触犯刑律的，对负有责任的主管人员和其他直接责任人员依照刑法关于非法经营罪、重大责任事故罪或者其他罪的规定，依法追究刑事责任。

第七十条 锅炉、压力容器、电梯、起重机械、客运索道、大型游乐设施的安装、改造、维修的施工单位，在施工前未将拟进行的特种设备安装、改造、维修情况书面告知直辖市或者设区的市的特种设备安全监督管理部门即行施工的，或者在验收后30日内未将有关技术资料移交锅炉、压力容器、电梯、起重机械、客运索道、大型游乐设施的使用单位的，由特种设备安全监督管理部门责令限期改正；逾期未改正的，处2 000元以上1万元以下罚款。

第七十一条　锅炉、压力容器、压力管道元件、起重机械、大型游乐设施的制造过程和锅炉、压力容器、电梯、起重机械、客运索道、大型游乐设施的安装、改造、重大维修过程，未经国务院特种设备安全监督管理部门核准的检验检测机构按照安全技术规范的要求进行监督检验，出厂或者交付使用的，由特种设备安全监督管理部门责令改正，没收违法生产、销售的产品，已经实施安装、改造或者重大维修的，责令限期进行监督检验，处5万元以上20万元以下的罚款；有违法所得的，没收违法所得；情节严重的，撤销制造、安装、改造或者维修单位已经取得的许可，并由工商行政管理部门吊销其营业执照；触犯刑律的，对负有责任的主管人员和其他直接责任人员依照刑法关于生产、销售伪劣产品罪或者其他罪的规定，依法追究刑事责任。

第七十二条　未经许可，擅自从事气瓶充装活动的，由特种设备安全监督管理部门予以取缔，没收违法充装的气瓶，处5万元以上20万元以下罚款；有违法所得的，没收违法所得；触犯刑律的，对负有责任的主管人员和其他直接责任人员依照刑法关于非法经营罪或者其他罪的规定，依法追究刑事责任。

第七十三条　电梯制造单位有下列情形之一的，由特种设备安全监督管理部门责令限期改正；逾期未改正的，予以通报批评：

（一）未依照本条例第十九条的规定对电梯进行校验、调试的；

（二）对电梯的安全运行情况进行跟踪调查和了解时，发现存在严重事故隐患，未及时向特种设备安全监督管理部门报告的。

第七十四条　特种设备使用单位有下列情形之一的，由特种设备安全监督管理部门责令限期改正；逾期未改正的，处2 000元以上2万元以下罚款；情节严重的，责令停止使用或者停产停业整顿：

（一）特种设备投入使用前或者投入使用后30日内，未向特种设备安全监督管理部门登记，擅自将其投入使用的；

（二）未依照本条例第二十六条的规定，建立特种设备安全技术档案的；

（三）未依照本条例第二十七条的规定，对在用特种设备进行经常性日常维护保养和定期自行检查的，或者对在用特种设备的安全附件、安全保护装置、测量调控装置及有关附属仪器仪表进行定期校验、检修，并作出记录的；

（四）未按照安全技术规范的定期检验要求，在安全检验合格有效期届满前1个月向特种设备检验检测机构提出定期检验要求的；

（五）使用未经定期检验或者检验不合格的特种设备的；

（六）特种设备出现故障或者发生异常情况，未对其进行全面检查、消除事故隐患，继续投入使用的；

（七）未制定特种设备的事故应急措施和救援预案的；

（八）未依照本条例第三十二条第二款的规定，对电梯进行清洁、润滑、调整和检查的。

第七十五条　特种设备存在严重事故隐患，无改造、维修价值，或者超过安全技术规范规定的使用年限，特种设备使用单位未予以报废，并向原登记的特种设备安全监督管理部门办理注销的，由特种设备安全监督管理部门责令限期改正；逾期未改正的，处5万元以上20万元以下罚款。

第七十六条 电梯、客运索道、大型游乐设施的运营使用单位有下列情形之一的，由特种设备安全监督管理部门责令限期改正；逾期未改正的，责令停止使用或者停产停业整顿，处1万元以上5万元以下罚款：

（一）客运索道、大型游乐设施每日投入使用前，未进行试运行和例行安全检查，并对安全装置进行检查确认的；

（二）未将电梯、客运索道、大型游乐设施的安全注意事项和警示标志置于易于为乘客注意的显著位置的。

第七十七条 特种设备使用单位有下列情形之一的，由特种设备安全监督管理部门责令限期改正；逾期未改正的，责令停止使用或者停产停业整顿，处2 000元以上2万元以下罚款：

（一）未依照本条例规定设置特种设备安全管理机构或者配备专职、兼职的安全管理人员的；

（二）从事特种设备作业的人员，未取得相应特种作业人员证书，上岗作业的；

（三）未对特种设备作业人员进行特种设备安全教育和培训的。

第七十八条 特种设备使用单位的主要负责人在本单位发生重大特种设备事故时，不立即组织抢救或者在事故调查处理期间擅离职守或者逃匿的，给予降职、撤职的处分；触犯刑律的，依照刑法关于重大责任事故罪或者其他罪的规定，依法追究刑事责任。

特种设备使用单位的主要负责人对特种设备事故隐瞒不报、谎报或者拖延不报的，依照前款规定处罚。

第七十九条 特种设备作业人员违反特种设备的操作规程和有关的安全规章制度操作，或者在作业过程中发现事故隐患或者其他不安全因素，未立即向现场安全管理人员和单位有关负责人报告的，由特种设备使用单位给予批评教育、处分；触犯刑律的，依照刑法关于重大责任事故罪或者其他罪的规定，依法追究刑事责任。

第八十条 未经核准，擅自从事本条例所规定的监督检验、定期检验、型式试验等检验检测活动的，由特种设备安全监督管理部门予以取缔，处5万元以上20万元以下罚款；有违法所得的，没收违法所得；触犯刑律的，对负有责任的主管人员和其他直接责任人员依照刑法关于非法经营罪或者其他罪的规定，依法追究刑事责任。

第八十一条 特种设备检验检测机构，有下列情形之一的，由特种设备安全监督管理部门处2万元以上10万元以下罚款；情节严重的，撤销其检验检测资格：

（一）检验检测工作不符合安全技术规范的要求；

（二）聘用未经特种设备安全监督管理部门组织考核合格并取得检验检测人员证书的人员，从事相关检验检测工作的；

（三）在进行特种设备检验检测中，发现严重事故隐患，未及时告知特种设备使用单位，并立即向特种设备安全监督管理部门报告的。

第八十二条 特种设备检验检测机构和检验检测人员，出具虚假的检验检测结果、鉴定结论或者检验检测结果、鉴定结论严重失实的，由特种设备安全监督管理部门对检验检测机构没收违法所得，处5万元以上20万元以下罚款，情节严重的，撤销其检验检测资格；对检验检测人员处5000元以上5万元以下罚款，情节严重的，撤销其检验检测资格，触犯刑律的，依照刑法关于中介组织人员提供虚假证明文件罪、中介组织人员出具证明文件重大失实罪或者其他罪的规定，依法追究刑事责任。

特种设备检验检测机构和检验检测人员，出具虚假的检验检测结果、鉴定结论或者检验检测结果、鉴定结论严重失实，造成损害的，应当承担赔偿责任。

第八十三条　特种设备检验检测机构或者检验检测人员从事特种设备的生产、销售，或者以其名义推荐或者监制、监销特种设备的，由特种设备安全监督管理部门撤销特种设备检验检测机构和检验检测人员的资格，处5万元以上20万元以下罚款；有违法所得的，没收违法所得。

第八十四条　特种设备检验检测机构和检验检测人员利用检验检测工作故意刁难特种设备生产、使用单位，由特种设备安全监督管理部门责令改正；拒不改正的，撤销其检验检测资格。

第八十五条　检验检测人员，从事检验检测工作，不在特种设备检验检测机构执业或者同时在两个以上检验检测机构中执业的，由特种设备安全监督管理部门责令改正，情节严重的，给予停止执业6个月以上2年以下的处罚；有违法所得的，没收违法所得。

第八十六条　特种设备安全监督管理部门及其特种设备安全监察人员，有下列违法行为之一的，对直接负责的主管人员和其他直接责任人员，依法给予降级或者撤职的行政处分；触犯刑律的，依照刑法关于受贿罪、滥用职权罪、玩忽职守罪或者其他罪的规定，依法追究刑事责任：

（一）不按照本条例规定的条件和安全技术规范要求，实施许可、核准、登记的；

（二）发现未经许可、核准、登记擅自从事特种设备的生产、使用或者检验检测活动不予取缔或者不依法予以处理的；

（三）发现特种设备生产、使用单位不再具备本条例规定的条件而不撤销其原许可，或者发现特种设备生产、使用违法行为不予查处的；

（四）发现特种设备检验检测机构不再具备本条例规定的条件而不撤销其原核准，或者对其出具虚假的检验检测结果、鉴定结论或者检验检测结果、鉴定结论严重失实的行为不予查处的；

（五）对依照本条例规定在其他地方取得许可的特种设备生产单位重复进行许可，或者对依照本条例规定在其他地方检验检测合格的特种设备，重复进行检验检测的；

（六）发现有违反本条例和安全技术规范的行为或者在用的特种设备存在严重事故隐患，不立即处理的；

（七）发现重大的违法行为或者严重事故隐患，未及时向上级特种设备安全监督管理部门报告，或者接到报告的特种设备安全监督管理部门不立即处理的。

第八十七条　特种设备的生产、使用单位或者检验检测机构，拒不接受特种设备安全监督管理部门依法实施的安全监察的，由特种设备安全监督管理部门责令限期改正；逾期未改正的，责令停产停业整顿，处2万元以上10万元以下的罚款；触犯刑律的，依照刑法关于妨害公务罪或者其他罪的规定，依法追究刑事责任。

第七章　附　则

第八十八条　本条例下列用语的含义是：

锅炉，是指利用各种燃料、电或者其他能源，将所盛装的液体加热到一定的参数，并承载一定压力的密闭设备，其范围规定为容积大于或者等于 30L 的承压蒸汽锅炉；出口水压大于或者等于 0.1MPa（表压），且额定功率大于或者等于 0.1MW 的承压热水锅炉；有机热载体锅炉。

压力容器，是指盛装气体或者液体，承载一定压力的密闭设备，其范围规定为最高工作压力大于或者等于 0.1MPa（表压），且压力与容积的乘积大于或者等于 2.5MPa·L 的气体、液化气体和最高工作温度高于或者等于标准沸点的液体的固定式容器和移动式容器；盛装公称工作压力大于或者等于 0.2MPa（表压），且压力与容积的乘积大于或者等于 1.0MPa·L 的气体、液化气体和标准沸点等于或者低于 60℃液体的气瓶；氧舱等。

压力管道，是指利用一定的压力，用于输送气体或者液体的管状设备，其范围规定为最高工作压力大于或者等于 0.1MPa（表压）的气体、液化气体、蒸汽介质或者可燃、易爆、有毒、有腐蚀性、最高工作温度高于或者等于标准沸点的液体介质，且公称直径大于 25mm 的管道。

电梯，是指动力驱动，利用沿刚性导轨运行的箱体或者沿固定线路运行的梯级（踏步），进行升降或者平行运送人、货物的机电设备，包括载人（货）电梯、自动扶梯、自动人行道等。

起重机械，是指用于垂直升降或者垂直升降并水平移动重物的机电设备，其范围规定为额定起重量大于或者等于 0.5t 的升降机；额定起重量大于或者等于 1t，且提升高度大于或者等于 2m 的起重机和承重形式固定的电动葫芦等。

客运索道，是指动力驱动，利用柔性绳索牵引箱体等运载工具运送人员的机电设备，包括客运架空索道、客运缆车、客运拖牵索道等。

大型游乐设施，是指用于经营目的，承载乘客游乐的设施，其范围规定为设计最大运行线速度大于或者等于 2m/s，或者运行高度距地面高于或者等于 2m 的载人大型游乐设施。

特种设备包括其附属的安全附件、安全保护装置和与安全保护装置相关的设施。

第八十九条 压力管道设计、安装、使用的安全监督管理办法由国务院另行制定。

第九十条 特种设备检验检测机构依照本条例规定实施检验检测，收取费用，依照国家有关规定执行。

第九十一条 本条例自 2003 年 6 月 1 日起施行。1982 年 2 月 6 日国务院发布的《锅炉压力容器安全监察暂行条例》同时废止。

起重机械安全监察规定

（国家质量监督检验检疫总局令第 92 号　2006 年 12 月 29 日）

第一章　总　则

第一条　为了加强起重机械安全监察工作，防止和减少起重机械事故，保障人身和财产安全，根据《特种设备安全监察条例》，制定本规定。

第二条　起重机械的制造、安装、改造、维修、使用、检验检测及其监督检查，应当遵守本规定。

房屋建筑工地和市政工程工地用起重机械的安装、使用的监督管理按照有关法律、法规的规定执行。

第三条　国家质量监督检验检疫总局（以下简称国家质检总局）负责全国起重机械安全监察工作，县以上地方质量技术监督部门负责本行政区域内起重机械的安全监察工作。

第二章　起重机械制造

第四条　制造单位应当依法取得起重机械制造许可，方可从事相应的制造活动。

起重机械制造许可实施分级管理，制造单位取得制造许可应当具备相应条件，具体要求按照有关安全技术规范等规定执行。

第五条　起重机械制造许可证有效期为 4 年。

制造单位应当在许可证有效期届满 6 个月前提出书面换证申请；经审查后，许可部门应当在有效期满前做出准予许可或者不予许可的决定。

起重机械制造许可证有效期届满而未换证的，不得继续从事起重机械制造活动。

第六条　制造单位应当采用符合安全技术规范要求的起重机械设计文件。

第七条　按照安全技术规范的要求，应当进行型式试验的起重机械产品、部件或者试制起重机械新产品、新部件，必须进行整机或者部件的型式试验。

第八条　起重机械制造过程应当按照安全技术规范等规定的范围、项目和要求，由制造所在地的检验检测机构进行监督检验。

第九条　制造单位应当在被许可的场所内制造起重机械；但结构不可拆分且运输超限的，可以在使用现场制造，由制造现场所在地的检验检测机构按照安全技术规范等要求进行监督检验。

第十条　制造单位不得将主要受力结构件（主梁、主副吊臂、主支撑腿、标准节，下同）全部委托加工或者购买并用于起重机械制造。

主要受力结构件需要部分委托加工或者购买的，制造单位应当委托取得相应起重机械类型和级别资质的制造单位加工或者购买其加工的主要受力结构件并用于起重机械制造。

第十一条　起重机械出厂时，应当附有设计文件（包括总图、主要受力结构件图、机械传动图和电气、液压系统原理图）、产品质量合格证明、安装及使用维修说明、监督检验证明、有关型式试验合格证明等文件。

第三章　起重机械安装改造维修

第十二条　起重机械安装、改造、维修单位应当依法取得安装、改造、维修许可，方可从事相应的活动。

起重机械安装、改造、维修许可实施分级管理，安装、改造、维修单位取得安装、改造、维修许可应当具备相应条件，具体要求按照有关安全技术规范等规定执行。

从事起重机械改造活动，应当具有相应类型和级别的起重机械制造能力。

第十三条　起重机械安装、改造、维修许可证有效期为4年。

安装、改造、维修单位应当在许可证有效期届满6个月前提出书面换证申请；经审查后，许可部门应当在有效期满前做出准予许可或者不予许可的决定。

起重机械安装、改造、维修许可证有效期届满而未换证的，不得继续从事起重机械安装、改造、维修活动。

第十四条　从事安装、改造、维修的单位应当按照规定向质量技术监督部门告知，告知后方可施工。

对流动作业并需要重新安装的起重机械，异地安装时，应当按照规定向施工所在地的质量技术监督部门办理安装告知后方可施工。

施工前告知应当采用书面形式，告知内容包括：单位名称、许可证书号及联系方式，使用单位名称及联系方式，施工项目、拟施工的起重机械、监督检验证书号、型式试验证书号、施工地点、施工方案、施工日期，持证作业人员名单等。

第十五条　从事安装、改造、重大维修的单位应当在施工前向施工所在地的检验检测机构申请监督检验。

检验检测机构应当到施工现场实施监督检验，监督检验按照相应安全技术规范等要求执行。

第十六条　安装、改造、维修单位应当在施工验收后30日内，将安装、改造、维修的技术资料移交使用单位。

第四章　起重机械使用

第十七条　起重机械在投入使用前或者投入使用后30日内，使用单位应当按照规定到登记部门办理使用登记。

流动作业的起重机械，使用单位应当到产权单位所在地的登记部门办理使用登记。

第十八条　起重机械使用单位发生变更的，原使用单位应当在变更后30日内到原登记部门办理使用登记注销；新使用单位应当按规定到所在地的登记部门办理使用登记。

第十九条　起重机械报废的，使用单位应当到登记部门办理使用登记注销。

第二十条　起重机械使用单位应当履行下列义务：

（一）使用具有相应许可资质的单位制造并经监督检验合格的起重机械；

（二）建立健全相应的起重机械使用安全管理制度；

（三）设置起重机械安全管理机构或者配备专（兼）职安全管理人员从事起重机械安全管理工作；

（四）对起重机械作业人员进行安全技术培训，保证其掌握操作技能和预防事故的知识，增强安全意识；

（五）对起重机械的主要受力结构件、安全附件、安全保护装置、运行机构、控制系统等进行日常维护保养，并做出记录；

（六）配备符合安全要求的索具、吊具，加强日常安全检查和维护保养，保证索具、吊具安全使用；

（七）制定起重机械事故应急救援预案，根据需要建立应急救援队伍，并且定期演练。

第二十一条　使用单位应当建立起重机械安全技术档案。起重机械安全技术档案应当包括以下内容：

（一）设计文件、产品质量合格证明、监督检验证明、安装技术文件和资料、使用和维护说明；

（二）安全保护装置的型式试验合格证明；

（三）定期检验报告和定期自行检查的记录；

（四）日常使用状况记录；

（五）日常维护保养记录；

（六）运行故障和事故记录；

（七）使用登记证明。

第二十二条　起重机械定期检验周期最长不超过2年，不同类别的起重机械检验周期按照相应安全技术规范执行。

使用单位应当在定期检验有效期届满1个月前，向检验检测机构提出定期检验申请。

流动作业的起重机械异地使用的，使用单位应当按照检验周期等要求向使用所在地检验检测机构申请定期检验，使用单位应当将检验结果报登记部门。

第二十三条　旧起重机械应当符合下列要求，使用单位方可投入使用：

（一）具有原使用单位的使用登记注销证明；

（二）具有新使用单位的使用登记证明；

（三）具有完整的安全技术档案；

（四）监督检验和定期检验合格。

第二十四条　起重机械承租使用单位应当按照本规定第二十条第（五）项规定，在承租使用期间对起重机械进行日常维护保养并记录，对承租起重机械的使用安全负责。

禁止承租使用下列起重机械：

（一）没有在登记部门进行使用登记的；

（二）没有完整安全技术档案的；

（三）监督检验或者定期检验不合格的。

第二十五条　起重机械的拆卸应当由具有相应安装许可资质的单位实施。

起重机械拆卸施工前，应当制定周密的拆卸作业指导书，按照拆卸作业指导书的要求进行施工，保证起重机械拆卸过程的安全。

第二十六条　起重机械具有下列情形之一的，使用单位应当及时予以报废并采取解体等销毁措施：

（一）存在严重事故隐患，无改造、维修价值的；

（二）达到安全技术规范等规定的设计使用年限或者报废条件的。

第二十七条 起重机械出现故障或者发生异常情况，使用单位应当停止使用，对其全面检查，消除故障和事故隐患后，方可重新投入使用。

第二十八条 发生起重机械事故，使用单位必须按照有关规定要求，及时向所在地的质量技术监督部门和相关部门报告。

第五章 监督检查

第二十九条 质量技术监督部门依照《特种设备安全监察条例》和本规定等有关要求，对起重机械的制造、安装、改造、维修、使用、检验检测实施安全监察。

第三十条 质量技术监督部门的安全监察人员等行政执法人员从事安全监察活动，应当忠于职守、坚持原则、秉公执法、依法执法。

第三十一条 质量技术监督部门在安全监察工作中，需要当地人民政府和有关部门支持和配合处理起重机械事故隐患或违法行为的，应当及时报告或者通知当地人民政府和有关部门。

第三十二条 起重机械安全事故的调查处理，按照国家有关规定执行。

第六章 法律责任

第三十三条 违反本规定第六条规定的，责令改正，处以 2 万元以上 3 万元以下罚款。

第三十四条 制造单位违反本规定第九条规定，未在被许可的场所内制造起重机械的，责令改正，处以 2 万元以上 3 万元以下罚款。

第三十五条 违反本规定第十条第一款或者第二款规定的，责令改正，处以 1 万元以上 3 万元以下罚款。

第三十六条 起重机械使用单位发生变更，原使用单位违反本规定第十八条规定，未在变更后 30 日内到原登记部门办理使用登记注销的，责令改正，处以 2 千元以上 2 万元以下罚款。

第三十七条 使用不符合本规定第二十三条第（一）项规定要求的起重机械的，责令改正，处以 2 千元以上 2 万元以下罚款。

第三十八条 违反本规定第二十四条第二款规定的，责令改正，处以 2 千元以上 2 万元以下罚款。

第三十九条 违反本规定第二十五条第二款规定的，责令改正，处以 1 万元以下罚款。

第四十条 违反本规定其他要求，构成《特种设备安全监察条例》等规定的违法行为的，按照其规定实施处罚。

第四十一条 起重机械安全监察人员等行政执法人员在工作中滥用职权、玩忽职守、徇私舞弊的，依法追究法律责任。

第七章 附 则

第四十二条 本规定所称起重机械，是指《特种设备安全监察条例》第八十八条所规定的起重机械，包括其附属的安全附件和安全保护装置。

起重机械的具体类别（类型）、品种（型式）按照国务院批准的目录执行。

第四十三条　本规定下列用语的含义是：

改造，是指改变原起重机械主要受力结构件、主要材料、主要配置、控制系统，致使原性能参数与技术指标发生改变的活动。

维修，是指拆卸或更换原有主要零部件、调整控制系统、更换安全附件和安全保护装置，但不改变起重机械的原性能参数与技术指标的修理活动。

重大维修，是指拆卸或者更换原有主要受力结构件、主要配置、控制系统，但不改变起重机械的原性能参数与技术指标的维修活动。

第四十四条　起重机械作业人员、检验检测机构及检验检测人员的监督管理，按照有关规定执行。

第四十五条　本规定由国家质检总局负责解释。

第四十六条　本规定自 2007 年 6 月 1 日起实施。

中共中央纪律检查委员会、监察部关于中央直属机关和中央国家机关纪检、监察机构设置的意见

（中纪发［1993］5号　1993年5月18日）

根据党章和行政监察条例的有关规定，中央纪委和监察部现向中央直属机关和中央国家机关的52个部门派驻了纪检、监察机构66个，其中中央纪委、监察部双派驻的部门14个，中央纪委单派驻的部门6个，监察部单派驻的部门32个。42个部门内设纪检、监察机构65个，其中设纪检组（纪委）和监察机构的部门23个，单设纪检组（纪委）的部门4个，单设行政监察机构的部门15个。这些纪检、监察机构在贯彻执行党中央的路线、方针、政策，维护党的章程和国家的法律、法规，协助党的组织整顿党风，纠正行业不正之风，加强党风廉政建设等方面，发挥了重要作用。

党的十四大以后，根据党中央和国务院的决定，中央纪委与监察部已合署办公。中央国家机关一些纪检、监察机构的合署工作也正在进行。为落实党的十四大关于“加强党的纪律和纪律检查工作”、“强化行政监察机关职能”的精神，现对中央直属机关和中央国家机关的纪检、监察机构设置等若干问题提出如下意见：

一、机构设置的原则和形式

中央直属机关和中央国家机关的纪检、监察机构设置应适应改革开放的新形势，本着加强纪检、强化监察职能的精神，加以健全和完善。设置的纪检、监察机构名称分别为：纪律检查组、纪律检查委员会和监察局、监察专员办公室。根据党章和行政监察条例的有关规定，中央直属机关、中央国家机关中的一些重要经济部门、意识形态部门、国家司法和行政执法监督部门可由中央纪委、监察部派驻纪检、监察机构。一些部门可内设纪检、监察机构。同时，要充分发挥中央直属机关纪工委、中央国家机关纪工委的作用。

1. 国务院的部委中，已实行中央纪委、监察部双派驻的国家教委、地质矿产部、建设部、冶金工业部、化学工业部、邮电部、对外贸易经济合作部、文化部、广播电影电视部和设在中国人民银行的金融系统纪检、监察机构保留。监察部已派驻监察机构的国家计委、国家科委、民政部、司法部、财政部、交通部、水利部、农业部、林业部、卫生部、国家体委、审计署，中央纪委设立派驻纪检组。

新组建的国家经贸委、机械工业部、电子工业部、电力工业部、煤炭工业部、国内贸易部，中央纪委、监察部设立派驻纪检、监察机构。中央纪委、监察部在国家计生委设立派驻纪检、监察机构。

2. 国务院直属机构和办事机构中，中央纪委、监察部派驻海关总署的纪检、监察机构保留。只有中央纪委或监察部派驻机构的新闻出版署、国务院侨务办公室、国家工商局和国家旅游局，中央纪委、监察部派驻纪检、监察机构。中央纪委、监察部在国家税务总局设立派驻纪检、监察机构。

3. 中央直属机关纪工委、中央国家机关纪工委为中央纪委派出机构。

中央纪委派驻中国科学院、中国社会科学院、新华通讯社、人民日报社、最高人民检察院的纪检组和内设监察机构保留。最高人民法院党组纪检组改为中央纪委派驻纪检组，内设监察机构保留。

4. 外交部、公安部、国家安全部、铁道部、中国民用航空总局、国家海洋局的纪委，国家民委党组纪检组和监察部派驻这些部门的监察机构保留。监察部派驻人事部、劳动部的监察机构保留。国家地震局党组纪检组保留，监察部在该局设立派驻监察机构。

5. 中央纪委、监察部不派驻纪检、监察机构的中央国家机关和国务院直属事业单位、国务院联系的企业，机关和直属单位人数较多，对下实行行业管理的，应设立党组纪检组和行政监察机构。

中央纪委、监察部建议国务院机关事务管理局、国家环保局、国家土地局、中国轻工总会、中国纺织总会、中国气象局、中国核工业总公司、中国兵器工业总公司、中国船舶工业总公司、中国航空工业总公司、中国航天工业总公司、中国石油天然气总公司、中国石油化工总公司、中国有色金属工业总公司、中国海洋石油总公司、中国工商银行、中国人民建设银行、中国农业银行、中国银行、交通银行、中国人民保险公司应设立党组纪检组和内设监察机构。

二、领导体制和工作关系

根据《中共中央、国务院批转中央纪委、监察部〈关于中央纪委、监察部机关合署办公和机构设置有关问题的请示〉的通知》精神，中央直属机关、中央国家机关纪检、监察机构合署办公，实行一套工作机构，两个机构名称，履行两种职能的体制。中央纪委、监察部均派驻和内设纪检组、监察机构的部门，纪检组和监察机构实行合署办公；由中央纪委派驻纪检组，行政监察机构实行内设的部门，纪检组同行政监察机构合署办公；只有监察部派驻监察机构的部门，党组纪检组（纪委）与派驻监察机构合署办公。

派驻纪检、监察机构实行中央纪委、监察部和所驻在部门党组、行政领导的双重领导，纪检、监察业务以中央纪委、监察部领导为主。党组纪检组（纪委）与内设行政监察机构实行中央纪委、监察部和所在部门党组（党委）、行政领导的双重领导。

派驻纪检组组长和党组纪检组（纪委）组长（书记）应参加所在部门的党组（党委），尚不是党组（党委）成员的，列席所在部门的党组（党委）会议。

三、职务设置和干部管理

派驻纪检组和党组纪检组（纪委）设组长（书记）一人，副组长（副书记）一至二人。派驻和内设监察局（监察专员办公厅）设局长（专员）一人，设副局长（副专员）一至二人。实行纪检、监察合署办公的监察局（监察专员办公室）局长（专员）由纪检组（纪委）副组长（副书记）担任。派驻和内设纪检、监察机构的内设办事机构统称室。室设主任一人，副主任一至二人。

派驻和内设纪检、监察机构，根据工作需要设局级纪律检查员、监察专员和处级纪律检查员、监察员。纪律检查员和监察专员、监察员是实职。

上述干部的配备、任免和管理，按《中共中央办公厅转发中央纪律检查委员会〈关于纪律检查机关组织建设几个问题的请示〉的通知》、《中共中央纪律检查委员会、中共中央组织部关于颁发〈关于党的各级纪委内部机构和干部职务设置的若干规定〉的通知》、《中共中央纪律检查委员会、中共中央组织部关于省、自治区、直辖市纪委和中央、国家机关各部门纪检组（纪委）领导干部任免审批程序的通知》和《中华人民共和国行政监察条例》的有关规定执行。

四、纪检、监察机构的人员编制

纪检、监察机构人员编制的确定，要以精干、效能为原则。

派驻纪检、监察机构的编制，由中央纪委、监察部根据各部门实际工作需要确定。原则上统一划拨，单独列编。派驻纪检、监察机构的人员，工资、福利待遇、住房及离退休安排等，由所在部门负责。

内设纪检、监察机构的编制，由所在部门根据实际情况和工作需要确定，在本部门列编。

中共中央纪委、监察部
关于加强和改进行政监察工作的意见

（中纪发［2005］6号　2005年3月24日）

行政监察制度是国家制度的重要组成部分，它的完善与发展反映了我国社会主义民主政治建设的内在要求。纪检监察机关合署办公以来，各级纪检监察机关在党中央、国务院的领导下，在加强党的纪律检查工作的同时，积极探索有效开展行政监察工作的思路和措施，充分发挥行政监察职能，党政监督的整体效能得到增强，有力地促进了廉政勤政建设。为适应完善社会主义市场经济体制、全面推进依法行政和加大预防腐败工作力度的要求，按照党的十六大和十六届三中、四中全会精神，以及中央纪委全会和国务院廉政工作会议的部署，现就进一步加强和改进行政监察工作提出以下意见。

一、充分认识加强和改进行政监察工作的重要意义

（1）加强和改进行政监察工作，是加强党的执政能力建设的重要举措。政府的行政能力是党的执政能力的重要体现。着力解决政府作风、行政管理方面存在的突出问题，切实提高政府管理经济和社会的能力和水平，是加强党的执政能力建设的重要内容。监察机关作为政府的专门监督机关，通过维护行政纪律，推进依法行政，改善行政管理，提高行政效能，督促行政机关及其国家公务员牢固树立清正廉洁、勤政为民、求真务实的良好政风，促进政府行政能力的提高，对于密切党和政府同人民群众的血肉联系，构建社会主义和谐社会，加强党的执政能力建设，有着重要作用。

（2）加强和改进行政监察工作，是建立完善的社会主义市场经济体制的重要保证。通过深化改革，形成与经济社会发展要求相适应的行政管理体制，是发展社会主义市场经济的客观需要。加强行政监察，有利于推进政府管理方式创新，督促各级政府转变职能，加强和改善宏观调控，促进市场体系的完善和市场秩序的规范，促进中央关于经济体制改革重大决策、措施的贯彻落实。

（3）力□强和改进行政监察工作，是建设法治政府的迫切需要。建设法治政府，关键是全面推进依法行政，核心是规范行政权力。行政监察是政府内部对行政权力运行进行监督和规范的重要环节。充分履行行政监察职能，有利于督促政府机关及共工作人员严格依照法定权限和程序行使权力、履行职责，防上不当行政、违法行政。

（4）加强和改进行政监察工作，是深入开展党风廉政建设和反腐败斗争的必然要求。从改革体制机制制度入手，规范和制约行政权力，防范和减少腐败现象的发生，是治本抓源头的重要举措，也是发挥行政监察职能的重要方面，体现了构建惩治和预防腐败体系的总体要求。加强行政监察，有利于廉政建设与政府部门业务的有机结合，综合运用各种监督形式，增强党政监督的整体效能，形成反腐倡廉的合力。

二、牢牢把握行政监察工作的指导思想和总体要求

（5）当前和今后一个时期行政监察工作的指导思想。以邓小平理论和“三个代表”重要思想为指导，深入贯彻党的十六大和十六届三中、四中全会精神，坚持以科学发展观为统领，坚持反腐倡廉战略方针，抓紧构建惩治和预防腐败体系，加大预防腐败工作力度，全面推进依法行政，强化对行政行为的监督和制约，以廉政勤政建设的实际成效促进社会主义物质文明、政治文明、精神文明建设与和谐社会建

设全面发展。

（6）坚持围绕改革发展稳定大局，全面履行行政监察职能。把行政监察工作寓于改革和发展进程之申，紧紧围绕经济建设、改革开放和政府中心工作发挥监察职能，严肃查办违纪违法案件，研究解决在廉政勤政方面严重影响改革发展稳定的问题，维护国家宏观调控的统一性、权威性和有效性，为经济和社会的全面发展营造良好的环境。

（7）坚持把解决损害群众利益的突出问题放在重要位置，维护和发展人民群众的根本利益。牢牢把握立党为公、执政为民的本质要求，切实把维护人民利益作为行政监察工作的出发点和落脚点，坚决纠正损害群众利益的不正之风，促进政府机关“为民、务实、清廉”。

（8）坚持用发展的思路和改革的办法预防和解决腐败问题，发挥标本兼治、惩防并举的综合效能。针对行政过程中容易产生腐败现象的关键部位和薄弱环节，结合机构改革和政府职能转变，研究完善法规和制度规范，建立健全机制制度，不断探索从源头上预防和治理腐败的有效途径。

（9）坚持依法监察，严格规范行政权力。依法行使监察职能，严格按照法律法规和行政纪律约束行政权力，加强对权力运行的监督和制约，防止权力的缺失和滥用，确保行政权力在法制的轨道上运行。

（10）坚持以监督促管理，促进政府行政能力和水平的提高。充分利用监察机关属于政府序列、参与政务活动的优势和特点，通过监督检查及时发现问题，并有针对性地作出监察决定或提出监察建议，督促被监察部门和人员制定整改措施、提高管理与服务水平。

（11）坚持把行政监察工作纳入党风廉政建设和反腐败斗争的总体部署，形成党政监督的整体合力。按照党中央、国务院的统一部署和《中华人民共和国行政监察法》规定的基本职责，明确一个时期行政监察工作的目标和任务，充分发挥监察机关在行政监督方面的督促和协调作用，加强同政府其他部门的配合，共同抓好廉政勤政建设备项任务的落实。

三、全面发挥行政监察的职能作用

（12）加强廉政监察，促进政风建设。推进政府廉政建设，始终是党风廉政建设和反腐败斗争的重要任务。要以科学发展观和正确政绩观、权力观教育为重点，加强从政道德和纪律教育，严格执行“四大纪律八项要求”，促进政府机关及其公务员廉洁从政。要坚决查办违纪违法案件，着重查办政府机关和领导干部中利用行政权谋取非法利益的

案件，给人民群众生命财产造成重大损失的案件，领导干部和执法人员为黑恶势力充当“保护伞”的案件。要以解决群众反映的突出问题为重点，深入开展纠风专项治理。加大治理教育乱收费、纠正医药购销和医疗服务中的不正之风、减轻农民负担工作的力度，

全面开展民主评议政风行风活动，切实转变部门和行业的工作作风。

（13）加强执法监察，保证政令畅通。坚持以人为本、全面协调可持续的科学发展观，结合国家法律法规的颁布和重大改革决策的实施，认真研究在执行中可能出现的情况和问题，以此确定执法监察项目。要围绕加强和改善宏观调控，就优化发展环境、重大公共投资项目和群众关心的热点问题，开展执法监察。近一个时期，要重点加强对土地管理法、招标投标法贯彻执行情况的监督检查。积极参加整顿和规范市场经济秩序工作，坚决查处违规违法乱上项目、滥铺摊子和破坏环境等行为。坚决制止能源开发中滥采乱挖和严重浪费现象。坚决纠正征收征用土地、城镇房屋拆迁、企业违法排污、企业重组改制和破产申损害群众利益，以及拖欠农民工工资等问题。加大重特大事故责任追究的力度。

（14）规范和制约行政权力，推进依法行政。要按照《全面推进依法行政实施纲要》的要求，加强对政府职能部

门、行政执法机关运用权力、履行职责、执法程序的监督检查，坚决纠正和查处有法不依、执法不严的行为。要会同有关部门积极推行行政执法责任制，建立健全行政执法依据公开制度、执法过错追究制度和执法行为评议考核制度。要依照《中华人民共和国行政许可法》赋予监察机关的职责，对行政许可实施机关及其工作人员贯彻执行行政许可法的情况开展监督检查。依法做好行政复议、行政诉讼和行政投诉的受理工作。

（15）加强效能监察，改善行政管理。重点检查各级政府及其公务员是否合法、合理行政，公平、高效执法，维护广大群众合法权益的情况。要加强对行政决策、行政执行等施政过程和行政行为的监督。督促建立和完善重大事项集体决策制度、专家咨询与评估制度、决策听证与公示制度以及决策责任追究制度，对不依法定权限、违反法定程序、造成重大损失的决策，必须严肃追究责任。要积极探索新的监督方式，强化事前监督、事中监督和事后监督，逐步建立绩效评估

和考核的制度。发挥行政服务中心、行政投诉中心作用，严肃查处不认真履行职责、不及时履行职责、拒不履行职责等行为，切实解决一些机关和单位效率低下、办事推委、资源浪费等问题。要加强对履行社会管理和公共服务职能的监督，大力推进政务公开，促进行政机关和国家公务员勤政高效。

（16）加大治本力度，从源头上防治腐败。按照标本兼治、综合治理、惩防并举、注重预防的方针和《建立健全教育、制度、监督并重的惩治和预防腐败体系实施纲要》的要求，进一步发挥行政监察在预防腐败工作中的作用。特别要针对政府机关和行政权力的特点，加强对各职能部门抓源头工作的督促检查，会同有关部门深化行政审批制度、财政管理体制、政府投资监管制度和干部人事制度等方面改革。严格规范和管理土地市场，完善并认真执行经营性土地使用权出让制度。强化对国有资产的监管。完善金融监管体制。加快产权交易市场建设。规范行业组织和社会中介机构。结合重大改革措施出台，提出防范和治理腐败的对策，着力解决导致腐败现象发生的深层次问题。

四、建立健全行政监察工作制度

（17）坚持监察厅（局）长办公会议制度。按照纪检监察工作重大事项、重大问题由纪委常委会讨论决定、有关行政监察工作的组织实施由监察机关领导班子按职权处理的原则，进一步明确监察厅（局）长办公会议职责、权限和议事范围，完善议事规则。对政府

交办事项的落实、政纪案件的处理，执法监察、效能监察、纠正部门和行业不正之风、源头治理等工作的部署和监察干部的任免、行政监察规章制度的制定，监察决定和监察建议的提出，以及向人大、政府请示、报告等事项，都应作为监察厅（局）长办公会议的重要内容。重大事项要按照程序提交纪委常委会决定。

(18) 坚持监察机关向本级政府和上一级监察机关报告工作制度。凡属重大监察事项，经监察厅（局）长办公会议和纪委常委会研究后，都要以监察机关的名义及时向本级政府和上一级监察机关报告；涉及全局性的监察工作部署，要提请本级政府批准。建立并落实监察厅（局）长参加或列席政府常务会议制度。各级监察机关要及时向上级监察机关报送本地区本部门贯彻落实党中央、国务院统一部署的情况，建立健全行政监察信息综合制度。监察部要做好向国务院报送信息工作，办好监察部网站。

(19) 坚持并完善监察机关内部职能设置和工作程序。在注意发挥纪检监察机关各内设机构监察职能的同时，根据监察工作的发展和形势任务的需要，进一步健全相对集中承担行政监察职能的部门和机构，加强监察综合室等部门的建设。落实和健全“下级监察机关正、副职领导人员的任免必须在决定前取得上一级监察机关同意”的制度和举荐民主党派成员、无党派人士担任监察机关领导职务的制度。加强对派出机构的统一管理工作。要进一步规范监察机关履行职责的权限、措施和程序，完善信访举报制度、案件检查制度、审理制度、回避制度等。

(20) 进一步健全监察机关接受监督的制度和特邀监察员制度。监察机关要自觉接受各级人大常委会和人大代表的监督，认真办理人大代表的意见和建议。认真办理政协委员的提案。认真办理群众来信、来访。自觉接受党组织、政府和人民群众的监督，自觉接受新闻舆论的监督。要建立健全特邀监察员参与和监督监察工作的制度，积极探索新形势下发挥特邀监察员作用的机制和具体途径，充分发挥特邀监察员的参谋咨询、桥梁纽带和双重监督作用。

五、切实加强对行政监察工作的领导

(21) 加强对行政监察工作的领导。纪委常委会对履行纪检监察两项职能负总责。监察机关领导班子要按照纪委常委会的统一部署，结合政府工作，研究和确定监察工作的重点。监察厅（局）长办公会议根据监察工作的需要，按照有关程序决定监察工作事项。纪委常委会决定的事项，监察厅（局）长办公会议要认真贯彻落实。上级监察机关对下级监察机关在工作中遇到的困难和问题，要及时研究并认真帮助解决。监察机关要自觉接受本级政府的领导，认真完成政府交办的各项任务。

(22) 加强行政监察法规建设和监察理论研究。要认真贯彻行政监察法实施条例，不断完善与行政监察法相配套的法规制度，逐步使行政监察职能、权限、任务和程序法制化。要通过制定规范性文件或实施细则，对现有法律法规进行细化和完善。加强对有关监察法律法规执行情况的监督检查。要主动适应我国经济、政治和社会生活的深刻变化，加强对反腐倡廉重大问题的研究，创新行政监察理论。要重视发挥监察学会、纪检监察专门研究机构以及大专院校和科研院所的作用。要加强与国外监督监察机构的联系，扩大国际交流与合作。

(23) 进一步提高干部队伍的素质。要以提高监察工作能力为重点，加强干部队伍建设，使各级监察机关在完善社会主义市场经济体制、推进依法行政、加强对领导干部的监督、依法执纪、依法监察等方面，能够更好地适应新形势、新任务的要求。要加强领导班子建设，做好干部培训和轮岗交流工作。加强监察专业人才的培养，改善干部队伍结构。要全面提高干部的综合素质，增强法制观念，提高政策理论水平和业务能力。要健全监督机制和激励机制。要树立坚持原则、秉公执纪、敢于碰硬的作风。谦虚谨慎、联系群众、勤政廉洁的作风和求真务实、与时俱进、开拓进取的作风。

中华人民共和国城乡规划法

（2007年10月28日第十届全国人民代表大会常务委员会第三十次会议通过）

第一章 总 则

第一条 为了加强城乡规划管理，协调城乡空间布局，改善人居环境，促进城乡经济社会全面协调可持续发展，制定本法。

第二条 制定和实施城乡规划，在规划区内进行建设活动，必须遵守本法。

本法所称城乡规划，包括城镇体系规划、城市规划、镇规划、乡规划和村庄规划。城市规划、镇规划分为总体规划和详细规划。详细规划分为控制性详细规划和修建性详细规划。

本法所称规划区，是指城市、镇和村庄的建成区以及因城乡建设和发展需要，必须实行规划控制的区域。规划区的具体范围由有关人民政府在组织编制的城市总体规划、镇总体规划、乡规划和村庄规划中，根据城乡经济社会发展水平和统筹城乡发展的需要划定。

第三条 城市和镇应当依照本法制定城市规划和镇规划。城市、镇规划区内的建设活动应当符合规划要求。

县级以上地方人民政府根据本地农村经济社会发展水平，按照因地制宜、切实可行的原则，确定应当制定乡规划、村庄规划的区域。在确定区域内的乡、村庄，应当依照本法制定规划，规划区内的乡、村庄建设应当符合规划要求。

县级以上地方人民政府鼓励、指导前款规定以外的区域的乡、村庄制定和实施乡规划、村庄规划。

第四条 制定和实施城乡规划，应当遵循城乡统筹、合理布局、节约土地、集约发展和先规划后建设的原则，改善生态环境，促进资源、能源节约和综合利用，保护耕地等自然资源和历史文化遗产，保持地方特色、民族特色和传统风貌，防止污染和其他公害，并符合区域人口发展、国防建设、防灾减灾和公共卫生、公共安全的需要。

在规划区内进行建设活动，应当遵守土地管理、自然资源和环境保护等法律、法规的规定。

县级以上地方人民政府应当根据当地经济社会发展的实际，在城市总体规划、镇总体规划中合理确定城市、镇的发展规模、步骤和建设标准。

第五条 城市总体规划、镇总体规划以及乡规划和村庄规划的编制，应当依据国民经济和社会发展规划，并与土地利用总体规划相衔接。

第六条 各级人民政府应当将城乡规划的编制和管理经费纳入本级财政预算。

第七条 经依法批准的城乡规划，是城乡建设和规划管理的依据，未经法定程序不得修改。

第八条 城乡规划组织编制机关应当及时公布经依法批准的城乡规划。但是，法律、行政法规规定不得公开的内容除外。

第九条　任何单位和个人都应当遵守经依法批准并公布的城乡规划，服从规划管理，并有权就涉及其利害关系的建设活动是否符合规划的要求向城乡规划主管部门查询。

任何单位和个人都有权向城乡规划主管部门或者其他有关部门举报或者控告违反城乡规划的行为。城乡规划主管部门或者其他有关部门对举报或者控告，应当及时受理并组织核查、处理。

第十条　国家鼓励采用先进的科学技术，增强城乡规划的科学性，提高城乡规划实施及监督管理的效能。

第十一条　国务院城乡规划主管部门负责全国的城乡规划管理工作。

县级以上地方人民政府城乡规划主管部门负责本行政区域内的城乡规划管理工作。

第二章　城乡规划的制定

第十二条　国务院城乡规划主管部门会同国务院有关部门组织编制全国城镇体系规划，用于指导省域城镇体系规划、城市总体规划的编制。

全国城镇体系规划由国务院城乡规划主管部门报国务院审批。

第十三条　省、自治区人民政府组织编制省域城镇体系规划，报国务院审批。

省域城镇体系规划的内容应当包括：城镇空间布局和规模控制，重大基础设施的布局，为保护生态环境、资源等需要严格控制的区域。

第十四条　城市人民政府组织编制城市总体规划。

直辖市的城市总体规划由直辖市人民政府报国务院审批。省、自治区人民政府所在地的城市以及国务院确定的城市的总体规划，由省、自治区人民政府审查同意后，报国务院审批。其他城市的总体规划，由城市人民政府报省、自治区人民政府审批。

第十五条　县人民政府组织编制县人民政府所在地镇的总体规划，报上一级人民政府审批。其他镇的总体规划由镇人民政府组织编制，报上一级人民政府审批。

第十六条　省、自治区人民政府组织编制的省域城镇体系规划，城市、县人民政府组织编制的总体规划，在报上一级人民政府审批前，应当先经本级人民代表大会常务委员会审议，常务委员会组成人员的审议意见交由本级人民政府研究处理。

镇人民政府组织编制的镇总体规划，在报上一级人民政府审批前，应当先经镇人民代表大会审议，代表的审议意见交由本级人民政府研究处理。

规划的组织编制机关报送审批省域城镇体系规划、城市总体规划或者镇总体规划，应当将本级人民代表大会常务委员会组成人员或者镇人民代表大会代表的审议意见和根据审议意见修改规划的情况一并报送。

第十七条　城市总体规划、镇总体规划的内容应当包括：城市、镇的发展布局，功能分区，用地布局，综合交通体系，禁止、限制和适宜建设的地域范围，各类专项规划等。

规划区范围、规划区内建设用地规模、基础设施和公共服务设施用地、水源地和水系、基本农田和绿化用地、环境保护、自然与历史文化遗产保护以及防灾减灾等内容，应当作为城市总体规划、镇总体规划的强制性内容。

城市总体规划、镇总体规划的规划期限一般为二十年。城市总体规划还应当对城市更长远的发展作出预测性安排。

第十八条 乡规划、村庄规划应当从农村实际出发，尊重村民意愿，体现地方和农村特色。

乡规划、村庄规划的内容应当包括：规划区范围，住宅、道路、供水、排水、供电、垃圾收集、畜禽养殖场所等农村生产、生活服务设施、公益事业等各项建设的用地布局、建设要求，以及对耕地等自然资源和历史文化遗产保护、防灾减灾等的具体安排。乡规划还应当包括本行政区域内的村庄发展布局。

第十九条 城市人民政府城乡规划主管部门根据城市总体规划的要求，组织编制城市的控制性详细规划，经本级人民政府批准后，报本级人民代表大会常务委员会和上一级人民政府备案。

第二十条 镇人民政府根据镇总体规划的要求，组织编制镇的控制性详细规划，报上一级人民政府审批。县人民政府所在地镇的控制性详细规划，由县人民政府城乡规划主管部门根据镇总体规划的要求组织编制，经县人民政府批准后，报本级人民代表大会常务委员会和上一级人民政府备案。

第二十一条 城市、县人民政府城乡规划主管部门和镇人民政府可以组织编制重要地块的修建性详细规划。修建性详细规划应当符合控制性详细规划。

第二十二条 乡、镇人民政府组织编制乡规划、村庄规划，报上一级人民政府审批。村庄规划在报送审批前，应当经村民会议或者村民代表会议讨论同意。

第二十三条 首都的总体规划、详细规划应当统筹考虑中央国家机关用地布局和空间安排的需要。

第二十四条 城乡规划组织编制机关应当委托具有相应资质等级的单位承担城乡规划的具体编制工作。

从事城乡规划编制工作应当具备下列条件，并经国务院城乡规划主管部门或者省、自治区、直辖市人民政府城乡规划主管部门依法审查合格，取得相应等级的资质证书后，方可在资质等级许可的范围内从事城乡规划编制工作：

（一）有法人资格；

（二）有规定数量的经国务院城乡规划主管部门注册的规划师；

（三）有规定数量的相关专业技术人员；

（四）有相应的技术装备；

（五）有健全的技术、质量、财务管理制度。

规划师执业资格管理办法，由国务院城乡规划主管部门会同国务院人事行政部门制定。

编制城乡规划必须遵守国家有关标准。

第二十五条 编制城乡规划，应当具备国家规定的勘察、测绘、气象、地震、水文、环境等基础资料。

县级以上地方人民政府有关主管部门应当根据编制城乡规划的需要，及时提供有关基础资料。

第二十六条 城乡规划报送审批前，组织编制机关应当依法将城乡规划草案予以公告，并采取论证会、听证会或者其他方式征求专家和公众的意见。公告的时间不得少于三十日。

组织编制机关应当充分考虑专家和公众的意见，并在报送审批的材料中附具意见采纳情况及理由。

第二十七条　省域城镇体系规划、城市总体规划、镇总体规划批准前，审批机关应当组织专家和有关部门进行审查。

第三章　城乡规划的实施

第二十八条　地方各级人民政府应当根据当地经济社会发展水平，量力而行，尊重群众意愿，有计划、分步骤地组织实施城乡规划。

第二十九条　城市的建设和发展，应当优先安排基础设施以及公共服务设施的建设，妥善处理新区开发与旧区改建的关系，统筹兼顾进城务工人员生活和周边农村经济社会发展、村民生产与生活的需要。

镇的建设和发展，应当结合农村经济社会发展和产业结构调整，优先安排供水、排水、供电、供气、道路、通信、广播电视等基础设施和学校、卫生院、文化站、幼儿园、福利院等公共服务设施的建设，为周边农村提供服务。

乡、村庄的建设和发展，应当因地制宜、节约用地，发挥村民自治组织的作用，引导村民合理进行建设，改善农村生产、生活条件。

第三十条　城市新区的开发和建设，应当合理确定建设规模和时序，充分利用现有市政基础设施和公共服务设施，严格保护自然资源和生态环境，体现地方特色。

在城市总体规划、镇总体规划确定的建设用地范围以外，不得设立各类开发区和城市新区。

第三十一条　旧城区的改建，应当保护历史文化遗产和传统风貌，合理确定拆迁和建设规模，有计划地对危房集中、基础设施落后等地段进行改建。

历史文化名城、名镇、名村的保护以及受保护建筑物的维护和使用，应当遵守有关法律、行政法规和国务院的规定。

第三十二条　城乡建设和发展，应当依法保护和合理利用风景名胜资源，统筹安排风景名胜区及周边乡、镇、村庄的建设。

风景名胜区的规划、建设和管理，应当遵守有关法律、行政法规和国务院的规定。

第三十三条　城市地下空间的开发和利用，应当与经济和技术发展水平相适应，遵循统筹安排、综合开发、合理利用的原则，充分考虑防灾减灾、人民防空和通信等需要，并符合城市规划，履行规划审批手续。

第三十四条　城市、县、镇人民政府应当根据城市总体规划、镇总体规划、土地利用总体规划和年度计划以及国民经济和社会发展规划，制定近期建设规划，报总体规划审批机关备案。

近期建设规划应当以重要基础设施、公共服务设施和中低收入居民住房建设以及生态环境保护为重点内容，明确近期建设的时序、发展方向和空间布局。近期建设规划的规划期限为五年。

第三十五条　城乡规划确定的铁路、公路、港口、机场、道路、绿地、输配电设施及输电线路走廊、通信设施、广播电视设施、管道设施、河道、水库、水源地、自然保护区、防汛通道、消防通道、核电站、垃圾填埋场及焚烧厂、污水处理厂和公共服务设施的用地以及其他需要依法保护的用地，禁止擅自改变用途。

第三十六条 按照国家规定需要有关部门批准或者核准的建设项目，以划拨方式提供国有土地使用权的，建设单位在报送有关部门批准或者核准前，应当向城乡规划主管部门申请核发选址意见书。

前款规定以外的建设项目不需要申请选址意见书。

第三十七条 在城市、镇规划区内以划拨方式提供国有土地使用权的建设项目，经有关部门批准、核准、备案后，建设单位应当向城市、县人民政府城乡规划主管部门提出建设用地规划许可申请，由城市、县人民政府城乡规划主管部门依据控制性详细规划核定建设用地的位置、面积、允许建设的范围，核发建设用地规划许可证。

建设单位在取得建设用地规划许可证后，方可向县级以上地方人民政府土地主管部门申请用地，经县级以上人民政府审批后，由土地主管部门划拨土地。

第三十八条 在城市、镇规划区内以出让方式提供国有土地使用权的，在国有土地使用权出让前，城市、县人民政府城乡规划主管部门应当依据控制性详细规划，提出出让地块的位置、使用性质、开发强度等规划条件，作为国有土地使用权出让合同的组成部分。未确定规划条件的地块，不得出让国有土地使用权。

以出让方式取得国有土地使用权的建设项目，在签订国有土地使用权出让合同后，建设单位应当持建设项目的批准、核准、备案文件和国有土地使用权出让合同，向城市、县人民政府城乡规划主管部门领取建设用地规划许可证。

城市、县人民政府城乡规划主管部门不得在建设用地规划许可证中，擅自改变作为国有土地使用权出让合同组成部分的规划条件。

第三十九条 规划条件未纳入国有土地使用权出让合同的，该国有土地使用权出让合同无效；对未取得建设用地规划许可证的建设单位批准用地的，由县级以上人民政府撤销有关批准文件；占用土地的，应当及时退回；给当事人造成损失的，应当依法给予赔偿。

第四十条 在城市、镇规划区内进行建筑物、构筑物、道路、管线和其他工程建设的，建设单位或者个人应当向城市、县人民政府城乡规划主管部门或者省、自治区、直辖市人民政府确定的镇人民政府申请办理建设工程规划许可证。

申请办理建设工程规划许可证，应当提交使用土地的有关证明文件、建设工程设计方案等材料。需要建设单位编制修建性详细规划的建设项目，还应当提交修建性详细规划。对符合控制性详细规划和规划条件的，由城市、县人民政府城乡规划主管部门或者省、自治区、直辖市人民政府确定的镇人民政府核发建设工程规划许可证。

城市、县人民政府城乡规划主管部门或者省、自治区、直辖市人民政府确定的镇人民政府应当依法将经审定的修建性详细规划、建设工程设计方案的总平面图予以公布。

第四十一条 在乡、村庄规划区内进行乡镇企业、乡村公共设施和公益事业建设的，建设单位或者个人应当向乡、镇人民政府提出申请，由乡、镇人民政府报城市、县人民政府城乡规划主管部门核发乡村建设规划许可证。

在乡、村庄规划区内使用原有宅基地进行农村村民住宅建设的规划管理办法，由省、自治区、直辖市制定。

在乡、村庄规划区内进行乡镇企业、乡村公共设施和公益事业建设以及农村村民住宅建设，不得占用农用地；确需占用农用地的，应当依照《中华人民共和国土地管理法》有关规定办理农用地转用审批手续后，由城市、县人民政府城乡规划主管部门核发乡村建设规划许可证。

建设单位或者个人在取得乡村建设规划许可证后，方可办理用地审批手续。

第四十二条　城乡规划主管部门不得在城乡规划确定的建设用地范围以外作出规划许可。

第四十三条　建设单位应当按照规划条件进行建设；确需变更的，必须向城市、县人民政府城乡规划主管部门提出申请。变更内容不符合控制性详细规划的，城乡规划主管部门不得批准。城市、县人民政府城乡规划主管部门应当及时将依法变更后的规划条件通报同级土地主管部门并公示。

建设单位应当及时将依法变更后的规划条件报有关人民政府土地主管部门备案。

第四十四条　在城市、镇规划区内进行临时建设的，应当经城市、县人民政府城乡规划主管部门批准。临时建设影响近期建设规划或者控制性详细规划的实施以及交通、市容、安全等的，不得批准。

临时建设应当在批准的使用期限内自行拆除。

临时建设和临时用地规划管理的具体办法，由省、自治区、直辖市人民政府制定。

第四十五条　县级以上地方人民政府城乡规划主管部门按照国务院规定对建设工程是否符合规划条件予以核实。未经核实或者经核实不符合规划条件的，建设单位不得组织竣工验收。

建设单位应当在竣工验收后六个月内向城乡规划主管部门报送有关竣工验收资料。

第四章　城乡规划的修改

第四十六条　省域城镇体系规划、城市总体规划、镇总体规划的组织编制机关，应当组织有关部门和专家定期对规划实施情况进行评估，并采取论证会、听证会或者其他方式征求公众意见。组织编制机关应当向本级人民代表大会常务委员会、镇人民代表大会和原审批机关提出评估报告并附具征求意见的情况。

第四十七条　有下列情形之一的，组织编制机关方可按照规定的权限和程序修改省域城镇体系规划、城市总体规划、镇总体规划：

（一）上级人民政府制定的城乡规划发生变更，提出修改规划要求的；

（二）行政区划调整确需修改规划的；

（三）因国务院批准重大建设工程确需修改规划的；

（四）经评估确需修改规划的；

（五）城乡规划的审批机关认为应当修改规划的其他情形。

修改省域城镇体系规划、城市总体规划、镇总体规划前，组织编制机关应当对原规划的实施情况进行总结，并向原审批机关报告；修改涉及城市总体规划、镇总体规划强制性内容的，应当先向原审批机关提出专题报告，经同意后，方可编制修改方案。

修改后的省域城镇体系规划、城市总体规划、镇总体规划，应当依照本法第十三条、第十四条、第十五条和第十六条规定的审批程序报批。

第四十八条　修改控制性详细规划的，组织编制机关应当对修改的必要性进行论证，征求规划地段内利害关系人的意见，并向原审批机关提出专题报告，经原审批机关同意后，方可编制修改方案。修改后的控制性详细规划，应当依照本法第十九条、第二十条规定的审批程序报批。控制性详细规划修改涉及城市总体规划、镇总体规划的强制性内容的，应当先修改总体规划。

修改乡规划、村庄规划的，应当依照本法第二十二条规定的审批程序报批。

第四十九条 城市、县、镇人民政府修改近期建设规划的，应当将修改后的近期建设规划报总体规划审批机关备案。

第五十条 在选址意见书、建设用地规划许可证、建设工程规划许可证或者乡村建设规划许可证发放后，因依法修改城乡规划给被许可人合法权益造成损失的，应当依法给予补偿。

经依法审定的修建性详细规划、建设工程设计方案的总平面图不得随意修改；确需修改的，城乡规划主管部门应当采取听证会等形式，听取利害关系人的意见；因修改给利害关系人合法权益造成损失的，应当依法给予补偿。

第五章 监督检查

第五十一条 县级以上人民政府及其城乡规划主管部门应当加强对城乡规划编制、审批、实施、修改的监督检查。

第五十二条 地方各级人民政府应当向本级人民代表大会常务委员会或者乡、镇人民代表大会报告城乡规划的实施情况，并接受监督。

第五十三条 县级以上人民政府城乡规划主管部门对城乡规划的实施情况进行监督检查，有权采取以下措施：

（一）要求有关单位和人员提供与监督事项有关的文件、资料，并进行复制；

（二）要求有关单位和人员就监督事项涉及的问题作出解释和说明，并根据需要进入现场进行勘测；

（三）责令有关单位和人员停止违反有关城乡规划的法律、法规的行为。

城乡规划主管部门的工作人员履行前款规定的监督检查职责，应当出示执法证件。被监督检查的单位和人员应当予以配合，不得妨碍和阻挠依法进行的监督检查活动。

第五十四条 监督检查情况和处理结果应当依法公开，供公众查阅和监督。

第五十五条 城乡规划主管部门在查处违反本法规定的行为时，发现国家机关工作人员依法应当给予行政处分的，应当向其任免机关或者监察机关提出处分建议。

第五十六条 依照本法规定应当给予行政处罚，而有关城乡规划主管部门不给予行政处罚的，上级人民政府城乡规划主管部门有权责令其作出行政处罚决定或者建议有关人民政府责令其给予行政处罚。

第五十七条 城乡规划主管部门违反本法规定作出行政许可的，上级人民政府城乡规划主管部门有权责令其撤销或者直接撤销该行政许可。因撤销行政许可给当事人合法权益造成损失的，应当依法给予赔偿。

第六章 法律责任

第五十八条 对依法应当编制城乡规划而未组织编制，或者未按法定程序编制、审批、修改城乡规划的，由上级人民政府责令改正，通报批评；对有关人民政府负责人和其他直接责任人员依法给予处分。

第五十九条　城乡规划组织编制机关委托不具有相应资质等级的单位编制城乡规划的，由上级人民政府责令改正，通报批评；对有关人民政府负责人和其他直接责任人员依法给予处分。

第六十条　镇人民政府或者县级以上人民政府城乡规划主管部门有下列行为之一的，由本级人民政府、上级人民政府城乡规划主管部门或者监察机关依据职权责令改正，通报批评；对直接负责的主管人员和其他直接责任人员依法给予处分：

（一）未依法组织编制城市的控制性详细规划、县人民政府所在地镇的控制性详细规划的；

（二）超越职权或者对不符合法定条件的申请人核发选址意见书、建设用地规划许可证、建设工程规划许可证、乡村建设规划许可证的；

（三）对符合法定条件的申请人未在法定期限内核发选址意见书、建设用地规划许可证、建设工程规划许可证、乡村建设规划许可证的；

（四）未依法对经审定的修建性详细规划、建设工程设计方案的总平面图予以公布的；

（五）同意修改修建性详细规划、建设工程设计方案的总平面图前未采取听证会等形式听取利害关系人的意见的；

（六）发现未依法取得规划许可或者违反规划许可的规定在规划区内进行建设的行为，而不予查处或者接到举报后不依法处理的。

第六十一条　县级以上人民政府有关部门有下列行为之一的，由本级人民政府或者上级人民政府有关部门责令改正，通报批评；对直接负责的主管人员和其他直接责任人员依法给予处分：

（一）对未依法取得选址意见书的建设项目核发建设项目批准文件的；

（二）未依法在国有土地使用权出让合同中确定规划条件或者改变国有土地使用权出让合同中依法确定的规划条件的；

（三）对未依法取得建设用地规划许可证的建设单位划拨国有土地使用权的。

第六十二条　城乡规划编制单位有下列行为之一的，由所在地城市、县人民政府城乡规划主管部门责令限期改正，处合同约定的规划编制费一倍以上二倍以下的罚款；情节严重的，责令停业整顿，由原发证机关降低资质等级或者吊销资质证书；造成损失的，依法承担赔偿责任：

（一）超越资质等级许可的范围承揽城乡规划编制工作的；

（二）违反国家有关标准编制城乡规划的。

未依法取得资质证书承揽城乡规划编制工作的，由县级以上地方人民政府城乡规划主管部门责令停止违法行为，依照前款规定处以罚款；造成损失的，依法承担赔偿责任。

以欺骗手段取得资质证书承揽城乡规划编制工作的，由原发证机关吊销资质证书，依照本条第一款规定处以罚款；造成损失的，依法承担赔偿责任。

第六十三条　城乡规划编制单位取得资质证书后，不再符合相应的资质条件的，由原发证机关责令限期改正；逾期不改正的，降低资质等级或者吊销资质证书。

第六十四条　未取得建设工程规划许可证或者未按照建设工程规划许可证的规定进行建设的，由县级以上地方人民政府城乡规划主管部门责令停止建设；尚可采取改正措施消除对规划实施的影响的，限期改正，处建设工程造价百分之五以上百分之十以下的罚款；无法采取改正措施消除影响的，限期拆除，不能拆除的，没收实物或者违法收入，可以并处建设工程造价百分之十以下的罚款。

第六十五条 在乡、村庄规划区内未依法取得乡村建设规划许可证或者未按照乡村建设规划许可证的规定进行建设的，由乡、镇人民政府责令停止建设、限期改正；逾期不改正的，可以拆除。

第六十六条 建设单位或者个人有下列行为之一的，由所在地城市、县人民政府城乡规划主管部门责令限期拆除，可以并处临时建设工程造价一倍以下的罚款：

（一）未经批准进行临时建设的；

（二）未按照批准内容进行临时建设的；

（三）临时建筑物、构筑物超过批准期限不拆除的。

第六十七条 建设单位未在建设工程竣工验收后六个月内向城乡规划主管部门报送有关竣工验收资料的，由所在地城市、县人民政府城乡规划主管部门责令限期补报；逾期不补报的，处一万元以上五万元以下的罚款。

第六十八条 城乡规划主管部门作出责令停止建设或者限期拆除的决定后，当事人不停止建设或者逾期不拆除的，建设工程所在地县级以上地方人民政府可以责成有关部门采取查封施工现场、强制拆除等措施。

第六十九条 违反本法规定，构成犯罪的，依法追究刑事责任。

第七章　附　则

第七十条 本法自 2008 年 1 月 1 日起施行。《中华人民共和国城市规划法》同时废止。

中华人民共和国突发事件应对法

（2007 年 8 月 30 日第十届全国人民代表大会常务委员会第二十九次会议通过）

第一章　总　则

第一条　为了预防和减少突发事件的发生，控制、减轻和消除突发事件引起的严重社会危害，规范突发事件应对活动，保护人民生命财产安全，维护国家安全、公共安全、环境安全和社会秩序，制定本法。

第二条　突发事件的预防与应急准备、监测与预警、应急处置与救援、事后恢复与重建等应对活动，适用本法。

第三条　本法所称突发事件，是指突然发生，造成或者可能造成严重社会危害，需要采取应急处置措施予以应对的自然灾害、事故灾难、公共卫生事件和社会安全事件。

按照社会危害程度、影响范围等因素，自然灾害、事故灾难、公共卫生事件分为特别重大、重大、较大和一般四级。法律、行政法规或者国务院另有规定的，从其规定。

突发事件的分级标准由国务院或者国务院确定的部门制定。

第四条　国家建立统一领导、综合协调、分类管理、分级负责、属地管理为主的应急管理体制。

第五条　突发事件应对工作实行预防为主、预防与应急相结合的原则。国家建立重大突发事件风险评估体系，对可能发生的突发事件进行综合性评估，减少重大突发事件的发生，最大限度地减轻重大突发事件的影响。

第六条　国家建立有效的社会动员机制，增强全民的公共安全和防范风险的意识，提高全社会的避险救助能力。

第七条　县级人民政府对本行政区域内突发事件的应对工作负责；涉及两个以上行政区域的，由有关行政区域共同的上一级人民政府负责，或者由各有关行政区域的上一级人民政府共同负责。

突发事件发生后，发生地县级人民政府应当立即采取措施控制事态发展，组织开展应急救援和处置工作，并立即向上一级人民政府报告，必要时可以越级上报。

突发事件发生地县级人民政府不能消除或者不能有效控制突发事件引起的严重社会危害的，应当及时向上级人民政府报告。上级人民政府应当及时采取措施，统一领导应急处置工作。

法律、行政法规规定由国务院有关部门对突发事件的应对工作负责的，从其规定；地方人民政府应当积极配合并提供必要的支持。

第八条　国务院在总理领导下研究、决定和部署特别重大突发事件的应对工作；根据实际需要，设立国家突发事件应急指挥机构，负责突发事件应对工作；必要时，国务院可以派出工作组指导有关工作。

县级以上地方各级人民政府设立由本级人民政府主要负责人、相关部门负责人、驻当地中国人民解放军和中国人民武装警察部队有关负责人组成的突发事件应急指挥机构，统一领导、协调本级人民政府各有关部门和下级人民政府开展突发事件应对工作；根据实际需要，设立相关类别突发事件应急指挥机构，组织、协调、指挥突发事件应对工作。

上级人民政府主管部门应当在各自职责范围内，指导、协助下级人民政府及其相应部门做好有关突发事件的应对工作。

第九条 国务院和县级以上地方各级人民政府是突发事件应对工作的行政领导机关，其办事机构及具体职责由国务院规定。

第十条 有关人民政府及其部门作出的应对突发事件的决定、命令，应当及时公布。

第十一条 有关人民政府及其部门采取的应对突发事件的措施，应当与突发事件可能造成的社会危害的性质、程度和范围相适应；有多种措施可供选择的，应当选择有利于最大程度地保护公民、法人和其他组织权益的措施。

公民、法人和其他组织有义务参与突发事件应对工作。

第十二条 有关人民政府及其部门为应对突发事件，可以征用单位和个人的财产。被征用的财产在使用完毕或者突发事件应急处置工作结束后，应当及时返还。财产被征用或者征用后毁损、灭失的，应当给予补偿。

第十三条 因采取突发事件应对措施，诉讼、行政复议、仲裁活动不能正常进行的，适用有关时效中止和程序中止的规定，但法律另有规定的除外。

第十四条 中国人民解放军、中国人民武装警察部队和民兵组织依照本法和其他有关法律、行政法规、军事法规的规定以及国务院、中央军事委员会的命令，参加突发事件的应急救援和处置工作。

第十五条 中华人民共和国政府在突发事件的预防、监测与预警、应急处置与救援、事后恢复与重建等方面，同外国政府和有关国际组织开展合作与交流。

第十六条 县级以上人民政府作出应对突发事件的决定、命令，应当报本级人民代表大会常务委员会备案；突发事件应急处置工作结束后，应当向本级人民代表大会常务委员会作出专项工作报告。

第二章 预防与应急准备

第十七条 国家建立健全突发事件应急预案体系。

国务院制定国家突发事件总体应急预案，组织制定国家突发事件专项应急预案；国务院有关部门根据各自的职责和国务院相关应急预案，制定国家突发事件部门应急预案。

地方各级人民政府和县级以上地方各级人民政府有关部门根据有关法律、法规、规章、上级人民政府及其有关部门的应急预案以及本地区的实际情况，制定相应的突发事件应急预案。

应急预案制定机关应当根据实际需要和情势变化，适时修订应急预案。应急预案的制定、修订程序由国务院规定。

第十八条 应急预案应当根据本法和其他有关法律、法规的规定，针对突发事件的性质、特点和可能造成的社会危害，具体规定突发事件应急管理工作的组织指挥体系与职责和突发事件的预防与预警机制、处置程序、应急保障措施以及事后恢复与重建措施等内容。

第十九条　城乡规划应当符合预防、处置突发事件的需要，统筹安排应对突发事件所必需的设备和基础设施建设，合理确定应急避难场所。

第二十条　县级人民政府应当对本行政区域内容易引发自然灾害、事故灾难和公共卫生事件的危险源、危险区域进行调查、登记、风险评估，定期进行检查、监控，并责令有关单位采取安全防范措施。

省级和设区的市级人民政府应当对本行政区域内容易引发特别重大、重大突发事件的危险源、危险区域进行调查、登记、风险评估，组织进行检查、监控，并责令有关单位采取安全防范措施。

县级以上地方各级人民政府按照本法规定登记的危险源、危险区域，应当按照国家规定及时向社会公布。

第二十一条　县级人民政府及其有关部门、乡级人民政府、街道办事处、居民委员会、村民委员会应当及时调解处理可能引发社会安全事件的矛盾纠纷。

第二十二条　所有单位应当建立健全安全管理制度，定期检查本单位各项安全防范措施的落实情况，及时消除事故隐患；掌握并及时处理本单位存在的可能引发社会安全事件的问题，防止矛盾激化和事态扩大；对本单位可能发生的突发事件和采取安全防范措施的情况，应当按照规定及时向所在地人民政府或者人民政府有关部门报告。

第二十三条　矿山、建筑施工单位和易燃易爆物品、危险化学品、放射性物品等危险物品的生产、经营、储运、使用单位，应当制定具体应急预案，并对生产经营场所、有危险物品的建筑物、构筑物及周边环境开展隐患排查，及时采取措施消除隐患，防止发生突发事件。

第二十四条　公共交通工具、公共场所和其他人员密集场所的经营单位或者管理单位应当制定具体应急预案，为交通工具和有关场所配备报警装置和必要的应急救援设备、设施，注明其使用方法，并显著标明安全撤离的通道、路线，保证安全通道、出口的畅通。

有关单位应当定期检测、维护其报警装置和应急救援设备、设施，使其处于良好状态，确保正常使用。

第二十五条　县级以上人民政府应当建立健全突发事件应急管理培训制度，对人民政府及其有关部门负有处置突发事件职责的工作人员定期进行培训。

第二十六条　县级以上人民政府应当整合应急资源，建立或者确定综合性应急救援队伍。人民政府有关部门可以根据实际需要设立专业应急救援队伍。

县级以上人民政府及其有关部门可以建立由成年志愿者组成的应急救援队伍。单位应当建立由本单位职工组成的专职或者兼职应急救援队伍。

县级以上人民政府应当加强专业应急救援队伍与非专业应急救援队伍的合作，联合培训、联合演练，提高合成应急、协同应急的能力。

第二十七条　国务院有关部门、县级以上地方各级人民政府及其有关部门、有关单位应当为专业应急救援人员购买人身意外伤害保险，配备必要的防护装备和器材，减少应急救援人员的人身风险。

第二十八条　中国人民解放军、中国人民武装警察部队和民兵组织应当有计划地组织开展应急救援的专门训练。

第二十九条 县级人民政府及其有关部门、乡级人民政府、街道办事处应当组织开展应急知识的宣传普及活动和必要的应急演练。

居民委员会、村民委员会、企业事业单位应当根据所在地人民政府的要求，结合各自的实际情况，开展有关突发事件应急知识的宣传普及活动和必要的应急演练。

新闻媒体应当无偿开展突发事件预防与应急、自救与互救知识的公益宣传。

第三十条 各级各类学校应当把应急知识教育纳入教学内容，对学生进行应急知识教育，培养学生的安全意识和自救与互救能力。

教育主管部门应当对学校开展应急知识教育进行指导和监督。

第三十一条 国务院和县级以上地方各级人民政府应当采取财政措施，保障突发事件应对工作所需经费。

第三十二条 国家建立健全应急物资储备保障制度，完善重要应急物资的监管、生产、储备、调拨和紧急配送体系。

设区的市级以上人民政府和突发事件易发、多发地区的县级人民政府应当建立应急救援物资、生活必需品和应急处置装备的储备制度。

县级以上地方各级人民政府应当根据本地区的实际情况，与有关企业签订协议，保障应急救援物资、生活必需品和应急处置装备的生产、供给。

第三十三条 国家建立健全应急通信保障体系，完善公用通信网，建立有线与无线相结合、基础电信网络与机动通信系统相配套的应急通信系统，确保突发事件应对工作的通信畅通。

第三十四条 国家鼓励公民、法人和其他组织为人民政府应对突发事件工作提供物资、资金、技术支持和捐赠。

第三十五条 国家发展保险事业，建立国家财政支持的巨灾风险保险体系，并鼓励单位和公民参加保险。

第三十六条 国家鼓励、扶持具备相应条件的教学科研机构培养应急管理专门人才，鼓励、扶持教学科研机构和有关企业研究开发用于突发事件预防、监测、预警、应急处置与救援的新技术、新设备和新工具。

第三章 监测与预警

第三十七条 国务院建立全国统一的突发事件信息系统。

县级以上地方各级人民政府应当建立或者确定本地区统一的突发事件信息系统，汇集、储存、分析、传输有关突发事件的信息，并与上级人民政府及其有关部门、下级人民政府及其有关部门、专业机构和监测网点的突发事件信息系统实现互联互通，加强跨部门、跨地区的信息交流与情报合作。

第三十八条 县级以上人民政府及其有关部门、专业机构应当通过多种途径收集突发事件信息。

县级人民政府应当在居民委员会、村民委员会和有关单位建立专职或者兼职信息报告员制度。

获悉突发事件信息的公民、法人或者其他组织，应当立即向所在地人民政府、有关主管部门或者指定的专业机构报告。

第三十九条 地方各级人民政府应当按照国家有关规定向上级人民政府报送突发事件信息。县级以上人民政府有关主管部门应当向本级人民政府相关部门通报突发事件信息。专业机构、监测网点和信息报告员应当及时向所在地人民政府及其有关主管部门报告突发事件信息。

有关单位和人员报送、报告突发事件信息，应当做到及时、客观、真实，不得迟报、谎报、瞒报、漏报。

第四十条 县级以上地方各级人民政府应当及时汇总分析突发事件隐患和预警信息，必要时组织相关部门、专业技术人员、专家学者进行会商，对发生突发事件的可能性及其可能造成的影响进行评估；认为可能发生重大或者特别重大突发事件的，应当立即向上级人民政府报告，并向上级人民政府有关部门、当地驻军和可能受到危害的毗邻或者相关地区的人民政府通报。

第四十一条 国家建立健全突发事件监测制度。

县级以上人民政府及其有关部门应当根据自然灾害、事故灾难和公共卫生事件的种类和特点，建立健全基础信息数据库，完善监测网络，划分监测区域，确定监测点，明确监测项目，提供必要的设备、设施，配备专职或者兼职人员，对可能发生的突发事件进行监测。

第四十二条 国家建立健全突发事件预警制度。

可以预警的自然灾害、事故灾难和公共卫生事件的预警级别，按照突发事件发生的紧急程度、发展势态和可能造成的危害程度分为一级、二级、三级和四级，分别用红色、橙色、黄色和蓝色标示，一级为最高级别。

预警级别的划分标准由国务院或者国务院确定的部门制定。

第四十三条 可以预警的自然灾害、事故灾难或者公共卫生事件即将发生或者发生的可能性增大时，县级以上地方各级人民政府应当根据有关法律、行政法规和国务院规定的权限和程序，发布相应级别的警报，决定并宣布有关地区进入预警期，同时向上一级人民政府报告，必要时可以越级上报，并向当地驻军和可能受到危害的毗邻或者相关地区的人民政府通报。

第四十四条 发布三级、四级警报，宣布进入预警期后，县级以上地方各级人民政府应当根据即将发生的突发事件的特点和可能造成的危害，采取下列措施：

（一）启动应急预案；

（二）责令有关部门、专业机构、监测网点和负有特定职责的人员及时收集、报告有关信息，向社会公布反映突发事件信息的渠道，加强对突发事件发生、发展情况的监测、预报和预警工作；

（三）组织有关部门和机构、专业技术人员、有关专家学者，随时对突发事件信息进行分析评估，预测发生突发事件可能性的大小、影响范围和强度以及可能发生的突发事件的级别；

（四）定时向社会发布与公众有关的突发事件预测信息和分析评估结果，并对相关信息的报道工作进行管理；

（五）及时按照有关规定向社会发布可能受到突发事件危害的警告，宣传避免、减轻危害的常识，公布咨询电话。

第四十五条 发布一级、二级警报，宣布进入预警期后，县级以上地方各级人民政府除采取本法第四十四条规定的措施外，还应当针对即将发生的突发事件的特点和可能造成的危害，采取下列一项或者多项措施：

（一）责令应急救援队伍、负有特定职责的人员进入待命状态，并动员后备人员做好参加应急救援和处置工作的准备；

（二）调集应急救援所需物资、设备、工具，准备应急设施和避难场所，并确保其处于良好状态、随时可以投入正常使用；

（三）加强对重点单位、重要部位和重要基础设施的安全保卫，维护社会治安秩序；

（四）采取必要措施，确保交通、通信、供水、排水、供电、供气、供热等公共设施的安全和正常运行；

（五）及时向社会发布有关采取特定措施避免或者减轻危害的建议、劝告；

（六）转移、疏散或者撤离易受突发事件危害的人员并予以妥善安置，转移重要财产；

（七）关闭或者限制使用易受突发事件危害的场所，控制或者限制容易导致危害扩大的公共场所的活动；

（八）法律、法规、规章规定的其他必要的防范性、保护性措施。

第四十六条 对即将发生或者已经发生的社会安全事件，县级以上地方各级人民政府及其有关主管部门应当按照规定向上一级人民政府及其有关主管部门报告，必要时可以越级上报。

第四十七条 发布突发事件警报的人民政府应当根据事态的发展，按照有关规定适时调整预警级别并重新发布。

有事实证明不可能发生突发事件或者危险已经解除的，发布警报的人民政府应当立即宣布解除警报，终止预警期，并解除已经采取的有关措施。

第四章　应急处置与救援

第四十八条 突发事件发生后，履行统一领导职责或者组织处置突发事件的人民政府应当针对其性质、特点和危害程度，立即组织有关部门，调动应急救援队伍和社会力量，依照本章的规定和有关法律、法规、规章的规定采取应急处置措施。

第四十九条 自然灾害、事故灾难或者公共卫生事件发生后，履行统一领导职责的人民政府可以采取下列一项或者多项应急处置措施：

（一）组织营救和救治受害人员，疏散、撤离并妥善安置受到威胁的人员以及采取其他救助措施；

（二）迅速控制危险源，标明危险区域，封锁危险场所，划定警戒区，实行交通管制以及其他控制措施；

（三）立即抢修被损坏的交通、通信、供水、排水、供电、供气、供热等公共设施，向受到危害的人员提供避难场所和生活必需品，实施医疗救护和卫生防疫以及其他保障措施；

（四）禁止或者限制使用有关设备、设施，关闭或者限制使用有关场所，中止人员密集的活动或者可能导致危害扩大的生产经营活动以及采取其他保护措施；

（五）启用本级人民政府设置的财政预备费和储备的应急救援物资，必要时调用其他急需物资、设备、设施、工具；

（六）组织公民参加应急救援和处置工作，要求具有特定专长的人员提供服务；

（七）保障食品、饮用水、燃料等基本生活必需品的供应；

（八）依法从严惩处囤积居奇、哄抬物价、制假售假等扰乱市场秩序的行为，稳定市场价格，维护市场秩序；

（九）依法从严惩处哄抢财物、干扰破坏应急处置工作等扰乱社会秩序的行为，维护社会治安；

（十）采取防止发生次生、衍生事件的必要措施。

第五十条　社会安全事件发生后，组织处置工作的人民政府应当立即组织有关部门并由公安机关针对事件的性质和特点，依照有关法律、行政法规和国家其他有关规定，采取下列一项或者多项应急处置措施：

（一）强制隔离使用器械相互对抗或者以暴力行为参与冲突的当事人，妥善解决现场纠纷和争端，控制事态发展；

（二）对特定区域内的建筑物、交通工具、设备、设施以及燃料、燃气、电力、水的供应进行控制；

（三）封锁有关场所、道路，查验现场人员的身份证件，限制有关公共场所内的活动；

（四）加强对易受冲击的核心机关和单位的警卫，在国家机关、军事机关、国家通讯社、广播电台、电视台、外国驻华使领馆等单位附近设置临时警戒线；

（五）法律、行政法规和国务院规定的其他必要措施。

严重危害社会治安秩序的事件发生时，公安机关应当立即依法出动警力，根据现场情况依法采取相应的强制性措施，尽快使社会秩序恢复正常。

第五十一条　发生突发事件，严重影响国民经济正常运行时，国务院或者国务院授权的有关主管部门可以采取保障、控制等必要的应急措施，保障人民群众的基本生活需要，最大限度地减轻突发事件的影响。

第五十二条　履行统一领导职责或者组织处置突发事件的人民政府，必要时可以向单位和个人征用应急救援所需设备、设施、场地、交通工具和其他物资，请求其他地方人民政府提供人力、物力、财力或者技术支援，要求生产、供应生活必需品和应急救援物资的企业组织生产、保证供给，要求提供医疗、交通等公共服务的组织提供相应的服务。

履行统一领导职责或者组织处置突发事件的人民政府，应当组织协调运输经营单位，优先运送处置突发事件所需物资、设备、工具、应急救援人员和受到突发事件危害的人员。

第五十三条　履行统一领导职责或者组织处置突发事件的人民政府，应当按照有关规定统一、准确、及时发布有关突发事件事态发展和应急处置工作的信息。

第五十四条　任何单位和个人不得编造、传播有关突发事件事态发展或者应急处置工作的虚假信息。

第五十五条　突发事件发生地的居民委员会、村民委员会和其他组织应当按照当地人民政府的决定、命令，进行宣传动员，组织群众开展自救和互救，协助维护社会秩序。

第五十六条　受到自然灾害危害或者发生事故灾难、公共卫生事件的单位，应当立即组织本单位应急救援队伍和工作人员营救受害人员，疏散、撤离、安置受到威胁的人员，控制危险源，标明危险区域，封锁危险场所，并采取其他防止危害扩大的必要措施，同时向所在地县级人民政府报告；对因本单位的问题引发的或者主体是本单位人员的社会安全事件，有关单位应当按照规定上报情况，并迅速派出负责人赶赴现场开展劝解、疏导工作。

突发事件发生地的其他单位应当服从人民政府发布的决定、命令，配合人民政府采取的应急处置措施，做好本单位的应急救援工作，并积极组织人员参加所在地的应急救援和处置工作。

第五十七条 突发事件发生地的公民应当服从人民政府、居民委员会、村民委员会或者所属单位的指挥和安排，配合人民政府采取的应急处置措施，积极参加应急救援工作，协助维护社会秩序。

第五章 事后恢复与重建

第五十八条 突发事件的威胁和危害得到控制或者消除后，履行统一领导职责或者组织处置突发事件的人民政府应当停止执行依照本法规定采取的应急处置措施，同时采取或者继续实施必要措施，防止发生自然灾害、事故灾难、公共卫生事件的次生、衍生事件或者重新引发社会安全事件。

第五十九条 突发事件应急处置工作结束后，履行统一领导职责的人民政府应当立即组织对突发事件造成的损失进行评估，组织受影响地区尽快恢复生产、生活、工作和社会秩序，制定恢复重建计划，并向上一级人民政府报告。

受突发事件影响地区的人民政府应当及时组织和协调公安、交通、铁路、民航、邮电、建设等有关部门恢复社会治安秩序，尽快修复被损坏的交通、通信、供水、排水、供电、供气、供热等公共设施。

第六十条 受突发事件影响地区的人民政府开展恢复重建工作需要上一级人民政府支持的，可以向上一级人民政府提出请求。上一级人民政府应当根据受影响地区遭受的损失和实际情况，提供资金、物资支持和技术指导，组织其他地区提供资金、物资和人力支援。

第六十一条 国务院根据受突发事件影响地区遭受损失的情况，制定扶持该地区有关行业发展的优惠政策。

受突发事件影响地区的人民政府应当根据本地区遭受损失的情况，制定救助、补偿、抚慰、抚恤、安置等善后工作计划并组织实施，妥善解决因处置突发事件引发的矛盾和纠纷。

公民参加应急救援工作或者协助维护社会秩序期间，其在本单位的工资待遇和福利不变；表现突出、成绩显著的，由县级以上人民政府给予表彰或者奖励。

县级以上人民政府对在应急救援工作中伤亡的人员依法给予抚恤。

第六十二条 履行统一领导职责的人民政府应当及时查明突发事件的发生经过和原因，总结突发事件应急处置工作的经验教训，制定改进措施，并向上一级人民政府提出报告。

第六章　法律责任

第六十三条　地方各级人民政府和县级以上各级人民政府有关部门违反本法规定，不履行法定职责的，由其上级行政机关或者监察机关责令改正；有下列情形之一的，根据情节对直接负责的主管人员和其他直接责任人员依法给予处分：

（一）未按规定采取预防措施，导致发生突发事件，或者未采取必要的防范措施，导致发生次生、衍生事件的；

（二）迟报、谎报、瞒报、漏报有关突发事件的信息，或者通报、报送、公布虚假信息，造成后果的；

（三）未按规定及时发布突发事件警报、采取预警期的措施，导致损害发生的；

（四）未按规定及时采取措施处置突发事件或者处置不当，造成后果的；

（五）不服从上级人民政府对突发事件应急处置工作的统一领导、指挥和协调的；

（六）未及时组织开展生产自救、恢复重建等善后工作的；

（七）截留、挪用、私分或者变相私分应急救援资金、物资的；

（八）不及时归还征用的单位和个人的财产，或者对被征用财产的单位和个人不按规定给予补偿的。

第六十四条　有关单位有下列情形之一的，由所在地履行统一领导职责的人民政府责令停产停业，暂扣或者吊销许可证或者营业执照，并处五万元以上二十万元以下的罚款；构成违反治安管理行为的，由公安机关依法给予处罚：

（一）未按规定采取预防措施，导致发生严重突发事件的；

（二）未及时消除已发现的可能引发突发事件的隐患，导致发生严重突发事件的；

（三）未做好应急设备、设施日常维护、检测工作，导致发生严重突发事件或者突发事件危害扩大的；

（四）突发事件发生后，不及时组织开展应急救援工作，造成严重后果的。

前款规定的行为，其他法律、行政法规规定由人民政府有关部门依法决定处罚的，从其规定。

第六十五条　违反本法规定，编造并传播有关突发事件事态发展或者应急处置工作的虚假信息，或者明知是有关突发事件事态发展或者应急处置工作的虚假信息而进行传播的，责令改正，给予警告；造成严重后果的，依法暂停其业务活动或者吊销其执业许可证；负有直接责任的人员是国家工作人员的，还应当对其依法给予处分；构成违反治安管理行为的，由公安机关依法给予处罚。

第六十六条　单位或者个人违反本法规定，不服从所在地人民政府及其有关部门发布的决定、命令或者不配合其依法采取的措施，构成违反治安管理行为的，由公安机关依法给予处罚。

第六十七条　单位或者个人违反本法规定，导致突发事件发生或者危害扩大，给他人人身、财产造成损害的，应当依法承担民事责任。

第六十八条　违反本法规定，构成犯罪的，依法追究刑事责任。

第七章 附 则

第六十九条 发生特别重大突发事件，对人民生命财产安全、国家安全、公共安全、环境安全或者社会秩序构成重大威胁，采取本法和其他有关法律、法规、规章规定的应急处置措施不能消除或者有效控制、减轻其严重社会危害，需要进入紧急状态的，由全国人民代表大会常务委员会或者国务院依照宪法和其他有关法律规定的权限和程序决定。

紧急状态期间采取的非常措施，依照有关法律规定执行或者由全国人民代表大会常务委员会另行规定。

第七十条 本法自 2007 年 11 月 1 日起施行。

中华人民共和国劳动合同法

（2007年6月29日第十届全国人民代表大会常务委员会第二十八次会议通过）

第一章　总　则

第一条　为了完善劳动合同制度，明确劳动合同双方当事人的权利和义务，保护劳动者的合法权益，构建和发展和谐稳定的劳动关系，制定本法。

第二条　中华人民共和国境内的企业、个体经济组织、民办非企业单位等组织（以下称用人单位）与劳动者建立劳动关系，订立、履行、变更、解除或者终止劳动合同，适用本法。

国家机关、事业单位、社会团体和与其建立劳动关系的劳动者，订立、履行、变更、解除或者终止劳动合同，依照本法执行。

第三条　订立劳动合同，应当遵循合法、公平、平等自愿、协商一致、诚实信用的原则。

依法订立的劳动合同具有约束力，用人单位与劳动者应当履行劳动合同约定的义务。

第四条　用人单位应当依法建立和完善劳动规章制度，保障劳动者享有劳动权利、履行劳动义务。

用人单位在制定、修改或者决定有关劳动报酬、工作时间、休息休假、劳动安全卫生、保险福利、职工培训、劳动纪律以及劳动定额管理等直接涉及劳动者切身利益的规章制度或者重大事项时，应当经职工代表大会或者全体职工讨论，提出方案和意见，与工会或者职工代表平等协商确定。

在规章制度和重大事项决定实施过程中，工会或者职工认为不适当的，有权向用人单位提出，通过协商予以修改完善。

用人单位应当将直接涉及劳动者切身利益的规章制度和重大事项决定公示，或者告知劳动者。

第五条　县级以上人民政府劳动行政部门会同工会和企业方面代表，建立健全协调劳动关系三方机制，共同研究解决有关劳动关系的重大问题。

第六条　工会应当帮助、指导劳动者与用人单位依法订立和履行劳动合同，并与用人单位建立集体协商机制，维护劳动者的合法权益。

第二章　劳动合同的订立

第七条　用人单位自用工之日起即与劳动者建立劳动关系。用人单位应当建立职工名册备查。

第八条　用人单位招用劳动者时，应当如实告知劳动者工作内容、工作条件、工作地点、职业危害、安全生产状况、劳动报酬，以及劳动者要求了解的其他情况；用人单位有权了解劳动者与劳动合同直接相关的基本情况，劳动者应当如实说明。

第九条 用人单位招用劳动者，不得扣押劳动者的居民身份证和其他证件，不得要求劳动者提供担保或者以其他名义向劳动者收取财物。

第十条 建立劳动关系，应当订立书面劳动合同。

已建立劳动关系，未同时订立书面劳动合同的，应当自用工之日起一个月内订立书面劳动合同。

用人单位与劳动者在用工前订立劳动合同的，劳动关系自用工之日起建立。

第十一条 用人单位未在用工的同时订立书面劳动合同，与劳动者约定的劳动报酬不明确的，新招用的劳动者的劳动报酬按照集体合同规定的标准执行；没有集体合同或者集体合同未规定的，实行同工同酬。

第十二条 劳动合同分为固定期限劳动合同、无固定期限劳动合同和以完成一定工作任务为期限的劳动合同。

第十三条 固定期限劳动合同，是指用人单位与劳动者约定合同终止时间的劳动合同。

用人单位与劳动者协商一致，可以订立固定期限劳动合同。

第十四条 无固定期限劳动合同，是指用人单位与劳动者约定无确定终止时间的劳动合同。

用人单位与劳动者协商一致，可以订立无固定期限劳动合同。有下列情形之一，劳动者提出或者同意续订、订立劳动合同的，除劳动者提出订立固定期限劳动合同外，应当订立无固定期限劳动合同：

（一）劳动者在该用人单位连续工作满十年的；

（二）用人单位初次实行劳动合同制度或者国有企业改制重新订立劳动合同时，劳动者在该用人单位连续工作满十年且距法定退休年龄不足十年的；

（三）连续订立二次固定期限劳动合同，且劳动者没有本法第三十九条和第四十条第一项、第二项规定的情形，续订劳动合同的。

用人单位自用工之日起满一年不与劳动者订立书面劳动合同的，视为用人单位与劳动者已订立无固定期限劳动合同。

第十五条 以完成一定工作任务为期限的劳动合同，是指用人单位与劳动者约定以某项工作的完成为合同期限的劳动合同。

用人单位与劳动者协商一致，可以订立以完成一定工作任务为期限的劳动合同。

第十六条 劳动合同由用人单位与劳动者协商一致，并经用人单位与劳动者在劳动合同文本上签字或者盖章生效。

劳动合同文本由用人单位和劳动者各执一份。

第十七条 劳动合同应当具备以下条款：

（一）用人单位的名称、住所和法定代表人或者主要负责人；

（二）劳动者的姓名、住址和居民身份证或者其他有效身份证件号码；

（三）劳动合同期限；

（四）工作内容和工作地点；

（五）工作时间和休息休假；

（六）劳动报酬；

（七）社会保险；

（八）劳动保护、劳动条件和职业危害防护；

（九）法律、法规规定应当纳入劳动合同的其他事项。

劳动合同除前款规定的必备条款外，用人单位与劳动者可以约定试用期、培训、保守秘密、补充保险和福利待遇等其他事项。

第十八条 劳动合同对劳动报酬和劳动条件等标准约定不明确，引发争议的，用人单位与劳动者可以重新协商；协商不成的，适用集体合同规定；没有集体合同或者集体合同未规定劳动报酬的，实行同工同酬；没有集体合同或者集体合同未规定劳动条件等标准的，适用国家有关规定。

第十九条 劳动合同期限三个月以上不满一年的，试用期不得超过一个月；劳动合同期限一年以上不满三年的，试用期不得超过二个月；三年以上固定期限和无固定期限的劳动合同，试用期不得超过六个月。

同一用人单位与同一劳动者只能约定一次试用期。

以完成一定工作任务为期限的劳动合同或者劳动合同期限不满三个月的，不得约定试用期。

试用期包含在劳动合同期限内。劳动合同仅约定试用期的，试用期不成立，该期限为劳动合同期限。

第二十条 劳动者在试用期的工资不得低于本单位相同岗位最低档工资或者劳动合同约定工资的百分之八十，并不得低于用人单位所在地的最低工资标准。

第二十一条 在试用期中，除劳动者有本法第三十九条和第四十条第一项、第二项规定的情形外，用人单位不得解除劳动合同。用人单位在试用期解除劳动合同的，应当向劳动者说明理由。

第二十二条 用人单位为劳动者提供专项培训费用，对其进行专业技术培训的，可以与该劳动者订立协议，约定服务期。

劳动者违反服务期约定的，应当按照约定向用人单位支付违约金。违约金的数额不得超过用人单位提供的培训费用。用人单位要求劳动者支付的违约金不得超过服务期尚未履行部分所应分摊的培训费用。

用人单位与劳动者约定服务期的，不影响按照正常的工资调整机制提高劳动者在服务期期间的劳动报酬。

第二十三条 用人单位与劳动者可以在劳动合同中约定保守用人单位的商业秘密和与知识产权相关的保密事项。

对负有保密义务的劳动者，用人单位可以在劳动合同或者保密协议中与劳动者约定竞业限制条款，并约定在解除或者终止劳动合同后，在竞业限制期限内按月给予劳动者经济补偿。劳动者违反竞业限制约定的，应当按照约定向用人单位支付违约金。

第二十四条 竞业限制的人员限于用人单位的高级管理人员、高级技术人员和其他负有保密义务的人员。竞业限制的范围、地域、期限由用人单位与劳动者约定，竞业限制的约定不得违反法律、法规的规定。

在解除或者终止劳动合同后，前款规定的人员到与本单位生产或者经营同类产品、从事同类业务的有竞争关系的其他用人单位，或者自己开业生产或者经营同类产品、从事同类业务的竞业限制期限，不得超过二年。

第二十五条 除本法第二十二条和第二十三条规定的情形外，用人单位不得与劳动者约定由劳动者承担违约金。

第二十六条 下列劳动合同无效或者部分无效：

（一）以欺诈、胁迫的手段或者乘人之危，使对方在违背真实意思的情况下订立或者变更劳动合同的；

（二）用人单位免除自己的法定责任、排除劳动者权利的；

（三）违反法律、行政法规强制性规定的。

对劳动合同的无效或者部分无效有争议的，由劳动争议仲裁机构或者人民法院确认。

第二十七条 劳动合同部分无效，不影响其他部分效力的，其他部分仍然有效。

第二十八条 劳动合同被确认无效，劳动者已付出劳动的，用人单位应当向劳动者支付劳动报酬。劳动报酬的数额，参照本单位相同或者相近岗位劳动者的劳动报酬确定。

第三章 劳动合同的履行和变更

第二十九条 用人单位与劳动者应当按照劳动合同的约定，全面履行各自的义务。

第三十条 用人单位应当按照劳动合同约定和国家规定，向劳动者及时足额支付劳动报酬。

用人单位拖欠或者未足额支付劳动报酬的，劳动者可以依法向当地人民法院申请支付令，人民法院应当依法发出支付令。

第三十一条 用人单位应当严格执行劳动定额标准，不得强迫或者变相强迫劳动者加班。用人单位安排加班的，应当按照国家有关规定向劳动者支付加班费。

第三十二条 劳动者拒绝用人单位管理人员违章指挥、强令冒险作业的，不视为违反劳动合同。

劳动者对危害生命安全和身体健康的劳动条件，有权对用人单位提出批评、检举和控告。

第三十三条 用人单位变更名称、法定代表人、主要负责人或者投资人等事项，不影响劳动合同的履行。

第三十四条 用人单位发生合并或者分立等情况，原劳动合同继续有效，劳动合同由承继其权利和义务的用人单位继续履行。

第三十五条 用人单位与劳动者协商一致，可以变更劳动合同约定的内容。变更劳动合同，应当采用书面形式。

变更后的劳动合同文本由用人单位和劳动者各执一份。

第四章 劳动合同的解除和终止

第三十六条 用人单位与劳动者协商一致，可以解除劳动合同。

第三十七条 劳动者提前三十日以书面形式通知用人单位，可以解除劳动合同。劳动者在试用期内提前三日通知用人单位，可以解除劳动合同。

第三十八条 用人单位有下列情形之一的，劳动者可以解除劳动合同：

（一）未按照劳动合同约定提供劳动保护或者劳动条件的；

（二）未及时足额支付劳动报酬的；

（三）未依法为劳动者缴纳社会保险费的；

（四）用人单位的规章制度违反法律、法规的规定，损害劳动者权益的；

（五）因本法第二十六条第一款规定的情形致使劳动合同无效的；

（六）法律、行政法规规定劳动者可以解除劳动合同的其他情形。

用人单位以暴力、威胁或者非法限制人身自由的手段强迫劳动者劳动的，或者用人单位违章指挥、强令冒险作业危及劳动者人身安全的，劳动者可以立即解除劳动合同，不需事先告知用人单位。

第三十九条　劳动者有下列情形之一的，用人单位可以解除劳动合同：

（一）在试用期间被证明不符合录用条件的；

（二）严重违反用人单位的规章制度的；

（三）严重失职，营私舞弊，给用人单位造成重大损害的；

（四）劳动者同时与其他用人单位建立劳动关系，对完成本单位的工作任务造成严重影响，或者经用人单位提出，拒不改正的；

（五）因本法第二十六条第一款第一项规定的情形致使劳动合同无效的；

（六）被依法追究刑事责任的。

第四十条　有下列情形之一的，用人单位提前三十日以书面形式通知劳动者本人或者额外支付劳动者一个月工资后，可以解除劳动合同：

（一）劳动者患病或者非因工负伤，在规定的医疗期满后不能从事原工作，也不能从事由用人单位另行安排的工作的；

（二）劳动者不能胜任工作，经过培训或者调整工作岗位，仍不能胜任工作的；

（三）劳动合同订立时所依据的客观情况发生重大变化，致使劳动合同无法履行，经用人单位与劳动者协商，未能就变更劳动合同内容达成协议的。

第四十一条　有下列情形之一，需要裁减人员二十人以上或者裁减不足二十人但占企业职工总数百分之十以上的，用人单位提前三十日向工会或者全体职工说明情况，听取工会或者职工的意见后，裁减人员方案经向劳动行政部门报告，可以裁减人员：

（一）依照企业破产法规定进行重整的；

（二）生产经营发生严重困难的；

（三）企业转产、重大技术革新或者经营方式调整，经变更劳动合同后，仍需裁减人员的；

（四）其他因劳动合同订立时所依据的客观经济情况发生重大变化，致使劳动合同无法履行的。

裁减人员时，应当优先留用下列人员：

（一）与本单位订立较长期限的固定期限劳动合同的；

（二）与本单位订立无固定期限劳动合同的；

（三）家庭无其他就业人员，有需要扶养的老人或者未成年人的。

用人单位依照本条第一款规定裁减人员，在六个月内重新招用人员的，应当通知被裁减的人员，并在同等条件下优先招用被裁减的人员。

第四十二条 劳动者有下列情形之一的，用人单位不得依照本法第四十条、第四十一条的规定解除劳动合同：

（一）从事接触职业病危害作业的劳动者未进行离岗前职业健康检查，或者疑似职业病病人在诊断或者医学观察期间的；

（二）在本单位患职业病或者因工负伤并被确认丧失或者部分丧失劳动能力的；

（三）患病或者非因工负伤，在规定的医疗期内的；

（四）女职工在孕期、产期、哺乳期的；

（五）在本单位连续工作满十五年，且距法定退休年龄不足五年的；

（六）法律、行政法规规定的其他情形。

第四十三条 用人单位单方解除劳动合同，应当事先将理由通知工会。用人单位违反法律、行政法规规定或者劳动合同约定的，工会有权要求用人单位纠正。用人单位应当研究工会的意见，并将处理结果书面通知工会。

第四十四条 有下列情形之一的，劳动合同终止：

（一）劳动合同期满的；

（二）劳动者开始依法享受基本养老保险待遇的；

（三）劳动者死亡，或者被人民法院宣告死亡或者宣告失踪的；

（四）用人单位被依法宣告破产的；

（五）用人单位被吊销营业执照、责令关闭、撤销或者用人单位决定提前解散的；

（六）法律、行政法规规定的其他情形。

第四十五条 劳动合同期满，有本法第四十二条规定情形之一的，劳动合同应当续延至相应的情形消失时终止。但是，本法第四十二条第二项规定丧失或者部分丧失劳动能力劳动者的劳动合同的终止，按照国家有关工伤保险的规定执行。

第四十六条 有下列情形之一的，用人单位应当向劳动者支付经济补偿：

（一）劳动者依照本法第三十八条规定解除劳动合同的；

（二）用人单位依照本法第三十六条规定向劳动者提出解除劳动合同并与劳动者协商一致解除劳动合同的；

（三）用人单位依照本法第四十条规定解除劳动合同的；

（四）用人单位依照本法第四十一条第一款规定解除劳动合同的；

（五）除用人单位维持或者提高劳动合同约定条件续订劳动合同，劳动者不同意续订的情形外，依照本法第四十四条第一项规定终止固定期限劳动合同的；

（六）依照本法第四十四条第四项、第五项规定终止劳动合同的；

（七）法律、行政法规规定的其他情形。

第四十七条 经济补偿按劳动者在本单位工作的年限，每满一年支付一个月工资的标准向劳动者支付。六个月以上不满一年的，按一年计算；不满六个月的，向劳动者支付半个月工资的经济补偿。

劳动者月工资高于用人单位所在直辖市、设区的市级人民政府公布的本地区上年度职工月平均工资三倍的，向其支付经济补偿的标准按职工月平均工资三倍的数额支付，向其支付经济补偿的年限最高不超过十二年。

本条所称月工资是指劳动者在劳动合同解除或者终止前十二个月的平均工资。

第四十八条　用人单位违反本法规定解除或者终止劳动合同，劳动者要求继续履行劳动合同的，用人单位应当继续履行；劳动者不要求继续履行劳动合同或者劳动合同已经不能继续履行的，用人单位应当依照本法第八十七条规定支付赔偿金。

第四十九条　国家采取措施，建立健全劳动者社会保险关系跨地区转移接续制度。

第五十条　用人单位应当在解除或者终止劳动合同时出具解除或者终止劳动合同的证明，并在十五日内为劳动者办理档案和社会保险关系转移手续。

劳动者应当按照双方约定，办理工作交接。用人单位依照本法有关规定应当向劳动者支付经济补偿的，在办结工作交接时支付。

用人单位对已经解除或者终止的劳动合同的文本，至少保存二年备查。

第五章　特别规定

第一节　集体合同

第五十一条　企业职工一方与用人单位通过平等协商，可以就劳动报酬、工作时间、休息休假、劳动安全卫生、保险福利等事项订立集体合同。集体合同草案应当提交职工代表大会或者全体职工讨论通过。

集体合同由工会代表企业职工一方与用人单位订立；尚未建立工会的用人单位，由上级工会指导劳动者推举的代表与用人单位订立。

第五十二条　企业职工一方与用人单位可以订立劳动安全卫生、女职工权益保护、工资调整机制等专项集体合同。

第五十三条　在县级以下区域内，建筑业、采矿业、餐饮服务业等行业可以由工会与企业方面代表订立行业性集体合同，或者订立区域性集体合同。

第五十四条　集体合同订立后，应当报送劳动行政部门；劳动行政部门自收到集体合同文本之日起十五日内未提出异议的，集体合同即行生效。

依法订立的集体合同对用人单位和劳动者具有约束力。行业性、区域性集体合同对当地本行业、本区域的用人单位和劳动者具有约束力。

第五十五条　集体合同中劳动报酬和劳动条件等标准不得低于当地人民政府规定的最低标准；用人单位与劳动者订立的劳动合同中劳动报酬和劳动条件等标准不得低于集体合同规定的标准。

第五十六条　用人单位违反集体合同，侵犯职工劳动权益的，工会可以依法要求用人单位承担责任；因履行集体合同发生争议，经协商解决不成的，工会可以依法申请仲裁、提起诉讼。

第二节　劳务派遣

第五十七条　劳务派遣单位应当依照公司法的有关规定设立，注册资本不得少于五十万元。

第五十八条　劳务派遣单位是本法所称用人单位，应当履行用人单位对劳动者的义务。劳务派遣单位与被派遣劳动者订立的劳动合同，除应当载明本法第十七条规定的事项外，还应当载明被派遣劳动者的用工单位以及派遣期限、工作岗位等情况。

劳务派遣单位应当与被派遣劳动者订立二年以上的固定期限劳动合同，按月支付劳动报酬；被派遣劳动者在无工作期间，劳务派遣单位应当按照所在地人民政府规定的最低工资标准，向其按月支付报酬。

第五十九条 劳务派遣单位派遣劳动者应当与接受以劳务派遣形式用工的单位（以下称用工单位）订立劳务派遣协议。劳务派遣协议应当约定派遣岗位和人员数量、派遣期限、劳动报酬和社会保险费的数额与支付方式以及违反协议的责任。

用工单位应当根据工作岗位的实际需要与劳务派遣单位确定派遣期限，不得将连续用工期限分割订立数个短期劳务派遣协议。

第六十条 劳务派遣单位应当将劳务派遣协议的内容告知被派遣劳动者。

劳务派遣单位不得克扣用工单位按照劳务派遣协议支付给被派遣劳动者的劳动报酬。

劳务派遣单位和用工单位不得向被派遣劳动者收取费用。

第六十一条 劳务派遣单位跨地区派遣劳动者的，被派遣劳动者享有的劳动报酬和劳动条件，按照用工单位所在地的标准执行。

第六十二条 用工单位应当履行下列义务：

（一）执行国家劳动标准，提供相应的劳动条件和劳动保护；

（二）告知被派遣劳动者的工作要求和劳动报酬；

（三）支付加班费、绩效奖金，提供与工作岗位相关的福利待遇；

（四）对在岗被派遣劳动者进行工作岗位所必需的培训；

（五）连续用工的，实行正常的工资调整机制。

用工单位不得将被派遣劳动者再派遣到其他用人单位。

第六十三条 被派遣劳动者享有与用工单位的劳动者同工同酬的权利。用工单位无同类岗位劳动者的，参照用工单位所在地相同或者相近岗位劳动者的劳动报酬确定。

第六十四条 被派遣劳动者有权在劳务派遣单位或者用工单位依法参加或者组织工会，维护自身的合法权益。

第六十五条 被派遣劳动者可以依照本法第三十六条、第三十八条的规定与劳务派遣单位解除劳动合同。

被派遣劳动者有本法第三十九条和第四十条第一项、第二项规定情形的，用工单位可以将劳动者退回劳务派遣单位，劳务派遣单位依照本法有关规定，可以与劳动者解除劳动合同。

第六十六条 劳务派遣一般在临时性、辅助性或者替代性的工作岗位上实施。

第六十七条 用人单位不得设立劳务派遣单位向本单位或者所属单位派遣劳动者。

第三节 非全日制用工

第六十八条 非全日制用工，是指以小时计酬为主，劳动者在同一用人单位一般平均每日工作时间不超过四小时，每周工作时间累计不超过二十四小时的用工形式。

第六十九条 非全日制用工双方当事人可以订立口头协议。

从事非全日制用工的劳动者可以与一个或者一个以上用人单位订立劳动合同；但是，后订立的劳动合同不得影响先订立的劳动合同的履行。

第七十条 非全日制用工双方当事人不得约定试用期。

第七十一条 非全日制用工双方当事人任何一方都可以随时通知对方终止用工。终止用工，用人单位不向劳动者支付经济补偿。

第七十二条　非全日制用工小时计酬标准不得低于用人单位所在地人民政府规定的最低小时工资标准。

非全日制用工劳动报酬结算支付周期最长不得超过十五日。

第六章　监督检查

第七十三条　国务院劳动行政部门负责全国劳动合同制度实施的监督管理。

县级以上地方人民政府劳动行政部门负责本行政区域内劳动合同制度实施的监督管理。

县级以上各级人民政府劳动行政部门在劳动合同制度实施的监督管理工作中，应当听取工会、企业方面代表以及有关行业主管部门的意见。

第七十四条　县级以上地方人民政府劳动行政部门依法对下列实施劳动合同制度的情况进行监督检查：

（一）用人单位制定直接涉及劳动者切身利益的规章制度及其执行的情况；

（二）用人单位与劳动者订立和解除劳动合同的情况；

（三）劳务派遣单位和用工单位遵守劳务派遣有关规定的情况；

（四）用人单位遵守国家关于劳动者工作时间和休息休假规定的情况；

（五）用人单位支付劳动合同约定的劳动报酬和执行最低工资标准的情况；

（六）用人单位参加各项社会保险和缴纳社会保险费的情况；

（七）法律、法规规定的其他劳动监察事项。

第七十五条　县级以上地方人民政府劳动行政部门实施监督检查时，有权查阅与劳动合同、集体合同有关的材料，有权对劳动场所进行实地检查，用人单位和劳动者都应当如实提供有关情况和材料。

劳动行政部门的工作人员进行监督检查，应当出示证件，依法行使职权，文明执法。

第七十六条　县级以上人民政府建设、卫生、安全生产监督管理等有关主管部门在各自职责范围内，对用人单位执行劳动合同制度的情况进行监督管理。

第七十七条　劳动者合法权益受到侵害的，有权要求有关部门依法处理，或者依法申请仲裁、提起诉讼。

第七十八条　工会依法维护劳动者的合法权益，对用人单位履行劳动合同、集体合同的情况进行监督。用人单位违反劳动法律、法规和劳动合同、集体合同的，工会有权提出意见或者要求纠正；劳动者申请仲裁、提起诉讼的，工会依法给予支持和帮助。

第七十九条　任何组织或者个人对违反本法的行为都有权举报，县级以上人民政府劳动行政部门应当及时核实、处理，并对举报有功人员给予奖励。

第七章　法律责任

第八十条　用人单位直接涉及劳动者切身利益的规章制度违反法律、法规规定的，由劳动行政部门责令改正，给予警告；给劳动者造成损害的，应当承担赔偿责任。

第八十一条　用人单位提供的劳动合同文本未载明本法规定的劳动合同必备条款或者用人单位未将劳动合同文本交付劳动者的，由劳动行政部门责令改正；给劳动者造成损害的，应当承担赔偿责任。

第八十二条 用人单位自用工之日起超过一个月不满一年未与劳动者订立书面劳动合同的，应当向劳动者每月支付二倍的工资。

用人单位违反本法规定不与劳动者订立无固定期限劳动合同的，自应当订立无固定期限劳动合同之日起向劳动者每月支付二倍的工资。

第八十三条 用人单位违反本法规定与劳动者约定试用期的，由劳动行政部门责令改正；违法约定的试用期已经履行的，由用人单位以劳动者试用期满月工资为标准，按已经履行的超过法定试用期的期间向劳动者支付赔偿金。

第八十四条 用人单位违反本法规定，扣押劳动者居民身份证等证件的，由劳动行政部门责令限期退还劳动者本人，并依照有关法律规定给予处罚。

用人单位违反本法规定，以担保或者其他名义向劳动者收取财物的，由劳动行政部门责令限期退还劳动者本人，并以每人五百元以上二千元以下的标准处以罚款；给劳动者造成损害的，应当承担赔偿责任。

劳动者依法解除或者终止劳动合同，用人单位扣押劳动者档案或者其他物品的，依照前款规定处罚。

第八十五条 用人单位有下列情形之一的，由劳动行政部门责令限期支付劳动报酬、加班费或者经济补偿；劳动报酬低于当地最低工资标准的，应当支付其差额部分；逾期不支付的，责令用人单位按应付金额百分之五十以上百分之一百以下的标准向劳动者加付赔偿金：

（一）未按照劳动合同的约定或者国家规定及时足额支付劳动者劳动报酬的；

（二）低于当地最低工资标准支付劳动者工资的；

（三）安排加班不支付加班费的；

（四）解除或者终止劳动合同，未依照本法规定向劳动者支付经济补偿的。

第八十六条 劳动合同依照本法第二十六条规定被确认无效，给对方造成损害的，有过错的一方应当承担赔偿责任。

第八十七条 用人单位违反本法规定解除或者终止劳动合同的，应当依照本法第四十七条规定的经济补偿标准的二倍向劳动者支付赔偿金。

第八十八条 用人单位有下列情形之一的，依法给予行政处罚；构成犯罪的，依法追究刑事责任；给劳动者造成损害的，应当承担赔偿责任：

（一）以暴力、威胁或者非法限制人身自由的手段强迫劳动的；

（二）违章指挥或者强令冒险作业危及劳动者人身安全的；

（三）侮辱、体罚、殴打、非法搜查或者拘禁劳动者的；

（四）劳动条件恶劣、环境污染严重，给劳动者身心健康造成严重损害的。

第八十九条 用人单位违反本法规定未向劳动者出具解除或者终止劳动合同的书面证明，由劳动行政部门责令改正；给劳动者造成损害的，应当承担赔偿责任。

第九十条 劳动者违反本法规定解除劳动合同，或者违反劳动合同中约定的保密义务或者竞业限制，给用人单位造成损失的，应当承担赔偿责任。

第九十一条 用人单位招用与其他用人单位尚未解除或者终止劳动合同的劳动者，给其他用人单位造成损失的，应当承担连带赔偿责任。

第九十二条 劳务派遣单位违反本法规定的，由劳动行政部门和其他有关主管部门责令改正；情节严重的，以每人一千元以上五千元以下的标准处以罚款，并由工商行政管理部门吊销营业执照；给被派遣劳动者造成损害的，劳务派遣单位与用工单位承担连带赔偿责任。

第九十三条　对不具备合法经营资格的用人单位的违法犯罪行为，依法追究法律责任；劳动者已经付出劳动的，该单位或者其出资人应当依照本法有关规定向劳动者支付劳动报酬、经济补偿、赔偿金；给劳动者造成损害的，应当承担赔偿责任。

第九十四条　个人承包经营违反本法规定招用劳动者，给劳动者造成损害的，发包的组织与个人承包经营者承担连带赔偿责任。

第九十五条　劳动行政部门和其他有关主管部门及其工作人员玩忽职守、不履行法定职责，或者违法行使职权，给劳动者或者用人单位造成损害的，应当承担赔偿责任；对直接负责的主管人员和其他直接责任人员，依法给予行政处分；构成犯罪的，依法追究刑事责任。

第八章　附　则

第九十六条　事业单位与实行聘用制的工作人员订立、履行、变更、解除或者终止劳动合同，法律、行政法规或者国务院另有规定的，依照其规定；未作规定的，依照本法有关规定执行。

第九十七条　本法施行前已依法订立且在本法施行之日存续的劳动合同，继续履行；本法第十四条第二款第三项规定连续订立固定期限劳动合同的次数，自本法施行后续订固定期限劳动合同时开始计算。

本法施行前已建立劳动关系，尚未订立书面劳动合同的，应当自本法施行之日起一个月内订立。

本法施行之日存续的劳动合同在本法施行后解除或者终止，依照本法第四十六条规定应当支付经济补偿的，经济补偿年限自本法施行之日起计算；本法施行前按照当时有关规定，用人单位应当向劳动者支付经济补偿的，按照当时有关规定执行。

第九十八条　本法自2008年1月1日起施行。

中华人民共和国劳动合同法实施条例

（国务院令第 535 号　2008 年 9 月 18 日）

第一章　总　则

第一条　为了贯彻实施《中华人民共和国劳动合同法》（以下简称劳动合同法），制定本条例。

第二条　各级人民政府和县级以上人民政府劳动行政等有关部门以及工会等组织，应当采取措施，推动劳动合同法的贯彻实施，促进劳动关系的和谐。

第三条　依法成立的会计师事务所、律师事务所等合伙组织和基金会，属于劳动合同法规定的用人单位。

第二章　劳动合同的订立

第四条　劳动合同法规定的用人单位设立的分支机构，依法取得营业执照或者登记证书的，可以作为用人单位与劳动者订立劳动合同；未依法取得营业执照或者登记证书的，受用人单位委托可以与劳动者订立劳动合同。

第五条　自用工之日起一个月内，经用人单位书面通知后，劳动者不与用人单位订立书面劳动合同的，用人单位应当书面通知劳动者终止劳动关系，无需向劳动者支付经济补偿，但是应当依法向劳动者支付其实际工作时间的劳动报酬。

第六条　用人单位自用工之日起超过一个月不满一年未与劳动者订立书面劳动合同的，应当依照劳动合同法第八十二条的规定向劳动者每月支付两倍的工资，并与劳动者补订书面劳动合同；劳动者不与用人单位订立书面劳动合同的，用人单位应当书面通知劳动者终止劳动关系，并依照劳动合同法第四十七条的规定支付经济补偿。

前款规定的用人单位向劳动者每月支付两倍工资的起算时间为用工之日起满一个月的次日，截止时间为补订书面劳动合同的前一日。

第七条　用人单位自用工之日起满一年未与劳动者订立书面劳动合同的，自用工之日起满一个月的次日至满一年的前一日应当依照劳动合同法第八十二条的规定向劳动者每月支付两倍的工资，并视为自用工之日起满一年的当日已经与劳动者订立无固定期限劳动合同，应当立即与劳动者补订书面劳动合同。

第八条　劳动合同法第七条规定的职工名册，应当包括劳动者姓名、性别、公民身份号码、户籍地址及现住址、联系方式、用工形式、用工起始时间、劳动合同期限等内容。

第九条　劳动合同法第十四条第二款规定的连续工作满 10 年的起始时间，应当自用人单位用工之日起计算，包括劳动合同法施行前的工作年限。

第十条　劳动者非因本人原因从原用人单位被安排到新用人单位工作的，劳动者在原用人单位的工作年限合并计算为新用人单位的工作年限。原用人单位已经向劳动者支付经济补偿的，新用人单位在依法解除、终止劳动合同计算支付经济补偿的工作年限时，不再计算劳动者在原用人单位的工作年限。

第十一条　除劳动者与用人单位协商一致的情形外，劳动者依照劳动合同法第十四条第二款的规定，提出订立无固定期限劳动合同的，用人单位应当与其订立无固定期限劳动合同。对劳动合同的内容，双方应当按照合法、公平、平等自愿、协商一致、诚实信用的原则协商确定；对协商不一致的内容，依照劳动合同法第十八条的规定执行。

第十二条　地方各级人民政府及县级以上地方人民政府有关部门为安置就业困难人员提供的给予岗位补贴和社会保险补贴的公益性岗位，其劳动合同不适用劳动合同法有关无固定期限劳动合同的规定以及支付经济补偿的规定。

第十三条　用人单位与劳动者不得在劳动合同法第四十四条规定的劳动合同终止情形之外约定其他的劳动合同终止条件。

第十四条　劳动合同履行地与用人单位注册地不一致的，有关劳动者的最低工资标准、劳动保护、劳动条件、职业危害防护和本地区上年度职工月平均工资标准等事项，按照劳动合同履行地的有关规定执行；用人单位注册地的有关标准高于劳动合同履行地的有关标准，且用人单位与劳动者约定按照用人单位注册地的有关规定执行的，从其约定。

第十五条　劳动者在试用期的工资不得低于本单位相同岗位最低档工资的80%或者不得低于劳动合同约定工资的80%，并不得低于用人单位所在地的最低工资标准。

第十六条　劳动合同法第二十二条第二款规定的培训费用，包括用人单位为了对劳动者进行专业技术培训而支付的有凭证的培训费用、培训期间的差旅费用以及因培训产生的用于该劳动者的其他直接费用。

第十七条　劳动合同期满，但是用人单位与劳动者依照劳动合同法第二十二条的规定约定的服务期尚未到期的，劳动合同应当续延至服务期满；双方另有约定的，从其约定。

第三章　劳动合同的解除和终止

第十八条　有下列情形之一的，依照劳动合同法规定的条件、程序，劳动者可以与用人单位解除固定期限劳动合同、无固定期限劳动合同或者以完成一定工作任务为期限的劳动合同：

（一）劳动者与用人单位协商一致的；

（二）劳动者提前30日以书面形式通知用人单位的；

（三）劳动者在试用期内提前3日通知用人单位的；

（四）用人单位未按照劳动合同约定提供劳动保护或者劳动条件的；

（五）用人单位未及时足额支付劳动报酬的；

（六）用人单位未依法为劳动者缴纳社会保险费的；

（七）用人单位的规章制度违反法律、法规的规定，损害劳动者权益的；

（八）用人单位以欺诈、胁迫的手段或者乘人之危，使劳动者在违背真实意思的情况下订立或者变更劳动合同的；

（九）用人单位在劳动合同中免除自己的法定责任、排除劳动者权利的；

（十）用人单位违反法律、行政法规强制性规定的；

（十一）用人单位以暴力、威胁或者非法限制人身自由的手段强迫劳动者劳动的；

（十二）用人单位违章指挥、强令冒险作业危及劳动者人身安全的；

（十三）法律、行政法规规定劳动者可以解除劳动合同的其他情形。

第十九条 有下列情形之一的，依照劳动合同法规定的条件、程序，用人单位可以与劳动者解除固定期限劳动合同、无固定期限劳动合同或者以完成一定工作任务为期限的劳动合同：

（一）用人单位与劳动者协商一致的；

（二）劳动者在试用期间被证明不符合录用条件的；

（三）劳动者严重违反用人单位的规章制度的；

（四）劳动者严重失职，营私舞弊，给用人单位造成重大损害的；

（五）劳动者同时与其他用人单位建立劳动关系，对完成本单位的工作任务造成严重影响，或者经用人单位提出，拒不改正的；

（六）劳动者以欺诈、胁迫的手段或者乘人之危，使用人单位在违背真实意思的情况下订立或者变更劳动合同的；

（七）劳动者被依法追究刑事责任的；

（八）劳动者患病或者非因工负伤，在规定的医疗期满后不能从事原工作，也不能从事由用人单位另行安排的工作的；

（九）劳动者不能胜任工作，经过培训或者调整工作岗位，仍不能胜任工作的；

（十）劳动合同订立时所依据的客观情况发生重大变化，致使劳动合同无法履行，经用人单位与劳动者协商，未能就变更劳动合同内容达成协议的；

（十一）用人单位依照企业破产法规定进行重整的；

（十二）用人单位生产经营发生严重困难的；

（十三）企业转产、重大技术革新或者经营方式调整，经变更劳动合同后，仍需裁减人员的；

（十四）其他因劳动合同订立时所依据的客观经济情况发生重大变化，致使劳动合同无法履行的。

第二十条 用人单位依照劳动合同法第四十条的规定，选择额外支付劳动者一个月工资解除劳动合同的，其额外支付的工资应当按照该劳动者上一个月的工资标准确定。

第二十一条 劳动者达到法定退休年龄的，劳动合同终止。

第二十二条 以完成一定工作任务为期限的劳动合同因任务完成而终止的，用人单位应当依照劳动合同法第四十七条的规定向劳动者支付经济补偿。

第二十三条 用人单位依法终止工伤职工的劳动合同的，除依照劳动合同法第四十七条的规定支付经济补偿外，还应当依照国家有关工伤保险的规定支付一次性工伤医疗补助金和伤残就业补助金。

第二十四条 用人单位出具的解除、终止劳动合同的证明，应当写明劳动合同期限、解除或者终止劳动合同的日期、工作岗位、在本单位的工作年限。

第二十五条 用人单位违反劳动合同法的规定解除或者终止劳动合同，依照劳动合同法第八十七条的规定支付了赔偿金的，不再支付经济补偿。赔偿金的计算年限自用工之日起计算。

第二十六条 用人单位与劳动者约定了服务期，劳动者依照劳动合同法第三十八条的规定解除劳动合同的，不属于违反服务期的约定，用人单位不得要求劳动者支付违约金。

有下列情形之一，用人单位与劳动者解除约定服务期的劳动合同的，劳动者应当按照劳动合同的约定向用人单位支付违约金：

（一）劳动者严重违反用人单位的规章制度的；

（二）劳动者严重失职，营私舞弊，给用人单位造成重大损害的；

（三）劳动者同时与其他用人单位建立劳动关系，对完成本单位的工作任务造成严重影响，或者经用人单位提出，拒不改正的；

（四）劳动者以欺诈、胁迫的手段或者乘人之危，使用人单位在违背真实意思的情况下订立或者变更劳动合同的；

（五）劳动者被依法追究刑事责任的。

第二十七条　劳动合同法第四十七条规定的经济补偿的月工资按照劳动者应得工资计算，包括计时工资或者计件工资以及奖金、津贴和补贴等货币性收入。劳动者在劳动合同解除或者终止前12个月的平均工资低于当地最低工资标准的，按照当地最低工资标准计算。劳动者工作不满12个月的，按照实际工作的月数计算平均工资。

第四章　劳务派遣特别规定

第二十八条　用人单位或者其所属单位出资或者合伙设立的劳务派遣单位，向本单位或者所属单位派遣劳动者的，属于劳动合同法第六十七条规定的不得设立的劳务派遣单位。

第二十九条　用工单位应当履行劳动合同法第六十二条规定的义务，维护被派遣劳动者的合法权益。

第三十条　劳务派遣单位不得以非全日制用工形式招用被派遣劳动者。

第三十一条　劳务派遣单位或者被派遣劳动者依法解除、终止劳动合同的经济补偿，依照劳动合同法第四十六条、第四十七条的规定执行。

第三十二条　劳务派遣单位违法解除或者终止被派遣劳动者的劳动合同的，依照劳动合同法第四十八条的规定执行。

第五章　法律责任

第三十三条　用人单位违反劳动合同法有关建立职工名册规定的，由劳动行政部门责令限期改正；逾期不改正的，由劳动行政部门处2 000元以上2万元以下的罚款。

第三十四条　用人单位依照劳动合同法的规定应当向劳动者每月支付两倍的工资或者应当向劳动者支付赔偿金而未支付的，劳动行政部门应当责令用人单位支付。

第三十五条　用工单位违反劳动合同法和本条例有关劳务派遣规定的，由劳动行政部门和其他有关主管部门责令改正；情节严重的，以每位被派遣劳动者1 000元以上5 000元以下的标准处以罚款；给被派遣劳动者造成损害的，劳务派遣单位和用工单位承担连带赔偿责任。

第六章　附　则

第三十六条　对违反劳动合同法和本条例的行为的投诉、举报，县级以上地方人民政府劳动行政部门依照《劳动保障监察条例》的规定处理。

第三十七条 劳动者与用人单位因订立、履行、变更、解除或者终止劳动合同发生争议的，依照《中华人民共和国劳动争议调解仲裁法》的规定处理。

第三十八条 本条例自公布之日起施行。

劳动保障监察条例

（国务院令第423号公布 2004年11月1日）

第一章 总 则

第一条 为了贯彻实施劳动和社会保障（以下称劳动保障）法律、法规和规章，规范劳动保障监察工作，维护劳动者的合法权益，根据劳动法和有关法律，制定本条例。

第二条 对企业和个体工商户（以下称用人单位）进行劳动保障监察，适用本条例。

对职业介绍机构、职业技能培训机构和职业技能考核鉴定机构进行劳动保障监察，依照本条例执行。

第三条 国务院劳动保障行政部门主管全国的劳动保障监察工作。县级以上地方各级人民政府劳动保障行政部门主管本行政区域内的劳动保障监察工作。

县级以上各级人民政府有关部门根据各自职责，支持、协助劳动保障行政部门的劳动保障监察工作。

第四条 县级、设区的市级人民政府劳动保障行政部门可以委托符合监察执法条件的组织实施劳动保障监察。

劳动保障行政部门和受委托实施劳动保障监察的组织中的劳动保障监察员应当经过相应的考核或者考试录用。

劳动保障监察证件由国务院劳动保障行政部门监制。

第五条 县级以上地方各级人民政府应当加强劳动保障监察工作。劳动保障监察所需经费列入本级财政预算。

第六条 用人单位应当遵守劳动保障法律、法规和规章，接受并配合劳动保障监察。

第七条 各级工会依法维护劳动者的合法权益，对用人单位遵守劳动保障法律、法规和规章的情况进行监督。

劳动保障行政部门在劳动保障监察工作中应当注意听取工会组织的意见和建议。

第八条 劳动保障监察遵循公正、公开、高效、便民的原则。

实施劳动保障监察，坚持教育与处罚相结合，接受社会监督。

第九条 任何组织或者个人对违反劳动保障法律、法规或者规章的行为，有权向劳动保障行政部门举报。

劳动者认为用人单位侵犯其劳动保障合法权益的，有权向劳动保障行政部门投诉。

劳动保障行政部门应当为举报人保密；对举报属实，为查处重大违反劳动保障法律、法规或者规章的行为提供主要线索和证据的举报人，给予奖励。

第二章 劳动保障监察职责

第十条 劳动保障行政部门实施劳动保障监察，履行下列职责：

（一）宣传劳动保障法律、法规和规章，督促用人单位贯彻执行；

（二）检查用人单位遵守劳动保障法律、法规和规章的情况；

（三）受理对违反劳动保障法律、法规或者规章的行为的举报、投诉；

（四）依法纠正和查处违反劳动保障法律、法规或者规章的行为。

第十一条 劳动保障行政部门对下列事项实施劳动保障监察：

（一）用人单位制定内部劳动保障规章制度的情况；

（二）用人单位与劳动者订立劳动合同的情况；

（三）用人单位遵守禁止使用童工规定的情况；

（四）用人单位遵守女职工和未成年工特殊劳动保护规定的情况；

（五）用人单位遵守工作时间和休息休假规定的情况；

（六）用人单位支付劳动者工资和执行最低工资标准的情况；

（七）用人单位参加各项社会保险和缴纳社会保险费的情况；

（八）职业介绍机构、职业技能培训机构和职业技能考核鉴定机构遵守国家有关职业介绍、职业技能培训和职业技能考核鉴定的规定的情况；

（九）法律、法规规定的其他劳动保障监察事项。

第十二条 劳动保障监察员依法履行劳动保障监察职责，受法律保护。

劳动保障监察员应当忠于职守，秉公执法，勤政廉洁，保守秘密。

任何组织或者个人对劳动保障监察员的违法违纪行为，有权向劳动保障行政部门或者有关机关检举、控告。

第三章　劳动保障监察的实施

第十三条 对用人单位的劳动保障监察，由用人单位用工所在地的县级或者设区的市级劳动保障行政部门管辖。

上级劳动保障行政部门根据工作需要，可以调查处理下级劳动保障行政部门管辖的案件。劳动保障行政部门对劳动保障监察管辖发生争议的，报请共同的上一级劳动保障行政部门指定管辖。

省、自治区、直辖市人民政府可以对劳动保障监察的管辖制定具体办法。

第十四条 劳动保障监察以日常巡视检查、审查用人单位按照要求报送的书面材料以及接受举报投诉等形式进行。

劳动保障行政部门认为用人单位有违反劳动保障法律、法规或者规章的行为，需要进行调查处理的，应当及时立案。

劳动保障行政部门或者受委托实施劳动保障监察的组织应当设立举报、投诉信箱和电话。

对因违反劳动保障法律、法规或者规章的行为引起的群体性事件，劳动保障行政部门应当根据应急预案，迅速会同有关部门处理。

第十五条 劳动保障行政部门实施劳动保障监察，有权采取下列调查、检查措施：

（一）进入用人单位的劳动场所进行检查；

（二）就调查、检查事项询问有关人员；

（三）要求用人单位提供与调查、检查事项相关的文件资料，并作出解释和说明，必要时可以发出调查询问书；

（四）采取记录、录音、录像、照像或者复制等方式收集有关情况和资料；

（五）委托会计师事务所对用人单位工资支付、缴纳社会保险费的情况进行审计；

（六）法律、法规规定可以由劳动保障行政部门采取的其他调查、检查措施。

劳动保障行政部门对事实清楚、证据确凿、可以当场处理的违反劳动保障法律、法规或者规章的行为有权当场予以纠正。

第十六条　劳动保障监察员进行调查、检查，不得少于 2 人，并应当佩戴劳动保障监察标志、出示劳动保障监察证件。

劳动保障监察员办理的劳动保障监察事项与本人或者其近亲属有直接利害关系的，应当回避。

第十七条　劳动保障行政部门对违反劳动保障法律、法规或者规章的行为的调查，应当自立案之日起 60 个工作日内完成；对情况复杂的，经劳动保障行政部门负责人批准，可以延长 30 个工作日。

第十八条　劳动保障行政部门对违反劳动保障法律、法规或者规章的行为，根据调查、检查的结果，作出以下处理：

（一）对依法应当受到行政处罚的，依法作出行政处罚决定；

（二）对应当改正未改正的，依法责令改正或者作出相应的行政处理决定；

（三）对情节轻微且已改正的，撤销立案。

发现违法案件不属于劳动保障监察事项的，应当及时移送有关部门处理；涉嫌犯罪的，应当依法移送司法机关。

第十九条　劳动保障行政部门对违反劳动保障法律、法规或者规章的行为作出行政处罚或者行政处理决定前，应当听取用人单位的陈述、申辩；作出行政处罚或者行政处理决定，应当告知用人单位依法享有申请行政复议或者提起行政诉讼的权利。

第二十条　违反劳动保障法律、法规或者规章的行为在 2 年内未被劳动保障行政部门发现，也未被举报、投诉的，劳动保障行政部门不再查处。

前款规定的期限，自违反劳动保障法律、法规或者规章的行为发生之日起计算；违反劳动保障法律、法规或者规章的行为有连续或者继续状态的，自行为终了之日起计算。

第二十一条　用人单位违反劳动保障法律、法规或者规章，对劳动者造成损害的，依法承担赔偿责任。劳动者与用人单位就赔偿发生争议的，依照国家有关劳动争议处理的规定处理。

对应当通过劳动争议处理程序解决的事项或者已经按照劳动争议处理程序申请调解、仲裁或者已经提起诉讼的事项，劳动保障行政部门应当告知投诉人依照劳动争议处理或者诉讼的程序办理。

第二十二条　劳动保障行政部门应当建立用人单位劳动保障守法诚信档案。用人单位有重大违反劳动保障法律、法规或者规章的行为的，由有关的劳动保障行政部门向社会公布。

第四章　法律责任

第二十三条　用人单位有下列行为之一的，由劳动保障行政部门责令改正，按照受侵害的劳动者每人1 000元以上5 000元以下的标准计算，处以罚款：

（一）安排女职工从事矿山井下劳动、国家规定的第四级体力劳动强度的劳动或者其他禁忌从事的劳动的；

（二）安排女职工在经期从事高处、低温、冷水作业或者国家规定的第三级体力劳动强度的劳动的；

（三）安排女职工在怀孕期间从事国家规定的第三级体力劳动强度的劳动或者孕期禁忌从事的劳动的；

（四）安排怀孕7个月以上的女职工夜班劳动或者延长其工作时间的；

（五）女职工生育享受产假少于90天的；

（六）安排女职工在哺乳未满1周岁的婴儿期间从事国家规定的第三级体力劳动强度的劳动或者哺乳期禁忌从事的其他劳动，以及延长其工作时间或者安排其夜班劳动的；

（七）安排未成年工从事矿山井下、有毒有害、国家规定的第四级体力劳动强度的劳动或者其他禁忌从事的劳动的；

（八）未对未成年工定期进行健康检查的。

第二十四条 用人单位与劳动者建立劳动关系不依法订立劳动合同的，由劳动保障行政部门责令改正。

第二十五条 用人单位违反劳动保障法律、法规或者规章延长劳动者工作时间的，由劳动保障行政部门给予警告，责令限期改正，并可以按照受侵害的劳动者每人100元以上500元以下的标准计算，处以罚款。

第二十六条 用人单位有下列行为之一的，由劳动保障行政部门分别责令限期支付劳动者的工资报酬、劳动者工资低于当地最低工资标准的差额或者解除劳动合同的经济补偿；逾期不支付的，责令用人单位按照应付金额50%以上1倍以下的标准计算，向劳动者加付赔偿金：

（一）克扣或者无故拖欠劳动者工资报酬的；

（二）支付劳动者的工资低于当地最低工资标准的；

（三）解除劳动合同未依法给予劳动者经济补偿的。

第二十七条 用人单位向社会保险经办机构申报应缴纳的社会保险费数额时，瞒报工资总额或者职工人数的，由劳动保障行政部门责令改正，并处瞒报工资数额1倍以上3倍以下的罚款。

骗取社会保险待遇或者骗取社会保险基金支出的，由劳动保障行政部门责令退还，并处骗取金额1倍以上3倍以下的罚款；构成犯罪的，依法追究刑事责任。

第二十八条 职业介绍机构、职业技能培训机构或者职业技能考核鉴定机构违反国家有关职业介绍、职业技能培训或者职业技能考核鉴定的规定的，由劳动保障行政部门责令改正，没收违法所得，并处1万元以上5万元以下的罚款；情节严重的，吊销许可证。

未经劳动保障行政部门许可，从事职业介绍、职业技能培训或者职业技能考核鉴定的组织或者个人，由劳动保障行政部门、工商行政管理部门依照国家有关无照经营查处取缔的规定查处取缔。

第二十九条 用人单位违反《中华人民共和国工会法》，有下列行为之一的，由劳动保障行政部门责令改正：

（一）阻挠劳动者依法参加和组织工会，或者阻挠上级工会帮助、指导劳动者筹建工会的；

（二）无正当理由调动依法履行职责的工会工作人员的工作岗位，进行打击报复的；

（三）劳动者因参加工会活动而被解除劳动合同的；

（四）工会工作人员因依法履行职责被解除劳动合同的。

第三十条 有下列行为之一的，由劳动保障行政部门责令改正；对有第（一）项、第（二）项或者第（三）项规定的行为的，处2 000元以上2万元以下的罚款：

（一）无理抗拒、阻挠劳动保障行政部门依照本条例的规定实施劳动保障监察的；

（二）不按照劳动保障行政部门的要求报送书面材料，隐瞒事实真相，出具伪证或者隐匿、毁灭证据的；

（三）经劳动保障行政部门责令改正拒不改正，或者拒不履行劳动保障行政部门的行政处理决定的；

（四）打击报复举报人、投诉人的。

违反前款规定，构成违反治安管理行为的，由公安机关依法给予治安管理处罚；构成犯罪的，依法追究刑事责任。

第三十一条 劳动保障监察员滥用职权、玩忽职守、徇私舞弊或者泄露在履行职责过程中知悉的商业秘密的，依法给予行政处分；构成犯罪的，依法追究刑事责任。

劳动保障行政部门和劳动保障监察员违法行使职权，侵犯用人单位或者劳动者的合法权益的，依法承担赔偿责任。

第三十二条 属于本条例规定的劳动保障监察事项，法律、其他行政法规对处罚另有规定的，从其规定。

第五章 附 则

第三十三条 对无营业执照或者已被依法吊销营业执照，有劳动用工行为的，由劳动保障行政部门依照本条例实施劳动保障监察，并及时通报工商行政管理部门予以查处取缔。

第三十四条 国家机关、事业单位、社会团体执行劳动保障法律、法规和规章的情况，由劳动保障行政部门根据其职责，依照本条例实施劳动保障监察。

第三十五条 劳动安全卫生的监督检查，由卫生部门、安全生产监督管理部门、特种设备安全监督管理部门等有关部门依照有关法律、行政法规的规定执行。

第三十六条 本条例自2004年12月1日起施行。

中华人民共和国劳动争议调解仲裁法

（2007 年 12 月 29 日第十届全国人民代表大会常务委员会第三十一次会议通过）

第一章　总　则

第一条　为了公正及时解决劳动争议，保护当事人合法权益，促进劳动关系和谐稳定，制定本法。

第二条　中华人民共和国境内的用人单位与劳动者发生的下列劳动争议，适用本法：

（一）因确认劳动关系发生的争议；

（二）因订立、履行、变更、解除和终止劳动合同发生的争议；

（三）因除名、辞退和辞职、离职发生的争议；

（四）因工作时间、休息休假、社会保险、福利、培训以及劳动保护发生的争议；

（五）因劳动报酬、工伤医疗费、经济补偿或者赔偿金等发生的争议；

（六）法律、法规规定的其他劳动争议。

第三条　解决劳动争议，应当根据事实，遵循合法、公正、及时、着重调解的原则，依法保护当事人的合法权益。

第四条　发生劳动争议，劳动者可以与用人单位协商，也可以请工会或者第三方共同与用人单位协商，达成和解协议。

第五条　发生劳动争议，当事人不愿协商、协商不成或者达成和解协议后不履行的，可以向调解组织申请调解；不愿调解、调解不成或者达成调解协议后不履行的，可以向劳动争议仲裁委员会申请仲裁；对仲裁裁决不服的，除本法另有规定的外，可以向人民法院提起诉讼。

第六条　发生劳动争议，当事人对自己提出的主张，有责任提供证据。与争议事项有关的证据属于用人单位掌握管理的，用人单位应当提供；用人单位不提供的，应当承担不利后果。

第七条　发生劳动争议的劳动者一方在十人以上，并有共同请求的，可以推举代表参加调解、仲裁或者诉讼活动。

第八条　县级以上人民政府劳动行政部门会同工会和企业方面代表建立协调劳动关系三方机制，共同研究解决劳动争议的重大问题。

第九条　用人单位违反国家规定，拖欠或者未足额支付劳动报酬，或者拖欠工伤医疗费、经济补偿或者赔偿金的，劳动者可以向劳动行政部门投诉，劳动行政部门应当依法处理。

第二章　调　解

第十条　发生劳动争议，当事人可以到下列调解组织申请调解：

（一）企业劳动争议调解委员会；

（二）依法设立的基层人民调解组织；

（三）在乡镇、街道设立的具有劳动争议调解职能的组织。

企业劳动争议调解委员会由职工代表和企业代表组成。职工代表由工会成员担任或者由全体职工推举产生，企业代表由企业负责人指定。企业劳动争议调解委员会主任由工会成员或者双方推举的人员担任。

第十一条　劳动争议调解组织的调解员应当由公道正派、联系群众、热心调解工作，并具有一定法律知识、政策水平和文化水平的成年公民担任。

第十二条　当事人申请劳动争议调解可以书面申请，也可以口头申请。口头申请的，调解组织应当当场记录申请人基本情况、申请调解的争议事项、理由和时间。

第十三条　调解劳动争议，应当充分听取双方当事人对事实和理由的陈述，耐心疏导，帮助其达成协议。

第十四条　经调解达成协议的，应当制作调解协议书。

调解协议书由双方当事人签名或者盖章，经调解员签名并加盖调解组织印章后生效，对双方当事人具有约束力，当事人应当履行。

自劳动争议调解组织收到调解申请之日起十五日内未达成调解协议的，当事人可以依法申请仲裁。

第十五条　达成调解协议后，一方当事人在协议约定期限内不履行调解协议的，另一方当事人可以依法申请仲裁。

第十六条　因支付拖欠劳动报酬、工伤医疗费、经济补偿或者赔偿金事项达成调解协议，用人单位在协议约定期限内不履行的，劳动者可以持调解协议书依法向人民法院申请支付令。人民法院应当依法发出支付令。

第三章　仲　裁

第一节　一般规定

第十七条　劳动争议仲裁委员会按照统筹规划、合理布局和适应实际需要的原则设立。省、自治区人民政府可以决定在市、县设立；直辖市人民政府可以决定在区、县设立。直辖市、设区的市也可以设立一个或者若干个劳动争议仲裁委员会。劳动争议仲裁委员会不按行政区划层层设立。

第十八条　国务院劳动行政部门依照本法有关规定制定仲裁规则。省、自治区、直辖市人民政府劳动行政部门对本行政区域的劳动争议仲裁工作进行指导。

第十九条　劳动争议仲裁委员会由劳动行政部门代表、工会代表和企业方面代表组成。劳动争议仲裁委员会组成人员应当是单数。

劳动争议仲裁委员会依法履行下列职责：

（一）聘任、解聘专职或者兼职仲裁员；

（二）受理劳动争议案件；

（三）讨论重大或者疑难的劳动争议案件；

（四）对仲裁活动进行监督。

劳动争议仲裁委员会下设办事机构，负责办理劳动争议仲裁委员会的日常工作。

第二十条 劳动争议仲裁委员会应当设仲裁员名册。

仲裁员应当公道正派并符合下列条件之一：

（一）曾任审判员的；

（二）从事法律研究、教学工作并具有中级以上职称的；

（三）具有法律知识、从事人力资源管理或者工会等专业工作满五年的；

（四）律师执业满三年的。

第二十一条 劳动争议仲裁委员会负责管辖本区域内发生的劳动争议。

劳动争议由劳动合同履行地或者用人单位所在地的劳动争议仲裁委员会管辖。双方当事人分别向劳动合同履行地和用人单位所在地的劳动争议仲裁委员会申请仲裁的，由劳动合同履行地的劳动争议仲裁委员会管辖。

第二十二条 发生劳动争议的劳动者和用人单位为劳动争议仲裁案件的双方当事人。

劳务派遣单位或者用工单位与劳动者发生劳动争议的，劳务派遣单位和用工单位为共同当事人。

第二十三条 与劳动争议案件的处理结果有利害关系的第三人，可以申请参加仲裁活动或者由劳动争议仲裁委员会通知其参加仲裁活动。

第二十四条 当事人可以委托代理人参加仲裁活动。委托他人参加仲裁活动，应当向劳动争议仲裁委员会提交有委托人签名或者盖章的委托书，委托书应当载明委托事项和权限。

第二十五条 丧失或者部分丧失民事行为能力的劳动者，由其法定代理人代为参加仲裁活动；无法定代理人的，由劳动争议仲裁委员会为其指定代理人。劳动者死亡的，由其近亲属或者代理人参加仲裁活动。

第二十六条 劳动争议仲裁公开进行，但当事人协议不公开进行或者涉及国家秘密、商业秘密和个人隐私的除外。

第二节 申请和受理

第二十七条 劳动争议申请仲裁的时效期间为一年。仲裁时效期间从当事人知道或者应当知道其权利被侵害之日起计算。

前款规定的仲裁时效，因当事人一方向对方当事人主张权利，或者向有关部门请求权利救济，或者对方当事人同意履行义务而中断。从中断时起，仲裁时效期间重新计算。

因不可抗力或者有其他正当理由，当事人不能在本条第一款规定的仲裁时效期间申请仲裁的，仲裁时效中止。从中止时效的原因消除之日起，仲裁时效期间继续计算。

劳动关系存续期间因拖欠劳动报酬发生争议的，劳动者申请仲裁不受本条第一款规定的仲裁时效期间的限制；但是，劳动关系终止的，应当自劳动关系终止之日起一年内提出。

第二十八条 申请人申请仲裁应当提交书面仲裁申请，并按照被申请人人数提交副本。

仲裁申请书应当载明下列事项：

（一）劳动者的姓名、性别、年龄、职业、工作单位和住所，用人单位的名称、住所和法定代表人或者主要负责人的姓名、职务；

（二）仲裁请求和所根据的事实、理由；

（三）证据和证据来源、证人姓名和住所。

书写仲裁申请确有困难的，可以口头申请，由劳动争议仲裁委员会记入笔录，并告知对方当事人。

第二十九条　劳动争议仲裁委员会收到仲裁申请之日起五日内，认为符合受理条件的，应当受理，并通知申请人；认为不符合受理条件的，应当书面通知申请人不予受理，并说明理由。对劳动争议仲裁委员会不予受理或者逾期未作出决定的，申请人可以就该劳动争议事项向人民法院提起诉讼。

第三十条　劳动争议仲裁委员会受理仲裁申请后，应当在五日内将仲裁申请书副本送达被申请人。

被申请人收到仲裁申请书副本后，应当在十日内向劳动争议仲裁委员会提交答辩书。劳动争议仲裁委员会收到答辩书后，应当在五日内将答辩书副本送达申请人。被申请人未提交答辩书的，不影响仲裁程序的进行。

第三节　开庭和裁决

第三十一条　劳动争议仲裁委员会裁决劳动争议案件实行仲裁庭制。仲裁庭由三名仲裁员组成，设首席仲裁员。简单劳动争议案件可以由一名仲裁员独任仲裁。

第三十二条　劳动争议仲裁委员会应当在受理仲裁申请之日起五日内将仲裁庭的组成情况书面通知当事人。

第三十三条　仲裁员有下列情形之一，应当回避，当事人也有权以口头或者书面方式提出回避申请：

（一）是本案当事人或者当事人、代理人的近亲属的；

（二）与本案有利害关系的；

（三）与本案当事人、代理人有其他关系，可能影响公正裁决的；

（四）私自会见当事人、代理人，或者接受当事人、代理人的请客送礼的。

劳动争议仲裁委员会对回避申请应当及时作出决定，并以口头或者书面方式通知当事人。

第三十四条　仲裁员有本法第三十三条第四项规定情形，或者有索贿受贿、徇私舞弊、枉法裁决行为的，应当依法承担法律责任。劳动争议仲裁委员会应当将其解聘。

第三十五条　仲裁庭应当在开庭五日前，将开庭日期、地点书面通知双方当事人。当事人有正当理由的，可以在开庭三日前请求延期开庭。是否延期，由劳动争议仲裁委员会决定。

第三十六条　申请人收到书面通知，无正当理由拒不到庭或者未经仲裁庭同意中途退庭的，可以视为撤回仲裁申请。

被申请人收到书面通知，无正当理由拒不到庭或者未经仲裁庭同意中途退庭的，可以缺席裁决。

第三十七条　仲裁庭对专门性问题认为需要鉴定的，可以交由当事人约定的鉴定机构鉴定；当事人没有约定或者无法达成约定的，由仲裁庭指定的鉴定机构鉴定。

根据当事人的请求或者仲裁庭的要求，鉴定机构应当派鉴定人参加开庭。当事人经仲裁庭许可，可以向鉴定人提问。

第三十八条　当事人在仲裁过程中有权进行质证和辩论。质证和辩论终结时，首席仲裁员或者独任仲裁员应当征询当事人的最后意见。

第三十九条 当事人提供的证据经查证属实的，仲裁庭应当将其作为认定事实的根据。

劳动者无法提供由用人单位掌握管理的与仲裁请求有关的证据，仲裁庭可以要求用人单位在指定期限内提供。用人单位在指定期限内不提供的，应当承担不利后果。

第四十条 仲裁庭应当将开庭情况记入笔录。当事人和其他仲裁参加人认为对自己陈述的记录有遗漏或者差错的，有权申请补正。如果不予补正，应当记录该申请。

笔录由仲裁员、记录人员、当事人和其他仲裁参加人签名或者盖章。

第四十一条 当事人申请劳动争议仲裁后，可以自行和解。达成和解协议的，可以撤回仲裁申请。

第四十二条 仲裁庭在作出裁决前，应当先行调解。

调解达成协议的，仲裁庭应当制作调解书。

调解书应当写明仲裁请求和当事人协议的结果。调解书由仲裁员签名，加盖劳动争议仲裁委员会印章，送达双方当事人。调解书经双方当事人签收后，发生法律效力。

调解不成或者调解书送达前，一方当事人反悔的，仲裁庭应当及时作出裁决。

第四十三条 仲裁庭裁决劳动争议案件，应当自劳动争议仲裁委员会受理仲裁申请之日起四十五日内结束。案情复杂需要延期的，经劳动争议仲裁委员会主任批准，可以延期并书面通知当事人，但是延长期限不得超过十五日。逾期未作出仲裁裁决的，当事人可以就该劳动争议事项向人民法院提起诉讼。

仲裁庭裁决劳动争议案件时，其中一部分事实已经清楚，可以就该部分先行裁决。

第四十四条 仲裁庭对追索劳动报酬、工伤医疗费、经济补偿或者赔偿金的案件，根据当事人的申请，可以裁决先予执行，移送人民法院执行。

仲裁庭裁决先予执行的，应当符合下列条件：

（一）当事人之间权利义务关系明确；

（二）不先予执行将严重影响申请人的生活。

劳动者申请先予执行的，可以不提供担保。

第四十五条 裁决应当按照多数仲裁员的意见作出，少数仲裁员的不同意见应当记入笔录。仲裁庭不能形成多数意见时，裁决应当按照首席仲裁员的意见作出。

第四十六条 裁决书应当载明仲裁请求、争议事实、裁决理由、裁决结果和裁决日期。裁决书由仲裁员签名，加盖劳动争议仲裁委员会印章。对裁决持不同意见的仲裁员，可以签名，也可以不签名。

第四十七条 下列劳动争议，除本法另有规定的外，仲裁裁决为终局裁决，裁决书自作出之日起发生法律效力：

（一）追索劳动报酬、工伤医疗费、经济补偿或者赔偿金，不超过当地月最低工资标准十二个月金额的争议；

（二）因执行国家的劳动标准在工作时间、休息休假、社会保险等方面发生的争议。

第四十八条 劳动者对本法第四十七条规定的仲裁裁决不服的，可以自收到仲裁裁决书之日起十五日内向人民法院提起诉讼。

第四十九条 用人单位有证据证明本法第四十七条规定的仲裁裁决有下列情形之一，

可以自收到仲裁裁决书之日起三十日内向劳动争议仲裁委员会所在地的中级人民法院申请撤销裁决：

（一）适用法律、法规确有错误的；

（二）劳动争议仲裁委员会无管辖权的；

（三）违反法定程序的；

（四）裁决所根据的证据是伪造的；

（五）对方当事人隐瞒了足以影响公正裁决的证据的；

（六）仲裁员在仲裁该案时有索贿受贿、徇私舞弊、枉法裁决行为的。

人民法院经组成合议庭审查核实裁决有前款规定情形之一的，应当裁定撤销。

仲裁裁决被人民法院裁定撤销的，当事人可以自收到裁定书之日起十五日内就该劳动争议事项向人民法院提起诉讼。

第五十条　当事人对本法第四十七条规定以外的其他劳动争议案件的仲裁裁决不服的，可以自收到仲裁裁决书之日起十五日内向人民法院提起诉讼；期满不起诉的，裁决书发生法律效力。

第五十一条　当事人对发生法律效力的调解书、裁决书，应当依照规定的期限履行。一方当事人逾期不履行的，另一方当事人可以依照民事诉讼法的有关规定向人民法院申请执行。受理申请的人民法院应当依法执行。

第四章　附　则

第五十二条　事业单位实行聘用制的工作人员与本单位发生劳动争议的，依照本法执行；法律、行政法规或者国务院另有规定的，依照其规定。

第五十三条　劳动争议仲裁不收费。劳动争议仲裁委员会的经费由财政予以保障。

第五十四条　本法自 2008 年 5 月 1 日起施行。

中华人民共和国就业促进法

（2007年8月30日第十届全国人民代表大会常务委员会第二十九次会议通过）

第一章　总　则

第一条　为了促进就业，促进经济发展与扩大就业相协调，促进社会和谐稳定，制定本法。

第二条　国家把扩大就业放在经济社会发展的突出位置，实施积极的就业政策，坚持劳动者自主择业、市场调节就业、政府促进就业的方针，多渠道扩大就业。

第三条　劳动者依法享有平等就业和自主择业的权利。

劳动者就业，不因民族、种族、性别、宗教信仰等不同而受歧视。

第四条　县级以上人民政府把扩大就业作为经济和社会发展的重要目标，纳入国民经济和社会发展规划，并制定促进就业的中长期规划和年度工作计划。

第五条　县级以上人民政府通过发展经济和调整产业结构、规范人力资源市场、完善就业服务、加强职业教育和培训、提供就业援助等措施，创造就业条件，扩大就业。

第六条　国务院建立全国促进就业工作协调机制，研究就业工作中的重大问题，协调推动全国的促进就业工作。国务院劳动行政部门具体负责全国的促进就业工作。

省、自治区、直辖市人民政府根据促进就业工作的需要，建立促进就业工作协调机制，协调解决本行政区域就业工作中的重大问题。

县级以上人民政府有关部门按照各自的职责分工，共同做好促进就业工作。

第七条　国家倡导劳动者树立正确的择业观念，提高就业能力和创业能力；鼓励劳动者自主创业、自谋职业。

各级人民政府和有关部门应当简化程序，提高效率，为劳动者自主创业、自谋职业提供便利。

第八条　用人单位依法享有自主用人的权利。

用人单位应当依照本法以及其他法律、法规的规定，保障劳动者的合法权益。

第九条　工会、共产主义青年团、妇女联合会、残疾人联合会以及其他社会组织，协助人民政府开展促进就业工作，依法维护劳动者的劳动权利。

第十条　各级人民政府和有关部门对在促进就业工作中作出显著成绩的单位和个人，给予表彰和奖励。

第二章　政策支持

第十一条　县级以上人民政府应当把扩大就业作为重要职责，统筹协调产业政策与就业政策。

第十二条　国家鼓励各类企业在法律、法规规定的范围内，通过兴办产业或者拓展经营，增加就业岗位。

国家鼓励发展劳动密集型产业、服务业，扶持中小企业，多渠道、多方式增加就业岗位。

国家鼓励、支持、引导非公有制经济发展，扩大就业，增加就业岗位。

第十三条　国家发展国内外贸易和国际经济合作，拓宽就业渠道。

第十四条　县级以上人民政府在安排政府投资和确定重大建设项目时，应当发挥投资和重大建设项目带动就业的作用，增加就业岗位。

第十五条　国家实行有利于促进就业的财政政策，加大资金投入，改善就业环境，扩大就业。

县级以上人民政府应当根据就业状况和就业工作目标，在财政预算中安排就业专项资金用于促进就业工作。

就业专项资金用于职业介绍、职业培训、公益性岗位、职业技能鉴定、特定就业政策和社会保险等的补贴，小额贷款担保基金和微利项目的小额担保贷款贴息，以及扶持公共就业服务等。就业专项资金的使用管理办法由国务院财政部门和劳动行政部门规定。

第十六条　国家建立健全失业保险制度，依法确保失业人员的基本生活，并促进其实现就业。

第十七条　国家鼓励企业增加就业岗位，扶持失业人员和残疾人就业，对下列企业、人员依法给予税收优惠：

（一）吸纳符合国家规定条件的失业人员达到规定要求的企业；

（二）失业人员创办的中小企业；

（三）安置残疾人员达到规定比例或者集中使用残疾人的企业；

（四）从事个体经营的符合国家规定条件的失业人员；

（五）从事个体经营的残疾人；

（六）国务院规定给予税收优惠的其他企业、人员。

第十八条　对本法第十七条第四项、第五项规定的人员，有关部门应当在经营场地等方面给予照顾，免除行政事业性收费。

第十九条　国家实行有利于促进就业的金融政策，增加中小企业的融资渠道；鼓励金融机构改进金融服务，加大对中小企业的信贷支持，并对自主创业人员在一定期限内给予小额信贷等扶持。

第二十条　国家实行城乡统筹的就业政策，建立健全城乡劳动者平等就业的制度，引导农业富余劳动力有序转移就业。

县级以上地方人民政府推进小城镇建设和加快县域经济发展，引导农业富余劳动力就地就近转移就业；在制定小城镇规划时，将本地区农业富余劳动力转移就业作为重要内容。

县级以上地方人民政府引导农业富余劳动力有序向城市异地转移就业；劳动力输出地和输入地人民政府应当互相配合，改善农村劳动者进城就业的环境和条件。

第二十一条　国家支持区域经济发展，鼓励区域协作，统筹协调不同地区就业的均衡增长。

国家支持民族地区发展经济，扩大就业。

第二十二条 各级人民政府统筹做好城镇新增劳动力就业、农业富余劳动力转移就业和失业人员就业工作。

第二十三条 各级人民政府采取措施，逐步完善和实施与非全日制用工等灵活就业相适应的劳动和社会保险政策，为灵活就业人员提供帮助和服务。

第二十四条 地方各级人民政府和有关部门应当加强对失业人员从事个体经营的指导，提供政策咨询、就业培训和开业指导等服务。

第三章 公平就业

第二十五条 各级人民政府创造公平就业的环境，消除就业歧视，制定政策并采取措施对就业困难人员给予扶持和援助。

第二十六条 用人单位招用人员、职业中介机构从事职业中介活动，应当向劳动者提供平等的就业机会和公平的就业条件，不得实施就业歧视。

第二十七条 国家保障妇女享有与男子平等的劳动权利。

用人单位招用人员，除国家规定的不适合妇女的工种或者岗位外，不得以性别为由拒绝录用妇女或者提高对妇女的录用标准。

用人单位录用女职工，不得在劳动合同中规定限制女职工结婚、生育的内容。

第二十八条 各民族劳动者享有平等的劳动权利。

用人单位招用人员，应当依法对少数民族劳动者给予适当照顾。

第二十九条 国家保障残疾人的劳动权利。

各级人民政府应当对残疾人就业统筹规划，为残疾人创造就业条件。

用人单位招用人员，不得歧视残疾人。

第三十条 用人单位招用人员，不得以是传染病病原携带者为由拒绝录用。但是，经医学鉴定传染病病原携带者在治愈前或者排除传染嫌疑前，不得从事法律、行政法规和国务院卫生行政部门规定禁止从事的易使传染病扩散的工作。

第三十一条 农村劳动者进城就业享有与城镇劳动者平等的劳动权利，不得对农村劳动者进城就业设置歧视性限制。

第四章 就业服务和管理

第三十二条 县级以上人民政府培育和完善统一开放、竞争有序的人力资源市场，为劳动者就业提供服务。

第三十三条 县级以上人民政府鼓励社会各方面依法开展就业服务活动，加强对公共就业服务和职业中介服务的指导和监督，逐步完善覆盖城乡的就业服务体系。

第三十四条 县级以上人民政府加强人力资源市场信息网络及相关设施建设，建立健全人力资源市场信息服务体系，完善市场信息发布制度。

第三十五条 县级以上人民政府建立健全公共就业服务体系，设立公共就业服务机构，为劳动者免费提供下列服务：

（一）就业政策法规咨询；

（二）职业供求信息、市场工资指导价位信息和职业培训信息发布；

（三）职业指导和职业介绍；

（四）对就业困难人员实施就业援助；

（五）办理就业登记、失业登记等事务；

（六）其他公共就业服务。

公共就业服务机构应当不断提高服务的质量和效率，不得从事经营性活动。

公共就业服务经费纳入同级财政预算。

第三十六条　县级以上地方人民政府对职业中介机构提供公益性就业服务的，按照规定给予补贴。

国家鼓励社会各界为公益性就业服务提供捐赠、资助。

第三十七条　地方各级人民政府和有关部门不得举办或者与他人联合举办经营性的职业中介机构。

地方各级人民政府和有关部门、公共就业服务机构举办的招聘会，不得向劳动者收取费用。

第三十八条　县级以上人民政府和有关部门加强对职业中介机构的管理，鼓励其提高服务质量，发挥其在促进就业中的作用。

第三十九条　从事职业中介活动，应当遵循合法、诚实信用、公平、公开的原则。

用人单位通过职业中介机构招用人员，应当如实向职业中介机构提供岗位需求信息。禁止任何组织或者个人利用职业中介活动侵害劳动者的合法权益。

第四十条　设立职业中介机构应当具备下列条件：

（一）有明确的章程和管理制度；

（二）有开展业务必备的固定场所、办公设施和一定数额的开办资金；

（三）有一定数量具备相应职业资格的专职工作人员；

（四）法律、法规规定的其他条件。

设立职业中介机构，应当依法办理行政许可。经许可的职业中介机构，应当向工商行政部门办理登记。

未经依法许可和登记的机构，不得从事职业中介活动。

国家对外商投资职业中介机构和向劳动者提供境外就业服务的职业中介机构另有规定的，依照其规定。

第四十一条　职业中介机构不得有下列行为：

（一）提供虚假就业信息；

（二）为无合法证照的用人单位提供职业中介服务；

（三）伪造、涂改、转让职业中介许可证；

（四）扣押劳动者的居民身份证和其他证件，或者向劳动者收取押金；

（五）其他违反法律、法规规定的行为。

第四十二条　县级以上人民政府建立失业预警制度，对可能出现的较大规模的失业，实施预防、调节和控制。

第四十三条　国家建立劳动力调查统计制度和就业登记、失业登记制度，开展劳动力资源和就业、失业状况调查统计，并公布调查统计结果。

统计部门和劳动行政部门进行劳动力调查统计和就业、失业登记时，用人单位和个人应当如实提供调查统计和登记所需要的情况。

第五章　职业教育和培训

第四十四条　国家依法发展职业教育，鼓励开展职业培训，促进劳动者提高职业技能，增强就业能力和创业能力。

第四十五条　县级以上人民政府根据经济社会发展和市场需求，制定并实施职业能力开发计划。

第四十六条　县级以上人民政府加强统筹协调，鼓励和支持各类职业院校、职业技能培训机构和用人单位依法开展就业前培训、在职培训、再就业培训和创业培训；鼓励劳动者参加各种形式的培训。

第四十七条　县级以上地方人民政府和有关部门根据市场需求和产业发展方向，鼓励、指导企业加强职业教育和培训。

职业院校、职业技能培训机构与企业应当密切联系，实行产教结合，为经济建设服务，培养实用人才和熟练劳动者。

企业应当按照国家有关规定提取职工教育经费，对劳动者进行职业技能培训和继续教育培训。

第四十八条　国家采取措施建立健全劳动预备制度，县级以上地方人民政府对有就业要求的初高中毕业生实行一定期限的职业教育和培训，使其取得相应的职业资格或者掌握一定的职业技能。

第四十九条　地方各级人民政府鼓励和支持开展就业培训，帮助失业人员提高职业技能，增强其就业能力和创业能力。失业人员参加就业培训的，按照有关规定享受政府培训补贴。

第五十条　地方各级人民政府采取有效措施，组织和引导进城就业的农村劳动者参加技能培训，鼓励各类培训机构为进城就业的农村劳动者提供技能培训，增强其就业能力和创业能力。

第五十一条　国家对从事涉及公共安全、人身健康、生命财产安全等特殊工种的劳动者，实行职业资格证书制度，具体办法由国务院规定。

第六章　就业援助

第五十二条　各级人民政府建立健全就业援助制度，采取税费减免、贷款贴息、社会保险补贴、岗位补贴等办法，通过公益性岗位安置等途径，对就业困难人员实行优先扶持和重点帮助。

就业困难人员是指因身体状况、技能水平、家庭因素、失去土地等原因难以实现就业，以及连续失业一定时间仍未能实现就业的人员。就业困难人员的具体范围，由省、自治区、直辖市人民政府根据本行政区域的实际情况规定。

第五十三条　政府投资开发的公益性岗位，应当优先安排符合岗位要求的就业困难人员。被安排在公益性岗位工作的，按照国家规定给予岗位补贴。

第五十四条　地方各级人民政府加强基层就业援助服务工作，对就业困难人员实施重点帮助，提供有针对性的就业服务和公益性岗位援助。

地方各级人民政府鼓励和支持社会各方面为就业困难人员提供技能培训、岗位信息等服务。

第五十五条　各级人民政府采取特别扶助措施，促进残疾人就业。

用人单位应当按照国家规定安排残疾人就业，具体办法由国务院规定。

第五十六条　县级以上地方人民政府采取多种就业形式，拓宽公益性岗位范围，开发就业岗位，确保城市有就业需求的家庭至少有一人实现就业。

法定劳动年龄内的家庭人员均处于失业状况的城市居民家庭，可以向住所地街道、社区公共就业服务机构申请就业援助。街道、社区公共就业服务机构经确认属实的，应当为该家庭中至少一人提供适当的就业岗位。

第五十七条　国家鼓励资源开采型城市和独立工矿区发展与市场需求相适应的产业，引导劳动者转移就业。

对因资源枯竭或者经济结构调整等原因造成就业困难人员集中的地区，上级人民政府应当给予必要的扶持和帮助。

第七章　监督检查

第五十八条　各级人民政府和有关部门应当建立促进就业的目标责任制度。县级以上人民政府按照促进就业目标责任制的要求，对所属的有关部门和下一级人民政府进行考核和监督。

第五十九条　审计机关、财政部门应当依法对就业专项资金的管理和使用情况进行监督检查。

第六十条　劳动行政部门应当对本法实施情况进行监督检查，建立举报制度，受理对违反本法行为的举报，并及时予以核实处理。

第八章　法律责任

第六十一条　违反本法规定，劳动行政等有关部门及其工作人员滥用职权、玩忽职守、徇私舞弊的，对直接负责的主管人员和其他直接责任人员依法给予处分。

第六十二条　违反本法规定，实施就业歧视的，劳动者可以向人民法院提起诉讼。

第六十三条　违反本法规定，地方各级人民政府和有关部门、公共就业服务机构举办经营性的职业中介机构，从事经营性职业中介活动，向劳动者收取费用的，由上级主管机关责令限期改正，将违法收取的费用退还劳动者，并对直接负责的主管人员和其他直接责任人员依法给予处分。

第六十四条　违反本法规定，未经许可和登记，擅自从事职业中介活动的，由劳动行政部门或者其他主管部门依法予以关闭；有违法所得的，没收违法所得，并处一万元以上五万元以下的罚款。

第六十五条　违反本法规定，职业中介机构提供虚假就业信息，为无合法证照的用人单位提供职业中介服务，伪造、涂改、转让职业中介许可证的，由劳动行政部门或者其他主管部门责令改正；有违法所得的，没收违法所得，并处一万元以上五万元以下的罚款；情节严重的，吊销职业中介许可证。

第六十六条　违反本法规定，职业中介机构扣押劳动者居民身份证等证件的，由劳动行政部门责令限期退还劳动者，并依照有关法律规定给予处罚。

违反本法规定，职业中介机构向劳动者收取押金的，由劳动行政部门责令限期退还劳动者，并以每人五百元以上二千元以下的标准处以罚款。

第六十七条 违反本法规定，企业未按照国家规定提取职工教育经费，或者挪用职工教育经费的，由劳动行政部门责令改正，并依法给予处罚。

第六十八条 违反本法规定，侵害劳动者合法权益，造成财产损失或者其他损害的，依法承担民事责任；构成犯罪的，依法追究刑事责任。

第九章 附 则

第六十九条 本法自 2008 年 1 月 1 日起施行。

职工带薪年休假条例

（国务院令第514号　2007年12月14日）

第一条　为了维护职工休息休假权利，调动职工工作积极性，根据劳动法和公务员法，制定本条例。

第二条　机关、团体、企业、事业单位、民办非企业单位、有雇工的个体工商户等单位的职工连续工作1年以上的，享受带薪年休假（以下简称年休假）。单位应当保证职工享受年休假。职工在年休假期间享受与正常工作期间相同的工资收入。

第三条　职工累计工作已满1年不满10年的，年休假5天；已满10年不满20年的，年休假10天；已满20年的，年休假15天。

国家法定休假日、休息日不计入年休假的假期。

第四条　职工有下列情形之一的，不享受当年的年休假：

（一）职工依法享受寒暑假，其休假天数多于年休假天数的；

（二）职工请事假累计20天以上且单位按照规定不扣工资的；

（三）累计工作满1年不满10年的职工，请病假累计2个月以上的；

（四）累计工作满10年不满20年的职工，请病假累计3个月以上的；

（五）累计工作满20年以上的职工，请病假累计4个月以上的。

第五条　单位根据生产、工作的具体情况，并考虑职工本人意愿，统筹安排职工年休假。

年休假在1个年度内可以集中安排，也可以分段安排，一般不跨年度安排。单位因生产、工作特点确有必要跨年度安排职工年休假的，可以跨1个年度安排。

单位确因工作需要不能安排职工休年休假的，经职工本人同意，可以不安排职工休年休假。对职工应休未休的年休假天数，单位应当按照该职工日工资收入的300%支付年休假工资报酬。

第六条　县级以上地方人民政府人事部门、劳动保障部门应当依据职权对单位执行本条例的情况主动进行监督检查。

工会组织依法维护职工的年休假权利。

第七条　单位不安排职工休年休假又不依照本条例规定给予年休假工资报酬的，由县级以上地方人民政府人事部门或者劳动保障部门依据职权责令限期改正；对逾期不改正的，除责令该单位支付年休假工资报酬外，单位还应当按照年休假工资报酬的数额向职工加付赔偿金；对拒不支付年休假工资报酬、赔偿金的，属于公务员和参照公务员法管理的人员所在单位的，对直接负责的主管人员以及其他直接责任人员依法给予处分；属于其他单位的，由劳动保障部门、人事部门或者职工申请人民法院强制执行。

第八条　职工与单位因年休假发生的争议，依照国家有关法律、行政法规的规定处理。

第九条 国务院人事部门、国务院劳动保障部门依据职权，分别制定本条例的实施办法。

第十条 本条例自2008年1月1日起施行。

生产安全事故报告和调查处理条例

（国务院令第493号　2007年4月9日）

第一章　总　则

第一条　为了规范生产安全事故的报告和调查处理，落实生产安全事故责任追究制度，防止和减少生产安全事故，根据《中华人民共和国安全生产法》和有关法律，制定本条例。

第二条　生产经营活动中发生的造成人身伤亡或者直接经济损失的生产安全事故的报告和调查处理，适用本条例；环境污染事故、核设施事故、国防科研生产事故的报告和调查处理不适用本条例。

第三条　根据生产安全事故（以下简称事故）造成的人员伤亡或者直接经济损失，事故一般分为以下等级：

（一）特别重大事故，是指造成30人以上死亡，或者100人以上重伤（包括急性工业中毒，下同），或者1亿元以上直接经济损失的事故；

（二）重大事故，是指造成10人以上30人以下死亡，或者50人以上100人以下重伤，或者5 000万元以上1亿元以下直接经济损失的事故；

（三）较大事故，是指造成3人以上10人以下死亡，或者10人以上50人以下重伤，或者1 000万元以上5 000万元以下直接经济损失的事故；

（四）一般事故，是指造成3人以下死亡，或者10人以下重伤，或者1 000万元以下直接经济损失的事故。

国务院安全生产监督管理部门可以会同国务院有关部门，制定事故等级划分的补充性规定。

本条第一款所称的“以上”包括本数，所称的“以下”不包括本数。

第四条　事故报告应当及时、准确、完整，任何单位和个人对事故不得迟报、漏报、谎报或者瞒报。

事故调查处理应当坚持实事求是、尊重科学的原则，及时、准确地查清事故经过、事故原因和事故损失，查明事故性质，认定事故责任，总结事故教训，提出整改措施，并对事故责任者依法追究责任。

第五条　县级以上人民政府应当依照本条例的规定，严格履行职责，及时、准确地完成事故调查处理工作。

事故发生地有关地方人民政府应当支持、配合上级人民政府或者有关部门的事故调查处理工作，并提供必要的便利条件。

参加事故调查处理的部门和单位应当互相配合，提高事故调查处理工作的效率。

第六条　工会依法参加事故调查处理，有权向有关部门提出处理意见。

第七条　任何单位和个人不得阻挠和干涉对事故的报告和依法调查处理。

第八条 对事故报告和调查处理中的违法行为，任何单位和个人有权向安全生产监督管理部门、监察机关或者其他有关部门举报，接到举报的部门应当依法及时处理。

第二章 事故报告

第九条 事故发生后，事故现场有关人员应当立即向本单位负责人报告；单位负责人接到报告后，应当于1小时内向事故发生地县级以上人民政府安全生产监督管理部门和负有安全生产监督管理职责的有关部门报告。

情况紧急时，事故现场有关人员可以直接向事故发生地县级以上人民政府安全生产监督管理部门和负有安全生产监督管理职责的有关部门报告。

第十条 安全生产监督管理部门和负有安全生产监督管理职责的有关部门接到事故报告后，应当依照下列规定上报事故情况，并通知公安机关、劳动保障行政部门、工会和人民检察院：

（一）特别重大事故、重大事故逐级上报至国务院安全生产监督管理部门和负有安全生产监督管理职责的有关部门；

（二）较大事故逐级上报至省、自治区、直辖市人民政府安全生产监督管理部门和负有安全生产监督管理职责的有关部门；

（三）一般事故上报至设区的市级人民政府安全生产监督管理部门和负有安全生产监督管理职责的有关部门。

安全生产监督管理部门和负有安全生产监督管理职责的有关部门依照前款规定上报事故情况，应当同时报告本级人民政府。国务院安全生产监督管理部门和负有安全生产监督管理职责的有关部门以及省级人民政府接到发生特别重大事故、重大事故的报告后，应当立即报告国务院。

必要时，安全生产监督管理部门和负有安全生产监督管理职责的有关部门可以越级上报事故情况。

第十一条 安全生产监督管理部门和负有安全生产监督管理职责的有关部门逐级上报事故情况，每级上报的时间不得超过2小时。

第十二条 报告事故应当包括下列内容：

（一）事故发生单位概况；

（二）事故发生的时间、地点以及事故现场情况；

（三）事故的简要经过；

（四）事故已经造成或者可能造成的伤亡人数（包括下落不明的人数）和初步估计的直接经济损失；

（五）已经采取的措施；

（六）其他应当报告的情况。

第十三条 事故报告后出现新情况的，应当及时补报。

自事故发生之日起30日内，事故造成的伤亡人数发生变化的，应当及时补报。道路交通事故、火灾事故自发生之日起7日内，事故造成的伤亡人数发生变化的，应当及时补报。

第十四条 事故发生单位负责人接到事故报告后，应当立即启动事故相应应急预案，或者采取有效措施，组织抢救，防止事故扩大，减少人员伤亡和财产损失。

第十五条　事故发生地有关地方人民政府、安全生产监督管理部门和负有安全生产监督管理职责的有关部门接到事故报告后，其负责人应当立即赶赴事故现场，组织事故救援。

第十六条　事故发生后，有关单位和人员应当妥善保护事故现场以及相关证据，任何单位和个人不得破坏事故现场、毁灭相关证据。

因抢救人员、防止事故扩大以及疏通交通等原因，需要移动事故现场物件的，应当做出标志，绘制现场简图并做出书面记录，妥善保存现场重要痕迹、物证。

第十七条　事故发生地公安机关根据事故的情况，对涉嫌犯罪的，应当依法立案侦查，采取强制措施和侦查措施。犯罪嫌疑人逃匿的，公安机关应当迅速追捕归案。

第十八条　安全生产监督管理部门和负有安全生产监督管理职责的有关部门应当建立值班制度，并向社会公布值班电话，受理事故报告和举报。

第三章　事故调查

第十九条　特别重大事故由国务院或者国务院授权有关部门组织事故调查组进行调查。

重大事故、较大事故、一般事故分别由事故发生地省级人民政府、设区的市级人民政府、县级人民政府负责调查。省级人民政府、设区的市级人民政府、县级人民政府可以直接组织事故调查组进行调查，也可以授权或者委托有关部门组织事故调查组进行调查。

未造成人员伤亡的一般事故，县级人民政府也可以委托事故发生单位组织事故调查组进行调查。

第二十条　上级人民政府认为必要时，可以调查由下级人民政府负责调查的事故。

自事故发生之日起 30 日内（道路交通事故、火灾事故自发生之日起 7 日内），因事故伤亡人数变化导致事故等级发生变化，依照本条例规定应当由上级人民政府负责调查的，上级人民政府可以另行组织事故调查组进行调查。

第二十一条　特别重大事故以下等级事故，事故发生地与事故发生单位不在同一个县级以上行政区域的，由事故发生地人民政府负责调查，事故发生单位所在地人民政府应当派人参加。

第二十二条　事故调查组的组成应当遵循精简、效能的原则。

根据事故的具体情况，事故调查组由有关人民政府、安全生产监督管理部门、负有安全生产监督管理职责的有关部门、监察机关、公安机关以及工会派人组成，并应当邀请人民检察院派人参加。

事故调查组可以聘请有关专家参与调查。

第二十三条　事故调查组成员应当具有事故调查所需要的知识和专长，并与所调查的事故没有直接利害关系。

第二十四条　事故调查组组长由负责事故调查的人民政府指定。事故调查组组长主持事故调查组的工作。

第二十五条　事故调查组履行下列职责：

（一）查明事故发生的经过、原因、人员伤亡情况及直接经济损失；

（二）认定事故的性质和事故责任；

（三）提出对事故责任者的处理建议；

（四）总结事故教训，提出防范和整改措施；

（五）提交事故调查报告。

第二十六条 事故调查组有权向有关单位和个人了解与事故有关的情况，并要求其提供相关文件、资料，有关单位和个人不得拒绝。

事故发生单位的负责人和有关人员在事故调查期间不得擅离职守，并应当随时接受事故调查组的询问，如实提供有关情况。

事故调查中发现涉嫌犯罪的，事故调查组应当及时将有关材料或者其复印件移交司法机关处理。

第二十七条 事故调查中需要进行技术鉴定的，事故调查组应当委托具有国家规定资质的单位进行技术鉴定。必要时，事故调查组可以直接组织专家进行技术鉴定。技术鉴定所需时间不计入事故调查期限。

第二十八条 事故调查组成员在事故调查工作中应当诚信公正、恪尽职守，遵守事故调查组的纪律，保守事故调查的秘密。

未经事故调查组组长允许，事故调查组成员不得擅自发布有关事故的信息。

第二十九条 事故调查组应当自事故发生之日起 60 日内提交事故调查报告；特殊情况下，经负责事故调查的人民政府批准，提交事故调查报告的期限可以适当延长，但延长的期限最长不超过 60 日。

第三十条 事故调查报告应当包括下列内容：

（一）事故发生单位概况；

（二）事故发生经过和事故救援情况；

（三）事故造成的人员伤亡和直接经济损失；

（四）事故发生的原因和事故性质；

（五）事故责任的认定以及对事故责任者的处理建议；

（六）事故防范和整改措施。

事故调查报告应当附具有关证据材料。事故调查组成员应当在事故调查报告上签名。

第三十一条 事故调查报告报送负责事故调查的人民政府后，事故调查工作即告结束。事故调查的有关资料应当归档保存。

第四章　事故处理

第三十二条 重大事故、较大事故、一般事故，负责事故调查的人民政府应当自收到事故调查报告之日起 15 日内做出批复；特别重大事故，30 日内做出批复，特殊情况下，批复时间可以适当延长，但延长的时间最长不超过 30 日。

有关机关应当按照人民政府的批复，依照法律、行政法规规定的权限和程序，对事故发生单位和有关人员进行行政处罚，对负有事故责任的国家工作人员进行处分。

事故发生单位应当按照负责事故调查的人民政府的批复，对本单位负有事故责任的人员进行处理。

负有事故责任的人员涉嫌犯罪的，依法追究刑事责任。

第三十三条　事故发生单位应当认真吸取事故教训，落实防范和整改措施，防止事故再次发生。防范和整改措施的落实情况应当接受工会和职工的监督。

安全生产监督管理部门和负有安全生产监督管理职责的有关部门应当对事故发生单位落实防范和整改措施的情况进行监督检查。

第三十四条　事故处理的情况由负责事故调查的人民政府或者其授权的有关部门、机构向社会公布，依法应当保密的除外。

第五章　法律责任

第三十五条　事故发生单位主要负责人有下列行为之一的，处上一年年收入40％至80％的罚款；属于国家工作人员的，并依法给予处分；构成犯罪的，依法追究刑事责任：

（一）不立即组织事故抢救的；

（二）迟报或者漏报事故的；

（三）在事故调查处理期间擅离职守的。

第三十六条　事故发生单位及其有关人员有下列行为之一的，对事故发生单位处100万元以上500万元以下的罚款；对主要负责人、直接负责的主管人员和其他直接责任人员处上一年年收入60％至100％的罚款；属于国家工作人员的，并依法给予处分；构成违反治安管理行为的，由公安机关依法给予治安管理处罚；构成犯罪的，依法追究刑事责任：

（一）谎报或者瞒报事故的；

（二）伪造或者故意破坏事故现场的；

（三）转移、隐匿资金、财产，或者销毁有关证据、资料的；

（四）拒绝接受调查或者拒绝提供有关情况和资料的；

（五）在事故调查中作伪证或者指使他人作伪证的；

（六）事故发生后逃匿的。

第三十七条　事故发生单位对事故发生负有责任的，依照下列规定处以罚款：

（一）发生一般事故的，处10万元以上20万元以下的罚款；

（二）发生较大事故的，处20万元以上50万元以下的罚款；

（三）发生重大事故的，处50万元以上200万元以下的罚款；

（四）发生特别重大事故的，处200万元以上500万元以下的罚款。

第三十八条　事故发生单位主要负责人未依法履行安全生产管理职责，导致事故发生的，依照下列规定处以罚款；属于国家工作人员的，并依法给予处分；构成犯罪的，依法追究刑事责任：

（一）发生一般事故的，处上一年年收入30％的罚款；

（二）发生较大事故的，处上一年年收入40％的罚款；

（三）发生重大事故的，处上一年年收入60％的罚款；

（四）发生特别重大事故的，处上一年年收入80％的罚款。

第三十九条　有关地方人民政府、安全生产监督管理部门和负有安全生产监督管理职责的有关部门有下列行为之一的，对直接负责的主管人员和其他直接责任人员依法给予处分；构成犯罪的，依法追究刑事责任：

（一）不立即组织事故抢救的；

（二）迟报、漏报、谎报或者瞒报事故的；

（三）阻碍、干涉事故调查工作的；

（四）在事故调查中作伪证或者指使他人作伪证的。

第四十条 事故发生单位对事故发生负有责任的，由有关部门依法暂扣或者吊销其有关证照；对事故发生单位负有事故责任的有关人员，依法暂停或者撤销其与安全生产有关的执业资格、岗位证书；事故发生单位主要负责人受到刑事处罚或者撤职处分的，自刑罚执行完毕或者受处分之日起，5 年内不得担任任何生产经营单位的主要负责人。

为发生事故的单位提供虚假证明的中介机构，由有关部门依法暂扣或者吊销其有关证照及其相关人员的执业资格；构成犯罪的，依法追究刑事责任。

第四十一条 参与事故调查的人员在事故调查中有下列行为之一的，依法给予处分；构成犯罪的，依法追究刑事责任：

（一）对事故调查工作不负责任，致使事故调查工作有重大疏漏的；

（二）包庇、袒护负有事故责任的人员或者借机打击报复的。

第四十二条 违反本条例规定，有关地方人民政府或者有关部门故意拖延或者拒绝落实经批复的对事故责任人的处理意见的，由监察机关对有关责任人员依法给予处分。

第四十三条 本条例规定的罚款的行政处罚，由安全生产监督管理部门决定。

法律、行政法规对行政处罚的种类、幅度和决定机关另有规定的，依照其规定。

第六章　附　则

第四十四条 没有造成人员伤亡，但是社会影响恶劣的事故，国务院或者有关地方人民政府认为需要调查处理的，依照本条例的有关规定执行。

国家机关、事业单位、人民团体发生的事故的报告和调查处理，参照本条例的规定执行。

第四十五条 特别重大事故以下等级事故的报告和调查处理，有关法律、行政法规或者国务院另有规定的，依照其规定。

第四十六条 本条例自 2007 年 6 月 1 日起施行。国务院 1989 年 3 月 29 日公布的《特别重大事故调查程序暂行规定》和 1991 年 2 月 22 日公布的《企业职工伤亡事故报告和处理规定》同时废止。

《生产安全事故报告和调查处理条例》罚款处罚暂行规定

（国家安全生产监督管理总局令第13号　2007年7月12日）

第一条　为防止和减少生产安全事故，严格追究生产安全事故发生单位及其有关责任人员的法律责任，正确适用事故罚款的行政处罚，依照《生产安全事故报告和调查处理条例》（以下简称《条例》）的规定，制定本规定。

第二条　安全生产监督管理部门和煤矿安全监察机构对生产安全事故发生单位（以下简称事故发生单位）及其主要负责人、直接负责的主管人员和其他责任人员等有关责任人员实施罚款的行政处罚，适用本规定。

法律、行政法规对行政处罚的种类、幅度和决定机关另有规定的，依照其规定。

第三条　本规定所称事故发生单位是指对事故发生负有责任的生产经营单位。

本规定所称主要负责人是指有限责任公司、股份有限公司的董事长或者总经理或者个人经营的投资人，其他生产经营单位的厂长、经理、局长、矿长（含实际控制人、投资人）等人员。

第四条　本规定所称事故发生单位主要负责人、直接负责的主管人员和其他直接责任人员的上一年年收入，属于国有生产经营单位的，是指该单位上级主管部门所确定的上一年年收入总额；属于非国有生产经营单位的，是指经财务、税务部门核定的上一年年收入总额。

第五条　《条例》所称的迟报、漏报、谎报和瞒报，依照下列情形认定：

（一）报告事故的时间超过规定时限的，属于迟报；

（二）因过失对应当上报的事故或者事故发生的时间、地点、类别、伤亡人数、直接经济损失等内容遗漏未报的，属于漏报；

（三）故意不如实报告事故发生的时间、地点、类别、伤亡人数、直接经济损失等有关内容的，属于谎报；

（四）故意隐瞒已经发生的事故，并经有关部门查证属实的，属于瞒报。

第六条　对事故发生单位及其有关责任人员处以罚款的行政处罚，依照下列规定决定：

（一）对发生特别重大事故的单位及其有关责任人员罚款的行政处罚，由国家安全生产监督管理总局决定；

（二）对发生重大事故的单位及其有关责任人员罚款的行政处罚，由省级人民政府安全生产监督管理部门决定；

（三）对发生较大事故的单位及其有关责任人员罚款的行政处罚，由设区的市级人民政府安全生产监督管理部门决定；

（四）对发生一般事故的单位及其有关责任人员罚款的行政处罚，由县级人民政府安全生产监督管理部门决定。

上级安全生产监督管理部门可以指定下一级安全生产监督管理部门对事故发生单位及其有关责任人员实施行政处罚。

第七条 对煤矿事故发生单位及其有关责任人员处以罚款的行政处罚，依照下列规定执行：

（一）对发生特别重大事故的煤矿及其有关责任人员罚款的行政处罚，由国家煤矿安全监察局决定；

（二）对发生重大事故和较大事故的煤矿及其有关责任人员罚款的行政处罚，由省级煤矿安全监察机构决定；

（三）对发生一般事故的煤矿及其有关责任人员罚款的行政处罚，由省级煤矿安全监察机构所属分局决定。

上级煤矿安全监察机构可以指定下一级煤矿安全监察机构对事故发生单位及其有关责任人员实施行政处罚。

第八条 特别重大事故以下等级事故，事故发生地与事故发生单位所在地不在同一个县级以上行政区域的，由事故发生地的安全生产监督管理部门或者煤矿安全监察机构依照本规定第六条或者第七条规定的权限实施行政处罚。

第九条 安全生产监督管理部门和煤矿安全监察机构对事故发生单位及其有关责任人员实施罚款的行政处罚，依照《安全生产违法行为行政处罚办法》规定的程序执行。

第十条 事故发生单位及其有关责任人员对安全生产监督管理部门和煤矿安全监察机构给予的行政处罚，享有陈述、申辩的权利；对行政处罚不服的，有权依法申请行政复议或者提起行政诉讼。

第十一条 事故发生单位主要负责人有《条例》第三十五条规定的行为之一的，依照下列规定处以罚款：

（一）事故发生单位主要负责人在事故发生后不立即组织事故抢救的，处上一年年收入80%的罚款；

（二）事故发生单位主要负责人迟报或者漏报事故的，处上一年年收入40%至60%的罚款；

（三）事故发生单位主要负责人在事故调查处理期间擅离职守的，处上一年年收入60%至80%的罚款。

第十二条 事故发生单位有《条例》第三十六条规定的行为之一的，依照下列规定处以罚款：

（一）没有贻误事故抢救的，处100万元以上200万元以下的罚款；

（二）贻误事故抢救或者造成事故扩大或者影响事故调查的，处200万元以上300万元以下的罚款；

（三）贻误事故抢救或者造成事故扩大或者影响事故调查，手段恶劣，情节严重的，处300万元以上500万元以下的罚款。

第十三条 事故发生单位的主要负责人、直接负责的主管人员和其他直接责任人员有《条例》第三十六条规定的行为之一的，依照下列规定处以罚款：

（一）谎报、瞒报事故的，处上一年年收入60%至80%的罚款；

（二）伪造、故意破坏事故现场，或者转移、隐匿资金、财产、销毁有关证据、资料，或者拒绝接受调查，或者拒绝提供有关情况和资料，或者在事故调查中作伪证，或者指使他人作伪证的，处上一年年收入 80%至 90%的罚款；

（三）事故发生后逃匿的，处上一年年收入 100%的罚款。

第十四条　事故发生单位对造成 3 人以下死亡，或者 3 人以上 10 人以下重伤（包括急性工业中毒），或者 300 万元以上 1000 万元以下直接经济损失的事故负有责任的，处 10 万元以上 20 万元以下的罚款。

第十五条　事故发生单位对较大事故发生负有责任的，依照下列规定处以罚款：

（一）造成 3 人以上 6 人以下死亡，或者 10 人以上 30 人以下重伤（包括急性工业中毒），或者1 000万元以上3 000万元以下直接经济损失的，处 20 万元以上 30 万元以下的罚款；

（二）造成 6 人以上 10 人以下死亡，或者 30 人以上 50 人以下重伤（包括急性工业中毒），或者3 000万元以上5 000万元以下直接经济损失的，处 30 万元以上 50 万元以下的罚款。

第十六条　事故发生单位对重大事故发生负有责任的，依照下列规定处以罚款：

（一）造成 10 人以上 15 人以下死亡，或者 50 人以上 70 人以下重伤（包括急性工业中毒），或者5 000万元以上7 000万元以下直接经济损失的，处 50 万元以上 100 万元以下的罚款；

（二）造成 15 人以上 30 人以下死亡，或者 70 人以上 100 人以下重伤（包括急性工业中毒），或者7 000万元以上 1 亿元以下直接经济损失的，处 100 万元以上 200 万元以下的罚款。

第十七条　事故发生单位对特别重大事故发生负有责任的，处 200 万元以上 500 万元以下的罚款。

第十八条　事故发生单位主要负责人未依法履行安全生产管理职责，导致事故发生的，依照下列规定处以罚款：

（一）发生一般事故的，处上一年年收入 30%的罚款；

（二）发生较大事故的，处上一年年收入 40%的罚款；

（三）发生重大事故的，处上一年年收入 60%的罚款；

（四）发生特别重大事故的，处上一年年收入 80%的罚款。

第十九条　法律、行政法规对发生事故的单位及其有关责任人员规定的罚款幅度与本规定不同的，按照较高的幅度处以罚款，但对同一违法行为不得重复罚款。

第二十条　违反《条例》和本规定，事故发生单位及其有关责任人员有两种以上应当处以罚款的行为的，安全生产监督管理部门或者煤矿安全监察机构应当分别裁量，合并作出处罚决定。

第二十一条　对事故发生负有责任的其他单位及其有关责任人员处以罚款的行政处罚，依照相关法律、法规和规章的规定实施。

第二十二条　本规定所称的“以上”包括本数，所称的“以下”不包括本数。

第二十三条　本规定自公布之日起施行。

大型群众性活动安全管理条例

（国务院令第505号　2007年9月14日）

第一章　总　则

第一条　为了加强对大型群众性活动的安全管理，保护公民生命和财产安全，维护社会治安秩序和公共安全，制定本条例。

第二条　本条例所称大型群众性活动，是指法人或者其他组织面向社会公众举办的每场次预计参加人数达到1000人以上的下列活动：

（一）体育比赛活动；

（二）演唱会、音乐会等文艺演出活动；

（三）展览、展销等活动；

（四）游园、灯会、庙会、花会、焰火晚会等活动；

（五）人才招聘会、现场开奖的彩票销售等活动。

影剧院、音乐厅、公园、娱乐场所等在其日常业务范围内举办的活动，不适用本条例的规定。

第三条　大型群众性活动的安全管理应当遵循安全第一、预防为主的方针，坚持承办者负责、政府监管的原则。

第四条　县级以上人民政府公安机关负责大型群众性活动的安全管理工作。

县级以上人民政府其他有关主管部门按照各自的职责，负责大型群众性活动的有关安全工作。

第二章　安全责任

第五条　大型群众性活动的承办者（以下简称承办者）对其承办活动的安全负责，承办者的主要负责人为大型群众性活动的安全责任人。

第六条　举办大型群众性活动，承办者应当制订大型群众性活动安全工作方案。

大型群众性活动安全工作方案包括下列内容：

（一）活动的时间、地点、内容及组织方式；

（二）安全工作人员的数量、任务分配和识别标志；

（三）活动场所消防安全措施；

（四）活动场所可容纳的人员数量以及活动预计参加人数；

（五）治安缓冲区域的设定及其标识；

（六）入场人员的票证查验和安全检查措施；

（七）车辆停放、疏导措施；

（八）现场秩序维护、人员疏导措施；

（九）应急救援预案。

第七条 承办者具体负责下列安全事项：

（一）落实大型群众性活动安全工作方案和安全责任制度，明确安全措施、安全工作人员岗位职责，开展大型群众性活动安全宣传教育；

（二）保障临时搭建的设施、建筑物的安全，消除安全隐患；

（三）按照负责许可的公安机关的要求，配备必要的安全检查设备，对参加大型群众性活动的人员进行安全检查，对拒不接受安全检查的，承办者有权拒绝其进入；

（四）按照核准的活动场所容纳人员数量、划定的区域发放或者出售门票；

（五）落实医疗救护、灭火、应急疏散等应急救援措施并组织演练；

（六）对妨碍大型群众性活动安全的行为及时予以制止，发现违法犯罪行为及时向公安机关报告；

（七）配备与大型群众性活动安全工作需要相适应的专业保安人员以及其他安全工作人员；

（八）为大型群众性活动的安全工作提供必要的保障。

第八条 大型群众性活动的场所管理者具体负责下列安全事项：

（一）保障活动场所、设施符合国家安全标准和安全规定；

（二）保障疏散通道、安全出口、消防车通道、应急广播、应急照明、疏散指示标志符合法律、法规、技术标准的规定；

（三）保障监控设备和消防设施、器材配置齐全、完好有效；

（四）提供必要的停车场地，并维护安全秩序。

第九条 参加大型群众性活动的人员应当遵守下列规定：

（一）遵守法律、法规和社会公德，不得妨碍社会治安、影响社会秩序；

（二）遵守大型群众性活动场所治安、消防等管理制度，接受安全检查，不得携带爆炸性、易燃性、放射性、毒害性、腐蚀性等危险物质或者非法携带枪支、弹药、管制器具；

（三）服从安全管理，不得展示侮辱性标语、条幅等物品，不得围攻裁判员、运动员或者其他工作人员，不得投掷杂物。

第十条 公安机关应当履行下列职责：

（一）审核承办者提交的大型群众性活动申请材料，实施安全许可；

（二）制订大型群众性活动安全监督方案和突发事件处置预案；

（三）指导对安全工作人员的教育培训；

（四）在大型群众性活动举办前，对活动场所组织安全检查，发现安全隐患及时责令改正；

（五）在大型群众性活动举办过程中，对安全工作的落实情况实施监督检查，发现安全隐患及时责令改正；

（六）依法查处大型群众性活动中的违法犯罪行为，处置危害公共安全的突发事件。

第三章 安全管理

第十一条 公安机关对大型群众性活动实行安全许可制度。《营业性演出管理条例》对演出活动的安全管理另有规定的，从其规定。

举办大型群众性活动应当符合下列条件：

（一）承办者是依照法定程序成立的法人或者其他组织；

（二）大型群众性活动的内容不得违反宪法、法律、法规的规定，不得违反社会公德；

（三）具有符合本条例规定的安全工作方案，安全责任明确、措施有效；

（四）活动场所、设施符合安全要求。

第十二条　大型群众性活动的预计参加人数在1 000人以上5 000人以下的，由活动所在地县级人民政府公安机关实施安全许可；预计参加人数在5 000人以上的，由活动所在地设区的市级人民政府公安机关或者直辖市人民政府公安机关实施安全许可；跨省、自治区、直辖市举办大型群众性活动的，由国务院公安部门实施安全许可。

第十三条　承办者应当在活动举办日的20日前提出安全许可申请，申请时，应当提交下列材料：

（一）承办者合法成立的证明以及安全责任人的身份证明；

（二）大型群众性活动方案及其说明，2个或者2个以上承办者共同承办大型群众性活动的，还应当提交联合承办的协议；

（三）大型群众性活动安全工作方案；

（四）活动场所管理者同意提供活动场所的证明。

依照法律、行政法规的规定，有关主管部门对大型群众性活动的承办者有资质、资格要求的，还应当提交有关资质、资格证明。

第十四条　公安机关收到申请材料应当依法做出受理或者不予受理的决定。对受理的申请，应当自受理之日起7日内进行审查，对活动场所进行查验，对符合安全条件的，做出许可的决定；对不符合安全条件的，做出不予许可的决定，并书面说明理由。

第十五条　对经安全许可的大型群众性活动，承办者不得擅自变更活动的时间、地点、内容或者扩大大型群众性活动的举办规模。

承办者变更大型群众性活动时间的，应当在原定举办活动时间之前向做出许可决定的公安机关申请变更，经公安机关同意方可变更。

承办者变更大型群众性活动地点、内容以及扩大大型群众性活动举办规模的，应当依照本条例的规定重新申请安全许可。

承办者取消举办大型群众性活动的，应当在原定举办活动时间之前书面告知做出安全许可决定的公安机关，并交回公安机关颁发的准予举办大型群众性活动的安全许可证件。

第十六条　对经安全许可的大型群众性活动，公安机关根据安全需要组织相应警力，维持活动现场周边的治安、交通秩序，预防和处置突发治安事件，查处违法犯罪活动。

第十七条　在大型群众性活动现场负责执行安全管理任务的公安机关工作人员，凭值勤证件进入大型群众性活动现场，依法履行安全管理职责。

公安机关和其他有关主管部门及其工作人员不得向承办者索取门票。

第十八条　承办者发现进入活动场所的人员达到核准数量时，应当立即停止验票；发现持有划定区域以外的门票或者持假票的人员，应当拒绝其入场并向活动现场的公安机关工作人员报告。

第十九条　在大型群众性活动举办过程中发生公共安全事故、治安案件的，安全责任人应当立即启动应急救援预案，并立即报告公安机关。

第四章　法律责任

第二十条　承办者擅自变更大型群众性活动的时间、地点、内容或者擅自扩大大型群众性活动的举办规模的，由公安机关处1万元以上5万元以下罚款；有违法所得的，没收违法所得。

未经公安机关安全许可的大型群众性活动由公安机关予以取缔，对承办者处10万元以上30万元以下罚款。

第二十一条　承办者或者大型群众性活动场所管理者违反本条例规定致使发生重大伤亡事故、治安案件或者造成其他严重后果构成犯罪的，依法追究刑事责任；尚不构成犯罪的，对安全责任人和其他直接责任人员依法给予处分、治安管理处罚，对单位处1万元以上5万元以下罚款。

第二十二条　在大型群众性活动举办过程中发生公共安全事故，安全责任人不立即启动应急救援预案或者不立即向公安机关报告的，由公安机关对安全责任人和其他直接责任人员处5 000元以上5万元以下罚款。

第二十三条　参加大型群众性活动的人员有违反本条例第九条规定行为的，由公安机关给予批评教育；有危害社会治安秩序、威胁公共安全行为的，公安机关可以将其强行带离现场，依法给予治安管理处罚；构成犯罪的，依法追究刑事责任。

第二十四条　有关主管部门的工作人员和直接负责的主管人员在履行大型群众性活动安全管理职责中，有滥用职权、玩忽职守、徇私舞弊行为的，依法给予处分；构成犯罪的，依法追究刑事责任。

第五章　附　则

第二十五条　县级以上各级人民政府、国务院部门直接举办的大型群众性活动的安全保卫工作，由举办活动的人民政府、国务院部门负责，不实行安全许可制度，但应当按照本条例的有关规定，责成或者会同有关公安机关制订更加严格的安全保卫工作方案，并组织实施。

第二十六条　本条例自2007年10月1日起施行。

建设部、监察部关于开展城乡规划效能监察的通知

（建规［2005］161号　2005年9月6日）

各省、自治区建设厅、监察厅（局、委），直辖市规划委（局）、监察局（委）：

为了深入贯彻中共中央《建立健全教育、制度、监督并重的惩治和预防腐败体系实施纲要》、国务院《全面推进依法行政实施纲要》、国务院、关于加强城乡规划监督管理的通知》（国发（2002）13号）精神，确保政令畅通，落实国家宏观调控政策，推进城乡规划依法行政，建设部、监察部决定开展城乡规划效能监察。现将有关事宜通知如下：

一、指导思想、总体目标和基本原则

指导思想：以党的十六大，十六届三中、四中全会和中央纪委第五次全会精神为指导，开展城乡规划效能监察工作。着力解决当前城乡规划工作中存在的滥用职权，不严格执行城乡规划的有关法律法规，规划许可工作拖沓、推诿、扯皮和违规办事，以及城乡规划实施缺乏有效事前、事中监督，失职、渎职等问题，促进依法行政，确保政令畅通，保障城市健康发展。

总体目标：到2007年底，全面树立领导干部依法行使城乡规划管理权力意识，初步解决城乡建设指导思想不端正，随意更改规划等问题；改善城乡规划工作机制，推进规划编制的科学性，提高规划的权威性，保证规划的严肃性；改进工作作风，加强廉政建设，使城乡规划行业工作人员廉洁自律的自觉性明显增强，部门和行业风气普遍好转，预防和治理腐败取得明显成效。

基本原则：一是坚持依法监察的原则。要在各级政府的统一领导下，依据国家有关法律法规，按照法定职责、权限和程序有计划地开展城乡规划效能监察活动。

二是坚持过程控制与重点监察相结合的原则。依据城乡规划制定、调整、实施的法定程序，对城乡规划管理进行全过程的监察。同时，把促进城乡规划的科学编制、规范行政行为和推进政务公开作为监察重点，纠正和消除影响行政效能的各种因素。

三是坚持效能监察与效能建设有机结合的原则。在实施城乡规划效能监察的同时，应注重对城乡规划主管部门效能建设的指导，逐步规范管理行为，严格依法行政，提高办事效率，建立有利于提高行政效能的城乡规划管理体制。

四是坚持及时调查、严肃查处的原则。对效能监察工作中发现和揭露出来的问题，要及时调查处理。对违纪违法干预规划或管理混乱、工作失职等造成重大损失的，要严肃追究责任；对涉嫌违法犯罪问题，要依法移送司法机关处理。

二、监察重点对象和主要内容

城乡规划效能监察的重点对象是：地（市）、县（市、区）、乡镇人民政府，地（市）、县（市、区）城乡规划主管部门及其工作人员，行使城乡规划管理职能的事业单位及其工

作人员。

城乡规划效能监察主要内容包括：

（一）城乡规划依法编制、审批情况是否进行了城市总体规划修编的前期研究和论证；是否经原审批机关的认定后，开展城市总体规划修编工作；城市总体规划修编是否委托符合资质条件的编制单位承担；是否参照经国务院批准的《城市总体规划审查工作规则》，建立相应的城市总体规划审查工作机制；是否建立了城市总体规划与土地利用总体规划的协调机制；上报审批的规划编制成果是否符合法律、法规和技术标准规范要求。

（二）城乡规划行政许可的清理、实施、监督情况

是否严格按照《行政许可法》的要求清理、规范了城乡规划行政许可事项；是否建立了完善的建设项目规划审批流程；是否建立了城乡规划行政许可的内部监督制度；地（市）、县（市）一级规划的行政管理权是否集中统一管理；各类开发区是否纳入统一规划和管理；是否存在以政府文件和会议纪要等形式取代选址程序，未取得“选址意见书”而批准立项、未取得“建设用地规划许可证”而批准使用土地等情况；建立派驻城市规划督察员制度情况；建立城市规划委员制度情况。

（三）城乡规划政务公开情况

是否建立了城乡规划公示、听证等公众参与制度；是否建立了城乡规划主动公开和依申请公开制度；是否建立了城乡规划信息咨询及查询制度；是否研究制定了地方性法规或规章，逐步把政务公开纳入法制化轨道。

（四）城乡规划廉政、勤政情况

是否存在个别领导干部违纪违法干预城乡规划实施的现象；是否违反经批准的规划和法定程序建设政府工程；是否建立了违纪违法案件举报制度；对违纪违法案件是否进行了认真查处。

三、工作要求

（一）成立领导小组，切实加强领导

各地要把城：乡规划效能监察作为加强党的执政能力建设和改善宏观调控的一项重要措施来抓，认真组织，积极协调。

建设部、监察部共同成立城乡规划效能监察领导小组，由建设部部长汪光焘同志任组长，建设部副部长仇保兴、监察部副部长陈昌智、中央纪委驻建设部纪检组组长姚兵同志任副组长。建设部城乡规划司、监察部执法监察司、监察部驻建设部监察局负责同志为小组成员，领导小组办公室设在建设部城乡规划司。

县级以上地方各级人民政府城乡规划部门和监察机关要成立本级城乡规划效能监察领导小组，负责本地区城乡规划效能监察工作。

（二）加强宣传动员，统一思想认识各地在开展城乡规划效能监察工作中要认真贯彻落实本通知要求，深入调研，摸清情况，找准问题，统一认识。要加强宣传和教育，通过层层动员部署，增强各级领导干部和工作人员参与的自觉性。建设部、监察部城乡规划效能监察领导小组办公室将以简报、开设城乡规划效能监察网页等方式，进行效能监察工作经验交流和成果展示。

（三）采取多种形式，务求工作实效

城乡规划效能监察是一项综合性工作，各级城乡规划主管部门、监察机关要紧密配合，受理有关举报、投诉。可采取征求群众意见、专家评议、委托城市规划督察员进行专项督察等方法，调查、检查行政机关工作人员影响、制约城乡规划行政效能的行为，并根据调查、检查情况，及时反馈给被监察单位有关领导、部门和管理人员及其上级主管领导、部门；违反党纪、政纪的行为，要依据有关法规规定，进行严肃处理。各地要正确分析、评价本县（市、区）及规划管理部门的管理现状，针对所发现的问题，通过建章立制，整改问题，堵塞漏洞，改进工作，努力提高城乡规划管理水平。

四、进度安排

第一阶段：部署阶段（2005 年 9 月—12 月）。各地要根据本通知要求，成立领导小组，制定具体的工作计划、进度表和工作规则、工作程序、考核标准、奖惩办法等，于 2005 年 12 月 31 日前报建设部、监察部城乡规划效能监察领导小组办公室（建设部城乡规划司）。

第二阶段：实施阶段（2006 年 1 月—2007 年 6 月）。各地全面开展工作，每半年对城乡规划效能监察工作进行总结，沟通情况，提出改进建议和下一步工作计划，并报省级和建设部、监察部城乡规划效能监察领导小组。建设部、监察部城乡规划效能监察领导小组将采取抽查的方式，每年抽查 3～4 倍，每省 1～2 市，了解、推进工作，组织经验交流。

第三阶段：总结阶段（2007 年 7 月—12 月）。各地对本地区开展城乡规划效能监察工作中发现的问题进行分析，对经验进行总结。建设部、监察部城乡规划效能监察领导小组在各省、（自治区、直辖市）总结的基础上对城乡规划效能监察工作进行全面总结，并予以通报。

关于中央管理的国有重要骨干企业纪检监察机构主要领导干部任免审批程序的规定

（中纪发［2000］6号　2000年6月29日）

根据《中共中央关于成立中央企业工作委员会及有关问题的通知》精神，有42户国有重要骨干企业领导人员列入中央管理。经中央纪委常委会议研究，这些企业纪检监察机构主要领导干部的任免，按以下程序办理：

一、纪检组（纪委）组长（书记）由企业党组（党委）提出人选，或中央纪委商中央组织部、中央企业工委提出人选，由中央纪委和中央组织部进行考察。经中央纪委常委会议研究同意后，由企业党组（党委）按规定程序报批。

二、纪检组（纪委）副组长（副书记）、监察机构领导干部，由企业党组（党委）向中央纪委、监察部备案后任免，任免通知抄送中央纪委、监察部和中央企业工委。

中央管理的其他国有企业纪检监察机构领导干部任免工作，由中央企业工委、纪工委负责。

第29章 机关工作制度

中共中央纪委关于审理党员违纪案件工作程序的规定

（中纪发［1991］5号 1991年7月13日）

第一章 总 则

第一条 根据《党的纪律检查机关案件审理工作条例》的有关规定，结合审理党员违纪案件工作的经验和实际情况，制定本规定。

第二条 为了保证办案质量，保障党员民主权利，正确执行党的纪律，各级纪律检查机关必须遵照本规定审理案件。

第三条 案件检查结束后，必须移送案件审理部门或专兼职审理人员进行审理。

第四条 审理案件应按照处理违纪案件批准权限的规定，分级负责。

第五条 审理案件的人员是本案的当事人，或者是当事人的近亲属，或者与本案有利害关系的，应当回避，犯错误的党员也有权要求他们回避。审理案件人员的回避须经批准，未经批准之前不得停止对案件的审理。

案件审理部门负责人的回避，由本级纪委分管案件审理工作的常委决定；其他案件审理人员的回避，由审理部门负责人决定。

第二章 违纪案件的受理

第六条 案件审理部门受理下列案件：

（一）下级党委、纪委呈报的需由本级党委、纪委批准的案件；

（二）本级纪委检查部门直接检查的，并需由本级党委、纪委直接决定处理的案件；

（三）需呈报上级党委、纪委审批的案件；

（四）下级党委、纪委呈报的备案案件；

（五）本级纪委负责同志或上级党组织交办的案件；

（六）下级党委、纪委呈报的，原由本级纪委、同级党委及上级党委、纪委批准的案件中的申诉复查案件；

（七）原由下级党委、纪委批准经复查复议后申诉人对复查结论和复查处理决定仍不服，下级党委、纪委呈报请求复核的复查案件；

（八）行政监察机关、公安机关、人民检察院、人民法院移送的需给予党纪处分的案件。其中，需要进一步调查取证的，由受理案件的纪委检查部门或商请移送案件的机关补充调查后移送审理。需要个别调查补充证据的，由受理案件的纪委审理部门调查补证。

第七条 下级党委、纪委呈报上级审批的案件，应具备下列材料：

（一）呈报审批的请示；

（二）处分决定和所依据的错误事实材料；

（三）调查报告和主要证据材料；

（四）有关的各级纪委和党组织的审查意见；

（五）犯错误党员的检查和对处分决定的意见；

（六）党组织对犯错误党员所提意见的说明。

本级纪委检查部门移送的案件，应具备下列材料：

（一）立案依据；

（二）错误事实材料、被检查人对错误事实材料的意见及检查组对其意见的说明；

（三）调查报告和主要证据材料；

（四）被检查人的书面检讨。

行政监察机关、公安机关、人民检察院、人民法院移送的案件，应具备下列材料：

（一）行政监察机关移送的案件应具备处理意见或决定、调查报告、主要证据材料、与本人见面材料、本人意见和有关组织的说明；

（二）公安机关移送的案件应具备行政处罚决定或行政强制措施决定、摘抄或复制的主要证据和本人检查交待等材料；

（三）人民检察院移送的案件应具备免予起诉或不予起诉决定书的副本、侦查终结报告、摘抄或复制的主要证据和本人交待等材料；

（四）人民法院移送的案件应具备起诉书、判决书或裁定书、摘抄或复制的主要证据和本人交待等材料。

第八条　案件审理部门或审理人员，接到下级纪委呈报的案件或本级纪委检查部门移送的案件或行政监察机关、公安机关、人民检察院、人民法院移送的案件后，经审查，符合本规定第六、七条规定的，给予受理。

第三章　违纪案件的审理

第九条　各级纪委审理部门受理案件后，应及时指定承办人办理。除情节简单的案件外，一般应由两人办理，特别重大复杂的案件，应组成两人以上的审议组办理，并确定其中一人主办。

第十条　审理案件，要按照事实清楚，证据确凿，定性准确，处理恰当，手续完备的要求进行审理。

第十一条　承办人对处分决定中所列举的错误事实要认真审核，弄清犯错误党员犯有哪些错误，每一错误发生的时间、地点、起因、情节及造成的后果，有关人员的责任。审核认定的每一错误事实是否都有确凿的证据。犯错误党员对处分决定所依据的错误事实如提出不同意见，有关组织的说明能否将所提问题说明清楚。

第十二条　承办人根据《党章》、《关于党内政治生活的若干准则》、党的政策、党纪处分规定、国家的法律法规和社会主义道德规范，判断处分决定中所认定的错误性质是否准确，所给予的处分是否恰当。

第十三条　在审理过程中，如发现事实不清、证据不足、有关人员责任不明时，应主动听取报案单位的意见，确需补报材料时，应请报案单位补报材料。

第十四条 一般情况下，案件在提请本级纪委常委决定前，应派人与犯错误党员谈话，核对错误事实，听取本人意见。本人如对处分决定和所依据的事实材料提出不同意见，应写出书面材料。没有书写能力的，应由谈话人将其意见整理成书面材料，并交本人签字。

与犯错误党员谈话，应作好谈话记录。

第十五条 案件涉及专业技术问题或具体业务政策、规定的，必要时征求有关部门的意见。

第十六条 承办人审理后，草拟审理报告。报告中应写明错误事实、性质、政策法规依据、报案单位的意见和承办人的意见。

第十七条 承办人办理的案件，要经过案件审理部门室务会议审议。审议时，承办人根据起草的审理报告，如实清楚地汇报。会议要充分发扬民主，认真讨论，提出结论性意见。

第十八条 承办人根据集体审议的结论性意见修改审理报告，经审理部门负责同志审核后，连同报案单位呈报的有关材料一并提请本级纪委常委会审定。

由本级纪委参与检查或过问的案件在报本级纪委常委会审议前，还要征求有关检查部门的意见，需要本级纪委直接决定的案件，经审理部门集体审议后代常委草拟处分决定，连同审理报告一并提请本级纪委常委会审定，如果检查部门有不同意见，应同时上报。

第十九条 常委会决定后，对由本级纪委批准的案件，审理部门即办理批复手续，其中需要向同级党委和上级党委、纪委备案的，同时办理备案手续；对需要由同级党委或上级党委、纪委批准的案件应及时办理报批手续，在接到同级党委或上级党委、纪委的批复后，及时通知犯错误党员所在单位的党组织宣布执行。

第二十条 凡给予党纪处分或免予党纪处分的案件，要按照干部管理权限，将处分决定或免予处分的结论、错误事实调查报告、上级批示、本人检讨及本人对处分决定或免予处分的结论的意见抄送组织部门；如建议给予行政处分的，抄送有关人事部门；如建议司法机关追究刑事责任的，抄送有关司法机关。

第二十一条 办理批复和备案手续后结案。承办人根据有关规定立卷归档。

第二十二条 给予党员的纪律处分，从处分决定批准之日起生效。处分决定和批复给受处分的党员一份。

第四章 复查案件的审理

第二十三条 对党员的申诉，一般情况下，由原来作出处分决定的党组织进行复查或复议；原办案单位如已撤销，由申诉人现在单位复查复议。

第二十四条 对于上级党委、纪委交办复查或复议的案件，下级纪委应及时办理，并报告处理结果。如果决定撤销或改变原处分决定或结论，应作出书面决定，并报请原来批准给予处分的党组织审批。

“文化大革命”前经中央或中央监委批准处理的案件，经过复查或复议需要改变原结论和处分的，报中央纪委审批，由中央纪委报中央备案；原经中央局批准处理的案件，由有关省、自治区、直辖市党委或纪委审批，报中央纪委备案。各地区、各部门处理的，按各地区、各部门的有关规定办理。

第二十五条　报送复查案件，应具备下列材料：

（一）呈报审批的请示；

（二）复查报告和主要证据材料；

（三）复查处理决定及有关党组织的意见；

（四）受处分党员对复查处理决定的意见和党组织对其意见的说明；

（五）原处分决定、错误事实材料、调查报告和主要证据材料。

第二十六条　审理复查案件除按审理违纪案件的要求进行外，还应注意审阅原处理案卷材料。对照原处分决定和证据，审核改变处理的依据是否充分。如果原证据和复查时取得的证据有矛盾，应认真鉴别。

第二十七条　对案件的复查复议决定，经原批准处分的机关批准后，申诉人对复查复议结论仍不服的，原批准处分的机关应将本人申诉和复查复议材料一并报上一级党委或纪委审查决定。一经上级党委、纪委审查决定后，申诉人仍然不服，继续申诉的，一般不再受理。

第五章　备案案件的审理

第二十八条　呈报上级纪委备案的案件，应具备下列材料：

（一）呈报备案的报告；

（二）处分决定和所依据的事实材料；

（三）调查报告和主要证据材料；

（四）受处分党员的检查和对处分决定的意见及党组织对其意见的说明；

（五）批准机关的批复。

第二十九条　承办人和审理部门审理备案案件，按本规定第十、十一、十二、十六、十七条的要求进行审理。

第三十条　对下级纪委报来的备案案件，审理部门如同意下级党委、纪委的意见，经有关领导批准后归档。如对下级党委、纪委对案件的处理有不同意见，审理部门将审理报告连同备案材料一并提请本级常委会讨论。常委会如作出改变下级纪委对案件处理的决定，审理部门应将常委会的决定通知下级纪委，请他们重新研究处理。如果所要改变的下级纪委的决定是经过它的同级党委批准的，按本规定第三十二条办理。

第六章　执行监督

第三十一条　各级党委对同级纪委批准的案件，有权调卷审查，对审查结论和处理决定直接作出改变，也可以责成纪委重新审查。

第三十二条　上级党委对下级党委、纪委，上级纪委对下级纪委批准的案件，有权调卷审查，对审查结论和处理决定，直接作出改变，也可以责成下级党委或纪委重新审查。但是，如果上级纪委所要改变的下级纪委的决定是经过它的同级党委批准的，这种改变应尽量经过协商取得一致意见，由这一级党委自行改变；如果不能取得一致意见，应将双方的意见同时报上级党委决定。

第三十三条　上级党委或纪委对违纪案件作出的处理决定，下级党组织必须贯彻执行。如有不同意见，可以向上级党委或纪委提出，但是，当上级党委或纪委没有改变原处理决定时，不得停止执行，对拒不执行的要追究有关人员的责任。

第三十四条 党的地方各级纪委如果对同级党委处理的案件有不同意见，可以请求上一级纪委予以复查。上一级纪委应予受理。

第三十五条 各级党委或纪委对犯错误党员的处分决定中，如有建议给予行政处分的内容，有关部门的党组织应保证其得以贯彻，并将执行情况报告作出决定的党委或纪委。

第三十六条 本规定由中共中央纪律检查委员会负责解释。

第三十七条 本规定自下发之日起施行。

中共中央纪委办公厅
关于印发两个纪检工作程序性规定的通知

（中纪办发［1991］6号　1991年7月23日）

各省、自治区、直辖市纪委，中央和国家机关各部委，中直机关纪工委，国家机关纪工委，军委纪委：

1987年7月13日，中央纪委案件审理室印发的《查处党员违纪案件中收集、鉴别、使用证据的若干规定（试行）》和《所要作出的处分决定和所依据的事实材料同犯错误党员见面的具体办法（试行）》，已经过四年的试行。根据试行情况和各地提出的意见，对这两个文件作了进一步的修改，已经中央纪委常委会议审议同意，现正式发给你们，请遵照执行。

关于所要作出的处分决定和所依据的事实材料同犯错误党员见面的具体办法

第一条　为了准确地贯彻党章第四十一条中关于党组织对犯错误党员“所要作出的处分决定和所依据的事实材料必须同本人见面”的规定，有效地保障党员的民主权利，正确地执行党的纪律，特制定本办法。

第二条　作处分决定的党组织必须将所要作出的处分决定和所依据的事实材料同犯错误党员本人见面。

第三条　所要作出的处分决定，是指经党的支部委员会研究起草，党支部大会尚未讨论通过的处分决定文稿或上级党委、纪委直接讨论决定起草的处分决定文稿。这种处分决定文稿，应写明犯错误党员的自然情况，所犯错误的事实、情节、后果，本人责任，错误性质和处分意见等内容。

第四条　处分决定所依据的事实材料，是指党组织或纪律检查机关经过审核作为处分依据的事实材料。这种材料，要隐去检举人、揭发人、证人的姓名。

第五条　对事实情节简单的案件，所要作出的处分决定写得完整、具体，已包含所依据的错误事实的，可以不另写处分决定所依据的事实材料，只将处分决定文稿同犯错误党员见面即可。

第六条　所要作出的处分决定和所依据的事实材料同犯错误党员见面的时间，由党支部大会讨论处分决定的，在支部大会讨论处分决定之前；由上级党组织直接讨论处分决定的，在上级党组织正式决定之前。

第七条　所要作出的处分决定和所依据的事实材料同犯错误党员本人见面的形式，对有阅读能力的，给本人过目；对没有阅读能力的，向其宣读。

第八条 党组织至少委派二人，将所要作出的处分决定和所依据的事实材料同犯错误党员见面。犯错误党员如没有不同意见，应分别在这两份材料上签署“同意”；如提出不同意见，负责同其见面的人员应在记录中如实反映。犯错误的党员有书写能力的，应将自己的意见写成书面材料。

第九条 负责将所要作出的处分决定和所依据的事实材料同犯错误党员见面的党组织或纪律检查机关，对犯错误党员提出的不同意见，必须认真研究，进一步核实。对合理的意见，应予采纳；对不合理的意见，应写出有事实根据的说明。

第十条 由于犯错误党员本人在国内脱离组织长期外出不归或叛逃、出走在国外，党组织无法将所要作出的处分决定和所依据的事实材料同本人见面的，也可以不履行材料见面手续。

第十一条 本办法由中共中央纪律检查委员会案件审理室负责解释。

第十二条 本办法自下发之日起施行。

关于查处党员违纪案件中收集、鉴别、使用证据的具体规定

（中纪办发［1991］6号　1991年7月23日）

第一条　为正确收集、鉴别和使用证据，保证办案质量，正确执行党的纪律，特制定本规定。

第二条　证明案件真实情况的一切事实都是证据。证据包括：

1. 物证，指能够证明案件真实情况的物品和痕迹。

2. 书证，指以其记载的内容证明案件真实情况的文字（包括符号、图画）。

3. 证人证言，指证人就其所了解的案件情况所作的陈述。凡是知道案件真实情况的人都可以作为证人。不能辨别是非的人，不能正确表达的人，不能作证人。

4. 视听材料，指可以将重现的原始声响或形象的录音录像用作证明案件事实的材料。

5. 受侵害人员的陈述，指受违纪行为直接侵害的人员就案件事实情况所作的控告和述说。

6. 受审查党员的陈述，指受审查党员就案件事实所作的交待、申辩和对同案违纪人员的检举、揭发。

7. 鉴定结论，指鉴定人运用专门知识或技能对办案人员不能解决的专门事项进行科学鉴定后所作出的结论。

8. 勘验、检查笔录，指公安、司法人员对与案件有关的场所、物品及其他证据材料进行勘验、检查时所作的笔录。

9. 现场笔录，指纪律检查人员对案件（非刑事案件）有关的场所进行检查时所作的笔录。

证据必须经过审核属实，才能作为定案的根据。

第三条　收集、鉴别和使用证据必须实事求是，一切从客观实际出发，不得带框框、主观臆断、偏听偏信；必须尊重党员的民主权利和公民的合法权利。任何党员和群众都有向党组织提供自己所知道的案情的义务。严禁使用威胁、引诱、欺骗及其他非法手段收集证据。

第四条　收集违犯党纪案件的证据，由党的纪律检查工作人员或党组织委派的党员负责进行，收集证据必须两人以上。收集证据要及时、客观、全面。

证据的收集主要由案件检查人员进行。案件审理人员在审理案件时，发现证据不足或证据间存在矛盾，一般由报案单位补充调查取证，需要补充个别证据的也可以由案件审理部门补充收集。

第五条　收集物证应尽可能提取原物。物证能随卷保存的即随卷保存，不能提取的原物或不能随卷保存的原物应拍成照片入卷，并注明原物存放何处。

第六条　收集书证采用提取会议记录、介绍信、文件、个人记录、私人信件、日记等

方法，并尽可能提取原件。如不能提取原件的，用摘抄或复印的方法提取，但应注明出处、原件保存单位，并应由原件保存单位加盖公章。摘抄或复印会议记录、个人记录、私人日记时，要注意时间的连续性，节录材料不得断章取义。

对可作为书证的原始材料或复制件，党的各级组织不得以任何借口拒绝提供。收集的材料涉及

机密事项应履行一定的批准手续。党员有义务向组织提供记载有与案情有关系的工作记录本。

对可作为书证的私人日记、信件等原始材料的收集只能采取动员的方法，不得强行收集，涉及个人隐私的，有关党组织应为其保密。

第七条 凡是知道案件情况的党员和群众，都应及时地、如实地提供证言，不得拒绝作证。党员故意提供虚假情况，情节严重的给予必要的纪律处分。

收集证人证言，不要采取座谈会的形式。证人证言要一人一证，一般情况下一事一证。由证人用钢笔或毛笔书写。没有书写能力的，由他人或调查取证人根据证人的讲述代写，写好后读给证人听，并按证人意见进行修改，然后由证人签字、盖章或按手印。书写证人证言，应把所要证明的事实发生的时间、地点、当事人、原因、情节、手段、结果等书写清楚。调查人员要作好询问笔录，并应由被询问人签字。

对证人证言，应由取证人注明证人工作单位、职务，并由取证人签字。不必由所在单位加盖公章或加注“属实”、“供参考”之类的文字。

证人作证后，如有补充、更正，可另行书写，并说明更正的理由。办案人员应将补充、更正的证人证言与该证人原出具的证言一并归入案卷。

证人作证后，党组织应为其保密，如发现受审查党员及其亲友对证人打击报复，从严处理。

第八条 收集受审查党员的陈述包括：受审查党员对自己所犯错误的交待或申辩；揭发同案违纪人员的材料。

受审查党员应对党忠诚老实，如实向组织交待自己的问题，同时也有依据党章的规定为自己申辩的权利。受审查党员对“处分所依据的事实材料”如提出不同意见，有关党组织应认真研究并作出说明，一并归入案卷。

第九条 纪律检查机关在需要时，可以运用公安机关、人民检察院、人民法院的鉴定结论、勘验检查笔录等。

从公安机关、人民检察院、人民法院取得证据，按有关规定办理。

纪律检查人员对有作案现场的非刑事案件，应注意对现场作出检查，并作好笔录。

第十条 对受到刑事处罚、政纪处分的党员作党纪处理，必须收集主要证据材料。

第十一条 鉴别证据的任务是：根据各种证据材料的具体特征，逐个进行审查和分析研究，鉴别其真伪，判断其与案件事实有无内在联系，对查明和证实案情有无意义。经过鉴别，确实符合客观实际，与案件事实有内在联系的证据，才能作为定案的依据。

第十二条 鉴别证据，首先鉴别每个证据是否客观真实，是否伪造；是否与案件事实有联系；是原始证据还是传来证据，是直接证据还是间接证据，其来源有无问题，然后，综合分析证明案件的同一事实的各类证据之间有无矛盾；各种证据之间有无内在的联系，要注意时间、条件的变化对证据的影响，要把不同的证据摆到案件发生、发展的过程中

去，考虑当时的历史背景，同其他证据联系起来综合分析。

第十三条　对物证的鉴别，要审查是否错误地收集了疑似的物品和痕迹，收集的物证是否伪造，有无栽赃陷害的情况，研究、分析所取物证与案件事实的联系，确定其有无证明作用。

第十四条　对书证的鉴别，要查清其原始制作人，是在何种情况下制作的，是否伪造，节录材料是否断章取义，所记载的内容有无差错，联系其他证据判断所取书证的真实性。

第十五条　对证人证言的鉴别，要注意审查证言的内容与案件事实是否有联系，来源有无问题，是否受到外界不正常因素的干扰，是否属实，证言前后是否一致，有无矛盾。不得采用对质的方法鉴别证言。

第十六条　对受审查党员陈述的鉴别，要审查其交待或申辩前后是否一致，有无矛盾，将交待或申辩与其他证据相对照，看其是否合情合理，是否属实。

第十七条　对视听材料的鉴别，要注意是否伪造，是否被裁剪，是否拼接组合。

第十八条　对受侵害人员陈述的鉴别，要注意受侵害人员感情因素对其陈述真实性的影响。

第十九条　认定案件事实，证据必须确凿。证据经过鉴别，其真实性得到确认后，即成为有效证据，任何人无权涂改或弃毁，有关党组织在移送证据时，不得任意取舍。特别不得舍弃那些经过鉴别证明受审查党员无错误的证据。要综合运用证据，证据之间矛盾时，不能仅凭数量多少决定其真实可靠性；认定主要错误事实所依据的证据之间的矛盾不能排除时，不能定案。

第二十条　在没有物证、书证的情况下，仅凭言词证据定案时，必须有两个以上（含两个）证据，才能定案。

第二十一条　没有直接证据而仅凭间接证据定案时，所有间接证据必须查证属实；每个证据与案件事实都有着客观联系；取得的证据必须形成一个完整的证明体系，这个证明体系足以排除其他可能性，才能定案。不能排除其他可能时，不能定案。

第二十二条　仅有受审查党员的交待，没有其他证据，不能定案；受审查党员拒不承认，其他证据确实充分，仍可定案。

第二十三条　本规定由中共中央纪律检查委员会案件审理室负责解释。

第二十四条　本规定自下发之日起施行。

中共中央纪律检查委员会、最高人民检察院关于党的纪律检查委员会与国家检察机关建立联系制度的通知

（中纪发［1988］12号　1988年11月21日）

1982年开展打击严重经济犯罪活动以来，各级党的纪检机关与国家检察机关密切配合，团结协作，有力地打击了经济犯罪分子的嚣张气焰。当前，在治理经济环境，整顿经济秩序，全面深化改革的任务面前，党的纪检机关和国家检察机关进一步加强相互间的协作、配合和支持是非常必要的。为此，特作如下通知：

一、党的纪检机关和国家检察机关应加强工作联系，及时交流信息。确定双方负责联系的部门和联系人，建立双方负责同志定期和不定期的联席会议制度。中央一级每两月召开一次联席会议，省、地、县级多长时间召开一次请各地协商确定；对急需共同研究的问题，可随时召开。联席会议的主要内容是：交流打击经济犯罪以及其他违法乱纪案件的情况和线索；研究、协调有关政策和法律问题；研究重大案件的查处和需要协调解决的问题。

二、建立案件移送制度。党的纪检机关查处的违犯党纪的案件，经审查已触犯刑律，需要追究刑事责任的，按照刑事诉讼法关于案件管辖的规定，及时将有关材料（复制件）移送相应的检察机关。检察机关要及时进行审查处理。检察机关在办案过程中，对于共产党员不构成犯罪，但确有严重错误和问题的案件，应及时将材料移送相应的纪检机关处理。

三、移送检察机关立案侦查尚未终结的案件，一般不要公开报道，需要公开报道时由双方协商决定。

四、党的纪检机关或国家检察机关收到（接待）属于对方管辖范围的来信（来访），应当及时转送对方处理。

五、纪检机关和检察机关在查处案件中要相互配合，相互支持，对于经济犯罪与党纪政纪问题交织在一起的大案要案，检察机关可提前介入，协同办案。检察机关在查处案件中遇到阻力和困难时，纪检机关应支持检察机关依法办案，保护检察人员的工作积极性；对于利用职权打击报复办案人或举报人的，一定要严肃处理。

对执行本通知遇到的重要情况和问题，要及时报告上级党的纪检机关和国家的检察机关。

纪检机关档案工作管理规定（试行）

（中共中央纪律检查委员会办公厅　1989年4月28日）

第一章　总　则

第一条　党的纪律检查机关的档案工作，是机关工作的组成部分；是实现纪检机关工作规范化、制度化、科学化，提高工作效率和工作质量的必要条件；是维护纪检机关工作历史真实面貌的重要工作。

为加强党的各级纪委对机关档案工作的领导，逐步提高机关档案工作规范化、系统化、科学化水平，根据《中华人民共和国档案法》和国家档案局制定的《机关档案工作条例》，结合纪检机关档案工作实际情况，特制订本规定。

第二条　纪检机关在工作活动中形成的全部档案应由本机关档案部门集中统一管理，以确保档案的完整与安全。

第三条　纪检机关档案部门和档案工作人员的基本任务是：

（一）对本机关文书部门和业务部门的立卷归档工作进行监督和指导。

（二）收集、整理和保管本机关在各项工作中形成的全部档案，并负责提供利用。

（三）根据国家和地方档案管理机关及上级业务主管部门的有关规定，制定本机关档案工作的规章制度并督促检查执行。

（四）按有关规定，对本机关的档案定期进行鉴定，向同级档案馆移交。

（五）根据纪检系统管理体制和档案工作专业管理体制，负责对下级纪检机关的档案工作进行指导。

第二章　纪检机关档案工作机构和人员

第四条　纪检机关应设立和配备相应的档案工作机构和人员，档案工作由各级纪检机关办公厅、室主管。中央纪委办公厅设档案处；省、自治区、直辖市纪委办公厅、室设档案室或专职档案工作人员；地、县级纪委办公室设专职或兼职档案工作人员。

第五条　纪检机关档案工作人员应忠于职守，严格遵守纪律，具有高中或高中以上文化水平，具有相应的纪检工作常识和档案专业知识，能够胜任工作。

第六条　纪检机关档案工作人员应保持相对稳定。凡符合档案专业技术职务条件者，本人提出申请，由本机关委托地方同级档案工作管理机关评定专业职称资格，由本机关根据工作需要任命专业职务。

第三章　档案的收集和整理

第七条　根据纪检机关的工作职能和特点，为保持纪检机关档案的完整和历史联系，纪检机关在工作活动中形成的全部档案应作为独立全宗，通常可采用年代—问题或年代—组织机构统一分类整理。

第八条 凡机关工作活动中形成的具有保存价值的各种文件材料（包括会议、检查、审理、信访、研究、教育、党务、组织人事、财务会计、机关事务等方面），均由文书部门和业务部门整理、立卷。文书材料可运用六个特征（作者、问题、名称、地区、时间、通讯者）组卷。案件材料应以案件为单位组卷，由承办部门或承办人员负责将检查、审理、转办过程中形成的材料按一案一卷或一案多卷进行立卷。

第九条 归档的案卷，应符合下列要求：

（一）归档的材料应收集齐全、完整；

（二）保持文件材料之间的历史联系，区分保存价值，分门别类，科学组卷。

（三）案卷标题的拟写要简明确切，卷内文件目录应按排列顺序逐件填写，要去掉金属物，装订整齐美观，以便于保管和利用。

第十条 纪检机关查处的案件，被查处者触犯刑律受到法律追究的，应向司法机关移交有关材料和证据的印件或复制件，原件由纪检机关立卷归档；由司法机关查处的案件，需要给予党纪处理的，纪检机关应请司法机关移交给有关材料的印件或复制件。几个单位联合查处的案件，主办单位或牵头单位存原件，其他单位存印件或复制件。

第十一条 机关文书部门或业务部门一般应在翌年上半年向本机关档案部门归档，归档时须按目录清点核对，履行签收手续。

第四章 档案的保管、利用和统计

第十二条 纪检机关档案部门对所保管的档案要实行科学管理，配置相应数量的档案柜，并逐步配备防盗、防光、防火、防高温、防潮、防尘、防鼠、防虫等设施。省、自治区、直辖市纪委应设专库保管档案，地（市）、县级纪委有条件的也应设专库保管。

第十三条 纪检机关档案部门每年收进的案卷，必须编制案卷目录，根据需要可编制专题卡片、索引等检索工具，编纂档案文件汇集和各种参考资料，为档案的查阅和利用创造必要的条件。

第十四条 纪检机关档案部门要建立严格的档案借阅审批手续和借阅登记制度。外单位使用纪检机关档案，须经本机关主管领导人批准，并按有关规定履行借阅手续。

第十五条 建立档案统计制度。对档案的收进、移出、保管、利用、销毁等情况，应及时、准确统计，明确记载，并按规定向同级地方档案业务管理机关报送档案工作基本情况统计表。

第十六条 纪检机关档案部门根据国家档案局的有关规定，制定本机关和本系统的《档案保管期限表》和《文件材料归档与不归档的范围》，对超过保管期限的档案，由档案部门和有关业务部门组成鉴定小组进行鉴定，对确无保存价值的档案应登记造册，经机关领导人批准后销毁。

第五章 档案的移交

第十七条 纪检机关的档案应按规定向同级档案馆移交。档案移交工作应按国家档案局颁发的《机关档案工作条例》所作的“省级以上机关应将永久保存的档案在本机关保存二十年左右；省直辖市（州、盟）和县级机关应将永久、长期保存的档案在本机关保存十年左右，连同案卷目录（一式三份）和有关的检索工具、参考资料，一并向有关的档案馆移交。一个机关的全部档案是不可分割的整体，应统一向一个档案馆移交”等规定办理。

第十八条　纪检机关档案向同级档案馆移交后的借阅办法由纪检机关与同级档案馆商定。

第六章　纪检机关档案工作的监督和指导

第十九条　纪检机关档案部门在统一领导，分级管理的原则下，对本系统的档案工作实行监督和指导。同时接受上级纪检机关档案部门和同级地方档案管理机关的监督和指导。

第二十条　中央纪委办公厅根据国家档案局的有关规定制订全国纪检机关档案工作的规章制度；负责对省、自治区、直辖市纪委档案工作的监督和指导。

第二十一条　省、自治区、直辖市纪委办公厅、室根据上级纪检机关和同级地方档案管理机关的有关规定，制定本地区纪检机关档案工作制度；负责对地（市）纪委档案工作的监督和指导。

第二十二条　地（市）级纪委办公室根据上级纪检机关和同级地方档案管理机关的有关规定，制定本地区纪检机关档案工作制度；负责对县级纪委档案工作的监督和指导。

第七章　附　则

第二十三条　各级纪委办公厅、室可根据本《规定》结合本机关的具体情况，制定具体实施办法。

第二十四条　中央、国家机关和企事业单位的纪检档案工作可参照本《规定》执行。

第二十五条　本《规定》自印发之日起实施。

中共中央纪律检查委员会关于中央纪委派驻纪检组和各部门党组纪检组（纪委）若干问题的规定（试行）

（1991年4月23日）

为了加强中央一级党和国家机关各部门党的纪律检查工作，根据党章和有关规定，对中央纪委派驻中央一级党和国家机关各部门纪检组和各部门党组纪检组（纪委）的若干问题，作出如下规定：

一、领导体制和工作关系

1. 中央纪委派驻纪检组、各部门党组纪检组（纪委）受中央纪委和所在部门党组（党委）的双重领导。

2. 派驻纪检组和党组纪检组指导所在部门及所属系统党的纪律检查机关的工作。对所属系统实行高度集中统一领导的国家工作部门的派驻纪检组、党组纪检组和部门纪委，领导所在部门及所属系统党的纪律检查机关的工作。

中央纪委派驻金融系统纪检组受中央纪委委托，会同各专业银行党组、中国人民保险公司党组，对各专业银行和中国人民保险公司的党组纪检组实行双重领导。

3. 派驻纪检组组长和党组纪检组（纪委）组长（书记）应参加所在部门的党组（党委），尚不是党组（党委）成员的，列席所在部门的党组（党委）会议。

二、任务和职责范围

1. 检查所在部门及所属系统的党组织和党员领导干部执行党的路线、方针、政策和决议的情况。对所在部门党组（党委）及其成员和其他党员领导干部实行党章规定范围内的监督。

2. 检查所在部门党员领导干部违犯党纪的案件以及所属系统重要的违纪案件。派驻纪检组和党组纪检组根据有关规定，对所检查的案件提出处理意见；部门纪委按照党的隶属关系和干部管理权限，对所检查的案件中的党员作出处分或撤销处分的决定。

3. 协助所在部门党组（党委）管好党风，加强廉政建设，纠正行业不正之风。配合有关部门对党员特别是党员领导干部进行党风党纪教育。

4. 指导（领导）所在部门及所属系统党的纪律检查工作。

5. 受理所在部门及所属系统党员的控告和申诉。

6. 完成中央纪委和所在部门党组（党委）交办的其他事项。

三、机构、职务设置和干部管理

1. 派驻纪检组和党组纪检组设组长（中央国家机关各部委为副部长级，国务院直属局为正司局长级）1人，副组长（中央国家机关各部委为正司局长级，国务院直属局为副司局长级）1至2人。

部门党的纪律检查委员会，一般由5至7人组成，设书记（部纪委为副部长级，国务院直属局纪委为正司局长级）1人，副书记（部纪委为正司局长级，国务院直属局纪委为副司局长级）1至2人。

派驻纪检组和党组纪检组（纪委）根据工作需要，可设正副局级、正副处级检查员。

2. 派驻纪检组和党组纪检组（纪委）可根据工作需要和本部门的具体情况，设立必要的办事机构，办事机构统称室。室主任配备条件参照中央纪委、中央组织部1988年颁发的《关于党的各级纪委内部机构和干部职务设置的若干规定》精神执行。

3. 派驻纪检组组长、副组长、局级检查员和副司局级室主任，由中央纪委商所在部门党组提出人选，组长由中央纪委报中央任免；副组长、局级检查员和副司局级室主任由中央纪委任免。其他工作人员委托所在部门任免。

党组纪检组（纪委）组长（书记）由所在部门党组（党委）或由中央纪委商所在部门党组（党委）提出人选，经中央纪委考察同意后，由所在部门党组（党委）报中央任免；副组长（副书记）由所在部门党组（党委）征得中央纪委同意后任免；局级检查员、部门纪委委员和副司局级室主任由各部门党组（党委）任免后报中央纪委备案。

各专业银行和中国人民保险公司党组纪检组副组长，由所在部门党组征得中央纪委驻金融系统纪检组同意后任免。

四、工作制度

1. 认真贯彻执行中央纪委和所在部门党组（党委）的指示、决议和规定。根据中央纪委和所在部门党组（党委）的部署，结合本部门党风党纪的实际情况，制定年度工作计划。年度工作计划和工作总结向中央纪委和党组（党委）报告。

2. 及时完成中央纪委和所在部门党组（党委）交办的各项工作任务。工作进度情况及主要问题，每半年向中央纪委和党组（党委）书面报告一次。

3. 所在部门及所属系统党风党纪方面的倾向性或重大问题，要随时向党组（党委）请示、报告，同时抄报中央纪委。特殊情况和问题可随时向中央纪委请示、报告。

4. 派驻纪检组、党组纪检组（纪委）同中央纪委的日常工作联系，一般通过中央纪委有关纪律检查室。重要问题可直接向中央纪委常委请示、报告。

本规定自下发之日起实行。

关于加强中共中央纪委、监察部派驻纪检、监察机构管理的意见

（中共中央纪律检查委员会、中共中央组织部、
中共中央机构编制委员会办公室、监察部　2000 年 9 月 4 日）

为适应党风廉政建设和反腐败斗争的需要，进一步发挥中央纪委、监察部派驻纪检、监察机构的职能作用，加强对派驻纪检、监察机构的管理，根据中央有关规定和中央纪委第四次全会精神，现提出以下意见：

一、中央纪委、监察部派驻纪检、监察机构是中央纪委、监察部的组成部分，受中央纪委、监察部和驻在部门党组（党委）、行政的双重领导，以中央纪委、监察部领导为主。

二、派驻纪检、监察机构编制单列，由中央纪委、监察部提出具体分配方案，经中央编办审核，上报批准。中央纪委、监察部根据工作需要可统一抽调派驻纪检、监察机构的人员参加有关工作。

三、派驻纪检组组长、监察局局长一般不从驻在部门产生。派驻纪检组组长人选由中央纪委商中央组织部提出，征求驻在部门党组（党委）的意见，按规定程序任免；派驻监察局局长人选由中央纪委、监察部提出，征求驻在部门党组（党委）的意见，按规定程序任免。

四、派驻纪检组组长、监察局局长要专司其职，不得兼任驻在部门行政领导职务。任现职务满 5 年的，一般应进行交流。

五、派驻纪检、监察机构要经常向中央纪委、监察部请示、报告工作，其主要负责人要定期向中央纪委、监察部述职。中央纪委、监察部对派驻纪检、监察机构的工作要加强指导和检查，定期或不定期对派驻纪检、监察机构领导班子及其成员进行考察、考核。

六、派驻纪检、监察机构要充分发挥监督等项职能，对驻在部门党组（党委）及其成员、行政领导实行党内法规和行政监察法律法规规定范围内的监督，发现驻在部门党组（党委）及其成员、行政领导有违反党的纪律和行政纪律的情况，必须及时向中央纪委、监察部报告，并有权进行初步核实。

七、实行派驻纪检、监察机构工作责任制，建立责任追究制度。派驻纪检、监察机构不认真履行职责，对驻在部门及所属系统发生的严重违纪违法问题隐瞒不报、压案不查；对驻在部门及所属系统发生的明令禁止的不正之风失察或发现后不制止、不查处；以及由于主观原因，对中央纪委、监察部部署的工作，没有贯彻落实、造成损失的，要追究主要负责人的责任。

中共中央纪律检查委员会
关于全民所有制工业企业纪律检查工作的暂行规定

（1990 年 11 月 5 日）

第一章　总　则

第一条　为适应全民所有制工业企业生产、经营管理和深化改革的要求，加强企业党的建设，加强和改进企业党的纪律检查工作（以下简称纪检工作），充分发挥企业中党的纪律检查组织的作用，根据党章和有关规定，制定本规定。

第二条　企业党的纪检工作的指导思想是：遵循党在社会主义初级阶段的基本路线，坚持四项基本原则，坚持改革开放，坚持从严治党，围绕党的中心任务搞好企业党风建设，严格执行党的纪律，促进企业的经济发展和精神文明建设，保证企业生产和经营的社会主义方向。

第三条　企业党的纪检工作的基本任务是：维护党的章程和其他重要的规章制度，协助企业党的委员会整顿党风，检查党的路线、方针、政策和决议在企业中的贯彻执行情况。

第四条　企业党的纪律检查委员会（以下简称企业纪委）是党在企业的党内执纪、监督组织，是企业党的纪检工作的领导机构，依据党章赋予的权力，履行“保护、惩处、监督、教育”的职能。

第五条　企业纪委受同级党委和上级纪委的双重领导。上级纪委对企业纪委的工作应加强领导。企业纪委要认真执行同级党委和上级纪委的决定、决议，经常主动地请示、报告工作。

第六条　企业党委要加强对纪检工作的领导，定期讨论研究纪检工作。企业厂长（经理）要积极支持纪检工作。企业纪委要主动接受企业党委的领导，支持厂长（经理）依法行使职权，并履行对企业同级党委和所属党组织及党员特别是党员领导干部的监督职能。企业中的党组织和党员领导干部要自觉接受企业纪委的监督。

第七条　地方党委、纪委要重视和加强对本地区企业党的纪检工作的领导和协调，支持企业纪委开展工作。中央直属（省属）企业的主管部门的党委（党组）、纪委（纪检组），对党的关系在地方的所属企业党的纪检工作要加强指导，并主动与地方党委、纪委协调和配合。党的关系在地方的中央直属（省属）企业纪委要主动接受地方党委、纪委的领导。

第二章　组织机构和干部配备

第八条　设党委的企业一般应设纪委；经上级党组织批准不设纪委的小型企业，党委应设专职纪检委员；设党总支的企业（包括党委下属的总支单位，下同），在党总支内设专职或兼职纪检委员；设党支部的企业（包括党委或党总支下属的支部单位，下同），在党支部内设纪检委员。

第九条 企业纪委由党员代表大会或党员大会与企业党委同时选举产生，向企业党员代表大会或党员大会负责并报告工作，每届任期与企业党委相同。企业纪委换届时，纪委组成人员候选人应在征求上级纪委的意见后，报上级党委审批。企业纪委实行委员会制，党委设常委的企业，纪委也可设常委。纪委设书记一人、副书记一至二人。企业纪委书记应是党委常委，党委不设常委的应是党委委员。

第十条 企业纪委应按精干、高效、有利于工作的原则设置办事机构，配备相应的工作人员。

大中型企业纪委应设办事机构，配备与工作量相适应的专职从事党的纪律检查工作的干部（以下简称纪检干部）。不设办事机构的纪委应配专职纪检干部。对在同一地区或同一系统的若干小型企业，也可以由主管上级纪委派出纪律检查员，专职协办这些小型企业的党的纪检工作。

企业纪委的专职人员，应按本企业政工干部15－20％的比例配备。

第十一条 从事企业党的纪检工作的干部应具备的基本条件是：坚决执行党的路线、方针、政策；坚持原则，实事求是，秉公执纪，作风正派，联系群众；熟悉党务工作，有一定理论、政策水平和专业知识；接受党的纪检工作。

第十二条 企业纪委书记一般应专职，配备同级党政副职级干部。纪委副书记应配备企业中层正职级的干部，纪委常委、专职委员及下设机构的负责人应配备企业中层正职或副职级干部。企业纪委可根据工作需要配备一定数量的中层副职级的纪律检查员，检查员职务是实职，与其他同级党政领导干部职级相同。

第十三条 要保持企业党的纪检干部的相对稳定。企业纪委书记、副书记、常委、专职委员在任期内的任免和调动，须征求上级纪委的意见后，再按干部任免程序办理手续。企业纪委其他干部的任免、调动和奖惩，应征得所在纪委同意。

根据《中共中央关于实行党和国家机关领导干部交流制度的决定》，有条件的地区或部门的党的纪检机关，可在本地区或本系统企业之间，对纪检干部进行横向或纵向的交流。

第十四条 企业党委应根据纪委的定员职数，选拔、任用和调配优秀干部充实加强纪检机构。企业行政要为企业纪委提供必要的工作经费、办公条件；对纪检干部的工资、职称、奖金、福利等待遇，应与本企业其他党务、行政管理干部同等对待。

第十五条 企业纪委对工作成绩显著的纪检干部，应予表彰、奖励；对违犯党纪的纪检干部，要严肃处理，对不适宜做纪检工作的要及时调离。

要切实保证企业纪检干部正常履行职责。纪检干部因履行职责而受到指责、威胁、诬陷或打击报复等不公正对待时，有向上级机关要求保护的权利；企业党委和上级纪委应及时查明情况，严肃处理，确保纪检干部的正当权益。

第三章　工作职责和权限

第十六条 企业纪委的主要职责是：

1. 检查本企业党组织和党员领导干部执行党的路线、方针、政策和决议及遵守党章和其他各项规章制度的情况，实施党章和有关规定范围内的党内监督，支持、保护和促进企业的生产经营健康顺利进行。

2. 检查、处理本企业党组织和党员、党员领导干部违犯党纪的案件，并按职权范围决定或改变对党员的处分；

3. 对本企业的党风状况进行调查分析，及时提出加强党风建设的建议，抵制和纠正各种损害党和国家利益的不正之风，协助党委制定党风和廉政建设规划，参加党员、党员干部的评议考核和本企业的党风党纪检查工作，督促、检查党风责任制和廉政措施的落实；

4. 会同党委有关部门，结合企业纪检工作实际，采取多种形式，对本企业党组织和党员进行党性党风党纪教育，增强党组织和党员在发展社会主义商品经济中拒腐蚀防演变的能力；

5. 受理本企业党组织、党员和群众在党的纪律和党风方面的检举、控告、申诉及建议、反映等；

6. 保护本企业党员按党章规定享有的权利和其他合法权益，支持党组织和党员同违法乱纪行为和不正之风进行斗争；

7. 领导下级纪委的工作，指导下级党组织的专职和兼职纪检委员开展工作；对本企业纪检干部进行政治、业务培训，不断提高干部素质；

8. 承办上级纪委和企业党委交办的党风党纪工作事项。

第十七条　企业纪委有行使党章和上级党组织规定的党内监督的权力。企业纪委监督工作的对象是企业各级党组织和全体党员，监督的重点是各级党员领导干部特别是主要领导干部。根据工作需要和有关规定，企业纪委书记或主持日常工作的副书记应参加或列席企业党组织和行政方面的有关会议和活动。

企业纪委发现党员领导干部在生产经营及其他活动中，有违犯党纪、损害党和国家利益的行为，应认真调查，对属于一般性错误的，要向本人提出批评，促其改正；对问题严重的，要及时向同级党委和上级纪委报告，必要时也可直接向上级纪委报告。

企业纪委发现问题不如实报告、不认真查处，是失职行为，严重者应按有关规定追究其责任。

第十八条　企业纪委有权根据党内案件检查、审理工作的有关规定，按照党员干部管理权限对本企业党员违纪问题进行了解核实或立案检查，并按处分党员干部的批准权限和程序决定或改变对党员的党纪处分。

企业纪委在作出批准对违纪党员的处分决定时，如与同级党委的意见不一致，应向上级纪委报告，请上级纪委或党委审定。

地方党委、纪委在讨论、决定对党的关系在地方的中央、省属企业党员领导干部的党纪处分时，应征求主管部门党委（党组）、纪委（纪检组）的意见。

第十九条　企业纪委有权对本企业党组织、党员特别是党员领导干部执行党的路线、方针、政策、决议和党风党纪状况进行经常性的调查研究和考核，及时向企业党委提出建议和意见，并向上级纪委和党委报告。企业纪委应加强与组织、人事部门在选拔任用干部工作上的联系与配合，纪委对党员干部有关党风党纪的情况，应及时向组织、人事部门通报；组织、人事部门在选拔、任用干部时，对有违纪违法行为正在被查处或群众有强烈反映尚未调查的党员干部，在按照干部管理权限办理任职报批手续之前，应向纪委了解情况，征求纪委的意见。

第二十条 企业纪委有权根据《党章》、《准则》和中共中央、中央纪委的有关规定，结合本企业的实际情况，制定或协助企业党委制定执行党纪、反对腐败、清正廉洁、纠正不正之风等方面的制度和规定，并监督实施。

第二十一条 企业纪委在工作中，应注意加强与本企业有关部门的联系，熟悉生产经营、业务方面的知识和政策规定；应经常深入实际调查研究，了解新情况，研究新问题，总结新经验，积极探索、改进企业党的纪检工作。

第二十二条 企业党总支（含党支部，下同）纪律检查委员（含专、兼职委员，下同）的主要职责和权限是：

1. 对党员和党总支成员在党纪方面实行监督；

2. 协助上级纪委和党总支检查处理或复查本党总支内党员违犯纪律的案件，协助党总支对受党纪处分的党员进行考察教育；

3. 在党总支领导下抓好党风工作，落实党风建设的有关规定，经常了解并及时向党总支和上级纪委反映本单位党员遵纪守法及党风方面的情况，提请党总支讨论研究本单位党风党纪方面的情况和问题；

4. 受理对本党总支党员的检举、控告和党员的申诉，并及时向党总支和上级纪委反映。

5. 参加同级党组织和行政方面的有关会议和活动，参加上级纪委召开的会议，接受纪检工作业务培训。

6. 在党总支和企业纪委的领导下，对党员进行党纪教育，组织党员及时学习中共中央、中央纪委及上级党委、纪委有关党风、党纪工作的指示、决定和规定。

第四章　附　则

第二十三条 本规定原则上适用于其他全民所有制企业。事业单位和集体所有制各类企业可参照执行。

各省、自治区、直辖市、计划单列市纪委以及中央国家机关各部门纪委（纪检组）负责本规定的贯彻、实施和监督、检查，也可根据本地区、本部门的实际情况，制定执行本规定的实施细则并报中央纪委备案。

第二十四条 本规定由中共中央纪律检查委员会负责解释。

第二十五条 本规定自下发之日起执行。

中共中央纪律检查委员会、中共中央组织部、监察部、人事部关于加强工作联系的通知

（组工字［1990］22号　1990年8月4日）

加强各级纪检、监察机关与组织、人事部门工作中的联系，对于严格执行党纪、政纪，全面地考察了解干部和正确地选拔使用干部，是十分必要的。1982年以来，曾先后下发了《关于加强各级纪律检查部门与组织部门相互联系的通知》等文件，相互加强了工作联系，但不够经常，尚未形成制度。为了进一步加强配合，及时通报情况，共同做好工作，现将有关事项重申和补充通知如下：

一、党的纪律检查机关和政府监察机关在查处干部违纪、违法案件过程中，应及时地将立案、核实情况或审查情况、重要事实材料通报给组织、人事部门；对给予撤销党内职务以上（含撤销党内职务）党纪处分的、给予降级以上（含降级）政纪处分的干部，上报审批前，要按照干部管理权限，征求组织、人事部门的意见；对给予其他党纪、政纪处分的，上报审批的同时，将处分意见抄送组织、人事部门；查处结案后，应及时将处分决定(处理意见)、错误事实调查报告、上级批示、本人检讨及本人对处分决定的意见，一式两份，加盖公章，抄送组织或人事部门，归入本人档案。纪检、监察机关调查案件需要组织、人事部门配合时，组织、人事部门应给予支持和配合。

二、组织、人事部门在考察干部或受理来信来访时，发现干部有不正之风或违纪、违法行为的，应及时将有关情况通报给纪检机关或监察机关。组织、人事部门考察这些干部，需要纪检、监察机关配合时，纪检、监察机关应给予支持和配合。必要时可吸收纪检、监察机关的有关人员一起参加考察。

三、在选拔、任用干部时，对有违纪、违法行为正在查处或群众有强烈反映尚未调查的干部，组织、人事部门要向纪检、监察机关了解情况；按照干部管理权限，办理任职报批手续之前，要征求纪检、监察机关的意见。

四、各级纪检、监察机关和组织、人事部门的负责同志每半年要召开一次联席会议，就有关干部情况，沟通信息，交换意见；根据工作需要，也可采取邀请参加有关会议等形式，加强工作联系。

关于进一步做好纪检监察干部教育培训工作的意见

（中纪发［2004］17号　2004年8月30日）

中央纪委第三次全会提出，要“在五年内把纪检监察干部轮训一遍，努力提高纪检监察干部队伍政策理论水平、业务能力和专业化水平”。为进一步做好纪检监察干部教育培训工作，现提出以下意见：

一、充分认识纪检监察干部教育培训工作的重要意义

全面完成党的十六大提出的加强党风廉政建设、深入开展反腐败斗争的各项任务，关键在于建设一支高素质的专业化的纪检监察干部队伍。经过多年的教育培训和实践锻炼，纪检监察干部队伍的整体素质有了很大提高。但是，随着改革开放的不断深入、社会主义市场经济体制的逐步完善，党风廉政建设和反腐败工作涉及的领域越来越多，范围越来越广，工作专业化程度越来越高，对纪检监察干部的理论素养、知府结构、业务水平和工作能力提出了新的更高的要求。随着干部的新老交替，一批新同志走上了纪检监察工作岗位，迫切需要加强学习培训。即使从事纪检监察工作多年的同志也有一个与时俱进，不断学习提高的问题。因此，加强对纪检监察干部的教育培训，不断提高他们的素质和能力，是当前纪检监察干部队伍建设的一项紧迫任务。各级纪检监察机关一定要从政治和全局的高度，充分认识纪检监察干部教育培训工作的重要性，不断增加责任感和紧迫感，与时俱进，求真务实，进一步加大教育培训工作的力度，努力造就一大批从事纪检监察工作的专门人才，为深入推进党风廉政建设和反腐败斗争提供强大的人才保证和智力支持。

二、进一步明确当前和今后一个时期纪检监察干部教育教训工作的方针、总的要求和管理原则

纪检监察干部教育培训工作的方针是：以马列主义、毛泽东思想、邓小平理论和“三个代表”重要思想为指导，紧密联系实际，切实加强党的基本理论、基本路线、基本纲领、基本经验的教育，加强纪检监察业务知识的教育，加强现代经济、金融、法律、科技、管理等多方面知识的教育，不断提高广大纪检监察干部的政治业务素质，努力造就一支政治坚强、业务精通、公正清廉、纪律严明、作风优良的纪检监察干部队伍。

总的要求是：统筹规划，精心组织，每年安排五分之一左右的在职干部参加脱产培训，到2007年，把纪检监察干部轮训一遍。培训的重点是各级纪委换届后新进领导班子成员和中年干部。县（处）级以上干部必须参加三个月以上（五年内累计）的脱产培训。

干部教育培训工作实行分级管理原则。中央纪委监察部负责培训省（区、市）纪委监察厅（局）和新疆生产建设兵团纪委室主任以上干部；省（市、区、旗）纪委书记；中央国家机关派驻纪检监察机构副局级以上干部；中央金融监管机构和中央管理领导班子的金

融机构纪检监察领导班子成员；中央管理的国有重要骨干企业纪检监察机构的负责人。每年负责安排 1180 名干部分别参加北京培训中心、北戴河培训中心、杭州培训中心等培训机构的培训。中央纪委监察部机关干部的培训，由中央纪委监察部干部教育培训工作领导小组办公室统筹安排，列入年度干部培训总体计划，每年负责安排 193 名干部分别参加中央党校、国家行政学院、中央党校中直分校以及中央纪委监察部三个培训中心的培训。各级纪检监察机关要按照分级管理的原则，确定教育培训对象，制定本地区本部门干部培训计划，并认真完成上级安排的调训任务。

三、认真做好纪检监察干部教育培训的各项保障工作

加强培训基地、师资队伍和培训教材建设，推进教学方式方法的改革创新，加大干部教育培训经费的投入，是做好纪检监察干部教育培训工作，提高教育培训质量和水平的重要措施，一定要落实到位。

充分发挥培训基地和社会各种培训资源的作用。中央纪委监察部三个培训中心要更多地承担起培训任务。各地区各部门纪检监察干部培训中心要按照分级负责的原则，抓好本地区本部门的培训工作。没有建立培训中心的，要积极运用各种培训资源，依托当地党校、行政学院、高等院校开展培训。

加强纪检监察业务培训师资队伍建设。要按照规模适当、结构合理、素质优良、专兼结合、动态管理的原则，逐步建立干部教育培训师资库，优化师资配置，确保教学质量。各地区各部门纪检监察培训机构在建立必要师资队伍的基础上，可共享师资库资源。

加强教育培训教材建设。要按照“简明、管用”的原则，组织编写纪检监察业务教材，对现有教材进行修订，以进一步健全和完善教材体系。各地区各部门在用好中央纪委监察部统编教材的基础上，可结合实际编写相应的辅助教材。

改进教育培训方式方法。要针对成人教育的特点，运用现代教育的培训方法采用情景模拟、案例教学、对策研究等教学方式，提高学员的参与程度，增强教育培训的针对性和有效性。

加大教育培训纪费的投入。要按照中央组织部文件（中组发［2003］26 号）的要求，进一步“加大对干部教育培训的经费投入，中央已建立党政领导干部和各类人才培训专项经费投入中央已建立党政领导干部和各类人才培训专项经费，各地也要建立相应的专项经费，特别是对重要培训工作的组织领导

中央纪委监察部干部教育培训工作领导小组负责中央纪委监察部机关以及纪检监察系统干部教育培训工作重大问题的研究与重要事项的审批。领导小组刘峰岩同志任组长，马馼、干以胜、吴玉良、黄树贤同志任副组长，中央纪委监察部宣教室、干部室、外事局、机关党委及中央纪委监察部三个培训中心主要负责同志为领导小组成员。领导小组下设办公室，办公室设在宣教室，负责领导小组的日常工作。

各级纪检监察机关要把干部教育培训工作作为一项战略性、基础性工作摆上重要日程，切实加强领导。要建立干部教育培训领导责任制、年度计划备案制和目标管理责任制把本地区本部门干部培训任务落实情况列入目标管理考核内容。要求实培训与使用相结合的各项制度建立健全并认真执行先培训后上岗制度、干部培训档案管理制度。要把干部参

加学习培训情况列入领导班子考察和干部年度考核的内容，作为干部奖惩和使用的重要依据。对在任职前没有达到培训要求的，要在任职后一年内接受任职培训；对按规定应接受培训而无正当理由不参加培训或培训成绩不合格的，年度考核不能评为优秀等次。要加强对干部教育培训工作的督促检查，认真检查培训计划的执行情况和完成上级调训任务的情况，并定期通报检查结果。各级纪检监察机关每年要对本地区本部门干部特别是县（处）级以上领导干部培训计划的执行情况进行自查和总结，并向上级报告。

关于纪检监察干部严格遵纪守法的通知

（中纪办发［2004］13号　2004年7月30日）

各省、自治区、直辖市纪委、监察厅（局），中央和国有机关各部委纪检组（纪委）、监察局，中央纪委各派驻纪检组，监察部各派驻监察局、监察专员办公室，中央直属机关纪工委，中央国家机关纪工委，军委纪委：

纪检监察干部肩负着党风廉政建设和反腐败的重要职责，也面临着腐蚀与反腐蚀的考验。加强纪检监察干部队伍的法纪教育和作风建设，促进纪检监察干部带头遵纪守法，对于维护纪检监察干部的形象，深入推进党风廉政建设和反腐建设和反腐败斗争，具有十分重要的意义。遵照中央纪委、监察部领导同志在指示精神，现就有关问题通知如下：

一、要带头遵纪守法

中央纪委、监察部领导同志非常重视纪检监察干部队伍建设，反复强调纪检监察干部要带头遵纪守法，中央纪委、监察部机关干部不准打着机关和领导同志在旗号请下级纪检监察机关为个人谋利；不准接受下级纪检监察机关所送的礼品；不准违反办案工作纪律，严禁搞逼供信，对审查对象一定要做到打不还手、骂不还口。这充分体现了对纪检监察干部的关心和爱护。各级纪检监察机关全体干部都要充分认识所从事工作的重要性和特殊性，本着凡是要求全党做到的、纪检监察干部首先要做到的原则，严格约束自己，谦虚谨慎，带头遵纪守法，不断增强拒腐防变的能力，以不辜负党和人民的重托。

二、要自觉接受监督

上级纪检监察机关要接受下级纪检监察机关的监督。下级纪检监察机关要坚决做到不到上级纪检监察机关所在地宴请其工作人员，不向上级纪检监察机关工作人员赠送礼品，坚决抵制上级纪检监察机关工作人员特别是领导干部的配偶、子女和身边工作人员提出为其谋取私利的要求。要加强财务管理，严肃财经纪律，对违反规定宴请和赠送礼品等发生的开支一律不予报销。

三、要切实加强纪检监察干部队伍的法纪教育和作风建设

各级纪检察机关要把纪检监察干部队伍建设放在重要位置，当前保存期要加强干部队伍的法纪教育和作风建设，进一步增加纪检监察干部的纪律观念，牢固树立正确的世界观、人生观、价值观，坚定共产主义理想信念，继承和发扬党的优良传统和作风，树立纪检监察干部可亲、可信、可敬的形象。要建立健全有关规章制度，进一步规范纪检监察干部的行为。要加强日常管理，通过开展廉政谈话、个别谈心、获救教育以及民主生活会等，及时了解纪检监察干部的学习、工作、作风和遵守纪纪律的情况。对发现的苗头性、倾向性问题，该提醒的提醒、该批评的批评、该制止的制止；对违反规定、情节严重、造成恶劣影响的，要严肃处理。要严格责任追究，对教育管理不严、造成严重后果的，要按照党风廉政建设责任制的规定追究有关领导的责任。

全国纪检监察系统信息化建设 2004—2008 年规划

（中纪办发［2004］5 号　2004 年 7 月 31 日）

全国纪检监察系统信息化建设是国家信息化建设的重要组成部分。是提高纪检监察工作的科技含量、实现纪检监察工作现代化的必然选择。为加强对全国纪检监察系统信息化建设工作的指导，加快信息化发展，特制定《全国纪检监察系统信息化建设 2004—2008 年规划》。

一、系统现状

自 20 世纪 90 年代以来，全国纪检监察系统在计算机网络建设、单项业务应用和人员培训等方面取得了一定的成绩。目前，在国际互联网上建立了监察部网站；连通了国务院政务专网，并开展了公文传输等应用；至 2003 年底，基本建成覆盖市（地）级以上纪检监察机关的全国纪检监察计算机信息网络；陆续在全国推广电子邮件、案件管理、信访管理、法规查询等应用系统；中央纪委、监察部和 11 个省（自治区、直辖市）纪委、监察厅（局）在全国纪检监察计算机信息网上建立了网站；各级纪检监察机美着手开展计算机应用培训工作，纪检监察干部学习信息知识、运用信息技术的自觉性不断提高。

但也应看到，全国纪检监察系统的信息化水平还不能满足现阶段党风廉政建设和反腐败工作的需要。全国纪检监察计算机信息网络的覆盖面还不够，信息安全尚存隐患；计算机应用仍处于以单项业务、单机操作为主的初级阶段，整体水平不高；重复投资、重复建设的现象时有发生；信息化建设的规划和规章制度亟待建立和完善。

二、指导思想和工作原则

纪检监察信息化建设的指导思想是：坚持以邓小平理论和“三个代表”重要思想为指导，认真贯彻党的十六大精神，适应新形势下开展党风廉政建设和反腐败工作的需要，促进纪检监察工作的科学性、系统性、有效性和现代化建设。

纪检监察信息化建设遵循以下工作原则：

1. 统一领导、统筹规划。在中央纪委、监察部的统一领导下全国纪检监察系统信息化领导小组具体指导全凋纪检监察系统的信息化建设工作。各级纪检监察机关制定信息化规划、开展信息化建设工作，既要因地制宜，又必须与本规划相统一，防止重复投资、重复建设。

2. 统一标准、联合建设。全国纪检监察系统按照统一的技术标准构建基础网络平台、应用平台。全国纪检监察计算机信息网络及应用系统，由中央纪委、监察部与地方各级纪检监察机关分级负责、联合建设。

3. 应用主导、资源共享。以纪检监察业务需求为导向，不断探索信息技术在纪检监察工作中的切人点，突出重点、稳步推进、注重实效．通过信息技术的应用推动纪检监察系统信息化发展。整合各机关、各部门的信息资源，建设完整的信息资源库，实现信息共享。

4. 严格保密、确保安全。严格执行有关保密法规，采取有效的行政措施和技术手段。保证网络和信息的安全。

三、总体目标

纪检监察信息化建设，以服务于党风廉政建设和反腐败工作为基本出发点和落脚点。通过5年的工作，使网络更为通畅，信息更加丰富，管理更趋完善，促使纪检监察工作效率和质量不断提高。具体是：进一步拓宽全国纪检监察计算机信息网络的覆盖范围，把监察部国际互联网网站建成反腐倡廉的权威性网站，各级纪检监察机关国际互联网网站的建设日益规范，纪检监察信息资源库初步建成，纪检监察业务应用系统逐步开发和推广，省级以上纪检监察机关办公自动化基本实现，信息保密制度更加健全并且得到落实。纪检监察干部信息化培训和考核上岗机制初步建立。

四、主要任务

全国纪橙监察系统信息化建设的主要任务是：

（一）制定标准

1. 制定纪检监察业务的信息化标准。

2. 制定全国纪检监察系统网络安全和信息安全标准。

（二）拓展网络平台

1. 将全国纪检监察计算机信息网络拓展至有条件的县级纪检监察机关，根据需要延伸至国有特大型企业的纪检监察机构。

2. 将全国纪检监察计算机信息网络骨干线路提速至2M以上。

3. 按照中央办公厅和国务院办公厅的要求，组织实施党务专网和政务专网的建设工作。

（三）开发推广应用系统

1. 内部管理系统

开发推广公文运转和公文传输系统，推进无纸化办公；建设省（自治区、直辖市）纪委、监察厅（局）内网网站；开发干部管理、行政事务管理等应用系统；建成中央纪委、监察部与各省（自治区、直辖市）纪委、监察厅（局）之间的电视电话会议系统。

2. 业务应用系统

建设纪检监察信访、党风廉政、案件、档案、法规信息资源库及纪检监察综合信息资料库；根据纪检监察业务的需要，开发相关的应用系统和辅助决策系统。

根据中央办公厅和国务院办公厅的要求．在党务专网和政务专网上建设业务应用系统（含监察部网站）。

加强监察部国际互联网网站的维护和管理，及时更新网站信息，加强网上正面引导。

（四）建立安全保障系统

1. 按照保密和密码主管部门的要求，建立网络加密、数据加密等计算机信息保密系统。

2. 建立由公钥基础设施和数字认证访问控制、网络安全、数据灾难备份等系统构成的信息安全体系。

五、保障措施

1. 全国纪检监察系统信息化领导小组指导全国纪检监察系统信息化建设工作，各省（自治区、直辖市）纪委、监察厅（局）成立信息化领导小组，组织、协调和指导本地区的信息化建设工作。中央纪委、监察部信息化工作办公室（信息中心）负责制定全国纪检监察系统信息化标准、技术规范以及相关规章制度，负责组织全国纪检监察系统信息化建设的实施。省级纪检监察机关信息化工作机构负责贯彻落实中央纪委、监察部信息化建设的部署，负责本地区本部门信息化规划的制定和组织实施。

2. 进一步加强信息化培训工作，全面提高纪检监察干部的信息化水平。各级纪检监察机关的领导干部要进一步提高对信息化重要性的认识，带头学习计算机应用知识。干部管理部门和教育部门制定信息化应用水平等级标准，根据年龄和岗位确定上岗基本要求。将信息化培训列入纪检监察干部培训计划。

3. 加强信息化专业技术队伍建设。省级纪检监察机关配备专职专业人员，市（地）级纪检监察机关配备专业技术人员，具体负责信息化建设工作。

4. 县级以上纪检监察机关将信息化建设工作纳入办公厅（室）或信息中心的基本职能，列入年度工作计划，制定年度任务指标，落实责任，分步实施。

5. 按照国家确定的有关原则，信息化建设经费由中央和地方财政分别担负。县级以上纪检监察机关落实所需的建设资金和运转资金，保证信息化建设工作的正常开展。

6. 制定和完善《全国纪检监察系统计算机信息安全保护条例》、《全国纪检监察计算机信息网络管理规定》、《纪检监察机关国际互联网网站建设与应用管理规定》、《纪检监察干部信息化知识与技能考核上岗管理办法》等规章制度。

关于印发《中共中央纪委监察部派驻机构业务工作管理暂行办法》和《中共中央纪委监察部派驻机构干部工作管理暂行办法》的通知

（中纪发［2004］10号　2004年4月1日）

中央和国家机关各部委，中央纪委各派驻纪检组，监察部各派驻监察局、监察专员办公室：

现将《中共中央纪委监察部派驻机构业务工作管理暂行办法》和《中共中央纪委监察部派驻机构干部工作管理暂行办法》印发给你们，请遵照执行。

中共中央纪委
监察部
2004年4月1日

中共中央纪委监察部派驻机构业务工作管理暂行办法

为规范和加强派驻机构统一管理后的业务管理工作，根据《关于对中央纪委监察部派驻机构实行统一管理的实施意见》和纪检监察工作有关规定，制定本办法。

一、中央纪委监察部的派驻机构受中央纪委监察部直接领导，非务工作由中央纪委监察部统一管理。

二、中央纪委监察部领导按照分工分管派驻机构的工作。中央纪委第一至第四纪检监察室协助委部领导联系派驻机构日常工作，其他职能部门协助委部领导联系派驻机构相关工作。必要时，派驻机构主要负责人可直接向中央纪委监察部领导请示、报告工作。

三、派驻机构通过参与驻在部门的重要工作，参加有关会议和活动，以及其他有效的方式，履行对驻在部门党组和行政领导班子及其成员监督检查的职责，并向中央纪委监察部报告监督检查工作情况。

四、派驻机构协助驻在部门党组和行政领导班子抓好反腐倡廉工作部署和任务分解，健垒和完善组织协调机制；督促检查驻在部门及所属系统反腐倡廉各项工作的落实；开展调查研究，提出改进或加强工作的意见和建议；及时总结驻在部门及所属系统党风廉政建设和反腐败工作经验。派驻机构应适时与驻在部门党组和行政领导班子沟通有关工作情况，并向中央纪委监察部报告。

五、中央纪委信访室（监察部举报中心）收到的信访举报，涉及驻在部门党组和行政领导班子及其成员的，报中央纪委监察部领导阅批，抄送有关纪检监察室主要负责人，有关情况适时向派驻机构主要负责人通报；涉及驻在部门司局级干部重要问题的信访举报，主送派驻机构主要负责人阅批，抄送有关纪检监察室主要负责人；其他有关的信访举报，转派驻机构处理。派驻机构直接收到反映驻在部门党组和行政领导班子及其成员违反党纪政纪问题的信访举报，或者发现驻在部门党组和行政领导班子及其成员违反党纪政纪的问题及其他重要情况，可直接向中央纪委监察部领导报告。

六、经中央纪委监察部领导批准，派驻机构可对反映驻在部门党组的行政领导班子及其成员违反党纪政纪的问题进行初步核实；需要立案调查的，由中央纪委监察部有关纪检监察室按规定程序办理，派驻机构可参与调查。

七、派驻机构负责调查驻在部门司局级干部违反党纪政纪的案件及其他重要案件，可以决定立案，但决定立案前应征求驻在部门党组主要负责人的意见，意见不一致的，报中央纪委监察部决定；调查结束后提出处理建议，其审理及处分的程序和批准权限按有关规定办理。

八、中央纪委监察部印发的文件及时发派驻机构派驻机构参加中央纪委监察部机关有关会议。

九、派驻机构按照有关规定，向中央纪委监察部报送年度工作计划、总结、统计报表、工作信息等文件和材料。

十、中央纪委监察部机关有关职能部门可以根据本办法，结合实际情况，商派驻机构制定相应的工作联系办法。

中共中央纪委监察部派驻机构干部工作管理暂行办法

为规范和加强派驻机构实行统一管理后的干部管理工作，根据《关于对中央纪委监察部派驻机构实行统一管理的实施意见》和干部管理工作的有关规定，制定本办法。

一、考察任免

（一）纪检组组长由中央纪委商中央组织部提名并进行考察，经中央纪委常委会议研究决定，由中央纪委报中央任免。

（二）纪检组副组长、监察局（监察专员办公室）局长（专员）由中央纪委监察部提名并进行考察，经中央纪委书记办公会议研究决定，报中央组织部备案，由中央纪委监察部任免。

（三）监察局（监察专员办公室）副局长（副专员），由中央纪委监寨部提名并进行考察，经监察部部长办公会议讨论决定，报中央组织部备案，由监察部任免。

（四）局级纪律检查员、监察专员和副局级室主任由中央纪委干部室商派驻机构提名并进行考察，派驻机构组局办公会议讨论通过后，经中央纪委干部室报中央纪委监察部领导审批，由中央纪委任免。

（五）处级及以下职务由派驻机构领导班子在规定职数内提名，与中央纪委干部室沟通后组织考察同意，报中央纪委干部室审核并办理任免职手续。

（六）派驻机构干部可参加中央纪委监察部机关和驻在部门组织的竞争上岗｛派驻监察局（监察专员办公室）副局长（副专员）职位空缺时，可面向该派驻机构及其驻在部门、中央纪委监察部机关以及其他派驻机构进行竞争上岗，具体工作由中央纪委干部室统一组织。

二、交流和录用

（一）派驻机构干部可在驻在部门及所属系统、中央纪委监察部机关、其他派驻机构和国有企业事业单位等范围内进行交流。干部交流工作由中央纪委监察部商驻在部门实施，驻在部门应予以支持。

（二）纪检组组长，监察局（监察专员办公室）局长（专员）的交流由中央纪委监察部统筹安排。

（三）其他局级干部的交流由中央纪委干部室商派驻机构提出建议，报分管该派驻机构的中央纪委监察部领导和分管干部工作的中央纪委领导同意后，由中央纪委干部室按程序办理。

（四）处级及其以下干部的交流由派驻机构领导班子提出建议，经中央纪委干部室审核后，按程序办理。

（五）派驻机构干部的挂职锻炼由中央纪委监察部统一安排。驻在部门也可在征得中央纪委监察部同意后予以安排。

（六）派驻机构干部的招考录用由派驻机构领导班子提出用人需求，中央纪委干部室统一组织实施。

三、教育培训

（一）派驻机构干部的教育培训由中央纪委监察部和驻在部门共同负责，培训经费由驻在部门负责。

（二）纪检组组长、监察局（监察专员办公室）局长（专员）、参加中央党校、国家行政学院进修培训，由中央纪委监察部商驻在部门安排；派驻机构干部参加纪检监察业务培训，由中央纪委监察部负责。

（三）派驻机构干部参加驻在部门的业务培训、党员教育等，由驻在部门负责。驻在部门继续安排派驻机构的干部参加出国（境）培训、考察等活动。

四、年度考核和奖惩

（一）中管干部的年度考核按照中央组织部统一安排和要求，由中央纪委负责组织。纪检组组长、监察局（监察专员办公室）局长（专员）按照规定向申央纪委监察都述职述廉。

派驻机构其他干部的年度考核按照中央纪委监察部机关统一部署进行，其年度考核结果由中央纪委干部室向派驻机构及驻在部门通报。

（二）派驻机构及其干部在纪检监察工作中取得显著成绩或做出突出贡献的，由中央纪委监察部给予表彰奖励；其他方面的表彰、奖励，由驻在部门负责。

（三）派驻机构及其干部有违反党纪政纪行为的，由中央纪委监察部会同驻在部门进行调查姓理。

五、其他事项

（一）派驻机构的干部按照规定范围参加中央纪委监察部机关和驻在部门的后备干部推荐；符合被推荐条件和资格的，列入被推荐范围；符合后备干部条件和资格的，中央纪委监察部机关和驻在部门均可将其列为后备干部人选。

（二）派驻机构干部的工资关系、党（团）组织关系、群团关系仍在驻在部门，由驻在部门负责管理。派驻机构干部享受驻在部门同职级干部待遇，工资外津（补）贴、补助

（奖金），以及生活福利、住房、医疗、退休等事宜由驻在部门负责。

（三）派驻机构干部（不含中管干部）档案正本由中央纪委监察部机关管理，驻在部门建立派驻机构干部档案副本。

（四）派驻机构干部持有中央纪委监察部机关的工作证件和驻在部门的工作证件。

上述干部管理事项的具体程序和本办法未涉及的其他干部管理事项，参照中央纪委监察部机关干部管理的有关规定执行。

第30章　立法工作制度

中华人民共和国立法法

（2000年3月15日第九届全国人民代表大会第三次会议通过）

第一章　总　则

第一条　为了规范立法活动，健全国家立法制度，建立和完善有中国特色社会主义法律体系，保障和发展社会主义民主，推进依法治国，建设社会主义法治国家，根据宪法，制定本法。

第二条　法律、行政法规、地方性法规、自治条例和单行条例的制定、修改和废止，适用本法。

国务院部门规章和地方政府规章的制定、修改和废止，依照本法的有关规定执行。

第三条　立法应当遵循宪法的基本原则，以经济建设为中心，坚持社会主义道路、坚持人民民主专政、坚持中国共产党的领导、坚持马克思列宁主义毛泽东思想邓小平理论，坚持改革开放。

第四条　立法应当依照法定的权限和程序，从国家整体利益出发，维护社会主义法制的统一和尊严。

第五条　立法应当体现人民的意志，发扬社会主义民主，保障人民通过多种途径参与立法活动。

第六条　立法应当从实际出发，科学合理地规定公民、法人和其他组织的权利与义务、国家机关的权力与责任。

第二章　法律

第一节　立法权限

第七条　全国人民代表大会和全国人民代表大会常务委员会行使国家立法权。

全国人民代表大会制定和修改刑事、民事、国家机构的和其他的基本法律。

全国人民代表大会常务委员会制定和修改除应当由全国人民代表大会制定的法律以外的其他法律；在全国人民代表大会闭会期间，对全国人民代表大会制定的法律进行部分补充和修改，但是不得同该法律的基本原则相抵触。

第八条　下列事项只能制定法律：

（一）国家主权的事项；

（二）各级人民代表大会、人民政府、人民法院和人民检察院的产生、组织和职权；

（三）民族区域自治制度、特别行政区制度、基层群众自治制度；

（四）犯罪和刑罚；

（五）对公民政治权利的剥夺、限制人身自由的强制措施和处罚；

（六）对非国有财产的征收；

（七）民事基本制度；

（八）基本经济制度以及财政、税收、海关、金融和外贸的基本制度；

（九）诉讼和仲裁制度；

（十）必须由全国人民代表大会及其常务委员会制定法律的其他事项。

第九条　本法第八条规定的事项尚未制定法律的，全国人民代表大会及其常务委员会有权作出决定，授权国务院可以根据实际需要，对其中的部分事项先制定行政法规，但是有关犯罪和刑罚、对公民政治权利的剥夺和限制人身自由的强制措施和处罚、司法制度等事项除外。

第十条　授权决定应当明确授权的目的、范围。

被授权机关应当严格按照授权目的和范围行使该项权力。

被授权机关不得将该项权力转授给其他机关。

第十一条　授权立法事项，经过实践检验，制定法律的条件成熟时，由全国人民代表大会及其常务委员会及时制定法律。法律制定后，相应立法事项的授权终止。

第二节　全国人民代表大会立法程序

第十二条　全国人民代表大会主席团可以向全国人民代表大会提出法律案，由全国人民代表大会会议审议。

全国人民代表大会常务委员会、国务院、中央军事委员会、最高人民法院、最高人民检察院、全国人民代表大会各专门委员会，可以向全国人民代表大会提出法律案，由主席团决定列入会议议程。

第十三条　一个代表团或者三十名以上的代表联名，可以向全国人民代表大会提出法律案，由主席团决定是否列入会议议程，或者先交有关的专门委员会审议、提出是否列入会议议程的意见，再决定是否列入会议议程。专门委员会审议的时候，可以邀请提案人列席会议，发表意见。

第十四条　向全国人民代表大会提出的法律案，在全国人民代表大会闭会期间，可以先向常务委员会提出，经常务委员会会议依照本法第二章第三节规定的有关程序审议后，决定提请全国人民代表大会审议，由常务委员会向大会全体会议作说明，或者由提案人向大会全体会议作说明。

第十五条　常务委员会决定提请全国人民代表大会会议审议的法律案，应当在会议举行的一个月前将法律草案发给代表。

第十六条　列入全国人民代表大会会议议程的法律案，大会全体会议听取提案人的说明后，由各代表团进行审议。

各代表团审议法律案时，提案人应当派人听取意见，回答询问。

各代表团审议法律案时，根据代表团的要求，有关机关、组织应当派人介绍情况。

第十七条　列入全国人民代表大会会议议程的法律案，由有关的专门委员会进行审议，向主席团提出审议意见，并印发会议。

第十八条　列入全国人民代表大会会议议程的法律案，由法律委员会根据各代表团和有关的专门委员会的审议意见，对法律案进行统一审议，向主席团提出审议结果报告和法律草案修改稿，对重要的不同意见应当在审议结果报告中予以说明，经主席团会议审议通过后，印发会议。

第十九条 列入全国人民代表大会会议议程的法律案，必要时，主席团常务主席可以召开各代表团团长会议，就法律案中的重大问题听取各代表团的审议意见，进行讨论，并将讨论的情况和意见向主席团报告。

主席团常务主席也可以就法律案中的重大的专门性问题，召集代表团推选的有关代表进行讨论，并将讨论的情况和意见向主席团报告。

第二十条 列入全国人民代表大会会议议程的法律案，在交付表决前，提案人要求撤回的，应当说明理由，经主席团同意，并向大会报告，对该法律案的审议即行终止。

第二十一条 法律案在审议中有重大问题需要进一步研究的，经主席团提出，由大会全体会议决定，可以授权常务委员会根据代表的意见进一步审议，作出决定，并将决定情况向全国人民代表大会下次会议报告；也可以授权常务委员会根据代表的意见进一步审议，提出修改方案，提请全国人民代表大会下次会议审议决定。

第二十二条 法律草案修改稿经各代表团审议，由法律委员会根据各代表团的审议意见进行修改，提出法律草案表决稿，由主席团提请大会全体会议表决，由全体代表的过半数通过。

第二十三条 全国人民代表大会通过的法律由国家主席签署主席令予以公布。

第三节 全国人民代表大会常务委员会立法程序

第二十四条 委员长会议可以向常务委员会提出法律案，由常务委员会会议审议。

国务院、中央军事委员会、最高人民法院、最高人民检察院、全国人民代表大会各专门委员会，可以向常务委员会提出法律案，由委员长会议决定列入常务委员会会议议程，或者先交有关的专门委员会审议、提出报告，再决定列入常务委员会会议议程。如果委员长会议认为法律案有重大问题需要进一步研究，可以建议提案人修改完善后再向常务委员会提出。

第二十五条 常务委员会组成人员十人以上联名，可以向常务委员会提出法律案，由委员长会议决定是否列入常务委员会会议议程，或者先交有关的专门委员会审议、提出是否列入会议议程的意见，再决定是否列入常务委员会会议议程。不列入常务委员会会议议程的，应当向常务委员会会议报告或者向提案人说明。

专门委员会审议的时候，可以邀请提案人列席会议，发表意见。

第二十六条 列入常务委员会会议议程的法律案，除特殊情况外，应当在会议举行的七日前将法律草案发给常务委员会组成人员。

第二十七条 列入常务委员会会议议程的法律案，一般应当经三次常务委员会会议审议后再交付表决。

常务委员会会议第一次审议法律案，在全体会议上听取提案人的说明，由分组会议进行初步审议。

常务委员会会议第二次审议法律案，在全体会议上听取法律委员会关于法律草案修改情况和主要问题的汇报，由分组会议进一步审议。

常务委员会会议第三次审议法律案，在全体会议上听取法律委员会关于法律草案审议结果的报告，由分组会议对法律草案修改稿进行审议。

常务委员会审议法律案时，根据需要，可以召开联组会议或者全体会议，对法律草案中的主要问题进行讨论。

第二十八条　列入常务委员会会议议程的法律案，各方面意见比较一致的，可以经两次常务委员会会议审议后交付表决；部分修改的法律案，各方面的意见比较一致的，也可以经一次常务委员会会议审议即交付表决。

第二十九条　常务委员会分组会议审议法律案时，提案人应当派人听取意见，回答询问。

常务委员会分组会议审议法律案时，根据小组的要求，有关机关、组织应当派人介绍情况。

第三十条　列入常务委员会会议议程的法律案，由有关的专门委员会进行审议，提出审议意见，印发常务委员会会议。

有关的专门委员会审议法律案时，可以邀请其他专门委员会的成员列席会议，发表意见。

第三十一条　列入常务委员会会议议程的法律案，由法律委员会根据常务委员会组成人员、有关的专门委员会的审议意见和各方面提出的意见，对法律案进行统一审议，提出修改情况的汇报或者审议结果报告和法律草案修改稿，对重要的不同意见应当在汇报或者审议结果报告中予以说明。对有关的专门委员会的重要审议意见没有采纳的，应当向有关的专门委员会反馈。

法律委员会审议法律案时，可以邀请有关的专门委员会的成员列席会议，发表意见。

第三十二条　专门委员会审议法律案时，应当召开全体会议审议，根据需要，可以要求有关机关、组织派有关负责人说明情况。

第三十三条　专门委员会之间对法律草案的重要问题意见不一致时，应当向委员长会议报告。

第三十四条　列入常务委员会会议议程的法律案，法律委员会、有关的专门委员会和常务委员会工作机构应当听取各方面的意见。听取意见可以采取座谈会、论证会、听证会等多种形式。

常务委员会工作机构应当将法律草案发送有关机关、组织和专家征求意见，将意见整理后送法律委员会和有关的专门委员会，并根据需要，印发常务委员会会议。

第三十五条　列入常务委员会会议议程的重要的法律案，经委员长会议决定，可以将法律草案公布，征求意见。各机关、组织和公民提出的意见送常务委员会工作机构。

第三十六条　列入常务委员会会议议程的法律案，常务委员会工作机构应当收集整理分组审议的意见和各方面提出的意见以及其他有关资料，分送法律委员会和有关的专门委员会，并根据需要，印发常务委员会会议。

第三十七条　列入常务委员会会议议程的法律案，在交付表决前，提案人要求撤回的，应当说明理由，经委员长会议同意，并向常务委员会报告，对该法律案的审议即行终止。

第三十八条　法律案经常务委员会三次会议审议后，仍有重大问题需要进一步研究的，由委员长会议提出，经联组会议或者全体会议同意，可以暂不付表决，交法律委员会和有关的专门委员会进一步审议。

第三十九条 列入常务委员会会议审议的法律案，因各方面对制定该法律的必要性、可行性等重大问题存在较大意见分歧搁置审议满两年的，或者因暂不付表决经过两年没有再次列入常务委员会会议议程审议的，由委员长会议向常务委员会报告，该法律案终止审议。

第四十条 法律草案修改稿经常务委员会会议审议，由法律委员会根据常务委员会组成人员的审议意见进行修改，提出法律草案表决稿，由委员长会议提请常务委员会全体会议表决，由常务委员会全体组成人员的过半数通过。

第四十一条 常务委员会通过的法律由国家主席签署主席令予以公布。

第四节 法律解释

第四十二条 法律解释权属于全国人民代表大会常务委员会。

法律有以下情况之一的，由全国人民代表大会常务委员会解释：

（一）法律的规定需要进一步明确具体含义的；

（二）法律制定后出现新的情况，需要明确适用法律依据的。

第四十三条 国务院、中央军事委员会、最高人民法院、最高人民检察院和全国人民代表大会各专门委员会以及省、自治区、直辖市的人民代表大会常务委员会可以向全国人民代表大会常务委员会提出法律解释要求。

第四十四条 常务委员会工作机构研究拟订法律解释草案，由委员长会议决定列入常务委员会会议议程。

第四十五条 法律解释草案经常务委员会会议审议，由法律委员会根据常务委员会组成人员的审议意见进行审议、修改，提出法律解释草案表决稿。

第四十六条 法律解释草案表决稿由常务委员会全体组成人员的过半数通过，由常务委员会发布公告予以公布。

第四十七条 全国人民代表大会常务委员会的法律解释同法律具有同等效力。

第五节 其他规定

第四十八条 提出法律案，应当同时提出法律草案文本及其说明，并提供必要的资料。法律草案的说明应当包括制定该法律的必要性和主要内容。

第四十九条 向全国人民代表大会及其常务委员会提出的法律案，在列入会议议程前，提案人有权撤回。

第五十条 交付全国人民代表大会及其常务委员会全体会议表决未获得通过的法律案，如果提案人认为必须制定该法律，可以按照法律规定的程序重新提出，由主席团、委员长会议决定是否列入会议议程；其中，未获得全国人民代表大会通过的法律案，应当提请全国人民代表大会审议决定。

第五十一条 法律应当明确规定施行日期。

第五十二条 签署公布法律的主席令载明该法律的制定机关、通过和施行日期。

法律签署公布后，及时在全国人民代表大会常务委员会公报和在全国范围内发行的报纸上刊登。

在常务委员会公报上刊登的法律文本为标准文本。

第五十三条　法律的修改和废止程序，适用本章的有关规定。

法律部分条文被修改或者废止的，必须公布新的法律文本。

第五十四条　法律根据内容需要，可以分编、章、节、条、款、项、目。

编、章、节、条的序号用中文数字依次表述，款不编序号，项的序号用中文数字加括号依次表述，目的序号用阿拉伯数字依次表述。

法律标题的题注应当载明制定机关、通过日期。

第五十五条　全国人民代表大会常务委员会工作机构可以对有关具体问题的法律询问进行研究予以答复，并报常务委员会备案。

第三章　行政法规

第五十六条　国务院根据宪法和法律，制定行政法规。

行政法规可以就下列事项作出规定：

（一）为执行法律的规定需要制定行政法规的事项；

（二）宪法第八十九条规定的国务院行政管理职权的事项。

应当由全国人民代表大会及其常务委员会制定法律的事项，国务院根据全国人民代表大会及其常务委员会的授权决定先制定的行政法规，经过实践检验，制定法律的条件成熟时，国务院应当及时提请全国人民代表大会及其常务委员会制定法律。

第五十七条　行政法规由国务院组织起草。国务院有关部门认为需要制定行政法规的，应当向国务院报请立项。

第五十八条　行政法规在起草过程中，应当广泛听取有关机关、组织和公民的意见。听取意见可以采取座谈会、论证会、听证会等多种形式。

第五十九条　行政法规起草工作完成后，起草单位应当将草案及其说明、各方面对草案主要问题的不同意见和其他有关资料送国务院法制机构进行审查。

国务院法制机构应当向国务院提出审查报告和草案修改稿，审查报告应当对草案主要问题作出说明。

第六十条　行政法规的决定程序依照中华人民共和国国务院组织法的有关规定办理。

第六十一条　行政法规由总理签署国务院令公布。

第六十二条　行政法规签署公布后，及时在国务院公报和在全国范围内发行的报纸上刊登。

在国务院公报上刊登的行政法规文本为标准文本。

第四章　地方性法规、自治条例和单行条例、规章

第一节　地方性法规、自治条例和单行条例

第六十三条　省、自治区、直辖市的人民代表大会及其常务委员会根据本行政区域的具体情况和实际需要，在不同宪法、法律、行政法规相抵触的前提下，可以制定地方性法规。

较大的市的人民代表大会及其常务委员会根据本市的具体情况和实际需要，在不同宪法、法律、行政法规和本省、自治区的地方性法规相抵触的前提下，可以制定地方性法规，报省、自治区的人民代表大会常务委员会批准后施行。省、自治区的人民代表大会常

务委员会对报请批准的地方性法规，应当对其合法性进行审查，同宪法、法律、行政法规和本省、自治区的地方性法规不抵触的，应当在四个月内予以批准。

省、自治区的人民代表大会常务委员会在对报请批准的较大的市的地方性法规进行审查时，发现其同本省、自治区的人民政府的规章相抵触的，应当作出处理决定。

本法所称较大的市是指省、自治区的人民政府所在地的市，经济特区所在地的市和经国务院批准的较大的市。

第六十四条 地方性法规可以就下列事项作出规定：

（一）为执行法律、行政法规的规定，需要根据本行政区域的实际情况作具体规定的事项；

（二）属于地方性事务需要制定地方性法规的事项。

除本法第八条规定的事项外，其他事项国家尚未制定法律或者行政法规的，省、自治区、直辖市和较大的市根据本地方的具体情况和实际需要，可以先制定地方性法规。在国家制定的法律或者行政法规生效后，地方性法规同法律或者行政法规相抵触的规定无效，制定机关应当及时予以修改或者废止。

第六十五条 经济特区所在地的省、市的人民代表大会及其常务委员会根据全国人民代表大会的授权决定，制定法规，在经济特区范围内实施。

第六十六条 民族自治地方的人民代表大会有权依照当地民族的政治、经济和文化的特点，制定自治条例和单行条例。自治区的自治条例和单行条例，报全国人民代表大会常务委员会批准后生效。自治州、自治县的自治条例和单行条例，报省、自治区、直辖市的人民代表大会常务委员会批准后生效。

自治条例和单行条例可以依照当地民族的特点，对法律和行政法规的规定作出变通规定，但不得违背法律或者行政法规的基本原则，不得对宪法和民族区域自治法的规定以及其他有关法律、行政法规专门就民族自治地方所作的规定作出变通规定。

第六十七条 规定本行政区域特别重大事项的地方性法规，应当由人民代表大会通过。

第六十八条 地方性法规案、自治条例和单行条例案的提出、审议和表决程序，根据中华人民共和国地方各级人民代表大会和地方各级人民政府组织法，参照本法第二章第二节、第三节、第五节的规定，由本级人民代表大会规定。

地方性法规草案由负责统一审议的机构提出审议结果的报告和草案修改稿。

第六十九条 省、自治区、直辖市的人民代表大会制定的地方性法规由大会主席团发布公告予以公布。

省、自治区、直辖市的人民代表大会常务委员会制定的地方性法规由常务委员会发布公告予以公布。

较大的市的人民代表大会及其常务委员会制定的地方性法规报经批准后，由较大的市的人民代表大会常务委员会发布公告予以公布。

自治条例和单行条例报经批准后，分别由自治区、自治州、自治县的人民代表大会常务委员会发布公告予以公布。

第七十条 地方性法规、自治区的自治条例和单行条例公布后，及时在本级人民代表大会常务委员会公报和在本行政区域范围内发行的报纸上刊登。

在常务委员会公报上刊登的地方性法规、自治条例和单行条例文本为标准文本。

第二节　规　章

第七十一条　国务院各部、委员会、中国人民银行、审计署和具有行政管理职能的直属机构，可以根据法律和国务院的行政法规、决定、命令，在本部门的权限范围内，制定规章。

部门规章规定的事项应当属于执行法律或者国务院的行政法规、决定、命令的事项。

第七十二条　涉及两个以上国务院部门职权范围的事项，应当提请国务院制定行政法规或者由国务院有关部门联合制定规章。

第七十三条　省、自治区、直辖市和较大的市的人民政府，可以根据法律、行政法规和本省、自治区、直辖市的地方性法规，制定规章。

地方政府规章可以就下列事项作出规定：

（一）为执行法律、行政法规、地方性法规的规定需要制定规章的事项；

（二）属于本行政区域的具体行政管理事项。

第七十四条　国务院部门规章和地方政府规章的制定程序，参照本法第三章的规定，由国务院规定。

第七十五条　部门规章应当经部务会议或者委员会会议决定。

地方政府规章应当经政府常务会议或者全体会议决定。

第七十六条　部门规章由部门首长签署命令予以公布。

地方政府规章由省长或者自治区主席或者市长签署命令予以公布。

第七十七条　部门规章签署公布后，及时在国务院公报或者部门公报和在全国范围内发行的报纸上刊登。

地方政府规章签署公布后，及时在本级人民政府公报和在本行政区域范围内发行的报纸上刊登。

在国务院公报或者部门公报和地方人民政府公报上刊登的规章文本为标准文本。

第五章　适用与备案

第七十八条　宪法具有最高的法律效力，一切法律、行政法规、地方性法规、自治条例和单行条例、规章都不得同宪法相抵触。

第七十九条　法律的效力高于行政法规、地方性法规、规章。

行政法规的效力高于地方性法规、规章。

第八十条　地方性法规的效力高于本级和下级地方政府规章。

省、自治区的人民政府制定的规章的效力高于本行政区域内的较大的市的人民政府制定的规章。

第八十一条　自治条例和单行条例依法对法律、行政法规、地方性法规作变通规定的，在本自治地方适用自治条例和单行条例的规定。

经济特区法规根据授权对法律、行政法规、地方性法规作变通规定的，在本经济特区适用经济特区法规的规定。

第八十二条　部门规章之间、部门规章与地方政府规章之间具有同等效力，在各自的权限范围内施行。

第八十三条 同一机关制定的法律、行政法规、地方性法规、自治条例和单行条例、规章，特别规定与一般规定不一致的，适用特别规定；新的规定与旧的规定不一致的，适用新的规定。

第八十四条 法律、行政法规、地方性法规、自治条例和单行条例、规章不溯及既往，但为了更好地保护公民、法人和其他组织的权利和利益而作的特别规定除外。

第八十五条 法律之间对同一事项的新的一般规定与旧的特别规定不一致，不能确定如何适用时，由全国人民代表大会常务委员会裁决。

行政法规之间对同一事项的新的一般规定与旧的特别规定不一致，不能确定如何适用时，由国务院裁决。

第八十六条 地方性法规、规章之间不一致时，由有关机关依照下列规定的权限作出裁决：

（一）同一机关制定的新的一般规定与旧的特别规定不一致时，由制定机关裁决；

（二）地方性法规与部门规章之间对同一事项的规定不一致，不能确定如何适用时，由国务院提出意见，国务院认为应当适用地方性法规的，应当决定在该地方适用地方性法规的规定；认为应当适用部门规章的，应当提请全国人民代表大会常务委员会裁决；

（三）部门规章之间、部门规章与地方政府规章之间对同一事项的规定不一致时，由国务院裁决。

根据授权制定的法规与法律规定不一致，不能确定如何适用时，由全国人民代表大会常务委员会裁决。

第八十七条 法律、行政法规、地方性法规、自治条例和单行条例、规章有下列情形之一的，由有关机关依照本法第八十八条规定的权限予以改变或者撤销：

（一）超越权限的；

（二）下位法违反上位法规定的；

（三）规章之间对同一事项的规定不一致，经裁决应当改变或者撤销一方的规定的；

（四）规章的规定被认为不适当，应当予以改变或者撤销的；

（五）违背法定程序的。

第八十八条 改变或者撤销法律、行政法规、地方性法规、自治条例和单行条例、规章的权限是：

（一）全国人民代表大会有权改变或者撤销它的常务委员会制定的不适当的法律，有权撤销全国人民代表大会常务委员会批准的违背宪法和本法第六十六条第二款规定的自治条例和单行条例；

（二）全国人民代表大会常务委员会有权撤销同宪法和法律相抵触的行政法规，有权撤销同宪法、法律和行政法规相抵触的地方性法规，有权撤销省、自治区、直辖市的人民代表大会常务委员会批准的违背宪法和本法第六十六条第二款规定的自治条例和单行条例；

（三）国务院有权改变或者撤销不适当的部门规章和地方政府规章；

（四）省、自治区、直辖市的人民代表大会有权改变或者撤销它的常务委员会制定的和批准的不适当的地方性法规；

（五）地方人民代表大会常务委员会有权撤销本级人民政府制定的不适当的规章；

（六）省、自治区的人民政府有权改变或者撤销下一级人民政府制定的不适当的规章；

（七）授权机关有权撤销被授权机关制定的超越授权范围或者违背授权目的的法规，必要时可以撤销授权。

第八十九条 行政法规、地方性法规、自治条例和单行条例、规章应当在公布后的三十日内依照下列规定报有关机关备案：

（一）行政法规报全国人民代表大会常务委员会备案；

（二）省、自治区、直辖市的人民代表大会及其常务委员会制定的地方性法规，报全国人民代表大会常务委员会和国务院备案；较大的市的人民代表大会及其常务委员会制定的地方性法规，由省、自治区的人民代表大会常务委员会报全国人民代表大会常务委员会和国务院备案；

（三）自治州、自治县制定的自治条例和单行条例，由省、自治区、直辖市的人民代表大会常务委员会报全国人民代表大会常务委员会和国务院备案；

（四）部门规章和地方政府规章报国务院备案；地方政府规章应当同时报本级人民代表大会常务委员会备案；较大的市的人民政府制定的规章应当同时报省、自治区的人民代表大会常务委员会和人民政府备案；

（五）根据授权制定的法规应当报授权决定规定的机关备案。

第九十条 国务院、中央军事委员会、最高人民法院、最高人民检察院和各省、自治区、直辖市的人民代表大会常务委员会认为行政法规、地方性法规、自治条例和单行条例同宪法或者法律相抵触的，可以向全国人民代表大会常务委员会书面提出进行审查的要求，由常务委员会工作机构分送有关的专门委员会进行审查、提出意见。

前款规定以外的其他国家机关和社会团体、企业事业组织以及公民认为行政法规、地方性法规、自治条例和单行条例同宪法或者法律相抵触的，可以向全国人民代表大会常务委员会书面提出进行审查的建议，由常务委员会工作机构进行研究，必要时，送有关的专门委员会进行审查、提出意见。

第九十一条 全国人民代表大会专门委员会在审查中认为行政法规、地方性法规、自治条例和单行条例同宪法或者法律相抵触的，可以向制定机关提出书面审查意见；也可以由法律委员会与有关的专门委员会召开联合审查会议，要求制定机关到会说明情况，再向制定机关提出书面审查意见。制定机关应当在两个月内研究提出是否修改的意见，并向全国人民代表大会法律委员会和有关的专门委员会反馈。

全国人民代表大会法律委员会和有关的专门委员会审查认为行政法规、地方性法规、自治条例和单行条例同宪法或者法律相抵触而制定机关不予修改的，可以向委员长会议提出书面审查意见和予以撤销的议案，由委员长会议决定是否提请常务委员会会议审议决定。

第九十二条 其他接受备案的机关对报送备案的地方性法规、自治条例和单行条例、规章的审查程序，按照维护法制统一的原则，由接受备案的机关规定。

第六章 附 则

第九十三条 中央军事委员会根据宪法和法律，制定军事法规。

中央军事委员会各总部、军兵种、军区，可以根据法律和中央军事委员会的军事法规、决定、命令，在其权限范围内，制定军事规章。

军事法规、军事规章在武装力量内部实施。

军事法规、军事规章的制定、修改和废止办法，由中央军事委员会依照本法规定的原则规定。

第九十四条 本法自2000年7月1日起施行。

行政法规制定程序条例

（国务院令第 321 号　2001 年 11 月 16 日）

第一章　总　则

第一条　为了规范行政法规制定程序，保证行政法规质量，根据宪法、立法法和国务院组织法的有关规定，制定本条例。

第二条　行政法规的立项、起草、审查、决定、公布、解释，适用本条例。

第三条　制定行政法规，应当遵循立法法确定的立法原则，符合宪法和法律的规定。

第四条　行政法规的名称一般称“条例”，也可以称“规定”、“办法”等。国务院根据全国人民代表大会及其常务委员会的授权决定制定的行政法规，称“暂行条例”或者“暂行规定”。

国务院各部门和地方人民政府制定的规章不得称“条例”。

第五条　行政法规应当备而不繁，逻辑严密，条文明确、具体，用语准确、简洁，具有可操作性。

行政法规根据内容需要，可以分章、节、条、款、项、目。章、节、条的序号用中文数字依次表述，款不编序号，项的序号用中文数字加括号依次表述，目的序号用阿拉伯数字依次表述。

第二章　立　项

第六条　国务院于每年年初编制本年度的立法工作计划。

第七条　国务院有关部门认为需要制定行政法规的，应当于每年年初编制国务院年度立法工作计划前，向国务院报请立项。

国务院有关部门报送的行政法规立项申请，应当说明立法项目所要解决的主要问题、依据的方针政策和拟确立的主要制度。

第八条　国务院法制机构应当根据国家总体工作部署对部门报送的行政法规立项申请汇总研究，突出重点，统筹兼顾，拟订国务院年度立法工作计划，报国务院审批。

列入国务院年度立法工作计划的行政法规项目应当符合下列要求：

（一）适应改革、发展、稳定的需要；

（二）有关的改革实践经验基本成熟；

（三）所要解决的问题属于国务院职权范围并需要国务院制定行政法规的事项。

第九条　对列入国务院年度立法工作计划的行政法规项目，承担起草任务的部门应当抓紧工作，按照要求上报国务院。

国务院年度立法工作计划在执行中可以根据实际情况予以调整。

第三章 起 草

第十条 行政法规由国务院组织起草。国务院年度立法工作计划确定行政法规由国务院的一个部门或者几个部门具体负责起草工作，也可以确定由国务院法制机构起草或者组织起草。

第十一条 起草行政法规，除应当遵循立法法确定的立法原则，并符合宪法和法律的规定外，还应当符合下列要求：

（一）体现改革精神，科学规范行政行为，促进政府职能向经济调节、社会管理、公共服务转变；

（二）符合精简、统一、效能的原则，相同或者相近的职能规定由一个行政机关承担，简化行政管理手续；

（三）切实保障公民、法人和其他组织的合法权益，在规定其应当履行的义务的同时，应当规定其相应的权利和保障权利实现的途径；

（四）体现行政机关的职权与责任相统一的原则，在赋予有关行政机关必要的职权的同时，应当规定其行使职权的条件、程序和应承担的责任。

第十二条 起草行政法规，应当深入调查研究，总结实践经验，广泛听取有关机关、组织和公民的意见。听取意见可以采取召开座谈会、论证会、听证会等多种形式。

第十三条 起草行政法规，起草部门应当就涉及其他部门的职责或者与其他部门关系紧密的规定，与有关部门协商一致；经过充分协商不能取得一致意见的，应当在上报行政法规草案送审稿（以下简称行政法规送审稿）时说明情况和理由。

第十四条 起草行政法规，起草部门应当对涉及有关管理体制、方针政策等需要国务院决策的重大问题提出解决方案，报国务院决定。

第十五条 起草部门向国务院报送的行政法规送审稿，应当由起草部门主要负责人签署。几个部门共同起草的行政法规送审稿，应当由该几个部门主要负责人共同签署。

第十六条 起草部门将行政法规送审稿报送国务院审查时，应当一并报送行政法规送审稿的说明和有关材料。

行政法规送审稿的说明应当对立法的必要性，确立的主要制度，各方面对送审稿主要问题的不同意见，征求有关机关、组织和公民意见的情况等作出说明。有关材料主要包括国内外的有关立法资料、调研报告、考察报告等。

第四章 审 查

第十七条 报送国务院的行政法规送审稿，由国务院法制机构负责审查。

国务院法制机构主要从以下方面对行政法规送审稿进行审查：

（一）是否符合宪法、法律的规定和国家的方针政策；

（二）是否符合本条例第十一条的规定；

（三）是否与有关行政法规协调、衔接；

（四）是否正确处理有关机关、组织和公民对送审稿主要问题的意见；

（五）其他需要审查的内容。

第十八条 行政法规送审稿有下列情形之一的，国务院法制机构可以缓办或者退回起草部门：

（一）制定行政法规的基本条件尚不成熟的；

（二）有关部门对送审稿规定的主要制度存在较大争议，起草部门未与有关部门协商的；

（三）上报送审稿不符合本条例第十五条、第十六条规定的。

第十九条　国务院法制机构应当将行政法规送审稿或者行政法规送审稿涉及的主要问题发送国务院有关部门、地方人民政府、有关组织和专家征求意见。国务院有关部门、地方人民政府反馈的书面意见，应当加盖本单位或者本单位办公厅（室）印章。

重要的行政法规送审稿，经报国务院同意，向社会公布，征求意见。

第二十条　国务院法制机构应当就行政法规送审稿涉及的主要问题，深入基层进行实地调查研究，听取基层有关机关、组织和公民的意见。

第二十一条　行政法规送审稿涉及重大、疑难问题的，国务院法制机构应当召开由有关单位、专家参加的座谈会、论证会，听取意见，研究论证。

第二十二条　行政法规送审稿直接涉及公民、法人或者其他组织的切身利益的，国务院法制机构可以举行听证会，听取有关机关、组织和公民的意见。

第二十三条　国务院有关部门对行政法规送审稿涉及的主要制度、方针政策、管理体制、权限分工等有不同意见的，国务院法制机构应当进行协调，力求达成一致意见；不能达成一致意见的，应当将争议的主要问题、有关部门的意见以及国务院法制机构的意见报国务院决定。

第二十四条　国务院法制机构应当认真研究各方面的意见，与起草部门协商后，对行政法规送审稿进行修改，形成行政法规草案和对草案的说明。

第二十五条　行政法规草案由国务院法制机构主要负责人提出提请国务院常务会议审议的建议；对调整范围单一、各方面意见一致或者依据法律制定的配套行政法规草案，可以采取传批方式，由国务院法制机构直接提请国务院审批。

第五章　决定与公布

第二十六条　行政法规草案由国务院常务会议审议，或者由国务院审批。

国务院常务会议审议行政法规草案时，由国务院法制机构或者起草部门作说明。

第二十七条　国务院法制机构应当根据国务院对行政法规草案的审议意见，对行政法规草案进行修改，形成草案修改稿，报请总理签署国务院令公布施行。

签署公布行政法规的国务院令载明该行政法规的施行日期。

第二十八条　行政法规签署公布后，及时在国务院公报和在全国范围内发行的报纸上刊登。国务院法制机构应当及时汇编出版行政法规的国家正式版本。

在国务院公报上刊登的行政法规文本为标准文本。

第二十九条　行政法规应当自公布之日起30日后施行；但是，涉及国家安全、外汇汇率、货币政策的确定以及公布后不立即施行将有碍行政法规施行的，可以自公布之日起施行。

第三十条　行政法规在公布后的30日内由国务院办公厅报全国人民代表大会常务委员会备案。

第六章 行政法规解释

第三十一条 行政法规条文本身需要进一步明确界限或者作出补充规定的，由国务院解释。

国务院法制机构研究拟订行政法规解释草案，报国务院同意后，由国务院公布或者由国务院授权国务院有关部门公布。

行政法规的解释与行政法规具有同等效力。

第三十二条 国务院各部门和省、自治区、直辖市人民政府可以向国务院提出行政法规解释要求。

第三十三条 对属于行政工作中具体应用行政法规的问题，省、自治区、直辖市人民政府法制机构以及国务院有关部门法制机构请求国务院法制机构解释的，国务院法制机构可以研究答复；其中涉及重大问题的，由国务院法制机构提出意见，报国务院同意后答复。

第七章 附 则

第三十四条 拟订国务院提请全国人民代表大会或者全国人民代表大会常务委员会审议的法律草案，参照本条例的有关规定办理。

第三十五条 修改行政法规的程序，适用本条例的有关规定。

行政法规修改后，应当及时公布新的行政法规文本。

第三十六条 行政法规的外文正式译本和民族语言文本，由国务院法制机构审定。

第三十七条 本条例自 2002 年 1 月 1 日起施行。1987 年 4 月 21 日国务院批准、国务院办公厅发布的《行政法规制定程序暂行条例》同时废止。

规章制定程序条例

（国务院令第 322 号　2001 年 11 月 16 日）

第　章　总　则

第一条　为了规范规章制定程序，保证规章质量，根据立法法的有关规定，制定本条例。

第二条　规章的立项、起草、审查、决定、公布、解释，适用本条例。

违反本条例规定制定的规章无效。

第三条　制定规章，应当遵循立法法确定的立法原则，符合宪法、法律、行政法规和其他上位法的规定。

第四条　制定规章，应当切实保障公民、法人和其他组织的合法权益，在规定其应当履行的义务的同时，应当规定其相应的权利和保障权利实现的途径。

制定规章，应当体现行政机关的职权与责任相统一的原则，在赋予有关行政机关必要的职权的同时，应当规定其行使职权的条件、程序和应承担的责任。

第五条　制定规章，应当体现改革精神，科学规范行政行为，促进政府职能向经济调节、社会管理和公共服务转变。

制定规章，应当符合精简、统一、效能的原则，相同或者相近的职能应当规定由一个行政机关承担，简化行政管理手续。

第六条　规章的名称一般称“规定”、“办法”，但不得称“条例”。

第七条　规章用语应当准确、简洁，条文内容应当明确、具体，具有可操作性。

法律、法规已经明确规定的内容，规章原则上不作重复规定。

除内容复杂的外，规章一般不分章、节。

第八条　涉及国务院两个以上部门职权范围的事项，制定行政法规条件尚不成熟，需要制定规章的，国务院有关部门应当联合制定规章。

有前款规定情形的，国务院有关部门单独制定的规章无效。

第二章　立　项

第九条　国务院部门内设机构或者其他机构认为需要制定部门规章的，应当向该部门报请立项。

省、自治区、直辖市和较大的市的人民政府所属工作部门或者下级人民政府认为需要制定地方政府规章的，应当向该省、自治区、直辖市或者较大的市的人民政府报请立项。

第十条　报送制定规章的立项申请，应当对制定规章的必要性、所要解决的主要问题、拟确立的主要制度等作出说明。

第十一条 国务院部门法制机构，省、自治区、直辖市和较大的市的人民政府法制机构（以下简称法制机构），应当对制定规章的立项申请进行汇总研究，拟订本部门、本级人民政府年度规章制定工作计划，报本部门、本级人民政府批准后执行。

年度规章制定工作计划应当明确规章的名称、起草单位、完成时间等。

第十二条 国务院部门，省、自治区、直辖市和较大的市的人民政府，应当加强对执行年度规章制定工作计划的领导。对列入年度规章制定工作计划的项目，承担起草工作的单位应当抓紧工作，按照要求上报本部门或者本级人民政府决定。

年度规章制定工作计划在执行中，可以根据实际情况予以调整，对拟增加的规章项目应当进行补充论证。

第三章　起　草

第十三条 部门规章由国务院部门组织起草，地方政府规章由省、自治区、直辖市和较大的市的人民政府组织起草。

国务院部门可以确定规章由其一个或者几个内设机构或者其他机构具体负责起草工作，也可以确定由其法制机构起草或者组织起草。

省、自治区、直辖市和较大的市的人民政府可以确定规章由其一个部门或者几个部门具体负责起草工作，也可以确定由其法制机构起草或者组织起草。

起草规章可以邀请有关专家、组织参加，也可以委托有关专家、组织起草。

第十四条 起草规章，应当深入调查研究，总结实践经验，广泛听取有关机关、组织和公民的意见。听取意见可以采取书面征求意见、座谈会、论证会、听证会等多种形式。

第十五条 起草的规章直接涉及公民、法人或者其他组织切身利益，有关机关、组织或者公民对其有重大意见分歧的，应当向社会公布，征求社会各界的意见；起草单位也可以举行听证会。听证会依照下列程序组织：

（一）听证会公开举行，起草单位应当在举行听证会的30日前公布听证会的时间、地点和内容；

（二）参加听证会的有关机关、组织和公民对起草的规章，有权提问和发表意见；

（三）听证会应当制作笔录，如实记录发言人的主要观点和理由；

（四）起草单位应当认真研究听证会反映的各种意见，起草的规章在报送审查时，应当说明对听证会意见的处理情况及其理由。

第十六条 起草部门规章，涉及国务院其他部门的职责或者与国务院其他部门关系紧密的，起草单位应当充分征求国务院其他部门的意见。

起草地方政府规章，涉及本级人民政府其他部门的职责或者与其他部门关系紧密的，起草单位应当充分征求其他部门的意见。起草单位与其他部门有不同意见的，应当充分协商；经过充分协商不能取得一致意见的，起草单位应当在上报规章草案送审稿（以下简称规章送审稿）时说明情况和理由。

第十七条 起草单位应当将规章送审稿及其说明、对规章送审稿主要问题的不同意见和其他有关材料按规定报送审查。

报送审查的规章送审稿，应当由起草单位主要负责人签署；几个起草单位共同起草的规章送审稿，应当由该几个起草单位主要负责人共同签署。

规章送审稿的说明应当对制定规章的必要性、规定的主要措施、有关方面的意见等情况作出说明。

有关材料主要包括汇总的意见、听证会笔录、调研报告、国内外有关立法资料等。

第四章　审　查

第十八条　规章送审稿由法制机构负责统一审查。

法制机构主要从以下方面对送审稿进行审查：

（一）是否符合本条例第三条、第四条、第五条的规定；

（二）是否与有关规章协调、衔接；

（三）是否正确处理有关机关、组织和公民对规章送审稿主要问题的意见；

（四）是否符合立法技术要求；

（五）需要审查的其他内容。

第十九条　规章送审稿有下列情形之一的，法制机构可以缓办或者退回起草单位：

（一）制定规章的基本条件尚不成熟的；

（二）有关机构或者部门对规章送审稿规定的主要制度存在较大争议，起草单位未与有关机构或者部门协商的；

（三）上报送审稿不符合本条例第十七条规定的。

第二十条　法制机构应当将规章送审稿或者规章送审稿涉及的主要问题发送有关机关、组织和专家征求意见。

第二十一条　法制机构应当就规章送审稿涉及的主要问题，深入基层进行实地调查研究，听取基层有关机关、组织和公民的意见。

第二十二条　规章送审稿涉及重大问题的，法制机构应当召开由有关单位、专家参加的座谈会、论证会，听取意见，研究论证。

第二十三条　规章送审稿直接涉及公民、法人或者其他组织切身利益，有关机关、组织或者公民对其有重大意见分歧，起草单位在起草过程中未向社会公布，也未举行听证会的，法制机构经本部门或者本级人民政府批准，可以向社会公布，也可以举行听证会。

举行听证会的，应当依照本条例第十五条规定的程序组织。

第二十四条　有关机构或者部门对规章送审稿涉及的主要措施、管理体制、权限分工等问题有不同意见的，法制机构应当进行协调，达成一致意见；不能达成一致意见的，应当将主要问题、有关机构或者部门的意见和法制机构的意见上报本部门或者本级人民政府决定。

第二十五条　法制机构应当认真研究各方面的意见，与起草单位协商后，对规章送审稿进行修改，形成规章草案和对草案的说明。说明应当包括制定规章拟解决的主要问题、确立的主要措施以及与有关部门的协调情况等。

规章草案和说明由法制机构主要负责人签署，提出提请本部门或者本级人民政府有关会议审议的建议。

第二十六条　法制机构起草或者组织起草的规章草案，由法制机构主要负责人签署，提出提请本部门或者本级人民政府有关会议审议的建议。

第五章 决定和公布

第二十七条 部门规章应当经部务会议或者委员会会议决定。

地方政府规章应当经政府常务会议或者全体会议决定。

第二十八条 审议规章草案时，由法制机构作说明，也可以由起草单位作说明。

第二十九条 法制机构应当根据有关会议审议意见对规章草案进行修改，形成草案修改稿，报请本部门首长或者省长、自治区主席、市长签署命令予以公布。

第三十条 公布规章的命令应当载明该规章的制定机关、序号、规章名称、通过日期、施行日期、部门首长或者省长、自治区主席、市长署名以及公布日期。

部门联合规章由联合制定的部门首长共同署名公布，使用主办机关的命令序号。

第三十一条 部门规章签署公布后，部门公报或者国务院公报和全国范围内发行的有关报纸应当及时予以刊登。

地方政府规章签署公布后，本级人民政府公报和本行政区域范围内发行的报纸应当及时刊登。

在部门公报或者国务院公报和地方人民政府公报上刊登的规章文本为标准文本。

第三十二条 规章应当自公布之日起30日后施行；但是，涉及国家安全、外汇汇率、货币政策的确定以及公布后不立即施行将有碍规章施行的，可以自公布之日起施行。

第六章 解释与备案

第三十三条 规章解释权属于规章制定机关。

规章有下列情况之一的，由制定机关解释：

（一）规章的规定需要进一步明确具体含义的；

（二）规章制定后出现新的情况，需要明确适用规章依据的。

规章解释由规章制定机关的法制机构参照规章送审稿审查程序提出意见，报请制定机关批准后公布。

规章的解释同规章具有同等效力。

第三十四条 规章应当自公布之日起30日内，由法制机构依照立法法和《法规规章备案条例》的规定向有关机关备案。

第三十五条 国家机关、社会团体、企业事业组织、公民认为规章同法律、行政法规相抵触的，可以向国务院书面提出审查的建议，由国务院法制机构研究处理。

国家机关、社会团体、企业事业组织、公民认为较大的市的人民政府规章同法律、行政法规相抵触或者违反其他上位法的规定的，也可以向本省、自治区人民政府书面提出审查的建议，由省、自治区人民政府法制机构研究处理。

第七章 附 则

第三十六条 依法不具有规章制定权的县级以上地方人民政府制定、发布具有普遍约束力的决定、命令，参照本条例规定的程序执行。

第三十七条　国务院部门，省、自治区、直辖市和较大的市的人民政府，应当经常对规章进行清理，发现与新公布的法律、行政法规或者其他上位法的规定不一致的，或者与法律、行政法规或者其他上位法相抵触的，应当及时修改或者废止。

修改、废止规章的程序，参照本条例的有关规定执行。

第三十八条　编辑出版正式版本、民族文版、外文版本的规章汇编，由法制机构依照《法规汇编编辑出版管理规定》的有关规定执行。

第三十九条　本条例自2002年1月1日起施行。

法规规章备案条例

（国务院令第 337 号　2001 年 12 月 14 日）

第一条　为了维护社会主义法制的统一，加强对法规、规章的监督，根据立法法的有关规定，制定本条例。

第二条　本条例所称法规，是指省、自治区、直辖市和较大的市的人民代表大会及其常务委员会依照法定职权和程序制定的地方性法规，经济特区所在地的省、市的人民代表大会及其常务委员会依照法定职权和程序制定的经济特区法规，以及自治州、自治县的人民代表大会依照法定职权和程序制定的自治条例和单行条例。

本条例所称规章，包括部门规章和地方政府规章。部门规章，是指国务院各部、各委员会、中国人民银行、审计署和具有行政管理职能的直属机构（以下简称国务院部门）根据法律和国务院的行政法规、决定、命令，在本部门的职权范围内依照《规章制定程序条例》制定的规章。地方政府规章，是指省、自治区、直辖市和较大的市的人民政府根据法律、行政法规和本省、自治区、直辖市的地方性法规，依照《规章制定程序条例》制定的规章。

第三条　法规、规章公布后，应当自公布之日起 30 日内，依照下列规定报送备案：

（一）地方性法规、自治州和自治县的自治条例和单行条例由省、自治区、直辖市的人民代表大会常务委员会报国务院备案；

（二）部门规章由国务院部门报国务院备案，两个或者两个以上部门联合制定的规章，由主办的部门报国务院备案；

（三）省、自治区、直辖市人民政府规章由省、自治区、直辖市人民政府报国务院备案；

（四）较大的市的人民政府规章由较大的市的人民政府报国务院备案，同时报省、自治区人民政府备案；

（五）经济特区法规由经济特区所在地的省、市的人民代表大会常务委员会报国务院备案。

第四条　国务院部门，省、自治区、直辖市和较大的市的人民政府应当依法履行规章备案职责，加强对规章备案工作的组织领导。

国务院部门法制机构，省、自治区、直辖市人民政府和较大的市的人民政府法制机构，具体负责本部门、本地方的规章备案工作。

第五条　国务院法制机构依照本条例的规定负责国务院的法规、规章备案工作，履行备案审查监督职责。

第六条　依照本条例报送国务院备案的法规、规章，径送国务院法制机构。

报送法规备案，按照全国人民代表大会常务委员会关于法规备案的有关规定执行。

报送规章备案，应当提交备案报告、规章文本和说明，并按照规定的格式装订成册，一式十份。

报送法规、规章备案，具备条件的，应当同时报送法规、规章的电子文本。

第七条 报送法规、规章备案，符合本条例第二条和第六条第二款、第三款规定的，国务院法制机构予以备案登记；不符合第二条规定的，不予备案登记；符合第二条规定但不符合第六条第二款、第三款规定的，暂缓办理备案登记。

暂缓办理备案登记的，由国务院法制机构通知制定机关补充报送备案或者重新报送备案；补充或者重新报送备案符合规定的，予以备案登记。

第八条 经备案登记的法规、规章，由国务院法制机构按月公布目录。

编辑出版法规、规章汇编的范围，应当以公布的法规、规章目录为准。

第九条 国家机关、社会团体、企业事业组织、公民认为地方性法规同行政法规相抵触的，或者认为规章以及国务院各部门、省、自治区、直辖市和较大的市的人民政府发布的其他具有普遍约束力的行政决定、命令同法律、行政法规相抵触的，可以向国务院书面提出审查建议，由国务院法制机构研究并提出处理意见，按照规定程序处理。

第十条 国务院法制机构对报送国务院备案的法规、规章，就下列事项进行审查：

（一）是否超越权限；

（二）下位法是否违反上位法的规定；

（三）地方性法规与部门规章之间或者不同规章之间对同一事项的规定不一致，是否应当改变或者撤销一方的或者双方的规定；

（四）规章的规定是否适当；

（五）是否违背法定程序。

第十一条 国务院法制机构审查法规、规章时，认为需要有关的国务院部门或者地方人民政府提出意见的，有关的机关应当在规定期限内回复；认为需要法规、规章的制定机关说明有关情况的，有关的制定机关应当在规定期限内予以说明。

第十二条 经审查，地方性法规同行政法规相抵触的，由国务院提请全国人民代表大会常务委员会处理。

第十三条 地方性法规与部门规章之间对同一事项的规定不一致的，由国务院法制机构提出处理意见，报国务院依照立法法第八十六条第一款第（二）项的规定处理。

第十四条 经审查，规章超越权限，违反法律、行政法规的规定，或者其规定不适当的，由国务院法制机构建议制定机关自行纠正；或者由国务院法制机构提出处理意见报国务院决定，并通知制定机关。

第十五条 部门规章之间、部门规章与地方政府规章之间对同一事项的规定不一致的，由国务院法制机构进行协调；经协调不能取得一致意见的，由国务院法制机构提出处理意见报国务院决定，并通知制定机关。

第十六条 对《规章制定程序条例》第二条第二款、第八条第二款规定的无效规章，国务院法制机构不予备案，并通知制定机关。

规章在制定技术上存在问题的，国务院法制机构可以向制定机关提出处理意见，由制定机关自行处理。

第十七条 规章的制定机关应当自接到本条例第十四条、第十五条、第十六条规定的通知之日起30日内，将处理情况报国务院法制机构。

第十八条 根据本条例第十五条作出的处理结果，可以作为对最高人民法院依照行政诉讼法第五十三条送请国务院解释或者裁决的答复。

第十九条 法规、规章的制定机关应当于每年1月底前将上一年所制定的法规、规章目录报国务院法制机构。

第二十条 对于不报送规章备案或者不按时报送规章备案的，由国务院法制机构通知制定机关，限期报送；逾期仍不报送的，给予通报，并责令限期改正。

第二十一条 省、自治区、直辖市人民政府应当依法加强对下级行政机关发布的规章和其他具有普遍约束力的行政决定、命令的监督，依照本条例的有关规定，建立相关的备案审查制度，维护社会主义法制的统一，保证法律、法规的正确实施。

第二十二条 本条例自2002年1月1日起施行。1990年2月18日国务院发布的《法规、规章备案规定》同时废止。

中国共产党党内法规制定程序暂行条例

（中共中央1990年7月31日）

第一章　总　则

第一条　为使党内法规制定程序科学化、规范化，提高工作效率，保证党内法规质量，根据《中国共产党章程》和党的建设的实践经验，制定本条例。

第二条　党内法规是党的中央组织、中央各部门、中央军委总政治部和各省、自治区、直辖市党委制定的用以规范党组织的工作、活动和党员的行为的党内各类规章制度的总称。

党章是最根本的党内法规，其他党内法规是党章有关规定的具体化。

党内法规对于加强党的建设，保证党的各项工作和党内生活的制度化，具有十分重要的作用。

第三条　本条例适用于党的中央、中央纪律检查委员会和中央各部门在其职责权限范围内制定党内法规的活动。

第四条　党内法规的名称为党章、准则、条例、规则、规定、办法、细则。

中央纪律检查委员会、中央各部门制定并发布的党内法规，称规定、办法、细则。

第五条　制定党内法规的工作在中央统一领导下有计划有组织地进行。制定党内法规的日常工作由中央书记处负责，中央办公厅承办具体事务。中央纪律检查委员会、中央各部门按其职责权限分别负责有关工作。

第六条　制定党内法规应遵循下列原则：

（一）以党章为依据，贯彻党的路线、方针、政策；

（二）遵守党必须在宪法和法律的范围内活动的规定，不得与国家法律相抵触；

（三）贯彻党的民主集中制原则；

（四）从党的建设的实际出发；

（五）既注重配套完备，又防止繁琐过滥。

第二章　规　划

第七条　中央党内法规制定工作规划，由中央办公厅根据党章和中央指示，在调查研究并对中央纪律检查委员会、中央各部门提出的建议进行综合研究后汇总拟订，经中央书记处办公会议讨论，报中央政治局常委会审定。

第八条　中央纪律检查委员会和中央各部门，凡需列入翌年中央党内法规制定工作计划的制定党内法规的建议，应在当年九月底以前向中央提出。

中央纪律检查委员会、中央各部门提出的制定党内法规的建议，应包括下列内容：

（一）名称；

（二）制定目的和依据；

（三）适用范围；

（四）批准和发布机关；

（五）报送草案的时间。

第九条 中央党内法规制定工作规划和计划在执行过程中需要变动时，或由中央进行调整，或由中央纪律检查委员会、中央各部门提出书面报告，经中央审定后进行调整。

第三章 起 草

第十条 列入中央党内法规制定工作规划和计划的党内法规，按其内容，由中央纪律检查委员会、中央各部门分别起草。综合性的党内法规，由中央办公厅协调中央纪律检查委员会、中央有关部门联合起草。

第十一条 党内法规草案一般应包括下列内容：

（一）名称；

（二）制定目的和依据；

（三）适用范围；

（四）具体规范；

（五）监督措施；

（六）对违反规定的处理办法；

（七）主管部门或负责解释的部门；

（八）生效或施行日期。

第十二条 党内法规的内容用条文表述。条文可由若干款组成，款下可分项、目。内容较复杂的可分章、节。

第十三条 党内法规应文字规范、简明、准确。

第十四条 主管部门起草涉及其他部门工作范围的党内法规时，应与有关部门进行协商。经协商未能取得一致意见的，应在上报党内法规草案时对有关情况作出说明。

第十五条 起草新的党内法规应与现行的党内法规相衔接。对同一事项，如果需要作出与现行的党内法规不相一致的规定，应在草案中作出废止现行党内法规或其中某些条款的规定，并在上报党内法规草案时说明情况和理由。

第十六条 需经中央审议批准的党内法规草案拟定后，视其内容，或在一定范围内征求意见，或经中央同意后在全党范围内征求意见。

第四章 审 定

第十七条 党内法规起草工作完成后，应履行审定手续。

第十八条 报送中央审议批准的党内法规草案，应有必要的说明并附有关材料。

第十九条 需经中央审议批准的党内法规草案，由中央办公厅负责校核，并向中央提出校核报告。

第二十条 党内法规的审议批准，严格按照下列职责权限进行：

（一）党章的修改，党的全国代表大会选举、组织方面的党内法规，以及涉及党的重大问题的党内法规，由党的全国代表大会审议批准。

（二）党的某一方面工作的基本的党内法规，由中央委员会全体会议或者中央政治局会议审议批准。

（三）须由中央发布或批准发布的其他重要的党内法规，由中央政治局常委会议审议批准。

（四）中央纪律检查委员会、中央各部门发布属于其职责权限范围内的党内法规，由中央纪律检查委员会、中央各部门审议批准。

第五章　发　布

第二十一条　经中央审议批准的党内法规，根据其内容和适用范围，以下列名义发布：

（一）由中央发布；

（二）经中央批准后由中央纪律检查委员会、中央主管部门发布；

（三）经中央批准后由中央纪律检查委员会、中央有关部门联名发布。

第二十二条　经中央纪律检查委员会、中央各部门审议批准的党内法规，由中央纪律检查委员会、中央各部门发布，或者由中央纪律检查委员会、中央有关部门联名发布，同时报送中央备案。

第二十三条　党内法规采用中共中央文件、中共中央办公厅文件、中央纪委文件、中央各部门文件的形式发布。有的党内法规公开发布。

第二十四条　中央纪律检查委员会、中央各部门起草的拟由中央发布的党内法规，其发布范围和发布形式，由起草机关和部门提出建议，报中央审定。

第二十五条　对不够成熟但实际工作迫切需要的党内法规，可先试行，待在实践中完善后正式发布。

第六章　附　则

第二十六条　中央发布的党内法规规定由主管部门制定具体规范的，具体规范应在该法规发布的同时或稍后即行发布，其施行日期应与该法规的施行日期相同。

第二十七条　党内法规的修改或废止，由原发布机关确定，其程序参照本条例办理。

第二十八条　中央发布的党内法规的解释工作，除已明确规定解释部门的外，由中央办公厅请示中央后具体承办。

第二十九条　各省、自治区、直辖市党委制定党内法规的活动，依照本条例的基本精神进行。

各省、自治区、直辖市党委制定的党内法规，称规定、办法、细则。

各省、自治区、直辖市党委制定的规定、办法、细则，应严格遵循党章的规定和中央、中央纪律检查委员会以及中央各部门发布的党内法规的规定，不得与其相抵触。

各省、自治区、直辖市党委制定的党内法规，应在发布的同时报送中央备案。

第三十条　中央有权撤销中央纪律检查委员会、中央各部门和各省、自治区、直辖市党委发布的与党章和中央发布的党内法规相抵触的党内法规。

第三十一条 中央军委及其总政治部制定军队党内法规的活动，依照本条例的基本精神进行。

第三十二条 本条例由中央办公厅负责解释。

第三十三条 本条例自发布之日起施行。

中共中央纪委对四川省纪委办公厅关于惩戒性规定制定权限的请示的答复

（中纪办〔2001〕155号　2001年7月18日）

中共四川省纪委办公厅：

你们《关于市（州）级纪检监察机关是否有权制定惩戒性规定的请示》收悉。经研究并报中央纪委领导同志同意，现答复如下：

一、根据中共中央发布的《中国共产党党内法规制定程序暂行条例》的规定："党内法规是党的中央组织、中央各部门、中央军委总政治部和各省、自治区、直辖市党委制定的用以规范党组织的工作、活动和党员的行为的党内各类规章制度的总称。"党内惩戒性规定是党内法规的重要组成部分。可见，省、自治区、直辖市党委有权针对本地区存在的特殊问题，在与中央有关政策精神不抵触的前提下制定惩戒性规定；对党的中央组织、中央各部门制定的比较原则的惩戒性规定，可以根据中央的规定结合当地实际情况做出进一步具体的规定；对一些带有普遍性的问题，在党的中央组织、中央各部门尚未做出统一规定时，也可以根据党的章程，结合实际做出适用于本地区的惩戒性规定。

由省、自治区、直辖市纪委起草的党内惩戒性规定，应当报省、自治区、直辖市党委审定后以党委名义发布，或者经省、自治区、直辖市党委批准后，以省、自治区、直辖市纪委名义发布。地、市（州、盟）党委、纪委无权制定党内惩戒性规定。

二、根据《国家公务员暂行条例》的规定，国家公务员"非因法定事由和非经法定程序不被免职、降职、辞退或者行政处分"。中央纪委和监察部均无权就哪一级行政机关有权制定行政惩戒性规定问题做出答复，由监察部起草的国务院正在审议中的行政法规《国家公务员行政处分条例》将对行政惩戒性规定的制定权限做出规定，该《条例》拟于今年发布。

中共中央办公厅关于
党内法规备案工作有关问题的通知

（1990 年 11 月 12 日）

《中国共产党党内法规制定程序暂行条例》规定，中央纪律检查委员会、中央各部门、中央军委及其总政治部和各省、自治区、直辖市党委发布的党内法规，应于发布的同时报送中央备案。根据这一规定，现就党内法规备案工作的有关问题通知如下：

一、党内法规由发布机关报送中央备案。联名发布的党内法规，由主办机关报送中央备案。报送中央备案的党内法规，除正式文本外，应附制定说明和备案报告，正式文本十份，制定说明和备案报告各五份。

二、党的十一届三中全会以来至《中国共产党党内法规制定程序暂行条例》发布之前，中央纪律检查委员会、中央各部门、中央军委及其总政治部和各省、自治区、直辖市党委发布的党内法规，除已宣布废止或自然失效的外，请于明年三月底以前补报中央备案。补报备案的党内法规，用正式文本或复印本均可，一式两份。

三、每年一月底以前，中央纪律检查委员会、中央各部门、中央军委及其总政治部和各省、自治区、直辖市党委应将上一年度发布的党内法规目录报送中央备查。

中共中央纪律检查委员会
关于加强纪检条规解答工作的通知

（1993 年 4 月 22 日）

为了加强党的纪律检查条规建设，保证纪检条规解释、答复的准确性和规范性，现就纪检条规解答工作的有关问题通知如下：

一、凡以中央纪委名义发布的纪检条规的解释、答复，由中央纪委法规室负责承办，经中央纪委领导批准后以中央纪委“中纪法复”文件发出。

二、需要由中央纪委予以解释、答复的纪检条规的理解及适用问题（不包括对具体案件的定性、处理问题），原则上由省、自治区、直辖市纪委，中央国家机关各部委纪检组（纪委），中央纪委各派驻纪检组，中直机关和中央国家机关纪工委，军委纪委以书面形式向中央纪委提出。对越级向中央纪委请示、询问和纪检干部个人请示的，中央纪委一般不做答复。

三、对于所要请示的问题，有关纪委（纪检组）应当尽可能地搞清情况加以研究，并提出意见；如果涉及其他有关部门业务的，应当先征求有关部门意见，并在请示中说明，以便研究处理。

四、党的纪检机关与行政监察机关合署办公后，凡有关行政监察法规政策解答工作，仍按照《监察部关于加强监察法规政策解答工作的通知》的规定办理。

中共中央纪委、监察部关于2004—2007年党风廉政和反腐败法规制度建设工作规划

（中纪厅［2004］8号　2004年3月29日）

为贯彻落实党的十六大、十六届三中全会和胡锦涛同志在中央纪委第三次全会上的重要讲话以及中央纪委第三次全会精神，保证党风廉政和反腐败法规制度建设工作有计划、有步骤地开展，根据中央纪委第二次全会提出的今后五年的工作目标，制定本规划。

一、本届纪委任期内拟出台的法规制度项目

1. 修订《中国共产党党员权利保障条例（试行）》（由中央纪委于2004年继续修订，中央纪委党委会议审议后报中共中央审议）

2. 起草《国有企业领导人员廉洁自律若干规定》（由中央纪委会同国有资产监督管理委员会、国家发展与改革委员会、中央组织部于2004年共同研究起草，2004年报中共中央办公厅、国务院办公厅）

3. 起草《纪委在反腐败工作中履行组织协调职责的规定》（由中央纪委于2004年继续研究起草）

4. 起草、制定《纪检监察机关在查办案件中向司法机头衔我送案件的规定》（由中央纪委、监察部会同最高人民法院、最高人民检察院、公安部于2004年共同起草、制定）

5. 起草、制定《关于对违反〈党政领导干部选拔任用工作条例〉行为的处理规定》（由中央组织部会同中央纪委于2004年继续起草，2004年发布）

6. 起草、制定《关于国有企业纪律检查工作的规定》（由中央纪委于2004年继续研究起草）

7. 修订《监察机关举报工作办法》（由监察部于2004继续修订并发布）

8. 修订《监察机关在调查处理政纪案件中相互协作配合的规定》（由监察部于2004年继续修订并发布）

9. 起草、制定《监察机关检查工作办法》（由监察部于2004年继续研究起草）

10. 修订《监察机关实行回避制度暂行办法》（由监察部于2004年继续修订并发布）

11. 修订《监察文书使用规范及其标准格式》（由监察部于2004年修订并发布）

12. 起草、制定《中央国家机关纠风工作责任制暂行办法》（由国务院纠风办于2004年研究起草，2005年发布）

13. 起草《中国共产党巡视工作条例》（由中央纪委会同中央组织部于2004年研究起草出送审稿，2005年报中央审议）

14. 起草、制定《纪检监察机关错案责任追究办法》（由中央纪委监察部于2005年起草、制定）

15. 起草、制定《领导干部述职述廉办法》（由中央纪委会同中央组织部于2005年研究起草并发布）

16. 起草、制定《关于纪委负责人同下级党政主要负责人谈话的规定》（由中央纪委于2005年研究起草并发布）

17. 修订《监察机关调查处理政纪案件办法》（由监察部于2005年修订并发布）

18. 修订《监察机关处理不服行政处分申诉的办法》（由监察部于2005年修订并发布）

19. 修订《监察机关没收追缴和责令退赔财物办法》（由监察部于2005年修订并发布）

20. 修订《监察部关于监察机关参加特别重大事故调查处理的暂行规定》（由监察部于2005年修订并发布）

21. 起草、制定《纪检机关查处违犯党纪案件证据规则》（由中央纪委于2005年研究起草，2006年发布）

22. 起草、制定《关于领导干部任前廉政谈话的规定》（由中央纪委会同中央组织部于2006年研究起草并发布）

23. 起草、制定《关于领导干部诫勉谈话的规定》（由中央纪委会同中央组织部于2006年研究起草并发布）

24. 起草、制定《政风行风评议工作规范》（由国务院纠风办于2005年研究起草，2006年发布）

25. 起草、制定《监察机关调查处理政纪案件证据规则》（由监察部于2005年研究起草，2006年发布）

26. 起草、制定《监察机关直接行使处分权的规定》（由监察部于2006年研究起草并发布）

27. 起草、制定《纠正部门和行业不正之风工作办法》（由国务院纠风办于2006年研究起草，2007年发布）

二、本届纪委任期内调研论证，做好起草准备工作的法规制度项目

1. 研究起草关于加强舆论监督工作的有关规定（由中宣部牵头，中央纪委配合于2004年开展调研论证、适时起草）

2. 研究起草《乡镇以下基层干部廉洁自律若干规定（由中央纪委于2005年开展调研论证、适时研究起草）

3. 研究起草《国家公务员从政行为规范》（由监督部与人事部共同于2005年开展调研论证、适时研究起草）

4. 研究起草《党风廉政教育工作条例》（由中央纪委会同中央宣传部、中央组织部于2006年开展调研论证、适时研究起草）

5. 与国（境）外有关机构进行反腐败协作方面的条约、协定以及与之相衔接的有关国内法规制度的起草、制定（2004年至2007年期间根据需要适时起草、制定）

中共中央纪委、监察部关于决定废止一批党风廉政建设和反腐败工作的文件的通知

（中纪发［2004］9号　2004年3月26日）

各省、自治区、直辖市纪委、监察厅（局），中央和国家机关各部委纪柱组（纪委）、监察局，中央纪委各派驻纪检组，监察部各派驻监察局、监察专员办公室，中央直属机关纪工委，中央国家机关纪工委，军委纪委：

为落实党中央提出的“对过去制定的行为准则和道德规范进行一次清理”和中央纪委第二次全会提出的“继续做好法规清理工作”的要求，适应新时期对法规工作提出的新要求，全面规划法规制度建设，中央纪委、监察部会同有关单位从2002年初开始，对自改革开放以来涉及党风廉政建设和反腐败工作的文件进行了全面清理。现将中央纪委、监察部决定废止的115个文件分成以下3类予以公布：

一、对主要内容已经被新的规定替代的文件予以废止（目录见附件1）。

二、对所依据的政策法规已经发生变化的文件，予以废止（目录见附件2）。

三、对适用期已过或者适用条件、调整对象已经发生变化的文件，予以废止；对已经明令废止的文件，统一公布（目录见附件3）。

对于正在执行的关于党风廉政建设和反腐败工作的政策法规，目前正在组织力量进行系统编纂，即将印制发行。

中共中央纪委　监察部

2004年3月26日

附件1

对主要内容已经被新的规定替代的文件，予以废止（**58**件）

序号	文件名称	发布机关及日期	理　由
1	关于中央、国务院各部、委、局成立纪律检查机构问题的通知	1979年3月17日中共中央纪律检查委员会、中共中央组织部发布	其主要内容已被《中央纪委、监察部关于中央直属机关和中央国家机关纪检、监察机构设置的意见》（中纪发［1993］5号）等文件替代。
2	关于对已撤销单位党员的申诉案件由哪里负责受理的问题对全国供销合作总社党组的答复	1979年6月27日中共中央纪律检查委员会发布	主要内容已被《中国共产党纪律检查机关控告申诉工作条例》（中纪发［1993］8号）等有关规定替代。
3	关于杜绝接待工作中不正之风的通知	1980年6月25日中共中央纪律检查委员会	主要内容已被《中共中央办公厅国务院办公厅关于党政机关工作人员在国内公务活动中食宿不准超过当地接待标准的通知》（中办厅字［1994］16号）、《中共中央办公厅国务院办公厅关于在国内公务接待工作中切实做到勤俭节约的通知》（厅字［2001］3号）等文件替代。

序号	文件名称	发布机关及日期	理　由
4	关于受刑罚处罚的共产党员的党籍处理问题的回答	1981年5月15日中共中央纪律检查委员会、中共中央组织部发布	已被《中国共产党纪律处分条例》(中发[2003]18号)等替代。
5	关于对领导干部党纪处分审批问题给石油部的答复信	1981年9月4日中共中央纪律检查委员会、中共中央组织部发布	已被后发的有关处分违犯党纪的党员批准权限的具体规定替代。
	关于严禁纪检干部受礼的通知	1981年12月8日中共中央纪律检查委员会发布	主要内容已经被《国家行政机关及其工作人员在国内公务活动中不得赠送和接受礼品的规定》(国务院令第21]号)、《中共中央办公厅国务院办公厅关于对党和国家机关工作人员在国内交往中收受礼品实行登记制度的规定》(中办发[1995]7号)等文件替代。
7	关于报送报告、请示等材料的有关规定的通知	1981年12月23日中共中央纪律检查委员会发布	主要内容已被《中共中央纪委办公厅关于向中央纪委、监察部报送文件有关事项的通知》(中纪办[2000]59)等文件替代。
8	关于调查证明材料问题的通知	1982年2月12日中共中央纪律检查委员会发布	已被《关于查处党员违纪案件中收集、鉴别、使用证据的具体规定》(中纪办发[1991]6号)等关于调查取证的一系列规范性文件替代。
9	关于加强各级纪律检查部门与组织部门相互联系的通知	1982年4月22日中共中央纪律检查委员会、中共中央组织部发布	其主要内容已被《中纪委、中组部、监察部、人事部关于加强工作联系的通知》(组工字[1990]22号)等文件所替代。
10	中央纪委干部管理室关于纪检机构组织建设、干部配备等问题的报告	1982年8月24日中共中央纪律检查委员会转发	主要内容已被《关于健全党的纪律检查系统加强纪检队伍建设的暂行规定和关于未在纪检部门担任具体工作的中纪委委员工作的几项规定》(中纪发[1983]3号)等文件替代。
11	关于共产党员在经济领域中违法犯罪的党纪处理的通知	1983年3月10日中央纪律检查委员会发布	已被《中国共产党纪律处分条例》(中发(2003]18号)等文件替代。
12	关于重申严禁请客送礼和吃请受礼的通报	1983年12月7日中共中央纪律检查委员会发布	主要内容已被《中共中央办公厅国务院办公厅关于党政机关工作人员在国内公务活动中食宿不准超过当地接待标准的通知》(厅字[1994]16号)、《中共中央办公厅国务院办公厅关于在国内公务接待工作中切实做到勤俭节约的通知》(厅字[2001]3号)等文件替代。
13	关于审理工作几个问题的通知	1984年1月16日中共中央纪律检查委员会办公厅发布	主要内容已被《中共中央纪律检查委员会办公厅关于严格履行备案手续的通知》(中纪办发[1988]6号)等文件替代和修改。
14	关于重申严禁接待工作中不正之风的通知	1984年4月14日中共中央纪律检查委员会发布	主要内容已被《中共中央办公厅国务院办公厅关于党敢机关工作人员在国内公务活动中食宿不准超过当地接待标准的通知》(厅字[1994]16号)、《中共中央办公厅国务院办公厅关于在国内公务接待工作中切实做到勤俭节约的通知》(厅字[2001]3号)等文件替代。

序号	文件名称	发布机关及日期	理　　由
15	关于复查处理副部长级以上干部历史遗留案件批复的通知	1984年7月6日中共中央纪律检查委员会办公厅发布	已被《中共中央纪委关于审理党员违纪案件工作程序的规定》(中纪发[1991]5号)等文件替代。
16	关于认真处理群众来信来访的通知	1984年11月17日中共中央纪律检查委员会发布	主要内容已被《中央纪委办公厅关于认真处理、查办群众信访举报问题的通知》(中纪办发[1994]6号)、《中国共产党纪律检查机关控告申诉工作条例》(中纪发[1993]8号)等文件替代。
17	关于未列入中管干部职务名称表的省、自治区、直辖市纪委和中央国家机关各部门纪检组领导干部任免手续的通知	1984年12月20日中共中央纪律检查委员会发布	其主要内容已被《关于省、自治区、直辖市和中央国家机关各部门纪检、监察机构领导干部任免审批程序的意见》(中纪厅[1993]29号)等文件替代。
18	关于严禁对领导干部请客送礼的通知	1985年11月30日中共中央纪律检查委员会发布	主要内容已被《中共中央办公厅国务院办公厅关于党政机关工作人员在国内公务活动中食宿不准超过当地接待标准的通知》(厅字[1994]16号)、《中共中央办公厅国务院办公厅关于在国内公务接待工作中切实做到勤俭节约的通知》(厅字[2001]3号)等文件替代。
19	关于派员列席党委(党组)民主生活会的通知	1987年4月11日中共中央纪律检查委员会发布。	主要内容已被《中共中央纪委中共中央组织部关于提高县以上党和国家机关党员领导干部民主生活会质量的意见》(中组发[1997]6号)、《中国共产党党内监督条例(试行)》(中发[2003]17号),等文件替代。
20	关于坚决查处共产党员索贿问题的决定	1987年6月30日中共中央纪律检查委员会发布	已被《中国共产党纪律处分条例》(中发[2003]18号)替代。
21	关于印发三个案件审理工作业务文件的通知 附:中共中央纪律检查委员会关于审理党员违纪案件工作程序的规定(试行) 中共中央纪律检查委员会关于查处党员违纪案件中收集、鉴别、使用证据的若干规定(试行) 中共中央纪律检查委员会关于所要作出的处分决定和所依据的事实材料同犯错误党员见面的具体办法(试行)	1987年7月13日中共中央纪律检查委员会案件审理室发布	已经分别被《中共中央纪委关于审理党员违纪案件工作程序的规定》(中纪发[1991]5号)和《中共中央纪委办公厅关于印发两个纪检工作程序性规定的通知》(中纪办发[1991]6号)替代。
22	监察部信访工作暂行办法	1987年12月7日监察部发布	该文件涉及举报和信访两方面内容,其中关于举报方面的规定已被《监察机关举报工作办法)(1991年12月24日监察部令第3号发布)等文件替代;关于信访工作的规定已被《信访条例》(1995年10月28日国务院令第185号公布)替代
23	关于向监察部报送文件的通知	1988年4月8日监察部办公厅发布	已被《中共中央纪委办公厅关于向中央纪委、监察部报送文件有关事项的通知》(中纪办[2000]59号)等文件替代。

序号	文件名称	发布机关及日期	理　　由
24	共产党员在涉外活动中违犯纪律党纪处分的暂行规定	1988年5月23日中共中央纪律检查委员会发布	已被《中国共产党纪律处分条例》(中发[2003]18号)替代。
25	对参与嫖娼、卖淫活动的共产党员及有关责任者党纪处分的暂行规定	1988年5胃23日中共中央纪律检查委员会发布	已被《中国共产党纪律处分条例》(中发[2003]18号)替代。
26	党员领导干部犯严重官僚主义失职错误党纪处分的暂行规定	1988年5月23日中共中央纪律检查委员会发布	已被《中国共产党纪律处分条例》(中发(2003]18号)替代。
27	监察部工作规则	1988年5月29日监察部办公厅发布	已被《关于合署后的监察部开展工作的若干意见(试行)》(中纪厅(1993]6号)、《中央纪委、监察部关于处理好合署工作中有关问题的通知》(中纪发(1993]12号)等文件替代。
28	关于建立案件月报制度的通知	1988年11月10日中共中央纪律检查委员会办公厅发布	主要内容已被《中共中央纪委关于进一步加强案件管理工作的意见》(中纪办[1994]2号)等文件替代。
29	关于建立下级监察机关向上级监察机关报告重要案情制度的规定	1989年4月13日监察部发布	主要内容已被《中共中央纪委关于进一步加强案件管理工作的意见》(中纪办[1994]2号)等文件替代。
30	关于加强案件管理工作的几点意见	1989年4月20日监察部办公厅发布	主要内容已被(中共中央纪委关于进一步加强案件管理工作的意见》(中纪办[1994]2号)等文件替代。
31	监察部关于聘请特邀监察员的几点意见	1989年5月22日监察部发布	已被《监察部聘请特邀监察员办法》(监发[1991]16号)等文件替代。
32	关于《监察机关在查处案件中视听材料是否可以作为证据使用的请示》的答复	1989年8月5日监察部发布	已被《监察机关调查处理政纪案件办法》(1991年11月22日监察部令第1号发布)替代。
33	关于使用《监察通知书》、《监察建议书》问题的善复	1989年11月18监察部发布	已被《监察部关于实行监察文书格式标准文本的通知)(监发[1999]3号)、《关于监察文书格式标准文本的补充通知》(监发[2000]8号)等文件替代。
34	关于共产党员违反社会主义道德党纪处分的若干规定(试行)	1989年12月28日中共中央纪律检查委员会发布	已被《中国共产党纪律处分条例》(中发[2003]18号)替代。
35	重要违纪问题立案和结案备案制度	t990年1月30日监察部办公厅发布	已被《中共中央纪委关于进一步加强案件管理工作的意见》(中纪办[1994]2号)等文件替代。
36	关于监察机关查核、暂停支付与贪污贿赂案件直接有关的个人在银行存款有关问题的补充通知	1990年4月19日监察部办公厅发布	已被《关于执行(中华人民共和国行政监察法)第二十一条若干问题的规定〉(监发[1998]3号)、《监察部关于实行监察文书格式标准文本的通知》(监发[t999]3号)等文件替代。
37	关于改进特邀监察员工作的几点意见	1990年6月16日监察部发布	已被《监察都聘请特邀监察员办法》(监发[1991]16号)等文件替代。

序号	文件名称	发布机关及日期	理　　由
38	关于共产党员在经济方面违法违纪党纪处分的若干规定(试行)	1990年7月1日中共中央纪律检查委员会发布	已被《中国共产党纪律处分条例》(中发[2003]18号)替代。
39	关于对妨碍违纪案件查处的党组织和党员党纪处分的暂行规定(试行)	1990年7月11日中共中央纪律检查委员会发布	已被《中国共产党纪律处分条例》(中发(2003]18号)替代。
40	关于党的纪律检查机关查询和暂停支付被检查对象存款有关问题的通知	1990年7月20日中共中央纪律检查委员会发布	已被《关于查办案件中需查询或者冻结被调查对象存款时应以监察机关名义使用监察文书的通知》(中纪办发[1999]17号)等文件替代。
41	关于对湖南省监察厅《关于执行(监察机关查核、暂停支付与贪污、贿赂案件直接有关的个人在银行的存款问题的通知)中几个问题的请示》的答复	1990年7月21日监察部发布	已被《关于执行(中华人民共和国行政监察法)第二十一条若干问题的规定》(监发[1998]3号)等文件替。
42	行政监察工作中国家秘密及其密级具体范围的规定	1991年2月12日监察部、国家保密局发布	已被《纪检监察工作中国家秘密及其密级具体范围的规定》(中纪发[1995]6号)等文件替代。
43	中央纪委办公厅关于改进案件月报制度的通知	1991年2月13日中共中央纪律检查委员会办公厅发布	主要内容已被《中共中央纪委关于进一步加强案件管理工作的意见》(中纪办[1994]2号)等文件替代。
44	中央纪委办公厅关于严格控制召开跨省区市城市年会和参观学习活动的通知	1991年9月5日中共中央纪律检查委员会办公厅发布	主要内容已被《中共中央办公厅国务院办公厅关于进一步精简会议和文件的意见》(中办发[2001]27号)等文件替代。
45	关于省、自治区、直辖市纪委和中央、国家机关各部门纪检组(纪委)领导干部任免审批程序的通知	1992年4月17日中共中央纪律检查委员会、中共中央组织部发布	已被《关于省、自治区、直辖市和中央国家机关各部门纪检、监察机构领导干部任免审批程序的意见》(中纪厅[1993]29号)等文件替代。
46	关于党政机关干部、工人能否购买股票问题的请示的答复	1993年10月13日中共中央纪律检查委员会发布	已被《关于党政机关工作人员个人证券投资行为若干规定)(中办发[2001]10号)等文件替代。
47	关于转发中国人民银行对纪检监察机关查询和暂停支付被调查对象存款问题答复的通知	1993年11月13日中共中央纪律检查委员会办公厅转发	已被《关于查办案件中需查诲或者冻结被调查对象存款时应以监察机关名义使用监察文书的通知》(中纪办发[1999]17号)等文件替代。
48	关于印发《纪检监察机关查办案件工作统计表》及有关说明的通知	1993年11月22日中共中央纪律检查委员会办公厅发布。	已被《中共中央纪委关于进一步加强案件管理工作的意见》(中纪办[1994]2号)等文件替代。
49	关于中央和国家机关各部委纪检监察机关执行案件备案制度的通知	1994年6月24日中共中央纪律检查委员会办公厅发布	已被《中共中央纪委办公厅关于改变中央和国家机关纪检监察机关案件统计报送办法的通知》(中纪办[1997]177号)替代。
50	关于对《中国共产党纪律检查机关案件检查工作条例》第二十八条第七项如何理解的答复	1995年1月18中共中央纪律检查委员会发布	已被《关于查办案件中需查询或者冻结被调查对象存款时应以监察机关名义使用监察文书的通知》(中纪办发[1999]17号)所替代。

序号	文件名称	发布机关及日期	理　由
51	关于国有企业实行业务招待费使用情况向职代会报告制度的规定	1995年5月17日监察部发布	已被《关于国有企业实行业务招待费使用情况等重要事项向职代会报告制度的规定》(监发[1998]4号)等文件替代。
52	关于改变中央和国家机关纪检监察机关案件统计表及备案材料报送办法的通知	1995年10月13日中共中央纪律检查委员会办公厅发布	已被《中共中央纪委办公厅关于改变中央和国家机关纪检监察机关案件统计报送办法的通知》(中纪办[1997]177号)等文件替代。
53	中共中央纪委关于建立巡视制度的试行办法	1996年3月13日中共中央纪律检查委员会办公厅发布	主要内容已被《中央纪委、中央组织部巡视机构设置和中央纪委选派到巡视组工作的局级及以下干部管理办法》(中纪厅[2003]22号)、《中国共产党党内监督条例(试行)》(中发[2003]17)等文件替代。
54	中国共产党纪律处分条例(试行)	1997年2月27日中共中央发布	已被《中国共产党纪律处分条例》(中发[2003]18号)替代。
55	关于推行厂务公开制度的通知	1999年2月4日中共中央纪律检查委员会、国家经贸委、全国总工会发布	已被《中共中央办公厅　国务院办公厅关于在国有企业、集体企业及其控股企业深入实行厂务公开制度的通知》(中办发[2002]13号)等文件替代。
56	关于主管行政机关不服同级监察机关的复查决定提出申诉上级监察机关是否受理问题的答复	2000年5月30日中央纪委监察部案件审理室发布	已被《监察部关于对作出行政处分决定的主管行政机关不服监察机关的复查决定能否提出复核申请问题的答复》(监法复字～2000]3号)等规定替代。
57	关于因"两案"问题受处分人员的申诉是否受理的答复	2000年8月21日中共中央纪律检查委员会案件审理室发布	主要内容已被《中共中央纪委关于审慎处理"两案"人员申诉的通知》(中纪发[2001]12号)等文件替代。
58	关于中央行政事业单位银行账户清理整顿工作有关问题的通知	2001年12月31日监察部、财政部、中国人民银行、审计署发布	已被《监察部　财政部　中国人民银行　审计署关于继续清理整顿中央行政事业单位银行账户的通知》(监发[2002]5号)等文件替代。

附件2：

对所依据的政策法规已经发生变化的文件，予以废止(10件)

序号	文件名称	发布机关及日期	理　由
1	中央纪委办公厅对《关于坚决查处共产党员索贿问题的决定》中提出的几个问题给湖南、江苏省纪委的答复	1987年9月17日中共中央纪律检查委员会办公厅发布	所依据的《关于坚决查处共产党员索贿问题的决定》(中纪发[1987]9号)已废止。
2	监察部公文处理细则	1988年5月26日监察部发布	所依据的《国家行政机关公文处理办法》已被国务院废止。
3	关于甘肃省监察厅《关于离退休干部在经济活动中收受巨款是否属受贿问题的请示》的答复	1989年7月11日监察部发布	该答复主要定性依据表述不准确，与现行规定相抵触。

序号	文件名称	发布机关及日期	理　由
4	对黑龙江省纪委《关于如何理解中纪发[1990]1号文件第十一、十二条中“礼品”含义的请示》的答复	'1992年4月18日中共中受纪律检查委员会办公厅发布	所依据的《中共中央纪律检查委员会关于共产党员在经济方面违法违纪处分的若干规定(试行)》(中纪发(1990)1号)已被废止。
5	关于对《中共中央纪律检查委员会关于共产党员在经济方面违法违纪处分的若千规定(试行)》十一条中的“有关单位”如何理解的答复	1992年7月29日中共中央纪律检查委员会办公厅发布	所依据的《中共中央纪律检查委员会关于共产党员在经济方面违法违纪处分的若干规定(试行)》(中纪发[1990]1号)已被废止。
6	关于对《行政监察条例》第二十四条第二项规定如何理解、监察机关是否可以做出要求监察对象承担经济赔偿责任的决定等问题的请示的答复	1992年10月23日监察部发布	所依据的《中华人民共和国行政监察条例》已废止,其主要内容与《中华人民共和国行政监察法)的规定相抵触。
7	关于企业事韭单位舶党员领导干部利用职务上的便利为亲属经商谋利案件能否依据“中纪发[1990]1号”文件有关条款处理的答复	1994年5月3日中共中央纪律检查委员会发布	所依据的《中共中央纪律检查委员会关于共产党员在经济方面违法违纪处分的若干规定(试行)》(中纪发[1990]1号)已被废止。
8	关于河北省监察厅监察部驻机械工业部监察局对执行《关于国有企业实行业务招待费使用情况向职代会报告制度的规定》有美问题请示的答复	1995年12月21日监察部发布	所依据的《关于国有企业实行业务招待费使用情况向职代会报告制度的规定》(监发[1995]3号)已被废止,其中对“企业主管部门”的解释已不符合实际情况。
9	中央纪委关于对江西省纪委办公厅《关于解释(中国共产党纪律处分条例(试行)》第一百四十五条的请示)的答复	1999年10月26日中共中央纪律检查委员会发布	所依据的《中国共产党纪律处分条例(试行)》(中发[1997]7号)已重新修订。
10	对广西壮族自治区纪委《关于执行(条例(试行))第168条规定有关问题的请示》的答复	2001年4月10日中共中央纪律检查委员会办公厅发布	所依据的《中国共产党纪律处分条例(试行)》(中发[1997]7号)已废止

附件3:

对适用期已过或者适用条件、调整对象已经发生变化的文件,予以废止;对已经明令废止的文件,统一公布(47件)

序号	文件名称	发布机关及日期	理　由
1	关于设立纪律检查委员会有关问题的通知	1979年3月9日中共中央纪律检查委员会、中共中央组织部发布	党的十二大后纪委的产生办法发生了变化,由原来全委会选举转变成由党代会选举。
2	关于认真检查自费出国留学人员的情况和问题的通知	1982年4月13日中共中央纪律检查委员会发布	《通知》适用的基础已发生程大变化。
3	关于坚决纠正分配住房中的不正之风的通报	1982年8月26日中共中央纪律检查委员会发布	已失去适用的基础。

序号	文件名称	发布机关及日期	理　　由
4	中共四川省纪委、中共四川省委政法委员会关于受刑事处罚的共产党员在办理党纪处分时有关材料摘抄问题的通知	1985年5月18日中共中央纪律检查委员会转发	规定的程序不适应形势需要。
5	关于派驻金融系统纪律检查组的决定	1985年5月25日中共中央纪律检查委员会发布	已不适应实际需要。
6	关于党的纪律检查机关和国家行政监察机关在案件查处工作中分工协作的暂行规定	1988年3月16日中共中央纪律检查委员会、监察部发布	适用条件已变化。
7	关于双重领导的企事业单位开展清查对外经济合同工作归口问题的通知	1988年3月25日监察部办公厅发布	适用期已过。
8	关于逐步撤销省级政府工作部门党的纪检组和组建行政监察机构问题的通知	1988年8月18日中共中央纪律检查委员会、监察都发布	已不适应实际需要。
9	中共中央纪律检查委员会办公厅对执行中纪发[1988]1号文几个问题的答复	1988月18日中共中央纪律检查委员会办公厅发布	适用条件已变化。
10	关于在人民银行省、自治区、直辖市分行设立金融系统监察专员办公室的通知	1988年9月15日监察部、中国人民银行发布	金融系统管理方式已发生很大变化，已失去适用的条件。
11	关于金融系统监察机构工作关系的几点意见。	1988年9月29日监察部发布	金融系统管理方式已发生很大变化，已失去适用的条件。
12	关于进一步加强案件审理工作的几点意见	1989年2月1日中共中央纪律检查委员会办公厅转发	已不适合当前的形势发展。
13	关于县(市)人民武装部改归地方建制后其干部违反纪律由谁负责查处的请示的答复	1989年8月7日中共中央纪律检查委员会、监察部发布	已失去适用的条件。
14	监察部关于对经监察机关建议由主管部门决定给予开除留用察看处分的人员处分期满后如何办理有关手续问题的请示的答复	1990年10月6日监察部发布	行政处分的种类已由《国家公务员暂行条例)作了调整，适用条件已发生变化。
15	关于党政干部在城镇建私房问题的答复	1990年10月15日中共中央纪律检查委员会办公厅发布	已不适应形势发展需要。
16	关　于对江苏省监察厅《关于对受降职或撤职处分的监察对象职级处理有关问题的请示》的答复	1990年10月31日监察部发布	行政处分的种类已由《国家公务员暂行条例》作了调整，其主要内容已不适应实际需要。
17	关于报送监察法规、规章、规范性文件的意见	1991年12月23日监察部发布	已被《关于进一步加强和改进纪检监察法规备案工作的通知》(中纪办[2003]267号)明令废止，现统一公布。
18	关于党的纪律检查机关和国家行政监察机关在案件查处工作中分工协作的补充规定	1992年1月13日中共中央纪律检查委员会发布	适用条件已变化。

序号	文件名称	发布机关及日期	理　由
19	关于开展对用公款吃喝送礼专项举报的通知	1992年2月20日监察部办公厅发布	适用期已过。
20	监察部对驻金融系统监察局《关于不服各专业银行总行和保险公司作出的行政处分申诉由哪一个监察机关受理的请示》的善复	1992年5月16日监察部发布	金融体制已发生很犬的变化，已不适应形势需要。
21	关于党政机关县(处)级以上领导干部廉洁自律"五条规定"的实施意见	1993年10月8日中共中央纪律检查委员会、中共中央组织部、监察部发布	已被《〈中国共产党党员领导干部廉洁从政若干准则(试行)〉实施办法》(中纪发[1997]5号)明令废止，现统一公布。
22	关于党政机关县(处)级以上干部违反廉洁自律"五条规定"行为的党纪处理办法	1993年12月29日中共中央纪律检查委员会发布	已被《〈中国共产党党员领导干部廉洁从政若干准则(试行)〉实施办法》(中纪发[1997)5号)明令废止，现统一公布。
23	关于1994年执法监察工作的安排意见	1994年3月14日监察部发布	适用期已过。
24	关于对照领导干部廉洁自律规定开好专题民主生活会的通知	1994年3月22日中共中央纪律检查委员会、中共中央组织部发布	适用期已过，其中有些要求已作了重新规定。
25	关于中央纪委三次全会重申和提出的党政机关县(处)级以上领导干部廉洁自律"五条规定"的实施意见	1994年4月20日中共中央纪律检查委员会发布	已被《〈中国共产党党员领导干部廉洁从政若干准则(试行)〉实施办法》(中纪发[1997]5号)明令废止，现统一公布。
26	关于纪检条规备案工作的通知	1994年9月6日中共中央纪律检查委员会发布	已被《关于进一步加强和改进纪检监察法规备案工作的通知》(中纪办[2003]267号)明令废止，现统一公布。
27	关于加强对领导干部更换超标准用车情况监督检查的通知	1994年11月29日中共中央纪律检查委员会办公厅发布	适用期已过。
28	关于1995年执法监察工作的安排意见	1995年2月20日监察部发布	适用期已过。
29	关于党政机关县(处)级以上领导干部廉洁自律补充规定的实施和处理意见	1995年4月1日中共中央纪律检查委员会发布	已被《〈中国共产党党员领导干部廉洁从政若干准则(试行)〉实施办法》(中纪发[1997]5号)明令废止。统一公布。
30	关于对党政机关领导干部乘坐小汽车情况进行专项检查的通知	1995年4月19日中共中央纪律检查委员会办公厅发布	适用期已过。
31	中共中央国家机关工委、国务院机关事务管理局关于中央国家机关部级领导干部超标车处理中几个政策性问题规定的通知	1995年6月5日中共中央纪律检查委员会、监察部转发	适用期已过
32	关于1996年执法监察工作的安排意见	1996年1月15日监察部发布	适用期已过。

序号	文件名称	发布机关及日期	理　由
33	关于1997年执法监察工作的安排意见	1997年2月5日监察部发布	适用期已过。
34	关于进一步加强案件审理工作提高案件审理质量和效率的通知	1997年8月1日中共中央纪律检查委员会办公厅发布	已不适应形势需要。
35	关于1998年执法监察工作的安排意见	1998年1月26日监察部发布	适用期已过。
36	关于机构改革期间防止不正之风的通知.	1998年3月25日中共中央纪律检查委员会、监察部发布	适用期已过.
37	关于限期完成清理通信工具工作的通知。	1998年6月5日中共中央纪律检查委员会办公厅、监察部办公厅发布	已失去适用基础。
38	关于制止和纠正城镇住房制度改革中违纪违法行为的通知	1998年9月22日监察部、建设帮、财政部发布	已失去适用的基础。
39	关于做好金融系统违纪违法案件衔接工作的通知	1998年12月25日中共中央纪律检查委员会办公厅发布	金融系统体制已发生大的变化,已失去适用的基础。
40	关　于1999年执法监察工作的安排意见	1999年3月3日监察部发布	适用期已过。
41	关于2000年执法监察工作的安排意见	2000年2月16日监察部爱布	适用期已过。
42	关于进一步做好今年粮食流通体制改革情况执法监察工作的通知	2000年7月20日监察部发布	适用期已过。
43	关于监察机关参加严厉打击制售假冒伪劣商品违法犯罪活动联合行动的通知	2000年11月16日监察部发布	适用期已过。
44	关于2001年执法监察工作的安排意见	2001年1月21日监察部发布	适用期已过。
45	关于继续开展对国有企业下岗职工基本生活保障资金、失业保险基金、基本养老保险基金和城市居民最低生活保障资金管理使用情况专项检查的通知	2001年4月20日监察部发布	适用期已过。
46	关于对四项社会保障资金管理使用情况专项检查工作进行重点抽查的通知	2001年11月19日监察部办公厅、财政部办公厅、劳动和社会保障部办公厅、民政部办公厅发布	适用期已过。
47	关于2002年执法监察工作的安排意见	2002年3月15日监察部发布	适用期已过。

国务院关于废止部分行政法规的决定

（国务院令第516号　2008年1月15日）

为了更好地适应加快建设法治政府、全面推进依法行政的要求，国务院对截至2006年底现行行政法规共655件进行了全面清理。经过清理，国务院决定：

一、对主要内容被新的法律或者行政法规所代替的49件行政法规，予以废止。（目录见附件1）

二、对适用期已过或者调整对象已经消失，实际上已经失效的43件行政法规，宣布失效。（目录见附件2）

本决定自公布之日起生效。

附件：1. 国务院决定废止的行政法规目录（49件）

2. 国务院决定宣布失效的行政法规目录（43件）

附件1. 国务院决定废止的行政法规目录（49件）

序号	法规名称	公布机关及日期	说　　明
1	铁路留用土地办法	1950年6月24日政务院公布	已被2004年8月28日中华人民共和国主席令第28号公布的《中华人民共和国土地管理法》、2004年12月27日中华人民共和国国务院令第430号公布的《铁路运输安全保护条例》代替。
2	关于搬运危险性物品的几项办法	政务院财政经济委员会批准　1951年10月9日劳动部公布	已被1994年7月5日中华人民共和国主席令第28号公布的《中华人民共和国劳动法》、2001年10月27日中华人民共和国主席令第60号公布的《中华人民共和国职业病防治法》、2002年6月29日中华人民共和国主席令第70号公布的《中华人民共和国安全生产法》、2002年1月26日中华人民共和国国务院令第344号公布的《危险化学品安全管理条例》、2002年5月12日中华人民共和国国务院令第352号公布的《使用有毒物品作业场所劳动保护条例》、2003年4月27日中华人民共和国国务院令第375号公布的《工伤保险条例》代替。
3	防止沥青中毒办法	1956年1月26日国务院批准　1956年1月31日劳动部公布	已被2001年10月27日中华人民共和国主席令第60号公布的《中华人民共和国职业病防治法》、2002年6月29日中华人民共和国主席令第70号公布的《中华人民共和国安全生产法》、2002年1月26日中华人民共和国国务院令第344号公布的《危险化学品安全管理条例》、2002年5月12日中华人民共和国国务院令第352号公布的《使用有毒物品作业场所劳动保护条例》代替。
4	工厂安全卫生规程	1956年5月25日国务院全体会议第29次会议通过	已被2001年10月27日中华人民共和国主席令第60号公布的《中华人民共和国职业病防治法》、2002年6月29日中华人民共和国主席令第70号公布的《中华人民共和国安全生产法》代替。

序号	法规名称	公布机关及日期	说　明
5	建筑安装工程安全技术规程	1956年5月25日国务院全体会议第29次会议通过	已被1997年11月1日中华人民共和国主席令第91号公布的《中华人民共和国建筑法》、2002年6月29日中华人民共和国主席令第70号公布的《中华人民共和国安全生产法》、2000年1月30日中华人民共和国国务院令第279号公布的《建设工程质量管理条例》、2003年11月24日中华人民共和国国务院令第393号公布的《建设工程安全生产管理条例》代替。
6	国务院关于加强企业生产中安全工作的几项规定	1963年3月30日国务院公布	已被2002年6月29日中华人民共和国主席令第70号公布的《中华人民共和国安全生产法》、2007年4月9日中华人民共和国国务院令第493号公布的《生产安全事故报告和调查处理条例》、2004年1月9日公布的《国务院关于进一步加强安全生产工作的决定》代替。
7	旅客丢失车票和发生急病、死亡处理办法	铁道部制定　1963年5月24日国务院批转	已被1990年9月7日中华人民共和国主席令第32号公布的《中华人民共和国铁路法》、1999年3月15日中华人民共和国主席令第15号公布的《中华人民共和国合同法》、2003年6月20日中华人民共和国国务院令第381号公布的《城市生活无着的流浪乞讨人员救助管理办法》代替。
8	防止矽尘危害工作管理办法	1963年9月28日国务院批准　劳动部、卫生部、中华全国总工会公布	已被1994年7月5日中华人民共和国主席令第28号公布的《中华人民共和国劳动法》、2001年10月27日中华人民共和国主席令第60号公布的《中华人民共和国职业病防治法》、2002年6月29日中华人民共和国主席令第70号公布的《中华人民共和国安全生产法》、1987年12月3日国务院公布的《中华人民共和国尘肺病防治条例》、2003年4月27日中华人民共和国国务院令第375号公布的《工伤保险条例》代替。
9	古遗址古墓葬调查发掘暂行管理办法	1964年8月29日国务院批准　1964年9月17日文化部公布	已被2002年10月28日中华人民共和国主席令第76号公布的《中华人民共和国文物保护法》、2003年5月18日中华人民共和国国务院令第377号公布的《中华人民共和国文物保护法实施条例》代替。
10	无线电管理规则	1978年6月23日国务院、中央军委公布	已被1993年9月11日中华人民共和国国务院、中华人民共和国中央军事委员会令第128号公布的《中华人民共和国无线电管理条例》、中央军委批准1994年12月3日总参谋部公布的《中国人民解放军无线电管理条例》代替。
11	开展对外加工装配和中小型补偿贸易办法	1979年9月3日国务院公布	已被2000年7月8日中华人民共和国主席令第35号公布的《中华人民共和国海关法》、2007年3月16日中华人民共和国主席令第63号公布的《中华人民共和国企业所得税法》、国务院批准1996年6月20日中国人民银行令第1号公布的《结汇、售汇及付汇管理规定》、1999年4月5日公布的《国务院办公厅转发国家经贸委等部门关于进一步完善加工贸易银行保证金台帐制度意见的通知》代替。

序号	法规名称	公布机关及日期	说　明
12	国务院关于国家行政机关和企业、事业单位印章的规定	1979年9月24日国务院公布	已被1999年10月31日国务院公布的《国务院关于国家行政机关和企业事业单位社会团体印章管理的规定》代替。
13	国营工业企业职工代表大会暂行条例	中华全国总工会、国家经济委员会、中央组织部拟订　1981年7月13日中共中央、国务院转发	已被1986年9月15日中共中央、国务院公布的《全民所有制工业企业职工代表大会条例》代替。
14	国营工厂厂长工作暂行条例	1982年1月2日中共中央、国务院公布	已被1986年9月15日中共中央、国务院公布的《全民所有制工业企业厂长工作条例》代替。
15	矿山安全条例	1982年2月13日国务院公布	已被1992年11月7日中华人民共和国主席令第65号公布的《中华人民共和国矿山安全法》、2001年10月27日中华人民共和国主席令第60号公布的《中华人民共和国职业病防治法》、1996年10月11日国务院批准1996年10月30日劳动部令第4号公布的《中华人民共和国矿山安全法实施条例》代替。
16	矿山安全监察条例	1982年2月13日国务院公布	已被1992年11月7日中华人民共和国主席令第65号公布的《中华人民共和国矿山安全法》、1996年10月11日国务院批准1996年10月30日劳动部令第4号公布的《中华人民共和国矿山安全法实施条例》代替。
17	企业职工奖惩条例	1982年4月10日国务院公布	已被1994年7月5日中华人民共和国主席令第28号公布的《中华人民共和国劳动法》、2007年6月29日中华人民共和国主席令第65号公布的《中华人民共和国劳动合同法》代替。
18	中华人民共和国公证暂行条例	1982年4月13日国务院公布	已被2005年8月28日中华人民共和国主席令第39号公布的《中华人民共和国公证法》代替。
19	军队营区植树造林与林木管理办法	1982年12月20日国务院、中央军委公布	已被1998年4月29日中华人民共和国主席令第3号公布的《中华人民共和国森林法》、2005年7月22日中央军委公布的《中国人民解放军绿化条例》代替。
20	城镇个人建造住宅管理办法	1983年5月25日国务院批准　1983年6月4日城乡建设环境保护部公布	已被1997年11月1日中华人民共和国主席令第91号公布的《中华人民共和国建筑法》、2004年8月28日中华人民共和国主席令第28号公布的《中华人民共和国土地管理法》、2007年3月16日中华人民共和国主席令第62号公布的《中华人民共和国物权法》、2007年8月30日中华人民共和国主席令第72号公布的《中华人民共和国城市房地产管理法》、2007年10月28日中华人民共和国主席令第74号公布的《中华人民共和国城乡规划法》代替。
21	中国公民同外国人办理婚姻登记的几项规定	1983年8月17日国务院批准　1983年8月26日民政部公布	已被2003年8月8日中华人民共和国国务院令第387号公布的《婚姻登记条例》代替。
22	城市私有房屋管理条例	1983年12月17日国务院公布	已被2007年3月16日中华人民共和国主席令第62号公布的《中华人民共和国物权法》、2007年8月30日中华人民共和国主席令第72号公布的《中华人民共和国城市房地产管理法》、2001年6月13日中华人民共和国国务院令第305号公布的《城市房屋拆迁管理条例》代替。

序号	法规名称	公布机关及日期	说　明
23	国务院关于农民个人或联户购置机动车船和拖拉机经营运输业的若干规定	1984年2月27日国务院公布	已被2003年10月28日中华人民共和国主席令第8号公布的《中华人民共和国道路交通安全法》、1997年12月3日中华人民共和国国务院令第237号公布的《中华人民共和国水路运输管理条例》、2004年4月30日中华人民共和国国务院令第405号公布的《中华人民共和国道路交通安全法实施条例》、2004年4月30日中华人民共和国国务院令第406号公布的《中华人民共和国道路运输条例》、2006年3月21日中华人民共和国国务院令第462号公布的《机动车交通事故责任强制保险条例》代替。
24	人民防空条例	1984年7月20日国务院、中央军委公布	已被1996年10月29日中华人民共和国主席令第78号公布的《中华人民共和国人民防空法》代替。
25	关于申请商标注册要求优先权的暂行规定	1985年3月15日国务院批准　1985年3月15日国家工商行政管理局公布	已被2001年10月27日中华人民共和国主席令第59号公布的《中华人民共和国商标法》、2002年8月3日中华人民共和国国务院令第358号公布的《中华人民共和国商标法实施条例》代替。
26	中华人民共和国财政部对外国企业常驻代表机构征收工商统一税、企业所得税的暂行规定	1985年4月11日国务院批准　1985年5月15日财政部公布	已被2007年12月6日中华人民共和国国务院令第512号公布的《中华人民共和国企业所得税法实施条例》代替。
27	国务院关于开办民用航空运输企业审批权限的暂行规定	1985年5月28日国务院公布	已被1995年10月30日中华人民共和国主席令第56号公布的《中华人民共和国民用航空法》代替。
28	中华人民共和国国务院关于中外合资建设港口码头优惠待遇的暂行规定	1985年9月30日国务院公布	已被2001年3月15日中华人民共和国主席令第48号公布的《中华人民共和国中外合资经营企业法》、2007年3月16日中华人民共和国主席令第63号公布的《中华人民共和国企业所得税法》代替。
29	中华人民共和国海关总署对进出经济特区的货物、运输工具、行李物品和邮递物品的管理规定	1986年3月21日国务院批准　1986年3月25日海关总署公布	已被2000年7月8日中华人民共和国主席令第35号公布的《中华人民共和国海关法》、2003年11月23日中华人民共和国国务院令第392号公布的《中华人民共和国进出口关税条例》代替。
30	关于发挥离休退休专业技术人员作用的暂行规定	中共中央组织部、中共中央宣传部、中共中央统战部、国家科委、劳动人事部、中国科协、中国人民解放军总政治部制定中共中央书记处、国务院批准　1986年10月6日中共中央办公厅、国务院办公厅转发	已被2005年2月23日《中共中央办公厅、国务院办公厅转发〈中央组织部、中央宣传部、中央统战部、人事部、科技部、劳动保障部、解放军总政治部、中国科协关于进一步发挥离退休专业技术人员作用的意见〉的通知》代替。

序号	法规名称	公布机关及日期	说　明
31	中华人民共和国居民身份证条例实施细则	1986年11月3日国务院批准　1986年11月28日公安部公布　1991年12月3日国务院批准修订　1992年2月27日公安部公布	已被2003年6月28日中华人民共和国主席令第4号公布的《中华人民共和国居民身份证法》代替。
32	国务院参事室组织简则	1987年5月16日国务院批准	已被1992年1月30日国务院批准的《国务院参事室组织简则》代替。
33	兽药管理条例	1987年5月21日国务院公布	已被2004年4月9日中华人民共和国国务院令第404号公布的《兽药管理条例》代替。
34	关于严格禁止在旅游业务中私自收授回扣和收取小费的规定	1987年8月2日国务院批准　1987年8月17日国家旅游局公布	已被1999年5月14日中华人民共和国国务院令第263号公布的《导游人员管理条例》代替。
35	关于加强空运进口货物管理的暂行办法	1987年8月25日国务院批准公布	已被2000年7月8日中华人民共和国主席令第35号公布的《中华人民共和国海关法》代替。
36	中华人民共和国药品管理法实施办法	1989年1月7日国务院批准　1989年2月27日卫生部令第1号公布	已被2002年8月4日中华人民共和国国务院令第360号公布的《中华人民共和国药品管理法实施条例》代替。
37	国务院关于加强华侨、港澳台同胞捐赠进口物资管理的若干规定	1989年2月20日国务院公布	已被1999年6月28日中华人民共和国主席令第19号公布的《中华人民共和国公益事业捐赠法》代替。
38	海关对我出国人员进出境行李物品的管理规定	1989年8月28日国务院批准　1989年9月6日海关总署公布	已被2003年11月23日中华人民共和国国务院令第392号公布的《中华人民共和国进出口关税条例》代替。
39	全民所有制企业招用农民合同制工人的规定	1991年7月25日中华人民共和国国务院令第87号公布	已被1994年7月5日中华人民共和国主席令第28号公布的《中华人民共和国劳动法》、2007年6月29日中华人民共和国主席令第65号公布的《中华人民共和国劳动合同法》代替。
40	中华人民共和国义务教育法实施细则	1992年2月29日国务院批准　1992年3月14日国家教育委员会令第19号公布	已被2006年6月29日中华人民共和国主席令第52号公布的《中华人民共和国义务教育法》代替。
41	中华人民共和国文物保护法实施细则	1992年4月30日国务院批准　1992年5月5日国家文物局令第2号公布	已被2003年5月18日中华人民共和国国务院令第377号公布的《中华人民共和国文物保护法实施条例》代替。
42	中华人民共和国海关对进出海南省洋浦经济开发区货物、运输工具、个人携带物品和邮递物品的管理办法	1992年7月7日国务院批准　1992年7月27日海关总署令第32号公布	已被2000年7月8日中华人民共和国主席令第35号公布的《中华人民共和国海关法》、2003年11月23日中华人民共和国国务院令第392号公布的《中华人民共和国进出口关税条例》代替。

序号	法规名称	公布机关及日期	说　明
43	国务院、中央军委关于修改《中华人民共和国飞行基本规则》第六十四条内容的批复	1993年4月5日	已被2001年7月27日中华人民共和国国务院、中华人民共和国中央军事委员会令第312号公布的《中华人民共和国飞行基本规则》代替。
44	禁止证券欺诈行为暂行办法	1993年8月15日国务院批准　1993年9月2日国务院证券委员会公布	已被2005年10月27日中华人民共和国主席令第43号公布的《中华人民共和国证券法》代替。
45	外商投资企业清算办法	1996年6月15日国务院批准　1996年7月9日对外贸易经济合作部令第2号公布	已被2005年10月27日中华人民共和国主席令第42号公布的《中华人民共和国公司法》代替。
46	关于领导干部报告个人重大事项的规定	1997年1月31日中共中央办公厅、国务院办公厅公布	已被2006年9月24日《中共中央办公厅印发〈关于党员领导干部报告个人有关事项的规定〉的通知》代替。
47	国务院稽察特派员条例	1998年7月3日中华人民共和国国务院令第246号公布	已被2000年3月15日中华人民共和国国务院令第283号公布的《国有企业监事会暂行条例》代替。
48	国务院关于修改《中华人民共和国居民身份证条例实施细则》的批复	1999年7月29日	已被2003年6月28日中华人民共和国主席令第4号公布的《中华人民共和国居民身份证法》代替。
49	国务院关于修改《兽药管理条例》的决定	2001年11月29日中华人民共和国国务院令第325号公布	已被2004年4月9日中华人民共和国国务院令第404号公布的《兽药管理条例》代替。

附件2：

国务院决定宣布失效的行政法规目录(43件)

序号	法规名称	公布机关及日期	说　明
1	铁路军运暂行条例	1950年8月1日中央人民政府人民革命军事委员会、中央人民政府政务院令公布	适用期已过，实际上已经失效。
2	国家工作人员公费医疗预防实施办法	1952年8月24日政务院批准　1952年8月30日卫生部公布	适用期已过，实际上已经失效。
3	中华人民共和国禁止国家货币票据及证券出入国境暂行办法	1952年10月15日政务院财政经济委员会批准公布	调整对象已消失，实际上已经失效。
4	射击场设置管理规程	1958年2月24日国务院批准　1958年3月29日国家体育运动委员会、公安部公布	调整对象已消失，实际上已经失效。
5	关于提高国营工业企业固定资产折旧率和改进折旧费使用办法的暂行规定	1979年7月13日国务院公布	适用期已过，实际上已经失效。
6	文物特许出口管理试行办法	1979年7月31日国务院批准公布	调整对象已消失，实际上已经失效。
7	关于旅游纪念品工艺品生产和经营若干问题的暂行规定	国家经济委员会制定　1980年7月1日国务院转发	调整对象已消失，实际上已经失效。

序号	法规名称	公布机关及日期	说　明
8	关于财政监察工作的几项规定	财政部制定　1980年7月2日国务院批转	适用期已过,实际上已经失效。
9	关于用侨汇购买和建设住宅的暂行办法	国家城市建设总局、国务院侨务办公室制定　1980年3月5日国务院转发	调整对象已消失,实际上已经失效。
10	中华人民共和国国库券条例	1981年1月28日国务院公布	适用期已过,实际上已经失效。
11	关于中外合作开采海洋石油进出口货物征免关税和工商统一税的规定	1982年2月28日国务院批准　1982年4月1日海关总署、财政部公布	适用期已过,实际上已经失效。
12	关于举办职工中等专业学校的试行办法	教育部制定　1982年9月9日国务院批转	适用期已过,实际上已经失效。
13	关于加强教育学院建设若干问题的暂行规定	教育部制定　1982年10月21日国务院批准	适用期已过,实际上已经失效。
14	关于中央一级国家机关、经济组织内部机构设置审批暂行规定	1982年11月3日国务院办公厅公布调整对象已消失,实际上已经失效。	
15	自然科学研究机构建立、调整的审批试行办法	1983年2月23日国务院批准　1983年3月17日国家科学技术委员会公布	适用期已过,实际上已经失效。
16	国防科学技术情报工作条例	1984年7月30日国务院、中央军委公布	适用期已过,实际上已经失效。
17	关于农村人畜饮水工作的暂行规定	水利电力部制定　1984年8月13日国务院办公厅转发	适用期已过,实际上已经失效。
18	关于改进计划体制的若干暂行规定	国家计划委员会拟订1984年10月4日国务院批转	适用期已过,实际上已经失效。
19	国务院关于自费出国留学的暂行规定	1984年12月26日国务院公布	适用期已过,实际上已经失效。
20	关于加强和改善民用工业为国防军工协作配套管理工作若干问题的暂行规定	1985年1月19日国务院、中央军委公布	适用期已过,实际上已经失效。
21	关于实行"划分税种、核定收支、分级包干"财政管理体制的规定	1985年3月21日国务院公布	适用期已过,实际上已经失效。
22	关于鼓励集资办电和实行多种电价的暂行规定	国家经济委员会、国家计划委员会、水利电力部、国家物价局制定　1985年5月23日国务院批转	适用期已过,实际上已经失效。
23	关于汽车交易市场管理的暂行规定	国家工商行政管理局制定　1985年9月11日国务院办公厅转发	适用期已过,实际上已经失效。
24	事业单位工资制度改革后财务管理的若干规定	1985年10月7日国务院批准　1985年10月12日财政部公布	适用期已过,实际上已经失效。
25	北京市人民政府关于在规划市区内征收城市基础设施"四源"建设费的暂行规定	1986年9月11日国务院批准　1986年10月1日北京市人民政府公布	适用期已过,实际上已经失效。
26	投机倒把行政处罚暂行条例	1987年9月17日国务院公布	调整对象已消失,实际上已经失效。
27	国家土地开发建设基金回收管理试行办法	1988年8月27日国务院批准公布	适用期已过,实际上已经失效。
28	中华人民共和国筵席税暂行条例	1988年9月22日中华人民共和国国务院令第16号公布	调整对象已消失,实际上已经失效。

序号	法规名称	公布机关及日期	说　明
29	外商投资开发经营成片土地暂行管理办法	1990年5月19日中华人民共和国国务院令第56号公布	适用期已过，实际上已经失效。
30	投机倒把行政处罚暂行条例施行细则	1990年8月9日国务院批准　1990年8月17日国家工商行政管理局令第3号公布	调整对象已消失，实际上已经失效。
31	出口收汇核销管理办法	1990年12月9日国务院批准　1990年12月18日中国人民银行、国家外汇管理局、对外经济贸易部、海关总署、中国银行公布	适用期已过，实际上已经失效。
32	企业财务通则	1992年11月16日国务院批准　1992年11月30日财政部令第4号公布	适用期已过，实际上已经失效。
33	企业会计准则	1992年11月16日国务院批准　1992年11月30日财政部令第5号公布	适用期已过，实际上已经失效。
34	民用航空运输销售代理业管理规定	1993年7月5日国务院批准　1993年8月3日中国民用航空总局令第37号公布	调整对象已消失，实际上已经失效。
35	赋予科研院所科技产品进出口权暂行办法	1993年9月4日国务院批准　1993年10月16日对外贸易经济合作部、国家科学技术委员会公布	调整对象已消失，实际上已经失效。
36	黄金地质勘探资金管理暂行办法	1994年9月29日国务院批准　1994年11月5日冶金部公布	适用期已过，实际上已经失效。
37	关于继续对宣传文化单位实行财税优惠政策的规定	1994年11月30日国务院批准　1994年12月23日财政部、国家税务总局公布	适用期已过，实际上已经失效。
38	设立境外中国产业投资基金管理办法	1995年8月11日国务院批准　1995年9月6日中国人民银行令第1号公布	适用期已过，实际上已经失效。
39	办理外派劳务人员出国手续的暂行规定	1996年10月22日国务院批准　1996年12月20日对外贸易经济合作部、外交部、公安部公布	适用期已过，实际上已经失效。
40	可转换公司债券管理暂行办法	1997年3月8日国务院批准　1997年3月25日国务院证券委员会公布	适用期已过，实际上已经失效。
41	证券交易所管理办法	1997年11月30日国务院批准　1997年12月10日国务院证券委员会公布	适用期已过，实际上已经失效。
42	关于赋予私营生产企业和科研院所自营进出口权的暂行规定	1998年9月2日国务院批准　1998年10月1日对外贸易经济合作部令第1号公布	调整对象已消失，实际上已经失效。
43	第五次全国人口普查办法	2000年1月25日中华人民共和国国务院令第277号公布	适用期已过，实际上已经失效。

交通法规制定程序规定

（交通部令第11号　2006年1月24日）

第一章　总　则

第一条　为规范交通法规制定程序和交通立法行为，保证交通立法质量，根据《中华人民共和国立法法》、《行政法规制定程序条例》和《规章制定程序条例》，制定本规定。

第二条　交通法规的立项、起草、修订、审核、审议、公布、备案、解释和废止，适用本规定。

第三条　本规定所称交通法规，是指交通部起草上报和制定的调整公路、水路交通事项的下列规范性文件：

（一）交通部起草上报国务院审查后提交全国人民代表大会或其常务委员会审议的法律送审稿；

（二）交通部起草上报国务院审议的行政法规送审稿；

（三）交通部及交通部与国务院其他部门联合制定的规章。

第四条　制定交通法规应当遵循下列原则：

（一）交通法规应当贯彻党和国家的路线、方针和政策；

（二）法律送审稿不得与宪法相违背；行政法规送审稿不得与宪法、法律相违背；规章不得同宪法、法律、行政法规、国务院的决定、命令相违背；

（三）交通法规应当促进和保障交通行业健康、可持续发展，体现和维护交通从业者和人民群众的根本利益。

第五条　交通法规的名称应当准确、规范，符合下列规定：

（一）法律称“法”；

（二）行政法规称“条例”、“规定”、“办法”；

（三）规章称“规定”、“办法”、“规则”、“实施细则”、“实施办法”。

第六条　交通法规应当备而不繁，逻辑严密，结构严谨，条文明确、具体，用语准确、简洁，具有可操作性。

第七条　交通法规根据内容需要，可以分为章、节、条、款、项、目。章、节、条的序号用中文数字依次表述，款不编号，项的序号用中文数字加括号依次表述，目的序号用阿拉伯数字依次表述。

除内容复杂的外，规章一般不分章、节。

第八条　交通法规制定工作由交通部法制工作部门（以下简称法制工作部门）归口管理，具体工作主要包括：

（一）编制和组织实施交通立法规划和年度立法计划；

（二）协调交通法规的起草工作；

（三）负责交通法规送审稿的审核修改和报送工作；

（四）负责配合立法机关开展法律、行政法规草案的审核修改工作；

（五）组织规章的解释、清理、废止工作；

（六）负责交通规章的公布工作；

（七）负责交通规章的备案工作。

交通立法工作经费应当列入财政预算。

第二章　立　项

第九条　法制工作部门应当按照突出重点、统筹兼顾、符合需要、切实可行的原则，于每年年初编制本年度的立法计划。

第十条　交通部各部门根据职责和管理工作的实际情况，认为需要制定、修订交通法规的，应当于计划年度前一年的十月份向法制工作部门提出立项建议。

其他单位、社会团体和个人也可以向交通部法制工作部门提出立法建议。

第十一条　立项建议涉及部内多个部门职责的，可以由有关部联合提出立项建议；对于立项建议有分歧的，由法制工作部门协调提出建议，仍不能达成一致意见的，报部领导决定。

第十二条　下列事项不属于交通法规立项范围：

（一）交通行政机关及所属单位的内部管理事项、工作制度等；

（二）对具体事项的通知、答复、批复等；

（三）技术标准、技术规范等；

（四）有关工资、津贴标准的规定；

（五）需要保密的事项；

（六）依照立法法规定不属于交通法规规定的其他事项。

第十三条　立项建议应当包括以下内容：

（一）交通法规的名称；

（二）拟立项目是新制定还是修订；

（三）立法目的、必要性和所要解决的主要问题；

（四）立法项目的调整对象和调整范围；

（五）拟确立的主要制度；

（六）立法进度安排；

（七）立法项目起草部门和责任人；

（八）发布机关。

立项建议应当由建议部门主要负责人签署。

第十四条　法制工作部门应当根据立法计划的编制原则，从以下方面对立项建议进行汇总研究，拟定交通部年度立法计划：

（一）是否符合交通部近期和年度中心工作要求；

（二）交通法律和行政法规的立项建议是否符合交通法规体系框架的要求；

（三）立法事项是否属于应当通过立法予以规范的范畴；

（四）法规之间是否相互衔接，内容有无重复交叉；

（五）立法时机是否成熟；

（六）立法计划的总体安排是否切实可行。

第十五条 立法计划分为一类立法项目和二类立法项目。

一类立法项目,是指应当在年内完成的立法项目,即法律送审稿、行政法规送审稿在年内上报国务院,规章在年内公布。

二类立法项目,是指年内研究起草,适时报审的立法项目。

第十六条 立法计划应当包括以下内容:

(一)立法项目名称;

(二)立法项目起草部门和责任人;

(三)报部法制工作部门审核时间;

(四)报部务会议审议时间或者上报国务院时间;

(五)其它需要写明的内容。

第十七条 交通部年度立法计划经主管部领导审核后,报交通部部务会议(以下简称部务会议)审议,以交通部文件印发执行。

交通部年度立法计划是开展交通年度立法工作的依据,应当严格执行。各部门应当按照立法计划规定的时间完成起草、修改和审核工作。法制工作部门应当对年度立法计划执行情况进行检查、督促,并定期予以通报。

立法计划在执行过程中需要增加或者减少立法项目的,部内有关部门应当提出变更立法计划的建议并会商法制工作部门,报主管法制工作的部领导和分管其业务的部领导批准后,由法制工作部门对立法计划作出调整。

第三章 起 草

第十八条 交通法规由立法计划规定的起草部门负责组织起草。需与有关部委联合起草的,应当同有关部委协调组织起草工作。

起草交通法规,可以邀请有关组织、专家参加,也可以委托有关组织、专家起草。

第十九条 起草交通法规,应当遵循立法法确定的立法原则,并符合宪法和法律的规定,同时还应当符合下列要求:

(一)体现改革精神,科学规范行政行为,促进政府职能向经济调节、市场监管、社会管理、公共服务转变;

(二)符合精简、统一、效能的原则,简化行政管理手续;

(三)切实保障公民、法人和其他组织的合法权益,在规定其应当履行的义务的同时,应当规定其相应的权利和保障权利实现的途径;

(四)体现行政机关的职权和责任相统一的原则,在赋予行政机关必要职权的同时,应当规定其行使职权的条件、程序和应承担的责任;

(五)体现交通事业发展和交通行业管理工作的客观规律;

(六)规章所规定的事项不得超过交通部的法定职能;

(七)符合立法技术的要求。

第二十条 起草部门应当落实责任人员或者根据需要成立起草小组,制定起草工作方案,并及时向法制工作部门通报起草过程中的有关情况。

第二十一条 法制工作部门可以提早介入交通法规起草工作,及时了解交通法规的起草情况,协助起草部门协调解决起草过程中的问题。

第二十二条　起草交通法规，应当深入调查研究，总结实践经验，广泛征求有关机关、组织和公民的意见。征求意见可以采取书面征求意见、座谈会、论证会、听证会等多种形式。

起草交通法规应当书面征求省级交通主管部门的意见。

第二十三条　需要举行听证会的，应当按照下列程序组织：

(一)听证会应当公开举行，起草部门应当在举行听证会的30日前公布听证会的时间、地点和内容；

(二)通过社会公开报名、邀请等形式确定参加听证会的有关机关、组织和公民；

(三)参加听证会的有关机关、组织和公民对起草的交通法规，有权提问和发表意见；

(四)听证会应当制作笔录，如实记录发言人的主要观点和理由；

(五)起草部门应当认真研究听证会反映的各种意见，并在起草说明中对意见的处理情况和理由予以说明。

第二十四条　起草的交通法规直接涉及公民、法人或者其他组织切身利益，有关机关、组织或者公民对其有重大意见分歧的，起草部门应当向社会公布，征求社会各界的意见，也可以举行听证会。

起草部门应当认真研究社会各界和听证会反映的意见，并在起草说明中对意见的处理情况和理由予以说明。

第二十五条　交通法规涉及重大技术管理问题的，起草部门应当向交通部总工程师征求意见，并在起草说明中对有关意见的处理情况和理由作出说明。

第二十六条　交通法规内容涉及多个部门职责或与其他部门关系紧密的，起草部门应当征求相关部门意见。经充分协商仍不能取得一致意见的，起草部门应当在起草说明中说明情况。

第二十七条　起草部门应当编写起草说明。起草说明应当包括以下内容：

(一)立法目的和必要性；

(二)立法依据；

(三)起草过程；

(四)征求意见的情况、主要意见及处理、协调情况；

(五)对设立和规定行政许可事项的说明；

(六)对确立的主要制度和主要条款的说明；

(七)其他需要说明的内容。

第二十八条　起草部门应当按照立法计划确定的进度安排完成起草工作，形成送审稿，并按时送法制工作部门审核。

送审稿应当由起草部门的主要负责人签署；涉及部内其他部门职责的，应当在送审前送有关部门会签；由几个部门共同起草的送审稿，应当由几个部门主要负责人共同签署。

第二十九条　起草部门将送审稿送法制工作部门审核时，应当一并报送起草说明和其他有关材料。

其他有关材料主要包括汇总的意见、调研报告、听证会笔录、国内外立法资料等。

第四章　审　核

第三十条　送审稿由法制工作部门统一负责审核、修改。

第三十一条 法制工作部门主要从以下方面对送审稿进行审核：

(一)提交的材料是否齐备，是否符合本规定的要求；

(二)是否符合本规定第四条、第十九条的规定；

(三)是否与有关法规衔接、协调；

(四)是否征求了有关方面的意见，并对主要意见提出了处理意见，有关处理意见是否正确、合理；

(五)有关分歧意见是否经过充分协调并提出处理意见，有关处理意见是否正确、合理；

(六)是否符合立法技术的要求；

(七)是否符合实际，具备可操作性；

(八)是否符合本规定的其他有关要求。

第三十二条 送审稿有下列情形之一的，法制工作部门可以退回起草部门：

(一)报送材料不齐备或者不符合规定的；

(二)立法依据不足或者与上位法抵触、矛盾的；

(三)起草部门对存在较大争议的问题未与有关部门协商或者有关部门对规定的主要制度存在较大争议的；

(四)主要内容严重脱离实际或者缺乏可操作性的；

(五)在立法技术上存在较大缺陷，需要作全面调整和修改的；

(六)送审稿不符合本规定第四条、第十九条、第二十八条规定的。

被退回的送审稿经起草部门按照要求完善后，应当按照规定程序重新报送法制工作部门审核。

第三十三条 法制工作部门可以就送审稿涉及的主要问题征求相关部门的意见；涉及国务院其他部委职责或者与之有密切关系的，可以向有关部委征求意见；涉及重大、疑难问题的，应当召开由有关单位、专家参加的座谈会、论证会，听取意见，研究论证。

第三十四条 法制工作部门可以就送审稿涉及的主要问题，深入基层进行实地调查研究，听取基层有关机关、组织和公民的意见。

第三十五条 送审稿直接涉及公民、法人或者其他组织切身利益，有关机关、组织或者公民对其有重大意见分歧，起草部门在起草过程中未向社会公开征求意见，也未举行听证会的，法制工作部门可以将送审稿向社会公开征求意见，也可以举行听证会。

需要举行听证会的，按照本规定第二十三条规定的程序进行。

第三十六条 法制工作部门应当就送审稿中的有关重要法律问题向交通部法律专家咨询委员会征求意见。

法制工作部门应当对专家咨询意见进行全面客观的整理，并提出对专家意见的处理建议。

第三十七条 各相关部门对送审稿中关于管理体制、职责分工、主要管理制度等内容有不同意见的，法制工作部门应当组织相关部门进行协调，力求达成一致意见；不能达成一致意见的，应当将争议的主要问题、各方意见和处理建议报主管部领导决定。

第三十八条 法制工作部门应当认真研究各方意见，在与起草部门协商后，对送审稿进行修改，形成交通法规送审修改稿，并编写审核报告。

第三十九条 交通法规送审修改稿和审核报告由法制工作部门主要负责人签署，并按有关规定送起草部门和相关部门会签，报有关部领导审核。

交通法规送审修改稿经部领导审核同意后，提请部务会议审议。

第五章 审议与公布

第四十条 交通法规送审修改稿由部务会议审议。

部务会议审议送审修改稿时，由法制工作部门主要负责人对送审修改稿作说明。

第四十一条 部务会议审议通过的规章送审修改稿，由部长签署并以交通部令形式公布。

部务会议审议通过的由交通部主办的与国务院其他部委联合制定的规章，由交通部部长与国务院其他部委的领导共同签署，以联合部令形式公布，使用交通部令的序号。

部务会议审议通过的法律、行政法规送审修改稿，由部长签署以交通部文件形式报国务院审查。在全国人大、国务院审核、修改过程中，由法制工作部门会同相关部门做好协调、配合工作。

第四十二条 经部务会议审议未通过的交通法规送审修改稿，由法制工作部门按照部务会议要求，会同有关部门进行修改、完善后，报部领导决定是否再次提交部务会议审定。

第四十三条 公布规章的命令应当载明规章的制定机关、序号、规章名称、通过日期、施行日期、公布日期和签署人等内容。

第四十四条 规章公布后，应当及时在《国务院公报》、《中国交通报》、交通部政府网站上刊登。

在《国务院公报》上刊登的规章文本为标准文本。

第四十五条 规章应当在公布之日起30日后施行，但是涉及国家安全以及公布后不立即施行将有碍规章施行的，可以自公布之日起施行。

第六章 备案、修订、解释和废止

第四十六条 规章应当在公布后30日内，由法制工作部门按照有关规定报送国务院备案。

第四十七条 具有下列情形之一的，交通法规应当予以修订：

(一)与上位法矛盾或者抵触的；

(二)与同位法存在矛盾的；

(三)立法背景发生重大情势变迁，交通法规内容已不适应形势需要的；

(四)其他应当修订的情形。

修订交通法规适用交通法规的制定程序。

第四十八条 规章的解释权属于交通部。规章的解释同规章具有同等效力。

规章有下列情形之一的，应当予以解释：

(一)规章条文本身需要进一步明确具体含义的；

(二)规章制定后出现新的情况，需要明确适用依据的。

第四十九条 规章的解释由原起草部门负责起草，由法制工作部门按照规章审核程序进行审核、修改；或者由法制工作部门起草，征求有关部门的意见。规章的解释报请部务会审议或者经部领导批准后以交通部文件公布。

第五十条 规章有下列情况之一的，应予废止：

（一）规定的事项已执行完毕，或者因情势变迁，无继续施行必要的；

（二）因有关法律、行政法规的废止或者修改，失去立法依据的；

（三）与新颁布的法律、行政法规相违背的；

（四）同一事项已被新公布施行的规章所代替，规章失去存在意义的；

（五）规章规定的施行期限届满的；

（六）应当予以废止的其他情形。

第五十一条 规章的废止由法制工作部门归口管理。

规章的废止可以由部内有关部门、省级交通主管部门向法制工作部门提出，也可以由法制工作部门直接提出。

第五十二条 除第五十条第（五）项规定的情形外，废止规章应当经部务会议审议决定，以部令形式予以公布。

第七章 附 则

第五十三条 规章的清理工作由法制工作部门统一组织实施。

第五十四条 负责起草、制定地方交通法规、政府规章的交通主管部门应当在起草过程中征求交通部的意见。

地方交通法规、政府规章应当自公布之日起 30 日内，由公布机关同级人民政府交通主管部门法制工作机构向交通部报送十份。

第五十五条 本规定自 2007 年 1 月 1 日起施行。《交通法规制定程序规定》（交通部令 1992 年第 38 号）同时废止。

国土资源部立法工作程序规定

（国土资源部令第41号　2008年10月18日）

第一章　总　则

第一条　为规范国土资源部立法工作程序，加强立法协调，保证立法质量，根据《中华人民共和国立法法》、《行政法规制定程序条例》和《规章制定程序条例》，结合国土资源部立法工作的实际，制定本规定。

第二条　国土资源部起草法律、行政法规送审稿，开展相关法律、行政法规的立法协调，制定、修改和废止部门规章的活动，适用本规定。

第三条　国土资源部立法工作应当坚持改革创新，改革决策与立法决策相结合，坚持民主立法、科学立法与开门立法，维护国家利益和人民群众合法权益。

第四条　政策法规司负责组织、协调国土资源部立法工作。

第二章　规划和计划

第五条　政策法规司根据全国人大常委会立法规划和国务院立法工作要求，结合国土资源管理改革和发展的需要，组织拟订国土资源部立法规划草案，报部务会议审定。

拟订立法规划草案时，应当听取部有关司（局、厅）的意见。

第六条　政策法规司根据国土资源部立法规划，按照全国人大常委会立法规划和国务院年度立法计划的安排，结合国土资源管理工作的实际，在每年年底前组织拟订下一年度立法计划草案，报部长办公会议审定。

拟订立法计划草案时，应当听取部有关司（局、厅）的意见。部有关司（局、厅）应当提供拟列入立法计划的法律、行政法规和部门规章项目的必要性与可行性分析、拟设立的重要制度、争议的焦点等相关材料。

第七条　列入年度立法计划的立法项目分为出台类、论证类和研究类。

出台类项目是指经过研究论证，立法条件成熟，各方意见协调一致，在本年度已完成起草工作并能够在当年提请部务会议审议的立法项目。

论证类项目是指立法条件比较成熟，各方意见基本一致，但尚需进一步协调、论证，正在进行起草工作的立法项目。

研究类项目是指立法条件尚未成熟，基本制度尚需深入研究，需要进行储备的立法项目。

第八条　列入年度立法计划的立法项目，由政策法规司根据部机关各司（局、厅）的职能分工，确定起草负责单位；立法项目内容涉及两个或者两个以上司（局、厅）的，由政策法规司确定一个司（局、厅）作为起草牵头单位，其他相关司（局、厅）参加。

第九条　列入年度立法计划的立法项目按照出台类、论证类和研究类的顺序实行滚动管理。

没有形成条文的项目，原则上不列入出台类；已列入立法计划，但连续两年未启动起草工作的立法项目，原则上不再列入下一年度立法计划。

第十条 立法规划和年度立法计划由政策法规司负责组织实施和监督执行。在执行过程中，政策法规司可以根据工作需要，提出调整规划和计划的建议，报部长办公会议审定。

没有列入年度立法计划，但实践中又迫切需要出台的立法项目，由有关司（局、厅）向政策法规司提出调整计划的建议，政策法规司组织论证，报部长办公会议审定后，开展相关的立法工作。

第三章 起草和审查

第十一条 立法项目的起草司（局、厅）应当按照立法规划和年度立法计划的要求制定起草工作方案，确定专人或者成立工作小组从事起草工作，并及时向政策法规司通报起草中的有关情况。

第十二条 起草司（局、厅）应当按照年度立法计划的要求如期完成起草工作。

根据工作需要，法律、行政法规和部门规章送审稿的起草可以邀请有关专家、单位参加，也可以委托有关专家、单位起草。

第十三条 法律、行政法规和部门规章送审稿的内容应当包括制定的依据和宗旨、适用范围、调整对象、主要制度、法律责任、施行日期等。送审稿的每条内容均应有说明本条内容的提示语。

部门规章的名称为“规定”或者“办法”。对某一方面的行政管理关系作比较全面、系统的规定，称“规定”；对某一项行政管理关系作比较具体的规定，称“办法”。

第十四条 法律、行政法规和部门规章送审稿应当结构严谨、条理清晰、概念明确、文字简练、规范。

法律、行政法规和部门规章送审稿应当分条文书写，冠以“第×条”字样，并可分为款、项。款不冠数字，空两字书写，项冠以（一）、（二）、（三）等数字。

草案内容繁杂或者条文较多的，可以分章、分节。必要时，可以有目录、注释、附录、索引等附加部分。

第十五条 起草司（局、厅）形成征求意见稿后，应当征求地方国土资源行政主管部门和部有关司（局、厅）的意见，涉及国务院其他部门职责的，还应当征求有关部门的意见，必要时可以组织专家进行论证。

第十六条 法律、行政法规送审稿拟设定行政许可的，起草司（局、厅）应当按照《行政许可法》的规定，采取听证会、论证会的形式听取意见。

采取听证会形式听取意见的，依照《国土资源听证规定》的程序进行。听证结束后应当制作听证会纪要。

法律、行政法规送审稿报送政策法规司审查时，应当附具听证会纪要或者论证会的相关材料。

第十七条 起草司（局、厅）根据征求意见和专家论证、听证会等情况，对征求意见稿进行修改，形成送审稿。不能取得一致意见的，应当在送审稿报送政策法规司时，将不同意见一并提出并说明情况和理由。

报送的材料应当包括送审稿、起草说明、汇总的主要意见及采纳情况。起草说明应当包括立法目的和依据、起草过程、需要说明的问题。

送审稿报送政策法规司前，起草司（局、厅）应当报经主管部领导同意。

第十八条　政策法规司对符合本规定要求的送审稿，应当及时审查。在审查过程中，有下列情况之一的，由起草司（局、厅）修改：

（一）不符合本规定第十五条、第十六条、第十七条规定程序要求的；

（二）意见分歧大，主要制度需要作较大调整的；

（三）内容违反上位法的；

（四）条文内容不明确，适用性、可操作性差的。

起草司（局、厅）修改后再送政策法规司。

第十九条　政策法规司应当在征求各方面意见的基础上，对送审稿进行修改。对属于有重大分歧、影响较大、专业性强的法律、行政法规和部门规章送审稿，政策法规司可以组织召开专家论证会充分论证。

第二十条　除涉及国家秘密或者不宜公开的外，法律、行政法规和部门规章送审稿应当在中国政府法制信息网、国土资源部门户网站和中国国土资源法律网上公开，征求社会各界的意见。

第二十一条　政策法规司应当在研究采纳各方面提出修改意见的基础上，对送审稿进行修改，形成报部务会议审议的草案，提请部务会议审议。

在送审稿审查阶段，有关司（局、厅）对草案的内容不能协调一致的，由政策法规司报部领导裁定。

第二十二条　法律、行政法规送审稿和部门规章草案应当经过部务会议审议。

部务会议审议法律、行政法规送审稿和部门规章草案时，由政策法规司负责人作起草说明。

法律、行政法规送审稿经部务会议审议通过后，由政策法规司按照部务会议的决定进行修改，形成法律、行政法规送审稿草案，报部长签发后提请国务院审议。

第四章　发布、修改和编纂

第二十三条　部门规章草案经部务会议审议通过后，由政策法规司起草国土资源部令，报部长签署，颁布部门规章。

与国务院其他部门联合颁布的部门规章，由各部门联合签署命令予以公布。

部门规章应当在国土资源报、国土资源部门户网站和中国国土资源法律网予以公布。

部门规章的标准文本由政策法规司统一印制。

第二十四条　政策法规司应当按照《法规规章备案条例》的规定，将部门规章报国务院备案。

第二十五条　部门规章的修改，包括修订和修正。

对部门规章进行全面的修改，应当采取修订的形式。

部门规章因下列情形之一需要修改的，应当采取修正的形式：

（一）基于政策或者事实的需要，有必要增减内容的；

（二）因有关法律、行政法规的修正或者废止而应当做相应修正的；

（三）规定的主管机关或者执行机关发生变更的；

(四)同一事项在两个以上部门规章中规定且不相一致的;

(五)其他需要修改的情形。

部门规章修改的程序,参照本规定第三章的规定办理。

第二十六条 部门规章的编纂、汇编工作和国土资源管理法律、行政法规的汇编工作,由政策法规司负责。

第二十七条 政策法规司负责部门规章实施的后评估工作,定期对部门规章的实施情况进行评估。

第二十八条 部门规章有下列情形之一的,应当予以废止:

(一)规定的事项已经执行完毕,或者因情势变更,不必继续施行的;

(二)因有关法律、行政法规的废止或者修正,没有立法依据的;

(三)同一事项已由新的部门规章规定并发布施行的。

第二十九条 修改或者废止部门规章,应当经部务会议通过,由部长签署国土资源部令予以公布。但因第二十八条第(三)项原因废止的除外。

第五章 解释和翻译

第三十条 对省、自治区、直辖市人民政府国土资源行政主管部门关于部门规章具体应用的请示,由政策法规司负责组织解释草案的起草工作,报部领导审定。

拟订解释草案时应当听取有关司(局、厅)的意见。

凡部门规章已经明确的内容,不予解释。

第三十一条 行政法规和部门规章的英文译本由科技与国际合作司牵头组织翻译,在行政法规发布后20日内,部门规章发布后30日内,将英文译本送审稿送政策法规司。

行政法规英文译本送审稿由政策法规司负责审查,经部长审定后送国务院法制办公室。

部门规章英文译本送审稿由政策法规司负责审查,经部长审定后正式对外发布。

科技与国际合作司可以委托专业翻译机构承担英文译本的翻译工作。

部门规章以中文文本为标准文本。

第六章 立法协调

第三十二条 政策法规司、部有关司(局、厅)应当配合全国人大常委会法制工作委员会和国务院法制办公室,做好国土资源部上报的法律、行政法规送审稿的审查工作。

在法律、行政法规送审稿报送全国人大常委会法制工作委员会和国务院法制办公室审查期间,政策法规司应当会同有关司(局、厅)认真准备关于送审稿的相关背景材料,包括国家相关规定、与相关法律的关系、征求意见协调情况、国外的相关立法情况等。

第三十三条 全国人大各专门委员会、全国人大常委会法制工作委员会和国务院法制办公室就法律、行政法规草案征求国土资源部意见的,由政策法规司会同有关司(局、厅)开展协调工作。

立法协调意见由政策法规司汇总后报部领导审定。

第三十四条 部领导列席国务院常务会议审议法律、行政法规草案的,政策法规司应当会同有关司(局、厅)收集以下材料,并及时送办公厅:

(一)党中央和国务院领导批示;

（二）该草案过去的办理情况及相关材料；

（三）国土资源部对该草案反馈的修改意见；

（四）相关法律法规和政策文件。

第七章　附　则

第三十五条　国家海洋局、国家测绘局起草的法律、行政法规送审稿草案和部门规章草案，报国土资源部审议，由政策法规司负责组织协调、修改，报部务会议审议。

法律、行政法规由国土资源部向国务院报送送审稿草案。部门规章以国土资源部令发布，由国家海洋局、国家测绘局监督执行。

第三十六条　本规定自2009年1月1日起施行。1999年3月2日发布的《国土资源部规章制定程序规定》同时废止。

证券期货规章制定程序规定

（证券监督管理委员会令第59号　2008年10月21日）

第一章　总　则

第一条　为了规范证券期货规章制定程序，提高规章质量和立法工作效率，根据《立法法》、《规章制定程序条例》、《行政法规制定程序条例》、《法规规章备案条例》和《法规汇编编辑出版管理规定》，制定本规定。

第二条　本规定所称证券期货规章（以下简称规章）是指中国证券监督管理委员会（以下简称中国证监会）为履行其证券期货市场监管职责，根据法律、行政法规和国务院授权制定并以中国证监会令的形式公布的规定、办法、规则等。

第三条　规章的立项、起草、审查、决定、公布、备案、解释、修改、废止、汇编和翻译，适用本规定。

第四条　中国证监会法律部（首席律师办公室）为中国证监会的法制机构，负责组织规章的制定工作，根据《规章制定程序条例》的有关规定，履行以下职责：

（一）研究、拟订年度规章制定工作计划草案，组织、督促计划的执行；

（二）起草或者组织起草规章草案；

（三）审查规章送审稿，出具审查意见；

（四）提请主席办公会议审议规章草案并作规章草案的审查报告；

（五）办理规章公布与备案事宜；

（六）组织、草拟规章解释、修改、废止的草案或者意见；

（七）编辑证券期货法规汇编。

第五条　制定规章应当坚持科学立法、民主立法的原则，以法律、行政法规为依据，注重调查研究，立足我国证券期货市场的发展实际，增强规章的规范化程度和前瞻性、可操作性。

第二章　立项与计划

第六条　中国证监会每年年初制定年度规章制定工作计划。

第七条　中国证监会各部门认为需要制定规章的，应当在每年12月15日前，向法律部报送下一年度制定规章的立项申请。

立项申请应当对制定规章的必要性、所要解决的主要问题、拟确立的主要制度等作出说明。

第八条　法律部对立项申请进行汇总研究，按照突出重点、统筹兼顾、切实可行、保证质量的原则，拟订中国证监会年度规章制定工作计划草案，提请主席办公会议审议、通过。

年度规章制定工作计划应当明确规章的名称、起草部门、项目负责人、项目承办人、进度安排、完成时间等内容。

第九条　在年度规章制定工作计划执行过程中，中国证监会各部门可以根据实际工作需要提出调整建议。对拟增加的规章项目应当进行补充论证，报会领导批准后由法律部纳入年度规章制定工作计划。

第三章　起草与审查

第十条　中国证监会各部门负责其职责范围内的规章起草工作；规章涉及两个或者两个以上部门职责的，由会领导指定主要起草部门；重要的或者综合性的规章，可以由法律部起草或者组织成立专门的工作小组负责起草。

第十一条　起草部门应当按照年度规章制定工作计划完成起草任务。法律部应当督促起草部门执行年度规章制定工作计划。

起草部门应当定期向法律部书面报告起草工作进展情况。法律部将汇总后的进展情况及时报告会领导。

第十二条　起草部门可以邀请中国证监会派出机构（以下简称派出机构）、证券期货交易所、证券登记结算机构、证券期货业协会等单位的公职律师等法制工作人员，以及有关专家、单位参与起草工作。

起草部门拟委托有关专家、单位起草规章草案的，应当商法律部后报会领导批准。未经批准，不得将起草工作委托给其他单位或者个人。

起草部门应当要求参与起草规章或者受托起草规章的有关专家、单位遵守保密等制度。

第十三条　在起草过程中，起草部门可以采取书面征求意见、座谈会、论证会、听证会等多种形式广泛听取有关机关、组织和公民的意见。

第十四条　起草部门应当收集国内外的相关立法资料；开展立法调研的，应当制作调研报告；采取各种形式听取意见的，应当制作座谈会报告、论证会报告、听证会报告等相应的报告。

第十五条　规章内容涉及中国证监会其他部门职责或者与其关系密切的，起草部门应当征求相关部门的意见并充分协商；不能取得一致意见的，起草部门应当在规章送审稿的起草说明中说明情况和原因。

规章内容涉及派出机构、证券期货交易所、证券登记结算机构、证券期货业协会等单位职责或者与其关系密切的，起草部门应当充分征求相关单位的意见。

第十六条　起草规章不得违反上位法的规定，应当注意与现行规章的衔接。新起草的规章拟取代现行规章的，应当在草案中写明拟废止的规章的名称、文号；新起草的规章对现行规章的部分内容予以修改的，应当在草案中写明所修改的规章的名称、文号、条款或者内容。

第十七条　起草完毕后，起草部门应当制作规章送审稿及其说明，整理关于规章送审稿主要问题的意见和其他有关材料。

规章送审稿的说明应当对制定规章的必要性、规定的主要制度、有关方面的意见等情况作出说明。

有关材料主要包括汇总的意见以及座谈会、论证会、听证会报告、调研报告、国内外相关立法资料等。

第十八条　报送审查的规章送审稿，应当由起草部门负责人签署；几个起草部门共同起草的规章送审稿，应当由几个起草部门负责人共同签署。

第十九条 法律部统一负责规章送审稿的审查。起草部门应当将规章送审稿及其说明、有关材料，一并报送法律部。

第二十条 法律部从以下几个方面对规章送审稿进行审查后，出具审查意见：

(一)制定规章的基本条件是否成熟；

(二)主要制度与现行法律、行政法规是否抵触；

(三)起草部门是否已就规章的主要制度与中国证监会其他部门充分协调；

(四)规章结构是否存在重大缺陷；

(五)规章用语是否准确、简洁，内容是否明确、具体且并非对现行法律、行政法规、规章内容的简单重复；

(六)需要审查的其他内容。

第二十一条 在审查过程中，法律部可以就规章送审稿涉及的问题，向起草部门了解情况；也可以会同起草部门进行调研，召开有关单位、专家参加的座谈会、论证会；需要征求但起草部门未征求国务院其他部门意见的，应当征求其他部门的意见。对于不能达成一致的重要不同意见，应当在审查报告中明确说明。

第二十二条 对于直接涉及公民、法人和其他组织切身利益或者涉及向社会提供公共服务、直接关系到社会公共利益的规章草案，可以向社会公开征求意见，但涉及国家秘密、国家安全或者证券期货市场敏感问题的除外。

第二十三条 经会领导批准，起草部门可以通过网站、报刊等媒体向社会公开征求意见。

向社会公开征求意见的，应当将征求意见稿及其起草说明在中国证监会网站、中国证监会指定的上市公司公开披露信息的报刊等媒体上刊登。

第二十四条 起草部门应当研究各方面的意见后，会同法律部对规章送审稿进行修改，形成规章草案和对草案的说明。

规章草案及其说明、审查报告由法律部提请主席办公会议审议。

第四章 决定、公布和备案

第二十五条 规章由主席办公会议审议决定。

主席办公会议审议规章草案时，可以由起草部门或者法律部作起草说明；起草部门作起草说明的，法律部作审查报告。

第二十六条 法律部应当根据主席办公会议的审议意见对规章草案进行修改，形成规章草案修改稿。规章草案修改稿会签起草部门后，报请主席签署，以中国证监会令的形式公布。

第二十七条 需要与国务院其他部门联合制定规章的，规章草案经中国证监会主席签署后，由法律部负责送国务院相关部门签署，以中国证监会令的形式公布。

国务院其他部门需要与中国证监会联合制定规章的，法律部或者归口业务部门参照本规定第三章、第四章的规定，办理起草、审查、提请审议等事宜。主席办公会议审议通过后，由法律部办理公布事宜。

第二十八条 规章签署公布后，应当在中国证监会公报和中国证监会网站、中国证监会指定的上市公司公开披露信息的报刊等媒体上公开。

第二十九条　规章应当明确规定实施日期。规章应当自公布之日起30日后施行。但是，可能严重影响证券、期货市场稳定或者公布后不立即施行将有碍规章施行的，经主席办公会议通过，可以自公布之日起施行。

法律部根据上述规定以及主席签署命令的时间，会商起草部门，确定规章实施日期。

第三十条　规章备案事宜，由法律部负责，按照《法规规章备案条例》的规定办理。

第五章　解释、修改与废止

第三十一条　中国证监会各部门对其职责范围内的规章可以向法律部提出解释的建议。法律部可以根据有关部门的建议，起草规章解释草案，报会领导批准后，以证券期货法律适用意见形式公布。

中国证监会各部门对在实践中遇到的规章适用的新情况和新问题，可以文件会签审查的方式征求法律部意见，但应当明确需要会签审查的具体法律问题，并提出倾向性意见。法律部主要对法律问题与倾向性意见作会签审查，但是对于已经提出过会签意见的类似法律问题原则上不再会签。

法律部对于会签审查时发现的具有普遍性的法律适用问题，可以起草或者组织起草规章解释草案，会签中国证监会相关部门，报会领导批准后，以证券期货法律适用意见形式公布。

第三十二条　现行规章存在下列情形之一的，应当予以修改：

（一）因上位法的修改需要作相应修改；

（二）因国家政策发生变化，有必要进行相应修改；

（三）因证券、期货市场实际情况发生变化，已不能完全适应现实需要；

（四）两件以上的规章对同一事项的规定相互抵触；

（五）其他情形。

中国证监会各部门对其职责范围内的规章可以向法律部提出修改的建议。法律部可以根据有关部门的建议，起草修正案草案，提请主席办公会议审议、通过后，以中国证监会令的形式公布。

第三十三条　现行规章存在下列情形之一的，应当予以废止：

（一）因上位法的废止或者修改而失去立法依据；

（二）所规范的事项已由新的法律、行政法规予以规范；

（三）所规范的事项由新的规章予以规范；

（四）所规范的事项已不存在或者已执行完毕，规章无继续存在的必要；

（五）其他情形。

中国证监会各部门对其职责范围内的规章可以向法律部提出废止的建议。法律部可以根据有关部门的建议，提出废止的请示，报请主席办公会议审议、通过后，以公告形式公布。

第三十四条　中国证监会建立立法信息及时反馈制度。中国证监会各部门以及派出机构、证券期货交易所、证券登记结算机构、证券期货业协会等单位，在适用现行证券期货法律、行政法规、规章时，发现需要修改、解释的，可以及时向法律部报告。

第三十五条　法律部应当在每年第一季度对上一年度中国证监会公布的规章和规章以外的其他规范性文件（以下简称规范性文件）进行清理，报会领导批准后，以公告的形式公布。

第六章 汇编和翻译

第三十六条 法律部按照《法规汇编编辑出版管理规定》的规定，负责中国证监会规章和规范性文件的汇编工作，定期或者不定期地编辑证券期货法规汇编。证券期货法规汇编的内容包括：

（一）全国人民代表大会及其常务委员会审议通过的涉及中国证监会职责的法律、决议、决定和命令等；

（二）国务院公布的涉及中国证监会职责的行政法规、决定和命令等；

（三）中国证监会公布的规章和规范性文件；

（四）司法部门公布的涉及中国证监会职责的司法解释等；

（五）国务院有关部门公布的涉及中国证监会职责的规章和规范性文件；

（六）其他文件。

证券期货法规汇编编辑完成后，交有关专业出版社出版。

第三十七条 规章需要翻译正式英文译本的，由起草部门在起草说明中予以说明，或者由法律部在审查报告中向主席办公会议提出建议，由主席办公会议作出决定。

主席办公会议作出翻译规章决定的，由法律部组织翻译、审定，起草部门和国际合作部予以协助。在翻译和审定工作中，法律部可以聘请相关专业组织或者人员予以协助。

第七章 附 则

第三十八条 中国证监会向国务院提出有关法律、行政法规的立法建议，报送法律、行政法规的立法规划、计划项目建议，由法律部负责办理。

第三十九条 证券期货交易所、证券登记结算机构、证券期货业协会等单位制定或者修改章程、业务规则等文件，应当按照《证券法》、《期货交易管理条例》和中国证监会的规定，报中国证监会批准、备案。

第四十条 本规定自2008年12月1日起施行。《证券期货规章制定程序规定（试行）》（证监发[2003]28号）同时废止。